JN312917

朝鮮史研究入門

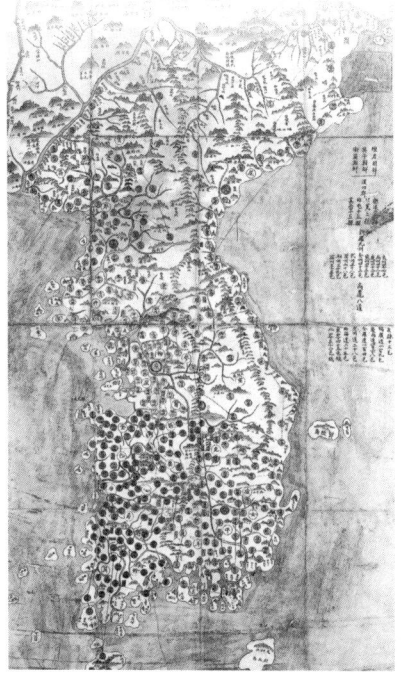

朝鮮史研究会 編

名古屋大学出版会

はじめに

　本書は，朝鮮史研究会が刊行する3回目の朝鮮史研究入門である。朝鮮史研究会は，1966年に『朝鮮史入門』（太平出版社），1981年に『新朝鮮史入門』（龍溪書舎）の2回，朝鮮史研究の入門書を世に出してきた。前書の上梓からすでに30年の時間がすぎており，この間の朝鮮史研究の変化には著しいものがある。発表された著作が飛躍的に増加したことは言うまでもないが，基礎研究の進展，問題関心の深化，方法論の多様化などを背景にして，研究成果が積み重ねられてきた。本書は，この30年間における研究の進展を基盤にして，朝鮮史研究の最前線を分野別に俯瞰し，研究の到達点と残された課題の見取り図を提示するものである。各分野の主要論考を選び，学説史的な基盤の上に研究的位置や意義を吟味し評価を加えた。本書の執筆者は，その大半が朝鮮史研究会に所属しており，それぞれの分野における専門的研究者である。執筆者の研究に対する問題関心によって，章ごとに色合いの違いがあるが，そのような違いを通して，朝鮮史研究の多様性をつかみとることができるであろう。朝鮮史研究者のみならず，他地域史の研究者，歴史教育者，そして朝鮮史研究に関心をもつすべての方々に本書を活用していただきたい。また，願わくば，前二書と比較対照し，この間の朝鮮史研究の変化を読み取っていただきたい。

　近年，日本における朝鮮史研究は方法の面で大きな進展をみせている。とりわけ特徴的なことは，現地調査と文献調査との融合であり，他の地域史研究の成果や手法の積極的な摂取であろう。一方で，新たな方法論の導入と活発な史料発掘に基づいた韓国における研究の進展にも目を見張るものがある。韓国における研究を理解せずして朝鮮史研究の現状を語ることはできないであろう。本書では，韓国語を読解できない方々にも韓国における研究を知っていただくため，主要な研究成果・情報については極力ふれるようにした。

　本書の基礎になったのは，日本における唯一の朝鮮史研究専門学会である朝鮮史研究会の半世紀にわたる研究蓄積である。朝鮮史研究会は1959年に産声をあげ，2009年に創立50周年をむかえた。本部を東京に置き，関東部会と関西部会

の 2 部会で構成されている。この 50 年以上の間，両部会はほとんど休むことなく月例の研究発表会を開催してきた。その回数は，合わせると 1,000 回を超えている。また毎年 1 回，最新の研究課題を統一テーマにした研究大会を開催しており，2010 年には 47 回を数えるまでになった。朝鮮史研究会には，朝鮮史のみならず他地域のアジア史研究者や文化人類学・政治学・経済学・社会学など，朝鮮・韓国に関心をもつさまざまな分野の研究者が集まり，新たな研究を目指して切磋琢磨している。近年では，大会・月例会を問わず，韓国をはじめとする諸外国からの参加者も目につくようになってきている。朝鮮史研究会は，日本における朝鮮史研究者の結集の場であるのと同時に，研究を通じた国際交流の場でもある。

朝鮮史研究会では，会員の研究論文を年に 1 回刊行される学術年報誌『朝鮮史研究会論文集』で世に出してきた。本誌は世界各国の大学・研究機関・図書館等に寄贈され，日本における朝鮮史研究を紹介し，国際的な研究交流の一翼を担っている。さらに，同誌には前年 1 年間に日本で上梓された朝鮮史の学術論文・単行本の目録を掲載し，研究会のホームページにおいて，これまでに蓄積してきたデータを研究文献目録として公開している。本ホームページには，その他の朝鮮史研究会の活動に関するお知らせや活動記録も掲載している。本書と合わせて利用されたい。

本書が朝鮮史研究に関心をもつすべての方々に利用され，研究進展の一助としていただくことを執筆者一同，心より願っている。

2011 年 5 月

朝鮮史研究会会長　吉田光男

目　次

はじめに　i

緒　論　朝鮮史研究の課題と現況 …………………………………… 1

1　朝鮮史研究の意義と課題　1

2　日本における朝鮮史学史　3

〈1〉近代歴史学成立期における朝鮮史研究　3 ／〈2〉植民地支配期における朝鮮史研究　3 ／〈3〉戦後における朝鮮史研究の再出発　4 ／〈4〉1980年代以降の朝鮮史研究　5

3　日本人の朝鮮認識　8

4　歴史認識・朝鮮史教育の問題　9

5　本書のねらいと構成　11

第1章　先史時代の朝鮮半島 ……………………………………… 13

1　旧石器時代　13

〈1〉前・中期旧石器時代　14 ／〈2〉後期旧石器時代　17

2　新石器時代　18

〈1〉土器編年　19 ／〈2〉生業と道具類　21 ／〈3〉集落・貝塚と埋葬遺構　22 ／〈4〉地域間交流　23

3　青銅器時代・初期鉄器時代　23

〈1〉時代区分と名称　23 ／〈2〉編年上の問題　25 ／〈3〉社会と文化の理解　28

第2章　国家形成と三国 …………………………………………… 31

1　総　説　31

2-a　古朝鮮・漢四郡・三韓（文献史学）　33

〈1〉古朝鮮　33 ／〈2〉漢四郡　35 ／〈3〉三韓　36

2-b　楽浪・三韓（考古学）　37

〈1〉楽浪　37／〈2〉三韓　40

3-a　高句麗（文献史学）　43
　〈1〉全般　43／〈2〉史資料　43／〈3〉金石史料　44／〈4〉政治・文化　47／〈5〉対外関係　48

3-b　高句麗（考古学）　49
　〈1〉墓制研究　49／〈2〉山城・王城　51

4-a　百済（文献史学）　53
　〈1〉建国期の諸問題　53／〈2〉百済の国家体制　55／〈3〉新たな資料の出現　56

4-b　百済（考古学）　57
　〈1〉漢城時期　58／〈2〉熊津・泗沘時期　60／〈3〉栄山江流域　62

5-a　新羅（文献史学）　62
　〈1〉初期記事の評価　62／〈2〉金石文の発見　63／〈3〉木簡研究の進展　65

5-b　新羅（考古学）　67
　〈1〉土器　67／〈2〉墓制　68／〈3〉慶州以外の地域との関係　70

6-a　加耶（文献史学）　71
　〈1〉全体　71／〈2〉対外関係　72／〈3〉権力構造　73

6-b　加耶（考古学）　74
　〈1〉土器　75／〈2〉馬具　76／〈3〉墓制　77／〈4〉周辺地域との交渉　77

第3章　統一新羅と渤海　79

1　統一新羅　79
　〈1〉王京の発掘と復元　79／〈2〉王京の木簡　82／〈3〉骨品制　83／〈4〉村落文書　84／〈5〉東アジアのなかの新羅　86

2　渤　海　87
　〈1〉渤海史全般　88／〈2〉対外関係　89／〈3〉地方支配体制　90／〈4〉宗教・政治・制度　91／〈5〉史料研究　92／〈6〉考古学　93

第4章 高麗 ……………………………………………… 95

1 政治史・対外関係史 95

〈1〉高麗王朝の成立と展開 95 ／〈2〉高麗前期の対外関係 101 ／〈3〉武臣政権と対モンゴル関係 104 ／〈4〉高麗末期の政治変動と国際環境 108

2 経済史・社会史・文化史 110

〈1〉土地制度と農業 110 ／〈2〉収取体制とその他の経済史関連分野 114 ／〈3〉郡県制と地域・村落社会論 116 ／〈4〉身分制度と家族・親族研究 121 ／〈5〉文化史——仏教・儒教・美術・印刷文化など 124

第5章 朝鮮 ……………………………………………… 127

1-a 政治史（前期）127

〈1〉前期の政治制度と政治機構 127 ／〈2〉前期の政治権力と政治過程 132

1-b 政治史（後期）134

〈1〉後期の政治制度と政治機構 135 ／〈2〉政治勢力と政治過程 137 ／〈3〉19世紀——勢道政治と民衆運動をめぐって 140

2-a 対外関係史（前期）142

〈1〉明との関係 142 ／〈2〉日本との関係 143 ／〈3〉琉球および東南アジア諸国との関係 145 ／〈4〉女真人との関係 146 ／〈5〉壬辰倭乱 147

2-b 対外関係史（後期）148

〈1〉清との関係 148 ／〈2〉日本との関係 151

3 経済史 154

〈1〉経済史学の課題 154 ／〈2〉農業と土地所有 157 ／〈3〉財政制度と経済システム 160

4 社会史 165

〈1〉身分制をめぐって 165 ／〈2〉両班・士族と郷村社会史研究 168 ／〈3〉さまざまな身分・社会集団 170 ／〈4〉家族・親族の変容と社会の諸相 171

5 朝鮮王朝の思想と文化 174

〈1〉朝鮮時代の儒学史 174 ／〈2〉朝鮮前期性理学（朱子学）の受容とその深化 175 ／〈3〉朝鮮後期の性理学（朱子学）178 ／〈4〉

〈4〉その他の思想　182 ／〈5〉文化史　183

第6章　開港期・大韓帝国期 ……………………………… 187

1-a　政治・外交史（日清戦争以前）　187
〈1〉国際的契機をめぐって　188 ／〈2〉大院君政権・閔氏政権研究　189 ／〈3〉対外政策研究　190

1-b　政治・外交史（日清戦争～韓国併合）　193
〈1〉大韓帝国の再評価　193 ／〈2〉日清戦争～日露戦争期の政治と外交　194 ／〈3〉日露戦争～韓国併合　195

2　思想史・運動史　197
〈1〉開化派と開化思想　197 ／〈2〉衛正斥邪思想と義兵　202 ／〈3〉東学と甲午農民戦争，民衆運動　204

3-a　社会経済史（1）農業史・土地制度史・財政史　208
〈1〉農業　209 ／〈2〉光武量田・地契事業　211 ／〈3〉財政　212

3-b　社会経済史（2）商業・工業・貿易　213
〈1〉貿易と商品生産・流通　213 ／〈2〉商人・企業家の活動　215 ／〈3〉通貨・金融制度とインフラストラクチャー　218

4　文化史・教育史　220
〈1〉文化史研究の動向　220 ／〈2〉教育史　223

第7章　植民地期 ……………………………………………… 227

1　政治史　227
〈1〉研究の新たな動向　227 ／〈2〉植民地統治政策　229 ／〈3〉植民地支配機構と在朝日本人　232 ／〈4〉支配体制と朝鮮社会　233 ／〈5〉法制史　235

2　民族運動・社会運動史　236
〈1〉全般的動向　236 ／〈2〉通史など　239 ／〈3〉政治運動　240 ／〈4〉社会運動　246 ／〈5〉運動を支えた思想・理論　249 ／〈6〉新たな動き　251

3　経済史　253
〈1〉内在的発展論の戦略論　254 ／〈2〉民族経済論をめぐって　255 ／〈3〉資本主義的近代化　256 ／〈4〉小農社会論　257 ／〈5〉植民地工業化論　259 ／〈6〉植民地期農業史研究　262 ／〈7〉経済成長史アプローチ　263

4　文化史・社会史・教育史　266
　　〈1〉文化史・社会史研究の動向　266　／　〈2〉教育史　276
5　在外朝鮮人史　279
　　〈1〉関心の高まりと研究の活性化　279　／　〈2〉在日朝鮮人の形成とその活動　281　／　〈3〉戦時動員と「従軍慰安婦」　284　／　〈4〉在満朝鮮人　285　／　〈5〉在ロシア朝鮮人　288　／　〈6〉その他の地域の朝鮮人　288

第8章　現代史 ……………………………………………291

1　政治史　291
　　〈1〉概説書　293　／　〈2〉解放から分断へ　293　／　〈3〉朝鮮戦争と1950年代　296　／　〈4〉開発独裁から民主化へ　298　／　〈5〉北朝鮮　300
2　対外関係史　303
　　〈1〉日本との関係　303　／　〈2〉米国・中国・ロシアとの関係　306
3　経済史　309
　　〈1〉韓国経済の研究潮流　309　／　〈2〉北朝鮮経済の研究状況　317
4　社会史・文化史　318
　　〈1〉時代別概観　319　／　〈2〉主題別概観　323
5　在外朝鮮人史　325
　　〈1〉在日朝鮮人　326　／　〈2〉その他の地域における在外朝鮮人　331

文献一覧

　緒論　336　／　第1章　338　／　第2章　345　／　第3章　363　／　第4章　368
　第5章　378　／　第6章　404　／　第7章　417　／　第8章　439

附　録

　朝鮮史研究の手引き　460
　朝鮮史関係年表　493
　統治機構図　521

　あとがき　525

緒　論

朝鮮史研究の課題と現況

1　朝鮮史研究の意義と課題

　朝鮮は日本にとってはもっとも近い隣国であり，両者の間には古くから密接な交わりの歴史があった。近代においては日本が朝鮮を植民地として支配した結果，朝鮮の社会に多くの傷痕が遺された。この不幸な関係への反省に立って，日本と朝鮮の間に相互によく理解し，協力しあう友好的な関係を築いていくことがきわめて大切なことである。そのためにはさまざまな努力が必要であるが，日本人にとっては朝鮮の歴史をよく知り，そのことによって朝鮮の社会や文化について理解を深めていくことが不可欠である。ここに今日，日本人が朝鮮史を学び，研究する最大の意義があるといえる。

　本書において「朝鮮」というのは，地理的には朝鮮半島を指し，現在は北部の朝鮮民主主義人民共和国(チョソンミンジュジュイインミンコンファグク)（北朝鮮），南部の大韓民国(テハンミングク)（韓国）の二国に分断されている。朝鮮半島全域を領域とする国家の出現は朝鮮王朝(チョソン)のときであるが，「朝鮮史」はそれ以前に朝鮮半島を主な舞台として展開した諸国や諸種族の歴史を含めて構成される。この「朝鮮史」の枠組み・体系は，朝鮮王朝の時代以降に歴史的に形成されたものであって，それ自体が歴史的産物であると認識することが肝要である。例えば高句麗(コグリョ)や渤海(パレ)は現在の「朝鮮史」の体系に含まれるが，この両国家が存在した時期にあっては，高句麗は高句麗，渤海は渤海であって，それ以上でもそれ以下でもなかったと把握しなければならないのである。このように，「朝鮮史」が歴史的形成物であることを，実際の歴史の展開過程に沿って，史実

に即して明らかにしていくことが，朝鮮史研究の第一の課題であろう。

　朝鮮史研究の第二の課題は，「朝鮮史」の枠組み・体系の内容を充実させるということである。先史時代から現代に至るまで，各時期の政治・経済・社会・文化などの諸側面に関して，史料の精緻な分析を通じて，史実の究明を重ね，豊かな歴史像を提示していくことが求められている。本書の各章を通読していただければ明らかなように，日本における朝鮮史研究は，研究の蓄積が相対的に乏しい時代や分野がある。この点を克服していく必要がある。

　付言すれば，朝鮮時代政治史研究のように，史料が豊富であっても，日本においては専攻する研究者が少ないために研究が遅れている時期・分野がある。また韓国の国家記録院に所蔵された朝鮮総督府文書の閲覧が可能になって，植民地期の朝鮮総督府の支配政策については，従来より格段に精細な研究が可能になってきている。史料公開・発掘の進展もふまえて，史料を徹底的に調査・収集・検討して，実証精度の高い研究を生み出していくことが期待される。

　朝鮮史研究の第三の課題は，「朝鮮史」を「一国史」の枠内に止めることなく，世界史・アジア史・東アジア史のなかに位置づけて把握することである。

　1980年代以降，古代史研究においては武田幸男［1989］，李成市［1997］［1998］のように高句麗史・新羅(シルラ)史などを東アジア史のなかへ位置づける研究が進み，高麗(コリョ)の対モンゴル服属期を「元帝国の一員としての高麗王室」という新視角によって検討した森平雅彦［1998a］［1998b］などの研究が現れ，また高麗・朝鮮王朝と中国王朝との関係に関する研究もしだいに増加している。しかし，対外関係史研究は，例えば高麗と契丹（遼）・金など北方王朝との関係のように，空白部分も多い。中国王朝や北方王朝との関係が高麗・朝鮮王朝の社会にどのような変化をもたらしたかについては，今後検討を深めなければならないであろう。

　「一国史」的方法の克服がもっとも必要なのは，近現代史研究であろう。例えば，日本の朝鮮植民地支配の特質を把握するためには，イギリスのインド支配・エジプト支配，フランスのアルジェリア支配・ベトナム支配，アメリカのフィリピン支配など，欧米列強の植民地支配との比較研究を進め，帝国主義の植民地支配との共通性とともに日本の植民地支配の独自性・特異性を明らかにしなければならないと考えるが，このような研究はいまだ本格的にはおこなわれていない。

　第二の課題と第三の課題は一見相反するようにみえるが，両者は相ともに追究

して補完しあうべき課題である。

2　日本における朝鮮史学史

　ここでは，日本において朝鮮史研究がどのように成立し，どのような変化を遂げて，今日に至ったかをまず簡略にみておこう。

〈1〉　近代歴史学成立期における朝鮮史研究

　日本における近代歴史学は，1887 年に帝国大学文科大学にドイツ人リースが招聘され，徹底した史料批判を重視するランケの歴史学を伝えたことに始まる。1890 年代には日本史・東洋史・西洋史の三区分法が成立する。この草創期に朝鮮史研究は，東洋史学者の白鳥庫吉の檀君神話・古伝説批判，古代国名・地名・王号考証などを端緒として始まった（白鳥庫吉［1986］）。また 1905 年に韓国政府学政参与官に傭聘された幣原坦は，朝鮮時代の党争の研究に先鞭をつけた（幣原坦［1907］）。1908 年，白鳥は南満洲鉄道株式会社に働きかけて満鉄満鮮地理歴史調査部を設立させ，これを主宰した。事業は 1914 年に東京帝国大学文科大学に委嘱され，1915〜41 年に『満鮮地理歴史研究報告』16 冊が刊行されて，津田左右吉・池内宏・稲葉岩吉らが朝鮮・満州の歴史地理に関する論文を発表した。こうして朝鮮史と満州史を関連づけて捉える「満鮮史」研究が成立したが，それが日本の大陸政策を背景としたものであったことは否定できないことであった。

〈2〉　植民地支配期における朝鮮史研究

　1910 年の「韓国併合」後，朝鮮総督府は朝鮮古蹟調査事業を開始し，これには鳥居龍蔵・関野貞・黒板勝美・今西龍・浜田耕作・藤田亮策ら日本の代表的な考古学者・歴史学者が参加した。朝鮮総督府は 1925 年には朝鮮史編修会を設置した。編修会は 1932〜40 年に『大日本史料』の体裁に倣った『朝鮮史』6 編 35 巻を刊行するとともに，史料集として『朝鮮史料叢刊』を刊行した。修史官には

稲葉岩吉・藤田亮策・田保橋潔・末松保和・中村栄孝・田川孝三らが就任した。1926年には京城帝国大学が設置され，法文学部史学科を中心にして，今西龍・小田省吾・藤田亮策・末松保和・田保橋潔・四方博・奥平武彦らが教員となった。こうして朝鮮史編修会と京城帝国大学が日本人による朝鮮史研究の中心となったが，朝鮮人自身による研究の展開は制約された。

〈3〉 戦後における朝鮮史研究の再出発

1945年の日本の敗戦，朝鮮の解放は，日本人の朝鮮史研究の体制を弱体化させた。日本国内で朝鮮史研究の専任教員が配置された大学・研究機関はわずかであった。1950年に旧京城帝国大学関係者を中心に朝鮮学会が設置され，戦前からの朝鮮史研究者もこれに結集した。これと並行して在日朝鮮人の朝鮮史研究が，北朝鮮における研究の紹介を含めて盛んになり，日本人の若手研究者もしだいに現れ，これらの新しい動きを母体にして，1959年に朝鮮史研究会が設立された。

1960〜70年代の朝鮮史研究を主導した研究潮流は，戦前における日本人研究者の朝鮮史研究を朝鮮社会停滞論，他律論に立脚したものであると批判し，それに代えて朝鮮社会の自律的・主体的発展を究明しようとするものであり，「内在的発展論」と称された。

戦前における日本人の朝鮮史研究に対する批判は，旗田巍［1966］［1976］によく現れている。後者の論考において旗田は，①停滞論として，封建制欠如論を説いた経済学者の福田徳三・黒正巖，文化水準の遅れを説いた日本史研究者の萩野由之を，②他律性論として萩野由之と河合弘民を，③日鮮同祖論として日本史学者の喜田貞吉を，④満鮮一体論として稲葉岩吉を挙げて批判している。旗田による問題点の指摘は網羅的であったが，批判の対象とされたのは日本史研究者・経済学者が大半であり朝鮮史研究者は稲葉岩吉だけであった。

「内在的発展論」は，停滞論・他律性論を克服することを目指し，朝鮮社会内部の要因を基軸にして，その歴史的発展の全体像を描き，朝鮮社会独自の歴史的特質を明らかにしようとする方法論であった。これに沿って，1960〜70年代には，古代国家の形成過程，高麗・朝鮮王朝初期の郡県制と土地制度，朝鮮王朝後期の商品経済の発展と「資本主義萌芽の発生」，「実学」，近代の開化派・開化思

想などの研究において，多くの成果が得られた。その点は朝鮮史研究会編 [1981] に詳しく示されている。

〈4〉 1980年代以降の朝鮮史研究

しかし，「内在的発展論」の問題点を指摘する批判が，1970年代の半ばから起こるようになった。安秉珆 [1975] は北朝鮮や韓国における「資本主義萌芽」研究に対して，発展的要素のみを抽出する「浮彫的方法」であると批判した。また糟谷憲一 [1981] は，朝鮮近代政治史研究における「内在的発展論」の潮流に対して，① 一国史的方法であり，国際的契機と内部の諸変動との関連の究明が立ち遅れている，② 社会構成史・経済史研究との結合が弱い，③ 国家権力の動向，列国の侵略政策の展開を含めて政治過程を全体として構造的に究明するには至っていないと批判を加えた。宮嶋博史 [1984] は中国・朝鮮の資本主義的近代化を比較研究することの重要性を提起するとともに，両国における資本主義的近代化に際しての「儒教的エートス」の位置づけを試みる必要を説いた。これは一国史的方法からの脱却，儒教を近代化に対する阻止要因とみなすことへの見直しの主張であった。前近代史研究者では山内弘一 [1986] が，「独自・内在が，他・外の存在を前提として成立する概念である以上，独自・内在の概念自体について，従来つきつめた議論がなされなかったことは，十分注意されなければならない。他律・停滞から独自・内在へ評価が180度転換しても，その評価の基準がそのままであれば，対象を見る目が本質的に変化したとは言えないからである」と論評を加えた。

朝鮮近代史研究における「内在的発展論」を概観した並木真人 [1990] は，「内在的発展論」に立脚した朝鮮近代史像は西欧的な近代を前提とする歴史像であると批判した。その批判対象として挙げられたのは，姜在彦の開化派研究（姜在彦 [1970] [1980] など）や梶村の社会経済史研究（梶村秀樹 [1977]）であった。これに対して，橋谷弘 [1991] は，近現代史研究における「内在的発展論」には，① 近代的な，欧米をモデルとする発展を主張する立場と，② 非欧米的発展への志向性を見出そうとする立場とがあると整理した。

「内在的発展論」をめぐる議論とともに，方法論上の検討として注目されるのは，近代に形成される「国民国家」の枠組みを過去に投影させる方法への批判が

提起されたことである。その初期のものは，木村誠［1988］，李成市［1988］［1991］であるが，「朝鮮史」の枠組みを歴史的形成物と捉える視点は，朝鮮史研究全体を通じて共通の認識とされるべきことである。

　このように方法論をめぐっての批判・論点整理がなされたことは注目すべきことであったが，1980年代以降には研究の細分化が進む一方，利用できる史料の増大を基盤として実証精度の高い個別研究が多く発表されるようになった。朝鮮史担当教員の配置される大学がしだいに増加したこともこの傾向を促進したが，韓国における研究が1980年代以降にめざましい発展を遂げ，その研究成果を学ぶことによって，日本における研究も促進される関係が強まったことも特筆されるべきことである。1990年代以降には韓国への史料調査，留学の機会が増したこともそうした傾向を促進した。

　ここで，1980年代における韓国における研究動向に概括的にふれておきたい。第一に，旧石器時代から現代に至るまで，史資料の発掘・調査・整理が精力的に進められ，以前に比して利用できる史料が大きく増加した。このことによりあらゆる時代・分野において研究の実証的水準が著しく向上したといえる。第二に，1980年代後半における韓国の民主化にともない歴史研究の自由が増したこともあって，歴史研究の対象が大きく拡大したことである。そのことによって，あらゆる時代の，社会・政治・経済・思想・文化などのさまざまな分野について歴史事象の多様で複雑なあり方をそのままに認識し，そこから対象の構造や発展の論理を歴史に内在するものとして分析することが一歩一歩可能になってきたといってよい。個々の時代，分野について具体的にどのような研究の進展があったかについては，本書各章を参照していただきたいが，ここでは特に韓国における近年の研究成果が日本の朝鮮史研究に大きな影響を与えてきたこと，今後も韓国の研究動向に注目し，交流を進めていくことの重要性を強調しておきたい。

　さて，1980年代以降の日本における朝鮮史研究は，どのような成果をあげてきたであろうか。考古学においては，土器，住居・集落遺跡，墳墓などの調査の進展を受けて，社会関係，国家形成過程についての議論が着実におこなわれてきた。古代史研究では，相次いで発見された新羅の碑文・木簡の検討を含めて新羅国家形成史研究が進展し，高句麗史・伽耶史・渤海史研究で多くの研究成果が得られた。高麗史は1970年代以前に比して個別研究の数が減退したが，近年に至って若手の研究者が相次いで登場し，再び多様な研究が展開されるきざしがみ

えてきている。朝鮮時代史の研究は1980年代以降に政治，経済，対外関係，社会，思想，文化などの諸分野にわたって急速に研究が進展し，1970年代までに比べれば，はるかに具体的で豊かな歴史像を提示できるようになったといえる。近現代史研究においては，研究者の多くが植民地期の研究に従事して，この時期の研究が厚みを増してきている。開港期・大韓帝国期に関する研究においては，対外関係史研究が盛んになり，一国史的方法からの脱却がある程度進みつつある。現代史の研究が，扱う範囲がまだ不十分であっても，着実に基盤が固められてきていることも，新たな動向として特筆すべきことである。また，在日朝鮮人史研究も1976年の在日朝鮮人史研究会関東部会，1979年の同会関西部会の発足によって，大いに進展するようになった。

以上のように，1980年代以降，ことに1990年代以降の朝鮮史研究は，主として個別研究の蓄積という方向で歩んできたといえる。それは当然歩むべき道であったと考えるが，個別研究の蓄積をふまえて，朝鮮史の全体像をどう捉えるべきかについて，あらためて本格的に検討すべき段階にきたのではないかと指摘しておきたい。その際，検討のための素材として注目すべきは，宮嶋博史［2004］［2006］である。

宮嶋博史［2004］は，「内在的発展論」の問題点として，①朝鮮史の発展を捉えるモデルがヨーロッパや日本の歴史発展に求められたこと，②内在的な要因を重視するあまり，朝鮮史の展開を東アジア世界との有機的な関連の下で捉える試みが行われなくなったことを挙げている。その上で，「東アジアの初期近代」という捉え方を提起している。それは，①中国の富を原動力として世界経済が起動し始めた16世紀以後が「近代」である。②宋代に始まり，明代に確立した，朱子学・科挙官僚制を基礎とする中国の国家体制は，朝鮮王朝でも成立した。③徳川日本でも武士は領域支配者としての性格を失って，中国の士大夫や朝鮮の両班と共通の面をもつようになり，それを前提として朱子学が受容された。④東アジアの「初期近代」にはこのような共通性があった。⑤19世紀中葉のウェスタン・インパクト以後，東アジアは第二段階の「近代」，「後期近代」に入るが，第二段階の東アジアにも「初期近代」の刻印が強く刻まれた，などの諸点である。宮嶋博史［2006］では，朱子学に基づく国家体制の基盤には集約的稲作の確立にともなう小農社会の形成があったこと，朝鮮社会の朱子学化の背景にも小農経営の確立があったことを詳しく説いている。この問題提起は，16世紀

から今日まで，経済・政治・社会・思想・文化の諸領域にまたがった壮大な枠組みを示したものである。朝鮮王朝時代，近現代史の研究者だけでなく，朝鮮史研究者が自らの研究に照らして，その説が妥当であるか否かを具体的に検討してしかるべきものであると考える。

3　日本人の朝鮮認識

　近代日本における朝鮮史研究が成立した背景ともなり，またそれによって形成された面も大きいのは日本人の朝鮮認識である。ここでは，1980年代以降の近代日本人の朝鮮認識の研究動向を概観する。
　この分野の研究が盛んとなったのは，北原スマ子他編［1995］，琴秉洞編［1999］などの資料集の刊行，『朝鮮』・『朝鮮及満洲』・『韓半島』など当時の雑誌の復刻が相次いでおり，資料状況が好転したことがその背景として挙げられる。また，このテーマに関する研究文献目録として刊行された園部裕之編［1996］はきわめて有用である。このテーマにおいて対象となる日本人は，政治家，思想家，宗教家，歴史学者・植民政策学者などの学者，ジャーナリストと多様であり，研究文献の数も多いので，個別研究の全容については文献目録を使った検索に委ね，以下では筆者が重要と考える研究について言及したい。
　姜徳相［1983］は，明治・大正期に政治家・思想家などではない民衆のあいだに朝鮮に対する差別観・蔑視観が浸透していく過程とその要因を分析したものであり，このテーマに関しては必読の文献である。一人の研究者による体系的な著作としては，吉田松陰から西郷隆盛に至る征韓論を扱った吉野誠［2002］，「朝鮮浪人」の朝鮮認識と政策論を扱った姜昌一［2002］，幸徳秋水から1930年代までの社会主義者の朝鮮認識を扱った石坂浩一［1993］などが貴重な成果である。また，日本人の朝鮮文学観を扱った梶井陟［1986］も注目される。このテーマを考察するにあたっては，歴史社会学の立場から近代の日本人論と他者認識について言及している小熊英二［1995］も一読されるべきであろう。
　朝鮮史研究者として特に重要な課題は，戦前の朝鮮史研究者の記述に現れた朝鮮認識の批判的検討である。朝鮮史学史の項において述べたように，1960年代以降，戦前の朝鮮史研究について停滞論・他律性論であるとの批判が加えられて

きた。しかし，具体的に検討の対象とされた研究者・文献は限られていたし，戦前における日本人学者の朝鮮史研究の体系と方法を全体としてどう捉えるかを検討する課題が残されていた。1990年代以降，白鳥庫吉に関して三ツ井崇［1999a］［2000］，稲葉岩吉に関して寺内威太郎［2004］，井上直樹［2006］，今西龍について林直樹［1999］，黒板勝美に関して李成市［2004］，金沢庄三郎に関して石川遼子［1997］，三ツ井崇［1999b］［2004］などの研究が相次いで登場し，史学史・学問史の検討はようやく盛んになってきている。今後，草創期だけでなく，日本人学者による朝鮮史研究の確立期ともいうべき1920～30年代の研究についても広範囲な検討がおこなわれることが期待される。

4　歴史認識・朝鮮史教育の問題

　日本において朝鮮の歴史に対する理解を広げ，そのことによって日本と朝鮮とのあいだに相互に理解し，協力しあうための知的基盤を築いていくことが，大学を含む学校教育，また社会教育の場における朝鮮史教育の役割である。こうした朝鮮史教育の教材研究を支えるのは，朝鮮史研究の成果である。(1) 大学において朝鮮史担当の教員の配置を増やし，学生が授業に接する機会を増やすこと，(2) 高等学校の歴史教科書における朝鮮史の記述を増やし，体系的な理解が得られるようにすることが，朝鮮史研究の成果を教育に反映していくためには必要な課題である。

　歴史教科書における朝鮮関係の記述が少ない現状の下で，その叙述内容を研究の到達点から乖離したものにさせようとする動きが，1980年代以降，しばしば起きた。その重大なものは2つある。第一は1982年の歴史教科書検定問題である。これは，同年の高校の日本史・世界史教科書に対する検定において，文部省が重要な点について記述を修正させた問題であり，朝鮮史関係でもかなり多くの記述が「修正」させられた。これに対して，宮田節子［1982］，梶村秀樹［1982］らが研究の到達点に基づいた批判をおこなった。

　第二は，「新しい歴史教科書をつくる会」による中学歴史教科書の問題である。2001年に「新しい歴史教科書をつくる会」編の中学歴史教科書が検定に合格したが，この教科書は検定申請本（いわゆる白表紙本）が出回るという状態であっ

たので，朝鮮史研究会関東部会幹事会ではその朝鮮史関係の記述を検討し，その結果を糟谷憲一［2001］などとして発表し，歴史研究の成果から著しくかけ離れたものであることを批判した。「新しい歴史教科書」の問題は今日まで続いているが，歴史研究と歴史教育，歴史認識の関係の問題は引き続き問い直されなければならない課題である。

　朝鮮史研究と朝鮮史教育，歴史認識の問題を考える上では，日本と韓国の歴史教育者・歴史研究者の交流が進んだことに注目する必要がある。1998年からは一橋大学・ソウル大学校の歴史研究者を中心とする「日韓歴史共同研究」が進められてきた。その一端は糟谷憲一［2006］に紹介されている。日韓両国の歴史学・歴史教育関連10学会共催による「日韓合同歴史研究シンポジウム」が2001, 2003, 2005年に3回開催された（10学会とは韓国側の歴史学会・歴史教育研究会・日本史学会・韓国史学会・韓国歴史研究会，日本側の歴史学研究会・歴史科学協議会・歴史教育者協議会・日本史研究会・朝鮮史研究会である）。その2回目までの内容は，歴史学研究会編［2004］として刊行されている。また，日韓両国のあらゆる分野の歴史研究者の合同の研究会として，両国の国際歴史学会議国内委員会が中心となった組織委員会によって「日韓歴史家会議」が2001年以来，日本と韓国で交互に開催されている。以上の学術交流の動きと性格をことにするが，2000年の日韓首脳会談の合意に基づいて，2001年に日韓歴史共同研究委員会（第1期）が発足し，その研究報告書として日韓歴史共同研究委員会編［2005］が刊行された。続いて2007年に第2期日韓歴史共同研究委員会が発足し，その研究報告書として，第2期の日韓歴史共同研究委員会編［2010］も刊行された。

　日韓，あるいは日中韓の歴史共通教材をつくる試みも進んだ。その第一は，1997年に発足した東京学芸大学・ソウル市立大学校の歴史研究者を中心とした日韓の共通教材づくりである。2005年まで作業がおこなわれ，最終成果は歴史教育研究会（日本）・歴史教科書研究会（韓国）編［2007］として刊行された。この共通歴史教材づくりの経過は，木村茂光［2006］，君島和彦［2009］に詳しい。第二に，日本の歴史教育者協議会の日韓歴史教育者交流委員会と韓国の全国歴史教師の会の日韓歴史教育協議会との交流が2001年に発足し，授業実践の交流と副教材の作成が進められたことである。副教材づくりの結果は，日本では歴史教育者協議会（日本）・全国歴史教師の会（韓国）編［2006］として刊行され

た。第三に，2002 年に発足した日中韓三国の歴史研究者による共通副教材づくりである。その成果は，日本では日中韓三国共通歴史教材委員会編［2005］である。以上の動きは，歴史教育をめぐる日韓，日中韓の対話を前進させる貴重な試みであるといえる。

5　本書のねらいと構成

　日本における朝鮮史研究者の多くが加わっている朝鮮史研究会は，これまでに朝鮮史研究会・旗田巍編［1966］，朝鮮史研究会編［1981］を刊行してきた。朝鮮史研究会編［1981］の刊行以来，すでに 30 年近くとなったが，この間に第 2 節第 4 項で概観したように新たな研究成果が多く世に出され，朝鮮史の体系的・多面的な把握へ向けて着実な前進があったといえる。このような朝鮮史研究の到達点をふまえると，朝鮮史研究会編［1981］は今日なおその価値を有しているとはいえ，新しい研究成果が反映されておらず，今日における研究入門書としてはまことに不十分である。このため朝鮮史研究を新たに目指す人々への適切な手引となるとともに，朝鮮史研究の動向を的確に摑みたいという隣接各分野の研究者の要求に応えるために，本書を刊行するしだいである。

　本書の編集は，次のようなねらいと方針の下におこなった。
 (1) 日本における朝鮮史研究の入門書としての役割を担う。
 (2) 研究史の整理および研究の方法論の検討を行い，研究史上の問題点や研究の課題が明らかになるようにする。
 (3) 研究の整理・検討に際しては，朝鮮史研究会編［1981］刊行以後に発表された研究に重点をおき，それ以前の研究については必要に応じて言及する。韓国において発表された研究については，網羅的に言及することは困難なので，主に研究書を取り上げ，単行論文については重要度の高いと判断したものに限る。

　本書は時代順に，先史時代の朝鮮半島，国家形成と三国，統一新羅と渤海，高麗，朝鮮（以上，前近代），開港期・大韓帝国期，植民地期，現代史（以上，近現代）の 8 章から構成されている。以上の各論の他に，附録を付した。附録は，通史・概説の紹介，基本史料・工具書の解説，主要史料所蔵機関案内などから構

成され，充実した研究の手引としての役割を担うことを期した。また，各論の理解に資するために，朝鮮史関係年表・歴代の機構図も付した。

　本書を手になさった方が，関心のある時代・分野を読み，朝鮮史の研究案内として活用していただくとともに，通読されて朝鮮史研究の現状と課題について理解してくださるならば，まことに幸いなしだいである。　　　　（糟谷　憲一）

⇒ 文献一覧 pp. 336～337

第 1 章

先史時代の朝鮮半島

1　旧石器時代

　1935年に調査された咸鏡北道穏城・潼関鎮遺跡の絶滅動物化石を整理した直良信夫は，化石に石器や骨角器が共伴すると報告し，それらが旧石器時代の遺物であると主張した（直良信夫［1940］）。しかし，朝鮮半島における旧石器時代の本格的な調査研究は，1963年に咸鏡北道先峰（雄基）・屈浦里西浦項遺跡の下層から，1964年に忠清南道公州・石壮里遺跡から，それぞれ旧石器がみつかったことに始まる。その後，大同江流域や南漢江上流域における石灰岩地帯での発掘調査により，動物骨化石や人骨化石に石器が共伴する例が知られるようになった。また臨津江流域では，後述する全谷里遺跡の発見をきっかけとして，集中的に調査が進められた。1990年代以降に発掘調査件数が急増する中で，韓国では，それ以前には旧石器時代の遺跡が知られていなかった地域においても，遺跡の発見と調査が相次いでいる。1999年には韓国旧石器学会が設立されて，2000年からは機関誌『韓国旧石器学報』の刊行が始まり，2001年には，代表的な旧石器時代の遺跡から出土した資料を集めた特別展が，延世大学校博物館で開催された（延世大学校博物館編［2001］）。こうした朝鮮半島における旧石器時代研究の動向は，日本では『旧石器考古学』誌などで，その研究成果が翻訳・報告されてきた。また，日本列島の旧石器文化との関係を考慮しながら韓国における旧石器文化の変遷と特質を総合的に検討した日本語文献として，金正培［2005a］がある。

　このように，朝鮮半島における旧石器時代研究は，50年足らずの歴史しかな

く，旧石器時代の時期区分や石器群の変遷，といった基本的な問題においても課題が少なくない。本節では，旧石器時代を前・中期と後期にわけ，実年代を推定するために大きな役割を果たすことが期待されてきた自然科学的な検討の動向とともに，研究の現状を概観する。

〈1〉 前・中期旧石器時代

　朝鮮半島における旧石器時代は，ヨーロッパや中東での研究成果を参照しつつ，前期・中期・後期に区分されることが多い。そのうち後期が，石刃技法の出現で代表されることについては，多くの研究者の認めるところである。それに対して前期・中期については，ヨーロッパと同様の石器製作技術の特徴によって定義されたわけではない。例えば，平壌（ピョンヤン）・コムンモル遺跡で動物化石とみつかった石器や，石壮里遺跡の下層からみつかった石器が，前期・中期を代表する旧石器であるとする報告については，遺物の年代がヨーロッパにおける前期・中期旧石器時代まで遡りうるのかどうか，またそもそもそれらが人工遺物であるのかどうかについて，疑義がだされてきた（クラーク［1984］）。

　そうした前・中期旧石器時代研究を大きく転換するきっかけとなったのが，臨津江（イムジンガン）流域に位置する京畿道（キョンギド）漣川（ヨンチョン）・全谷里（チョンゴンニ）遺跡の発見である。1978 年にアメリカ軍人が発見したこの遺跡から出土した石器は，石英や硅岩を主な石材とした，両面加工の石核石器（礫石器）や大型剝片石器であった。なかでもハンドアックスは，ヨーロッパの前期旧石器文化を代表するアシュール文化の石器と類似することが世界的に注目され，日本でも早くから紹介がなされてきた（芹沢長介［1982］，鄭永和［1984］［1985］など）。同様の石器は，金坡里（クムパリ）遺跡，舟月里（チュウォルリ）・佳月里（カウォルリ）遺跡など臨津江流域の遺跡で発見・調査されているほか，韓国各地で発見例が増えている（国立大邱博物館［2008］）。こうした石核石器については，ハンドアックスの形態的な類似性から，アシュール文化に並行する前期旧石器と考える説（鄭永和［1984］［1985］）が提出された一方，アフリカの中期旧石器時代にあたるサンゴ文化の石器と対比できるという見解（クラーク［1984］）に代表されるように，前期旧石器時代まで遡らせることに慎重な意見もだされてきた。

　型式学的な検討だけでは分類・編年が容易ではない石核石器の，時間的な位置づけを明らかにするために進められてきたのが，全谷里遺跡をはじめとする臨津

江流域における遺跡形成過程の地質学的な検討や，さまざまな自然科学的年代測定の試みである（李鮮馥［1998］［2000］）。石器群の上限を明らかにするために進められてきたのが，遺物が包含される層の基盤岩を形成する玄武岩のカリウム–アルゴン年代測定や，フィッション・トラック年代測定である。その数値にはばらつきがあることが問題とされてきたが，最近の研究では，玄武岩台地を形成した溶岩流の流出は少なくとも2回あったことが報告されている（長岡信治他［2008］）。

　玄武岩の上に堆積した，石器を包含する土層の形成過程と年代推定については，臨津江流域以外の旧石器時代の遺跡でも広く確認されている，ソイルウェッジ（土壌楔）と呼ばれる地割れの成因を寒冷な気候に求め，世界的な気候変動と対比することで年代を推定しようとする研究が注目されてきた（李東瑛［1992］）。ただ，ソイルウェッジの成因については，寒冷気候以外の要因に求める説もあり，さらなる地質学的な検討が望まれている。一方，全谷里遺跡や慶尚南道密陽・古礼里遺跡などでの土壌分析によって，日本列島における旧石器時代遺跡の広域編年の手がかりとなってきた姶良丹沢火山灰（約24,000年前）が見出されたことにより，火山灰が朝鮮半島の旧石器時代の編年研究においても活用できることが明らかになった（李鮮馥［1998］）。その後，姶良丹沢火山灰が検出された遺跡は増えている。さらに最近の全谷里遺跡の調査では，姶良丹沢火山灰の下層から鬼界葛原火山灰（約90,000年～95,000年前）が発見された。この火山灰のさらに下層に石器の包含層が確認された（松藤和人他［2005］）ことは，朝鮮半島における旧石器時代の始まりを考える上で重要な成果である。自然科学的検討と考古学的検討の総合的な調査成果報告としては，臨津江流域における松藤和人編［2008］や，栄山江流域における李憲宗他［2006］をあげておきたい。

　以上のような自然科学的分析の成果の参照と，石器自体に対する研究の蓄積により，全谷里遺跡出土例に代表される石英・硅岩などを素材とする大型石器群の中心年代が，石刃技法をはじめとする剥片石器中心の石器群で代表される後期旧石器時代よりも遡る点については，ほぼ意見の一致をみている。その上で検討されるべき大きな問題は，石核石器群の上限と，後期旧石器時代の石器群の出現に至るまでの変遷過程をどのように推定するかであろう。李憲宗［2000］や絹川一徳（絹川一徳［2002］，小畑弘己・絹川一徳［2003］）などが指摘するように，石英・硅岩などを用いた石器群には，ハンドアックス石器群以外に，大型剥片を用

16 —— 第1章　先史時代の朝鮮半島

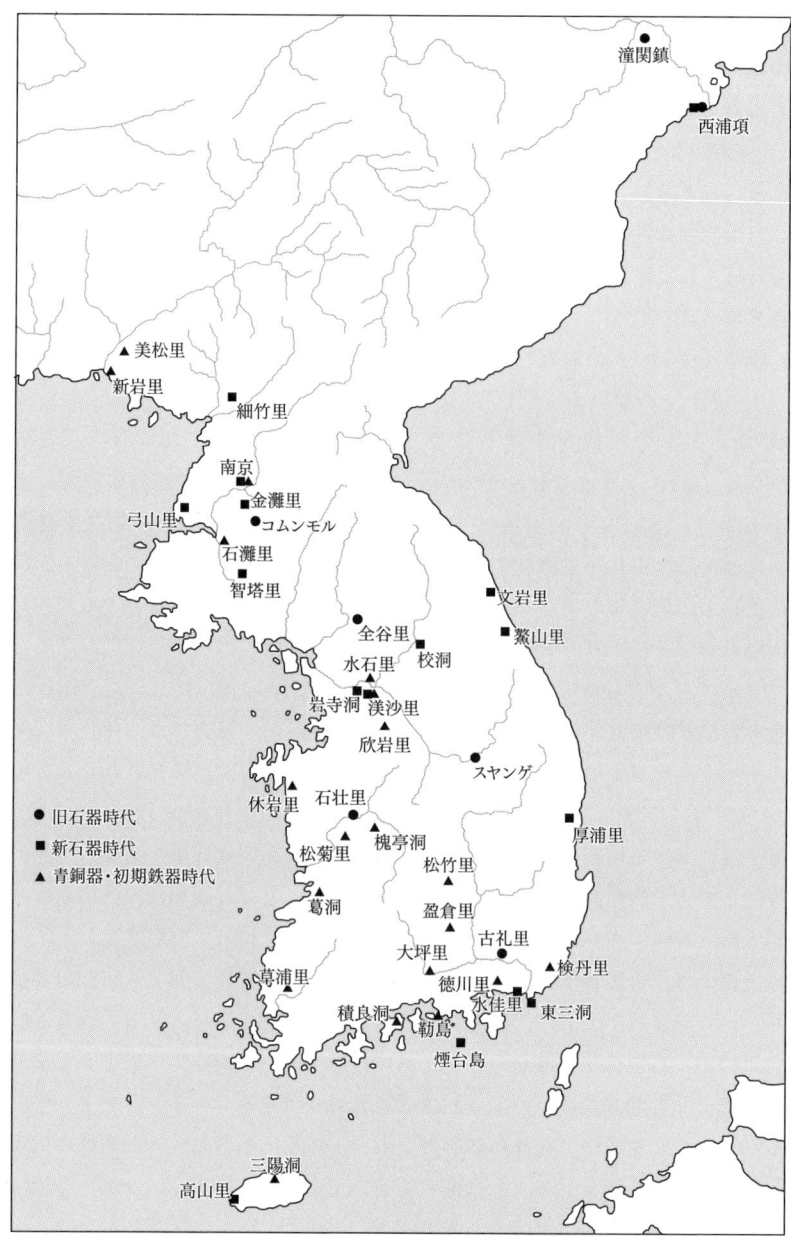

図1-1　先史時代の朝鮮半島

いた石器群や，大型剥片石器と多様な剥片剥離技術がみられる石器からなる石器群などがある。これらの石器群の関係については，時間差を示すと考える研究者が多いが，単線的な型式学的変遷をみせるわけではないようであり，李憲宗のように地域差とみる説もある。朝鮮半島南部地域においては，李起吉［2002］や小畑弘己（小畑弘己・絹川一徳［2003］）が，地質学的な知見をもとに，製作技術や使用石材の変化を考慮した編年案を提示している。金正培［2005a］は，火山灰やソイルウェッジによる相対編年を参照しつつ，石核石器を中心とする朝鮮半島の前期・中期旧石器の系統の中で，石核石器の定型化にともなう細かい加工が始まる段階を，石器群の大きな構造変動として評価した。今後も，地質学や自然科学的分析の成果を参照しつつ，石器群の時空的な広がりを明らかにするための分析作業が続けられることが期待される。

〈2〉　後期旧石器時代

　朝鮮半島における後期旧石器時代を考える上で重要な役割を果たしてきたのが，南漢江流域に位置する忠清南道丹陽・スヤンゲ遺跡である。忠州ダム建設工事にともない，1983年から調査が始まり，剥片尖頭器に代表される石刃石器群と，クサビ形細石刃石核やスキー状スポールなどに代表される細石刃石器群が，同一層から発掘された。九州において剥片尖頭器が姶良丹沢火山灰の直上から出土し，細石刃石器群が出現する前に姿を消すことを示した松藤和人［1987］は，剥片尖頭器の系譜を探る中でスヤンゲ遺跡出土例に注目した。その後，古礼里遺跡や，全羅北道鎮安・チンヌグル遺跡などでも剥片尖頭器の類例が知られるようになって，韓国においてもその系譜と年代についての関心が高まった（朴英哲［2000］，張龍俊［2001］［2004］［2005］）。2004年には，忠北大学校博物館との共催により，明治大学博物館が『韓国スヤンゲ遺跡と日本の旧石器時代』という題目で，特別展と国際シンポジウムを開催し，スヤンゲ遺跡から出土した代表的な石器群が展示された（明治大学博物館他［2004a］［2004b］）。韓国での資料の増加にともない，李隆助・尹用賢［1994］［2005］，張龍俊［2002a］［2002b］，小畑弘己［2003a］［2003b］などのように，石刃技法や細石刃技法を整理検討する研究も進んでいる。張龍俊［2007］は，後期旧石器の製作技法と編年研究を総合的にまとめた著作である。

後期旧石器時代の詳細な編年を検討する上でも，姶良丹沢火山灰やソイルウェッジなどの地質学的研究の成果や，放射性炭素年代測定などの自然科学的な分析結果が，大きな手がかりとなっている。しかし，前期・中期旧石器時代に比べて遺物包含層が薄く，異なる製作技術により製作された石器群が，同じ包含層内に共伴することが少なくない。そうした場合，日本の研究者は日本列島など周辺地域における石器群の展開を参照しながら，石器群の違いを時間差とみなす場合が多い。例えば，剥片尖頭器に注目した松藤和人［1987］や，石刃技法の発展や細石刃技法の出現を指標として石器群の変遷を想定した白石典之［1989］は，出土地点の違いを根拠として，スヤンゲ遺跡の石刃石器群と細石刃石器群の間に時間差があると考えた。これに対して韓国の研究者は，同様な状況を，異なる石器群が共存していたと判断する傾向が強い。例えば，スヤンゲ遺跡などにみられる空間的な石器の器種構成の違いについて，金正培［2005b］は，器種ごとに別地点で製作をおこなった結果であると解釈している。朝鮮半島における剥片尖頭器の出現時期や，細石刃石器群の出現時期についても，韓国側の報告は，日本の研究者の見解に比べて古く見積もる傾向にある。このような後期旧石器の系統と年代の問題は，黒曜石に代表される石材の移動の問題（小畑弘己［2009］，大谷薫［2009］）を含め，朝鮮半島だけではなく，日本列島・中国東北地方・ロシア沿海州などを含めた周辺地域の動向と比較検討する中で解決されていく必要があるだろう。

（吉井　秀夫）

⇒ 文献一覧 pp. 338~339

2　新石器時代

今から1万3千年ほど前にヴュルム氷期が終了し，気候の温暖化にともなう海水面上昇や動植物相の変化など，人類を取り巻く生活環境に大きな変容が生じることとなる。そして，それに対応する形で，人類が「土器の発明」，「磨製石器の使用」，「狩猟具の変化（石鏃の出現）」，「農耕・牧畜，定住生活の開始」などに特徴づけられる新たな生活方法・食料獲得手段を考案することによって旧石器時代から新石器時代（日本では縄文時代）への転換が行われたとされている。しかし，これらの文化的な変化は世界各地で同様に認められるのではなく，時期差や

地域差があったことが明らかになってきている。例えば，現在のところ，朝鮮半島では新石器時代への転換とともに「土器の発明」や「狩猟具の変化」は認められるものの，その他の要素については不明確であるか，その後一定期間をおいてから開始されることが分かっている。このことは，人類が，更新世から完新世という地球規模での環境変化への対応として，それぞれが直面するさまざまな状況の中で多様な選択を行いつつ適応していったことを示しているのである。

　朝鮮半島における新石器時代への移行について，まだ資料的に満足のいく説明を行える段階にない。しかし，先述したように土器と打製石鏃の出現をひとつの画期と捉え，その後の青銅器時代の土器である無文土器の出現以前までを朝鮮半島における新石器時代として把握することで時間幅の設定は可能である。ここでは，朝鮮半島新石器時代について1980年代以降に発表された研究成果を中心に概観することを目的とするが，限られた紙数の中で膨大な研究内容のすべてを紹介することは困難である。したがって，ここではいくつかのテーマにしぼる形で整理することとし，割愛したテーマや内容については，国史編纂委員会編［1983］［1997］，徐国泰［1986］，金用玕［1990］，李成周［1992］，早乙女雅博［2000］，林尚澤［2007a］，平郡達哉［2008］などで補っていただきたい。特に，李成周［1992］は韓国考古学の黎明期以降の主要な論著について非常に詳細かつ簡潔に整理されており，参考文献を探す際にも役立つ一冊となっている。

〈1〉 土器編年

　朝鮮半島新石器時代土器は，特徴的な幾何学沈線文土器が北ヨーロッパからシベリア，北アメリカにかけて分布する「Kamm Keramik」と同系統であると考えられ，それが「櫛目文土器」という名称の由来ともなったが，その後，別個の土器であるとして「幾何文土器」の名称の使用が提案されたり，「櫛文土器」「櫛歯文土器」などの用語が提唱されたりもした。このように現在もさまざまな名称で呼称されているが，朝鮮半島の新石器時代土器には沈線文によって幾何学文様が施された土器以外にも粘土紐を器面に貼り付けて装飾を施した隆起文土器や刺突文土器・押引文土器など多様な文様の土器が存在していることから，ここでは青銅器時代の「無文土器」に対する「有文土器」という名称を使用しておく。

　最古の有文土器として，慶尚南道統営郡上老大島上里貝塚の発掘調査を契機に

隆起文土器が注目され始め，1990年代以降，李東注［2002］などによって精力的な研究が進められている。その隆起文土器の系統問題については，朝鮮半島の隆起文土器とシベリア地方や中国東北地方の隆起文土器との関係（鄭澄元［1985-86］，李東注［2002］）と日本列島縄文時代前期の轟(とどろき)B式土器との関係（江坂輝彌［1976］［1985］，広瀬雄一［1986］）などが指摘されていたが，最近の江原道・文岩里(ムナムニ)遺跡や鰲山里(オサンニ)遺跡における発掘調査成果を受けて，南部海岸地域で独自に変化・発展した可能性も提起されており（河仁秀［2010］），今後の検討課題となっている。また，近年になって，隆起文土器に先行する時期である有文土器出現期に関する資料が徐々に蓄積されているものの，その具体的な様相についてはまだ不明確な部分が多い（田中聡一［2003］）。

　日本列島の縄文土器と同様に有文土器にも地域性が認められ，韓永熙［1983］は器形の特徴から平安北道(ピョンアンブクド) 定州(チョンジュ) 郡・堂山(タンサン)貝塚，同 寧辺(ヨンビョン) 郡・細竹里(セジュンニ)遺跡，江原道襄陽郡(カンウォンドヤンヤングン)・鰲山里遺跡を結ぶラインの北側を「平底土器分布圏」，南側を「丸底土器分布圏」として大きく分け，さらに「東北地方群」（豆満江(トゥマンガン)流域から中部東海岸），「西北地方群」（鴨緑江(アムノッカン)流域から 清川江(チョンチョンガン) 以北），「中・西部地方群」（清川江以南から大同江および漢江(ハンガン)流域と西海岸），「南部地方群」（洛東江(ナクトンガン)流域から栄山江・錦江(クムガン)流域と南海岸）の4つの分布圏を設定した。この地域設定は，時期によっては境界の位置に若干の変動があるものの大枠で現在も有効であり，その後の発掘調査と研究の進展によってさらに細分が可能になってきている。

　有文土器の時期区分として，北部および中部地方では前・中・後期の3期編年，南部地方では早・前・中・後・晩期の5期編年が一般的であるが，それ以前に「初創期（草創期）」もしくは「古新石器期」を加える案（韓永熙［1996］，任孝宰［1997］）も提唱されている。土器編年については多数の研究があるものの，そのすべてをここに紹介する余裕はない。各地域における土器編年研究の内，主要な論考として，西北部地方（白弘基［1994］，古澤義久［2007］），東北部地方（大貫静夫［1992］，白弘基［1994］），中西部地方（韓永熙［1978］，任孝宰［1983］，田中聡一［1999］，林尚澤［2008a］），中東部地方（崔鐘赫［2001a］，古澤義久［2006a］，金恩瑩［2006］），南部地方（河仁秀［2006］，小原哲［1984］，田中聡一［1997］［2001］，広瀬雄一［1984］［1985］［1989a］［1989b］［1992］，古澤義久［2006b］，李相均［1994］［1996］，李東注［1991］［2006］）などがある。最近の資料の蓄積と研究の進展によって，有文土器編年はさらに地域や時期をしぼった詳

細な検討が可能になってきている。また，半島全域における広域編年を取り扱った宮本一夫［1986］と小原哲［1987］の研究は，今日における有文土器編年の基本的な枠組みを提示した論考として必読である。

〈2〉 生業と道具類

　朝鮮半島新石器時代における基本的な生業は，狩猟・漁撈，採集活動と農耕に大きく分けられる。生業活動やそれにかかわる道具類の研究は，土器の編年研究と比べるとそれほど多くない。生業については狩猟・漁撈活動に関する研究が中心で，最近では特に農耕問題に対する関心が高まってきている。

　まず，狩猟・漁撈，採集活動について，甲元眞之［1993］［1997］は漁撈具と動物遺存体（貝類・魚類・哺乳類・鳥類）の検討を通じて新石器時代〜三韓時代という時期幅でではあるが半島全域における漁撈形態の地域的・時期的特徴について論じ，金建洙［1999］はさらに植物遺存体への検討も加えて漁撈活動を中心とする生業活動全般について新石器時代〜三国時代にかけての変遷を明らかにした。これらの全体的な様相を整理する作業に対して，崔鐘赫［2001b］［2002］は各地域における検討を行った上で広域的な文化動態として生業活動を把握する作業を行っている。一方，遺跡周辺の環境を復元し，その中でどのような活動が行われたのかを明らかにしようとする試み（申淑静［1994］，李基吉［1995］）も遺跡研究という立場からは重要である。また，植物採集活動に着目した研究は少ないが，渡辺誠［1990］による先駆的研究などがある。

　一方，農耕について，宮本一夫［2003］は，遼東を経由して伝わり西海岸を中心に拡散した華北型雑穀農耕が中期段階に南部地方にまで波及し，さらに紀元前2000年前後に山東半島から伝播したイネを含む雑穀農耕が漢江下流域以南を中心として展開するという段階的な展開を想定している。その南部地方への拡散について，宋銀淑［2001］は，中西部地方から東海岸を経て南海岸地域へ，さらに南海岸の河川下流域から耕作地を求めて中・上流域へという経路を考えているが，文化の伝播ルートについての研究も今後は必要であろう。また，石器の形態・組成研究や使用痕分析から農耕問題にアプローチする試みも行われている（上條信彦［2005］［2008］，金姓旭［2006］［2007］）。

〈3〉 集落・貝塚と埋葬遺構

　1990年代半ばにおける集計によれば，朝鮮半島の新石器時代遺跡405カ所の内，半数以上が遺物散布地と包含層で，貝塚が約120カ所であるのに対して，住居址（竪穴住居・敷石住居）が確認された遺跡は洞窟や岩陰遺跡を合わせても40カ所に満たない状況であった（韓永熙［1995］）。しかし，新石器時代遺跡の発掘調査の増加にともなって，2000年以降，徐々に新石器時代住居址の調査例が増え，住居構造の研究だけでなく集落研究にもよりいっそうの関心が向けられるようになってきている。

　住居址・集落について，李相均［2002］［2003］は住居址の集成を行って地域的・時期的特徴を把握し，平面形態は一般的に円形→方形→長方形の順に変遷したものの，細部的には多様な構造的特徴が認められることを指摘した。また，住居内部の空間分割や集落形態・空間構造についても考察を加えている。最近の研究では，竪穴住居の形態・構造が時期によっては地域を越えた類似性を示すことが指摘されており（具滋振［2007］），土器や石器などの遺物の広がりと重ね合わせることによって文化動態を把握できるものと思われる。集落構造については，前期には定住集落の形成が認められ，中期の「大規模集落」の普遍化を経て後期にかけて徐々に集落規模が縮小するという変遷が想定されており（裵成爀［2007］），「集落運用方式」という理論に実際の遺跡をあてはめて考えようとする研究（林尚澤［2007b］）などもあるが，今後の資料の増加を待ってさらなる検討を必要とする研究分野である。なお，1980年代までの研究については申鉱東［1993］による翻訳・資料紹介があり参考になる。

　貝塚は，新石器時代の人々が廃棄したさまざまな食料残滓（貝殻・獣骨・魚骨・植物など）や生活廃棄物（土器・石器・木器・骨角器など）が堆積して形成されるが，その内部から埋葬人骨が発見されることもあることから単なる「ゴミ捨て場」ではなかったものと考えられる。貝塚から得られる情報は生業活動の研究に大いに役立っており，周辺古環境の復元（富岡直人［1988］）や生業の季節性（金建洙［2001］，安德任・李仁盛［2001］）についての研究もある。

　新石器時代の埋葬遺構には土坑墓・積石墓・洞窟墓・甕棺墓があり，土器・石器・装身具（貝輪・垂飾・管玉・玦状耳飾・軟玉製首飾・足飾）などが副葬される場合もある。埋葬姿勢は屈肢葬も認められるが伸展葬が大部分であり，火葬・

洗骨葬も一部で認められる（李相均［2000］・任鶴鐘［2003］）。しかし，まだ調査事例が少ないことから，墓制に表出された社会関係の研究や周辺地域との比較研究については今後の課題である。

〈4〉 地域間交流

　地域間交流については，日本列島（特に九州島）の縄文文化あるいは中国東北地方・沿海州地方の新石器文化との関係などが研究されている。その内，日本列島との関係は，対馬海峡（朝鮮海峡）を挟む地域における漁撈具をはじめとするさまざまな遺物の類似性から渡辺誠［1985］［1995］，木村幾多郎［1997］［2003］，鄭澄元・河仁秀［1998］，李相均［1998］，甲元眞之他［2002］などによって論じられてきた。それらによれば両地域は土器以外にも漁撈具・装身具における類似性が認められ，漁場を同じくする漁民の往来によって保たれた交流システムによって生業技術や文化に関する情報交換を行うとともに，必要な生活物資の交換も行っていたものとされている。また，実際の交換物資が何であったのかは不明であるが，黒曜石と貝輪がその候補として注目されている。さらに最近の研究動向としては，出土遺物の比較だけでなく交流従事者の質や影響関係の本質にまで議論が及んでおり（水ノ江和同［2003］［2007］，宮本一夫［2004］，広瀬雄一［2005］，崔鐘赫［2008］，林尚澤［2008b］，田中聡一［2009］，古澤義久［2010］），これまでよりも一歩踏み込んだ日韓新石器時代交流の今後の展開が期待される。　　　　　　　　　　　　　　　　　　　　　　（田中　聡一）

⇒ 文献一覧 pp. 339~342

3　青銅器時代・初期鉄器時代

〈1〉　時代区分と名称

　「青銅器時代」の名称は，解放後いち早く考古学分野を発達させた北朝鮮学界で，戦前の日本人研究者が設定した「金石併用期」を否定すべく設定された。コマ形土器文化の住居址から出土した青銅鑿や釦（ボタン）を資料的根拠としたが，世界史

に普遍的な時代区分を適用する意図もあった。韓国学界では1960年代に金元龍［1972］が最初の時代区分を示したとき青銅器文化（時代）が採用された。資料の蓄積が十分でなかった状況もあり、北朝鮮の成果を受け取るかたちで青銅器の伝来から細形銅剣の出現以前までを「青銅器文化（時代）」と呼んだ。

一方、「初期鉄器文化（時代）」は細形銅剣文化に拠った時代区分であった。細形銅剣文化と戦国燕系鉄器文化（細竹里セジュンニ・蓮花堡ヨヌァポ類型）は北朝鮮の清川江チョンチョンガンを境界に対峙する2つの文化であることが後に知られたが、当時この2つの物質文化は軌を一にして出現する朝鮮の初期金属器文化であると考えられた。『韓国考古学概説』が新資料の出現に応じて版を重ねるなかで金元龍は一時、初期鉄器時代を青銅器時代に含めた（金元龍［1984］）が、最終的には「初期鉄器時代」をひとつの時代と認め独自の青銅器文化をもつ新たな鉄器文化圏の誕生と評価した（金元龍［1986］）。韓国考古学界の青銅器・初期鉄器時代概念はここに由来する。

その後、土器を基準に時代を分かつ観点から西谷正［1982］が、櫛目文土器（新石器時代）と瓦質土器の中間に位置し、青銅器・初期鉄器時代を包括する「無文土器時代」の時代区分を提唱した。研究の進展とともに無文土器の前期・中期・後期編年は共通認識となり「無文土器時代」の呼称も違和感なく使用されるようになった。

青銅器・初期鉄器時代と無文土器時代が併用されるようになると青銅器時代中期の後に初期鉄器時代が続く用語上の不具合が生じた。青銅器・初期鉄器時代の枠組みを維持したまま混乱の収拾がはかられ、無文土器中期を青銅器時代後期に、無文土器後期を初期鉄器時代にあてる区分に多くの研究者が賛同した。韓国考古学会編［2007a］では青銅器時代、初期鉄器時代の区分が採用されたが、一方で2007年に発足した青銅器学会では初期鉄器時代にあたる粘土帯土器文化までをその対象に含んだ。本書では韓国考古学界の用語に倣って「青銅器時代」「初期鉄器時代」の名称を掲げたが、青銅器・初期鉄器時代の全体を初期農耕社会の形成・発展期として通観する必要性から、以下では青銅器・初期鉄器時代を「無文土器文化」の時代と捉え、早・前・中（青銅器時代）・後期（初期鉄器時代、粘土帯土器文化）の区分を用いながら説明する。

1980年代以降、韓国考古学では新資料の発見にともないさまざまな議論が展開した。主要なものに、松菊里ソングンニ文化の発見と無文土器中期の設定（70年代末〜90年代初）、「類型」論の登場（80年代末〜）、琵琶形銅剣についての再検討（80年

代〜90年代），大規模発掘の増加・環壕集落の発見・集落研究の進展（90年代〜），突帯文土器文化の発見と無文土器早期の設定（80年代末〜），耕作遺構の発見（90年代〜），区画墓と社会階層化の議論（90年代〜），AMS放射性炭素年代と年代論（00年代〜）などがある。紙幅の関係上，特に重要と思われる主題について「編年上の問題」と「社会と文化の理解」に分けて以下に整理する。

〈2〉 編年上の問題

ⓐ 「類型」という方法

現在の韓国無文土器文化研究では，考古資料の複合体である「類型」が編年や文化の単位として用いられ，さまざまな議論を引き起こしている。複合体の考え方は李白圭［1974］に始まるが，直接的発端となったのは李清圭［1988］の論考である。李清圭はある土器群を標式とする遺物複合体を「文化」ないし「類型」と呼び，時期・地域を区分するための指標とした。遺物複合体を分析単位として時期・地域を区分する方法は無文土器文化の資料的特質によく適合しているが，その後の概念規定は編年に大きな混乱をもたらした。朴淳発［1999］は欣岩里類型の内容を再整理する論考のなかで「同質的文化伝統をもちながら，考古学的同時間帯に包括される製作・使用集団によって製作・使用された〔傍点引用者〕一連の遺構および遺物群」（引用者訳）と類型を定義した。物質文化の体系を階層的に示した概念規定は影響力をもち，この定義に則った研究者は類型間の関係を人間集団間の関係のように扱った。結果，各類型は相互作用しつつ住み分けた（人間集団）という理解の仕方が目立ち始め，編年研究の基礎手続きを失わせる弊害も生じた。李盛周［2006］は「類型」研究の問題点に，類型に対する人間集団存在の仮定，類型を生成・成長・消滅する有機体と見立てる視点をあげ，類型に「文化史的編年の単位」以上の意味を与えることを戒めた。現在，青銅器・初期鉄器時代には，渼沙里類型（無文土器早期），可楽洞類型，駅三洞類型，欣岩里類型（以上，無文土器前期），先松菊里（休岩里）類型，松菊里類型，検丹里類型，北漢江類型（以上，無文土器中期），水石里類型（粘土帯土器文化，無文土器後期）などが設定されている。李盛周が唱えた「集落に還り，集落内-間を分析」する研究は進展しているものの「類型」概念の弊害は払拭されていない。方法の功罪を認めつつ時期・地域の区分を点検することが要望される。

ⓑ 突帯文土器の発見（無文土器早期，渼沙里類型）

　突帯文土器は，80年代に堤川郡黄石里遺跡などでその存在が知られ，その後，河南市渼沙里遺跡や金泉市松竹里遺跡などから住居址出土例が相次いだ。90年代にはおよそ資料的まとまりが把握できるようになり本格的な検討が始まった。この突帯文ないし節状突起を特徴とする土器を含む遺物・遺構複合体は「渼沙里類型」と呼ばれている。当初，日本の縄文晩期・刻目突帯文土器と関連づけ無文土器中期に位置づける見解もあったが，石包丁や磨製石鏃など無文土器文化に通有の遺物を含みつつも，土器には新石器時代の特徴が残り，かつまた新石器文化遺物が伴出するため，無文土器早期の位置に落ち着いた（安在晧[2000]）。渼沙里類型は朝鮮半島最初の農耕社会であるため，その系譜問題は無文土器文化研究の重要な関心事となっている。刻目突帯文土器についてはまず中国東北地方（遼東）との関係が指摘された（中山清隆[1993]）。嘴形石器や石包丁とのセットで朝鮮南部刻目突帯文土器の起源を豆満江流域に求める見解もあるが（金材胤[2004]），住居形態や節状突帯などの土器の特徴から鴨緑江中流域との関係を重視する理解がやや優勢である（朴淳発[2003]，千羨幸[2005]）。現在は渼沙里類型と先行する新石器文化要素および後続の前期無文土器文化要素との共伴関係が整理され，新石器時代から青銅器時代への推移が詳しく把握されつつある。

ⓒ 松菊里文化の発見（無文土器中期，青銅器時代後期）

　90年代以降大きく進展した無文土器文化研究のなかで，とりわけ重要な主題となったのが松菊里文化（無文土器中期）である。忠清南道扶餘郡松菊里遺跡は1974年，石棺墓から出土した琵琶形銅剣で注目を集めた後，1975～97年にかけて11次にわたる調査が行われ，中央楕円坑をもつ松菊里型住居，貯蔵孔，柵列（その後，第12次調査で大型建物およびその関連施設である可能性が指摘された），炭化米，外反口縁土器や丹塗磨研土器，三角形石包丁，有溝石斧，各種石剣・石鏃などが発見された。弥生文化につながる要素が数多く認められるため日本人研究者からも注目を集めた（中間研志[1987]，西谷正[1998]）。

　松菊里文化は，藤口健二[1986]によって既知の可楽洞式土器・駅三洞式土器と粘土帯土器の間（無文土器中期）に位置づけられ，おおよその時間的位置が定められた。安在晧[1992]が「先松菊里類型」を設定し松菊里類型の成立過程および地域性を具体化したことで無文土器文化の通時的変化は相当部分整理された

が，やがて松菊里文化の形成・展開について異見が出されるようになった。円形松菊里型住居に代表される松菊里類型は錦江中下流域に集中分布するが，松菊里類型を無文土器中期に据えた場合に松菊里類型の非分布圏における該当時期をどのように説明しうるのかが問題となり，その回答として「先松菊里類型文化接変説」「松菊里文化外来起源説」が提示された。前者では，松菊里類型の出現は可楽洞類型に関係するとし，松菊里類型の前段階に位置づけられた先松菊里類型（休岩里類型）は松菊里類型が周辺の駅三洞類型と接触することで生じた「文化接変」であると考える（宋満栄［2002］）。後者では，松菊里文化を外部から影響を受け錦江中下流域で形成された文化と捉え，その後周囲に拡散する過程で休岩里類型が発生したと考える（李弘鐘［2005］）。いずれも先松菊里類型および従来の前期無文土器文化を松菊里類型と併行させることで編年上の「空白」を埋めようとする。しかしながら石器や住居・集落などの個別研究は，松菊里文化の構成要素が前期無文土器文化の中から段階的に形成され休岩里類型を経て成立したとする見方に肯定的で，また休岩里類型文化接変説をとる研究者でも条件付きで駅三洞→休岩里→松菊里の変遷を認めている（金承玉［2006a］［2006b］）。広域に拡散・定着したのは休岩里類型で，その後，錦江中下流域に松菊里類型が成立し周囲にいくらかの影響を与えた，と理解するのが資料の現状に適うようである。この問題には前述の「類型（＝人間集団）」概念が潜むため解決は容易でない。

ⓓ **粘土帯土器文化の再評価**（無文土器後期，初期鉄器時代）

　無文土器後期にあたる「粘土帯土器文化」は口縁に一条の粘土帯がめぐる土器を特徴とする文化複合体で，標式遺跡である南楊州市水石里遺跡に因んで「水石里類型」とも呼ばれる。粘土帯土器は細形銅剣とともに副葬されるため無文土器文化の最後の段階に位置づけられるが，資料が断片的であるため具体的な内容を把握できずにいた。1987年，保寧郡校成里遺跡で粘土帯土器文化の集落が発掘調査されにわかに注目を浴びたが，高地に位置する粘土帯土器文化集落の既知の特徴が再認されるにとどまった（鄭澄元［1991］，後藤直［1994］）。

　粘土帯土器自体は無文土器型式組列の延長線上に位置づけることができ（家根祥多［1997］），土器製作におけるタタキ技法に松菊里式土器との共通点があるが（深澤芳樹・李弘鐘［2005］），韓国では外来文化と考える傾向が強い。朴淳発［2004］は東北アジア各地の土器を中心とした文化遺物の形態を比較検討し，朝鮮半島の粘土帯土器文化は遼寧（特に遼北・遼中）粘土帯土器文化の数次にわた

る複数ルートからの流入によって形成され定着したと推断した。この図式は韓国学界で広く受け入れられ，類例を増しつつある松菊里型住居から粘土帯土器が出土する現象も，外来集団と在地集団の接触という図式のなかで理解される（李亨源［2005］）。一方で，90年代末から陝川郡盈倉里遺跡，安城市盤諸里遺跡，江陵芳洞里遺跡など粘土帯土器文化の集落遺跡が相次いで調査され，また資料集成も進められている（国立金海博物館［2004］）。日常生活で使用された資料に基づく編年案も示されており（朴辰一［2006］），今後，粘土帯土器文化の具体的内容や細かな推移が，外来集団との関係外で，即物的に具体的に把握されるものと期待される（宮里修［2010］）。

初期鉄器時代概念を支える鉄器資料は，細形銅剣にともなう鋳造鉄器資料が増加してその内容が改められている。遼東から西北朝鮮にかけて広がる戦国・燕系の鉄器文化（細竹里－蓮花堡類型，田村晃一［1994］）との関係から朝鮮各地域の初期鉄器文化の様相が整理され（李南珪［2002］），また具体的な製作地を問う問題設定もみられるようになった（村上恭通［2008］）。粘土帯土器文化集落からはまだ鉄器の出土が知られておらず，初期鉄器時代における鉄器の出現が生活にどのような影響を与えたのかについては問題を具体化できない状況である。いずれにせよ時代区分と名称にとらわれず朝鮮内の継起する文化として前後の時期との連関を問い続ける必要がある。

〈3〉 社会と文化の理解

1990年代以降，大規模発掘の進展にともない膨大な資料が蓄積された。そのなかで環濠集落や耕作遺構の発見は朝鮮初期農耕社会の姿や景観をより具体化する道を開いた。また集落や墓域の全面発掘は当時の社会をより詳細に復元する研究の流れをつくり出し，特に社会の階層化問題に注目が集まっている。

ⓐ 環濠集落の発見，集落研究の展開

1990年，蔚山市検丹里遺跡で韓国初の環濠集落が発見され全面的な発掘調査がおこなわれた。弥生文化の起源としても注目を浴び，1998年には嶺南考古学会，九州考古学会の合同学会が「環濠集落と農耕社会の形成」を主題とし開催された。朝鮮の環濠集落は日本で弥生文化を論じるとき欠くことのできない重要項目となったが，韓国での議論はまだ途上にある。当初，環濠集落に類する溝で区

画された集落遺跡が注目されたが，環壕集落の朝鮮的特徴を把握するには至らずヨーロッパの事例と比較し防御機能（崔鐘圭［1996］）や象徴機能（李盛周［2007］）を強調するにとどまった。現在では検丹里遺跡が位置する地域の個性（検丹里類型，裵眞晟［2005］）が把握され，粘土帯土器文化の区画溝をもつ集落遺跡が増加し（陝川郡盈倉里遺跡，江陵市芳洞里遺跡など），無文土器前期の環壕集落（清州 郡大栗里遺跡）が発見されるなどしている。環壕の意義を集落史のなかで探る視点も出始めており，安在晧［2001］は環壕を社会の発展段階に応じて機能した境界施設と位置づけ，李相吉［2007］は環壕に祭場をつくりだす機能を見出し集落構成の変遷を捉え直した。

環壕ないし溝の意義付けも集落研究の進展にかかっているが，90年代以降の大規模発掘調査で全面的に調査された集落遺跡の事例が増加したことにより無文土器文化の集落研究は大きく進展した。特に大きな役割を果たしたのは安在晧の研究である。安在晧［1996］は90年代前半の資料増加を受け，個別住居の性格，住居の組み合わせから集落の型を抽出し，集落型の変遷を社会の変遷に結びつけて整理した。その後，無文土器中期の集落に機能差があることを指摘し，地域差も考慮しつつ，無文土器中期における地域共同体の形成を主張した（安在晧［2001］［2004］）。また立地，生業と関連づけて青銅器時代集落の変遷を通観しており（安在晧［2000］），無文土器文化集落址研究の基本的な論点を打ち出した。他にも，前期から中期への変化を人口圧，社会の変化，水稲耕作の導入から解釈する研究（金壮錫［2003］），分業を主題とし地域間の交易を展望した研究（庄田慎矢［2004］），食料資源の管理に注目した集落構成研究（宮里修［2005］）などさまざまに展開している。また，大型集落の出現に注目し集落間や地域間の階層化を問題とする研究も始まっており（金範哲［2006］，宋満栄［2007］），初期農耕社会の発展にともなう社会階層化の進行は，韓国考古学界全体でももっとも関心の高い分野となっている（韓国考古学会編［2007b］）。

ⓑ 墓制──区画墓

朝鮮半島には2万基を超える「支石墓」の存在が知られている。特に90年代以降の支石墓研究で主要な関心事となったのは青銅器副葬墓と積石施設である。麗水 積良洞遺跡をはじめとする銅剣副葬墓の事例が相次いで知られるようになると「威勢品（威信財）」である青銅器が被葬者間の階層差をさぐる手がかりとなり，日本考古学に通有の「有力集団」や「有力個人」の概念（高倉洋彰

[1973]）が導入されるなどして，地域内・地域間の格差や階層化が問題として設定された（武末純一［2002］，裴眞晟［2007］）。

　広大な石積み墓域をもつ昌原郡徳川里遺跡（チャンウォングントクチョンニ）の発見をひとつの契機として，地表の石積みが標識として機能する支石墓が「区画墓」として問題化された。李相吉［1996］は区画墓の共同墓地におけるあり方を手がかりに，墓域構成を個人群集型と有力家族型に区分し，地域差を含めてその展開過程を整理した。金承玉［2004］［2006a］［2007］は鎮安郡龍潭ダム（チナングンヨンダム）水没地区遺跡の成果に拠って区画墓（墓域式）による支石墓研究を大きく展開させた。区画墓の形態，区画墓の配置と連接，松菊里型墓制と関連させながら，小地域内における階層化の進行を細かに検討した（金承玉［2004］）。その成果をもとに無文土器文化期の墓制の変化を地域ごとに通観し，階層化の進行のさまざまなあり方を具体的な資料に基づいて示した（金承玉［2007］）。前期から後期の細形銅剣文化期までを通観した金承玉の研究は，無文土器文化墓制研究のひとつの到達点といってよく，他の新資料を加えた個別具体的な事例によって批判検討すべき成果と評価できる。

（宮里　修）

⇒ 文献一覧 pp. 342~344

第 2 章

国家形成と三国

1　総　説

　本章ではいわゆる古朝鮮から三国までを対象とし，朝鮮古代国家の研究動向を論述する。朝鮮における古代国家形成の時期については，朝鮮史上の重要課題のひとつとして認識され，積極的に論及されてきた。北朝鮮では前 8 ～ 7 世紀に奴隷所有国家が完成していたとする見解が通説化していたが，近年では，檀君陵やそれとほぼ同時期の遺跡・遺物から約 5,000 年前には古代国家である檀君朝鮮が建国されていたとされ，国家形成期をかなり溯って考える見解が提示されている（玄明浩［1994］，李淳鎮［1995］）。韓国では近年，こうした議論は低調であるが，既往の議論を整理した金泰植［2003］は前 4 世紀頃を，宋鎬晸［2003］は前 3 ～ 2 世紀を古代国家形成期とするなど，時期的な差は認められるものの，古朝鮮を古代国家と理解するのが一般的である。日本では三国の成立をもって古代国家形成とみなす考え方が有力であったが，木村誠［1992］は国家形成の指標を統一的な国家権力と支配機構の成立とし，衛氏朝鮮はそれらを具備していなかったため完成された古代国家とはみなしがたいものの，国家形成段階にあったとする。

　このように朝鮮古代国家形成期といっても対象とする時期は古朝鮮から三国にまで及ぶが，まずはその性格や国家形成の諸過程を史資料に即して解明していくことが必要である。武田幸男［1980］は官司制・支配共同体・官位制・地方統治体制など具体的な国制の展開を手がかりに，支配共同体が族制的な性格を有し，領土の広域化が限定的である部族制国家（部族国家→部族連合国家）から 4 ～ 6

世紀の支配共同体が在地の城村共同体を累層的に支配する身分制国家を経て，統一新羅期に官僚的身分制国家へ至ったとする国家形成過程を示したが，国家形成期の文献史料はほぼ例外なく零細かつ断片的である。それだけに考古学の研究成果や出土文字史料などは無視できないが，木村誠［1992］や李成市［1993］は相次いで発見された金石資料の分析を通して朝鮮古代の国家形成過程を論じる。このように同時代史料である金石資料や木簡などの出土文字史料は，当該国の史的展開とそれに基づく古代国家形成過程を解明する上で重要で，積極的に活用されることが求められるが，それら金石資料を集成し，釈文や訳注を施したものとしては韓国古代社会研究所編［1992］，国史編纂委員会編［1995-96］や国立慶州博物館［2002］などがある。

　一方，これまで知られてきた文献史料もまた軽視できない。朝鮮古代史の基本史料である『三国史記（サムグクサギ）』については，戦前から厳密な史料批判が行われてきたが，坂元義種［1975］，田中俊明［1982］，中尾敏朗［1985］，深津行徳［1989］［1992］，鄭求福他［1995］，高寛敏［1996］は『三国史記』編纂過程やその原典を追究し，田中俊明［1977］は『三国史記』に先行した『旧三国史』の性格と『三国史記』の撰進過程を考究し，同［1980］は同書の板刻の経緯を明らかにする。また，『三国史記』とともに朝鮮古代史研究上の基礎史料のひとつともいえる『三国遺事（サムグギュサ）』の文献考証を行ったものとしては三品彰英撰［1975-79］が知られていたが，その続編として近年，村上四男撰［1994-95］が刊行され完成をみた。なお，それ以外にも同書の訳注としては未完であるが，新羅史研究会編［1994-2001］もある。これら一連の研究によって『三国史記』や『三国遺事』の史料的性格の解明や史料考証は大いに進展したといえる。だが，日本では『三国史記』初期記事についての史料的信憑性が問題視されるのに対して，それ以外の学界ではそれらを史実として重視する傾向にあり，なお，予断は許されない。『三国史記』に対する認識の相違は朝鮮古代史研究上，看過できず，これをどのように克服するかが課題であるが，その場合においても安易な史料批判は許されず，むしろ，徹底した史料批判こそ，これを討究するためには必要不可欠で，そのためにもそれは向後も継続して行われねばならない。なお，これ以外の朝鮮古代史研究上の争点や理論的な問題については韓国古代史学会編［2007］，盧泰敦［2009］が詳述しており，斯界の動向を把握する上で有益である。　　（井上 直樹）

⇒ 文献一覧 p. 345

2-a 古朝鮮・漢四郡・三韓（文献史学）

〈1〉 古朝鮮

　文献によれば，朝鮮の歴史は古朝鮮より始まったことになる。この古朝鮮は檀君が開いたとされる檀君朝鮮，中国から東来した箕子が開国したという箕子朝鮮，燕出身の衛満（ウィマン）が建国した衛氏朝鮮をいう。ただし，日本では今西龍［1937］が檀君神話は12・13世紀の異民族の高麗侵攻という朝鮮民族苦難の過程で形成されたもの，箕子の東来伝説も楽浪の漢人によって後に造作されたものと指摘して以後，それらは神話・伝承で，史実として認めがたい，という考え方が一般的である（田村晃一［1989］，田中俊明［2000］）。ただし，その一方で，檀君関係史料に対する考証も進められ，田中俊明［1982］は，檀君に関する基本史料である『三国遺事』や『帝王韻記』（チェワンウンギ）の依拠した『古記』や『檀君本紀』が『三国史記』（1145年撰）以前に編纂されていた『旧三国史』系統の記事であることから，その成立が文献上，11世紀以前に溯ることを明らかにし，原田一良［2002］も檀君即位の創出過程を論じる。

　箕子朝鮮についても既述のようにその史実性に疑義がもたれているが，江畑武［1983］は箕子朝鮮伝承が漢の四郡設置を契機として形成されたとし，同［1989］はその後の伝承の変容を論じる。衛氏朝鮮については木村誠［1992］がそれを首長層の連合体で国家形成途上にある社会とするが，三上次男［1966］以後，それに関する専論はなく，日本における古朝鮮研究は低調である。それは文献史料の零細さに起因しており，考古学の研究成果なくしてその実態解明は困難であるといわざるを得ない。

　それに対して北朝鮮や韓国では檀君朝鮮に対する研究が盛んである。それは朝鮮民族の始祖である檀君や檀君朝鮮をどのように位置づけるか，ということとも無関係ではなく，北朝鮮における檀君陵の発掘はこうした問題と直接的に関連するものといえる。北朝鮮では琵琶（びわ）型銅剣の分布などから，古朝鮮は前10世紀頃までには遼東から朝鮮半島西北部を領有していたと考えられていたが（孫永鍾他［1992］），1993年に平壌（ピョンヤン）近郊の「檀君陵」から出土した5011±267年前の人骨が檀君のものと認定されて以後（金教京［1994］），新たな古朝鮮像が提示される

ことになった。朝鮮民主主義人民共和国社会科学院編［1994］，在日本朝鮮歴史考古学協会編［1995］は北朝鮮の檀君・古朝鮮に関する諸論考の日本語訳を収録し，そこでは古朝鮮が紀元前30世紀初から存在し，その中心は建国初期から平壌にあり，檀君朝鮮（前期古朝鮮）についで古朝鮮出身者によって後期古朝鮮が建国され，さらに前2世紀初に満によって満朝鮮が成立したとされ，北朝鮮における古朝鮮認識が端的に示されている。

一方，韓国でも北朝鮮の檀君陵発掘の翌年に，檀君朝鮮認識に関する論考など14編と関係史料を収載した尹以欽編［1994］が，さらにその後も檀君を特集した李基白編［2000］，檀君関係論考を収載する盧泰敦編［2000］などが刊行されるなど，精力的に研究が進められている。その成果は盧泰敦［1989］，イ・ピリョン［1996］などに整理されており，さらに東北亜歴史財団編［2007］は韓国をはじめ，北朝鮮，日本，中国における檀君・古朝鮮関係論著をリスト化しており，研究状況を把握する上で有用である。韓国では檀君神話を古朝鮮と結び付けることに批判的な見解もある（宋鎬晸［2003］）が，檀君神話の内容すべてを史実とはみなさないまでも，その原型は青銅器時代に形成されたとする考え方が通説となりつつあり，文献・考古学の成果に基づき研究が進められている。盧泰敦［1994］［2000］は青銅器時代となる前10世紀以後を国家形成段階と捉え，古朝鮮は文献にその存在が確認される前4世紀までに成立していたとみ，琵琶型銅剣や細型銅剣の分布，燕との関係から，その中心地は当初，遼東で，その後，前3世紀頃に平壌に移ったとし，前者を前期古朝鮮，後者を後期古朝鮮とする。こうした古朝鮮中心地移動説は徐永洙［1988］など他の研究者にも認められ，研究者に受け入れられつつある。

衛氏朝鮮については檀君研究と比較すれば盛んであるとは言い難いが，衛氏朝鮮の官職などからその構造を攻究した盧泰敦編［2000］，宋鎬晸［2003］などがある。

一方，孫進己［1994］や張博泉・魏存成主編［1998］は箕子朝鮮・衛氏朝鮮を中国の地方政権と位置づけ，そうした理解は李治亭主編［2003］，李徳山・栾凡編［2003］などにも認められ，中国の学界での共通認識となりつつある。このように日本・北朝鮮・韓国・中国における古朝鮮の位置づけやその理解は大きく異なっている。こうした問題をどのように克服し，研究を進展させていくかが今後の課題となる。

〈2〉 漢四郡

　楽浪郡など漢四郡についてはその所在地をめぐって早くから議論されてきたが，窪添慶文［1981］は既存の研究を整理する。北朝鮮では楽浪郡を遼東に比定するが，谷豊信［1987］は考古学的観点からそれが平壌に設置されたものであることを指摘する。その性格については，支配構造の検討などから他の漢の郡県と異なるとする権五重［1992］があるが，近年では漢の郡県としてそれを捉え直そうとする李成珪［2006］，金秉駿［2006］もある。その手がかりとして注目されるのが平壌出土の木簡で，尹龍九［2009］は釈文を行い，その内容を提示し，金秉駿［2009］はそれをもとに楽浪郡の編戸過程を推定する。一方，呉永贊［2006］は楽浪郡下で造営された墓制・副葬品から楽浪郡社会の実相を追究する。このように近年，韓国では楽浪郡研究が積極的におこなわれているが，李成市［1992］は楽浪郡設置の東夷諸国への影響を論じる。なお，大阪府立弥生文化博物館［1993］，国立中央博物館編［2001］は特別展の図録で楽浪郡やその文化について概観し，楽浪郡を理解する上で至便であり，特に後者は楽浪郡研究の現状と課題（李栄勲・呉永贊［2001］），関係文献目録を収載しており，有益である。
　玄菟（げんと）郡については田中俊明［1994］が近年の考古学の知見をふまえて県城の比定やその変遷を明らかにし，公孫氏によって楽浪郡南部に設置された帯方郡の所在地については，西本昌弘［1989］が既往の研究の問題点などを整理した上で，初期はソウルに設置されたが，3世紀後半には平安南道（ピョンアンナムド）・黄海道（ファンヘド）の間に移置されたとする。それに対して，田中俊明［2000］は，ソウル地方において漢魏時代の遺物がほとんどなく，黄海地方に認められることから，当初，帯方県はソウル地方にあったが，前82年の漢四郡改編時に黄海道に移転され，帯方郡は移置後の黄海道に設置されたとする。
　上述したような木簡などの新出文字史料の発見もあるものの，漢四郡に対する文献史料の絶対的な不足は否めず，それゆえ，漢四郡の位置比定，変遷などを明らかにするには考古学の成果なくしてはありえず，今後はそれらをふまえ多角的な視点から追究することが必要不可欠となろう。

〈3〉 三 韓

　三韓全体を取り扱ったものとしては韓国古代史研究会編［1995］があり，三韓に関する諸論考を収載する。また，盧重国他［2002］は辰韓・弁辰に限定されるが，それら諸国の政治・社会・交通路などについての論文を収録する。三韓に対する研究は，現地での発掘成果を前提に，韓国で盛況であるが，李賢恵［1995］は交易を手がかりとして三韓諸国の国家形成過程を論じ，同［1996］もまた三韓諸国の対外交易を考察し，3世紀後半頃から三韓では従来の多元的で散発的な対外活動から大規模かつ組織的な交易体系が各地域に形成されていったとする。また，金泰植［1993］は『三国遺事』などを手がかりとして3～4世紀，金官国を中心に，洛東江中・下流地域，西部慶南を範囲とする連盟体（前期加耶連盟）が形成されていたとする。

　鈴木靖民［1995］は『魏志』韓伝にみえる弁辰の鉄を手がかりに，首長たちが資源の採取・製造・保管などの権限，分配・交易の機能を集中させ，それを基礎に臣智—大人—奴婢といった身分秩序を形成したとし，狗邪韓国を韓諸国ネットワークの中心とみなす。これら三韓の社会構造などについて，武田幸男［1995］［1996］は臣智・邑借の分析から当時の三韓が諸小国並存社会であったことを明らかにするとともに，従来，否定的あるいは巨大な古代専制君主とみなされていた辰王が，韓族統治の強化を狙う公孫政権の支援のもと，諸韓国における対外的な在地機関の最高首長として登場し，特定の諸韓国と結び，通交ネットワークをつないでいたとする。緻密な文献考証に基づく議論であり，三韓研究上，軽視できない。

　このように三韓についての研究は，鉄生産と交易，対外関係と関連させながらその社会的構造などが追究されているが，文献史学からのアプローチは決して盛んとはいえない。それは文献史料の絶対的不足から，もはや文献のみからそれを論究することが困難であることとも無関係ではあるまい。考古学の成果と文献をいかに整合的に解釈していくかが，向後の課題である。　　　　（井上 直樹）

⇒ 文献一覧 pp. 346~347

2-b 楽浪・三韓(考古学)

〈1〉 楽 浪

ⓐ 調査・研究動向

　楽浪郡の遺跡に対する考古学的調査は,解放前は日本人研究者によって行われ,解放後は朝鮮民主主義人民共和国（以下,北朝鮮と略す）の科学院考古学および民俗学研究所（後の社会科学院考古学研究所）によって進められた。特に1980～90年代には大規模な発掘調査が行われ,解放後に楽浪区域一帯で発掘調査された楽浪古墳は,単葬木槨墓約810基,併穴合葬木槨墓約40基,同穴合葬木槨墓約200基,塼室墓約750基,塼槨墓約250基,甕棺墓約600基に達する。1980～90年代の北朝鮮学界ではこれらの新資料をもとにして,木槨墓と塼室墓の分類・編年がさらに細分化されていった（李淳鎮［1983］,韓仁徳［1990］）。そして,1990年代前半の檀君陵の発掘調査を契機として,平壌は前朝鮮,後朝鮮,満朝鮮という三朝鮮の首都であったという説が提起された。これにともない,平壌一帯の木槨墓のうち,紀元前3世紀以前～紀元前2世紀末のものは後朝鮮と満朝鮮の政治勢力が造営したものであり,紀元前1世紀以降の木槨墓や塼室墓は漢の楽浪郡ではなく古朝鮮の後裔が建てた楽浪国の古墳であるとする見解が提示された（李淳鎮［1997］）。

　一方,韓国では1980年代後半から,嶺南地域で大型木槨墓が調査され始めると,楽浪古墳との関係が注目されるようになり,研究が活発化していった（辛勇旻［1991-92］,洪潽植［1993］）。さらに,2000年代に入ると,楽浪郡をテーマとした特別展やシンポジウムが開催されるようになり,多角的視野からの研究が行われている。日本においても,1990年代から新資料を用いた古墳研究が行われるようになり,木槨墓や塼室墓に関する新たな研究成果が出されている（田村晃一［1993］,高久健二［1995］）。以下,楽浪研究の主流をなす土城と墓制に関する研究の現況をまとめておく。

ⓑ 土 城

　楽浪・帯方郡関係の土城としては,楽浪土城,智塔里土城,雲城里土城,於乙洞土城,青山里土城,所羅里土城が知られている。このうち,楽浪土城では

中央台地北東側が発掘され、塼敷遺構、塼と板石を併用した建物跡、礎石列、溝など大規模な建造物の存在を示す遺構が検出されている。出土遺物に楽浪大尹章などの封泥や「楽浪礼官」瓦当があることから、楽浪郡治跡に比定される。出土土器については詳細な報告があり、年代や製作技法に関する研究が進められている（谷豊信［1984-86］）。また、青銅器鋳造関係遺物や鉄器の整理を通じて、土城内における製作工房の存在が指摘されるとともに、製作工程の復元が行われている（鄭仁盛［2001］［2006］）。ただし、楽浪土城が郡設置当初からの郡治であるのか、それとも大同江北岸から移動したものであるのか、また、その移動時期はいつであるのか、という問題についてはいまだ未解決である。

智塔里土城は付近に帯方太守張撫夷墓が存在することなどから、帯方郡黄海道説をとる場合の帯方郡治跡に比定される土城である。土城周囲からは「光和五年」「太康」銘塼が出土していることから、帯方郡設置以前に遡る土城であることは間違いなく、郡滅亡まで使用されたものと推定される。また、近年の調査で現在の城壁の下から古い城壁が検出され、ある時期に城壁が増築されたことが明らかとなった。なお、同様な下部城壁の存在は、黏蟬県治跡に比定される於乙洞土城でも確認されている。

ⓒ 墓 制

楽浪郡の墓制には木槨墓、塼室墓、甕棺墓、横穴式石室墓などがある。まず楽浪郡前半期の墓制は木槨墓が主流で、これらは単葬木槨墓、併穴合葬木槨墓、同穴合葬木槨墓に細分され、前者から後者へという変遷過程が明らかにされている（田村晃一［1979］、李淳鎮［1983］）。楽浪郡設置当初は衛満朝鮮以来の非漢式遺物を多く副葬した長方形単葬木槨墓が造営されたが、紀元前75年における大楽浪郡の成立を契機として、漢式遺物を副葬する厚葬木槨墓が出現し、楽浪郡は発展期を迎える。紀元後1世紀代は楽浪郡の最盛期にあたり、石巌里9号墳のように漢式遺物を多数副葬した大型同穴合葬木槨墓が造営された。楽浪郡において木槨墓は上位階層を象徴する墓制であり、塼室墓が普及する3世紀においても梧野里19号墳や南井里116号墳のような同穴合葬木槨（室）墓が造営され続けた（高久健二［1995］）。

楽浪郡後半期の墓制の主体を占める塼室墓は、2世紀中葉頃に出現し、3世紀代に増加するが、出現年代については、さらに遡る可能性もある。楽浪・帯方郡末期～滅亡後も平壌地域や黄海道ではしばらくの間は塼天井塼室墓が存続する

図 2-1　1〜3世紀頃の朝鮮半島

が，石材天井塼室墓や横穴式石室墓も同時併存していた。これらの墓制はそれぞれ固有の分布域をもっており，造営集団が異なる可能性もある。紀年銘塼からみると，この時期は佟氏のような新興豪族が現れており，王氏などの在来豪族と併存する複雑な状況であったことがうかがえる。

〈2〉 三 韓

ⓐ 時代区分と調査・研究動向

　文献史学で三韓時代という時代区分名が用いられてきたのに対し，考古学では原三国時代という用語が用いられてきた。原三国時代とは三国時代の原初期・原史段階を意味し，それ以前まで金海・熊川期とよばれていた時代にあたる。その特徴としては青銅器の減少と鉄器の発達・普及，鉄製農具による農耕の発展，高温焼成された灰色土器の出現などがあげられ，その背景には楽浪文化の影響があったとされるが（金元龍［1984］），郡県設置以前の文化要素もみられる。

　この時代の遺跡に対する本格的な調査は1920年の金海貝塚の発掘に始まるが，1970年代後半〜80年代初頭に行われた礼安里遺跡や朝陽洞遺跡の発掘調査によって，当該時期の研究は大きな転機を迎える。その結果，原三国時代の土器は瓦質土器であり，従来，金海式土器と考えられていた灰青色硬質土器（陶質土器）は4世紀に下る三国時代の土器であるという新たな見解が出され，瓦質土器の編年研究が進められていく（申敬澈［1982］，崔鍾圭［1982］）。1980年代後半〜90年代中葉になると，各地域で大規模な墳墓群が調査され，資料が蓄積されていく。特に，良洞里遺跡や林堂洞遺跡は原三国時代初期から三国時代にかけて継続して営まれた墳墓群であり，墳墓研究が大きく進展する契機となった（林孝澤［1993］）。1990年代後半には墳墓出土の土器資料の分類・編年研究が進められ，嶺南地域における編年体系が確立していった（安在晧［1994］，金龍星［1996］，李盛周［1999］）。

　集落遺跡についても，1986〜88年の郡谷里貝塚の発掘に始まり，1987〜93年には渼沙里遺跡が調査され，1990年代後半以降は各地で調査が進められている。2000年代に入り，これら新たに蓄積された資料に対する多角的な研究が行われている。以下，主要テーマごとに研究の現況をみていく。

ⓑ **集　落**

　漢江流域から嶺西・嶺東にかけての中部地域では，渼沙里遺跡，屯内遺跡，安仁里遺跡などの集落遺跡で入口部をもつ平面凸字形・呂字形の竪穴住居跡が検出されており，住居形態および中島式硬質無文土器の編年に基づいて時期区分が行われている（朴淳発［2001］）。渼沙里遺跡では首長層の区画としての方形環壕の存在が指摘され（武末純一［1997］），百済漢城期初期の風納土城では，土城築城以前の原三国時代に該当する三重環壕集落が検出されている（権五栄［2002］）。

　栄山江流域を中心とする西南部地域の集落遺跡については，硬質無文土器と打捺文土器の編年に基づいて三時期に区分され，丘陵上部から下部へと立地が変化するとともに，住居・集落規模が拡大し階層化が進行する過程が明らかにされている（崔盛洛［1993］）。

　嶺南地域の平山里遺跡では16基の住居跡と，それらを取り囲む環壕が検出されており，環壕の内側には木柵列がみられる。環壕入口部分は片方が直角に屈曲し，内側から柱穴群が検出されていることから，大型高床建造物の存在が想定されている。これらの立地や環壕の状況からみて，防御的性格が強い集落であるといえる。

　西南部〜東南部の南海岸一帯には貝塚遺跡が多数分布しているが，その形成の要因として，気候の寒冷化にともなう農業生産力の減少が指摘されている（徐賢珠［2000］）。

ⓒ **墓　制**

　嶺南地域は墳墓資料が多く，編年体系がほぼ確立しつつある（林孝澤［1993］，金龍星［1996］，李盛周［1999］，高久健二［2002］）。原三国時代前半期の墓制は木棺墓が主体を占める。初期（紀元前2世紀後半〜1世紀前葉）の木棺墓は，茶戸里58号墳や朝陽洞5号墳のように墓壙の平面形が細長方形を呈し，土器類が副葬されるが，八達洞遺跡のように，鍛造鉄製武器類や農工具類が副葬される例も現れ始める。

　紀元前1世紀中葉〜後葉になると，嶺南地域では多くの長方形木棺墓が造営され，茶戸里遺跡や朝陽洞遺跡では多数の副葬品をもつ厚葬墓が現れる。鉄器類の副葬が増加するとともに，楽浪郡との交渉を示す前漢鏡や五銖銭などの漢式遺物が副葬されるようになる。

紀元後2世紀後葉は，良洞里遺跡や下垈(ハデ)遺跡など嶺南各地で厚葬の大型木槨墓(もっかく)が造営され始める画期である。多数の土器と鉄器が副葬され，環頭大刀や台付広口壺など新たな副葬品が現れる。また，後漢鏡のような漢式遺物が副葬されることから，帯方郡の設置を契機として郡県との交渉が再び活発化したことを示している。3世紀に入ると木槨墓はさらに大型化し，鉄製武器類を集中副葬するものがみられる。一方，西部地域では2世紀後葉から清堂洞(チョンダンドン)遺跡などのようにコ字型の周溝をもつ木槨墓が造営され，短頸壺や平底鉢とともに環頭大刀や青銅製馬形帯鈎が副葬されている。また，寛倉里(クァンチャンニ)遺跡などの方形周溝墓群も造営されている。

　これら木棺墓や木槨墓などの墳墓資料をもとに，階層分化や権力の形成に関する研究が行われている（崔鍾圭［1991］）。特に，立地が優越し，大量の副葬品をもつ大型木槨墓の出現が階層化の画期として捉えられている（李在賢［2003］）。

　ⓓ 生　産

　土器生産遺跡である鎮川(チンチョン)窯跡群の三龍里(サムニョンニ)88-2号窯は傾斜面に造られた長楕円形を呈する半地下式窯で，燃焼室と焼成室の間に段があり，垂直式燃焼室となっている点が特徴である。灰色打捺文土器が出土していることから，2〜3世紀代の土器窯跡と推定され，松節洞(ソンジョルドン)遺跡や松垈里(ソンデリ)遺跡などに供給されていた（崔秉鉉［2002］）。この他に郡谷里遺跡や大谷里(テゴンニ)遺跡などでも土器窯跡が調査されている。

　鉄器生産遺跡である隍城洞(ファンソンドン)遺跡では1世紀頃から，竪穴式住居内に設置された炉で鉄器が製作されており，鉄素材の精製も行われていたと推定されている。また，原三国時代末期〜三国時代初期には溶解炉や精錬鍛冶(たんや)炉などが現れ，1世紀代に比べ，大規模化するとともに，工房の配置などに計画性がみられるようになる（村上恭通［1997］，武末純一［2002］）。これらをもとに鉄器生産工程の復元と展開過程に関する研究が進められるとともに（孫明助［1998］），弁韓(ビョナン)・辰韓(チナン)の鉄器生産の拡大要因を，技術の受容と労働力の組織化を可能にした政治・経済的成長に求める見解も提示されている（李盛周［1998］）。

　ⓔ 対外交流

　三韓の発展要因として，朝貢や交易といった周辺地域との相互作用が注目され（李盛周［1998］），三韓出土の外来系遺物を通して，楽浪郡や倭との対外交流に関する研究が進められている。馬韓(マハン)に当たる西部地域では近年，集落遺跡で楽浪

系土器の出土例が増加しており，これらをもとに郡県との交流の変化が論じられている。特に，漢江(ハンガン)下流域では3世紀頃に楽浪系遺物が急増しており，馬韓(マハン)社会の成長と対外交流が密接に関係していることがわかる（金武重［2004］）。弁韓・辰韓(チナン)に当たる嶺南地域では多くの漢式遺物が出土しているが，これらは紀元前1世紀後半頃と3世紀前半頃に増加しており，郡県との交渉の画期を示している（高久健二［2002］，金吉植［2006］）。倭との交流については，土器・青銅器・鉄器研究など多くの蓄積があり，資料集成も行われている（小田富士雄・韓炳三編［1991］）。

（高久　健二）

⇒ 文献一覧 pp. 347~348

3-a　高句麗（文献史学）

〈1〉　全　般

　高句麗(コグリョ)建国から滅亡までを論述したものとしては東潮・田中俊明編［1995］がある。同書には高句麗関連遺跡などについても詳論されており，高句麗史研究上，必読文献のひとつである。高句麗史研究は日本以外に中国・北朝鮮・韓国で積極的に行われているが，その帰属をめぐる議論が存在することも認識しておく必要がある（井上直樹［2005］，李鎔賢［2005］）。既往の研究成果については馬大正他［2001］，林起煥［2004a］，高句麗研究財団［2004a］，余昊奎［2003］，井上直樹［2008a］によって整理されており，文献目録としては倪軍民他［1998］・高句麗研究財団［2004b］があり，孫進己・孫海編［1994］は中国の高句麗・渤海(パレ)関係論考を集成する。これまでの研究成果は膨大でそれらを逐一取り上げ論じるのは紙幅の関係もあって困難であるため，詳細は上記論著にゆだね，ここでは80年代以降の研究動向を論じる。

〈2〉　史資料

　高句麗の基本史料である『三国史記』高句麗本紀（以下，麗紀）の訳注としては金富軾（井上秀雄訳注）［1983］があるが，麗紀利用に際しては厳密な史料考

証を要する場合がある。そのためにも麗紀の史料的性格を把握しておく必要があるが，その編纂過程を考究したものとしては田中俊明［1982］，高寛敏［1996］などがある。麗紀の王系については武田幸男［1989a］が王の加上を含む四段階の整備過程を経て形成されたとするのに対して，盧泰敦［1999］は王の加上を否定し，4世紀後半に一元的な王系が完成したとする。孫永鍾［2000］は麗紀には5世代の王が脱落しているとみなし，建国年代を前277年とする。このように麗紀の王系に対する理解は相異なるが，それらはおおよそ日本・韓国・北朝鮮の研究動向を反映しており，高句麗史研究上の課題のひとつとなっている。これは高句麗史の基本的枠組みにかかわる問題であるため，今後も厳密な史料批判を通じて追究されねばならない。『高麗記』について論究したものとしては吉田光男［1977］があるが，武田幸男［1994］もその史料的性格を詳論しており，ともに『高麗記』を利用・研究する上で必須の文献である。

〈3〉 金石史料

『広開土王碑』（クァンゲトワンビ）（以下，王碑）解読における軍部の関与や碑字改ざん説によって関心が高まった王碑研究の80年代以後の状況については武田幸男［1993］に整理されており，ここで細論しないが，それは第一に王碑発見の経緯や拓本の性格を明らかにし，原碑字を追究すること，第二に王碑内容そのものを検討するという観点から進められた。

第一の点とかかわっては，王健群［1984］が王碑拓出に携わった初均徳氏の碑字整形参照資料である「碑文抄文」の存在を，武田幸男［2007］が王碑発見の経緯や王碑の罹災状況などを明らかにする。一方，原石拓本については水谷悌二郎［1977］がはやくから追究していたが，武田幸男［1988a］［1988b］，市川繁［2002］は李雲従によって1889年に拓出された原石拓本について論究し，武田幸男［1988c］は四種類の原石拓本を掲載するとともに王碑発見の経緯や拓本の編年などを詳細に論じ，同［2009］は種々の墨本・拓本を分類し，各類型に対応する年代を提示する。一方，中国の原石拓本・墨本の調査を進めたものとしては徐建新［2006］もある。これらの研究成果は王碑研究の基礎となるべきもので軽視されてはならない。

第二の点については王碑を高句麗の史料として位置づけ，その史的展開過程を

解明しようとした武田幸男［1989a］が重要である。これは 70 年代からの研究成果をふまえたものでもあるが，単に既発表論文を集成しただけでなく，その後の研究成果によって得られた知見や新稿も含まれ，その内容はきわめて実証的で，高句麗史研究を行う上で必読である。その後の研究としては，呉吉煥［2005］［2006］などがあるが，70〜80 年代と比べて近年の日本の王碑研究は低調である。それに対して韓国や中国では，高句麗研究会［1996］，耿鉄華［1994］［2003］などが刊行され，王碑に対する関心は高い。このように王碑研究は各国で行われているが，李成市［1994］は近代国民国家的観点からの王碑研究に対して警鐘を鳴らし，あくまでも高句麗の文脈で理解すべきことを強調する。この指摘は王碑研究だけでなく，高句麗史研究全般についても同様で，遵守されねばならない。

　他の金石史料の研究状況については田中俊明［1981］が整理するが，ここでは主に 80 年代以後の研究状況を概観する。『広開土王碑』とほぼ同時期に作成された『牟頭婁墓誌』については，武田幸男［1981］が新たな墓誌の構成案，牟頭婁一族の事蹟などを明らかにし，研究を大きく進展させた。徳興里古墳の墨書については，田中俊明［1980］が墓誌と晋の暦のずれを指摘し，武田幸男［1989b］は被葬者某鎮が中国出身で，墨書の官爵には亡命前のものと虚職が含まれると論じ，井上直樹［2007］も集安出土文字瓦を手がかりとして墓誌の官爵の一部が虚職であるとする。

　『中原高句麗碑』については『史学志』13［1979］が特集を組み，諸論考を収載する。同碑が高句麗の新羅に対する優位性を示すものであることについては異論がないものの，建立年次については 403 年・408 年説（木村誠［1997］），423 年説（木下礼仁［1982］），5 世紀初説（田中俊明［1996］），449 年説（篠原啓方［2000］），480 年説（武田幸男［1980］，井上直樹［2000］）などが提示され，いまだ統一的見解をみない。なお，高句麗研究会［2000］は『中原高句麗碑』関係諸論考とともに碑面の写真・拓本を掲載する。平壌城城壁石刻については田中俊明［1985］が新釈文を提示し，長安城造営過程を明らかにする。なお，上記以外に中国から出土した高句麗関係資料もあるが，高句麗研究財団［2004c］はそれらを集成する。

46 ── 第2章　国家形成と三国

図 2-2　三国時代の朝鮮半島

〈4〉 政治・文化

　高句麗の君主号には王・太王号(たいおう)が認められ，それは朝鮮古代国家の君主号の性格を理解する上で重要であるが，武田幸男［1989a］はそれらが冊封号(さくほう)とは別の高句麗勢力圏で用いられた王号で，太王号はその美称とする。君主の正統性とも関連する王の出自を夫餘とする建国神話については，李成市［1984］がそれを高句麗の夫餘支配とかかわって主張された政治的産物と説き，同［1989］は神話の形成過程を論じる。高句麗の五部については前燕の影響によって成立したとする川本芳昭［1996］がある。官位制については武田幸男［1978］が10等から14等への官位の変化を詳細に論じるが，坂元義種［1998］はそれが中国王朝からの冊封号に規定されたとし，林起煥［2004b］はそれを12等とみる。『高麗記』の官位記事をどのように理解するかが鍵となる。日本では五部や官位制，政治体制についての議論は低調であるが，韓国では比較的活発な議論が行われており，その研究動向は林起煥［2004b］，金賢淑［2005］に整理されている。これは麗紀に対する認識の差と無関係ではなく，王系理解とともに高句麗史研究にはつねにこうした問題が存在しており，これをどのように克服していくかが課題である。

　国内政治情勢についても日本では活発とはいえないが，盧泰敦［1999］，林起煥［2004b］，金賢淑［2005］は6世紀末以後の有力貴族を中心に政治を運営する貴族連立体制について論じる。王都については武田幸男［1989a］が丸都(ファンド)・国内(クンネ)時代の歴史的実態，歴史的位相を追究し，田中俊明［1984］は長安城遷都の実相を，同［1998］は初期王都の構造を，同［2004］は平壌の王都の構造を明らかにする。地方統治体制については武田幸男［1989a］が王碑の分析から高句麗領域内の多様で複雑な種族支配形態の存在を摘出するとともに，高句麗は4世紀初に伝統的な谷支配から政治的な城支配へと移行していったとする。盧泰敦［1999］，金賢淑［2005］は郡県制が一時的に施行されていたとするが，これについてはなお慎重な議論を要し，今後も検討されねばならないであろう。林泉［1996］は高句麗の仏教受容の背後に平壌地域の中国系人士と王権との政治的な関係を想定し，深津行徳［1997］，門田誠一［2001a］［2001b］は高句麗仏教の性格や信仰状況を論じる。

〈5〉 対外関係

　高句麗の対外関係については，韓国で近年，高句麗史帰属問題ともかかわって盛んに議論されている（高句麗研究会［2002］，高句麗研究財団［2005］，東北亜歴史財団［2007］）が，日本でも西嶋定生による冊封体制論提起以後（西嶋定生［1962］），中国や倭の対外関係と関連して論究され（堀敏一［1993］［1998］，金子修一［2001］），80年代以後，高句麗の対外関係を専門的に考察した論考も発表された。田中俊明［1994］は高句麗と玄菟郡との関係を詳細に考察し，余昊奎［2007］，田中俊明［2008］は曹魏の高句麗遠征の経緯やルートを，余昊奎［1995］，田中俊明［1997］は高句麗の遼東進出ルートについて論じる。孔錫亀［1998］は4〜6世紀の高句麗の遼東，旧楽浪・帯方地域への拡大過程を検討し，南北朝と高句麗との関係については武田幸男［1989a］，三崎良章［1982］［1983］，井上直樹［2000］［2001］［2002］，李成制［2005］によって討究されている。

　一方，高句麗と朝鮮半島南部との関係については，李成市［2006］が東夷諸国の中国文明受容における高句麗の位置づけを論じ，朴性鳳編［1995］は高句麗の南下政策についての諸論考を収録する。李鎔賢［1997］，田中俊明［2001］は高句麗と加耶諸国との関係を考究する。この南下政策の過程で高句麗と敵対した倭との関係については韓日関係史学会［2007］があるが，570年代の高句麗の対倭外交について論究した井上直樹［2008b］，李成制［2009］や日隋外交の背後に高句麗の存在を指摘する李成市［1990］もある。その隋の高句麗遠征については，粟末靺鞨と高句麗との抗争をその原因とする菊池英夫［1992］があり，李成市［1993］は泉蓋蘇文のクーデターを高句麗・唐関係のなかに位置づけて論究する。近年，積極的に高句麗の対外関係を東アジア的視点から考究しようとする試みがなされており，隋唐と高句麗との関係については余昊奎［2002］などもあるが，日本ではこれまで主に隋唐の視点から論じられており，高句麗側の立場からそれを討究することが求められる。

（井上　直樹）

⇒ 文献一覧 pp. 349〜352

3-b 高句麗（考古学）

　高句麗に関連する遺跡は，現在の中国と北朝鮮に広く分布し，最近では韓国の一部でも関連遺跡が発見・調査されている。これらの遺跡の多くは，戦前には日本人研究者が独占的に調査研究をおこなった。現在では，集安をはじめとする鴨緑江以北地域の遺跡については中国の研究者が，平壤を中心とする鴨緑江以南地域の遺跡については北朝鮮の研究者が調査研究をおこなっている。こうした事情のため，複数の国家にまたがる遺跡や遺物のすべてを自由に調査することは，容易なことではない。また，各国の政治的な問題に左右されることもあり，考古資料の時空的な位置づけについて意見が一致しない部分が少なくないのが，高句麗考古学の実情である。

　1980年代以降における高句麗遺跡の調査研究状況を知るための概説書としては，東潮・田中俊明編［1995］がある。中国における調査研究の状況をまとめた文献としては，西川宏［1992］，李殿福［1991］，魏存成［2002］などがあげられる。北朝鮮での調査研究状況を紹介した日本語文献としては，金日成綜合大学編［1985］，在日本朝鮮社会科学者協会歴史部会編［1993］をあげておきたい。

　以下，墓制研究と山城や王城に対する研究について，その現状を紹介する。

〈1〉　墓制研究

　中国領内の高句麗遺跡のうち，集安周辺の古墳については，詳細な分布図（吉林省文物考古研究所・集安市博物館編［2002］）が公開されるとともに，王陵級の大型積石塚に対する最新の調査成果をまとめた報告書（吉林省文物考古研究所・集安市博物館編［2004a］）が刊行されて，多くの情報が提供された。高句麗を代表する墳墓である積石塚の分類と変遷については，中国・北朝鮮での調査研究をもとに，外部構造と埋葬施設の構造の違いに注目して，田村晃一［1982］や東潮［1997］らにより分類案が示されている。

　集安の積石塚研究の最大の争点が，大型積石塚の編年と王陵の比定である。日本では，永島暉臣慎［1988］，田村晃一［1984］，東潮［1997］などが，将軍塚を広開土王陵と考える。こうした比定の大きな根拠となった太王陵・千秋塚・将軍

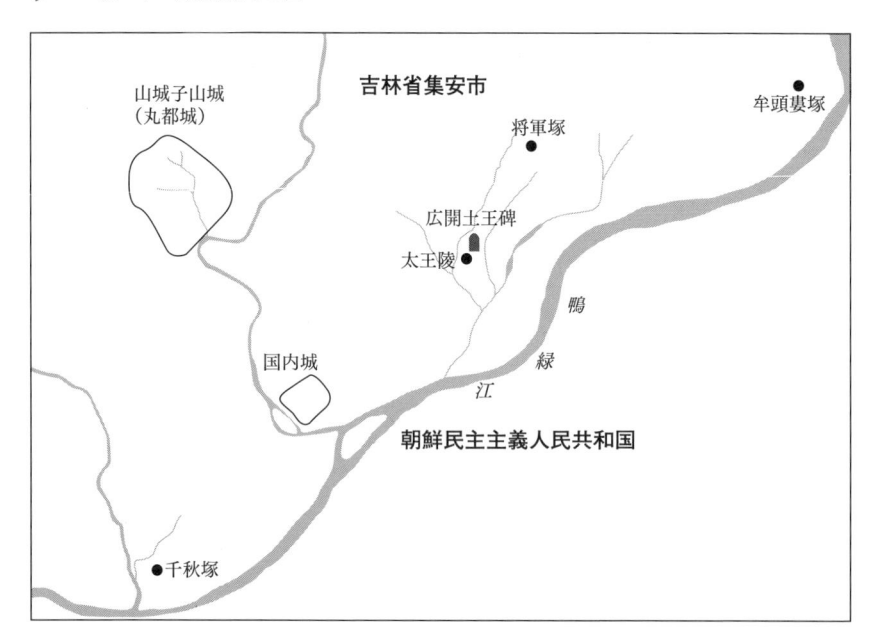

図 2-3　集安周辺遺跡分布図

塚出土瓦については，谷豊信（[1989][1990]）が，平壌出土の古式軒丸瓦との関係と合わせて，詳細な検討をおこなった。中国では，太王陵を広開土王陵に比定する説が多く，太王陵の周辺から，馬具や装身具などとともに「好太王」銘銅鈴が出土したこと（吉林省文物考古研究所・集安市博物館編［2004a］）がその大きな根拠とされている。この説については，東潮［2006］や李熙濬［2006］が批判をおこなっている。一方，桃崎祐輔［2005］は，軒丸瓦の編年を再検討するとともに，出土馬具の検討を通して太王陵＝広開土王陵説を支持する。この問題は，高句麗はもちろんのこと，新羅など周辺地域の出土遺物の年代比定とも深くかかわっており，今後も論争が続けられるであろう。

　世界文化遺産に登録された壁画古墳については，読売テレビ放送編［1988］や韓国放送公社編［1994a］が集安周辺の，朝鮮画報社出版部編［1985］や平山郁夫・早乙女雅博監修［2005］が平壌周辺の壁画写真を多く紹介している。国立中央博物館［2006］や平山郁夫・早乙女雅博監修［2005］で集成された，日本・韓国に残されている模写図も，研究を進める上で重要な資料である。壁画研究を総

説的にまとめた文献として，中国の耿鉄華［2008］，韓国の全虎兌［2000］［2004］をあげておきたい。日本では，東潮が壁画を描かれたものを含む横穴式石室の編年案を提示している（東潮［1997］）。東潮［1993］［1999］や門田誠一［2005］のように，中国の壁画との比較研究も今後さらに進められる必要があろう。

古墳から出土した遺物の検討については，緒方泉［1985］や東潮［1988］により，装身具・馬具・武器・土器の集成と基本的な編年作業が試みられた。なかでも馬具は，桃崎祐輔［2005］や諫早直人［2008］によって，最近その実態が明らかになりつつある三燕関連馬具との関係や，朝鮮半島南部および日本列島における馬具の出現と関連づけながら研究が深められつつある。甲冑については宋桂鉉［2006］の研究がある。白井克也［2005］は，土器類の研究動向をまとめる。

〈2〉 山城・王城

中国内における高句麗山城・王城の状況は，1980年代から編纂された市・県の文物志を通して，国外にも知られるようになった。中国側での研究成果をまとめたものとして王綿厚［2002］がある。また，五女山城（遼寧省文物考古研究所編［2004］），国内城（吉林省文物考古研究所・集安市博物館編［2004c］），山城子山城（丸都城）（吉林省文物考古研究所・集安市博物館編［2004b］）における調査成果が報告されて，各城の実態の一部が知られるようになった。こうした研究報告をもとに，日本の研究者が現地を踏査した成果として，服部敬史他［1994］，林直樹［1995］，後藤和民他［2003］などがある。韓国でも，韓国放送公社編［1994b］以降，現地での踏査がおこなわれている。

北朝鮮においては，平壌におかれた王城とそれにかかわる山城・寺院の比定が大きな問題として検討されてきた。現在の平壌市街を後期平壌城に比定する点については，ほぼ意見の一致をみている。前期平壌城については，大城山城が関係することは認められているが，王宮の位置については，安鶴宮址(アナックン)と清岩里土城(チョンアムニ)が有力候補として議論されている（永島暉臣慎［1981］，千田剛道［1983］）ものの，決着をみていない。高句麗研究財団編［2006］は，安鶴宮址の現状を報告する。東明王陵(トンミョンワン)の南側に位置する定陵寺址(チョンヌンサ)をはじめとする寺院についての検討としては，永島暉臣慎［1981］，田村晃一［1983］がある。これらの遺跡の時期比定の

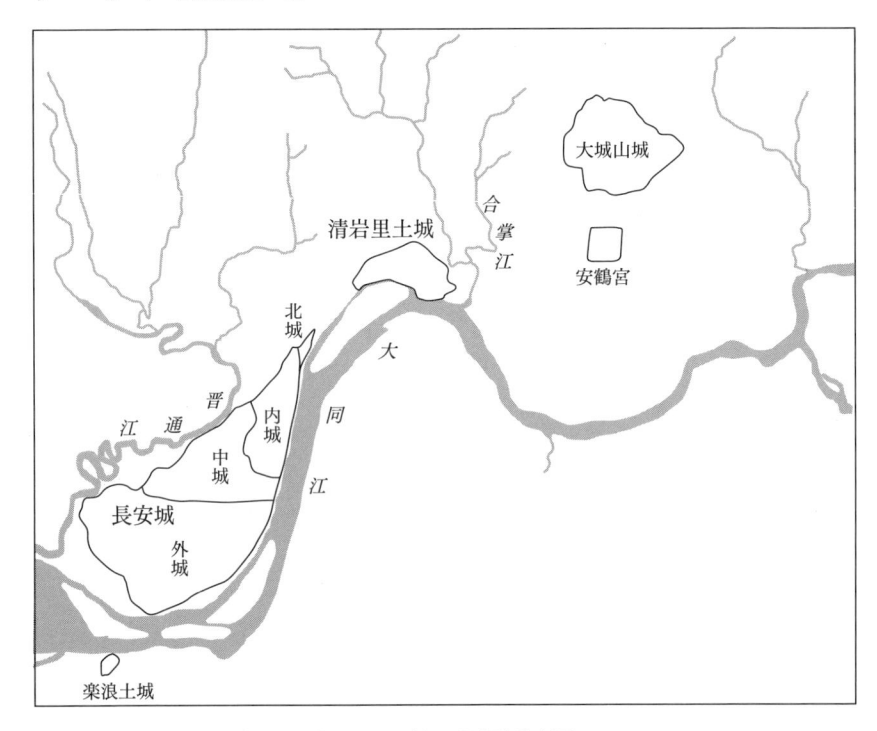

図 2-4　平壌周辺遺跡分布図

　手がかりとされる平壌周辺で採集された高句麗瓦については，田村晃一［1983］，谷豊信［2005］などで検討された。また韓国では，白種伍［2006］が集安出土例を含めた瓦当文様や製作技術の変遷を検討するなど，高句麗瓦に対する新たな研究が進みつつある。

　韓国においては，1980年代に夢村(モンチョン)土城出土土器の中に，漢城(ハンソン)期百済土器とは異なる土器群が存在することが認識され（金元龍他［1988］），検討の結果，それらが高句麗土器であることが明らかになった。1990年代後半には，かつて古墳と報告されていた九宜洞(クイドン)遺跡の報告書（九宜洞報告書刊行委員会［1997］）の刊行や，峨嵯山(アチャサン)第4堡塁の調査（任孝宰・崔鍾澤他［2000］）を契機として，漢江を挟んで百済の王都と対面する峨嵯山（阿且山）一帯に高句麗の堡塁が分布することが知られるようになった。さらに臨津江(イムジンガン)の北岸にも，瓠蘆(ホロ)古塁（沈光注他［2000］）をはじめとする高句麗の堡塁が確認されている。こうした高句麗山城の

広がりは，高句麗と百済・新羅との軍事的な関係を明らかにする上で重要な手がかりを提供している（白種伍［2004］）。これらの発掘調査では，文字資料を含む多様な土器類，鉄製武器・農具・馬具や，瓦類が出土しており，高句麗の文物の特質を知る上での重要な資料を提供している（崔鍾澤［2001］）。　　（吉井　秀夫）

⇒ 文献一覧 pp. 352~354

4-a　百済（文献史学）

　百済は，馬韓の伯済国を母体として，遅くとも4世紀前半頃までには現在のソウル地域（漢城）で建国していたとみられる。その後，475年には忠清南道公州（熊津）へ，さらに538年には忠清南道扶餘（泗沘）へと遷都を行い，660年新羅と唐の連合軍によって滅亡することになる。百済史の時期区分をする際には，このような王都の変遷を基準に漢城時期・熊津時期・泗沘時期の3時期に分けるのが一般的である。

　さて，80年代以後の百済史研究は，政治史を中心に各分野で個別的な事柄についての研究が増加し，また新たな方法論として，旧百済地域で活発に行われた考古学的な発掘調査の成果を利用する傾向が著しいのが特徴である。そして近年，これまでに蓄積された諸研究成果を整理し，百済の建国から滅亡以後の復興運動期に至るまでの時期を対象にした忠清南道歴史文化研究院編［2007］の研究叢書（全15巻）と，漢城時期を対象にしたソウル特別市史編纂委員会編［2008］（全5巻）の研究書が刊行され，これらは百済史研究の全体的な流れを理解する上で参考になる。また百済史の主要分野を各テーマ別に分類して単行本にした百済文化開発研究院編［2004-08］（全33巻）もある。

　では，以下においては百済史の主な論点と，近年新たに発見された史料を中心に紹介する。

〈1〉　建国期の諸問題

　百済の成立については，日本の学界では4世紀前半頃に成立したとする学説が定着して久しいが，韓国では千寛宇［1976］，李鍾旭［1976］が，『三国史記』記

載の紀元前18年の建国記事を当時の史実として解釈して以来，今もなお有効である。そして現在もっとも有力なのは，かつて李丙燾［1985］が提示した3世紀後半の成立説である。これを受け継いだものとしては，国家発展の段階を設定してそれに基づいて百済の国家形成過程を論じた盧重国［1988］と李道学［1995］がある。両氏は国家形成の5段階を想定して，そのうち4段階目に該当する部体制段階に国家が成立したと理解し，その時期は盧が3世紀後半，また李が4世紀前半とみており，また中央集権的な国家の出現は，ともに4世紀半ば以後のこととみている。

他方，木村誠［2004］は，国家がもつ支配・抑圧機構としての側面に注目して国家の形成過程を論じ，百済で整然とした国家体制が確立するのは遅くとも6世紀後半のこととみており，先の4世紀後半とする見解との隔たりは大きい。また近年，旧百済地域における考古学的な発掘調査の増加にともない，発掘の成果を利用して百済の国家形成時期を説明しようとする傾向も盛んであり，それには特定様式の土器や城郭の築造，そして封土をもつ大型墳墓の出現などをもって国家形成の指標と設定し，これらが百済で出現するのが3世紀中後半であるとした朴淳発［2003］がある。一方，吉井秀夫［2004］は墓制の変化に注目し，中央の墓制が地方に広がって6世紀の後半になると，墓制の地域性がほぼなくなって王墓を頂点とした階層的な枠組みの中で墓が造られるようになるとして，この時期を国家の段階と理解している。

次に，百済の成立とも密接なかかわりがある百済初期の王都についてみよう。『三国史記』には，漢城時期百済の王都の何度かにわたる移動が記載されており，そのため，初期王都の所在地を確定することは難しく，諸説に分かれていたが，現在は発掘調査の進展などによって，漢江南岸にある夢村土城と風納土城が百済初期の王城とされる河南慰礼城の有力な候補地となっている。これまでの初期王都の所在地についての研究史的な検討は姜仁求［1993］が参考になる。そして漢城時期の王都をめぐる具体的な研究は，まず李道学［1995］が，文献史料と考古学の研究成果を用いて都城制整備の観点から王城変遷の様子とその位置を検討し，夢村土城を王城に，風納土城を離宮と比定して当時の王城は2城からなっていたと理解している。そして金起燮［2000］は，「漢城」は本来「大城＝慰礼城」を意味する普通名詞で王城のことを指していたが，後に都城全体を指す汎称にかわり，当時の都城は夢村土城と風納土城の2城を中心に構成され，またこのよう

な構造は中国戦国時代の都城を受け継いだものと理解している。

　他方，田中俊明［1999］は，文献にみえる王都変遷記事の綿密な分析と考古学の成果の検討から，漢城時期の王都は風納土城から夢村土城へと1回だけ遷都が行われており，さらに遷都の実態は同一地域内での王城の移動に過ぎなかったとみている。

〈2〉 百済の国家体制

　百済中央の政治体制には，「16官位」からなる官位制と「22部司(ブサ)」（うち内官12部，外官10）からなる官司制が知られている。武田幸男［1980］は，百済の官位制と官司制を高句麗と新羅の場合と比較しつつ，その成立過程と構造を詳しく検討し，これらに関する体系的な記録が6世紀代の文献にみえることから，この時期に佐平(チャピョン)が中心となって16官位と22部司が確立したと理解している。また黒田達也［2007］は，16官位の筆頭である佐平と22部司の起源について論じ，それらは北周の官制と類似する部分が多く，百済官制はその成立に際して北周官制の影響を大きく受けたとする。他方，金英心［1998］は，百済官位制の成立過程と運営の実態について検討し，16官位は3世紀中葉から6世紀初めまでにかけて段階的に整備されたもので，実際の運営にあたっては新羅のように出身身分による上限が設けられていたと想定している。他に，金英心［1997］と梁起錫［1997］は，それぞれ漢城時期と泗沘時期を中心に佐平の性格変化を，鄭東俊［2006］は，22部司成立の歴史的背景について論じている。

　そして，地方の統治体制については，かつて武田幸男［1980］が，4世紀後半の「城村」，5世紀代の「王侯太守」，6世紀初めの「檐魯(タムノ)」，6世紀前半以後の「方郡城」が地方統治の根幹であったと把握して以来，これらを中心に議論が展開されている。このうち泗沘時期に，王都を除く全国を5つの方に編制しその下に郡と城を設置して統治した方郡城制がもっとも発達した形態の体制とみるのが一般的であるが，王・侯・太守と邑(ゆう)を意味する檐魯をめぐっては諸説に分かれている。特に，文献には中央からの地方官が檐魯に派遣されたと記されていることから，檐魯による支配体制すなわち檐魯制の実施時期は百済における中央集権的な政治体制の確立時期とも密接な関係をもつのである。

　まず漢城時期から泗沘時期までの地方統治体制を論じた盧重國［1988］は，檐

魯を城村と結び付け，漢城時期の4世紀後半に檐魯制が実施されたとする。一方，方郡城制の起源を檐魯に求めた金英心［1990］は，百済の地方統治は方郡城制を確立していく過程であったと把握したうえ，檐魯に派遣された地方官は5世紀後半の文献にみえる王・侯と同一人物と理解している。鄭載閏［1992］は，百済における地方統治体制の整備が熊津遷都後の中興政策の一環として行われたと把握し，檐魯制は6世紀初めに実施されたと理解している。

　ところで，領域の支配体制を考える際，その土台となる領域の変化にも注意を払う必要があり，そこで田中俊明［1997］は，領域の変遷に注目してその統治体制について検討し，王・侯名に使われている地名は，当時まだ百済の支配が及んでいない地域のもので，これを百済全地域を対象にした一元的な統治方式である檐魯制と異なる支配体制と理解している。また呉吉煥［2003］も，同じ方法論で熊津時期の領域支配体制の実態について論じ，その中で王・侯名にみえる地名の分析を通じてそれがすでに檐魯制の範囲内に含まれる地域と把握し，この時期の地方統治体制を檐魯制と理解している。

〈3〉 新たな資料の出現

　80年代以後，新たに追加された百済史関連資料に木簡がある。百済木簡は，主に90年代以後，泗沘時期の王都であった扶餘地域を中心に出土して以来，最近は扶餘以外の旧百済地域でも出土が確認されている。

　まず百済木簡研究の現状を知るには，李鎔賢［2007］，尹善泰［2007］が参考になる。そして研究の基礎資料としては国立昌原文化財研究所編［2004］［2006］の図録が有用である。尹善泰［2007］は，扶餘地域で出土した木簡を中心に遺跡別・用途別に詳細な整理・分析を行い，百済木簡を概観しながら泗沘時期の百済史の復元を試みている。近藤浩一［2007］［2008］は，扶餘の陵山里寺址出土木簡の性格を検討して，それが隣接する羅城の築造と関連して作成されたものであると理解する。また金英心［2007］は，木簡や銘文瓦などにみえる地方統治関連の記録を整理して百済の地方統治体制に対する再検討を行っている。三上喜孝［2007］は，百済木簡と日本古代木簡の記載様式や用字法を検討し，両者の類似点を指摘している。その他，近年出土した羅州伏岩里の木簡については，金聖範［2009］が参考になる。

百済木簡の研究は始まったばかりの段階であり，これまで出土している木簡もすべて6世紀代以後のものが占めているが，今後，木簡の出土がさらに増えることにより，泗沘時期のみならず，関連史料がきわめて少ない初期百済史の復元にも重要な情報を提供してくれるものとして期待される。

そして，もうひとつの新たな資料として，現在朝鮮半島西南部の栄山江(ヨンサンガン)流域を中心に散在している前方後円形墳墓がある。これは朝鮮半島でも西南部地域という限られた場所に分布し，また5世紀後半から6世紀前半までの限られた時期に築造されているのが特徴である。周知のように，こうした墳墓は日本の古墳時代を代表する墓制であり，それと酷似したものが朝鮮半島でみつかったことで，当時のこの地域と百済中央との関係および倭との関係が改めて注目されるようになったのである。そのうち文献史の側面からは，主に被葬者の性格解明が課題となっており，現在それには，在地首長説・倭系百済官僚説・倭人説などが示されている。これを含む近年までの研究状況については，忠南大学校百済研究所編［2000］と朝鮮学会編［2002］などに詳しい。

1980年代以後の百済史研究は，それ以前の時期に比べて刮目すべき成果をあげてきたことは事実である。しかし，その反面，諸成果をまとめて百済史全体の統一した歴史像を描き出すまでにはまだ至っていない。これを克服することが百済史研究における今後の課題である。　　　　　　　　　　　　　　　　（呉　吉煥）

⇒ 文献一覧 pp. 354~355

4-b　百済（考古学）

1980年代までの百済考古学は，主要な発掘調査が，各時期の王都が所在したソウル・公州・扶餘周辺に限られており，検討可能な考古資料も限られていた。しかし，1990年代以降の調査件数の増加と調査地域の拡大により，研究は大きく進みつつある。また，発掘によってみつかった木簡や，陵山里廃寺・王興寺(ワンフンサ)・弥勒寺(ミルクサ)の塔心礎から発見された舎利具に残された銘文は，百済史研究に新たな資料を提供してきた。ただ，諸研究を進めていくための前提となる，土器をはじめとする考古資料の編年については，十分な意見の一致をみていないのが実情である。以上のような研究の現状に留意しつつ，以下，時期ごと地域ごとに百済考古

学の研究の現状を概観する。

〈1〉 漢城時期

　漢城時期の王城関連遺跡のひとつである夢村土城は，ソウルオリンピック関連施設建設を契機として1980年代に調査が進められた。同時期に史蹟整備のために石村洞(ソクチョンドン)古墳群の調査も行われ，これらの調査成果が漢城時期の考古学的研究を進めるために大きな役割を果たした。両遺跡から出土した百済土器の編年は，朴淳発（金元龍他［1988］，朴淳発［2001］），定森秀夫［1989］，白井克也［1992］らによって行われた。ただし，夢村土城で出土した高句麗系土器との共伴関係を認めるのかどうかにより，朴淳発と定森・白井の間では，実年代観に大きな違いがある。両遺跡から出土した瓦について検討した亀田修一［1984］は，瓦当文様(がとう)や製作技術の検討を通して，高句麗と楽浪郡の影響を指摘した。

　漢城時期の王城と目されるもうひとつの遺跡である風納土城は，城内の開発事業にともなう調査が1997年以降に進められ，大きな成果をあげている。城壁は，基底部の規模が幅約43m，高さ11mで，築造に敷葉工法が用いられていたことが明らかになった（尹根一他［2002］）。城内の慶堂地区では，平面方形の特殊な構造をもつ建物の周囲から，祭祀に用いられたと思われる土壙(どこう)がみつかり，その内部からは大量の遺物が出土した（権五栄他［2004］）。注目すべき出土遺物としては，瓦，中国からもたらされた陶磁器，朝鮮半島南西部・南東部から搬入されたと思われる土器類があげられる。これらの資料に対する総合的な分析が進むことにより，先述の土器や瓦の編年問題だけではなく，漢城時期のさまざまな問題の理解が深まることが期待される。

　漢城時期の墳墓について，大きな問題となってきたのが，石村洞・可楽洞(カラクトン)・芳荑洞(パンイドン)古墳群でみつかった古墳の性格づけである。石村洞古墳群における大型の墳丘墓の一種である積石塚は，高句麗の積石塚と外見が類似するため，その出現を百済の建国や王室の交代と結びつけようとするさまざまな説が提起されてきた。一方，朴淳発［2001］のように，葺石封土墳(ふきいしほうどふん)の出現を百済の建国と関連づけようとする説もある。芳荑洞・可楽洞古墳群の横穴式石室については，漢城時期の百済石室なのか，6世紀後半以降の新羅石室なのかをめぐって意見が分かれてきた。最近，京畿道(キョンギド)各地で漢城時期まで遡りうる横穴式石室の発見が続いてお

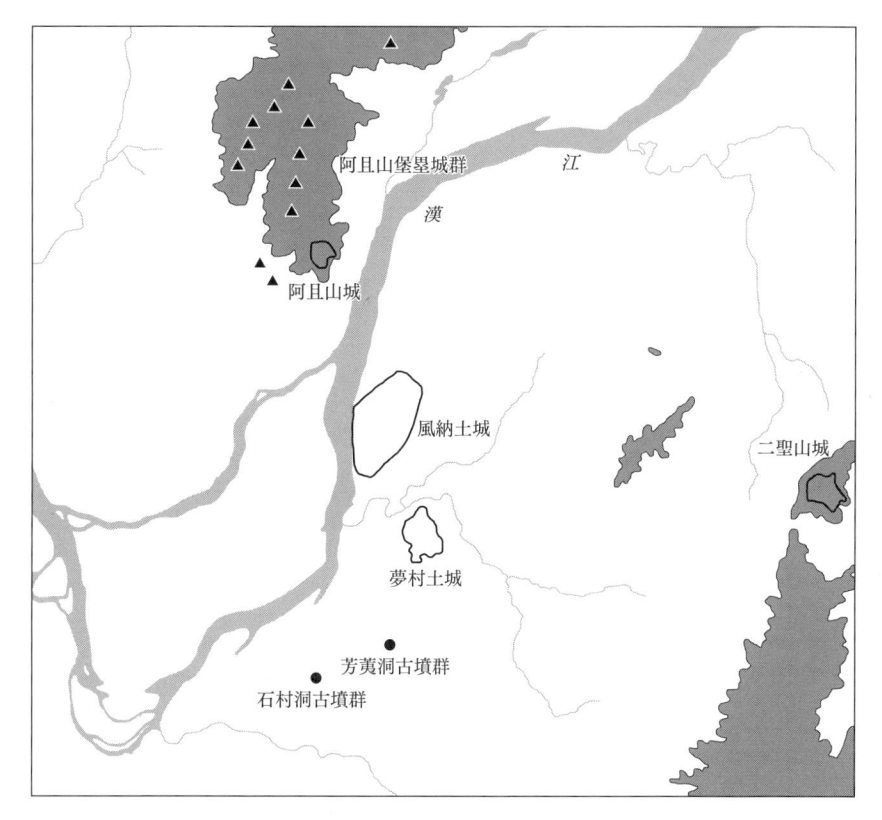

図 2-5　ソウル周辺遺跡分布図

り，それらの資料も含めた時空的な整理が望まれる（吉井秀夫 [2008]）。
　錦江（クムガン）流域の一部地域を除いて不明であった，ソウル以外の地域における墳墓の様相が明らかになってきたことも，1990 年代以降の大きな成果である（吉井秀夫 [2001a]）。埋葬施設は，土壙墓・竪穴式石槨（せきかく）墓・横穴式石室墓など多様であるが，土器・中国製陶磁器・装身具・馬具・武器などの副葬品には，共通性が認められる。これら墳墓の様相の分析を通して，百済中央勢力と周辺地域の諸勢力との関係の変化が解明されつつある。
　以上の研究成果をもとに，朴淳発 [2001] は，特定土器様式（夢村類型）の形成と分布様相・大型墳墓の出現・城郭の登場という 3 つの指標により，3 世紀後半に連盟王国段階としての百済が成立したと考えた。個々の考古資料に対する理

解には検討の余地があるが，今後も考古資料を通して百済史を記述する試みを続けていく必要があるだろう。

〈2〉 熊津・泗沘時期

　475年に漢城が陥落して，錦江流域の熊津に王都が移されて以降の考古学的な調査研究は，主に，王都のあった公州・扶餘，そして重要な遺跡が密集する益山(イクサン)で進められてきた。しかし最近では，王都以外の地域での調査も増加している。

　公州の王都関連遺跡では，王城と推定される公山城(コンサン)や，武寧王(ムリョンワン)と王妃の殯施設と目されている艇止山(チョンジサン)遺跡（李漢祥他［1999］）の調査があげられ，これまでの成果をまとめたものとして李南奭［2002b］がある。扶餘の王都関連遺跡としては，官北里(クァンブンニ)遺跡，扶蘇山城(ブソサン)，羅城などの調査が行われてきた。官北里遺跡は，大型建物や蓮池，東西・南北方向の道路遺構などがみつかっており，王宮関連施設と考えられている。寺院の調査では，塔の舎利龕(しゃりがん)や舎利容器に威徳王代(ウィドグワン)の銘文がみつかった陵山里廃寺や王興寺が注目される。益山周辺の遺跡としては，弥勒寺や帝釈寺(チェソクサ)などの寺院や，土塁の内外でさまざまな建物址や生産工房がみつかった王宮里(ワングンニ)遺跡の調査成果が重要である。

　城郭については，成周鐸［2002］や車勇杰らにより忠清南道・忠清北道(チュンチョンプクト)の山城が，全栄来らにより全羅北道(チョルラブクト)の山城の踏査がおこなわれてきた。ただ，発掘調査が進められるにつれ，百済の山城・土城とされてきたものの中に，高句麗や新羅により築造されたり，統一新羅時代以降に築造されたり大きく改築された例が少なくないことが判明してきた。そうした最近の研究動向をふまえた研究として，徐程錫［2002］をあげておきたい。

　墳墓研究は，1971年に発見された武寧王陵(ムリョンワン)の発見を契機として進展し，1980年代以降には，李南奭［1995］［2002a］，崔完奎［1997］，吉井秀夫［1993］などの研究が行われ，百済横穴石室の大まかな系統と変遷過程が明らかにされた。泗沘時期に成立した陵山里型石室については，山本孝文［2002］［2007］が，石室の規格や規模，古墳の分布，銀花冠飾や鐶座金具との組み合わせが，官位などの階層性を反映していることを示した。古墳からの出土品のうち，従来より研究がなされていた冠（毛利光俊彦［1999］）や沓（吉井秀夫［1996］）をはじめとする装身具については，近年，公州水村里(スチョンニ)古墳群などで漢城時期の類例が増加してお

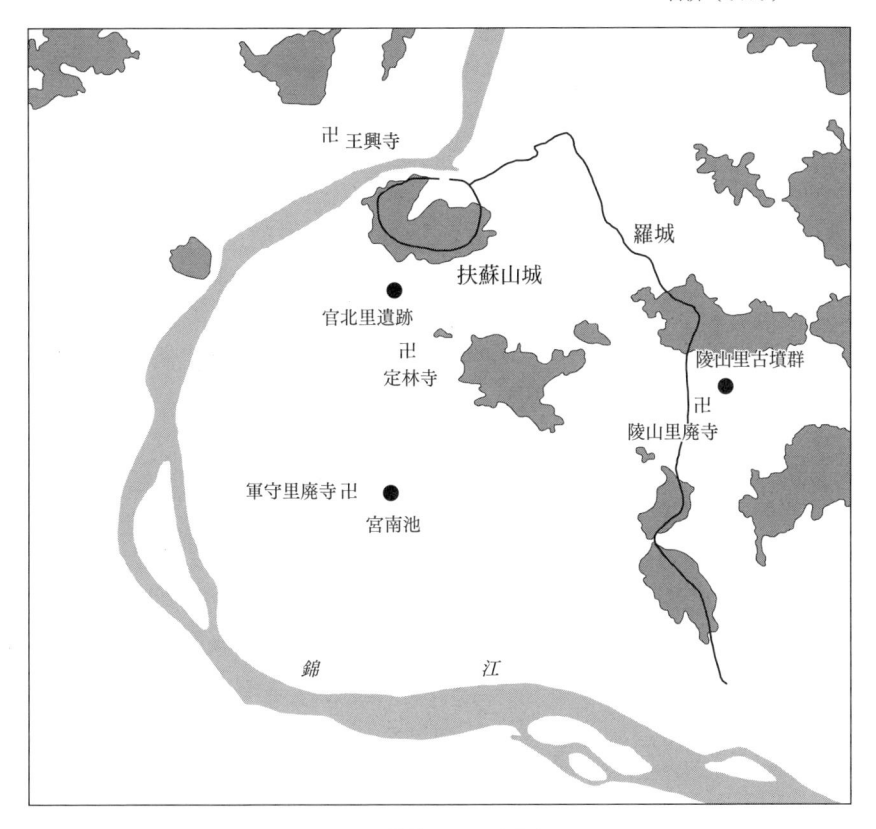

図 2-6　扶餘周辺遺跡分布図

り，熊津時期以降の類例との関係が，今後の検討課題である。

　公州・扶餘などで出土した土器の検討と評価をおこなった論考としては，金鍾萬［2004］，山本孝文［2006］などがある。亀田修一は，南朝の影響を受けた熊津時期以降の瓦の瓦当文様の分類とともに製作技術の分析を行い，同時期の瓦生産の特質を指摘した（亀田修一［1981］）。その後，戸田有二［2001］［2004］，李タウン［2002］，清水昭博［2004］［2008］などにより研究が深められている。平瓦・丸瓦については，崔孟植［1999］が製作技術の特徴をまとめ，李タウン［1999］や高正龍［2007］は，瓦に残された刻印の検討を進めた。

〈3〉 栄山江流域

　植民地時代は任那(みまな)の一部，解放後の韓国考古学界では百済の一部として扱われてきた栄山江流域の遺跡・遺物は，前方後円墳の発見以後に注目を浴びるようになり，調査研究も進展した。この地域における調査研究史と問題点については吉井秀夫［2001b］にまとめられている。朴天秀［2001］，李正鎬［2002］，徐賢珠［2004］らの研究により，専用甕棺(かめかん)に代表される独特な墓制の変遷や，土器をはじめとする副葬品の大まかな変遷が整理されてきた。個別遺物・遺構の研究としては，土器（酒井清治［2005］），埴輪(はにわ)に類似した円筒形土製品（小栗明彦［2000］，大竹弘之［2001］，林永珍［2002］，坂靖［2005］），木製品（徐賢珠［2004］），横穴式石室（柳沢一男［2001］）などがあげられる。前方後円墳については，在地首長説，倭人説，倭系百済官僚説など被葬者の出自に関心が集中してきた感がある。しかし，最近の研究は，栄山江流域の集団が，前方後円墳出現以前の段階から，周辺地域とさまざまな関係を結んできたことを明らかにしてきた。特定の系統・時期の考古資料に注目するだけではなく，多様な考古資料を総体的・長期的に検討することを通して，この地域の特質を明らかにしていくことが求められる。　　　　　　　　　　　　　　　　　　　　　　　（吉井　秀夫）

⇒ 文献一覧 pp. 355～357

5-a　新羅（文献史学）

　1980年代以降の新羅史研究を振り返ると，新たに発見された金石文や木簡による研究の進展が著しい。特に六部の性格，官位制の成立過程など王権や国家体制の具体的な様相が明らかにされている。本節では，こうした新出資料に基づく研究を中心に述べていく。

〈1〉 初期記事の評価

　新羅(シルラ)の前身は，辰韓(チナン)12国のひとつ斯盧(サロ)国であり，4世紀半ば頃に国家形成の画期があると考えられる。4世紀以前については，三韓の項を参照されたい。

ただ，新羅の国家形成とかかわって軽視できないのは，『三国史記』・『三国遺事』の初期記事に対する評価である。末松保和［1995］など戦前の研究によって，三国でもっとも早い紀元前57年とされる建国年代などが後代の造作であることが明らかにされた。こうした「否定論」に対して，さまざまな批判が韓国学界で出されている。初期記事が歴史事実を反映しているとする李鍾旭［1982］による「肯定論」や，紀年には調整が加えられているが記事内容は事実を反映するとみる金哲埈［1975］の「修正論」などである。さらに近年，新たな修正論として，初期記事の年代を大きく下げる説が示されている。姜鍾薫［2000］は，王の系譜にみられる人物の出生時期を推定し，始祖赫居世（ヒョッコセ）から22代智証王（チジュンワン）に至る600年間を約300年間へと圧縮する。宣石悦［2001］は，朴・昔・金の三姓が交替で王になったとする初期王統は，朴・金氏の系統と，昔氏の王統が並立していたものと解釈する。こうして，いずれも新羅の建国年代を3世紀前半に修正した上で，初期記事と『三国志』や『晋書』の記事を比較対照する。しかし，このような年代修正は，それを裏付ける資料がなく，説得力に乏しい。

　4～5世紀の新羅史像に迫るには，考古学の成果を参照する必要がある。また，6世紀の金石文から明らかとなる事実を遡及させる方法も有効であろう。木村誠［1992］は，『三国史記』・『三国遺事』・『日本書紀』に共通して残る堤上伝説の検討を通じて，5世紀前半には在地首長層が，首長としての独自性を保持したまま外交交渉に参加したとする。そして，金石文にみられる6世紀初めの段階よりも独立的な様相を示していたと推測している。

〈2〉　金石文の発見

　金石文については，齊藤忠［1983］が基礎的なデータと拓本を集成している。田中俊明［1983］は，網羅的ではないが，従来から知られた南山新城碑などについて釈文の検討，内容の解説や研究史整理を仔細に行う。1980年代の新出資料を含めた全体像については，韓国古代社会研究所［1992］において概況，訳註，参考文献など総合的な解説が加えられている。

　まず，近年新たに発見された金石文を個別にみていく。

　1978年に発見された丹陽赤城碑（タニャンチョクソンビ）については，檀国大学校史学会［1978］において特集されている。武田幸男［1979a］は，真興王（チヌンワン）代における権力集中の様相

や，王京からの派遣官と彼らに統率された地方人によって地方経営が推進されたことを明らかにする。

1988年と1989年に相次いで発見された蔚珍鳳坪碑(ウルチンポンピョンビ)と迎日冷水碑(ヨンイルネンスビ)は，新羅の国家形成に関する画期的な資料となった。韓国古代史学会［1989］［1990］がそれぞれの碑文を特集しており，拓本などの資料も掲載する。

鳳坪碑について，李成市［1998］は，新羅が北方経営において旧来の領域民はもとより，かつての高句麗人（「奴人」）を徴発，使役し，それら地方人に罪過があれば処罰していたことを明らかにする。武田幸男［2003］は，教事の主体が法興王を含む14人の支配者集団であること，教事内容は三段構成で第2段落までは524年以前に発令された教事を法源として引用したもの，第3段落が建碑時点の命令であると理解する。碑文の核心は，奴人が集住する男弥只村を中心とする反乱とその軍事的制圧にあった。武田幸男［2004］は，地方城村の在地有力者たる「使人」層が反乱の中核であったため，集中的に処罰してこれを広く宣言することが碑建立の目的であるとし，「教事刑罰碑」と命名する。

冷水碑は，地方での「財物」をめぐる争いに裁定を下す内容である。深津行徳［1990］は，執政の中枢にある構成員が，「七王等」と括られているように王と際だった差異がなかったこと，また，彼らと地方出身者が同様に称している「干支」は，官位ではなく首長号の系統をひくものとした。

これら新発見の金石文に基づいて，六部や官位制，王権構造についての検討が進められている。

まず，新羅支配体制の特質である六部について，木村誠［1984］は，地方の城・村と同質でありながら，なお自立的政治集団としての性格を維持しており，支配者集団の居住地であると同時に，軍事的な国家支配体制の中枢をなしていたとする。武田幸男［1991］は，6世紀初頭までは王も部名を称するなど六部に基盤をおいていたが，官職・官位が整備されると王が超越した権威をもつようになって六部の優位性はゆらぎ，統一以後は王京の区域名としてのみ残ったとする。

また，6世紀初頭の新羅王権は，寐錦王(メグムワン)と葛文王(カルムヌワン)からなる「二重王権体制」であったことが新たに判明した（礪波護・武田幸男［2008］）。ただ，その実態については不明な点も多い。武田幸男［1993］は，川前里(チョンジョンニ)書石の原銘・追銘が葛文王を中心とした王妃や妹など一族の主導によるもので，特に追銘をおこなった主

人公が葛文王の妃であったことから，女性の地位の高さを示しているとする。深津行徳［1993］は，こうした血縁関係を主体とした王族の成立が，六部を超越して君臨する王の出現を用意したと指摘する。

六部と密接にかかわりながら成立した官位制の展開については，武田幸男［1979b］が法興王7（520）年の「律令」頒布を画期に，京位と外位という二元的構成をとる国家的な身分制として成立していたと論じている。その後の冷水碑・鳳坪碑による新たな知見をふまえて武田幸男［1997］は，京位体系が喙部・沙喙部において先行して運用されていたが，520年の律令頒布を画期として六部全体に適用され，同時に京位制優位のもとで外位も整備されたとした。

こうした新羅の国家形成過程の全体像については，李成市［2002］が加耶の動向と比較しつつ，朝鮮半島を縦断する内陸交通路，交易ルートに着目し，後述する城山山城木簡までを視野にいれて論じる。

〈3〉 木簡研究の進展

金石文の他に新たな史料として注目されるのが，近年出土数の急増する木簡である。全般的な出土状況と研究動向について，1990年代までは李成市［1997］が，2000年以降については橋本繁［2009a］が参照できる。また，新羅木簡の全体像については，李成市［2009a］が論じている。2004年までに出土した木簡については，ほぼ全点のカラー・赤外線写真を国立昌原文化財研究所編［2004］が収録している。この図録を契機に本格的な木簡研究が展開されている。そうした近年の研究成果は，新羅の木簡に限らないが，朝鮮文化研究所編［2007］に収められた諸論考にまとめられている。また，李鎔賢［2006］が月城垓子，城山山城，雁鴨池木簡などの新羅木簡に基礎的検討を加えている。新羅の木簡は主に，王京であった慶州と，地方の山城から発見されている。王京の木簡については統一新羅の項で触れ，本項では咸安・城山山城と河南・二聖山城で出土した木簡について述べる。

城山山城は，加耶諸国のひとつである安羅国の故地に，新羅が築いた山城である。2009年度までの発掘により約200点の木簡が出土している。木簡の性格に関して，当初，多様な理解がなされた。まず，多くの木簡にみられる「稗石」「稗一」を外位とする理解に基づき，国立昌原文化財研究所［1998］は，身分証

として使用されたものとし，朱甫暾［2002］は，築城するために動員した地方民の責任者を記録した名簿であるとした。一方，稗を字義通り穀物のヒエであるとする平川南［2003］は，記載様式や形態が日本で出土している貢進物付札と共通することから，付札であると捉えた。これらの折衷的な説として，尹善泰［1999］は，地名と人名のみ記されたものは築城や兵役のために動員された役人の名簿，稗と書かれたものは馬の飼料につけた付札であると主張した。

その後，2002年の発掘で新たに80点あまりの木簡が出土すると，外位（一伐）と稗が同じ木簡に記されていたことで，稗を外位とはみなしえないことが分かった。その結果，6世紀半ばに新羅北部の各地から城山山城にもたらされた物品につけられた付札であるという理解が広く認められるようになった（国立昌原文化財研究所編［2004］）。こうした点をふまえて李成市［2009b］は，個人名まで記す付札製作の背景には，名籍を作成して人民の労働徴発や賦課を管理する方式が導入されており，それが州－郡－城・村からなる地方統治体制を前提にした文書行政によってなされたとする。さらに，橋本繁［2009b］は，木簡の記載様式や筆跡を検討することで，文書行政で果たした郡－城・村の役割を推測する。

個々の記載内容については，いまだ見解の一致をえられていないものも多い。例えば，鳳坪碑にもみられる「奴人」について，申昌秀・李柱憲［2004］が服属過程で激しい抵抗をおこなった地域住民のことではないかとするほか，個人の奴婢や集団的な隷属民などの説が出されている（朝鮮文化研究所編［2007］）。

二聖山城からは，これまでの発掘で木簡が34点，うち文字のあるものは11点出土している。李成市［1997］は，「戊申年」木簡の年代を高句麗と対立する国際情勢から608年に比定したうえで，南漢山城に移動して間もない漢山停を守るため周辺の山城と緊密な連絡体制をとっていたことが背景にあると想定する。ただ，全体像については，漢陽大学校博物館［2000］が「褥薩（ヨクサル）」という高句麗の地方官が書かれているとして高句麗木簡と推定したものなど，釈文を含めさらなる検討を要するものが少なくない。

なお，韓国では，これら金石文・木簡を主たる史料として，地方統治体制の研究が盛んである。代表的な研究として朱甫暾［1998］を掲げるにとどめ，研究史については文昌魯［2007］を参照されたい。　　　　　　　　　　　（橋本　繁）

⇒ 文献一覧 pp. 357~358

5-b 新羅（考古学）

　新羅，特に慶州の遺跡に関する考古学的調査研究は，1970年代以降，天馬塚・皇南大塚などの古墳や，雁鴨池や皇龍寺址など王京に関係する遺跡の発掘が継続的に進められる中で発展してきた。1986年には，朝鮮学会が「新羅の王陵の研究」というテーマでシンポジウムを開催し，韓国での調査研究成果が日本に紹介された（朝鮮学会［1987］）。慶州の古代遺跡を概観した東潮・田中俊明編［1988］は，1980年代までの調査研究状況を把握するのに役立つ。1990年代に入ると，隍城洞遺跡で製鉄関連遺構がみつかり，慶州・舎羅里遺跡，蔚山・中山里遺跡，浦項・玉城里遺跡など慶州盆地とその隣接地域での古墳群の調査が進んで，新羅中央勢力の形成過程とその経済的基盤を理解する上で重要な資料を提供した。慶州以外には，洛東江以東地方の大邱・慶山・昌寧・梁山・安東や，洛東江上流の西側に位置する星州・尚州などで大型古墳群の調査がおこなわれ，大きな成果をあげてきた。以下では，土器と墓制研究，および慶州と周辺地域との関係についての研究動向を紹介したい。

〈1〉　土　器

　1970年代までの調査成果をもとに，慶州周辺で出土する典型的な新羅土器については藤井和夫［1979］，洛東江以東地方にあたる昌寧地域の土器については藤井和夫［1981］・定森秀夫［1981］などの研究が日本で発表された。韓国では崔秉鉉［1992］が，1980年代までの慶州における調査成果をもとに，原三国時代から統一新羅時代に至る新羅土器の変遷と画期を整理した。新羅を中心とした洛東江流域における国家形成過程を検討した李盛周［1998］，金龍星［1998］，李熙濬［2007］も，慶州と周辺地域との関係を検討する前提作業として，各地の土器編年や，土器様式の分布と生産システムの変遷の検討をおこなった。近年，日本で行われた新羅土器研究としては，高杯・蓋の成形技法と形態に注目した白井克也［2003］がある。

　崔秉鉉が後期新羅土器とする，6世紀半ばから統一新羅時代にかけての土器群は，印花文と呼ばれる装飾が施される土器に代表される。宮川禎一は，単位文様

とその組み合わせ，および施文方法に注目して，印花文土器の変遷を示した（宮川禎一［1988］［1993］）。それに対して洪潽植［2003］は，文様以外に器形の変化を加味して編年をおこなった。最近では重見泰［2004］が，土器の形式分類を通した分類・編年を進めている。白井克也［1998］は，型式学的検討により，新羅における緑釉(りょくゆう)陶器生産が6世紀末〜7世紀初頭に始まると推定した。

〈2〉 墓 制

木槨を石で覆ってつくられた積石木槨墳(つみいしもっかくふん)は，新羅を代表する墳墓である。その起源については，高句麗の積石塚や北方アジアの墓制との関係が想定されてきた（崔秉鉉［1992］）。しかし，慶州を中心として分布する，平面が細長方形で隔壁により主槨と副槨が分けられた木槨（慶州型〔新羅型〕木槨）の中に，木槨と墓壙の間に石が詰められた例（蔚山・中山里遺跡など）が知られるようになると，木槨から積石木槨へと連続的に変化したと考える説が提起された（李盛周［1996］）。しかし，慶州の九於里(クオリ)1号木槨墓や月城路古墳群(ウォルソンノ)カ地区の木槨墓のような，幅が広くて主副槨異穴式の木槨墓が，典型的な積石木槨出現以前の最上級階層の墳墓であるとみなす説（李煕濬［2001］，金大煥［2008］）もある。新羅王陵の出現過程を含めて，今後の類例の増加とさらなる検討が待たれる。

積石木槨墳については，崔秉鉉［1992］が，墓形と墓槨型式の分類をもとにその変遷を整理した。日本では毛利光俊彦［1983］が，代表的な大型積石木槨墳である金冠塚(クムグァンチョン)・金鈴塚(クミョンチョン)・瑞鳳塚(ソボンチョン)・天馬塚・皇南大塚の構造と副葬された装身具の分析を通して，築造順序や階層性の検討をおこなった。積石木槨墳を代表する副葬品といえる金製・銀製の装身具類については，李漢祥［2004］が，製作技術に注目しつつ総合的な検討をおこなっている。馬目順一［1995］は，山字形立飾をもつ金製冠の型式学的な編年を試み，毛利光俊彦［1995］は，外冠と冠帽の検討をもとに，服飾制度の成立と展開について考察した。

慶州の大型積石木槨墳の中に，王陵もしくは王陵級の古墳が含まれるであろうことは，多くの研究者が認めるところである。しかし，具体的な古墳の実年代および被葬者の比定については，意見の一致をみていない。例えば，これまで発掘された大型積石木槨墳の中で一番古いと考えられる皇南大塚南墳の被葬者については，奈勿麻立干(ネムルマリプカン)(なもつ)（在位356〜402年）説と訥祇麻立干(ヌルギ)(とつぎ)（在位417〜458年）説に

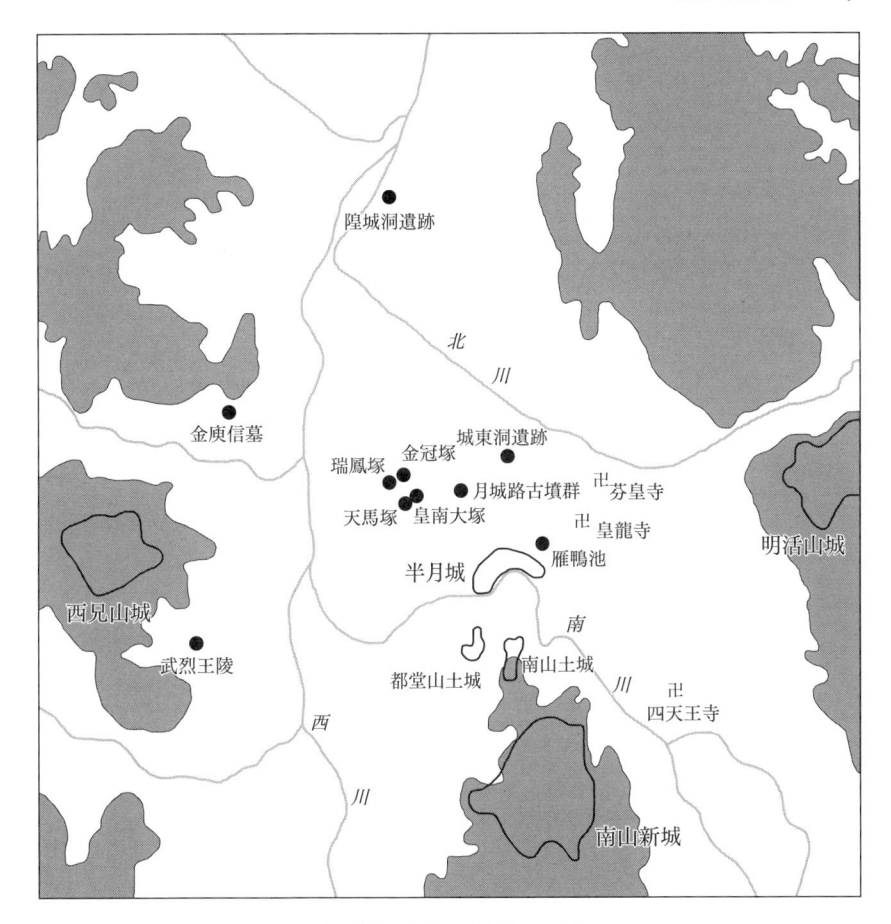

図2-7　慶州周辺遺跡分布図

大きく分かれている。その築造年代を推定するために，青銅容器・馬具・陶磁器など，中国・高句麗・百済に類例を探しうる遺物が取り上げられてきた。しかし，比較対照地域における考古資料の編年と実年代の比定も意見が分かれているのが実情である。また，文献記録を通して4・5世紀における新羅と高句麗の関係をどのようにみるかが，実年代や被葬者の比定に大きく影響していることにも留意しなければならない。

　6世紀半ば頃に積石木槨墳が姿を消すと，横穴式石室が主たる埋葬施設となり，その立地も，慶州盆地の平野部から周辺の山裾へと移動する。崔秉鉉

[1992]は，慶州周辺における横穴式石室の総合的な編年案を示した。山本孝文[2006]は，新羅横穴式石室墳や，そこから出土した土器・装身具・俑などの分析を通して，百済の場合と対比しつつ，新羅における新たな支配方式の整備過程を検討した。

〈3〉 慶州以外の地域との関係

洛東江以東地方にあたる大邱の達西(タルソ)古墳群，慶山の林堂洞(イムダンドン)古墳群，義城の塔里(タムニ)古墳群，昌寧の校洞(キョドン)古墳群，梁山の北亭里(プクチョンニ)古墳群，安東の造塔里(チョダムニ)古墳群や，洛東江上流の西側にあたる星州の星山洞(ソンサンドン)古墳群，尚州の新興里(シヌンニ)古墳群など，慶州以外の諸地域でも，大規模墳丘をもち大量の副葬品が埋葬された古墳群が調査されてきた。これらの地域の多くは，文献史料にみられる加耶(カヤ)諸国の一部に比定されてきたこともあり，1980年代までは加耶の一部として分析がおこなわれる場合が多かった。しかし最近では，慶州を中心とする新羅的な要素の存在に注目し，これらの地域が新羅化する過程の解明に力点をおいた研究が増加している。

東潮[1992]は，冠や土器の広がりにより「江東流域文化圏」を設定し，後の外位に該当する冠位が被葬者に与えられた地域であると推測した。李盛周[1998]は，鉄器文化の受容，古墳群の階層化，土器の分布と生産システムなどの分析を通して，慶尚道の弁韓(ビョナン)・辰韓(チナン)社会の中から古代国家としての新羅が成立する過程を検討した。金龍星[1998]は，調査資料が豊富な大邱・慶山地域の墳墓の編年および階層性の検討を通し，新羅文化圏内の地域集団の性格を検討している。李熙濬[2007]は，洛東江以東地方の古墳にみられる土器様式・威信財・高塚といった要素が，慶州を中心として周辺地域の古墳に共通してみられることを手がかりとして，地方諸勢力に対する慶州勢力の間接支配を想定した。

一方，福泉洞(ポクチョンドン)古墳群の評価を通して，5・6世紀における日朝交渉における釜山地域の位置づけを検討した高田貫太[2004]は，新羅中央勢力による政治的な影響力が及ぶようになってからも，対外交渉の裁量権などにおける独自性は，ある段階までは保持されたと理解する。5世紀に比定されるこれらの古墳やその副葬品には，慶州的な要素と洛東江以西地方の影響が想定される要素，そして地域ごとに特有な要素が混在している。これらを新羅か加耶かと単純に二分するのではなく，地域内の様相および地域間関係の長期的な変遷を視野に入れた研究姿勢

が求められよう。

　6世紀に入って新羅は中央集権化が進み，洛東江以西地方・漢江(ハンガン)流域や東海岸地方にまで領土を広げた。それに対応するかのように，短脚高杯に代表される統一様式ともよばれる後期新羅土器が副葬される横穴式・横口式石室墳が，6世紀後葉から7世紀にかけて各地に築造された。洪潽植［2003］は，出土土器や，石室の構造・規模，古墳群の構成の分析を通して，5世紀までとは異なる王京と地方との関係の実相を検討している。
　　　　　　　　　　　　　　　　　　　　　　　　　　　　　（吉井　秀夫）

⇒ 文献一覧 pp. 358～359

6-a　加耶（文献史学）

〈1〉　全　体

　加耶(カヤ)史研究は文献史料の再検証や近年の発掘調査をふまえ，韓国において精力的に進められており，李基白［1992］，韓国古代社会研究所編［1991］［1992］などが加耶史特集を編み，高麗大学校韓国学研究所編［1993］，仁済大学校加耶文化研究所編［1995］，高霊郡・韓国上古史学会編［2002］，高霊郡・韓国古代史学会編［2004］などのシンポジウムの成果も次々と刊行されている。一方，日本でも倭国と伽耶諸国との通交を前提として日本古代史の観点から盛んに議論されており，シンポジウムや共同研究の成果としては鈴木靖民他［1991］，白石太一郎・上野祥史編［2004］などがある。既往の研究成果の文献目録としては昌原文化財研究所［1991］，金東洙編［1996］，権珠賢［1996］があり，その研究動向は金泰植［1992］，盧重国［2001］によって整理されているが，特に後者は1980年代以後の文献・考古の研究成果とその現状，研究上の論点まで論及しており，研究状況を理解するのに有益である。また加耶史政策研究委員会編［2004］は既往の研究成果の日本語抄訳を収載しており，研究の現況を把握するのに簡便で，金泰植・李益柱［1992］は関連史料を集成する。紙幅の関係もあり，既往の研究成果を逐一取り上げ論述することはできず，その詳細は上掲論文などに委ね，ここでは主に1980年代以後の加耶史研究を概観する。

　加耶史全般に関しては東潮・田中俊明編［1989］，韓国古代史研究会編［1995］

などがある。前者は文献だけでなく，考古学の研究成果についても詳述されており，参考になる。また釜山大学校韓国民族文化研究所編［2001］は文献を中心とした加耶史関係諸論考を収載する。金泰植［1993a］は3世紀前半，狗邪国を中心とする弁辰12カ国による連盟体（前期加耶連盟），5世紀後半，大加耶を盟主とし慶尚南道ほぼ全域を範囲とする連盟体（後期加耶連盟）を想定し，それに基づき加耶諸国の史的展開過程を追究する。これについては前期加耶連盟の想定や連盟体の範囲をめぐって異論もないわけではないが，加耶諸国の連盟体の具体的実相を史料に即し追究したのが，田中俊明［1991］［1992］である。田中俊明［1991］は于勒十二曲の曲名が5世紀後半に大加耶を中心とした加耶諸国連盟体（大加耶連盟）を構成した諸国名であることを明らかにし，同［1992］はこの大加耶連盟の形成・展開・滅亡過程や加耶諸国の対外関係などを詳述する。また同［2009a］は金官国を中心に加耶諸国の動向を論究する。これらは加耶諸国の勃興から滅亡までを，緻密な史料考証に基づき考究しており，加耶史研究上の必読文献で，これら一連の研究によって加耶史研究は大きく進展したといえる。なお，上記研究は連盟体をひとつの手がかりとして加耶諸国の動向を把握しようとしたものであるが，白承玉［2003］は加耶諸国が一時的に地域的連盟を形成したものの，その大部分は個別単位に存在していたことから，それにかわって地域国家的視角からの研究を提言する。

〈2〉 対外関係

加耶諸国の対外関係については，日本古代史の視点からも積極的に考究されているが，そのなかでも特に倭国と朝鮮半島南部との具体的な関与を示すものとして注目されてきたもののひとつが「任那日本府」であった。これについては戦前より大和朝廷の出先機関と理解され，倭国の朝鮮半島南部支配の根拠として考えられてきたが，研究の進展によって，70年代以降，従来の解釈は大幅に修正され，国際外交機関的組織説や倭王権から派遣された官人説（鈴木靖民［1974］，請田正幸［1974］），加耶諸国対倭外交機関説（奥田尚［1976］）などが提示されるようになった。80年代以後も，主に日韓の古代史研究者を中心に研究が進められ，その研究成果は金鉉球［1992］，金泰植［1993a］，李永植［1993］，羅幸柱［2005］などによって整理されているが，それらは従前の倭王権の朝鮮半島南部

支配のための出先機関説否定という点では一致するものの，その性格については外交交渉などの政治的目的の使臣・官人説（山尾幸久［1983］，鈴木英夫［1987］［2006］，田中俊明［1992］，李永植［1993］），合議体および外交交渉団体説（大山誠一［1980］，鈴木靖民［1984］），外交機関説（鬼頭清明［1991］，延敏洙［1998］），交易機関説（金泰植［1993a］［1993b］），百済軍司令部説（金鉉球［1985］）などが提唱され，意見の相違するところも少なくない。またその設置時期についても 6 世紀の近江毛野臣の安羅進駐以後とする理解もあれば（大山誠一［1980］，鈴木英夫［1987］），それ以前とする見解（鬼頭清明［1991］）もある。さらにその設置主体についても倭王権以外に金官加耶・安羅を中心とする加耶諸国（鬼頭清明［1991］），安羅（延敏洙［1998］）とする意見もあり，統一をみない。諸史料をいかに整合的に解釈するかがこれを論究する上での課題となるが，その場合においても厳密な史料考証は必須である。なお「任那日本府」の解体過程について論じたものとしては，鈴木英夫［1996］がある。

その他，加耶諸国の対外関係については田中俊明［1992］が滅亡までを詳細に論じ，高霊郡大加耶博物館・啓明大学校韓国学研究院編［2007］は大加耶の対外関係論考を収載し，李永植［2004］は加耶諸国の対外関係についての論点を整理する。さらに，『日本書紀』朝鮮関係記事を批判的に検証し，倭国と加耶諸国との関係を追究したものとしては山尾幸久［1989］もある。「任那四県割譲」に関しては，百済の全南地域支配を意味するものと理解されているが，それに際して百済から倭に対して協力要請があったとする熊谷公男［2005］や熊津遷都後から 512 年にかけての百済の当該地域領有化を示すものとする田中俊明［2009b］がある。また，高句麗との関係については，高句麗軍の「任那加羅」侵攻とその影響について論じた田中俊明［2001］や顕宗三年是歳条の分析から 5 世紀の大加耶・高句麗関係について討究した李鎔賢［1997］がある。

〈3〉 権力構造

加耶諸国の王権・権力構造については，『日本書紀』や出土史料を手がかりとして探究されているが，武田幸男［1994］は出土文字史料から在地首長層の実相を探究し，仁済大学校加耶文化研究所編［1995］は加耶諸国の王権に関する諸論考を収載する。佐藤長門［1997］は『日本書紀』の「任那復興会議」出席者の官

位の分析から当該期の加耶諸国の支配階層分化過程を論究するとともに，一国ごとの合議機関とその上部に位置づけられる諸国旱岐(ハンギ)の代表である王の結集する加耶連盟会議を想定する。また，李鎔賢［1998］も「任那復興会議」参加メンバーの性格を攻究するとともに，6世紀以後，加耶諸国のほとんどが参加し，軍事・外交などを議論・決定した合議体の存在を指摘し，その性格を論じる。

　80年代以後，文献史料の緻密な考証に支えられ，文献史学における加耶史研究は大きく進展したといえる。しかし，それら諸国の対外関係や連盟体の実相など，今後さらに追究すべき課題は少なくない。限られた文献史料からそれらを論究するのは困難であるが，文献史料を考古学の成果をふまえつつ，いかに理路整然と解釈していくかが今後の加耶史研究の課題となろう。　　（井上　直樹）

⇒ 文献一覧 pp. 359~361

6-b　加耶（考古学）

　1980年代から増加した発掘調査を通して，加耶考古学の研究は大きく進展した。なかでも，釜山(プサン)の福泉洞(ボクチョンドン)古墳群，金海(キメ)の礼安里(イェアンニ)古墳群・大成洞古墳群(テソンドン)・良洞里古墳群(ヤンドンニ)，咸安(ハマン)の道項里古墳群(トハンニ)，陜川(ハプチョン)の玉田(オクチョン)古墳群，高霊(コリョン)の池山洞古墳群(チサンドン)などの調査成果は，加耶諸国の考古学研究に重要な資料を提供してきた。韓国における1990年代までの調査成果が概観できるものとして，韓国考古学会［2000］がある。高霊地域を中心とした金世基［2003］や，玉田古墳群を中心とした趙栄済［2007］の著作は，各地域での研究の現状を示す。

　加耶地域の調査で発見された遺物・遺構の中に，日本との関係が想定されるものが少なくないことから，加耶考古学の成果は，日本考古学者の耳目も集めてきた。日本で開催された加耶をテーマとしたシンポジウムの記録集としては，鈴木靖民他［1991］や白石太一郎・上野祥史編［2004］があり，日本語で研究の現状を知る上で有益である。以下，土器・馬具・墓制に関する研究動向と，日本をはじめとする周辺地域との関係をめぐる研究を概観する。

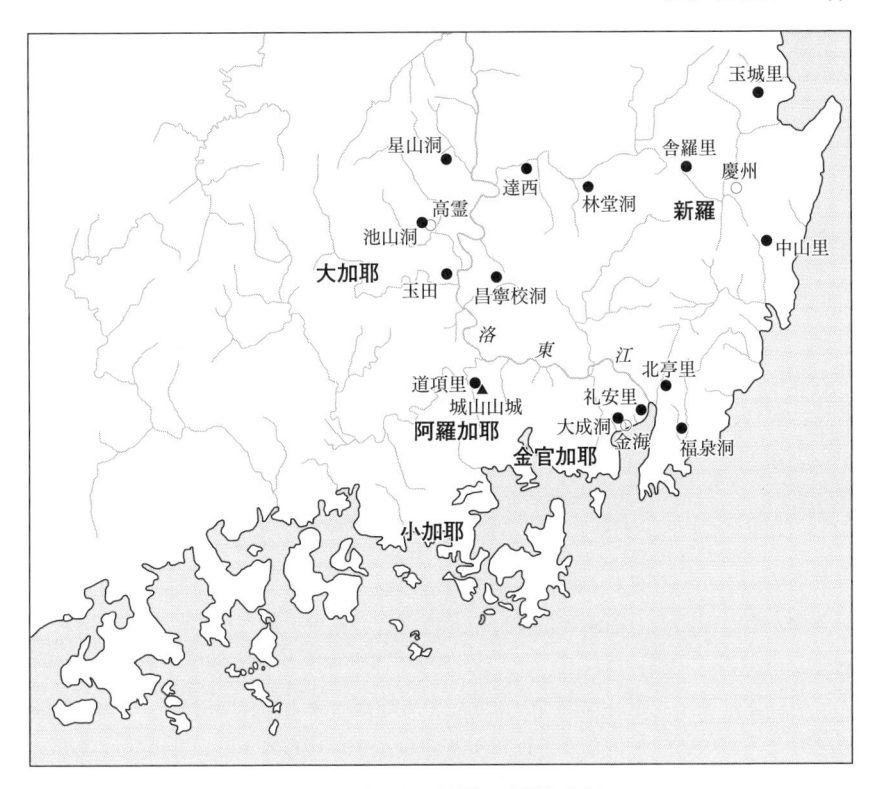

図 2-8　洛東江下流域の遺跡分布図

〈1〉　土　器

　加耶諸国で用いられた土器，特に陶質土器は，年代決定の大きな手がかりになる資料として，早くから編年研究が進められてきた。礼安里古墳群出土資料などを用いた定森秀夫［1982］や申敬澈［1983］による金海・釜山出土土器の編年は，福泉洞・大成洞古墳群の発掘調査の調査成果により研究が進んだ。高霊では，池山洞古墳群出土資料を用いて，禹枝南［1987］，定森秀夫［1987］，藤井和夫［1990］らが土器編年案を提示した。その後，玉田古墳群など周辺地域での調査資料を加えた研究が進んでいる（白井克也［2003b］など）。咸安周辺や固城・晋州周辺出土土器についても編年研究が進み，加耶地域全体の相対的な編年網の大綱は固まりつつある。

陶質土器の出現後，金海・釜山を除く洛東江の両岸各地には，古式陶質土器と呼ばれる，類似した形態の高杯・鉢形器台・短頸壺が分布する。その後，高霊をはじめとするいくつかの地域を中心として，独特な器形の高杯や器台をもつ土器群が用いられた。こうした陶質土器の地域性とその分布の変遷は，朴天秀［2000］のように，金官加耶・阿羅加耶・大加耶・小加耶といった文献に登場する加耶諸国の変遷と関連づけて解釈される傾向が強い。しかし，具体的に復元される地域間関係については，考古学者の間だけではなく，文献史研究者とも一致しない点が少なくない。李盛周［1998］は，陶質土器の生産システムの変遷に注目して，分布の解釈を試みた。今後は，調査例が増えつつある窯跡出土土器の分析や，製作技術に対する分析の進展が期待される。

〈2〉 馬 具

加耶の古墳に副葬される遺物の中でも，土器とともにさまざまな研究が進んでいるのが馬具である。福泉洞古墳群の発掘調査の成果をもとに木心鉄板張鐙を検討した申敬澈［1985］は，その出現の背景に高句麗の南征を想定した。その後，大成洞古墳群や福泉洞古墳群で，4世紀まで時期の遡る馬具が出土したことを契機として，轡・鐙・杏葉などに対する検討が進められてきた。この間の成果をまとめた単行本として李蘭暎・金斗喆［1999］，初期馬具の展開に関する現状を知りうる日本語の文献として，柳昌煥［2004］をあげておく。

加耶の馬具研究は，百済・新羅・日本における馬具研究や，地域間の相対的な変化や影響関係を検討する上でも重要な役割を果たしてきた。加耶と日本の馬具の併行関係を検討した金斗喆［1996］は，日本の古墳時代の実年代が，加耶に比べて古く比定されていると主張した。同様の実年代のずれは，加耶と新羅や百済との間でも生じている。これに対して白井克也［2003a］は，土器・馬具・武具などを用いて，朝鮮半島南部から日本に至るまでの地域間の並行関係案を提示している。朝鮮半島南部から日本列島までの広範囲における馬具の分布状況から地域間関係を読み取ろうとした張允禎［2008］の研究や，轡の詳細な製作技術論に立脚した諫早直人［2005］のような検討を通して，地域間関係の実態をさらに明らかにする必要がある。

〈3〉 墓　制

　発掘調査の進展により，加耶地域の墓制は，木槨墓から竪穴式石槨墓を経て，横穴式石室墓へと変化することが明らかになった。これまでの研究を整理した論文として，洪潽植［2001］をあげておく。ただ，同一地域でこれらの墓制の変化を連続的に追える地域は限られている。

　古墳群内の墳墓間や，古墳群間の比較検討から，当時の社会復元を試みる研究も進んでいる。長期間にわたる古墳群の形成過程を知ることのできる金海・礼安里古墳群では，武末純一［1992］が竪穴式石槨の規模と副葬品の組み合わせの分析から，年齢別の規制の存在や，成人墓が2群に階層分化していることを指摘した。田中良之［2002］は，礼安里古墳群で良好に残っていた人骨の分析を通して，当時の親族関係が双系であると考えた。趙栄済［2007］は，玉田古墳群の時間的変遷と階層分化の変遷を検討している。

　古墳群間の検討例としては，洛東江両岸に存在する古墳群を類型化して，階層化の変遷過程を検討した李盛周［1998］の研究がある。また，高霊を中心として広がる墓制を検討した朴天秀［1995］［1997］は，古墳の規模・殉葬者数・副葬品の組み合わせにより，出土土器や埋葬儀礼が共通する古墳群間の階層差を抽出し，さらに古墳群の分布やその他の考古資料の特徴から，高霊の大加耶王権を中心とする加耶の社会構造の復元を試みている。

〈4〉 周辺地域との交渉

　加耶古墳の発掘調査が進む中で，周辺地域との関係を示す考古資料の存在が知られるようになった。なかでも，倭との関係を示す考古資料は，さまざまな問題を提起している。福泉洞古墳群・大成洞古墳群の発掘調査で出土した，筒形銅器・巴形銅器・鏃形石製品などは，それまで日本の古墳時代前期の特徴的な副葬品と考えられていた。しかし筒形銅器の場合，金海・釜山地域に出土例が集中していることから，この地域で生産されて日本にもたらされた可能性が指摘され（鄭澄元・洪潽植［2000］，原久仁子［2001］，申敬澈［2004］，田中晋作［2006］），日韓の研究者の間で議論が続いている。ただし，こうした遺物の発見により，対外交渉が低調であったと考えられていた日本の古墳時代前期の評価が，大きくか

わりつつある（井上主税［2007］など）ことが重要である。同時期の墳墓および集落で出土する土師器系の土器類は，倭人が朝鮮半島南海岸に生活したことを示すと考える見方が強い。しかし，それらが具体的に搬入品なのか，現地での模倣生産品なのかという問題や，集団の規模や生活のあり方の評価については，見解が分かれる（武末純一［1988］，安在晧［1993］，井上主税［2008］など）。

　5世紀中葉以降になると，須恵器・帯金式短甲・鏡などの遺物が，南海岸地域だけではなく，高霊をはじめとする内陸地域でも出土する（高久健二［2004］）。さらに，栄山江流域で前方後円墳が築造された6世紀前半には，巨済・固城・宜寧・泗川などで，北部九州の影響を受けたと考えられる横穴式石室を埋葬施設としたり，埴輪に類似した円筒形土製品を墳丘上に樹立した古墳がみつかっている。

　加耶地域における倭系考古資料は，植民地時代以来，いわゆる任那日本府との関係が連想され，倭製かどうかの認定や，その分布の歴史的背景の解釈については意見の対立が続いてきた。それに対して朴天秀は，朝鮮半島における倭系考古資料と，日本列島における半島系考古資料の対応に注目し，相互作用という観点から当時の地域間関係を検討し，その変化の背景に，両地域間の政治的変動があったと理解する（朴天秀［2007a］［2007b］）。朴天秀の提示した観点は，今後の加耶と周辺の対外交渉関係を考古学的に検討する場合，重要な指針となるであろう。しかし，そうした議論を深めていくための前提として，「〇〇加耶系」とされる考古資料が生産・流通される実態がさらに解明されることと，考古資料の移動が，人のどのような移動の結果を示すのかについての検討が必要であることを指摘しておきたい。　　　　　　　　　　　　　　　　　　（吉井　秀夫）

⇒ 文献一覧 pp. 361~362

第 3 章

統一新羅と渤海

1 統一新羅

「統一新羅」という呼称は，当時の新羅人が三国を一体とする意識をもっていたことを前提にしており，問題があるとの指摘もなされているが（古畑徹［1998］），本節では便宜上，通例に従う。

考古学は王京の発掘成果，文献は村落文書研究を中心に述べていく。

〈1〉 王京の発掘と復元

新羅（シルラ）の王京においても，中国の都城制に倣って条坊制が施行されていた。ただ，建国から滅亡まで一度も遷都しなかったため，既存の居住地域に条坊を設定せざるをえないという大きな制約があった。新羅都城制の特徴はこの点にあり，残存する条坊が複雑な様相を呈している。

従来，王京の条坊を復元するために使用されてきた主な資料は，『三国史記（サムグクサギ）』，『三国遺事（サムグギュサ）』などの文献史料と，1916年測量の地形図や地籍図に限られていた。

本格的な研究は，藤島亥治郎［1930］によって始められ，東西八里・南北八条の方形の王京復元案が示された。また，地割が場所によって方位を異にしていることが指摘され，西部は5世紀末頃，東部は6世紀半ばに皇龍寺（ファンニョンサ）が建立された頃に計画が進められ，さらに7世紀後半の四天王寺（サチョンワンサ）造営の時期に規模が拡大されたとした。

同じように方形プランで復元する研究として，尹武炳［1987］がある。月城(ウォルソン)から北にのびる幅120ｍの南北大路を想定し，東西六坊・南北六坊に復元する。この36坊から王宮の1坊分を除いたものが『三国史記』のいう「35里」に該当し，平城京との比較から，1坊の内部は東西160ｍ×南北140ｍ（または160ｍ）により16区画に分けられていたと推測する。東潮・田中俊明編［1988］も，月城から北方にのびる南北大路を想定し，一区画の大きさが東西・南北とも160ｍほどとする点で共通するが，全体プランは，東西南北ともに九坊里ずつのほぼ正方形とした。条坊制施行の画期は7世紀末にあり，これに前後する時期の墳墓は京内に含まれていないとする。東潮［1999］は，この推定をふまえつつ，施行時期は7世紀後半で，南北は九坊里，東西は八坊里ないし十坊里であったとする。

　こうした方形プランでの復元に対し，鬼頭清明［1979］は，遺存する地割が東西で2種類あることを強調し，東半分は6世紀，西半分は7世紀の文武王代(ムンムワン)という段階的な造営であるとした。亀田博［2000］も，二方向の地割が存在することを指摘するが，年代の違いなどについては触れず，共通して高麗尺1800＝1里（650ｍ）を基準とした数値であることから，これを東西に4分割，南北に4.5分割する形で区画がつくられたとする。

　以上の地形図・地籍図を中心とした研究では，王京プランが方形であったとする説と，段階的な造営で不定形なものであったとする説が並立していた。こうしたなか，1987年から皇龍寺東方の一坊が全面的に発掘されるなど（国立慶州文化財研究所［2002］），王京内の発掘事例が増加すると，発掘成果に基づく研究が進められるようになった（佐藤興治［2007］）。

　こうした研究により，条坊が数次にわたって拡大する複雑な過程が，具体的に明らかになりつつある。山田隆文［2002］は，地割の方角と方格の大きさから，東地割，西地割，北地割の三つにわける。東地割は，成立当初のプランによる東西九坊，南北八坊の方形で，6世紀から整備がなされ679年前後には造営がある程度完了した。その後，690年代前半に第1次の拡張が東南・西南方向に，8世紀前半に第2次の拡張が西北方面に行われたとする。李恩碩［2003］は，発掘で存続年代が明らかになっている条坊遺構の検討により，王城である月城が5世紀代後半から整えられたのち，王京の中枢地区は6世紀半ば前後に，現在の市街地の西方と北川(プクチョン)北方は7世紀半ば以降に整備され，8世紀代に至って王京の造営が完成したとする。それに対し黄仁鎬［2006］は，第1段階は皇龍寺の創建され

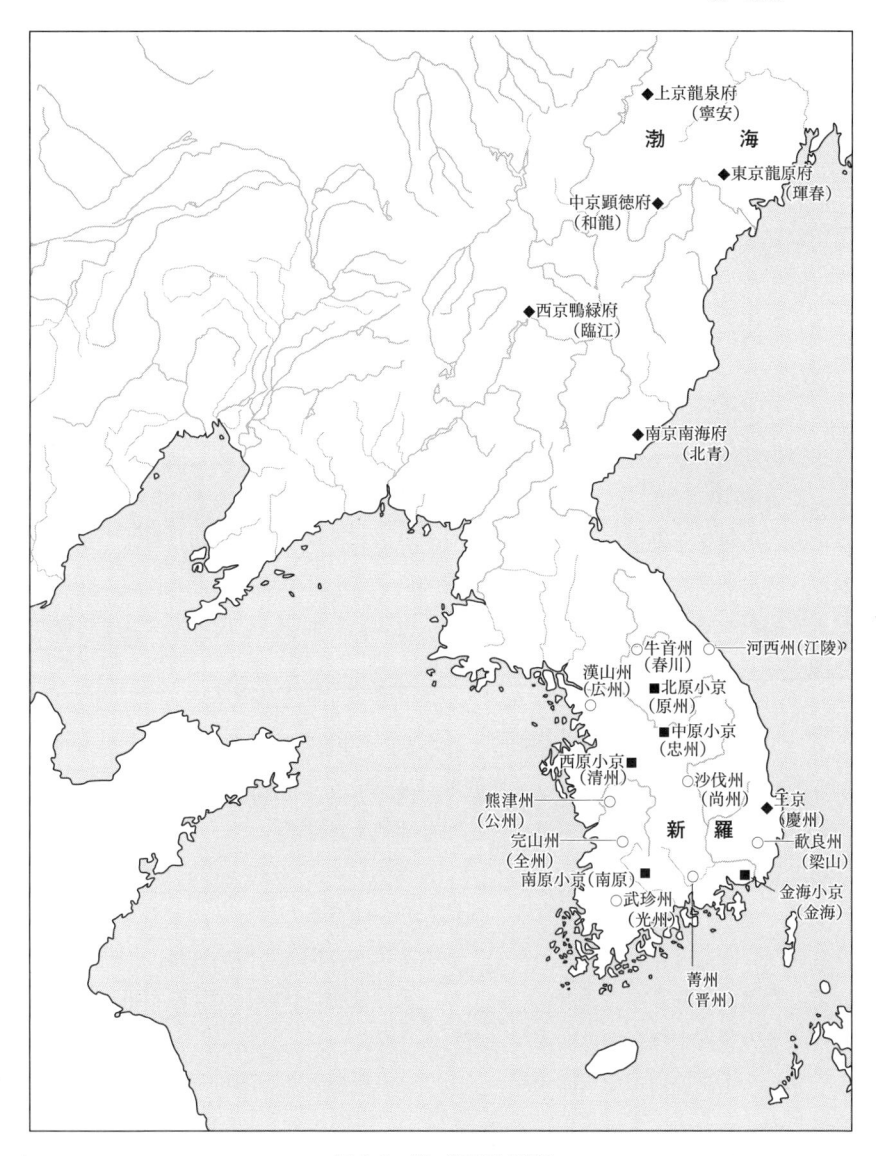

図 3-1　統一新羅と渤海

た6世紀後半，第2段階は統一新羅期の直前で北宮を中心点としており，第3段階は8世紀代とする。道路の大きさは，東魏尺で60尺，40尺，20尺の3種類があり，宅地の大きさは，第1，2段階では400尺（142m）四方だったものが，第3段階では東西430尺，南北330尺と変化したとする。このように段階的に都城が整備されていくという理解は共通しているものの，各整備段階の範囲や年代については，少なからず意見の相違がみられる。今後，発掘事例の蓄積によって，より緻密に解明されていくと期待される。

また，王京だけでなく地方の州や小京にも方格の条坊のあったことが，朴泰祐［1987］によって指摘されている。それらの設置は統一直後で，王京の条坊が拡大されたと推定される時期と重なっており，関連が注目される。

王京の整備がもつ政治的な意味については，文献史料も含めた検討が必要となる。田中俊明［1992］は，六部がもともと「京」と認識され，そこに住む王京人は地方人に対する優越意識をもっていたが，それよりも狭い条坊に新たな王京が設定されたと指摘する。そして，三国統一により六部の地に地方人の流入が進むなど六部が変質したことと，王権が伸張したことにより，このような王京再編が可能となったとする。また，木村誠［1983］は，景徳王代に大城郡・商城郡およびその管轄下にある一県・六停によって構成された王畿が設定されたとする。これは20年足らずでいったん廃止されるが，8世紀末から9世紀初めにかけて制度的に定着していったという。文献史料の分析と，発掘成果に基づく知見を総合して，王権の展開や権力構造の変化から都城制を理解していくことが，今後の課題となろう。

また，全体的な王京プランは明らかになりつつあるとはいえ，どのように宮殿や官衙，寺院などがおかれていたかという王京内の構造については，不明な点が多い。慶州内に存在した寺院については，田中俊明［1988］が文献記事を網羅し発掘成果の整理や現在地の比定などをおこなう。

こうした王京の構造や生活相などに迫りうる資料として期待されるのが，木簡をはじめとする出土文字資料である。

〈2〉　王京の木簡

王京で木簡が出土した代表的な遺跡は，雁鴨池と月城垓子である。

雁鴨池からは，1975年に韓国で初めて木簡が出土し（大韓民国文化部文化財管理局［1993］），東宮にかかわる史料として注目された。李基東［1982］によって31点の釈文が示され，年代は8世紀半ばの景徳王代のものであるとされた。また，木簡にみられる洗宅という官司と，政治史とのかかわりが追究された。李成市［1997a］は，官司名がみられない木簡も内廷において使用されたものであると推定し，中国や日本の木簡との比較によって具体的用途を復元した。李鎔賢［1999］は，逓送にかかわる文字が木簡にみられるとして，新羅北辺の駅制度を論じた。その後，赤外線写真が国立昌原文化財研究所編［2004］において公開されると釈文の再検討が進み，橋本繁［2007］は，木簡の多くが食品付札として使用されたことを明らかにし，木簡を作成・使用した内廷の具体的な官司を推測している。

月城垓子木簡は，王宮のおかれた月城の垓子（濠）から出土した。1980年代に発掘されたものの，長い間公開されず，ようやく国立慶州文化財研究所［2006］によって正式の報告がなされた。尹善泰［2007］は，医薬処方を記した木簡，王京の部・里名を列挙した木簡，行政文書として使用された木簡のあることを指摘した。このうち行政文書に関連するとされた木簡については，三上喜孝［2006］が個人の発給する文書形式としての「牒(チョプ)」木簡であるとして，早い段階から新羅と日本列島で共通して使用されていたことを指摘する。一方，市大樹［2010］は，日本や中国の史料との比較検討を通じて，この木簡は牒そのものではなく，教を受けてその内容について上申した木簡であると理解する。

〈3〉 骨品制

骨品制(コルプム)は新羅独特の身分制度であり，官位・官職と結びつくことにより国家や社会を強く規制していた。そのため，新羅社会は骨品体制社会とも定義される。しかしながら，史料の不足もあり，その実態については必ずしも明らかになっていない。多階層の構造についても，成立初期にすでにあったとする今西龍［1970］や末松保和［1995］以来の説に対して，武田幸男［1975］は，時代が降るに従って細分化し，9世紀になって階層的な骨品制が確立したと想定した。ところが，新たに公開された8世紀半ばの華厳経写経跋文の歴名に「六頭品」と記されていたことから，木村誠［1986］は，細分化した階層構造がこの頃までには

成立していたと推定した。さらに，王京人のなかには骨品制に含まれていない人々もおり，その淵源は三国統一の過程での非王京人の流入に求められるとした。

また，確立時期についても異見が多い。李成市［2004］は，三国の統一が契機になったとする。すなわち，旧百済・高句麗の官人を新たに編入すると同時に，在地首長のもつ外位を廃止して京位に一本化した結果，それまで支配者共同体として京位を独占していた六部人に新たな差異化をおこなうためであったとする。朱甫暾［2005］は，時代ごとの政治状況にともなう骨品制の変遷を強調する。6世紀初めに部体制が解体すると，それに代わる新たな運営原理として骨品制が整えられた。聖骨は，真平王（チンピョンワン）代の支配体制整備のなかで，王位継承者の範囲を制限するという目的で作られた。こうした王族内部での分化は，統一新羅時代にも繰り返された，と理解する。

〈4〉 村落文書

統一新羅時代の社会・経済を明らかにしうる史料は，非常に少ない。そうしたなかで，1933年に正倉院中倉の「華厳経論」帙を修理する際に発見された新羅村落文書は，貴重な一次史料である。

文書の全体像を理解するためには，旗田巍［1972］をまず参照する必要がある。文書に記された戸口や農地など各項目を詳細に検討し，体系的に理解した上で，新羅が自然村落を対象にして支配を行っていたことを明らかにした。さらに武田幸男［1977］により，文書に加えられた追記が，誤記にともなう訂正などではなく，文書作成後の変動に従ったものであることが明らかとされた。その上で，本文書の性格は，内省（ネソン／ないしょう）あるいはその所属官庁に支給された禄邑に関係するもので，力役・貢納などの収取量を指定する計張様文書作成の基礎資料であったと推定した。

このように1980年代までは主に日本において研究が進められており，それらの成果は濱田耕策［1986］によって整理されている。1980年代半ば以降は，韓国において再検討が加えられている。研究史については，李文基［2002］，宋浣範［2003］があり，近年の研究をふまえた文書の概説として尹善泰［2003］がある。以下，本項では，文書理解のもっとも基本となる製作年代と，文書に記され

た村落の性格をめぐる論争に限って整理する。

　まず，年代について，文書にみえる乙未年を作成年とみて，755年もしくは815年とする説が有力視されてきた。ところが，近年これを695年に比定する尹善泰［1995］が注目を集めている。論拠の第一は，村落文書の貼付けられていた「華厳経論第七帙」の正倉院への入庫過程から，751年以前に作成されたと考えられること，第二に，8世紀半ばの新羅では唐と同様に「年」の代わりに「載」を使用していたため，村落文書の「乙未年」「甲午年」が755年ではありえないという点である。また，文書に「甲午年壹月」と記載されていることから，十一月を正月とする周暦が新羅で採用されていた7世紀末に限られるという根拠もあげられた（尹善泰［2003］）。こうした年代比定に対して，正倉院への入庫経路はあくまで状況論であるなどの反論が出されており，木村誠［2004］はあらためて815年説を主張している。

　次に，本文書に記録されている村落の性格について，前掲した武田幸男［1977］や木村誠［1976］は，文書に内省と記されることと，文書に散見される内視令は内省の官長であるとの理解に基づき，内省の官僚に一括して支給された禄邑（ノグプ/ろくゆう）であると理解する。一方，村落への内省の関与を認めながらも，金基興［1991］は，禄邑ではなく宮中での需要を満たすための王室直属村であったとみる。これに対して李仁哲［1996］は，内省という釈読そのものを否定し，さらに内視令は州・郡を監察するために中央から派遣された外司正の別称であると解し，あくまで一般村落であるとする。李喜寛［1999］も王室直属村説の論拠とされた豊富な牛馬所有や高い水田比率について批判を加え，一般村落であるとした。

　本文書が孤立した資料であるだけに，年代や性格などの根本的な問題解決をはかることは容易ではない。入庫過程や中国・日本の古文書との比較などの研究とともに，まずは，文書に記載された内容そのものを正確に理解する必要があろう。そうした成果として，浜中昇［1986］は，村内の烟を九等区分に基づいて換算する「計烟（けいえん）」の具体的な方法を復元した。計烟算出の目的は，兵役など特殊な力役を徴収する際の基準とするためであった。ただ，村落文書そのものは，具体的な収取のためのものではなく，国家の一般的な政策立案の基礎資料となる村落概況の報告書と推測した。計烟数値のもととなった九等戸区分について安部井正［1989］は，男女丁数の単純な多寡や，土地・牛馬の資産を含めたものとするそ

れまでの説に批判を加え，丁男と丁女が二対一の割合で計算されたことを明らかにする。また，「法私(ポプタン)」・「余戸」は，法幢(ほうとう)軍団に徴発されて村に不在のため，女丁同等に計算したものだとした。これに対し木村誠［2006］は，「法私」は法幢軍団とはかかわりがなく，新羅の国法に基づいて徴発され王室に出仕した力役従事者と理解する。さらに，各村の総面積をもとに計算された国用地である「官謨畓・田」は，実際の区画ではなく帳簿上の処理で，この面積に相当する田租を国用に徴収したと推定し，本文書は国家的収取を目的としたものとした。

〈5〉 東アジアのなかの新羅

統一新羅史を古代東アジア世界のなかで捉える研究も盛んである。

古畑徹［1983］は，統一後の外交政策を新羅の主体的立場から明らかにするとともに，唐側の対応についても，吐蕃や突厥などを含めた東アジア全体の中で理解する。濱田耕策［2002］に収められた諸論考は，日本，渤海，唐などの諸国家との交渉を重視している。唐を中心とする東アジアの国際関係において，新羅が外臣として唐の礼や制度を受容しつつ，神宮や名山大川などの固有の祭祀や国家制度を整備していた様相を追究する。李成市［1997b］は，正倉院に所蔵されている氈貼布記(せんじょうふき)の解読を糸口に，752年の新羅使による日本との交易は，緊迫する東アジア情勢に対応するという政治的な目的によるもので，王権による政治支配の根幹にかかわる活動であったと解く。

国家間の交渉による王権主体の交易は，9世紀に入ると商人主体の交易へと大きく変容していった。こうした状況が生み出された社会的な背景について李基東［2001］は，東アジア3国の体制が弛緩し地方統制が緩んだためとし，新羅商人の代表的人物である張保皐(チャン・ポゴ／ちょうほこう)は，新羅西南の海上勢力を糾合し，かつ在唐新羅人を再編し活用することで組織的な私貿易を展開しえたとする。李炳魯［1993］は，唐の節度使や太宰府官人などと直接交渉し人的ネットワークを築いたことにより，環シナ海貿易圏を掌握することができたと推定する。　　　　　　（橋本　繁）

⇒ 文献一覧 pp. 363〜364

2　渤　海

　冒頭からネガティブな話で恐縮だが，渤海史研究にはいくつかの困難がともなう。まず第一に，何よりも関係史料が少ない。関係史料の集成は金毓黻以来，近年では孫玉良編［1992］が代表的だが，単冊に収まる程度である。必然的に解明しうる問題の幅は狭く，また立場の違いによる見解の相違が生じやすい。第二に，そのわずかな史料ですら自国史料はごく限られ，中国・日本との交渉記事がほとんどである。従って知りうる渤海の国内情報は限定され，渤海を主体とした歴史像を描くのはきわめて難しい。第三に，渤海の興亡した地域は現在の中国・ロシア・北朝鮮にまたがり，まずは3カ国を横断する現地調査に言語的・政治的な困難がともなう。当然さらに日本語を加えた各国語研究文献への対応が求められる。第四に，渤海史を叙述する枠組みが模索段階にあることである。もっとも中国では唐代靺鞨族の地方政権として中国史に，ロシアではやはり靺鞨族の国家としながらもシベリア諸種族形成史のなかに，韓国・北朝鮮では高句麗の継承国として朝鮮史に，渤海史を各々位置づける国際的研究動向がみられる。多様な見方の併存自体には異議がないが，そこには現在の各国の政治的課題が投影され問題も少なくない（李成市［1988］）。大まかにみて，国家ごとに見解が相違し，かつ各々自己の見解を排他的に主張する傾向がある。特に中・韓の見解の相違はさらに時代を遡り，高句麗史の位置づけをめぐる論争として顕在化したことは記憶に新しい。一方，日本の研究動向は，同様に当時の政治情勢を反映し渤海史を「満州史」に位置付け，渤海を朝貢国とみなして友好的交流を描く戦前の視角（酒寄雅志［2001］ⓐⓑ）とはむろん異なる。しかし渤海が古代日本の対外関係や対外意識を解明するための客体である点では，戦前の研究に通ずる一面は否めない。要するに，渤海を主体とする歴史叙述および現在の国境を越えた新たな地域的枠組みがいまだ構築途上にあるのである。

　とはいえ，逆にいえば今後その新たな作業への参加が可能ということでもある。そして上記4点の困難を抱えつつも関係各国の渤海史研究は1980年代以降着実に進展しており，新たな渤海史像の構築に必要な材料は揃い始めているのである。

　本節は1980年代以降の日本における渤海史研究の展開を跡づけることを主な

課題とするが，渤海史研究の国際的性格を考慮し，国外の主要な研究を適宜紹介する。また先述の通り渤海の故地は中・露・朝にまたがるため，各国が渤海史を自国史の一部とすること自体には一理ある。本書で渤海史を扱うのは，一般的に李氏朝鮮の成立を待って画定された疆域を指す現在の朝鮮地域の形成史において，渤海がその一部分を占めたという事実による。このことをあらかじめ申し添えておきたい。

〈1〉 渤海史全般

まずは文献学による研究を扱う。渤海史全般にわたる研究としてまずあげるべきは，同年刊行の論文集，石井正敏［2001］，酒寄雅志［2001］である。いずれも1970年代以来の研究成果の集大成であり，日本と渤海との交渉関係を考察するなかで渤海の国内事情にふれるところが多い。前者は文献史料の緻密な読解による実証的手法に，後者は隣接諸分野の理論や考古学の成果を利用した斬新な仮説的渤海史像の提示に各々特徴がある。特に前者の史料批判は日本史料を扱う際指針となるものである。三上次男［1990］は，戦前から戦後にかけ東北アジア史研究に大きな足跡を残した著者の高句麗・渤海関係論文を集成したもの。今日的立場からすれば，時代の影を指摘することもできようが，その分析視角と含蓄深い考察，透徹した実証的研究手法は，今むしろ新鮮に映る。上田雄・孫栄健［1994］は一般向けだが，日本・渤海間の往来使節の一覧に便利である。濱田耕策［2000］は実に鳥山喜一『失われた王国』以来，久々の日本人による渤海通史。渤海主体の叙述を目指した意欲的著作で斬新な問題提起が多い。本書論点の実証的深化が後進の課題である。その他，魏国忠・朱国忱［1996］は社会経済関係の記述の充実や渤海史の位置付け等，中国の特色ある渤海史研究を反映する概説書。中国人研究者による最新の概説に魏国忠・朱国忱・郝慶雲［2006］がある。宋基豪［1995］は渤海政治史を実証的手法で考察し，新羅・渤海の外交関係を「南北国」の枠組みで分析する韓圭哲［1994］には韓国の渤海史研究の特徴が表れる。いずれも韓国の研究水準を示す代表的研究書である。後者付載の文献目録は，高句麗研究財団［2005］とともに各国の研究文献を網羅しており有用である。また，研究者の国際的協力による各国の研究動向を含み，最新の研究成果を盛り込んだ東北亜歴史財団編［2009］は近年の争点を把握するのに便利である。

なお，2004〜05年の中国吉林省和竜市竜海地区における渤海墓群の発掘調査で，渤海王后の墓誌2点が出土した（吉林省文物考古研究所・延辺朝鮮族自治州文物管理委員会弁公室［2009］）。現在のところ一部内容が公開されたにとどまるが，渤海人墓誌の発見は1980年の貞孝公主墓誌以来であり，渤海の国内事情を伝える貴重な新史料としてその全容の公開が待たれる。

〈2〉 対外関係

次に個別的論点をみていこう。1980年代以降の日本の渤海史研究で，もっとも多くの論考を得た分野は，史料の残存状況を反映して対外関係に関する研究である。第一に対日本関係。ここでは渤海の主体的事情にふれた研究を採りあげる。古代日本の渤海に対する待遇や渤海観に関する研究は，別途浜田久美子［2003］や坂上康俊・森公章［2010］等を参照されたい。渤海の対日交渉は当初，不利な国際環境打開のため軍事的目的で，辞を低くしながらも対等の立場で行われたが，760年頃を境に以後，貿易重視の外交に転換するとされる。こうした推移は石井正敏［2001］所収の一連の研究に詳しく，同［2001］ⓔ，［2003］や廣瀬憲雄［2007］は，後者の時期における貿易活動継続のため低姿勢に出る渤海の外交態度を指摘する。しかし日渤交渉全期を通じ，渤海が日本に違例を咎められた事例や，保科富士男［1995］の指摘のごとく渤海国書に対等を示す語句が散見される。渤海の国内事情と連動する対日意識には，なお検討の余地があろう。この点最近，8世紀の日渤間の擬制親族関係を，広く東アジア地域の事例と比較して検討する廣瀬憲雄［2009］は，渤海の対日意識を探る上で有益な方法を提示している。日本・渤海間の航路を知るには古畑徹［1994］［1995］がよい手引きとなる。第二に対唐関係。渤海建国期，720〜30年代唐渤紛争期，8世紀中葉安史の乱期の8世紀3時期を中心に成果を得たが，特に唐渤紛争期の研究の進展が著しい。まず渤海建国期について，古畑徹［1992］が遼東地域の高句麗遺民の動向を，河内春人［2003］が先行研究を整理し契丹・奚の動向と渤海の建国・領域拡大とを連関させて，それぞれ考察する。次に唐渤紛争はその終結後，渤海の対唐関係が大きく転換し，対日外交の開始にも深く影響を及ぼした東アジア史上の国際的一大事件だが，石井正敏［2001］ⓓ，古畑徹の一連の研究（［1984b］［1986a］［1986b］［1988a］［1988b］）は唐から渤海への勅書を分析したもの。両者

間には考証結果に見解の相違があるが，それぞれ事件の繋年を明確にして渤海情勢を考察する。次に安史の乱期は対日本・新羅関係も絡んで渤海の対唐関係が複雑な様相をみせる時期であるが，河内春人［1995］は親唐的立場から一線を画したとみ，馬一虹［1998］は対唐関係円滑化を象徴する762年の「渤海国王」進封の事情を再検討する。安史の乱期の対外関係は日本の事情からの類推で語られることが多く，渤海の主体的事情をより考慮した研究が今後求められるが，最近，古畑徹［2008a］が関係史料の吟味を通じて従来の視角とは距離をおいた見解を提示している。また全般的に9世紀以降の個別研究が少ない。今後の課題となろう。この他，金子修一［2001］所収の諸研究や山内晋次［2003］により唐代の国際秩序における渤海の位置の検討が進み，東アジア国際関係における唐渤関係の一般性と特質とが浮き彫りにされた。最後に，濱田耕策［2003］は対唐関係全期を時期区分し，その総合的考察という難題に取り組むが，古畑徹［2008b］の併読が望ましい。第三に対新羅関係。李成市［1998］ⓑが重要である。『新唐書』新羅伝の長人記事を分析し，対立・没交渉に基づく新羅人の渤海領域民に対する恐怖感の存在を明らかにする。これに対し赤羽目匡由［2004］は，両国接壌地域の居住民間の交流が存在したと主張する。最後に渤海西方，中央アジアとの関係。ソグド人による，毛皮を始めとする交易を媒介とした中央アジア地域との交流を主張するシャフクノフ［1998］のほか，石井正敏［2001］ⓒ，森安孝夫［2007］，河上洋［2009］に言及がある。とかく東アジア地域との関係に偏りがちな渤海史の叙述の幅を拡げ，その歴史的位置づけを考えるところに重要だが，いまだ研究は少なく今後に待つところが大きい。

　このように対外関係の分野では貴重な成果が蓄積された。渤海は決してそれ自身のみで存立しえたわけではなく，また対外関係の解明は渤海史を広く東アジア史の中に位置づける点で重要な意味をもつ。だが同時に渤海国家自体の特質を解明する作業も欠かせない。史料的制約があるとはいえ，渤海の国内事情を明らかにする試みがもう少し意識的になされてよい。

〈3〉　地方支配体制

　以上をふまえた研究動向として，次に地方支配体制に対する検討の進展があげられる。渤海社会は高句麗遺民と靺鞨人とで構成されており，さらに靺鞨人はそ

れ自身部族名を冠したいくつかの集団に分かれ，特に南部靺鞨と北部靺鞨とでは種族系統が異なっていた（権五重［1980］，李成市［1991］）。渤海は多種族国家なのであった。1979年に鈴木靖民は，渤海の国家構造に関し，史料にみえる「首領」を地方の靺鞨部落の在地首長とみなし，渤海は首領層の在地支配権を認め，官僚や外交使節団等に編制して国家に取り込み領域支配を貫徹した，とする首領制を提唱した（鈴木靖民［1985］）。その後，河上洋［1983］，大隅晃弘［1984］，李成市［1991］［1998］ⓐによって首領制の研究はいっそう展開され，首領を編制して対外交易に参加させることが単なる経済的行為に止まらず，狩猟・漁撈を主な生業とする靺鞨族を包摂する渤海では，国家支配の要諦であったと主張されるに至った。渤海の交通路および五京の位置もこうした支配体制と密接に関係するという（河上洋［1989］）。こうした成果は，第一には渤海の対外関係史研究および考古学の成果と渤海の国内事情の解明とを有機的に結びつけた点，第二には高句麗人や諸靺鞨人からなる渤海国家の多種的性格に見合う支配構造を提示した点で画期的といえる。考古学の成果を利用し，北海道・サハリン・沿海州を含む環日本海の北東アジア交易圏（古畑徹［1999］，酒寄雅志［2001］ⓒ）や，広く内陸アジアや東シナ海地域に及ぶ交易（鈴木靖民［2008］）を想定するのもこれら諸研究の延長線上に位置づけられる。しかし，首領の性格については根本史料の解釈に有力な実証的異論があり，そもそも在地首長本人の交易への参加自体に疑問が呈されている（石井正敏［2001］ⓐⓑ）。首領制による渤海の地方支配体制の復元には今後の検証が不可欠なのである。古畑徹［2003］［2007］はあらためて実証的に渤海の首領の実態に迫り，金東宇［1996］，宋基豪［1997］は首領の性格を動態的に捉え地方統治制度の整備にともなう変化を想定するが，こうした首領制の補足・修正は今後も継続されてよい。

　首領制にも問題点がなくはない。その補足・修正と併行して首領制に集中してきた渤海の国内事情への関心を，第一に宗教・政治・制度等より広範に拡大して，第二にそれらを実証的手法で解明することが必要であろう。後者については，数少ない史料を有効・的確に利用するために史料研究が緊要である。

〈4〉 宗教・政治・制度

　第一点のまず宗教に関しては，河上洋［1987］は渤海では仏教が主に王族に受

容され，多種族統合の精神的枠組みとして利用されたとし，同［1992］は東京（琿春）地域に集中する二仏並座像を手がかりに高句麗以来の在地社会維持の様相と中央との関係とを考察する。考古学の仏教遺跡調査と地方支配とを有機的に結びつける論点を提供する貴重な提言である。次に政治・制度に関しては，石井正敏［2001］ⓕ，濱田耕策［1998］がそれぞれ渤海王の続柄，唐からの冊封・即位の次第，紀年法等，基礎的事実を確認する。やはり基本的重要問題の地理については，孫進己等主編［1989］が戦後中国の歴史地理研究の到達点を示す。酒寄雅志［2001］ⓓ，濱田耕策［1999］，林相先［1999］は，王を中心とした権力中枢の構成，および王位継承のありかたを考察する。これと関連して赤羽目匡由［2003］は，840年頃の権力中枢が王と副王（長子）等の最近親者と長史・平章事の宰相階層とで構成されていたとする。桜井俊郎［1995］は，従来唐制の直写とされた渤海の中央官制を，官庁別の職掌分担より職階の上下関係を重視する独自のものとみる。先述の宗教とともに，多種族からなる渤海では国内を統合する政治的権威が重要だったに違いない。従来中国や韓国・北朝鮮でもっぱら渤海の種族や国家系統を論ずる材料とされた渤海の高句麗継承意識や地理記事にうかがえる北方東夷継承意識を，古畑徹［1998］は渤海における領域・多種族の統合意識と捉え，その変遷と領域拡大過程との連関を明らかにする。中国その他で渤海を高麗と称する事例（森安孝夫［1982］）や，日本に対する高句麗継承意識の表示は，今後再評価されてよいであろう。

〈5〉 史料研究

第二点の史料研究に関して，酒寄雅志［2001］ⓔ，田島公［1991］は周知の「渤海国中台省牒」の内容に考証を加えたもの。後者は渤海の官制・府州県制に関する記述を含む石山寺所蔵『仏頂尊勝陀羅尼記』本奥書にも触れる。古畑徹［1984a］は新旧『唐書』渤海伝の建国記事に対する詳細な分析で，両記事から大祚栄の出自，渤海の種族的性格をうかがうことの限界を指摘する。同［2001］は『唐会要』渤海関連項目につき諸本の調査により成立当時の項目を復原し，併せて黒水靺鞨の渤海編入時期に関する通説を修正する。渤海の北方進出過程の解明に確かな定点を与える重要な研究である。赤羽目匡由［2007］は，標題史料の批判を通じ安史の乱期の渤海西方境界を確定して，東アジア国際関係理解のための

基本的事実を明らかにし，澤本光弘［2008］は，耶律羽之墓誌の訳註を通じ渤海滅亡後の契丹の渤海旧領統治を考察する。

　文献学では以上の研究成果をふまえ，渤海国家の多様な側面を実証的に明らかにした上で，それらを総合した渤海史像の構築作業が今後進展することであろう。

〈6〉 考古学

　文献史料の少ない渤海史研究で考古学の研究成果はきわめて重要な位置を占める。まず渤海考古学全般を通観するには，朱国忱・朱威［2002］が近年の成果をおさえ有用である。次に個別的論点をみてゆこう。第一に政治・文化の中心である都城，およびその他城址。都城については，中国社会科学院考古研究所編［1997］は，中朝合同調査以来 30 年余りを経て公表された渤海初興地の貴族墓および上京竜泉府址に関する中国側の発掘報告書。中京顕徳府址とされる西古城については最近，吉林省文物考古研究所他編［2007］が刊行された。今後遷都過程・五京の比定・都城プランの国際的比較等の諸問題を考察する際必読の基本文献となろう。田村晃一編［2005］は，渤海都城と東京大学蔵 東京城 出土遺物とに関する論考を収め，うち井上和人［2005］は，上京の都城プランに平城京の影響を考える斬新な見解を提示する。また過去未整理の発掘遺物の分析が，近年の発掘成果と相補い新事実の解明に繋がることが期待される。都城以外では，日本に向かう際の出航地と目されるロシアのクラスキノ土城の発掘調査が進み，その構造が明らかとなってきた。その概略を知るにはニキーチン［2005］が便利である。現在発掘の層位は渤海末期 10 世紀であり，より下層の発掘が待たれる。城址は支配拠点であり領域，支配形態を知る貴重な手がかりとなるが，まずは年代の確定が肝要であろう。中国・ロシア・北朝鮮境内の渤海主要城址を集成し，現況を写真で紹介したものに方学鳳［2001］があり，特にロシア沿海州の渤海城址については，寺院遺跡，埋葬・集落遺跡を含めイブリエフ［2005］に要を得た紹介がある。渤海が多種族国家であることは，ほぼ共通の理解となっているが，その社会構造のより具体的な理解のためには，諸種族の多様な存在様態とそれに対応する支配のありかたがさらに追究されねばならない。前掲河上洋［1987］［1992］が指摘するように仏教はその糸口となりえ，また土器等の遺物と並び埋

葬（墓葬）はそれを残した集団の文化的特性が強く表れる。それゆえ両者は渤海社会の様相をうかがう重要な指標となる。第二に仏教遺跡・遺物。徐光輝［1997］，小嶋芳孝［2003］に紹介があり，より包括的なものには方学鳳［1998］がある。個々の遺跡・遺物の分析を総合した渤海仏教の特徴や，領内における地域的特性等に対する考察の進展が今後期待される。第三に菊地俊彦［1995］所収の諸論考は，中国・ロシアの報告書の分析を通じ特に土器様式の共通性から，中国でいう松花江中下流域の同仁文化と，ロシアでいうアムール河中流域およびその支流の4～10世紀の靺鞨文化とが単一の文化であること，併せて南部の渤海文化との相違を指摘する。渤海文化・社会の複合・重層性が示され注目される。その理解の深化のためにも，著者の言葉通り今後資料の増加，公表の進展が望まれる。第四に墓制。専著として鄭永振・厳長録［2000］，鄭永振［2003］がある。渤海の墓制は石築墓・土壙墓・磚築墳に大別され，大きくみて，石築墓が渤海でもっとも一般的な墓制で，土壙墓は靺鞨の墓制とする傾向があるが，三者が示す階層差や石築墓の起源を高句麗墓制に求めるかどうかなどなお理解の共有にはほど遠く，今後いっそうの議論が求められよう。

　考古学では個々の遺跡・遺物の発掘がさらに進展し，編年等の基本的事項を押さえた上でそれらの総合的分析から，文献では知りえない渤海社会の多様性が具体的に明らかにされることが望まれる。　　　　　　　　　　（赤羽目 匡由）

⇒ 文献一覧 pp. 364~368

第4章

高　麗

1　政治史・対外関係史

〈1〉　高麗王朝の成立と展開

ⓐ 高麗前期の政治過程

　9世紀末，新羅の統治能力は著しく減退し，各地で自律的な動きが高まるが，これを主導した地方勢力を学界では一般に豪族と呼びならわしている。豪族の実態研究については金甲童［1990］，鄭清柱［1996］，申虎澈［2002］などまとまった成果もでているが，かつて活発に展開されたその出身階層や存在形態をめぐる議論が十分に深まっているとは必ずしもいえない。これは何より史料の絶対的不足に起因するが，豪族の事例を抽出する基準が曖昧になるなどの危険性をはらんでいる。考古学データやフィールド調査もふまえ，地域に密着した個別事例の精査を積み重ねていく必要がある。一例として，崔致遠の文章によって伝えられた大邱地域の豪族について論じた李文基［1995］をあげておきたい。

　こうした豪族のなかから甄萱の後百済，弓裔の泰封，そして王建の高麗が登場してくるわけだが，これら後三国政権に関する研究として，申虎澈［1983］，全北伝統文化研究所［2001］，李在範［2007］，金龍善編［2008］などがある。後百済・泰封については史料の僅少さから事実関係の確定そのものに課題を抱えるが，高麗建国の歴史的前提として，その内実を解明することは重要である。

　高麗初期の国家の性格については，かつて豪族連合政権説が提出され，その当

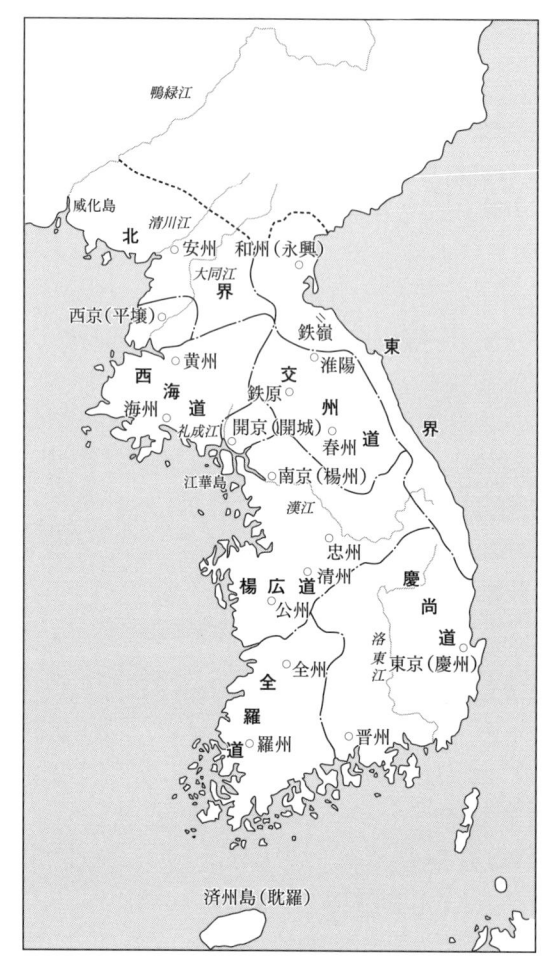

図4-1 高麗時代後期の朝鮮半島

否をめぐる議論が行われた。近年も政権分析は韓国において活発に行われており，黄善栄［1993］，洪承基編［1996］，金甲童［2005］，崔圭成［2005］，盧鏞弼［2007］などの成果が出ている。太祖(テジョ)以後の王朝初期の政治過程は，王権の脆弱性と体制の非中央集権性を特徴とし，これを克服するプロセスとして理解できるが，個別の王代に着目した成果として，第4代光宗(クァンジョン)の治世を多面的に論じた李基白編［1981］，および第6代成宗(ソンジョン)のブレーンであった崔承老(チェ・スンノ)の長大な上書文を分析した李基白・盧鏞弼・朴貞柱・呉英燮［1993］がある。

日本では個別事項に関する研究成果があり，江原正昭［1980］が王位継承過程について，北村秀人［1984］と浜中昇［2007］が豪族主導下の地方統治体制について論じている。また依田千百子［1991］は高麗王室の祖先神話を分析する。

高麗盛時の支配層については，李基白［1990］などにより貴族社会論が展開されてきた。社会の大勢を捉える視角として有効性をさらに議論する必要もあるが，最上層部において貴族的側面をもつ門閥家門が成長したことは確かである。

1 政治史・対外関係史 —— 97

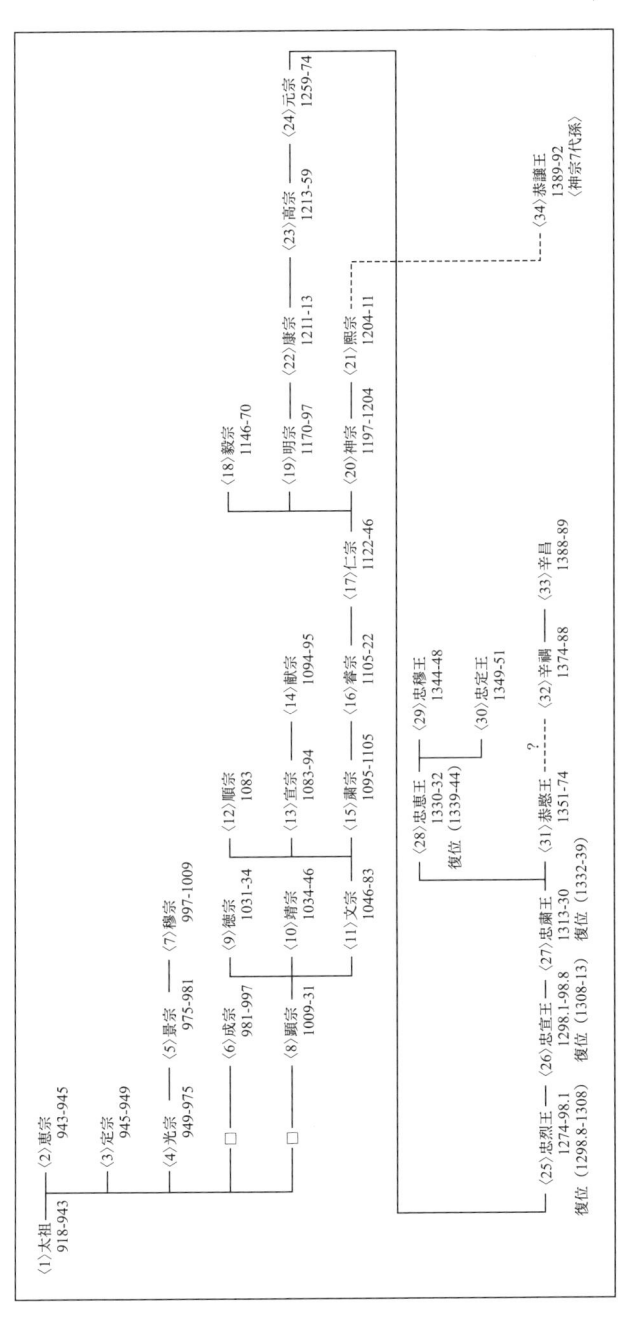

```
〈1〉太祖 ─┬─ 〈2〉惠宗
918-943  │   943-945
         │
         ├─ 〈3〉定宗
         │   945-949
         │
         ├─ 〈4〉光宗 ─── 〈5〉景宗 ─┬─ 〈7〉穆宗
         │   949-975   975-981  │   997-1009
         │                      │
         ├─ □         ─── 〈6〉成宗
         │               981-997
         │
         └─ □         ─── 〈8〉顯宗 ─┬─ 〈9〉德宗
                         1009-31  │   1031-34
                                  │
                                  ├─ 〈10〉靖宗
                                  │   1034-46
                                  │
                                  └─ 〈11〉文宗 ─┬─ 〈12〉順宗
                                      1046-83  │   1083
                                               │
                                               ├─ 〈13〉宣宗 ─── 〈14〉獻宗
                                               │   1083-94    1094-95
                                               │
                                               └─ 〈15〉肅宗 ─── 〈16〉睿宗 ─── 〈17〉仁宗 ─┬─ 〈18〉毅宗
                                                   1095-1105   1105-22    1122-46  │   1146-70
                                                                                    │
                                                                                    ├─ 〈19〉明宗 ─── 〈22〉康宗 ─── 〈23〉高宗 ─── 〈24〉元宗
                                                                                    │   1170-97    1211-13    1213-59    1259-74
                                                                                    │                                        │
                                                                                    └─ 〈20〉神宗 ─── 〈21〉熙宗                   │
                                                                                        1197-1204   1204-11                  │
                                                                                                                             │
                                                                                         〈34〉恭讓王                           │
                                                                                         1389-92                             │
                                                                                         〈神宗7代孫〉                          │
```

〈25〉忠烈王 ── 〈26〉忠宣王 ── 〈27〉忠肅王 ─┬─ 〈28〉忠惠王 ─┬─ 〈29〉忠穆王
1274-98.1   1298.1-98.8   1313-30   │   1330-32   │   1344-48
復位(1298.8-1308) 復位(1308-13) 復位(1332-39) │ 復位(1339-44) │
                                        │   ├─ 〈30〉忠定王
                                        │   │   1349-51
                                        │   │
                                        │   └─ 〈32〉辛禑 ─── 〈33〉辛昌
                                        │   1374-88   1388-89
                                        │   ?
                                        └─ 〈31〉恭愍王
                                            1351-74

図 4-2　高麗王室略系図

墓誌資料を利用して門閥の形成状況を克明に分析した藤田亮策［1963］は戦前の仕事ながら必読である。朴龍雲［2003］は主要門閥家門の成長と展開の過程を詳細に提示する。また，南仁国［1999］や金秉仁［2003］のように個別の王代の政治状況を丹念にトレースする試みも現れた。

ⓑ 統治機構

中国の唐宋の制度を継受しつつ，これに独自性を加えて11世紀後半までに完成された高麗の官僚制度については，まず辺太燮［1971］の古典的な労作によって全体像をながめておきたい。膨大な史料提示のもとに宋制との関連を示す周藤吉之［1980］［1992］の基礎研究も重要である。近年では朴龍雲［2000a］［2000b］［2001］が中書門下省，中枢院，尚書省といった個別の高級官庁の組織や機能を総合的に分析している。また李貞薫［2007］は省・部・寺・監など各級中央官庁の組織構造とその歴史的展開を，朴龍雲［1980］は監察組織である台諫について論じている。ただここで注意すべきは，『高麗史(コリョサ)』百官志に中書門下省として登場する最高官庁ですら，文字通り中書門下省という単独の官衙(かんが)が存在したとする説と，中書省・門下省という2つの官衙に分かれていたとする説，そして後者に関しては中書省・門下省という個別の官衙の上に中書門下という宰相会議の存在を想定する説が並立しており，いまだ学界レベルの決着をみていない。各論者はそれぞれの立場を前提として立論しているため，読者は注意する必要がある。

官制に関しては静態的な組織図を描くだけでなく，生身の人間組織としての運営方法をふまえなくてはならない。朴龍雲［1990］，金龍善［1991］，許興植［2005］は官僚任用制のなかでも中核をなす試験制度である科挙や，高麗官僚制の貴族的特質とされる蔭叙(いんじょ)を分析した。また位階や官職の種別と体系，および人事考課について朴龍雲［1997］がまとめている。このうち権務職については日本語で書かれた崔貞煥［1992］もある。官僚に対する禄俸や土地などの経済給付制度も，官僚機構の組織原理を理解する手がかりであり，これについては崔貞煥［1991］や李鎮漢［1999］がある。特に田柴科(チョンシグァ)をはじめとする土地支給制度については，従来もっぱら経済史的関心から論じられてきたので，官僚組織論の観点から議論の深まりが期待される。

近年では政府・官庁における政務処理の過程が重視されるようになったことも注目される。朴宰佑［2005］は公文書の授受や政府の意思決定手続きなど，国政

運営の具体的現場について分析を加える。公文書については姜恩景［2007］も，その送達や政務記録の保存，それらの業務にかかわる人員について論じている。仏教行政機関である僧録司について論じた安田純也［2002］も，仏教史研究の一環ではあるが，文書行政システムの具体例を示す貴重な成果である。

このように高麗官制については韓国学界の独壇場に近いが，そうしたなかで矢木毅の精力的な発信が注目される。高麗全時期を対象としたその成果を収める矢木毅［2008］では，官僚の昇任パターン，国家の意思決定の構造，中枢官庁の成立過程，宰相制度，人事制度と文書行政，科挙と学校教育，国政運営における内廷勢力の伸張，官品の体系とその変化など，多様な着眼から官僚機構の組織・運用原理に迫る。とりわけ新羅時代から朝鮮時代までの長期的スパンにおける動態を描出するところが示唆的である。ただし行論の特徴として，個別の先行研究に対する検証過程を必ずしも詳細に提示しているわけではないので，読者はみずから相互対照を行う必要がある。

地方制度については，従来，郡県制とよばれる地方行政単位の編成問題が議論の中心となってきたが，在地社会の様相との関連で次節「経済史・社会史・文化史」においてとりあげる。ここでは前出の辺太燮［1971］に加え，北方軍事地帯である両界（ヤング）の統治機構について分析した小見山春生［1983］，および金南奎［1989］をあげておく。

軍制については李基白［1968］の古典的研究が依然として高い価値を有する。そこで軍人＝農民府兵説に対する批判として唱えられた軍班氏族説については，その後批判的な見解も出されている。そのまとまった成果である洪元基［2001］は，軍人の性格を，上記両説をあわせた二元的性格と説く。軍の編成については親衛軍に焦点をあてた宋寅州［2007］もある。こうした軍団組織に比べ，軍の指揮系統・運営に関する研究は十分深まっているとはいえないが，矢木毅［1998］は軍令権のありかたという観点からこれを分析し，文官を中心とする中央集権的統制という特質を論じている。また軍備にかかわる数少ない研究として石井正敏［2006］は，11世紀初めに日本・高麗を襲った女真海賊（刀伊（とい））事件の分析を通じ，高麗軍船の構造について論じている。

ⓒ 高麗盛時の国家姿勢と礼制・刑法

王朝の顔ともいうべき国都開京（ケギョン）については，その独特な構造に関する研究が近年急速に進んだ。全般的な事実関係については，朴龍雲［1996］，韓国歴史研究

会［2002］，金昌賢［2002］がまとめている。個別事項としてはチョン・ヨンチュル［1985］，細野渉［1998］が羅城のプランを分析し，禹成勲［2004］［2007］が寺院配置や都市形成の政治的意味を論じる。また北村秀人［1990］［1992］［1993］は，商業施設のおかれた京市の位置・形態に加え，その政治的な機能を整理する。

　高麗では副都制をとっており，開京以外にも西京（平壤），南京（ソウル），東京（慶州）がおかれた。このうち南京については専著として崔恵淑［2004］と金昌賢［2006］がある。副都のなかでも，ときに反中央政府運動の拠点になるなど，もっとも重要な政治的位置を占めるのは西京である。河炫綱［1988］で基礎的な分析が加えられているが，今後さらに追究される必要があろう。

　高麗国家の特質として近年注目されているのが，その自国中心的な姿勢である。これは対中関係における「事大」「慕華」の単純なイメージを覆すものであり，奥村周司の一連の研究によってクローズアップされた。すなわち，奥村周司［1979］［1982］［1984］は，高麗独自の国家祭礼である八関会における外国人の国王朝賀儀礼に着目し，高麗王を中心とする国際秩序観の表現であるとして，これを「八関会的秩序」と名付けた。またあわせて，遼や宋の詔使に対する迎接儀礼において高麗王が典型的な臣礼（北面の礼）をとらないことに着目し，これを，自国を中心とする世界観と大陸王朝の大国意識との折衷をはかった「傾斜的」関係である捉えた。

　さらに奥村周司［1987］［1997］は，本来中華皇帝が行う圜丘祀天礼が高麗でも挙行されたことに注目し，天の権威と直結した高麗王権の姿を描き出す。ただし氏も指摘するように，大陸王朝との宗属関係を必ずしも否定しない内容である点に注意が必要である。自国中心の姿勢といっても，現実の国際環境との調整下で形作られていることこそ，高麗的な特徴である。なお圜丘祀天礼については桑野栄治［1996］が朝鮮初期までに祈雨祭として定着する過程を論じている。

　高麗王の権威の源泉としては建国者太祖の神聖化もあげられる。奥村周司［2003］［2004］［2007］は，燃燈会や八関会における太祖真影拝謁儀礼の内容と意味を論じ，太祖の霊威を体得することによる王権の再生・強化と，その秩序世界の表現と捉える。

　高麗王朝の自尊姿勢は，国制における数々の僭擬・僭称（中国の立場からみた場合の）として表れており，徐台洙［1992］が基礎的な事実関係を整理してい

る。盧明鎬［1997］［1999］は，こうした高麗の国家姿勢の根底にある世界観を論じ，複数の天と天下の併存を想定する「多元的天下観」と規定した。

その他，礼制については，李範稷［1991］が五礼，金澈雄［2007］が吉礼と雑祀について整理している。豊島悠果［2005］は，王妃冊立儀礼（さくりつ）の分析を通じて后妃の国家的位相を論じ，同［2009b］では，宴会儀礼をとりあげて宋制継受の具体的様態を明らかにしている。また封爵（ほうしゃく）制度については金基徳［1998］が詳しい。刑法に関するまとまった研究成果としては辛虎雄［1995］と韓容根［1999］がある。個別の刑罰については，浜中昇［1980］が帰郷刑・充常戸（じゅうじょうこ）刑の分析から唐律の継受問題を論じ，平木實［2006］が縁座制・連座制の歴史的経緯と高麗時代における特徴を分析する。

〈2〉 高麗前期の対外関係

ⓐ 東アジアのなかの高麗

高麗前期の東アジアは，契丹・女真など北方民族の勃興により多極化した様相を呈する。このことは，上記のように高麗が独自の国家姿勢を示すことのできた背景のひとつである。近年ではこうした国際情勢との連関関係のもとで，高麗を東アジア，さらには東方ユーラシアのなかに位置づけようという視角が浮上しており，それは高麗後期に関しても同様である。これは，朝鮮社会の主体性を軽視したかつての他律性論とは方向性がまったく異なると同時に，国家・民族中心の歴史観，あるいは一国史的な見方からの脱却をはかる試みをともなっている。

個別の国家・民族・地域との関係については後述するが，全体的な問題として，例えば沈載錫［2002］は，高麗全時代を通じた歴代大陸王朝との冊封（さくほう）関係について総合的に分析した初の試みである。また高麗社会には多数の外来者がおり，なかには政府中枢で内政・外交に活躍した者もいる。朴玉杰［1996］はこれら「帰化人」の動向をまとめている。

さらに国家中心の東アジア交流史像を克服する試みとして，近年は海域史の視点が提起されている。その鍵となるのが，特定の国家・民族に専属しない境界的性格をもつ海商である。山内晋次［2003］第2部第3章はそうした海商の活動と国家の関係について，高麗と日本・東南アジアを対比させながら論じる。関連する言及は中国史・日本史の研究者から次々と発信されているが，朝鮮史研究の立

場からこれをいかに咀嚼，返信するかが今後の課題である。最近復刻された森克己の日宋・日麗・麗宋貿易に関する諸論考［2008］［2009a］［2009b］をあらためて味読することから始めたい。

　周辺地域の文献に残された高麗関係史料が集成された結果，対外関係史の研究環境は飛躍的に向上した。日本文献の史料については張東翼［2004］と金琪燮他［2005］があり，宋を中心とする中国文献の史料に関しては張東翼［2000］がある。また『高麗史』の日本関係記事の訳注である武田幸男編訳［2005］も対日関係の基礎史料集として便利である。さらに高麗時代の対外関係データを整理した年表として張東翼［2009］も出た。

　なお朝鮮史の体系理解とかかわる問題に渤海(ﾊﾞﾚ)との関係がある。渤海は高麗の最初期に契丹(きったん)の侵攻によって滅亡し，その遺民が高麗に流入してくるが，北村秀人［1985］は，その処遇内容から，民族的な一体性はみられないと判定する。これは統一新羅・渤海の並存期を南北分立時代と捉え，渤海滅亡後に一部遺民を高麗が吸収したことをもって民族統一国家の成立とする見方に異議を唱えるものである。

ⓑ 北方民族との関係

　10世紀末から高麗の冊封宗主国となった契丹（遼）との関係は，高麗前期の政治・外交を考えるうえできわめて重要なファクターである。しかし日本語で読めるまとまった研究としては，池内宏［1979a］など戦前の仕事くらいしかない。韓国では専著として金在満［1999］と金渭顕［2004］がある。しかし事件史の整理を大きく越えるものではなく，また軍事衝突が終息し平和的関係に移行した11世紀前半以降の関係について議論が深まっているとはいえない。このことは，契丹の侵攻によりいったん途絶した高麗と宋の外交が11世紀後半に復活することの意味を考えるうえでも大きな問題である。また近年，東アジア，あるいは東方ユーラシアにおける契丹の政治・文化的プレゼンスの大きさがさまざまな角度から見直されており，両国関係もこれに応じて位置づけなおす必要があるだろう。

　女真・金との関係も，日本語で読めるまとまった文献としては池内宏［1979a］や三上次男［1973］などの古典的な研究によるほかない。しかし高麗初期の統治施策は，北方における女真と，南方における旧新羅領という二方面に展開されているので，高麗国家の成り立ちを考えるうえでも，その意義は小さくない。

ⓒ 宋との関係

宋との関係に関する総合的な研究に丸亀金作［1960-61］があるが，近年では楊渭生［1997］，姜吉仲［2004］など中国語の専著もでている（後者は遼・金との関係も含む）。対宋関係の特徴として，従来，民間海上貿易の活況が注目されてきたが，前出の山内晋次［2003］第2部第3章は貿易と政治権力の相互依存関係を重視しており，近藤一成［2009］や李鎮漢［2009］も両国間の諸関係の媒介者として海商に注目する。麗宋貿易について，かつては高麗商人の活躍が唱えられたが，榎本渉［2007］は，当時の中国史料に現れる「高麗」商人（加えて「日本」商人も）の実態は多くの場合，漢人海商であることを明らかにした。当時の東アジア国際貿易の主な担い手は彼ら漢人海商であり，原美和子［1999］［2006］は，東アジアに張り巡らされたそのネットワークが情報伝達・文化移転に果たした役割を指摘する。

外交使節の往来については，朴龍雲［2002］で基礎的な事実関係が整理されている。今後は上記のような海商の活動との相関関係を含め，具体的な状況をいっそう詳細に解明してゆく必要があろう。森平雅彦［2008b］［2008c］［2009］［2010］はそうした作業の一環であり，現地調査をふまえつつ宋使船の運航実態を検証する。また豊島悠果［2009a］は，宋に派遣された高麗使節団の行程に関する詳細な事例分析である。

ⓓ 日本との関係

高麗前期ではその最初期において日本政府が通交を拒絶したこともあり，対日外交は冷え込んだといわれる。森公章［2008］は，初期の交渉から11世紀に貿易が活況を呈するまでの両国関係を通観する。個別の論点としては，まず高麗の自国中心的な国家姿勢を解明する一環として，1079年頃に日本に対して行われた医師招請をめぐる高麗の対日姿勢を分析した奥村周司［1985］が注目される。一方，1019年の女真海賊（刀伊）事件をめぐる両国の交渉を論じた村井章介［1996］や，日本における997年の高麗海賊誤報事件を分析した石井正敏［2000］は，高麗に対する日本の警戒感を確認する。

11世紀後半になると両国間の交易が盛んになるが，その様相については上記の森克己［2008］［2009a］［2009b］のほか田村洋幸［1993］が論じ，漂流民の送還を含めた通交の様態を山内晋次［2003］第1部第3章が分析している。こうした交流を背景として，高麗で『続蔵経』が刊行されると，日本側では宋商を通じ

てただちに輸入を行った。その背景について横内裕人［2008］は，日本における政治変化（摂関政治から院政へ）と，それに対応した仏教界の変化（顕密中心の中世仏教の成立）にかかわる動きと捉える。従来あまり重視されなかった日麗通交の歴史的意義が再評価された形だが，問題は高麗にとっての意義である。

12世紀に入ると日麗貿易の史料は減少する。13世紀にはいわゆる初期倭寇が発生する一方，日本側の「進奉」という形で貿易が行われていたことがうかがわれる。李領［1999］第1・2章は，当時においても日麗貿易は依然重要であったとし，進奉貿易の背景に日本側の政治権力の関与や認知を推測する。また近藤剛［2008］は，初期倭寇の具体例を分析し，従来注意されなかった詳細な状況を論じた。関連して同［2009］は，対日関係史料に現れる慶尚道の「廉察使」が慶尚道按察使を指し，その前身である東南海船兵都部署と同様に，それが対日交渉の窓口になっていたと指摘する。

〈3〉 武臣政権と対モンゴル関係

ⓐ 武臣政権論

1170年に勃発した武臣の宮廷クーデタをきっかけに文臣の政治的優位はゆらぎ，一部の武臣（武人）が権力中枢の座につく政治状況が1世紀間にわたり出現する。朝鮮史上まれなこの武臣執権期の政治過程や権力構造について総合的に分析した近年の論著として，洪承基編［1995］と金塘澤［1999］がある。初期の武臣執権者や体制を確立した崔氏政権に比べ，対元関係を背景として打倒された末期の権臣金俊や林衍については，従来関心が低調だったが，野沢佳美［1982］，申虎澈編［1997］などの専論も出ている。

武臣執権期の幕開けをつげる1170・73年のクーデタ事件（庚寅・癸巳の乱）について，かつては文臣対武臣という階層対立の構図で理解されたが，長井丈夫［1994］は政変の状況を点検してこれを見直し，宮廷上層部の複雑な勢力関係を背景とする国王側近の対立に直接的な原因を求める。武臣は既存の王朝秩序や文臣の存在を全面否定したわけでも，武臣のみで政権を運営したわけでもない。ただこの政変が引き金となって武臣の地位上昇という秩序変化が生じたことは確かである。そこで，執権武臣が，他の武臣・武人，文臣・文人階層，宗教界といかなる関係を構築して政権を組織・運営し，民衆に対していかなる姿勢で臨んだか

が重要な論点となる。金光植［1995］，黄秉晟［1998］［2008］，Shultz［2000］，申安湜［2002］，金皓東［2003］は，いずれもこうした観点からの研究である。

　武臣政権はときに日本の中世武家政権と比較される。60・70年代の研究では日本と異なる高麗武臣政権の独自性が強調されたが，現在までに日本の武士論・武家政権論自体が大きく変貌している。その知見をふまえてあらためて厳密な比較を行うことは，高麗武臣政権の特質をあぶりだす方法として有益である。現状では一部の日本史研究者が部分的に論及するにとどまっているので，高麗史研究からの本格的な取り組みも期待したい。

　ⓑ **対モンゴル戦争**

　1231〜59年の長期にわたるモンゴルの高麗侵略に際しては，国都が江華島（カンファド）に遷されると同時に，地方でも山城や海島への「入保」（籠城）が行われ，抵抗が繰り広げられた。その過程については尹龍爀［1991］が詳細に分析しており，また李益柱［2001］は，戦争の過程で高麗の対モンゴル姿勢が段階的に変化する様相を論じた。モンゴルの侵攻軍については単純にモンゴル人の集団であるかに誤解されがちだが，実際には契丹人や投降した高麗人などを含む混成部隊であった。松田孝一［1992］はその構成の一端を分析したものだが，戦闘の性格を考えるうえでもふまえておきたい知見である。

　高麗政府が元と講和した後，1270年の武臣政権崩壊にともなう三別抄（サムビョルチョ）の反元蜂起については尹龍爀［2000］が詳しい。村井章介［1982］は三別抄が対モンゴル連携のために日本と接触を試みた事実に注目し，双方の国際認識の差について論じる。近年では新史料の発現により，同時期における南宋の日本に対するはたらきかけも指摘されており，三別抄の活動背景の広がりがさらに注目される。なお上記の村井論文は，武臣政権の権力基盤としての三別抄の性格分析としても示唆に富む。

　三別抄の鎮圧後に実行された元・高麗軍の日本侵略について，朝鮮史上の名称は定まっていないが，筆者は史料に基づいて「甲戌・辛巳の役」と呼ぶことを提案している。その基本的な事実関係を整理したものとしては，池内宏［1931］がいまなお最良である。近年では，軍事史の観点による太田弘毅［1997］以外，日本史上の意義を論じるものが大半であり，朝鮮史上の意義についてはさほど議論が深まっていない。

ⓒ 対元従属下の政治過程

1260年の講和修交後，高麗は元との緊密な政治関係のもとに存続することになる。そこで，この時期を韓国では一般に「元干渉期」と呼んでいる。ただ両国関係の核心を「干渉」の側面で捉えるべきかは議論の余地もあり，さまざまな次元における「影響」の背景として，一定の実質性をともなった元との宗属関係に基づき事元期という呼称を用いる立場もある。

この時代の政治支配層について，閔賢九［1974］［2004］は権門世族と規定し，元と結びつき科挙によらずに政治的地位を上昇させた新興勢力で，権力を背景とする大土地支配などさまざまな社会的弊害を引き起こした存在とする。そしてその対抗勢力として，地方の中小地主層より出身し，儒教を思想的基盤として科挙を通じて政治進出をはたし，改革志向と反元的傾向が強い新興士大夫層が措定され，王朝交替を準備する勢力として見通されることになる。これに対して金光哲［1991］は，当時の支配層の中核は官人を累代輩出する「世族」家門であり，上記の属性で新興士大夫と区分される存在ではなく，国政は各代の国王と親密な関係にある「側近勢力」によって主導されたとする。一方，金炯秀［2001］は，当時の政治勢力間の対立は元の国制との一体化（通制論）と自国の独自性の保持（国俗論）という志向性の違いから理解すべきとする。

また森平雅彦［1996］は，従来社会経済史的関心から論じられてきた当時の土地兼併問題について，頻繁な国王交替を背景とした支配層間の党派対立という政治的文脈に注意すべきとする。ある時期の執権集団において，政策の志向性，出身階層，国王との親疎がつねにパラレルな関係にあるわけではない。執権集団形成のメカニズムをいっそう具体的に追究する必要があり，そのためにはこの時代の政治過程と政治運営の仕組みをより詳細に解明しなくてはならない。人事行政組織である政房の沿革を克明に分析した金昌賢［1998］のごとき研究が各方面で積み重ねられる必要がある。

その他，各王代の具体的な政治過程に関するまとまった研究として金塘澤［1998］がある。また当該期の高麗社会の様相を多面的に分析した14世紀高麗社会性格研究班［1994］に収める関係論考も参照したい。

ⓓ 対元関係の理解

対元関係に関する分析は，ながらく1960年代の征東行省研究に代表されてきた。これに対して張東翼［1994］は，中国文献中の関係史料を博捜することで，

当初日本侵攻軍の司令部として設立され，のちに高麗の地における元の最高地方官庁となった征東行省の人的組織と沿革に関する理解を大きく前進させた。またあわせて，朝鮮史料では知られない両国交流の多様な事実を明らかにした。氏が整理した中国文献中の関係史料集（張東翼［1997］）は，この分野の研究に裨益すること至大であり，今後さらなる史料発掘が期待される。

現在両国の政治関係については，世祖クビライの意志に基づき伝統的な華夷秩序の枠組みのもと高麗の存続を保障する体制と捉える李益柱［1996］の「世祖旧制」論が韓国学界の通説となっている。一方，森平雅彦は，近年大きくぬりかえられたモンゴル帝国史研究の知見をふまえ，森平雅彦［1998a］［1998b］ではモンゴル帝室の駙馬（女壻）となった高麗王家がモンゴル王侯としての地位を獲得したことを論じ，同［2008b］では両王室間の通婚パターンを分析する。そして同［2001］では元への質子（トルガク）派遣と皇帝親衛隊（ケシク）への王族の参加，同［2004a］では高麗に設定された元の駅伝ルート，同［2004b］では元に派遣された高麗使節の行程，同［2007］では高麗王と元の高級官庁の間で用いられた文書形式，同［2002］では元の宗教秩序の波及問題をとりあげる。また同［2008a］では李益柱の「世祖旧制」論を批判し，元のモンゴル政権的特質をふまえて高麗在来体制の保全状況を論じる。

元朝治下の中国には多くの高麗人が進出して活動したが，北村高［1985］は忠宣王と中国仏教界の交流を論じ，金文京［2007］は文人官僚李斉賢の活動を分析する。今後も中国側で新史料の発現が期待できる分野である。また森平雅彦［2006a］［2006b］は，元より高麗に初めて朱子学をもたらしたとされる安珦の伝記資料について書誌学的調査を行い，これをふまえてその朱子学書将来説話に史料批判を加えた。

対元関係に関連して，逸書とされてきた元末の法典『至正条格』が韓国で発見されたことは記憶に新しい。朝鮮時代の通訳官が利用した漢語学習書『老乞大』についても高麗時代の原型をとどめた旧本が1998年に発見された。その文体について宮紀子［2006］は，元における翻訳システムとこれを通じた高麗との言語交流の歴史をふまえつつ，従来いわれてきたような漢語口語ではなく，元の公文書等に用いられた特殊文体（モンゴル語直訳体漢文）であると主張する。また韓国有数の禅刹松広寺に蔵されるチベット語文書について，中村淳・森平雅彦［2002］は，元の仏教最高権威としてチベット高僧が任命された帝師の発給文書

(法旨)であることを明らかにした。

〈4〉 高麗末期の政治変動と国際環境

ⓐ **政治過程**

1356年以降,恭愍王(コンミヌァン)(きょうびんおう)の離元政策に始まる高麗末期の政治過程については,まず池内宏［1979b］に収める関係論考を参照するのがよい。恭愍王の国政運営については閔賢九に一連の研究があるが,同［2004］に収める関係論考で恭愍王の治世を概観したうえでその典拠文献にあたるのがよい。ただし同王の対元政策を単純な「反元」運動と捉えるのは不十分であり,ロビンソン［2007］が示すように,衰退期における元内部の諸勢力の角逐構図のなかで高麗の対内的・対外的動向を位置づける必要がある。しかしその背景や意義を国際情勢の文脈から論じるばかりでは,これもまた問題の矮小化である。事元期を通じて揺らいだ王権を再定立するための試行錯誤をみてとるべきであろう。

かかる同王代の政治改革のなかから,やがて王朝変革の担い手となる新興儒臣層が登場する。韓国の学術誌『歴史と現実』15(1991年)ではその特集が組まれ,新興儒臣の政治的性格と外交姿勢,当時の政治過程,また恭愍王の政治志向に関する論考を収める。また洪栄義［2005］は新興儒臣の政治動向について関係する全時期を通観した専著である。かつてこうした議論では,ともすれば人物の政治的性格が単純化され,それが出身階層や政治キャリアの違いと短絡され,王朝交替が「必然的」な社会変革として描かれるケースもあった。しかし官人たちの一生を通じた政治動向はそれほど単線的ではない。浜中昇［1986］は,李成桂(イ・ソンゲ)を推戴した急進的な新興儒臣の地主的性格を否定し,王朝変革が中小地主層の成長という社会変動を背景とする必然というよりも,イデオロギー的性格の強いものであったことを示唆する。Duncun［2000］もまた高麗建国時から朝鮮初期に至る政治支配層と権力構造の分析を通じて両王朝の連続性を指摘し,王朝変革は支配層の利害に応じた制度の再編であり,中央集権的官僚制の発展プロセスの到達点と捉える。

また高麗末期は相次ぐ外憂のなかで新たな軍事体制が構築され,李成桂もそのなかから浮上した。当時の軍制の全般的状況については尹薫杓［2000］がある。またこのうち,地方防衛のために編成された翼軍については原田一良［1994］が

論じている。

ⓑ 倭寇と対中関係

1350年より活発化した倭寇の活動は高麗の社会経済基盤に深刻な影響を与えたが，田中健夫［1987］がその民族構成について，高麗人が多数を占め，倭人と高麗人が連合していたと唱えたこと，そして高橋公明［1987］が済州島(チェジュド)など高麗側の海上勢力の参加を想定したことは大きな反響を呼んだ。これに対して浜中昇［1996］は，史料解釈と状況認識の問題点を指摘したが，李領［1999］第4・5章は，倭寇の実体について，南北朝期の争乱を背景として日本の武士集団が進出したとの説を提出した。倭寇の民族的出自をめぐる議論はいまだ定まっていないが，李領が上記の論考のほか同［2005］でも行っているように，倭寇がいつ，どこで，何を行い，それが高麗社会に何をもたらしたのか，その足取りを克明にたどることが先決であろう。倭寇の性格はこうした作業を通じてより明確になる。その際注意したいのは，海上活動者の社会を陸地の国家や民族の枠組みにおしこめて理解しないことである。中国浙江の海上勢力が済州島や朝鮮半島西南岸を活動圏にしていた様相を描いた藤田明良［1997］はこのことを示唆する。

当時の対日外交については，1366年に倭寇禁圧要請のため日本に派遣された高麗使に注目があつまっている。高麗使が携えてきた文書（咨文(しぶん)・箚付(さっぷ)）の内容について張東翼［2007］が検討し，岡本真［2007］は咨文から書簡文へというその後の日朝間の国書形式の変化を論じる。また遣使の背景や日麗交渉の展開について，藤田明良［2008］は東アジアの全般的情勢を視野にいれて解説している。さらに石井正敏［2010］は，綿密な文書分析を通じて，文書の形式，使者の実態など，従来説の争点を再検討した。

明や北元との関係については池内宏［1979b］や末松保和［1996］に詳細だが，近年は金順子［2007］が，とりわけ貢物・領土・流出人口をめぐる明との交渉について論じている。こうした大陸王朝との関係は，国内の動向と切り離して考えるのではなく，その相関関係を綿密に捉える必要がある。桑野栄治［2004］は，朝鮮初期に行われた対明遙拝(ようはい)儀礼が高麗末期の対元・明関係とのかかわりのなかで創出される過程を解明した。

（森平 雅彦）

⇒ 文献一覧 pp. 368~374

2　経済史・社会史・文化史

〈1〉　土地制度と農業

　戦前期から1970年代末に至るまで，高麗時代の経済史研究において中心的な位置を占めてきたのは土地制度史の分野であった。そこでは，本格的な研究が始められた1920年代以来，全国の土地はすべて国家の所有地である「公田」であったとする国有制論が通説とされてきた。しかし1960年代に入ると，そのような通説を批判して私的土地所有の存在を主張する私有制論が次第に唱えられるようになった。

　私的土地所有の存在は国有制論においても完全に否定されていたわけではなかったが，国有制論はそれを制度の紊乱ないし土地国有の不徹底と捉え，高麗の土地制度本来のあり方とはみなさなかった。国家が官人等に支給した「私田」もその実体は公田であり，土地の所有権ではなく収租権を支給したものとした。これに対して私有制論は，国有制論でいう国有とは王土思想に基づく擬制としての国有に過ぎず，公田の大半は実際には農民私有地の「民田」であったと主張し，私田についても，それは民田の収租権が特定の私人や私的機関に与えられたもので，公田同様その実体は民田であったとみた。以後，1970年代末にかけて私有制論に立脚した研究が活発になされ，多くの成果が生み出された。まとまったものとしては旗田巍［1972］や姜晋哲［1989a］などがある。

　このように，高麗時代の土地所有に対する理解は1960年代を境に大きく転換し始め，従来の国有制論は1970年代末までにほぼ否定され，私有制論が通説の地位を獲得した。1980年代以降現在に至るまで，基本的に私有制論の立場からの研究が主流であり，全般的にみて通説的理解を大きく揺るがすような新たな成果はそれほど多くみられない。そうしたなかで，1980年代前半，集中的にこの分野の研究に取り組んだのが浜中昇である。その成果をまとめた浜中昇［1986］では，通説的な高麗土地制度史理解に再考を迫る刺激的な主張が随所で展開されている。高麗前期の田柴科(チョンシグァ)と小作制，高麗後期の土地奪占と賜給田(サグプチョン)，さらには土地利用方式や量田(ヤンジョン)制，民田の収租率など，内容・論点は多岐にわたるが，なかでも，私田の性格が高麗前期から後期にかけて大きく変化したとする点や，高麗

前期における公田と私田の区分基準に関する考察などが重要である。

　このうち前者に関する浜中の所論はおおむね次のとおりである。まず田柴科について，この私田分給制度では収租権ではなく土地そのものが支給されたとみる。具体的には，被給資格をもつ者が父祖・親族から相続すべき土地を用意して申請すると，国家が所定の限度額内でそれを私田と認定し，田租免除の特権を付与した。このような私田は原則として被給者である田主の自家経営地であり，おもに小作制によって経営されたという。

　次にその小作制は，耕作者である佃戸が収穫の 1/2 を地代として地主に納めるもので，農民が自作地経営を補完するために従事したとする。それは農民の階層分化がさほど進んでいない段階でのものであり，土地生産性の低さと耕地の不安定さを成立条件とした。そのため，高麗前期から後期にかけて農業生産力が発展し，自作地である民田が質的・量的に充実して従来の自小作農が自作農へと成長すると，小作制に依存していた私田では小作人不足を生じ，経営が行き詰まることになった。こうして 12 世紀前半以降，私田の経営は小作制から農民を土地に定着させて収穫の 1/10 に相当する定額の租を徴収する方式への転換を余儀なくされ，その過程で田柴科は崩壊していったと述べる。

　私田の性格変化を論じる以上の浜中の見解で注目すべきなのは，私田における田主の収租行為発生についての指摘である。既往の研究では収租権を朝鮮前近代の土地支配における所与の権利とみなしたが，浜中によれば，それは高麗前期の私田における小作制の行き詰まりという私田経営上の問題に由来する歴史的産物であった。浜中自身は言明していないが，これは，金泰永［1983］や李景植［1987］のように「収租権に立脚した土地支配」と「所有権に立脚した土地支配」という 2 類型を設定し，前者の衰退・消滅と後者の成長という構図で朝鮮前近代の土地制度史を描く私有制論の通説を全面的に否定するものである。

　この点とも関連して浜中は，高麗前期の公田と私田の区分基準を収租権の帰属先に求める通説は私田の性格変化を考慮していないと批判し，当時の公田・私田区分はその土地からの収益の帰属によったとする説を唱えた。公田とはその収益が国家ないし公的機関に帰属する土地，私田とは田租が免除されることでその収益が私人や私的機関に帰属する土地ということになる。そして，高麗前期の私田は国家から支給される（田租を免除される）ことで初めて国家に対して「私」を主張しうる土地であり，その意味で高麗の公田・私田における「私」は究極的に

は「公」に包摂される概念であったと指摘した。この問題については浜中昇［2003］でも再度取り上げられ，詳細な用例分析をふまえて前近代の朝鮮と中国における「公」「私」「民」概念の違いが指摘されている。

　以上，浜中の研究についてやや詳しくみてきたが，このような浜中の一連の研究を除けば，前述のように高麗土地制度史研究は1980年代以降それほど目新しい成果を出してきたとは言い難い。浜中の問題提起を受けて通説を再考する動きもないわけではないが，通説に依拠しつつ浜中説に対して批判的立場をとる研究者が多い。高麗前期に関していえば，例えば金琪燮［1987］は田柴科における土地支給を免租権の支給とする見解を提示しており，その点では浜中の主張とも類似していて注目される。だが金の場合も，当時の農民や科田の実体については浜中と見解を異にする。

　すなわち，浜中は高麗前期の農民を階層未分化な状態にあったとし，役分田を前身とする田柴科での科田を羅末麗初期に豪族が支配していた土地，先祖代々相続される永業田とみて，国家収租地としての公田に属する農民自作地の民田とは明確に区別されると理解する。また，高麗前期の民田における私的所有の実現には懐疑的な見方をとる。これに対して金は，高麗前期にはすでに農民の私的土地所有は確立しており，彼らは富戸層（丁戸層）と自小作農（白丁層）とに階層分化していたとみなす。そして，このうちの富戸層の私有地である民田が科田として認定され，免租特権を獲得したと述べる。高麗前期の丁戸層と白丁層を農民が階層分化したものとする理解は，今日の韓国学界ではむしろ一般的である。

　このほか，高麗時代の土地制度全般にわたる1980年代以降のまとまった成果としては洪承基［2001b］がある。また，高麗前期の私田研究では尹漢宅［1995］と李景植［2008］がある。このうちの前者は，高麗前期の公田・私田は原則的にすべて私有地であったという前提に立ち，史料上にみえる土地関係の各種語彙の用例分析を通して高麗前期における私田の実体解明を試みる。後者は田柴科に対する専論で，通説的な田柴科理解の延長線上で田柴科の成立過程，支給田地の性格，田主・農民間の支配収取関係などを考察する。

　高麗後期に眼を転じると，朴京安［1996］が13・14世紀の田制釐正政策の推移という側面から高麗後期の土地制度を考察し，裵象鉉［1998］が高麗後期の寺院田の存在形態・経営方式などを検討する。ほかには，12世紀後半以降政治問題化した権勢家による土地の奪占，およびその結果出現した私的大土地支配であ

る農荘(ノンジャン)についての研究と，高麗末期に新興儒臣層によって進められた田制改革についての研究がいくつかみられる。

このうち前者については，まず浜中昇［1976］［1986］が，土地の奪占は土地私有化の進展ではなく収租権の集積であり，当時官人が所持していた収租地としての私田である賜給田がその主たる対象で，「奪占」とはいっても形式的には国王から賜牌を得るという賜給田の支給方式によって合法的に獲得されたと主張する。これに対して姜晋哲［1989b］は，奪占されたのは私有地とする通説的理解を堅持するが，李淑京［2007］は一歩進めて，国王が賜牌によって臣下に下賜する土地を賜牌田(サペジョン)と把握し，それには功臣賜牌田と開墾賜牌田の2類型があり，それぞれ経営方式が異なっていたと理解する。奪占についても，賜牌田がその大部分を占めていたとしつつも，奪占の対象は所有権と収租権の両方であったとの見解を示す。一方，森平雅彦［1996］は賜給田被給者の政治的性格を分析し，当時の賜給田問題に関する政策論議を政治的側面から考察する。

次に高麗末期の田制改革については，浜中昇［1976］がこの改革を収租地としての私田を対象とする収租権次元での改革と性格づけ，私的土地所有を制限するものではなかったとするのに対し，姜晋哲［1989b］は農民の境遇という観点からその意義を再検討する。朴京安［1996］は，この改革には高麗後期以来の田制釐正論と王朝交替にまで結びつく私田廃止論との2つの側面があったことを指摘する。さらに六反田豊［1997］は，この改革の結果制定された科田法について，その実施によって収租権が私田に対する田主の普遍的で唯一の権利として初めて法的根拠をもつに至ったとの仮説を提示する。

ところで，土地制度が農業のあり方と密接な関連を有したことはいうまでもない。高麗時代の農業史研究は全体的にはそれほど活発とはいえないが，そうしたなかで土地制度とも関連する大きな論点のひとつとされたのは，農法ないし耕地の利用方式の問題であった。従来，高麗の一般的な農法は連作法であったとみなされてきたが，李泰鎮［1986］は，統一新羅・高麗時代の水田では休閑法が支配的であったとする見解を示し，宮嶋博史［1980］も，高麗前期には水田・旱田ともに休閑法がおこなわれ，高麗中期以降，連作法が普及していくが，まだ生産性は低かったと論じた。さらにこうした理解をふまえて，上田・中田・下田という高麗の土地等級（田品）が土地の肥瘠度を基準とするようになるのは高麗後期以降であり，高麗前期には土地の利用頻度が区分の基準であったとする新説を提示

した。

　これに対して浜中昇［1986］は，連作法はすでに高麗初期からおこなわれており，ただ当初は農業技術の低さに規定されて陳田化しやすく不安定な状態であったものが，高麗後期には次第に安定化して農業生産力が発展したとする。高麗後期の農業経営を考察した魏恩淑［1998］も，高麗時代には連作法が一般的であったとの立場をとる。しかし，そもそも多様に存在した耕地の農法や利用方式を二者択一的に断じるのはやや乱暴な議論といえよう。浜中昇［2000］は，支配階層の土地である私田では高麗前期からおもに連作法がおこなわれていたとし，かつての自説をやや修正している。

〈2〉 収取体制とその他の経済史関連分野

　高麗時代の収取体制ないし税制・役制に関する研究は1970年代までは低調であった。地税である租（田租）については，土地制度史との関連もあって比較的早くから一定の関心を集めてきたが，議論の中心はもっぱら公田の実体とみなされた民田の収租率の問題であった。主要な成果としては旗田巍［1972］や姜晋哲［1989a］などがあり，それらによれば民田の収租率は高麗時代を通じて収穫の1/4と規定されていたとされ，これが1970年代までの通説的理解であった。

　ところが，こうした通説に対して李成茂［1978］は，収穫の1/4というのは国有地の収租率であり，民田の収租率は高麗初期から収穫の1/10であったとする新説を提示した。以後，1980年代半ばにかけてこの説の当否をめぐり論争が展開され，例えば浜中昇［1986］は，高麗前期の民田の収租率は通説どおり収穫の1/4であり，高麗後期にそれが1/10に引き下げられ，そのまま朝鮮初期まで受け継がれたと反論した。しかし現在のところ，民田の収租率は高麗初期から収穫の1/10であったとみる見解がほぼ一般化している。

　1980年代に入ると租以外の収取体制に関する研究も次第に活発化し，まとまった成果も発表されるようになった。とはいえ，国家の基本的な税目についてさえいまだ統一的な理解を確立できていないのが研究の現状である。そのため，それぞれの税目の賦課方式や運営方式，あるいはその時期的変動等についても諸説が並立している状況にある。

　高麗時代の基本的税目に関する各研究者の見解を簡単にみておこう。『高麗史』

などには，前述の租（田租）以外に，庸・調・布・役・貢賦・常徭・雑貢・徭役など，税目を示す多様な用語が登場する。これらのうち，租（田租）・調（布）・庸（役）の「三税」が高麗の基本的税目であったということは，ほぼ共通理解となっている。しかし，李恵玉［1985］がこの三税のみを基本的税目とみなすのに対し，姜晋哲［1989a］や李貞熙［2000］などは三税に貢賦（貢物）を加えた4税目を基本的税目とする。ただし姜と李との間では貢賦の内容に関する理解が異なり，貢賦を常徭・雑貢から構成されたとみる姜に対し，李は，貢役と土産物，それに特殊行政区域のひとつである所での生産物の3種を併せたものが貢賦であり，常徭・雑貢はこれらとは別個に高麗後期に現れた税目と理解する。

一方，朴鍾進［2000］は，高麗時代に民が負担した基本的税目は租（田租）・布（調）・役（庸）の三税であるが，国家ではそれらを邑ごとに田賦・貢物・徭役の形態で徴収したとの説を唱える。さらに常徭・雑貢は高麗後期になってこれら三税以外に登場し，常徭は役（庸）の，雑貢は布（調）の名目でそれぞれ賦課された現物税であったとした。また，金載名［1994］はこれらとはまったく異なり，租税構造としての「賦役」は現物税である「貢賦」と労働力を徴収する「役」とで構成され，貢賦はさらに租税である「租」「調」と貢物である「雑貢」とからなり，役は正役である「庸」と「常徭」とからなるとする。

ところで，三税における庸（役）は，国家の土木工事などに民を動員する力役とみなすのが一般的であるが，高麗時代にはそれとは別に良人身分の者に賦課された多種多様な身役が存在した。呉イルスン［2000］は，軍役と郷役を除いた高麗後期における多種多様な良人身役をその同質性に着目して「雑色役（チャプセギョク）」と把握し，その具体的内容と時期的変動の様相を考察する。また，収取体制とも密接に関連する高麗の国家財政については安秉佑［2002］があり，高麗前期の中央・地方官衙・王室の財政構造を明らかにする。

高麗時代の経済史研究におけるその他の成果についても，ここでまとめてみておきたい。まず王都開京（ケギョン）（開城（ケソン））の都市商業に関して，北村秀人［1990］が開京の常設市場である京市の位置・形態・管理機構などを明らかにし，禹成勲［2005a］［2005b］が『宣和奉使高麗図経』の記述に依拠しつつ開京の商業空間を復元する。ほかに商業関連では，須川英徳［1997a］が高麗後期から末期にかけての商業政策を王朝交代とも関連させて論じ，貨幣政策については須川英徳［1993］［1997b］が高麗時代における貨幣発行論議の背景や論理などを追究する。

手工業関連では絹織物生産の技術と機構を考察した北村秀人［1986］があり，運送史・流通史関連では，各地で徴収された租（田租）を開京まで輸送するための漕運を扱った北村秀人［1978］［1979］と六反田豊［1993］とがある。度量衡については，古韓尺以降の尺度や面積表示単位の結負制の変遷をたどる新井宏［1992a］［1992b］のほか，高麗・朝鮮時代の度量衡制度全般を論じた李宗峯［2001］が注目される。

〈3〉 郡県制と地域・村落社会論

　高麗時代，国家による地方支配の基本的な枠組みとされたのが，今日一般に「郡県制」と称される地方行政制度である。高麗郡県制については旗田巍［1972］をはじめ 1960～70 年代に活発に研究が進められ，その成立過程や基本的な構造等が明らかにされた。

　それらによれば，高麗の郡県制は新羅末期以来各地に割拠していた豪族を国家の支配体制に組み込むために整備されたもので，建国当初，高麗に服属した豪族集団の根拠地に国家が府・州・郡・県等の邑号（ウプ）を与えたことに始まる。これらの邑号は各豪族集団の高麗に対する貢献度や彼らの根拠地の軍事的重要性に対応し，高麗への貢献度が高い順に州・郡・県の邑号が与えられ，軍事上の拠点には特に府の邑号が与えられたという。高麗に服属した豪族たちは郡県制によって序列化されながらも自身の統治機構と根拠地の支配を認められ，国家に対しては税貢納入の義務を負った。

　983 年，高麗は豪族に対する統制力強化のため新たに牧（モク）と称する邑 12 カ所を設定し，そこに中央から初めて地方官（守令（スリョン））を派遣するとともに，各邑の豪族集団の権力機構を郷吏組織に改編し，彼らを各邑の行政実務担当者として国家の体制内に位置づけた。以後，幾度かの変遷を経つつ，高麗郡県制は地方官の派遣による統制と豪族の郷吏（ヒャンニ）への改編という 2 つの方向を推し進める形で整備され，郡県制による高麗の地方統治体制は 1018 年までにほぼ完成したとされる。

　このようにして成立した高麗郡県制の第一の特徴は，特定の邑に複数の邑が所属する形で邑相互間に統属関係が形成された点である。いわゆる主邑（主県）と属邑（属県）である。地方官が派遣されたのは少数の主邑のみであった。1970 年代までの研究では，大豪族の根拠地が主邑，その支配下にあった中小豪族の根

拠地が属邑であり，高麗はこうした豪族間の支配・服属関係を利用し，大豪族の根拠地のみに地方官を派遣して，その郷吏組織を通じてこれに服属する他の諸邑を統制したとされ，それが長らく通説とされてきた。

しかしながら，実際には大豪族が中小豪族を支配した明確な証拠は見出せない。浜中昇［1990］［1997a］［2007］はこうした通説を批判し，『高麗史』地理志顕宗9年（1018）条の綿密な検討を通じて，主邑・属邑の起源を豪族間の支配・服属関係に求めることはできないとした。さらに，各地の豪族が邑を単位に組織した統治機構である邑司に注目し，郡県制を施行する際，国家はそうした邑司の存在を前提にして，複数の邑を併せて管轄するような形での地方官派遣を実施したと論じた。これとは別に金甲童［1990］は，最後まで高麗に抵抗した豪族の根拠地が邑号を格下げされたうえで他邑の属邑とされたと述べる。

一方，高麗郡県制の成立過程を考察した金日宇［1998］は，邑への地方官派遣が始まる983年以前から主邑・属邑間の統属関係が存在したことを指摘し，主邑・属邑の区分を地方官派遣の有無から説明する既往の研究を批判する。しかし主邑・属邑の起源については，強力な豪族勢力の出身地域を主邑とし，その豪族勢力の影響下にあった連合的勢力圏に含まれる邑をその主邑の属邑としたと述べており，ほぼ通説を踏襲している。ちなみに，高麗初期における豪族集団の統治機構については北村秀人［1985b］による緻密な考証があり，成立期の郡県制の性格については浜中昇［1993］が邑の丁数に着目して考察する。

主邑・属邑の起源についてはいまなお不明な点が多く，その解明は今後の課題である。とはいえ，属邑が存続しえた理由のひとつとして事審官の制度を想定することは可能であろう。事審官とは豪族出身の中央官人が本来の官職に加えて兼任したもので，この職に任じられることで，彼らは自身の出身邑に対しても一定の統制力を発揮した。事審官については旗田巍［1972］，李純根［1986］，朴恩卿［1996］，洪承基［2001c］などの研究がある。

高麗郡県制のもうひとつの特徴として，邑の下部行政単位として国家や王室に対する特定の労役・貢納等の負担を課せられた特殊な行政区域が多数存在したことを指摘できる。それらの特殊行政区域には，負担する労役・貢納の種類に応じて郷・所・部曲・荘・処・駅・館・津・倉・江など多様な名称が与えられた。名称や負担内容は多様であっても，それらは府・州・郡・県等の邑によって構成される郡県制とは異なる固有の構造的同質性を有するとして，朴宗基［1990］はこ

れらの特殊行政区画を「部曲制(ブゴクセイ)」という枠組みで把握した。以後，こうした理解は多くの研究者に受け入れられたが，近年，武田幸男［2006］は，12世紀頃にはこれらの行政区域を「雑所(チャプソ)」，その構成員を「雑尺(チャプチョク)」と総称していたと考えられることから，新たに「雑所制」「雑尺制」として理解すべきことを提唱する。

邑の下部に位置するこれら特殊行政区域の存在も，早くから研究者の注目を集めてきた。個々の特殊行政区域の内部構造や住民負担などを個別に論じた研究としては，部曲(ブゴク)および王室直属地の荘・処に関する旗田巍［1972］，各種手工業生産に従事した所や漕運拠点の倉(チャン)およびその前身である浦(ポ)に関する北村秀人［1969］［1978］［1979］，倉を補完した水運機構である江(カン)に関する吉田光男［1980］などがある。また朴宗基［1990］や李弘斗［2006］は，これらの特殊行政区域の成立過程・内部構造・変容などを総合的に考察する。

郷(ヒャン)と部曲については従来その負担内容が不明とされてきたが，近年になって呉イルスン［2000］が郷・部曲の住民は田柴科の科田(クァジョン)や国屯田(ククトゥンジョン)などの耕作に従事したとする新説を提唱した。さらに李弘斗［2006］は，部曲は郡県等一般の邑の住民同様，租・庸（徭役）・調（布）の三税を賦課される独立した収取単位であったが，一般の郡県民と比べると，部曲民はそうした負担において差別的処遇を受けていたとする。

この点はしばらく措くとしても，郷・部曲等の特殊行政区域の住民が郡県民よりも身分的に一段低い地位におかれていたことは疑いない。しかし，それでは彼らは賤人であったかどうかという点になると，研究者の見解は大きく分かれる。旗田巍［1972］をはじめとして当初は賤人説が有力視されたが，その後，武田幸男［1971］や浜中昇［1980］，朴宗基［1990］などが良人説を主張した。現在のところ良人説が大勢を占めるが，最近では李弘斗［2006］があらためて賤人説を唱えている。

11世紀初めに整備された高麗郡県制は12世紀以降次第に変質していく。そのひとつが属邑の主邑化という現象であった。中央での政治的混乱といわゆる武臣政権の成立にともなう社会的・経済的変動によって，地方民の流亡化が顕著となったことがその原因とされる。すなわち，こうした事態に対応すべく，高麗はさらなる地方支配強化を目的として監務(カムム)という名の地方官（守令(スリョン)）を従来の属邑に対して新たに派遣するようになり，その結果，かつての属邑の多くが主邑へと変貌したのである。監務の地方派遣については元昌愛［1984］，金東洙［1989］，

李仁在［1990］などの専論がある。

　全国規模での地方民流亡化の進展は，一方ではこのように属邑の主邑化という現象をもたらしたが，他方では郷・所・部曲等にも大きな影響を及ぼした。これらの特殊行政区域は郡県よりも重い負担を課せられていたため，住民の流亡化はより深刻な問題であった。こうして高麗後期以降，李樹健［1984］，朴宗基［1990］などが指摘するように，多くの特殊行政区域は郡県に昇格したり吸収されたりして次第に消滅へと向かうことになる。

　以上のような郡県制に基づく高麗の地方統治と密接に関連するのが，本貫および姓氏制度である。建国当初，高麗に服属した豪族に対してその根拠地の邑や村落を単位に中国式姓氏が国家から賜与されたのがその始まりとされる。やがて全国の村落首長層にも国家から姓氏が与えられ，それが当該村落民の姓氏とされることで，全国の人々は特定の邑ないし村落を本貫（本拠地）とする姓氏集団として国家に把握されるようになった。

　高麗建国当初，邑単位に付与されたとされる姓氏は，朝鮮初期に編纂された『世宗実録』地理志に「土姓」として収録されている。さらに同書には，「村姓」「来姓」「続姓」など来歴の異なる各種の姓氏も多数記録されている。そこで，こうした同書の姓氏条を分析し，高麗前期の地方社会の構造や性格を解明する作業も1960年代から進められた。土姓の形成過程や内部構造などを明らかにした李樹健［1984］は，そのもっとも代表的な成果である。

　しかし，従来の高麗姓氏研究は，十分な史料批判を経ないままに『世宗実録』地理志姓氏条を用いてきたという点で再検討の余地を残している。浜中昇［1984］［1987］は同史料の史料的性格を，それが典拠としたとされる『関』と『古籍』の性格検討を通じて考察し，特に後者では『古籍』に注目してその作成年代や姓氏記載の基準，記載された各姓種の相互関係などを詳細に検討した。その結果，土姓とは『古籍』が作成された高麗後期段階での用語であり，高麗初期の豪族を祖先にもつ当時の郷吏層の意向を多分に反映していて，必ずしも高麗建国初期の状況を示すものではないことを明らかにしている。

　姓氏関連ではこのほか，武田幸男［1984］が朝鮮における姓氏の成立過程を通時的に検討している。また，蔡雄錫［2000］は姓氏と本貫とを一体のものとみることに否定的な立場をとり，本貫制度こそが人丁把握方式の根幹であったとして，本貫制度の施行という観点から高麗の地方支配秩序の性格を考察した。

一方，国家が姓氏付与の単位とした高麗初期の村落について，旗田巍［1972］をはじめとする1970年代までの研究では，それを地縁集団であると同時に血縁集団でもあるとする理解が支配的であった。しかし1980年代以降，そうした見方への批判が強く提示されるようになった。例えば盧明鎬［1988］は，親族研究の立場から高麗初期の村落には異姓の村落民が雑居していたと主張した。これに対して浜中昇［1992］は，盧の親族論に賛意を示し，高麗初期の村落を血縁集団とする見方は否定しつつも，高麗における姓氏は原則として国家から付与されるものであり，村落民が同一の姓氏を有することと彼らが同族的な血縁集団かどうかということとは別次元の問題であるとして，盧の異姓雑居説を退ける。

　次に郷吏に関する研究をみておこう。新羅末以来各地に割拠していた豪族は，郡県制の整備とともに地方行政の末端実務を郷役(ヒャンヨク)として世襲する郷吏へと改編されたが，彼らは邑内部では依然として実力者であり続けた。郷吏に関する研究は，金鍾国［1962］を先駆としてその後多くの成果が蓄積されてきたが，まとまった成果としては，まず朴敬子［2001］がある。新羅末・高麗初における豪族の存在形態から説き起こし，彼らが郷吏に改編され，高麗の郷吏制度が成立する過程と，郷吏身分のその後の変動について体系的に論じている。次に姜恩景［2002］は，郷吏のなかでもその首位に位置した戸長(ホジャン)層に焦点を当て，その形成過程と高麗後期における彼らの地位・身分の変動を考察する。ほかに，慶州(キョンジュ)という一地域に焦点を合わせ，郷吏層を中心とした地方勢力の動向を高麗・朝鮮両王朝を通じて長期にわたって追跡した武田幸男［1989］も注目される。

　最後に，高麗の地方支配体制と地域（郷村）社会の支配秩序を包括的に考察した研究，および高麗の辺境地帯の支配体制を論じた研究をいくつかあげておきたい。前者に関しては朴恩卿［1996］と具山祐［2003］があるが，とりわけ具の研究は390頁にもおよぶ大著であり，新羅末期の在地社会の様相から始まり，郡県制をはじめとする高麗の地方制度の整備過程とそれに基づく地方支配構造，そうした体制下における地域社会の構造，地域社会における豪族や郷吏などの支配階層や仏教信仰団体としての香徒(ヒャンド)の内部秩序などを論じる。辺境地帯の支配体制については，金南圭［1989］が北方の両界地方を，金日宇［2000］が耽羅(タムナ)（済州(チェジュ)島(ド)）に対する高麗の支配体制をそれぞれ考察する。

〈4〉 身分制度と家族・親族研究

　高麗時代の基本的な身分制度は良賤制であり，人々は大きく良人と賤人とに区分された。このうちの良人は，中央官人である両班やその経験者ないし予備軍としての士族を頂点に，郷吏，軍人，胥吏（ショリ），丁戸，白丁，さらには雑類（チャムニュ）と呼ばれる階層や郷・所・部曲等の住民に至るまで，その内部は多種多様な身分・階層に分かれていた。一方，賤人はすなわち奴婢（ノビ）であり，国家機関に所有されて各種の労役や貢納を負担した公奴婢（公賤）と私人に所有されて主人宅の家内労働や土地耕作などに従事した私奴婢（私賤）とがあり，いずれも所有主の財産として相続・贈与・売買等の対象となった。

　北村秀人［1985a］はこのような高麗の身分制度を概観し，主要な身分・階層について解説を加えるとともに高麗後期の身分変動にも言及する。洪承基［2001a］も高麗の身分制度全般にわたる概説的研究であり，高麗の身分制度の全体像を理解するうえで有益である。賤身分である奴婢については個別論文はいくつかみられるが，まとまった成果としては洪承基［1983］がほぼ唯一である。

　良人層を構成する多種多様な身分・階層のうち，丁戸と白丁については旗田巍［1972］や姜晋哲［1989a］など多くの研究がある。丁戸とは特定の職役を負担する代わりに国家から私田支給を受ける階層で，一般には農民の階層分化により形成された富戸層とされる。しかし最近では，蔡雄錫［2000］のようにこれを支配階層下層に位置する中間階層とみなす見解もある。またこの点とも関連して，丁戸における軍役負担者である軍人の実体をめぐって，それを良人農民層とみる府兵（プビョン）制説と中央軍兵士は支配階層に属する専門的軍人階層であったとする軍班（クンバン）氏族制説とが並立するが，洪元基［2001］はこの問題に取り組む。

　一方の白丁は，職役を賦課されず，国家からの私田支給も受けない一般の良人農民層であり，自作地としての民田耕作に従事するとともに私田佃戸でもあった。白丁と関連する存在に貢戸（コンホ）があるが，北村秀人［1981］によれば，それは高麗後期に顕著となる農民の流亡化や権勢家による土地と農民の奪占への対応策として，国家が現住地で付籍した農民層をさす。彼らは三税を負担したが，軍役や郷役など特定の職役負担がなかったことから，高麗前期同様白丁とも呼ばれたという。しかしこれに対しては，貢戸とは白丁が三税に加えて貢物調達のための貢役をも負担したことによる呼称であり，流民の現住地付籍とは直接関係しないと

する呉イルスン［2000］の批判もある。

　良人のその他の身分・階層についてもそれぞれに研究がなされているが，それらのうち，郷吏と郷・所・部曲等の特殊行政単位の住民とについてはすでに述べた。ほかには金蘭玉［2000］が，良身分でありながらも白丁層より低い地位におかれていた工匠・商人を賤事良人，郷・所・部曲等の特殊行政単位の住民を賤役良人と把握してそれらの実態や性格を考察し，呉イルスン［2000］も，良人のなかの特殊な階層である雑尺や雑類を，身役負担とその変動という観点から接近する。浜中昇［1997b］は麗末鮮初期の禾尺（ファチョク）・才人（チェイン）について，名称の変遷をふまえてその実態を考察する。

　さて，家族・親族制度も身分制度とともに高麗社会史研究の重要なテーマである。研究が本格化したのは1970年代以降と比較的遅く，そのうえ史料的な制約もあって今後の課題も少なくないが，婚姻形態，相続制度，家族規模，親族組織原理などがこれまで主要な考察対象とされ，注目すべき成果もいくつか出されている。

　まず婚姻形態については，高麗時代の一般的な婚姻形態を一夫多妻婚とみる戦前期からの通説が比較的近年まで有力であった。社会学的手法によって家族・親族制度を考察した崔在錫［1983］もこの立場をとる。ところが1980年代以降，こうした一夫多妻説を批判し，高麗時代には一夫一妻婚が支配的であったとする主張が許興植［1981a］や井上和枝［1990］などによって唱えられ，現在ではそれが妥当な見解として受け入れられている。とはいえ，一夫一妻婚が法規定に基づく制度的な婚姻形態であったか否かは必ずしも十分に検証されないままであった。豊島悠果［2007］はその点に着目し，一夫一妻婚は法規定によらない慣習的なものであったことを論証する。

　ところで，豊島悠果［2007］では一夫一妻婚の問題に加え，従来あまり注目されなかった蓄妾慣行や妻妾関係，さらには国王の婚姻形態までも考察される。国王の婚姻形態や后妃制度の研究としてはすでに鄭容淑［1988］［1992］があるが，そうした先行研究において前提とされた国王の多妻婚という実態にもかかわらず，各王の廟室に祔廟（ふびょう）された后妃は1人のみであり，そのことから国王の婚姻においても一夫一妻への志向を読み取ることができるとする。婚姻に関する研究では，婚姻居住規定や離婚・再婚の問題など，高麗時代の婚姻制度を多角的に検討した権純馨［2006］も重要な成果である。

次に相続制度の研究は旗田巍［1972］を嚆矢とする。それによれば，高麗時代，奴婢は子女間で均分相続されたが，土地は嫡長子の単独相続であった。これは当時，土地が集団的に所有されていたことによるもので，高麗末期に土地の個人所有が実現すると，土地も子女間で均分相続されるようになったという。これに対しては，土地も当初から均分相続されていたとする崔在錫［1983］の反論をはじめさまざまな異論があり，現在では，旗田の説はほぼ否定されたとみてよい。一方，家族規模をめぐっては，戸籍資料の分析を通じて高麗時代には三世代同居の大家族が主流であったとする説が許興植［1981a］によって主張されたが，盧明鎬［1988］はこれを批判し，結婚後における夫婦の居住地に着目すると大家族制説は認定しがたく，むしろ1組の夫婦を基礎とする小家族が当時の一般的な家族のあり方であったとする見解を提示した。

最後に親族組織原理に関する研究についてみておこう。朝鮮の前近代社会は古代以来一貫して父系制社会であり，姓氏を同じくする大規模な父系同族集団が存在したというのが，戦前期から1970年代に至るまでの通説的理解であった。しかし，そのような理解は必ずしも各時代の親族組織に関する実証的研究に基づくものではなく，ただ朝鮮後期の家族・親族組織のあり方をそれ以前の時代にまで遡及させた解釈に過ぎなかった。

こうした状況のなか，盧明鎬［1979］は，17世紀初に作成された山陰県戸籍大帳を文化人類学的手法を駆使して分析し，村落内部の血縁関係を検討した。その結果，当時の親族組織は始祖を同じくする父系同族集団ではなく，自己（ego）を起点にした父系・母系の「両側的（bilateral：日本語では通常「双方的」と訳す）」系譜関係に基づく親族組織であったことを明らかにし，そのような親族組織が8〜9世紀から17世紀初頭まで存在したと主張した。盧はこうした新しい理解に基づいて高麗の親族研究を精力的に進め，多くの成果をあげている。もっとも，高麗墓誌の親族関係記事を分析した山内民博［1997］も指摘するように，双方的な親族組織を形成しつつも，支配階層である中央官人の間には次第に父系の系譜意識が成長していったというのもまた事実であろう。

〈5〉 文化史――仏教・儒教・美術・印刷文化など

　高麗時代の文化史を論じる際，最初に取り上げるべきはやはり仏教である。高麗における仏教の動向や思想内容に関する全般的研究としては許興植［1986］［1994］や李丙旭［2002］，高栄燮［2005］などがあり，高麗後期に関しては蔡尚植［1991］がある。また，朴胤珍［2006］は高麗の王師・国師制度を考察する。個別の宗派や高僧の思想に関する研究では，まず天台宗（チョンテジョン）関係として，天台思想を論じた李丙旭［2000］，義天（ウィチョン）の天台宗創立とその後の仏教界再編を概観した崔柄憲［1986］，了円『法華霊験伝』の編纂背景を考察した安田純也［2006］などがある。均如（キュニョ）による華厳思想については金杜珍［1983］が詳しい。李鍾益［1980］は曹渓宗（チョゲジョン）の開祖である知訥（チヌル）の仏教思想を考察する。禅宗関係としては佐藤道郎［1981］や趙明済［2004］などのほか，金杜珍［2006］が高麗前期における禅宗の動向を教宗との思想的関係から論じる。黄仁奎［2003］は麗末鮮初期の仏教思想の動向を考察し，ミュラー［2004］も当該時期の儒仏論争の論点と特徴を分析する。

　高麗寺院の内部構造や機能およびその経済活動等についても多くの研究がある。韓基汶［1998］は寺院の創建と重創をめぐる政治的・社会的背景，寺院の組織と運営方式，願堂としての寺院の機能など，構造と機能の側面から高麗寺院制度を考察する。宮中内に設けられた願堂のひとつである内道場については，内帝釈院（ネジェソグォン）（内願堂（ネウォンダン））を中心に実態と変遷を分析した安田純也［2005］もあり，安田純也［2007］は高麗の在地寺院である資福寺（ないたいしゃくいん）の実態解明を試みる。寺院の経済活動に関する研究では，代表的なものに李載昌［1993］，李相瑄［1998］，裵象鉉［1998］，李炳熙［2008］などがある。

　高麗の国家的仏教儀礼に関しては金鍾鳴［2001］のほか，里道徳雄［1983］が八関会（パルグァヌェ）の儀式内容を分析し，奥村周司［2003］［2004］が燃灯会（ヨンドゥンフェ）・八関会（はっかんえ）に際してなされる国王の奉恩寺（ポンウンサ）行幸とそこでの謁祖真儀の意義を王権と関連づけて考察する。仏教関連機構の研究では安田純也［2002］が僧録司を王権との関連から論じ，国王の仏教信仰については北村高［1985］が忠宣王の仏教信仰を検討する。仏教関連の金石文研究としては演福寺（ヨンボクサ）梵鐘銘文に関する末松保和［1985］，湯山明［1985］と霊通寺（ヨントンサ）跡所在大覚国師碑（テガク）を検討した斎藤忠［2000］がある。

　次に儒教関連の研究についてみてみよう。李熙徳［1994］［2000］は高麗の儒

教的政治思想を天文・五行説に注目して考察し，許興植［1981b］［2005］，朴龍雲［1990］，関丙河［1992］，朴賛洙［2001］，申千湜［2003］などは儒教教育制度や科挙制度を論じる。李範稷［1991］は高麗の礼思想を国家儀礼体系である五礼（吉・嘉・賓・軍・凶礼）に即して考察した。

1980年代以降の高麗儒教思想研究に特徴的なのは，高麗後期における朱子学(チュジャハク)（性理学）の伝来，および朱子学を受容して新たに台頭した新興儒臣層の政治思想に関する研究が活発になされた点である。主なものだけでも辺東明［1995］，李源明［1997］，高恵玲［2001］，金仁昊［1999］，申千湜［2004］，都賢喆［1999］［2003］，李楠福［2004］などがある。高麗へ朱子学を伝えた人物の一人とされる安珦(アニャン)については，金柄九［1983］がその思想内容を考察する一方，森平雅彦(もりひらまさひこ)［2006］が彼と朱子学とのかかわりを再検証する。

ところで，高麗の国家儀礼については，それを儒教的礼思想との関連から論じるだけではなく，儀礼のあり方から高麗をめぐる国際環境や世界観を明らかにしようとする研究，あるいは中国国家儀礼の受容という観点から高麗の国家儀礼の特質を論じた研究などもみられる。前者では，遼冊封下における高麗の使節迎接儀礼の分析を通じて当該時期の高麗の外交姿勢を検討した奥村周二［1984］や，祭天儀礼である圜丘祀天礼(ウォングえんきゅう)に注目して高麗の世界観を論じた奥村周二［1987］［1997］，高麗末期における中国遙拝儀礼の成立過程を跡づけた桑野栄治［2004］などがある。後者では，豊島悠果［2005］［2009］がそれぞれ后妃の冊立儀礼(さくりつ)と宴会儀礼の儀式内容を中国の儀礼との綿密な比較を通じて分析する。なお，思想史関連ではほかに図讖思想を主題とする李丙燾(としん)［1980］，道教に関する梁銀容［1981］なども付け加えておきたい。

ついで美術史に眼を転じると，まず金元龍・安輝濬［1993］と安輝濬［1987］が前近代朝鮮の美術史ないし絵画史を概観するなかで高麗時代にも言及する。個別研究としては，仏教絵画・彫刻関連で，菊竹淳一・井手誠之輔・朴銀卿［1994］が仏教絵画の概要と特徴を論じ，中野照男［1993］が「地獄十王図」を，菊竹淳一［1988］が西日本に伝存する高麗仏を考察する。陶磁器関連では，三上次男［1981］が高麗磁器の起源を中国浙江地方の呉越国と関連させて論じるのに対し，吉岡完祐［1986］は青磁の出現理由を張保皐(チャン・ボゴ)の対唐貿易(ちょうほう)と結びつける。また，片山まび［2003］は高麗青磁の象嵌(ぞうがん)技法を中国磁器との関連に留意して考察する。尹龍二［1998］は朝鮮陶磁器史に関する論文集だが，高麗陶磁器に関して

も6編の論文を収める。漆芸関連では，高橋隆博［1994］が高麗時代に至る漆芸史を概観する。

　最後に，印刷・出版関連の研究も枚挙に暇がないが，ここでは，高麗を含めた朝鮮前近代の印刷技術全般を概観した千恵鳳［1990］と，高麗大蔵経の彫板事業に関する崔然柱［2006］，崔永好［2008］をあげるにとどめたい。　（六反田 豊）

⇒ **文献一覧 pp. 374~378**

第 5 章

朝　　鮮

1-a　政治史（前期）

　朝鮮時代前半期の政治史に関する研究史の概要ならびに基本史料の解説は北村秀人［1983］，朝鮮前期の基本史料である『朝鮮王朝実録』の編纂と保管・管理については裵賢淑［2002］，宋基中他［2005］に詳しい。政治史の流れを理解するには，朝鮮時代の本格的通史として編まれた李成茂［2006］が簡便であろう。以下，ここでは基本的に日本人研究者による朝鮮政治史研究を主軸としてその成果と課題を提示してみたい。なお，「解放」後50年間の韓国における朝鮮政治史研究の現況については朴光用［1999］が政治機構・政治勢力・権力の性格に分類のうえ成果を整理し，呉宗禄［2005］は広く朝鮮前期史研究の概況と論点を提示した。最近では金容欽（韓国史研究会編［2008］所収），尹薫杓（韓国史研究会編［2008］所収）がそれぞれ朝鮮政治史と法制史の輪郭を描いている。

〈1〉　前期の政治制度と政治機構

ⓐ 漢城の歴史空間
　太祖李成桂（テジョ　イ・ソンゲ）は1394年に開城（ケソン）から漢陽（ハニャン）に遷都し，翌年に漢陽を漢城（ハンソン）と改称した。吉田光男［1992］［1999］は，中国歴代王朝が採用したグリッド・プランの「帝都」とは異なり，朝鮮では風水思想に則って漢城の自然地形を活用した楕円形の「王都」が建設されたと指摘した。漢城府の沿革と職制・機能など漢城の基礎的

研究に元永煥［1990］があり，李存熙［2001］は漢城府の行政機能と陪都である留守府（開城・江華・水原・広州の4府）の組織と経営を論じる。西谷正［2001］は1990年に始まった景福宮整備事業と漢城近郊の王陵・王后陵について発掘調査現況の一端を報告し，特に禹成勲［2005］は朝鮮前近代の都市史研究動向を手際よく整理しており有益である。

ⓑ 科挙と官僚制

官僚制の前提となる科挙制度の専著に李成茂［2008］があり，林容漢［2008］が科挙・蔭叙・薦挙制を包括的に検討したほか，山内弘一［1990］も官学の郷校，私学に相当する書院の儒教教育機能とあわせて概観した。朝鮮初期の文科及第者1,799名の出身・初職・進出傾向を分析した金昌鉉［1999］によれば，及第者の大多数は両班層の子弟であって，文科は両班官人層の既得権を保護・維持する制度的装置で

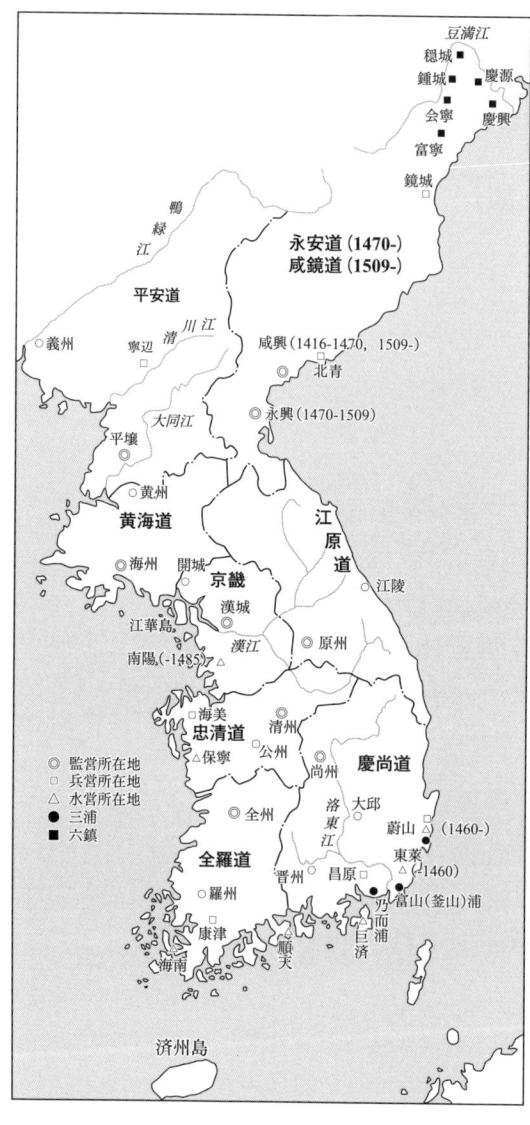

図5-1　朝鮮時代の朝鮮半島（15世紀末）

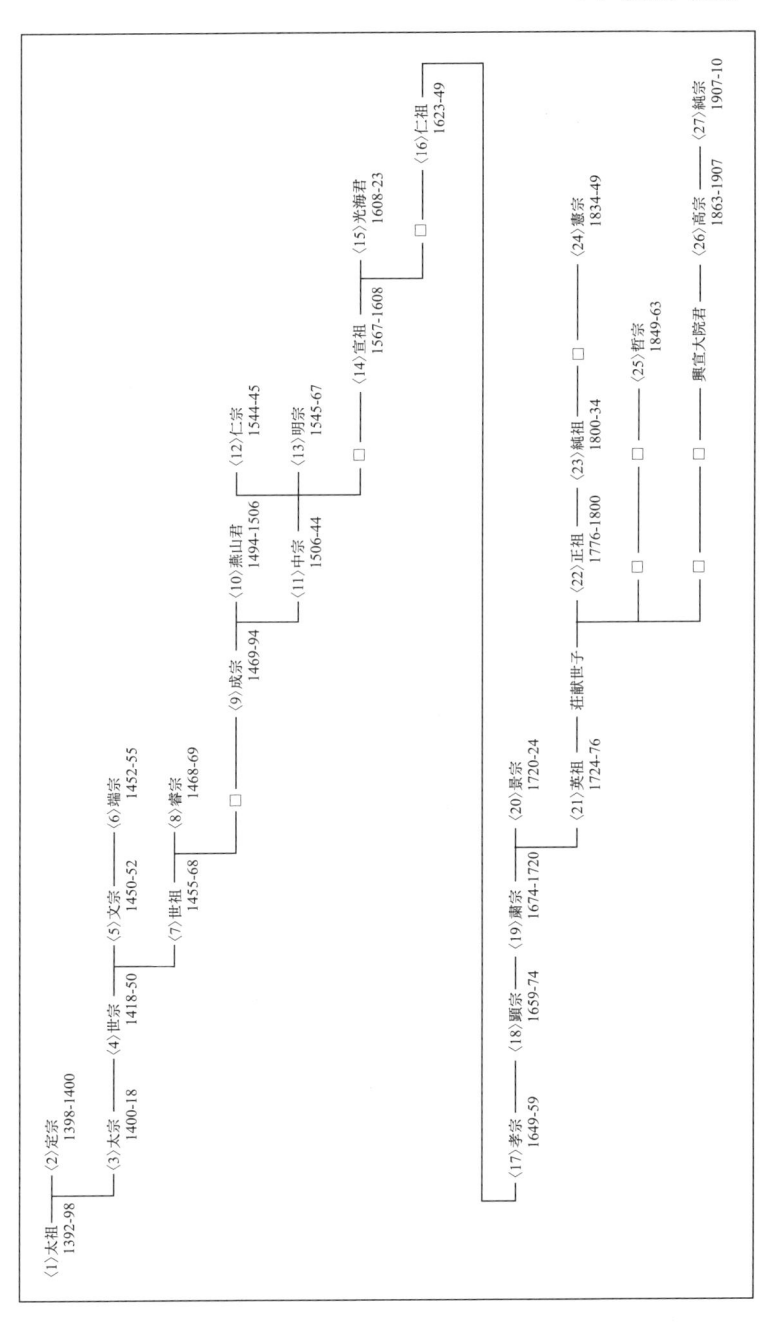

⟨1⟩太祖 1392-98 ─ ⟨2⟩定宗 1398-1400
           └ ⟨3⟩太宗 1400-18 ─ ⟨4⟩世宗 1418-50 ─┬ ⟨5⟩文宗 1450-52 ─ ⟨6⟩端宗 1452-55
                                              └ ⟨7⟩世祖 1455-68 ─ ⟨8⟩睿宗 1468-69
                                                              └ □ ─ ⟨9⟩成宗 1469-94 ─┬ ⟨10⟩燕山君 1494-1506
                                                                                   └ ⟨11⟩中宗 1506-44 ─┬ ⟨12⟩仁宗 1544-45
                                                                                                    └ ⟨13⟩明宗 1545-67
                                                                                   □ ─ ⟨14⟩宣祖 1567-1608 ─┬ ⟨15⟩光海君 1608-23
                                                                                                        └ □ ─ ⟨16⟩仁祖 1623-49 ─

⟨17⟩孝宗 1649-59 ─ ⟨18⟩顕宗 1659-74 ─ ⟨19⟩肅宗 1674-1720 ─┬ ⟨20⟩景宗 1720-24
                                                     └ ⟨21⟩英祖 1724-76 ─ 荘献世子 ─ ⟨22⟩正祖 1776-1800 ─ ⟨23⟩純祖 1800-34 ─ □ ─┬ ⟨24⟩憲宗 1834-49
                                                                                                                    └ □ ─ ⟨25⟩哲宗 1849-63
                                                                                                        興宣大院君 ─ ⟨26⟩高宗 1863-1907 ─ ⟨27⟩純宗 1907-10

図 5-2　朝鮮王室略系図

あった。両班とは本来文班・武班の官僚であり，のちに士族（士大夫の族）に対する尊称・他称となることは，吉田光男［1998］が従来の両班・中人・常民・賤民の四階層論を批判しつつ主張した。山内弘一［2001］は中華文明の体現者としての両班士族に注目し，岸本美緒・宮嶋博史［1998］は柳希春（ユ・ヒチュン）の『眉巖日記草（ミアミルギチョ）』を通して科挙制度が少数の血縁集団による寡占状態にあったという問題点，王権と宰相権の二極構造に登場した士林派（サリム）の歴史的意味を論じる。

　官僚制による国家運営は膨大な行政文書を産出する。北村明美［1996b］は，公文書の保管庫であった架閣庫が従来の議政府（ウィジョンブ）・六曹（ユクチョ）に加え，承政院の台頭とともに世祖代に廃止されるまでを追跡する。高官に発給された任命文書の頭辞と印章が王権の宣揚と対明関係を背景にいかに推移したかについては，川西裕也［2007］が国家記録遺産（文化財庁）など韓国のウェブ史料も活用しつつ整理し，川西裕也［2009］では官僚の妻に発給された封爵（ほうしゃく）文書様式の変遷をあわせて解明している。

　ⓒ 政治機構

　朝鮮初期の政治制度ではまず，韓忠熙［1998］［2006］が官階・官職・官衙の淵源より六曹属衙門の整備過程と機能，国政運営との関係を，同じく韓忠熙［2007］が議政府・六曹・承政院（スンジョンウォン）・義興三軍府（ウィフンサムグンブ）の機能と政治活動を整理し，朝鮮初期制度史研究に一定の枠組みを提供した。崔承熙［2004］は司憲府（サホンブ）と司諫院（サガヌォン）の臺諫（テガン）制度に加え，集賢殿（チッピョンジョン）と弘文館（ホンムングァン）の言論活動の内容とその意義を分析し，言論の政治的機能を王権との相互関係から論じた。成宗代を中心に臺諫の弾劾活動・人事異動・社会的性格に接近したのは鄭杜熙［1994］であり，白相起［1990］は朝鮮時代の臺諫と暗行御史（アメンオサ）制度の運営を通時的に整理する。さらに金松姫（あんこうぎょし）［1998］は政府中枢機構に偏重する既存の研究のあり方を批判し，朝鮮初期の権力構造が２品以上の宰相中心から正３品堂上官以上の体制へ移行する過程を兼職制の側面から考察した。日本の場合，こうした体系的な制度史研究は末松保和［1956］の議政府研究以来不振であり，個人の関心領域から特定の官衙（かんが）に接近する傾向にある。なお，観察使と守令による地方行政体制に関しては李樹健［1989］，李存熙［1990］など多くの専著がある。

　戸曹関係では漕運制研究をリードする六反田豊（ホジョ）が戸曹と兵曹・典艦司等を中心とする指揮・監督体系を明らかにし，中央官司の協力体制と地方官制度に依拠した漕運運営機構を復元する（六反田豊［1994］）。

礼曹管轄下には訳学機構として司訳院がある。司訳院における倭学教育に関する専論に鄭光［1988］があり，外国語の科挙試験である訳科は文武科と区別して雑科と呼ばれ，文臣は儒学以外を雑学といって軽視・忌避する風潮があった。その訳科の変遷ならびに漢学・蒙学・倭学・女真学（のち清学）の試券（答案用紙）と学習教材の分析は鄭光［1990］［2002］に詳しい。司訳院女真学の開設事情と職掌・地位については河内良弘［2000］があり，女真通事（大部分は向化女真人）は位階の昇進に限界があったため，志望者は少なかった。外交文書の作成と保管を掌った承文院でも独特の文体である吏文の製述は技術職とみなされ，官員の怠業が相次いだ（桑野栄治［1994］）。また，藤本幸夫［1983］は図書の印刷に不備があった場合，校書館の実務官が杖刑・減給などに処せられた事例を提示する。

兵曹関連では中央軍の五衛をはじめ，軍事制度の組織と変遷を詳述した陸軍士官学校韓国軍事研究室［1968］，車文燮［1973］以来，有井智徳［1985］が補充軍のほか徭役負担減免制度である復戸と徭役制度に関する既発表論考を収録する。その後，実際に軍役に従事する正軍を非番の奉足（助戸・助丁）が経済的に支援する助役制（保法）を論じた北村明美［1992］があり，同じく北村明美［1996a］は兵役が兵役徴収のため王朝国家から一方的に賦課された義務であっただけでなく，負担者への見返りの意味があったという。水軍に関しては方相鉉［1991］が海防体制・軍役・造船術など，多角的かつ体系的に朝鮮初期の水軍制度の全貌を明らかにした。防衛体制の関連では吉田光男［1981］が政治・軍事的目的から平安道・咸鏡道・済州島に設置された土官制の構造と機能に注目し，井上秀雄［1982］は慶尚南道・全羅南道・忠清北道を中心に山城・城郭史の基礎作業を行った。近年では金憙奎［2005］が朝鮮時代の城郭を行政中心（都城・邑城），軍事中心（営城・鎮城・堡・行城），避難用（山城・古城）の3種に性格分類し，韓国では柳在春［2003］が邑城重視の防衛策を採った世宗代と，山城有益論が登場する壬辰倭乱より17世紀初に至る時期に朝鮮築城史の画期を見出す。従来，城郭研究は都市・建築史と歴史学の分野に分かれたまま進められたが，今後は隣接分野に目配りした学際的な研究が期待される。

刑曹と工曹に関する研究は手薄といわざるをえない。刑政史では呉甲均［1995］が特別司法機関としての義禁府と司憲府の職制と機能，中央司法機関の刑曹と漢城府のほか地方の観察使と守令の司法権を整理し，趙志晩［2007］は

刑事規範である『大明律(だいみんりつ)』と『経国大典(キョングクテジョン)』刑典との関係など，朝鮮社会における明律の受容と修正適用がもつ意味を通時代的に究明した。より個別実証的成果として矢木毅［1996］［1999］は笞・杖・徒・流・死の五刑のうち，徒流刑と笞杖刑の執行形態を諸事例に即して考察し，決罰の慣例が収贖の制度へ改まる経緯，罷職・収告身など懲戒処分のあり方を分析した。矢木毅［2008］では官人に対する賜死(サシ)が朝鮮国王の恩寵であり，礼的実践であったとみなす。建築史の場合，宮闕・城郭の造営事業に多くの僧徒が動員されたことは杉山信三［1984］をはじめ，王朝政府の対僧徒施策を論じた押川信久［2002］によっても明らかである。西垣安比古［1994］は李退渓(イ・テゲ)と柳成龍(ユ・ソンニョン)の書堂建設を事例に，僧徒には建築や庭園の造成に関する知識が伝承されていたと推測する。韓国における建築史研究の水準を示す尹張燮［2004］も刊行され，最近では加藤裕人［2009］が建築技能集団としての僧徒に注目した。

〈2〉 前期の政治権力と政治過程

ⓐ 王権論の視座

王権論では「訓民正音(フンミンジョンウム)」の創製と仏経諺解(ブルギョンオンヘ)事業が世宗(セジョン)・世祖(セジョ)の強力な王権により可能となったとする姜信沆［1991］，五礼（吉・嘉・賓・軍・凶礼）という王朝国家儀礼に注目してその構造分析を試みた李範稷［1991a］［1991b］がある。平木實［1991］は朝鮮時代の王権を対外関係・玉璽・官僚・行政機構そして祭天儀礼の5分野から問題提起しており，今後の王権研究の指針となろう。

李成桂による易姓革命(えきせいかくめい)を天命として正統化する祭天儀礼の存在は，つとに中村栄孝［1970］，山内弘一［1979］によって知られていたが，王権論の一角をなす祭祀儀礼研究の嚆矢は平木實［1985］であり，圜丘壇(ウォンダン)祭祀と中祀の風雲雷雨祭祀との連関を強調した。さらに平木實［1999］は圜丘壇祭祀の推移を国王と儒者官僚との力学関係を軸に論じる。一方，桑野栄治［1996］は祈雨祭として機能した中祀の雩祀(ウサ)に圜丘壇祭祀の継承性を求めた。韓国では五礼研究の専論である前掲の李範稷［1991b］のほか，大祀の宗廟(チョンミョ)・社稷(サジク)と中祀の文廟(ムンミョ)儀礼を整理した池斗煥［1994］を基盤に，韓亨周［2002］が圜丘壇と宗廟中心の中国・高麗とは異なり朝鮮初期の吉礼体系は宗廟中心であって，これを補完すべく社稷壇を頂点に風雲雷雨・嶽海瀆・雩祀壇で祈雨祭を運営したところに朝鮮祭礼制の特徴を見

出す。さらに国家祭祀儀礼が儒教的に整備される過程と背景を考察した金海栄［2003］も公刊された。今後の祭礼研究は王権論のみならず，都市論との連関など新たな視点の提示が要求されよう。中国古代史ではあるが，隋唐長安城の空間構造を分析した妹尾達彦［2001］は示唆に富む。また，韓国では韓永愚［2004］［2005］など儀軌(ウィグェ)の整理作業が進展しており，儀軌を利用した本格的な研究が望まれる。

ⓑ **政治過程**

朝鮮初期の政治史では崔承熙［2002］が太祖から成宗(ソンジョン)までを王代別に王権の強弱，政治の枠組みである政治体制，国王と官僚による国政運営の実態という3つの観点から整理した。六反田豊［1986］は桓祖(ハンジョ)の陵墓定陵に建てられた碑文の改撰論議を検証し，太宗(テジョ)の王権強化政策を背景に太祖の異腹兄弟一族が宗親から排除される過程を追う。朝鮮の建国と政治的変動は朝鮮前期史の論点のひとつであるが，太宗代には政治制度も全面的に改編され，政治勢力変動の新たな出発点となる。平木實［2008］は私兵の廃止と文官優位の機構構築に注目し，約500年間の王朝国家が続いた要因を見出す。

クーデターにより王位を簒奪した世祖(セジョ)に関しては，前掲の中村栄孝［1970］が世祖代に復活した圜丘壇祭祀の前史を論じたのに対し，桑野栄治［2002］は圜丘壇祭祀の復活にともない，正朝・冬至の望闕礼(ぼうけつ)を放棄したところに世祖代の王権の特異性を探った。朝鮮の国王と官僚まで巻き込んだこの対明遙拝(ようはい)儀礼は，成宗代に礼と法の象徴である『国朝五礼儀(ククチョオレウィ)』『経国大典(こくちょうごれいぎ)』に明文化された（桑野栄治［2004］）。望闕礼終了後に王宮の正殿にて実施される朝賀礼と会礼宴の構造理論は，中国古代史の渡辺信一郎［1996］が示唆的である。

須川英徳［2003］は国王に権力を集中させた15世紀の政治システムを俯瞰しつつ，当時の政治機構と社会規範を破壊した燕山君(ヨンサングン)の時代を描いた。ただし，燕山君は正朝・冬至の望闕礼とその後の朝賀礼をほぼ忠実に実施していた（桑野栄治［2005］）。揺らぎつつあった王権を強化すべく燕山君は国家儀礼を政治的に利用したものと推測される。燕山君に対する従来の評価は中宗反正(チュンジョンパンジョン)後の史書編纂と史官の立場を多分に反映したものであろう。史草と時政記を作成した史官の制度に関しては，金慶洙［1998］が現存する中宗代の史草を分析した。

16世紀には勲功あるいは王室との血縁関係という王権を背景に政治の実権を握った既成官僚（いわゆる勲旧派(フングパ)）と，儒教的理想主義を掲げる新進の士林派(サリムパ)が

衝突する（士禍）。従来，当該期は制度・文物が崩壊した時代であったと否定的に認識されていたが，李泰鎮［2000］は士林派の農業政策・郷約(ヒャンヤク)普及運動に注目し，社会経済的側面から反論する。崔異敦［1994］は士林が弘文館の言論機構化を達成し，薦挙制の実施，郎(ナングァン)官権の形成など公論政治を拡大して勲旧(ろうかん)勢力を規制する16世紀の政治構造の変化を説明し，金燉［1997］は中宗反正と趙光祖(チョ・グァンジョ)一派の登場，己卯士禍(キミョサファ)後の成均館儒生層(ユセン)による公論への参与，明宗(ミョンジョン)代の王権弱化と択賢説の提起などを通して君臣間の権力関係が段階的に相対化される過程を追った。一方，中宗・明宗代の旱魃に注目した平木實［1990］によれば，王朝政府は祈雨祭のほか裁判の再審理・特赦・営繕事業の中止など，頻発する旱魃の解消方法として多様な政策を施している。明宗代の政治史では金宇基［2001］が外戚官僚である「戚臣」政治の成立から士林派の成長にともなう崩壊，その経済的基盤となった経済力と兵権，仏教界との連携を論じたが，韓春順［2006］は乙巳士禍(ウィサゴシン)後の衛社功臣を主軸に形成された「勲戚(フンチョク)」政治と定義し，垂簾聴(スリョムチョンジョン)政期より親政期に至る明宗と文定王后(ムンジョンワンフ)との権力関係，勲戚政治の運営構造とその推移を追跡した。宣祖代では柳成龍(ユ・ソンニョン)の生涯と史観を論じた末松保和［1984］がある。

（桑野 栄治）

⇒ 文献一覧 pp. 378~381

1-b 政治史（後期）

朝鮮王朝後期の政治史分野をめぐる研究は1980年代以降，主に韓国の学界を中心に大いに進展を遂げている。解放前からこの時代の政治史には侵略・植民地化を蒙った近代以降の歴史の淵源としての負のイメージが投影されがちで，「党争史観」に代表される否定的認識がつきまとっていた。政治機構をめぐる制度史的研究や個別の事件史をめぐる実証研究に一定の蓄積があったとはいえ，党争の根底にある政治構造そのものの実証的解明作業は等閑視されてきた観が強かった。社会経済史を中心に朝鮮時代史研究が進展した60年代以降も，例えば内発的近代論の枠組みにおいて朝鮮後期の政治体制は否定されるべき旧体制に過ぎず，その構造的特質や時代ごとの変化に積極的関心が集まることが少なかったのは，やむをえざる傾向であったといえよう。

こうした従来の状況に変化を及ぼしたのが，70年代から韓国学界で活発に展開された一連の郷村社会史研究であった。16世紀に支配身分として顕著な成長を遂げた在地士族層の実態がより明らかになる過程で，彼らが王朝政治に及ぼした影響を構造的に捉えてゆく試みが活発化し，後述する「朋党政治論」に代表される新たな枠組みが提示された。議論の核心は例えば「党争」という現象面への評価与否のレベルを越えて，「党争」をもその副産物とした当時の政治の構造的メカニズムを探るための，具体的な政治過程解明へと深化を遂げている。以上のような近年の研究動向の概略的な流れを理解する上では鄭万祚［1993］，朴光用［1994］，李成茂［1998］の簡便な整理が参考になる。

　朝鮮後期政治史の研究にあたっては前期史と同様，各王代『実録』が基本史料となるが，前期と異なりさらに詳細な編年史料として『備辺司謄録』（1617～），『承政院日記』（1623～），『日省録』（1760～）があり，何らかの政治的出来事の確認には，各資料の同日記事を通覧する必要がある。この他にも『続大典』など後期に編纂された法典類，王朝の各政務機関や地方官庁が作成した謄録類や個人文集，官僚歴任者の日記史料など各種資料の活用が進み，史料操作の幅は格段に広がっているので留意が必要である。

〈1〉　後期の政治制度と政治機構

　朝鮮後期の官僚機構は基本的に前期以来の王朝官僚体制の枠組みを踏襲したものだが，16世紀に本格化した在地士族層の台頭という社会的変化によって，制度機構の運用から政治過程に至るまでさまざまな変化がもたらされており，概略をおさえておく必要がある。

　国王即位への貢献や王室との外戚関係といった縁故を足がかりに権力を独占する功臣・勲旧勢力に対し，15世紀末に成宗の登用策に応じて登場した新進士族が影響力を高め，16世紀後半に至って政治運営上のイニシアチブを確立したとされる。これら士族層に出自をもち，自ら官途につき，あるいは官僚との血縁・学統を通じて政治的影響力を行使する勢力を士林と呼ぶ。これら士林が言官をはじめとする要職を占め，議政・判書などの高官を牽制しつつ政治に関与する政治構造を，宋賛植［1978］，鄭万祚［1993］らは士林政治と規定する。それによれば士林政治のシステムが典型的にみられるのは17世紀であり，18世紀以降は党

争の激化と英祖・正祖代の蕩平策を通じて解体に向かう。朝鮮後期にあらわれる制度・機構面の変化をめぐる近年の研究も，こうした士林政治システムの消長を念頭においたものが多い。

ともあれ士林の介在こそあれ，朝鮮後期においても王朝の最高権力者は当然国王であり，政治史を考える上で王権のあり方が重要であることは言を俟たない。王位継承や世子冊封問題は，しばしば朋党ないし主要門閥間の権力闘争の要因となったが，同時に朱子学に基づく宗法遵守のあり方をめぐる国王と官僚各勢力のせめぎ合いを通じ，各者の王朝観，政治思想が顕著に表れる場でもあった。こうした観点から李迎春［1998］は各王代の継承手順と紛争事例について概括している。また祭祀や行幸といった王室儀礼も，同様のテーマを追究する手がかりとして近年注目されるところである。英祖代を中心とする対明崇拝儀礼に着目した桑野栄治［2001］［2006］，国事行為にともなう需要品目や執行手順の詳録である儀軌類を新たな史料として活用しつつ，英祖の親耕儀式を通じた王権強化の意志表示のあり方に迫った金芝英［2002］，社会史的手法を取り入れて正祖代の行幸の過程を再構成した韓永愚［1998］などがある。

朝鮮後期の強力な臣権の基盤であり，かつ朋党や門閥の政局運営や政治闘争の場としても重要な意味を担っていた機関として，備辺司があげられる。備辺司は17世紀に常設の重臣合議機関とされ，以後19世紀大院君政権期に縮小改編されるまで，事実上の最高官庁として内外政に幅広い権限を行使している。最新の制度史的研究としては李在喆［2001］，潘允洪［2003］が参考になろう。

後述する士林政治の性格や時期的変遷を理解する上で，司憲府・司諫院・弘文館といった言論機関（三司）の機能・性格も重要な手がかりとなる。宋賛植［1978］，崔異敦［1994］によれば，三司は16世紀後半の士林派の政権掌握以降，官僚層以外の幅広い士族層も含めた士林の政治的主張（公論）を代弁し，その職位は清廉で学識ある文臣のみに許される権威あるポスト（清要職）とされた。その選考は人事担当官（吏曹の銓郎）の選任とあわせ，しばしば権力闘争の引き金となった。これら官僚人事選考・昇進システム全般のあり方と18世紀以降の運用構造の変質過程については南智大［1990］に詳しい。

これら人事制度は，官僚任用制度との密接なかかわりのもと運用された。その代表的制度である科挙の沿革を知るには，李成茂［2000］［2008］が簡便である。また許興植・元昌愛他［2003］の収録論考は文科にとどまらず武科・雑科や蔭叙

制の運用実態も取り上げている。朝鮮後期における科挙及第者の特定門閥への集中傾向が武科にも及んでいた点は興味深い。また薦挙制は士林政治において重要な役割を担った山林（後述）と関係が深いもので，鄭求先［1991］の分析がある。

軍制も政治機構のあり方に密接にかかわる問題として注目される。その概要や変遷過程については車文燮［1973］，陸軍士官学校韓国軍事研究所［1977］といった包括的な研究成果がある。朝鮮後期の軍制をめぐっては壬辰倭乱(イムジンウェラン)を契機とした訓錬都監(フルリョンドガム)設置を皮切りに，王都守備を担う軍営の増設・改編が進展するが，李泰鎮［1985a］に指摘される通り，その経緯もまた王権と臣権，あるいは朋党・門閥間の権力闘争と深く関連していた。地方軍制については金友哲［2000］の制度史的研究が参考になる。

朝鮮後期の法制においては『経国大典』『大明律』を基本法典とする前期以来のシステムが踏襲されるが，随時出される王命（受教）を集成した形で『受教輯要(スギョジビョ)』『続大典』等の増補・改正版の編纂・頒布が継続して行われた。実際の行政における法運用のありかたを刑政面で概括した研究として呉甲均［1995］があげられる。

〈2〉 政治勢力と政治過程

朝鮮後期の政治過程研究は，郷村社会史など隣接分野研究の進展の成果を足がかりに，あらためて社会との関係性をふまえたより実証的な構造把握を課題とする段階に至っている。朝鮮前期に成立した社会的支配階層である士族（両班）の実態解明の進展にともなって，彼らの中から性理学的な政治論（公論）を武器に政治勢力として台頭した士林のあり方も，より具体的な姿をもって捉えることが可能となってきた。政治過程の流れを概括的に理解する上では，李成茂［2007］を通読しておきたい。一般向けの概説書でありタイトルも「党争史」と限定的であるが，80年代以降の政治史全般の諸成果を吸収しており，この分野の研究にあたっては必読書といえる。

士林勢力は1575年の吏曹銓郎人事をめぐる対立を契機に東人(トンイン)・西人(ソイン)の2派に分裂し，以後離合集散を繰り返す。これら分派集団である朋党の対決・連衡を軸に朝鮮後期の政治過程は展開した。これにともなう分派間闘争（党争）の激甚さ

から来る否定的イメージに捉われず，朋党の相互牽制の政治的機能を積極的に評価し，17世紀の政治体制を「朋党政治」と規定づけたのが李泰鎮の一連の論考［1985b］［1989］である。彼によれば朋党は在地士族層の台頭を軸とした社会の再編成に応じて，性理学的政治理念の実現という目的から必然的に生まれたものであり，朋党政治とはこれら複数政派による相互批判と共存に基づく政治体制であった。朋党政治論は金龍徳［1986］，鄭玉子［1989］らがそれぞれ鄭汝立事件にともなう東人排除策，仁祖反正後の西・南人連立の実態への具体的分析を通じて「朋党の共存」という概念設定を批判するなど，総じて仮説的なものと捉えられているが，ともあれ旧来の党争史観へのアンチテーゼとして後期政治史への関心を呼び起こし，より構造的な研究の蓄積への呼び水となったといえよう。以後の研究状況については，例えば李成茂・鄭万祚他［1992］所収の諸論考が参考となる。

　朋党は単なる政治的党派ではなく，門閥や地縁・学統といった士族相互のさまざまな人的結合を媒介として複合的に形成され，拡大・定着していった。例えば門閥は朱子学的な宗族秩序を核として形成された士族層の存在形態そのものとかかわる重要な要素であることは国内の研究でも糟谷憲一［1996］が指摘したところで，そうした観点から各時期の政局に重要な役割を果たした主要官僚の所属門閥を念頭においた研究は，韓国学界で数多く提示されるようになっている。

　地縁・学統に基づくネットワークも士林政治や朋党の基盤となる重要な要素であった。士林の母体である在地士族層と王朝政治をつなぐ重要な媒介者として，近年の研究で「山林」の存在がクローズアップされている。山林とは元来，仕官せず在野で学識を積む文人一般を指すが，16世紀後期には在地土族の子弟を門人として地方社会に一定の基盤を築き，士林政治の展開にともなって中央の政界でも朋党の精神的指導者として影響力をもつ人物が登場した。17世紀の仁祖反正以後は，こうした人物が成均館祭酒など特定の「山林職」に召致され，政局の主導役ないし調整役として発言力を行使するのが慣例化し，事実上「山林制」と呼ぶべきシステムが定着した。そのあらましは禹仁秀［1999］に詳しい。

　朋党はこのように単なる政治党派ではないが，山林を核とする学統をひとつの形成要因としている以上，それぞれの政治思想的特徴はやはり無視できない。朋党対立には，王朝政治の性格規定に直結するイデオロギー闘争としての側面も紛れもなく存在した。例えば17世紀後半の二次にわたる礼訟における西人・南人

の対決を，明清交代という東アジア世界の情勢変化にともなう王朝の存立意義や王権への再定義のあり方をめぐる思想闘争として明確に図式化したHaboush[1999]の見解は，試論的とはいえ大いに注目したい。朋党の社会的側面のみならず，政治思想面の特徴性を正面から明快に捉える試みも，今後いっそう求められると考えられる。

　ともあれこうした士林政治の最盛期にあっても，王朝体制にあって最終的な政策決定権者は国王であり，朋党の勢力帰趨も国王の意志次第で左右される側面が強かった。士林政治研究はともすれば「王権対臣権」の図式のもと，あたかも臣権による王権への優越性といった二項対立的な理解枠に陥りがちであるが，士林政治の完成期とされる17世紀ですら，呉洙彰［1985］が考察した仁祖反正（インジョバンジョン）後の政局における功西（コンソ）・清西（チョンソ）対立のように，国王に近い外戚・功臣と山林の精神的影響を受けた新進官僚との対決という，朝鮮前期の勲旧・士林対立とあたかもパラレルな政局構図がしばしば展開されたことは看過できない。のちの蕩平期や勢道期への展開を考える上でも，「士林政治」規定やその構造的理解をめぐって，依然として考究すべき課題は多い。

　士林政治のシステムは礼訟以後，18世紀前半にかけて朋党間対決の過熱化で動揺を深めてゆく。西・南人対立は両派の山林指導者（尹鑴（ユン・ヒュ）・宋時烈（ソン・シヨル））の相次ぐ賜死という事態に発展した。粛宗（スクチョン）没後の少論（ソロン）政権による老論（ノロン）弾圧（辛壬獄事（シニムオクサ））で自身も連座の危機に晒された英祖は，王権再強化のため朋党の勢力を抑制する蕩平策（タンピョン）に乗り出した。以後英祖・正祖両代のいわゆる蕩平（とうへい）政治期において，従来の政治システムは変質を余儀なくされる。

　蕩平策の背景と展開過程については鄭万祚［1983］，李銀順［1986］などを参照したい。蕩平策が辛壬獄事の処理などをめぐる各派の強硬論者を排除し蕩平策に同調的な官僚を抜擢するといった人事面の措置にとどまらず，弘文館や吏曹銓郎の権限縮小，山林職の発言権抑制といった制度変革に及んだことは禹景燮［1998］などに詳しい。改革は郷案革罷など，士林勢力の根源である在地士族層の郷村自治機構への牽制といった社会的側面にまで及んだ。士林政治システムの衰退と蕩平政治の登場は，郷村社会史を通じて明らかになっている同時期の広汎な士族支配秩序の動揺・解体の流れと軌を一にした動きであり，19世紀に至る社会変動過程の政治面での現象として興味深い。強力な王権を背景とした均役法（キュニョクポプ）・辛亥通共（シネトンゴン）などの改革実施，「実学」興隆に象徴される文芸振興などに特

徴付けられる蕩平期の政治には近年の研究関心も高く，金成潤［1997］，朴光用［1998］など，この時代の政治過程や政治思想をテーマとした研究書・概説書も多い。

ただし蕩平政治の歴史的性格については，依然明らかでない部分も多い。例えば李泰鎮［2002］は蕩平期における民本思想に基づく王権主導の強力な政策推進のあり方を，近代に連なる先駆的な体制として積極的に評価するが，この時代が同時に，老論を中心とした一部有力門閥による官職寡占化が進行した時代でもあることは洪順敏［1990］によって指摘されている。李根浩［2002］は英祖の蕩平策を支えたいわゆる蕩平派官僚の門閥や姻戚関係・学統分析を通じ，1760（英祖37）年頃には一部有力門閥への権力集中が顕著になる事実を指摘している。士林政治が備えていた，在地士族層も広範に巻き込んだ公論の機能を評価する観点からすれば，こうした現象はむしろ政治の逼塞化を意味するものとも捉えられ，後に来る勢道政治期の淵源を探る上でも興味深い。蕩平派官僚の性格をより明確にしてゆく必要があると思われる。

〈3〉 19世紀――勢道政治と民衆運動をめぐって

王室外戚の安東金氏・豊壤趙氏を中心とする老論特定門閥による要職独占が進んだ，いわゆる勢道政治期に関しては，韓国歴史研究会19世紀政治史研究班［1990］による包括的な論考があり，大いに参考になる。

勢道政治期は有力門閥による政治の私物化によって王朝体制全般の腐敗・動揺が進展した反動の時代であり，壬戌民乱や東学の勃興に象徴される知識層や民衆による新たな体制への模索が進んだとされる。韓相権［1998］が詳述した勢道への権力集中にともなう官僚統制の弛みと不正蓄財横行の様相は，まさにこうした一般的な時代イメージを裏付ける現象といえよう。しかしこうした現象の背景となった勢道政治期の政治システムの変化を，前後の時代関係の中で実証的に確かめる研究は依然十分に進展していない。かつて士林政治を支えた言官や山林制などのシステムは変質したとはいえ温存されており，政治勢力としての朋党の活動も息づいていたと考えられる。

何より勢道政治の特徴といえる門閥寡占の進行が，英正期の蕩平政治に淵源をもつことは先述の通りで，王権強化と士林政治抑制を特徴とする蕩平政治そのも

のが，勢道政治に容易に転換する性質を孕んでいたともいえる。呉洙彰［1990］で明らかにされているように，勢道期にも純祖と孝明世子父子や憲宗による王権再強化の試みが再三行われ，勢道門閥の反撃によって挫折を余儀なくされていた。また勢道の代表的存在である安東金氏政権は必ずしも英正時代への否定・反動のもとに成立したわけではなく，金容欽［2006］によると，その政治思想はむしろ蕩平策の基盤となった一連の朱子学的経世論を継承したものとして性格づけられるという。このように勢道政治の性格もまた，検証すべき課題がまだ数多く残されていることに留意しておきたい。

　一方19世紀前半から開港に至る時代は，ともすれば王朝政治の表舞台から遠い存在だった被支配民衆の動きが前面に立ち現れてきた時代である。運動の展開過程の概略を知る上では高錫珪［1992］を参考としたい。

　社会経済史的な観点から階級分析に主眼をおいた運動研究は壬戌民乱などを対象に早くから進んでいたが，その背景にある民衆の政治構造における役割，民衆の意識性への掘り下げは必ずしも進んでいないのが実情である。こうした中，19世紀民衆運動の淵源を18世紀以前に遡り，より広い社会的視野から解明する試みが80〜90年代に活発に行われた。考察の対象は民乱をはじめとする農民主体の闘争にとどまらず，戊申の乱や洪景来の乱といった変乱や王朝政治の政局の端々で契機となった流言や掛書，そのほか王室権威への意図的な毀損行為（作変）などの社会的事件，さらには野史類に表れる説話や讖書（民間の予言書）に至るまでさまざまであり，郷村社会史や海外の民衆史研究の成果を取り入れて多様化している。こうした研究のあらましを知る上では，韓国歴史研究会［1992］所載の各論考が有用である。国内における鶴園裕の論考［1984］［2000］も，こうした韓国学界の動向と軌を一にする。

　とりわけ掛書や作変といった社会的事件は従来，王朝支配層内部の権力闘争に付随する事象として見過ごされがちだったが，事件の背後にうかがえる民衆の主体性や政治意識を政治史の文脈に構造的に位置づけていこうという試みを行ったのが鄭奭鍾［1994］であり，こうした研究視角は例えば李相培［1999］の掛書研究などに継承されている。ともあれ朝鮮後期の民衆史については士族層以外の動向を知る一次史料の決定的な乏しさも相まって，従来の階級闘争史的な図式的枠組みから脱しきれず2000年代は総じて目立った進展がみられないが，王朝官僚機構や士族層の意識・動向分析にとどまりがちであった従来の同分野研究にあっ

て，被支配層の社会生活の実相や意識性に主眼をおいた研究の意義は重要であり，今後の研究に引き続き課せられた使命であろう。　　　　　（吉川　友丈）

⇒ 文献一覧 pp. 381~383

2-a　対外関係史（前期）

〈1〉　明との関係

ⓐ 朝貢と事大

　朝鮮は創建当初より明に対して事大を標榜し，朝鮮国王は冊封関係に基づいて明皇帝の臣下の立場を取った。定期的な朝貢使節やその他の臨時使節の派遣，および明から派遣されてくる明使の迎接もかかる関係に沿って行われた。対明使節の派遣に関する概括的な研究としては金九鎮［1990］があり，使節の構成員や役割などの詳細については金松姫［1998］，朴成柱［2000］がある。明使の迎接については，早くは李鉉淙［1961］が全般的な考察を加えており，その後の研究では，迎接使・迎接都監についての考察（金松姫［1998］，金曛綠［2004］）や明使迎接の儀式内容の事例分析（奥村周司［1999］）などが行われている。

　朝鮮にとって事大とは，「小国」が「大国」との関係を安定的に保つための外交手段という一面があったことは早くから指摘されているが，近年では対明事大の意味内容の時期的変化を明らかにしようとする研究が行われている（安貞姫［1997］，桂勝範［2009］）。朝鮮王朝の草創期においては，朝鮮の対明事大外交にもかかわらず，表箋（ピョジョン）問題や宗系弁誣（チョンゲビョンム）問題が起こるなど，明との関係は必ずしも安定しなかった（末松保和［1996］）。表箋問題の専論としては朴元熇［2002］があり，また夫馬進［2007］が表箋問題を起こした明の外交戦略を分析している。宗系弁誣問題は15世紀初頭にいったん落着するが，16世紀に入って再燃し，その後も朝鮮の対中国外交の懸案であり続けた。この点については，桑野栄治［1998］［2008a］［2008b］［2009］，李成珪［2004］に詳しい。

ⓑ 使行貿易と種々の進献

　明との貿易は使行貿易（使節の派遣に付随して行われる貿易）の形態で行われた。対明使行貿易では，貿易可能な物品の種類と数量が規定されていたが，規定

外の貿易すなわち密貿易も行われていた（白玉敬［2006］）。16世紀に入ると，特に銀の対明密輸出が活発化した。その背景としては，国内産業・商人の成長（韓相権［1983］），銀鉱山の採掘開始（柳承宙［1983］），日本銀の流入（村井章介［1996］）が指摘されている。

　朝鮮は明から臨時の進献が要請されることがあった。例えば，明の軍事的需要から馬の進献が要請されたり（荷見守義［1995］，金順子［2008］），あるいは「処女（未婚の女性）」や「火者(ファジャ)（去勢された男性）」の進献が要請された（曺佐鎬［1960］）。明に進献された火者は，明の宦官となってしばしば朝鮮に派遣され，さまざまな弊害を起こした（曺永禄［2002］）。臨時の進献は，冊封関係を前提として半ば強制されたものであったが，朝鮮は対明事大の方針に基づいて可能な限りそれを履行しようとした（北島万次［1995a］）。

〈2〉 日本との関係

ⓐ 倭寇対策と己亥東征

　高麗末期の14世紀後半より，倭寇の活動がにわかに活発化した。朝鮮は水軍の増強などによって沿岸防備を固める一方，授職（官職の授与）などを通じて倭寇勢力の朝鮮への投降・向化（朝鮮領内への移住）を促した。その結果，向化倭人(ヒャンファウェイン)（向化した倭人）と受職倭人(スジグウェイン)（官職を授与された倭人）が出現した。前者については有井智徳［1981］，松尾弘毅［2006］，後者については韓文鍾［1995］，松尾弘毅［2003］に詳しい。また，向化・受職倭人の専著として韓文鍾［2001］がある。

　朝鮮は他方で，室町幕府をはじめとする日本の権力者と目された者に対して，倭寇禁制要請のための遣使を行った。ここに日本との間に使節の往来による通交関係が成立する（中村栄孝［1965］，田中健夫［1975］）。個々の通交関係については，三宅英利［1986］・関周一［1997］（室町幕府），須田牧子［2002］［2006］（大内氏），川添昭二［1996］（九州探題），長節子［1987］・荒木和憲［2007］（対馬宗氏）が論じている。

　倭寇の侵攻は1419年の己亥東征(キヘドンジョン)（応永の外寇）を契機に終息に向かう。己亥東征の経緯については中村栄孝［1965］に詳しいが，己亥東征を断行した朝鮮の狙いを空島化政策と関連付けて再検討した藤田明良［1998］もある。なお倭寇に

ついては，田中健夫［1987］が日本と高麗・朝鮮両国人民の連合説を唱えて以来，その構成員についての議論が行われている。この議論については橋本雄・米谷均［2008］が詳細に整理している。

ⓑ 日本使節の大挙往来と偽使

朝鮮に渡来する日本使節の数は増加の一途をたどった。彼らの渡来の名目は倭寇の被虜人や漂流人の送還などであったが，その主たる目的は貿易利潤の獲得であった（関周一［2002］）。朝鮮の大蔵経を獲得するために架空の国家の使節を名乗る者もいた（村井章介［1988］）。1460年代後半から70年代前半にかけては「朝鮮遣使ブーム」と称すべきような日本使節の大挙往来があった（高橋公明［1987］）。しかし近年の研究では，15世紀における博多商人や対馬宗氏による偽使派遣の構造が明らかにされ（伊藤幸司［2005］［2009］，荒木和憲［2007］），「朝鮮遣使ブーム」時の日本使節もそのほとんどが対馬で仕立てられた偽使であったと考えられている（長節子［2002b］，橋本雄［2005］）。

ⓒ 通交・貿易統制と外交秩序

朝鮮は次第に増加していく日本使節の通交・貿易を統制しようとした。通交統制としては，授図書の制度，文引の制度，歳遣船定約の制度が整えられた（中村栄孝［1965］［1969b］）。また日本使節の到泊港が三浦（乃而浦・富山浦・塩浦）に限定され，三浦には倭館が設置された（中村栄孝［1965］，村井章介［1993］）。授図書の制度によって出現した受図書倭人（通交資格証明印である図書を授けられた倭人）については，韓文鍾［1996］による時期別・地域別整理がある。貿易統制としては，私進上の禁止や公貿易・私貿易の制限が行われた（長節子［1997］）。

一方，秩序を欠いた日本使節の往来に対しては，朝鮮は独自の格付けに基づいて接待や外交文書の格式に差を設けた（高橋公明［1982b］）。朝鮮が志向した日本との外交秩序については，関徳基［1994］が「礼的外交秩序」，孫承喆［1998］が「中華的交隣体制」と性格付けている。なお朝鮮の外交文書に関しては，現存文書を網羅的に取り上げて考察した伊藤幸司［2002］，田代和生［2007］，文書様式論的分析を加えた高橋公明［1982a］，米谷均［2002］があり，また木村拓［2004］［2007］は外交文書に使われた印の性格に注目して，朝鮮の対日本外交を論じている。

ⓓ 興利倭船と三浦恒居倭

日本から渡来する船には，「使送船（使節を名乗る船）」とは別に，「興利倭船（フンニウェソン）」と呼ばれる対馬島民が操業した純粋な貿易船があった（長節子［2002a］）。興利倭船は使送船と同様に三浦に分泊するように義務付けられ，次第に三浦には「恒居倭（ハンゴウェ／こうきょわ）」と呼ばれる者たちが住み着くようになった（中村栄孝［1965］）。朝鮮は恒居倭を部分的に公認する一方，その刷還（スェファン）（原住地への移送）を対馬島主の宗氏に繰り返し要請した（李泰勲［2005］）。朝鮮の恒居倭対策の詳細についての検討も行われている（李泰勲［2006］［2007］）。

ⓔ 三浦の乱とそれ以降

1510年に起こった三浦の乱は，それまでの日本との関係を一変させた。朝鮮は三浦の乱を契機に，日本国王・大内氏・小弐氏以外の日本人の通交を停止し，対馬島民の三浦居住も禁じたからである（中村栄孝［1965］）。しかし三浦の乱後，壬申約条（イムシンヤクチョ）（1512年）によって，対馬の通交貿易はその規模を大幅に削減されながらも再開され，深処倭（対馬島以外の日本居住者）の通交貿易も，一部の特定名義を除いて段階的に復活していく（中村栄孝［1969b］，長節子［2006］［2007］）。ただし復活した深処倭名義の通交貿易権は対馬宗氏の掌中に帰し，偽使派遣のために利用された（田中健夫［1959］，中村栄孝［1969b］）。16世紀における対馬による偽使派遣については，宗氏旧蔵の図書の実物とその模造印が発見され，その実態の解明が進められた（田代和生・米谷均［1995］，米谷均［1997］，荒木和憲［2007］）。

16世紀には日本使節のほとんどが対馬の使節か，あるいは対馬で仕立てられた偽使となっていた。朝鮮使節の日本への派遣も，偽使派遣の露見を恐れた対馬の妨害工作などもあり，次第に行われなくなった（三宅英利［1986］，橋本雄［2005］）。海域史研究の分野では，その結果朝鮮と対馬との関係が東アジア海域から孤立したものになったことが指摘されている（高橋公明［1989］）。

〈3〉 琉球および東南アジア諸国との関係

琉球使節の渡来は高麗末期に始まる。しかし1430年以降は対馬や博多の商人がしばしば偽の琉球使節として渡来した（田中健夫［1975］）。琉球使節の偽使問題については，橋本雄［2005］がその真相に迫っている。

琉球国王が直接派遣した使節の渡来は1500年が最後となり，偽の琉球使節の渡来も1524年で幕を閉じ，以降1530年からは両国の使節が北京において漂流人の送還と国書の交換を行うようになった（孫承喆［1999］）。しかし国書の交換が行われたのは1630年代までのことであり，その後は漂流人の送還のみが行われ，両国の国交はなくなった（李薫［1997］，孫承喆［1999］）。琉球との国交杜絶の背景については，夫馬進［2008］による考証がある。

　東南アジア諸国からの使節の渡来は，14世紀末期から15世紀初期の間に確認され，朝鮮に使節を派遣したのは暹羅（タイ）・爪哇（ジャワ）であり，その使節は中国系貿易商人の華僑であったと考えられている（和田久徳［1986］）。このほか，琉球の南方にあるとされる久辺国の使節も渡来したが，久辺国は薩摩商人が朝鮮の大蔵経を入手するために創作した国であったと考えられている（村井章介［1988］）。

　朝鮮が直接通交関係をもった東南アジアの国家は暹羅と爪哇のみであり，その期間も14世紀末期から15世紀初期に止まった。しかし胡椒などの東南アジア産物資が琉球・日本経由でその後も朝鮮にもたらされ（関周一［1992］），朝鮮社会に根深く浸透したこと（平木實［1994］）は看過できないであろう。

〈4〉　女真人との関係

　高麗末期，かつて元の支配下にあった女真人が豆満江方面より来朝するようになった。以降，1616年にヌルハチ（清の太祖）が後金を建国する頃までは，朝鮮にとって女真人は羈縻の対象であり，朝鮮は女真人の来朝に対して回賜品を与えたり，ときには官職を授与したりした。しかし女真人の朝鮮来朝は16世紀以降ほとんどみられなくなり（金九鎮［1995］），その後は辺境での貿易のみが続けられた（河内良弘［1992］）。一方，女真人による朝鮮辺境への侵攻は後を絶たず，朝鮮はたびたび女真人に対する出兵を行うことがあった（河内良弘［1992］）。

　朝鮮の女真人政策については，侍衛への登用政策（河内良弘［1992］）と授職政策（河内良弘［1992］，ロビンソン［1997］［1999］，荷見守義［2003a］［2003b］［2004］，韓成周［2006］［2007］）が注目されてきている。授職政策の研究では，特に明の女真人への授職との関連が議論の対象となっている。この点について

は，女真人への品帯(ブムデ)（官位を示す腰帯(ひんたい)）授与をめぐる朝鮮と明の競合関係を論じた研究（木村拓［2008］）もある。

〈5〉 壬辰倭乱

　豊臣秀吉による朝鮮侵略（1592～1598年）は，朝鮮史では「壬辰倭乱(イムジンウェラン)」と称される。その通史としては北島万次［1995b］が簡明である。各論としては，日本と明との和議交渉に対する朝鮮の対応（金文子［1993］），来援明軍が朝鮮社会に与えた影響（韓明基［1999］），朝鮮における軍糧供給体制（六反田豊［2005］）の研究をあげることができる。

　壬辰倭乱は朝鮮に新たな軍事技術が定着する契機となった。その代表的なものとして鳥銃（鉄砲）があげられる。朝鮮における鳥銃の定着は「降倭」（投降した日本兵）からの技術伝習を通じてなされた（宇田川武久［1993］）。壬辰倭乱時の降倭に関する研究としては，降倭将沙也可(サヤガ)の実在を論証した中村栄孝［1969a］が先駆であるが，その後の研究では降倭の出現背景や形態・役割などの考察が進められている（貫井正之［1996］，李章熙［1999］，韓文鍾［2001］，北島万次［2004］）。また，壬辰倭乱を契機とする日本の築城技術の朝鮮への伝播を扱った研究もある（太田秀春［2006］）。

　壬辰倭乱は，朝鮮史の文脈では日本の侵略に対する抵抗の歴史として捉えられてきた（北島万次［1990］）。そうした文脈上，戦乱において官軍以上の活躍をみせたと評価された義兵(ウィビョン)の活動が注目され，義兵に関する膨大な研究が蓄積された。その成果については，金康植［2005］が整理している。しかし一方で，義兵の活躍の過度な強調に警鐘を鳴らす研究があり（盧永九［2004］），後代における義兵将の顕彰についての研究も行われている（山内民博［2003］）。近年公刊された鄭杜熙・李璟珣編［2008］は，壬辰倭乱の「朝・中・日間の国際戦争」としての性格に加えて，その「記憶」の形成をテーマとする論文集となっており，今後の壬辰倭乱研究のひとつの指針を示すものとして注目される。　　　（木村 拓）

⇒ 文献一覧 pp. 383~387

2-b 対外関係史(後期)

〈1〉 清との関係

　1990年代後半以降,韓国学界では対清関係史に対する関心が高まりをみせ,全海宗[1970]以来,長く不振といわれてきたこの分野の研究状況は一変しようとしている。
　崔韶子(チョンミョビョンジャホラン)[1997]は,丁卯丙子胡乱(ていぼうへいしこらん),清を通じた西欧文化の朝鮮への流入,燕行使(ヨネンシ)(えんこうし)による文化交流,清皇室と朝鮮王室との通婚問題などを扱った論考を一書にまとめたもので,朝清間の軍事問題,辺境問題,清文化が朝鮮に与えた影響などを取り上げた関連論文9篇を収める張存武[1987]の問題関心とも通じるところがある。
　日本学界の成果として,朝清両国が派遣した貢使と勅使,また国境管理や朝鮮側の清国事情把握にかかわる問題等について検討した糟谷憲一[2006]は,朝清両国の政治外交関係の概要を知る上でまず参照されるべきである。また崔韶子[2005]は朝清関係が安定をみせた17世紀後半以降の両国関係を俯瞰する上で参考になる。

ⓐ 丁卯丙子胡乱

　壬辰丁酉(イムジンチョンユ)(じんしんていゆう)(文禄慶長)の戦乱が終息を迎えた直後,朝鮮は新たな困難に直面する。二度にわたる女真(満洲)族の侵攻である(丁卯丙子胡乱)。両次の戦乱を前後する朝鮮の処し方については,稲葉岩吉[1932],田川孝三[1932]が今なお味読されるべき先駆的研究であるが,金鍾圓[1999],韓明基[2009]など,この時期の対中国関係史の見直しが進んでいる。
　丙子胡乱(1637年)の結果,昭顕世子らが人質として瀋陽に送られ,明が亡びる1644年まで拘留された。この間,二度にわたって朝鮮政府高官が瀋陽に連行,拘留されるなど,朝清間にはさまざまな軋轢が生じた(瀋獄)(田川孝三[1934],寺内威太郎[1996])。この時期の対清関係では,胡乱の際に清に連行された被擄人(ピロイン)(ひりょにん)の問題を扱った森岡康[1983][1984][1985],仁祖(インジョ)代の対外政策を整理した鈴木信昭[1995]などがある。

ⓑ 燕行使と燕行録

1637年以後，朝鮮国王は清皇帝の冊封(さくほう)を受け，毎年，朝貢使節（燕行使，赴燕使行と総称される）を清朝廷に派遣することになった。使節の派遣回数は 1894年までに約 500回を数え，平均で年2回ほどになる。

燕行使が残した使行録（燕行録）は膨大な数に上るが，その伝存・所蔵状況を把握することすら困難であった．近年，林基中編 [2001][2008]，林基中・夫馬進編 [2001]，成均館大学校大東文化研究院編 [2000] 等によって接近が容易になり，多数の関連論文を収録したチョ・ギュイク他編 [2006] の刊行にもみられるように，この分野の研究は新しい段階に入ったといえる．なお，上の史料集を利用する際には夫馬進 [2003a][2003b]，金栄鎮 [2009] をまず参照されたい。

夫馬進は，この燕行使と通信使とを比較検討することで両者を相対化させるという試みを取り入れ，主に思想史分野で際だった成果をあげている。その一部を一書にまとめ，韓国で翻訳刊行された夫馬進 [2008] は便利であるが，日本語での刊行が待たれる．なお，李哲成 [2005] は政治外交面，経済面からの燕行使と通信使に対する比較研究である。対清使行の具体像を知るには今村与志雄訳註による朴趾源(パク・チウォン) [1978] がよい。

ⓒ 対清貿易

燕行使は外交使節であると同時に貿易使節でもあった。全海宗 [1970]，張存武 [1978] によって先鞭が付けられた対清貿易史研究の現在の到達点を知るためには，1990年代までの内外の研究動向をまとめた李哲成 [2000a]，対清貿易通史ともいえる柳承宙・李哲成 [2002] がある。

17世紀を通して，対清貿易は政府の保護をうけた訳官主導で行われたが，17世紀後半になると義州(ウィジュ)や開城(ケソン)の商人たちがさまざまな手段を講じて対清使行に随行し，交易に参加するようになった。以後，ときに訳官と交易に関する利権を争いながら，商人は訳官と並ぶ対清貿易の主体へと成長していく（李哲成 [2000b]）。

ⓓ 使行貿易

燕行使一行は，ソウル・北京間を往来するときに必ず柵門を通過した。柵門とは鳳凰城辺門の朝鮮側呼称で清の国境検問所にあたる。柵門では使行員，訳官，そして使行団に潜入した義州商人らによる私交易（後市(フシ)）が行われた。後市とは非公認の交易をいうが，18世紀半ばには燕行に必要な公用銀を得るための手段

として朝鮮政府の公認を得て，19世紀末まで継続された（寺内威太郎［1992a］［1992b］［1992c］）。

　北京では朝貢と回賜の形式による儀礼的贈答と定品・定量の公貿易が行われた。朝鮮使節が北京で滞在した会同館の開市では外国使節の交易が許されており，一行もこれに参加することができた（畑地正憲［1981］，松浦章［1992］，姜東燁［2007］）。

　北京で自由な行動が許されていた使行員は，清の知識人と交遊を深め，いまもその名を知られる琉璃廠で書籍，美術品等を購求した。イエズス会宣教師によって清にもたらされていた西洋の学問芸術も朝鮮に伝えられた（金泰俊［1988］）。当時，直接通交のなかった琉球やベトナムなどからの使節とも限定的ながら交流がもたれた（紙屋敦之［1995］，清水太郎［2000］［2001］）。

　ⓔ **辺境貿易**

　燕行使の往来とは別に，清との国境地域でも定期的な交易の場が設けられた。義州近くの中江（チュンガン），咸鏡道の会寧（ハムギョンド）（フェリョン），慶源（キョンウォン）で行われた開市（ケシ）および後市である。

　中江開市は毎年2回，両国官吏の監視下で行われたが，しだいに私貿易（後市）の方が賑わうようになり，潜商（政府の許可を受けていない商人）による交易も盛行した。しかし17世紀半ば以降，柵門後市が盛んになると中江後市は衰退し，18世紀初めに廃止された（寺内威太郎［1986］）。

　会寧開市は毎年1回開かれ，公市（予め設定された政府間の交易）・私市（私交易）・馬市の3つの形態からなる。一方，慶源開市は隔年で，会寧開市の後，慶源に移動して行われた。会寧，慶源の開市はともに清側の要求によって始まった。寧古塔に駐留する軍隊の兵糧や塩，耕牛，農具等を確保するためで，朝鮮側にとって不利な条件の下，主として朝鮮の牛と清の馬が交易された（寺内威太郎［1983］［1985］［1998］［2001］）。

　ⓕ **勅使・冊封使**

　清から朝鮮には国王の即位や世子・王妃の冊立（さくりつ）のときなどに使節が派遣された。その数は1636〜1880年の間に160回を超える。清建国初期の派遣回数は年平均2回程度であったが，両国関係が安定をみせる17世紀後半以降になると2〜3年に一度の頻度に漸減していった（全海宗［1970］，糟谷憲一［2006］）。

　燕行使が，随員も含めて，多くの使行録を残したのに比して，朝鮮に派遣された清使が残した記録（使朝鮮録）は非常に少ない。夫馬進［1999］は使朝鮮録と

使琉球録との比較研究によって，清使たちの朝鮮に対する距離感の近さを論じている。

〈2〉 日本との関係

　日本における対朝鮮関係史研究の歴史は長く，日本史の一分野として浩瀚な研究成果が蓄積されてきた。なかでも中村栄孝［1965-69］は，この分野の研究を志す者がまず繙かねばならない不朽の大著であり，荒野泰典［1988］，トビ［1990］，池内敏［2006］も，この時期の日朝関係を考える上で重要である。
　韓国学界の対日本関係史研究が本格化したのは 1990 年代からである。趙恒来・河宇鳳・孫承喆編［1994］のような概説書が刊行され，河宇鳳［2001］［2008］，閔徳基［1994］，孫承喆［1998］［1999］，李薫［2008］，鄭成一［2000］など，日本への留学，研究滞在の経験がある韓国人研究者によって朝鮮，日本の史料をともに駆使した研究成果が上梓され，1992 年に韓日関係史研究会として出帆した韓日関係史学会がこの分野の研究を牽引している（韓日関係史研究会編［1993］，韓日関係史学会編［2000］［2002］［2004］）。

ⓐ 国交回復と被擄人刷還

　1607 年，壬辰役以来，途絶えていた朝鮮と日本との国交が回復する。このとき朝鮮が派遣した回答兼刷還使（フェダプキョムスェファンサ）の目的は，その名の通り，徳川家康からの国書に回答し，戦乱中に日本に連れ去られた被擄人（捕虜）を刷還（スェファン）（連れ帰る）することにあった。
　以後，計 3 回の回答兼刷還使によって 1,800 人余りの被擄人が送還された。専著として内藤雋輔［1977］があるほか，米谷均［1999a］［1999b］［2008］によって，被擄人連行の経緯，日本での待遇，帰国後の彼らに対する朝鮮政府の待遇や朝鮮知識人の認識，帰国しなかった被擄人たちが日本社会に定着していく過程等，多様な側面が明らかにされている。自力で帰国した者も含め，朝鮮に帰った被擄人は総計 6,300 人余りが確認できるという。

ⓑ 通信使と訳官使（問慰行）

　上の回答兼刷還使を含め，1811 年まで 12 回にわたって日本に派遣した使節を一般に「通信使」「朝鮮通信使」と呼んでいる（仲尾宏［2007］）。この使節の名称，定義そのものにもさまざまな見解があるが（孫承喆［2003］），ここでは通信

使と呼称しておく。

　ここでまずあげねばならないのは三宅英利［1986］である。日朝双方の史料に基づいて，通信使の定義から各使行の内容と意義に至るまで体系的に整理されており，今後も参照され続けるであろう労作である。通信使一行と日本人との文化交流に関しては芳賀登［1986］，李元植［1997］があるほか，現場で対朝鮮外交に従事した対馬藩儒雨森芳洲に注目する研究が進展をみせた（上垣外憲一［1989］，米谷均［1993］，泉澄一［1997］）。

　1970年代末から本格化した通信使研究の蓄積は膨大に過ぎるので，近年の研究動向を整理したものとして吉田光男他［2005］，仲尾宏［2006］をあげるにとどめる。前者は既存研究を中世・近世の両篇に分けて詳細な整理・分析を加えた上で今後の課題を展望しており，充実した朝鮮通信使文献目録（1896～2002年）を付す。後者にも1995～2005年の文献目録がある。あわせて参照されたい。なお，韓国学界の通信使研究動向をまとめたものとしては張舜順［2005］があり，チョ・ギュイク／チョン・ヨンムン編［2008］は関連論文を多数収録していて便利である。

　朝鮮の対日外交使節は通信使だけではない。17～19世紀の間に50回以上，訳官を正使・副使として対馬に派遣された使節は，史料上「渡海訳官」「問慰官行」等と称される。徳川将軍や対馬藩主の慶弔（問慰）をはじめとする外交実務を担ったこの使節を，日本の研究者は訳官からなる使節であるため「訳官使」と呼んできたが，問慰を目的とした使節なので「問慰行」と称すべきとの見解もある。ただ，その任務は通信使派遣の事前協議，約条，貿易に関する実務等，多岐にわたり，問慰にとどまるものではない。呼称の問題も含め，各使行に関する個別研究の深化が期待される（洪性徳［1990］［2000］［2005］，田代和生［1994］，仲尾宏［1995］）。

　ⓒ 対　馬

　1631年，江戸幕府からの国書を対馬が偽造していた事実が，対馬内部からの告発によって暴露される大事件が起きた（柳川一件）。江戸幕府は藩主宗家の責任を問うことなくこれを処理し，すでに安定をみせ始めていた対日関係の変化を望まない朝鮮政府も沈黙を守った（田代和生［1983］）。

　日朝通交において特殊な位置にあった対馬については日本史研究において多くの成果が出されているが，ここでは近世の対朝鮮関係を重視した体系的研究とし

て鶴田啓［1990］，泉澄一［2002］，岡本健一郎［2002］をあげるにとどめたい。

　ⓓ 貿　易
　1609年の己酉約条(キユウヤクジョウ)によって，朝鮮政府は対馬の宗義智(ソウヨシトシ)に交易の権利を認め，壬辰役以来，途絶えていた対日貿易が復活した。17世紀中期から18世紀前期にかけて，日本から輸入した銀で清から生糸・絹織物を輸入し，それをまた日本へ輸出するという中継貿易が全盛期を迎える。

　対馬藩の対朝鮮貿易には，定品・定量の政府間貿易である「封進(ホウシン)」「公貿易」，朝鮮商人を相手とする「私貿易（朝鮮側呼称は開市(ケシ)）」の三形態があった。このほか，倭館(ウェグァン)への渡航を許可された使節員（朝鮮側呼称は差倭(チャウェ)）や従者，商人，職人なども，朝鮮商人と私的な交易を行うことができた（田代和生［1981］，鄭成一［2000］）。

　17世紀半ばには清の商船が長崎に来航して直接貿易を行うようになる。18世紀初めからの江戸幕府による銀輸出抑制策，日本国内での生糸や薬用人参の生産量増加も相まって，対日貿易の規模は大幅に縮小していく（田代和生［2007］，森晋一郎［1986］）。

　1970年代以降，この分野の研究は大きな進展をみせたが，その大部分は対馬藩宗家文書を活用した日本／対馬の対朝鮮貿易研究であって，朝鮮の対日貿易という立場からの研究は少ない。

　ⓔ 倭　館
　外交，貿易をはじめとした日朝通交の実質的舞台となったのが倭館(ウェグァン)（日本側では和館）である。中世以来いくどかの改廃，移転等を経て，1678年に釜山草梁(プサンチョリャン)に設置された倭館の広さはおよそ10万坪，400〜500人ほどが常駐し，ここに対馬からの使節（朝鮮側呼称は差倭）が頻繁に往来して，外交，貿易などの問題を協議した（長正統［1968］，金義煥［1983］，田代和生［2002］，鶴田啓［2003］）。

　倭館では公に行われた交易の陰で，密貿易（潜商）も横行した。潜商以外にも，日本人が無断で館外に出る乱出（攔出），倭館住人と朝鮮人女性との間での交奸，盗み，傷害，殺人など，倭館周辺ではさまざまなトラブルが発生した。朝鮮側ではこのような違約行為を統制しようと癸亥約条(ケヘヤクジョウ)（1639年）を定めたが，その効果は限定的であった（ルイス［1996］［1997］，尹裕淑［1997］）。

ⓕ 漂流・漂着

　朝鮮では海禁政策のもと海外渡航が禁じられていたが，不測の暴風等によって遭難，漂流し，異国・異域に漂着することが間々生じた。近年，荒野泰典［1983］によって，近世東アジアにおける漂流民相互送還体制の存在が注目されると，この分野に関する研究が高まりをみせた。とりわけ朝鮮・日本間の漂流・漂着研究は進展が著しい（池内敏［1998］，李薫［2008］，韓日関係史学会編［2001］）。研究動向については劉序楓［2008］に詳しいが，朝鮮史側からの漂流・漂着研究はさらなる深化が求められている。

　近年，「東アジア世界」「海域アジア」「東アジア海域」といった，より広い枠組みで歴史的考察を行おうという試みが多くの研究者の肯定的関心を得ている。朝鮮対外関係史研究においても，当然ながら対清あるいは対日関係という枠を超えたテーマが多数存在するが，ここでは取り上げ得なかった。まずは桃木至朗編［2008］を参照されたい。

　最後に，日韓歴史共同研究委員会［2010］が刊行された。東アジア世界という視点から17～18世紀の日朝関係を捉え直そうとする須川英徳［2010］，韓明基［2010］他，倭館研究についての学説史整理，中・近世日朝関係史料解題集を収める。日韓両学界におけるこの分野の研究の現位置を知る上で必ず参照されるべき成果である。　　　　　　　　　　　　　　　　　　　　　　　　（長森　美信）

⇒ 文献一覧 pp. 387~390

3　経済史

〈1〉　経済史学の課題

　経済史という学問領域は，歴史的な過去において経済，すなわちモノの生産，分配，消費がどのようにして営まれていたのかを，農業，工業，商業，貨幣，財政などといった個別的な分野と，それらによって構成されている経済システムとの両方を解明しようとする学問領域である。取り扱う対象の関係で経済学のなかに籍をおいているが，実際の研究作業は，過去の史実を再構成するために，さまざまな文献史料を取り扱う必要があり，その点では歴史学と大きく異なるもので

はない。

　しかし，物価や統計などに関する信頼できる数字がある程度まとまって利用できる時代においては，さまざまな経済学の分析手法を用いた数学的処理も可能になってくる。論証の手段として主に数学を用いることで議論を進める経済史分野は数量経済史と呼ばれるが，朝鮮時代において物価などに関して統計的な処理が可能なほど多くの情報を日記史料などから得られるのは19世紀に入るあたりからのことである。また，前近代の王朝国家においては，社会全体の動向を数量的に把握して政策立案の参考にするという発想が希薄なため，人口や耕地面積といったごく基本の公的統計数値が，必ずしも正確には把握されていなかったことを指摘しておこう。

　文献史料を用いての研究であるが，経済史研究もまた他分野の歴史研究同様に官庁などの公的な記録類に依存する部分が大きい。各国王ごとの「実録（シルロク）」や『備辺司謄録（ピョンサドゥンノク）』はいうまでもなく，『賦役実摠（ブヨクシルチョン）』，『度支志（タクチジ）』，『万機要覧（マンギョラム）』，『六典条例（ユクチョンジョレ）』など，財政に関連した各種の法令・規則・先例などを集成した編纂史料も18世紀後半以後には数多く編集されており，基本史料として押えておきたい。税制や財政分野の研究はこれらの官庁史料に依拠せざるをえないが，80年代以降は邑事例（ウプサレ）や邑誌（ウプチ），宮房文書（クンパンきゅうぼう）などが利用しやすくなっている。また，政策論などについては，文集類も重要な史料となる。

　しかし，朝鮮時代においては，商工業そのものが末業とみなされていたために，商工業について必ずしも十分な官の記録が残されているわけではない。また，商工業に関する官の記録は，事件や訴訟が起きたり，新たな規則を定めたりしたときに初めて記録される性格のものであるために，商工業の日常的な経営実態についての記述よりも特別な事例が際立って描かれていることに留意する必要がある。これに対し，実際に商業にかかわった人々で，客主などのようにある程度以上の規模で営業し，商品・資金の継続的な貸借関係と顧客関係を有している場合，業務遂行のためにそれぞれの目的に応じた帳簿類を作成していたことは，植民地時期の調査によって明らかなのだが，両班家門における官職任命教旨（キョジ）や分財記（ブン ジェギ）とは異なって，商人が賤視される社会においてそれらは積極的に保存，継承すべき対象ではなかったことと，さらに営業権を有する名義人と実際に従事する人たちが異なっていたことに起因して経営そのものが持続的ではなかったために（須川英徳［2003a］），個別経営に関する記録はほとんどが散逸し消滅してしまっ

ている。これは，鉱山業や手工業においても同様である。また，市廛(シジョン)や貢人契(コンイングシデン)などの組織が作成していた帳簿類もまた，組織の解散とともにほとんどが散逸してしまっている。つまり，当事者の手による一次史料の乏しさという障壁が存在する。

　商工業についてのこのような事情に対し，農業経営は事情がやや異なる。80年代以降には多くの門中が所蔵していた文書が発掘され公開されるようになり，そのなかに含まれる秋收記(チュスギ)（小作料収納記録），土地売買文記，分財記などが利用可能となったため，両班士族たちの農業経営については，具体的な様相が明らかになりつつある。さらに，士族たちの書き残した日記類のなかにも，農業経営だけでなく，物価や商工業に関する記述が残されており，それらを丹念に拾うことも重要である。

　さて，朝鮮時代に関する経済史研究は，1960年代以降，北朝鮮の学界で提唱された資本主義萌芽論に導かれて，朝鮮後期社会のなかに自生的な資本主義への芽生えがあったことを検証することが重要な課題だと意識されていた。資本主義萌芽論によれば朝鮮社会は両班地主－佃戸を規定的な階級関係として構成される封建社会であり，身分制度が動揺し民乱が頻発した19世紀朝鮮は封建末期に相当し，商工業部門においても資本主義的な要素が封建社会の内部に成長していた時期なのであって，開港による外国からの侵略さえなかったならば，まもなく自生的に近代資本主義へと移行するはずだったと考えるものである。ただし，その資本主義萌芽とされるもの，例えば工場制手工業や賃労働者の発生，農業における農民層の両極分解，そして土地所有と経営の分離などは西ヨーロッパの歴史経験から抽出されたものであり，かつ，マルクス主義発展段階論との整合性や西ヨーロッパとの同一性を論証することに努力が注がれていたことに注意すべきである。これに対し早くから安秉珆［1975］による「浮彫的方法」との批判があり，資本主義の指標とみなされるものを，社会的脈絡を無視して抜き出した感は否めない。また，十分な実証研究の末に生み出された理論というよりは，北朝鮮における社会主義国家建設を歴史的に正統化する理論であったという政治的性格も無視できない。しかし，朝鮮後期社会が内的な力による変化に乏しい停滞的社会であったという植民地期以来の停滞論は，とりあえず実証の面で否定されたことだけは確かである。資本主義萌芽論の立場からの著作として農業史での金容燮［1970-71］［1984］，商業史での姜万吉［1973］［1984］，貨幣史の元裕漢［1975］，

手工業の宋賛植［1973］，鉱山業の柳承宙［1993］など，さまざまな分野で研究が進められたが，その成果を簡略にまとめたものに趙璣濬・劉元東・柳承宙・元裕漢・韓栄国［1991］がある。

また，萌芽論に導かれたとはいえ，その結果明らかにされてきた商工業分野における豊かな史実までも無視してよいのではなく，歴史的文脈をまったく新たに構成しなおしてそれらの史実を位置づけていく作業が要請されている。そのような作業の前提として，押えておくべき朝鮮時代の農業，鉱工業，商業について史実紹介を中心にバランスよくまとめているのが李憲昶［2004］である。朝鮮時代の経済史を学ぼうとするならば，個別論文やモノグラフに入る前に，ぜひ目を通しておくべき好著である。

しかし，1980年代に入ると，韓国の研究でもさまざまな分野で萌芽論に対する批判，あるいは萌芽論とは異なる史実の発掘が進んだ。近代史研究会編［1987］に収録された各分野の研究動向には，萌芽論批判と克服のための新しい世代の研究者たちの問題関心をみて取れる。さらに，さまざまな地方文書，官庁文書を用いた新しい研究，なかでも社会史的な分野の研究が進展し，朝鮮と西ヨーロッパの同一性の証明に力点がおかれていた萌芽論は過去のものとなったようだが，しかし，必ずしも理論的に十分に清算されたとはいいきれない。以下，萌芽論以後の新しい研究動向を紹介していこう。

〈2〉 農業と土地所有

まず，朝鮮時代の主要な産業は農業であったので，農業とそれにかかわる土地所有・土地制度からみていこう。農業史の立場から宮嶋博史［1984］は，両班地主と佃戸の関係を封建的生産関係とみる封建制論に疑問を呈し，李栄薫［1988］もまた，封建的生産関係の存在を否定するとともに，量案の分析から小規模集約化の方向に変化しつつあったことを提示した。他方，中村哲［1991］［2001］［2005］［2007］，宮嶋博史［1994］は，東アジア農業社会の特質は水稲耕作に起因して土地生産性がきわめて高い小農社会にあり，それが技術改善と集約化の進行とともに安定化していったと論じた。ことに，中村哲［2001］［2005］は，世界史的にみて西ヨーロッパと東北アジアだけに小農社会が出現したことに注目し，農業社会の最後のもっとも発達したものが小農社会であり，それが資本主義を生み出す母体で

あったと論じた。また，中村哲［2007］の所論は，日本・中国・朝鮮の17〜19世紀における社会的発展の相違について大づかみに比較して考察したものであるが，その結論に同意するか否かは別としても，比較史的な観点は経済史研究において作業仮説として今後も必要であろう。

他方，以前論じられていた大規模借地による粗放的な広作や経営型富農を朝鮮後期における農業発展の主方向とみる見解はほぼ否定され，移秧法（田植え法）の導入と多角化・集約化による小規模経営の安定化が農業発展の主方向であったとみる見解にほぼ落ち着いた。研究入門書として最近韓国で刊行された金建泰［2008］の朝鮮時代の農業経営に関する概説も，朝鮮前期には奴婢に分定した作介地を耕作させる作介制と奴婢を監督して家作地を耕作させる家作だったが，しだいに地主と作人が収穫物を分割する並作制へと移行し，朝鮮後期の農業経営は人口増加と分割相続の結果，祭祀継承とともに相続分が大きかった「宗家型地主」は比較的に規模を維持していても，一般的には小規模零細化の方向にあったと結論づけている。また，金建泰［2004］は，分財記や族契文書，秋収記などを用いて，両班地主と作人の関係の変化を詳細に跡付けている。近年では具体的な地主経営の消長を追跡できるような史料が発掘されており，例えば安秉直・李栄薫編［2001］は，慶尚北道醴泉郡の朴氏家門で100年にわたって書き継がれた日記類を分析し，地主経営の変動や地方場市と村落内での物品の取引，村落内秩序の変動などを多角的に明らかにした。他方，韓国農業史学会編［2003］は，農業技術や気候変動という新たな観点から考察を加えている。李泰鎮［2000］は，朝鮮前期における土地開墾と新農法の定着に在地両班地主たちの主導性を指摘し，宮嶋博史［1995］も，15〜16世紀は，在地地主たちにより土地開発が進められたことを論じた。崔潤晤［2006］は，地主制の成長と，農庄の立地条件，不在地主か在地地主か，地代収取方式が打租（打作，収穫後に定率で穀物を地主と作人が分配する方式），賭租（賭只，あらかじめ決めておいた地代量を収穫後に徴収する方式）による経営の相違について明らかにしている。李泰鎮［2002］は，医学知識の普及による人口増加，灌漑の容易な河川中流域からしだいに下流域へと至る耕地拡大や穀物市場の発生を論じた。

土地制度について，60年代までは土地が国有か私有かという二者択一をめぐって議論されていたが，80年代以降は，国家による土地支配のより具体的なあり方が議論の俎上に上っている。まず，高麗最末期に施行され朝鮮王朝に引き

継がれた科田法(クァジョンポプ)による土地支配とその変遷を論じたものに金泰永［1983］，李景植［1986］がある．しかし，両氏ともに16世紀半ばにおける職田制(チクチョン)(しょくでん)の廃止をもって，国家から収租権を分与されることに根拠をもつ両班官僚らの土地支配（収租権的土地支配）が消滅し，以後は私的地主制が展開していったとみるのに対し，李栄薫［1988］は収租権的土地支配の強固な残存を指摘し，宮嶋博史［1991］も王族・宮房や官衙(クァナ)への土地支配権分与である折受(チョルス)が収租権的土地支配の復活に他ならず，光武量田(かんがクァンムヤンジョン)(こうぶりょうでん)に至るまで結負制に表現される収租権的土地支配は継続していたと論じた．この議論はいまだ結論をみていない．他方，17世紀以後，軍門(クンムン)・衙門(アムン)(がもん)の経費調達のために設定された屯田の運営実態について宋亮燮［2006］がある．

しかし，地主とともに広く存在していた自作農民の具体的な存在様態や発展の方向をめぐる理解はいまだひとつにはなっておらず，李栄薫［1999］の整理によれば，地主制については，並作制地主が朝鮮時代を通じて存在し，その主体だけが農荘主→両班官僚地主→庶民地主と変化したとみる立場（許宗浩［1965］），自作農中心であったものがしだいに並作地主優位に変化したとみるもの（李鎬澈［1986］），並作地主のなかからしだいに自作経営も営む地主が現れてきたとみるものなどに分かれており，そのような違いは個別農民経営のなかに存在し戸籍にも記載された隷属的な労働力や挾戸(ヒョッポ)(きょうこ)のあり方をどのように理解するかの違いに由来するとされる．すなわち，もともと自立的な自作農民が両極分解して広作や経営型富農などの新しい農業経営を生み出していったのか（萌芽論的理解），それとも高麗以来の複合家族的な農民経営がしだいに単婚小家族へと解体しつつ小農民経営として自立化していきながらも，生産力的な脆弱性に起因してつねに下方分解をともない，そこから発生する従属的な労働や経営が並存していたのか（小農社会論），という理解の違いにもよるという．これに関して李栄薫［1995］は，世祖7（1461）年の戸口制改革により，それまでは複合的な世帯共同体を1戸と把握していたが，生活を共にする個別家族を1戸と把握するようになったと指摘している．地主制については，秋収記・分財記など，その経営を知る手がかりがあるのだが，小規模な自作農や小作農の経営実態，あるいは隷属的な農民たちの生活については，彼ら自身が書き残したものがないために，手がかりとなる史料に乏しいのも実情である．なお，田畓(チョンダプ)(でんとう)売買の実際については，多数の売買文記を紹介した李在洙［2003］がある．

ところで，最近になって，18世紀の人口増加と生活水準の向上が過剰な耕地開発を招き，その結果，18世紀末からは洪水の頻発と水利施設の機能不全を引き起こし，しだいに土地生産性が低下して食糧生産も落ち込み，人口の減少と米価上昇，市場網の衰退など，開港以前に経済的危機状況が進行していたという研究が提示された（李栄薫編［2004］）。19世紀における人口減少はすでに知られるところであったが，19世紀朝鮮が開港以前に経済的な危機状態になっていたという結論への賛否は別としても，19世紀社会を実証的に再検討する必要に迫られていることは確かである。また，山林の管理に対する村落民と公権力のかかわり方をはじめとして，還穀の果たしていた経済的機能など，朝鮮後期社会に対し新たな角度から検討すべき多くの課題を明らかにした。鄭勝振［2003］は，19世紀の全羅道 霊光 郡地域で発生していた陳田増加や地代収取額の低下などの諸問題を明らかにし，陳田の増加にもかかわらず出税総結数は不変で土地等級が引き上げられ，農民の負担は増大していたことに大きな矛盾があったとしている。上述の金建泰［2004］も，在村地主の地代収取量低下を確認しているが，不在地主の収取量は逆に増加していた事例も明らかにしている。また，裵亢燮［2008］は，1862年の壬戌民乱に対するこれまでの研究が階級対立の観点から描かれてきたことを批判し，民衆の日常的な生活意識から再構成する必要性を強調している。

〈3〉 財政制度と経済システム

ⓐ 収取体制と財政制度

朝鮮王朝の収取体制は田税，賦役，貢納に大別され，その他に雑多な付加税も存在した。そのそれぞれが独立した研究課題であると同時に，その成果を総合的に理解する必要があることはいうまでもない。他方，財政制度については，収取制度と表裏の関係にあるが，中央財政に関して各中央官庁の財源として支出されて戸曹が管轄する分野と，戸曹からの支出だけでなく進上貢物や宮房田など別途の財源も確保して運用された王室・宮房財政があり，地方官庁はそれぞれの運営のために財源を確保していた。軍事官庁は主として朝鮮後期には役負担にかわる布の収入で運営された。行政における集権性とは裏腹に財政運用は支出項目や担当官庁ごとに設定されており分散的かつ硬直的であった。収取体制の変化とし

て，賦役の布納化の進行や均役法の実施，大同法による現物貢納の地税化が進められたことはよく知られているが，財政制度については，その分散性とさまざまな物品の収取と分配という複雑さのために，一元的な数量的把握は難しいといわざるをえない。18世紀末からは歳入と歳出の実態を把握する試みがしばしば実施されて『度支志』，『度支田賦考(タクチジョンブゴ)』，『万機要覧 財用編(たくしでんぶこう)』，『六典条例』などが編纂され，後二者は印刷頒布されている。これらはいわば収入や支出を項目ごとに列挙した先例集であって，無軌道な膨張には一定の歯止めとして機能したであろうが，それに基づいて統一的な予算制度が作られたのではない。戸曹の機能は予算策定ではなく，上納されてきた物品を保管し先例や指示に従って必要なときに必要な官衙に供給することにあった。大同法(テドンボプ)，均役法(キュニョクボプ)といった大きな財政改革はあったのだが，それ以後は支出の膨張による雑多な税の濫設と中央からの廃止命令の繰り返しや，貨幣鋳造差益の財源化，賑恤(しんじゅつ)のために備蓄された還穀(ファンゴク/かんこく)の財源化など，さまざまな矛盾を生み出していく。

　このような財政・収取制度について，金玉根［1984］［1987］［1988］［1992］が，朝鮮王朝の財政と収取制度に関する浩瀚な研究であり，Ⅰが田税制度と歳入・歳出構造，Ⅱが役制と収布，均役法，Ⅲが大同法を扱っている。Ⅳは近代を扱うが，朝鮮時代の財政官庁とそれぞれの管轄領域を整理した一章が設けられている。朝鮮王朝の財政・収取体制の全体と制度的な変遷を把握するには適当であろう。税制全体を簡便に把握するためには，宋亮燮［2008］がある。最近刊行された孫炳圭［2008］は，朝鮮王朝の上述のような錯綜した収取・財政システムに対する論理的な把握を企図し，朝鮮後期財政の推移方向をさまざまな課税の地税化と定額化，さらにさまざまに分散されていた財源の一元的な把握にあったとみて，甲午改革(カボゲヒョク)における財政制度改革や貨幣納化はその延長にあると論じた。朝鮮前期の貢納制については依然として田川孝三［1964］を越えるものが見当たらない。朝鮮前期の王室財政については宋洙煥［2000］が詳細である。地方財政については，金徳珍［1999］と張東杓［1999］があり，前者は地方官庁が運営に必要な雑多な現物需要（雑役税(チャビョクセ)）を地税化していく過程を描き，後者は支出膨張にともなう収入欠損の発生をどのように補ったかを明らかにした。関連して邑誌などを博捜して事例研究を積み重ねた金徳珍［2002］がある。

　また，中国と接し外交・通商の重要な交通路でもあった平安道(ピョンアンド)について，外交関係の変化にともなう道財政の変化を分析した権乃鉉［2004］や，咸鏡道(ハムギョンド)の商業

を扱った高丞嬉［2003］などは，新しい研究分野であろう。

役制について，軍役(ｸﾞﾝｴｷ)の布納化はよく知られるところだが，その他の徭役が17世紀に雇価を給する募立へと変化したことについて，尹用出［1998］が詳しい。

ⓑ **経済システム**

近年，急速にさまざまな研究が進展しているのが，朝鮮時代の経済のあり方をどのように理解すべきかという問題である。18世紀にソウルの人口は20万人を越えたが，地方には都市はほとんど成長せず，農村部の商品流通が場市(ﾁｬﾝｼ)によって結ばれていた経済はどうして発生したのか，ソウルに財貨が集まる収取制度の下での商業とはどのようなものと理解すべきなのか，従来は省みられなかった朝鮮時代の経済構造という大きな問題が，近年の研究対象として浮上してきている。

まず，朝鮮時代前期の商業が高麗時代に比較して不振であった理由について，これまでは儒教的な抑末論で説明されてきたことに対し，須川英徳［2000］［2003b］は，利権在上すなわち国家がすべての経済活動を掌握すべきだという考えから，モンゴル服属期以来の自由な対中国交易や国内商業活動を厳しく統制するようになったとし，儒教を尊崇したために抑商政策を取ったのではなく，高麗後期の経験から国家権力が統制しにくいところで富が蓄積されて商業従事者や商業利益を基盤とする勢力が社会的な影響力をもつことを忌避したためであるとみて，利権在上を実現していくために構築された現物貢納制が以後も規定的に作用したとみた。朴平植［1999］［2009］は，市廛(ｼｼﾞｮﾝ)整備と行商人の成長だけでなく，地方で納入した穀物と同量のものをソウルなど他地域で受け取り価格差から利益を得る回換など特権的な交易の存在を明らかにし，また，朝鮮初期の利権在上論に対し，16世紀には勲旧(ﾌﾝｸ)勢力家のなかからは商業にも一定の役割を認めようとする以末補本論を生じさせたと述べた。とはいえ，朝鮮前期については，史料そのものの不足が大きな障害になって研究そのものが少ない。しかし，市場への依存を最小限として公権力によって財と労働力の再分配を行う経済システムが朝鮮初期に成立し，その後も規定的であったことについて，ほぼ共通的な理解に達しつつあるといえよう。

朝鮮時代後期の商業については，すでに吉田光男［1988］が，1970年代までの研究は，18〜19世紀の朝鮮社会を資本主義成立期の西ヨーロッパ社会と二重写しに捉えて，そこに西ヨーロッパと共通する「近代」の内在を発見することに力点がおかれていたと総括し，西ヨーロッパの歴史に還元されえない朝鮮社会の

固有性に立脚した歴史解釈の必要性を強調している。はたして，そのような課題が 80 年代以降の研究で達成されているのだろうか。まず，市廛について，個別市廛の発生について主要なものは 15 世紀に存在していたとの共通理解があるが，六矣廛(ユギジョン)を中心とする国役(クギョク)負担や禁乱廛(クムナンジョン)権の付与という基本的な事柄についても，17 世紀前半に歳幣(セペ)調達との関係で六矣廛が成立したとみる見解（卞光錫［2001］）と，17 世紀末の禁乱廛権の付与とともに六矣廛も成立したとみる見解（高東煥［2000］）に分かれたままである。また，各市廛の内部構造や構成員の社会的性格について未解明の部分が多く，個別市廛を対象としたものに，吉田光男［1985］の米廛，須川英徳［2003a］の綿紬廛がある。特殊な市場としては大邱(テグ)の薬令市(ヤンニョンシ)がよく知られるところだが，権丙卓［1986］は，薬令市の淵源が大同法以後の王室進上用の薬材調達と日本向け輸出用薬材の調達にあるとみた。

さて，禁乱廛権を有して特権的とされた市廛商人に対し，新たに台頭してきた非特権的な私商が市廛の規制を無視した乱廛を繰り返し，ついには市廛を圧倒して 1791 年の辛亥通共(シネトンゴン)により自由売買が許容され，以後は財力を背景に私商たちが買占めである都買を引き起こすようになったという図式が描かれていた。これに対し須川英徳［1994］は，乱廛主体はそれなりの権力と結んだ者たちであり，1830 年代以後には，納税などで宮房や軍門などと結んで地方にも独占的な商業活動が拡散し，むしろ商品流通は阻害されていくと論じ，そのような商業従事者を新特権商人とした。高東煥［1997］は，地方浦口や京江(キョンガン)で活動した船商や旅客主人(ヨゲクチュイン)の成長を扱い，産地と消費地ソウルを結んだ新しい流通路が私商によって開拓されたが，同時に宮房，士大夫家の介入を招いたとみた。19 世紀の市廛については，高錫珪［2000］は，通共政策にみられた反独占の発想が世道(セド)政治期における不干渉原則の下，公的機構と結託した私的な権力行使による独占の蔓延のなかで，国役負担を免れないままの市廛は衰退したと論じた。

金東哲［2001］は，朝鮮後期の貢人(コンイン)や京主人(キョンジュイン)・営主人(ヨンジュイン)といった官に物品や労役を提供することを業務としていた人々について，従来の特権商人対私商という枠組みでは捉えられないさまざまな実態を明らかにした。ことに貢人権や主人権が高額で売買される 18 世紀後半には，さまざまな貢人権・主人権や宮房田土の管理権である導掌権(トジャン)を集積して特権的な商業活動や高利貸を行い，1791 年の辛亥通共(六矣廛取り扱い品目を除いてすべて自由売買とした)以後，都買(トコ)活動を展開したのは彼らであったとした。また，各地の船着場（浦口(ポグ)）などにおける旅

客主人(客主)の発生について，李炳天［1983］が17世紀漢江においては個別の船商との契約で客主が発生し，それがしだいに船商の地域別取扱い独占へと成長したことを明らかにし，李栄昊［1985］は，19世紀の地方浦口においては宮房や地方官庁との関係で収税の見返りに独占的商品引受け権を有する客主が発生したことを明らかにした。呉美一［1986］は，貢人権の売買と貢人権所有と経営の分離を明らかにしており，客主権もまた同様であったことが明らかになっている。白承哲［2000］は17・18世紀の商業政策について，利権在上論に基礎をおき農業中心の務本補末論と整理し，国家が商品流通を掌握するための方案であったと述べている。

　国家もしくは公的機関と商業が財政を媒介として深く結びついていたことが朝鮮時代における商業の特質のひとつであることは，共通的な理解になっているが，その視点から実証的・理論的に全体像を解明しようとした共同研究に李憲昶［2010］がある。また李栄薫・朴二澤［2007］は，18世紀において財政の一部が貨幣化しつつも財政のなかで現物の徴収と上納が継続し還穀が増大していた理由について，人民の生活安定を重視した道学君主たちのモラル・エコノミーを指摘し，国家による再分配を重視するとともに市場による物流よりも財政需要と飢饉に備えた貯蔵を選好した経済であったと特徴づけ，そのような18世紀的な経済構造が崩壊することで19世紀の危機が発生したとみている。還穀については，文勇植［2000］が，18世紀の還穀運営の実態と財政補填手段への変化，19世紀前半における還穀のための貯蔵穀物の減少を詳しく論じており，1862年の壬戌民乱当時の還穀運用については宋讚燮［2002］がある。

　物流組織に関する研究として，官によって組織された物流である漕運に関して，朝鮮後期は吉田光男［1984］［1986］が，朝鮮前期は六反田豊［1994］［1997］［1999］［2000］［2005］が，運用の実態について詳しく伝えてくれる。また，崔完基［1989］は，朝鮮後期の経済発展が，京江地域をはじめとする船商たちの穀物輸送や商業活動を発展させたと論じた。海上交通路については，長森美信［1998］［2003］［2006］がある。また，官営の通信・旅行手段であった駅については，趙炳魯［2005］が，人的構成や経済基盤など，網羅的かつ浩瀚な研究である。ところで，朝鮮後期の船商は自己所有の船で各地を移動して地域産物と季節に応じてさまざまな物品を自ら売買するか，あるいは荷主に雇用されて荷主とともに貨物を運送したのだが，委託貨物を運送する業者は出現しなかったことを

指摘しておこう。

　貨幣に関して，80年代以降にはそれ以前に行われた事実関係の年代的整理の域を超える研究はあまり出ていない。須川英徳［2001］が，朝鮮初期の貨幣発行の政策的意図を扱い，17世紀における銀流通を韓明基［1992］が紹介している程度である。李正守・金ヒホ［2006］は，さまざまな貨幣の流通実態を知るには便利である。貨幣史研究の不振は史料不足というよりは，物品貨幣が長く使用されていたことを経済的後進性からではなく朝鮮社会の特性に基づいて理論的に十分に説明できていないからであろう。つまり，貨幣の機能を市場における流通手段とのみ捉え，金属貨幣が物品貨幣よりも進んだ存在であるとする思い込みをいったん棚上げし，国家による再分配を第一義として市場による微調整をある程度許容するという朝鮮王朝の基本的な経済構想に立って朝鮮における貨幣を理解することが必要なのである。

　総じて，朝鮮時代の経済史研究は，80年代に入り，萌芽論が批判されるとともに史料状況が大きく好転し，さまざまな分野で実証的な研究の精度は高まったのだが，それらを理論的に説明する枠組みが，いまだ十分には固まっていない状況にある。

（須川　英徳）

⇒ 文献一覧 pp. 391~393

4　社会史

〈1〉　身分制をめぐって

　朝鮮時代の身分は，法制的には良と賤とに大別され，良身分は両班・中人・常民からなり，賤身分は奴婢であったとみるのが，まずは一般的な理解であろう。両班(ヤンバン)は科挙の文科を実質的に独占する上級支配層であり，士族・士大夫とも称する。中人(チュンイン)は技術官僚や胥吏など下級支配層をいい，そして農業や商工業に従事し各種良役を負担する常民(サンミン)の下に，公的機関や個人に隷属する奴婢がいるというイメージである。また，朝鮮後期，特に18世紀以降になると，奴婢が減少する一方で新たに両班となる者が増加し，こうした身分制は動揺・解体していくと考えられた。近年の研究の中では，このような身分制把握や身分制変動論について

さまざまに疑念が提起されている。

ⓐ **朝鮮前期の身分制**

　朝鮮初期の身分制の概要については北村秀人［1985］がまとめているが，1980年代には両班身分が朝鮮初期，15世紀から存在していたのかをめぐって韓国で活発な論争があった。上級支配層としての両班が朝鮮初期に成立していたとみる見解と，同時期の身分制は良賤区分が基本であり，特権的世襲身分としての両班層は成立していなかったとする説とが対立した。両班や士族の概念が錯綜するこの論争については李泰鎮［2000］が論点を整理している。

　初期身分制をどう把握するのかという問題は高麗から朝鮮への移行をどう理解するのか，そしてまた，16世紀以降の社会の変化をどう捉えるのかという課題にもつながっていく。良賤制説を承けて金盛祐［2001］は16世紀から17世紀に支配特権身分としての士族が成立するとみた。郷村社会史研究とも関連させつつ，朝鮮中期と規定したこの時期に主要官職の独占や軍役免除特権の獲得など士族層の優位が公認され，良賤制から士族（両班）と非士族（常民）との差異を重視する班常制へ転換していくと考えている。

ⓑ **戸籍研究と朝鮮後期の身分制**

　ところで，朝鮮時代には郡県単位に戸籍が作成されていた。17世紀以降に作られた戸籍の一部は現存しており，身分史・社会史研究の重要な史料となっている。戸籍を利用した身分史研究は1930年代に発表された四方博による慶尚道大丘府の戸籍研究に始まる（四方博［1976］）。両班・常民・奴婢という3身分を設定し，戸籍上の各戸をその3身分に分類してえられた結論は，18世紀後半から19世紀にかけて両班戸が激増する一方で奴婢戸は急減し，常民戸もまた減少していくという変化であった。新たな地域を対象に進められたその後の戸籍研究も，身分分類を再考し，戸籍のもつ虚偽性・限界に注意を払い，また変化の要因を郷村社会の状況から検討しつつ，おおむね同様の変化を確認した（武田幸男［1983］，井上和枝［1985a］，李俊九［1993］）。そして，こうした戸籍研究の成果はしばしば実態としての身分変動と結びつけられ，朝鮮後期における身分制解体の指標と考えられた。

　変動論への懐疑は，やはり両班理解をめぐって提起された。両班という表記は戸籍にはなく，主として戸籍に幼学と記載された者を両班とみなしたことが両班の激増という把握につながっていた。それに対し，急増する戸籍上の幼学を支配

層としての両班・士族と同一視はできず，単純な両班身分増大論は成り立たないというのである（崔承熙［2003］，宋俊浩［1987］，吉田光男［1998］［2002a］）。この問題はまた，そもそも戸籍の性格をどう捉えるのか，戸籍に対する徹底した史料批判の必要性を意識させることにもなった。戸籍の編成方法を検討した山内弘一［1997］はこの方面の基礎的な成果であり，李勛相［2002］は戸籍のもつ国家の権威を誇示する装置という側面に注目している。戸籍大帳研究チーム［2003］に収録された諸論考は国家の戸口政策・良役政策との関連から戸籍の性格・機能について興味深い多くの見解を提示している。また，李栄薫［1993］［1995］は明との比較も含め朝鮮時代の戸籍・戸の性格を論じている。総じていえば，戸籍は身分を直接に記しているものではなく，戸籍の記載内容を社会の実態と無媒介に結びつけることはできないという点は共通の理解になっていよう。

このような戸籍研究の動向を反映して，朝鮮後期の身分に関する議論は多様に展開している。「賤民の良民化という一貫した流れ」（吉田光男［1998］）の存在に大きな異論はないが，両班・士族の性格や中間層の位置づけをめぐっては意見は分かれる。ひとつの傾向は宋俊浩［1987］など両班・士族身分の閉鎖性・持続性を強調する見解であり，金盛祐［2006］は18世紀までには良賤制が機能を停止して前述した班常制が確立し，少数の支配両班が中間に位置する中庶（中人および両班・士族の庶子孫である庶孽（ソオル））層を媒介に多数の常民層を支配する身分階層秩序は19世紀にも続いたとみた。それに対し，鄭震英［2003］は幼学増大傾向を検討して従来の身分制解体論は否定しながらも，庶孽や富民など中庶層・新興層の登場・成長という変化を重視し，鄭勝謨［2007］はこうした中間層を郷村中人と規定している。また，両班の具体相を多角的に検討した宮嶋博史［1995］は，両班の経済力低下・保守化傾向の一方でしだいに顕著になっていく中間層・下位階層の両班への上昇志向をとりあげ，こうした動きを「両班志向社会の成立」と表現した。

そもそも身分や身分制の概念に共通の理解があるとはいえないが，吉田光男［1998］［2002a］は両班・中人・常民・賤民（奴婢）という4身分を所与の前提とすることを批判し，4身分に収斂しない多様な身分認識の存在を確認しつつ，両班と士族など身分概念を整理している。宮嶋博史［2003］は身分制を社会的分業の国家的編成と規定して，同時期の日本・中国との比較から朝鮮時代の「身分制」モデルを提示する。国家による社会の身分制的編成を一応認めつつも，両班

を身分とみることに疑念を呈し,家業の不在など流動性・開放性の高さに朝鮮社会の特徴を見出している。

なお,この時期の戸籍・身分制研究の動向については,武田幸男［1983］［1991］,井上和枝［2003］が詳しい。また,戸籍制度を概観したものに崔弘基［1996］があり,孫炳圭［2007］は19世紀末以降の新式（光武(クァンム)）戸籍・民籍まで視野に入れ,戸籍・身分・家族をめぐる諸問題を論じている。現存戸籍の大要については韓栄国［1985］,東洋文庫東北アジア研究班（朝鮮）編［2004］が参考となろう。

〈2〉 両班・士族と郷村社会史研究

両班・士族は都の漢城ばかりでなく,地方・農村にも広く存在したが,1980年代以降,こうした在地の両班・士族が形成する秩序とその変容を扱う郷村社会史研究が活況を呈した。郷村社会史研究の傾向として士族という用語が多く用いられるので,以下,それにしたがう。

ⓐ **士族の郷村支配体制**

各邑(ウプ)（郡県）には在地の士族から選ばれた留郷所(ユヒャンソ)（郷所(ヒャンソ)）があって,中央から派遣される守令(スリョン)を補佐して統治実務を担う郷吏(ヒャンニ)を糾察した。在地士族は邑単位に自治的な組織を構成し,その名簿である郷案(ヒャンアン),規約である郷規(ヒャンギュ)を作成し,郷会(ヒャンフェ)を開いて留郷所を推薦した。また,教化・相互扶助を目的に邑単位の郷約(きょうあん),村落レベルでの洞約・洞契の実施を図っていた。こうした士族の組織については,やはりまず田川孝三の先駆的研究を参照すべきであろう（田川孝三［1972］［1975］［1975-76］)。菅野修一［1981］は朝鮮後期の郷所の諸相をとりあげ,武田幸男［1989］は慶尚道慶州(キョンサンドキョンジュ)を事例に,高麗以降の在地機構の変遷・特徴を概観している。

上記諸機構が確立し,在地士族の郷村支配が進むのは15世紀から17世紀にかけてとみられている。李泰鎮［1986］は15・16世紀の留郷所や郷約などに関する朝廷での議論を,在地に基盤をおく士林派(サリムパ)による運動という側面から検討し,政治史・経済史・思想史の動向とからめ総合的に論じた。李泰鎮の研究を受けて古谷暢子［1989］は16世紀前半の郷約実施運動を詳細に分析し,辺英浩［1991］［1997］は李栗谷(イユルゴク)や李退渓(イテゲ)の郷約(ヒャンヤク)類を検討する。また,平木實［1987］［2001］

は郷飲酒・郷射儀礼や旌表(チョンピョ)(孝子・烈女などへの表彰)など郷村教化政策についてとりあげ，古谷暢子［2001］は李退渓関連諸史料をつうじ16世紀中葉における在地士族の農業経営と郷村支配の実態を考察している。この間，韓国では在地史料の発掘が飛躍的に進展したが，そうした史料群を用い士族による郷村支配(士族支配体制)の確立過程を具体的に分析した研究に鄭震英［1998］，金炫栄［1999］があり，李樹健［1995］は郷村支配の問題を含め慶尚道の士族の諸相を明らかにしている。

ⓑ 朝鮮後期郷村社会秩序の変容

上記三著は17世紀以降の変化も扱うが，朝鮮後期の郷村社会史研究においてはおおむね次のような変動論が提起された(金仁杰［1981］，高錫珪［1998］，安秉旭［1985］)。17世紀までに確立した士族による郷村支配——郷権の掌握は，守令・官権と妥協しつつ吏(郷吏)・民を統制するものであった。しかし，18世紀以降，守令権の強化と士族層の分裂，庶孼(ソオル)(士族の庶子孫)・富民層の成長によって士族支配体制は解体していく。士族は郷任(ヒャンイム)(郷所)就任を避け，また士族支配の象徴であった郷案も，登載をめぐる紛争が頻発して作成が停止される。代わって，守令と郷吏，そして新興の富民層を母体とする郷任による支配(守令－吏・郷支配)が強まっていった。一方で，しだいに郷会に広く民が参加するようになり，賦税運営への異議など，郷会は自治と抵抗の基盤へと性格を変えていく傾向も現れるというのである。

こうした研究は身分制変動論を具体化し，19世紀後半の民乱・農民蜂起を射程に入れて朝鮮後期を中世社会解体期と捉えるものであった。前述した身分制変動論批判，あるいは前節(朝鮮時代の経済史)でふれられた内在的発展論批判は郷村社会史研究の再考をうながし，新たな模索が続いている(金仁杰［1999］)。日本で発表されたものに限って述べれば，井上和枝［1991a］［1991b］［1998］は慶尚道丹城(タンソンヒョン)県の郷案・邑誌・戸籍・士族の日記・洞契(トンゲ)史料などを用い，丹城士族の形成した郷村秩序とその変容を追っている。19世紀後半期の郷会や洞契の多様な性格は，士族支配の解体とは単純化できない郷村社会の複雑な様相を示す。丹城は比較的史料に恵まれ研究の集中した地域であるが，吉田光男［2000］は丹城の安東権(アンドンクォン)氏を対象に戸籍・郷案・族譜(チョクポ)を連関させて士族の族的活動を分析している。論点は郷村社会の諸相に及び，士族にとって邑という空間のもつ意味が検討される。山内民博［1995］は19世紀にかけて活発に続く在地士族によ

る旌表請願活動を所志・通文などの文書から分析し，同じく山内民博［2007］は郷村社会における文字・文書の諸相を考察する。また，西田信治［1988］は国家・在地士族・民の関係の変化を整理し，国家の公的・普遍的支配の拡大とその限界という観点から朝鮮後期の国家・社会の性格を論じている。最近，韓国で登場してきた「郷村社会史から地方史へ」という視角も興味深い（韓国史研究会編［2000］，高錫珪［2008］）。

　この間の郷村社会史研究は，個々の結論の当否は措くにしても，在地史料に基づく多彩な実証的研究・事例研究を蓄積して朝鮮後期社会像を肉付けし，研究の水準を大きく高めたといえる。1980年代までの郷村社会史研究を整理したものに井上和枝［1991c］があり，李海濬・金仁杰他［1993］は研究史とともに各種史料を紹介して有用である。

〈3〉 さまざまな身分・社会集団

　朝鮮時代の在地史料の多くが士族家門，あるいは士族が密接にかかわる郷校・書院に所蔵されるものであるため，研究が士族に偏る傾向は否めない。李海濬［2006］はそれを批判して村落・村落民に眼を向け，村落民の各種組織を検討している。以下では，士族以外の諸集団，特に郷吏・奴婢および周縁的な身分・社会集団に関する研究をとりあげてみよう。

ⓐ 郷　吏

　士族の出自はしばしば高麗時代の郷吏にたどることができるが，朝鮮時代には士族と郷吏は明確に分離し，郷吏は世襲的な身分集団として士族の下位におかれて地方統治実務を担当した。身分制解体論に批判的な立場から，李勛相［2007］は朝鮮後期の郷吏の実相を各種郷吏関係史料・族譜などを駆使して追究した。郷吏社会の内部構造の解明，郷吏の地位上昇志向と士族による拒絶，タルチュム（仮面劇）をはじめ郷吏によって主宰・演行される邑の祭儀とその意味など，多くの斬新な見解を提示している。また，前掲武田幸男［1989］は高麗以降の郷吏組織についても戸長先生案をはじめとする史料によって通観し，山内弘一［1988］［2002］は，それぞれ慶尚道丹城県と昌寧県（チャンニョンヒョン）の戸籍を利用して郷吏系家門の職役や婚姻関係，家族構成などを分析する。李勛相［2002］は慶尚道泗川県（サチョンヒョン）の戸籍を検討して，郷吏の族的結合や郷吏にとって戸籍のもつ意味を論じて

いる。

　ⓑ 奴　婢

　朝鮮時代の社会の特徴のひとつに相当数の奴婢の存在があるが，すでにふれたように18世紀以降，奴婢制は解体傾向にあり，19世紀末には法制的にも廃止される。池承鍾［1995］は朝鮮前期の奴婢の諸相を検討し，複雑な過程をたどる朝鮮後期の奴婢政策の推移については平木實［1987］が明らかにしている。主人の財産であった奴婢は士族層の文書によく登場するが，各種古文書を利用して奴婢や奴婢所有・経営の実態を検討したものに全炯澤［1989］，金容晩［1997］，安承俊［2007］などがある。戸籍研究には何らか奴婢についてふれるものが多いが，昌寧県戸籍により官奴婢と郷吏との関係を明らかにした山内弘一［2004］は事例研究として興味深い。

　ⓒ 周縁的な身分・社会集団

　朝鮮時代の白丁（ペクチョン）（皮匠・柳器匠（ピジャン・ユギジャン））について研究を進める李俊九は18・19世紀の身分制動向を整理し，幼学層の増大・奴婢の良民化といった変動とともに，白丁の匠役世襲など，身分持続性の傾向も存在することを指摘している（李俊九［1997］）。白丁・才人（チェイン）・巫夫巫女（ムブムニョ），あるいは駅吏駅民（ヨンニヨンミン）・僧など，良賎身分の中間あるいは周縁に位置し，ときに賎視されることもあった諸集団の生業や身分的位相，社会的結合の様態に関する研究は，朝鮮時代の社会・身分を再考する上で重要な意味をもつであろう。

　朝鮮初期，良賎の間に位置づけられた身良役賎層については劉承源［1987］の研究があり，浜中昇［1997］は朝鮮初期に白丁と改称された禾尺（ファチョク）・才人について名称・生業などを再検討し，従来の異民族出自説を否定する。戸籍などを利用した後期の事例研究に，生鉄匠・水鉄匠（センチョルチャン・スチョルチャン）：山内弘一［1991］，駅吏駅民（雇工（コゴン）・奴婢）：竹腰礼子［1991］・平木實［2001］・井上和枝［2002］，柳器匠・屠漢（トハン）：山内民博［2003］［2005］，巫夫巫女：山内民博［2004］，僧：山内民博［2009-10］などがあり，諸集団の具体相をうかがえる。

〈4〉 家族・親族の変容と社会の諸相

　ⓐ 家族・親族の姿

　社会の基層である家族・親族に関する研究では，17世紀から18世紀にかけて

の変化に焦点があてられている。朝鮮前期，両班・士族層の家族・親族は，姓や本貫が父系によって継承される一方で，婚姻における率壻婚・妻方居住，財産相続における男女均分，祖先祭祀における男女輪回・分割奉祀など，双系的な性格を色濃くもっていた。それが17世紀後半以降しだいに父系的性格が強まり，夫方居住，長男を優遇する財産相続，長男による祭祀継承が広まっていく。門中と称される父系親族集団が形成されるのも同時期であったとみられている。こうした家族・親族研究に先鞭をつけた代表的な研究が崔在錫［1983］であり，それ以後，在地史料の発掘に歩調を合わせ，主として両班・士族層を対象に検討が進んだ。

　財産相続に関しては分財記と呼ばれる古文書が主要な史料となり，その研究は両班・士族の経済的基盤の解明という面ももつ。宮嶋博史［1995］は両班を広く論じる中で財産相続の変化の様相・要因をとりあげ，山内民博［1990］は財産取得と分割のサイクルを検討している。専著に文叔子［2004］があり，祭祀継承と関連させつつ，男女均分から長男優待への変化というだけにとどまらない相続慣行のさまざまな特徴を明らかにしている。

　相続慣行変化の背景には社会的・経済的な要因に儒教的規範がからみあう。家族規範にかかわる儒教の社会化・教化という側面については，妻妾・嫡庶の別の定着過程をとりあげた山内弘一［1990］，葬礼を論じる古田博司［1991］［1992］などがある。古田博司［1994］は変容以前の葬祭慣行の具体相を明らかにし，張炳仁［1997］は女性史の観点から朝鮮前期の婚姻・離婚や姦通などを検討している。

　相続などの変化と軌を一にして朝鮮後期には士族門中(ムンジュン)が明瞭な姿を現し，一族の家系記録である族譜もその性格を変えていく。族譜については宋俊浩［1987］，嶋陸奥彦［2010］，吉田光男［2002b］が歴史的性格を検討し，鄭勝謨［2007］，李海濬［2008］は門中契・書院など門中活動の具体相と社会的性格を考察する。父系親族集団と密接にかかわる養子については族譜・戸籍を用いた吉田光男［2009］がある。

　家族形態・構造に関しても戸籍の利用が可能である。嶋陸奥彦［2010］は大丘府戸籍によって家族・世帯構造の持続と変化を追跡し，井上和枝［2005］は18・19世紀の丹城・晋州(チンジュ)戸籍を用い，戸籍の性格を吟味しつつ人口や家族類型の推定を試みている。人・家の移動という問題にまで視野を広げれば，嶋陸奥彦

［1996］，吉田光男［2008］［2010］が大丘(テグ)・丹城・ソウルを対象に活発な人口移動の様相を見出した。また、戸籍・族譜を利用した人口史・歴史人口学の可能性を宮嶋博史［2004a］，吉田光男［2004］が展望している。なお、初版は古いが、家族・親族にかかわる問題を網羅した金斗憲［2008］は依然この分野の基本文献であろう。1980年代前半までの家族史研究を整理したものに井上和枝［1985b］がある。

ⓑ 社会の諸相

訴訟・請願，あるいは裁判は社会の諸相を映しだすが，朝鮮時代は人々が盛んに訴訟・請願をおこなう社会でもあった。韓相権［1996］［2001］は民の国王への上言・撃錚(キョクチェン)(げきじょう)をとりあげて社会の動向と政府・国王の対応を検討している。原武史［1996］はこうした直訴を日本と比較して一君万民思想を論じ，古田博司［2001］は山訟と呼ばれた墓域をめぐる紛争の事例から国王による裁決の性格を考察する。在地の訴訟・請願文書や訴訟・請願に関する官庁記録・裁判記録も相当数現存するが，山内民博［2007］はその一端にふれている。

史料の面では16世紀以降の日記史料が相次いで発見・刊行されたことも注目される。日記や各種古文書は朝鮮時代の生活史への接近を可能とし，韓国古文書学会［1996］［2000］［2006］は両班・士族層に限らず，家庭・婚姻・出生と死亡・衣食住・各種共同体・信仰など生活にかかわる諸問題をとりあげている。古文書・古記録を収めた史料集は韓国で多数刊行されているが，古文書学としては崔承煕［1981］が必読の文献であろう。大量に残る文集も重要な社会史史料であることはいうまでもない。なお，本書附録でふれられているように韓国では史料のデジタル化が急速に進み，実録などの基本史料に加え，こうした古文書など社会史史料もウェブサイトで閲覧可能なものが増えている。

ⓒ 長期的変動

ここまで述べてきたように従来の変動論に懐疑的な見解がでているとはいえ，17世紀以降，身分制，郷村社会秩序，家族・親族など多方面にわたり大きな変化が生じていたことは認められる。吉田光男［1988］は朝鮮後期を近現代朝鮮社会の基盤になっている社会構造・意識構造が形成された「近世」と規定してそれ以前と区別し，近世固有の論理の解明を提唱した。東アジア史の画期として小農社会を論じた宮嶋博史［1994］は，やはり17世紀頃を朝鮮における小農社会の成立時期とする。それにともなって形成された家族・親族や集落など社会構造上

の諸特徴は近代以降にも継承されたとみて，従来の前近代と近代とを対比させる考えを疑問視した。この議論は，後に東アジアの初期近代という概念に変奏されている（宮嶋博史［2004b］）。また，小氷期現象による「17世紀の危機」という地球規模の環境との関連をとりあげる視角も提示されている（李泰鎮［1996］，金盛祐［1997］）。もちろん長期的な趨勢をみるとき，その指標にはさまざまなものがありうるのであり，長期的変動，ないしそこから導かれる歴史像は常に問い直し続ける必要があろう。 （山内 民博）

⇒ 文献一覧 pp. 393~397

5　朝鮮王朝の思想と文化

〈1〉　朝鮮時代の儒学史

朝鮮時代は一般に儒教(ユギョ)社会といわれるとおり，政治・社会体制から人々の日常生活に至るまで儒教が重要な意味をもっていた。したがって，思想史の面においても，儒教に関する研究が大きな比重を占め，膨大な蓄積を生んできた。今日の日本では儒教が「学問」として過去の精神的遺産のひとつと捉えられているのに対して，韓国では儒教が「文化」として生き続けており，その現代的な意味や思想的可能性が問われるという研究上の違いがある。また儒教の研究史において，その研究対象や内容，意味などから「儒教」「儒学」「性理学」「朱子学」と種々の用語が使用されるが，本書ではこうした用語の違いは論著者の表現に従う。

朝鮮時代の儒学(ユハク)に関しては，山内弘一［2001］が研究の手引きとして有用である。研究史を整理したうえ，基本的な研究文献および目録・事典・資料などが簡潔明瞭に紹介されている。日本語で朝鮮時代の儒学史を概観できる本は，姜在彦［2001］と裵宗鎬［2007］の2冊以外見当たらないのが現状である。前者は，古代三国時代から儒学史を中心に書かれた朝鮮通史であり，後者は1974年に韓国で出された著書の翻訳本であるが，史料を提示しながら朝鮮時代の性理学(ソンニハク)の受容・展開を説明している。

韓国における儒学史研究は，1960・70年代から内在的発展論・近代萌芽論と歩をあわせて「実学(シラク)」研究を中心に大きな進展をみせ，80年代以降は「儒教亡

国論」といった植民地史観を批判する形で,李泰鎮 [2000] などの朝鮮の性理学に対する再評価を受けながら,研究成果が数多く生み出されている。近年の研究では,前期 (15 世紀,性理学の受容期),中期 (16〜17 世紀,心学・礼学を中心とした朝鮮性理学の成立期),後期 (18〜19 世紀,実学や西学・陽明学など新しい思想による脱性理学期) というように時代区分して捉える傾向が一般的である。また 90 年代より個人文集の整理刊行にともなって,思想家の個別研究が盛んになる。そうした研究動向を把握するには,韓国歴史研究会中世 2 分科 17 世紀儒学思想史班 [1992],池斗煥 [1998],高英津 [1999],韓国国学振興院国学研究室編 [2005] が便利である。また,時代ごとの儒学史と儒学者の列伝的な説明を網羅した崔英成 [1995],理気概念によって儒学の展開をトレースした韓亨祚 [2004] がある。さらに,朝鮮後期の思想界の状況を概観した趙珖 [1993],思想史の研究状況を検討した姜万吉編 [2000] (第 6 章「思想と文化」) があり,北朝鮮の儒学研究に関しては鄭在薫 [2008] で紹介されている。

日本語の文献では,井上哲次郎以来の朝鮮儒学研究の動向を批判的に検討した権純哲 [2006] が参考になる。また,朴忠錫 [2001] は,朱子学(チュジャハク)という伝統的な思想規範が 19 世紀以後の近代化にどのように影響したかを展望する形で,朝鮮朱子学が築いた価値体系と規範体系を,道徳的規範主義,正統−異端論,礼学,中華的世界秩序概念,歴史認識などの側面から整理している。近代からの視線ではなく,朝鮮時代に支配の担い手として新たに登場した士林派(サリムパ)の政治・経済状況に即して深化した朝鮮儒教の独自性を指摘した論考に,宮嶋博史 [1986] がある。澤井啓一 [2000] は,儒学のイデオロギー機能を理解するために,「言説」と「プラクティス(慣習的実践)」というコンセプトを取り入れ,朝鮮と日本の儒学を比較し,示唆的な提言を行っている。徳川日本の儒学は,社会的ディシプリン(自己修養)の確立を目指し,その実践(政治=経済プラクティス)へと向かったのに対して,朝鮮の儒学は,個人的なディシプリンに着目し,その実践(祭祀プラクティス)を目指したとする。

〈2〉 朝鮮前期性理学(朱子学)の受容とその深化

ⓐ 建国当初の性理学(朱子学)の受容

朝鮮王朝の創建にあたり,新たな国家建設の主役は,高麗末期に朱子学を受容

した新興儒臣層，特に李穡(牧隠)の門人たちであったが，厳錫仁［1993］は，仏教から性理学への移行が完全なものでなかったため，中国と違って朝鮮の性理学は心性論・修養論へと進むことになったと指摘する。同様にイ・ジョンジュ［2007］も，開国功臣のうち鄭道伝(三峰)や権近(陽村)に代表される斥仏運動はあくまでも朝鮮王朝の易姓革命を正当化する政治運動であったと論じている。さらに，仏教批判の哲学的基盤を築いたとされる鄭道伝の『仏氏雑辨』は『朱子大全』や『朱子語類』にある仏教批判をそのまま援用したに過ぎなかったとする都賢喆［2006］の指摘もある。ともあれ，実際にその後の儒学者に影響を及ぼしたのは権近の思想であり，彼は誠をもって天道の存在原理，敬をもって人道の実践原理としたが，こうした彼の敬誠の重視は朝鮮性理学における修養論の核となる（金忠烈［1984］）。高橋進［1985］および姜文植［2008］は，権近の『入学図説』が，のちに鄭之雲『天命図』，李滉『聖学十図』に影響を与え，彼が整備した学識と教育制度が15世紀の官学の基礎になったと指摘している。

ⓑ 朝鮮性理学(朱子学)の深化と学派の形成

16世紀には，士林派が勢力を拡大するなか，性理学の研究も深化をみせ，「四端七情」論など大論争が繰り広げられた。郷村社会内でも性理学的な教化が進められ，在地士族の教育機関として書院が発展し，地縁・学縁と相まって学問の場では学派が，政治の場では朋党が形成された。学派の形成と展開に関しては，韓国思想史研究会編［1996］の整理がある。

朝鮮の儒学にもっとも大きな影響を残した二大儒が李滉(退渓)と李珥(栗谷)である。このうち李滉は，権近の思想や李彦迪(晦斎)による理気二元論の影響を受け，奇大升(明彦)との間で「四端七情」論争を展開した。李滉研究は，韓国における朝鮮前期儒学研究の中心を成しており，膨大な成果が蓄積されている。退渓研究所から『退渓学研究論叢』(退渓研究所編集部［1997-2000］)が出ている他，同研究所の『退渓学報』や退渓学会の『退渓学研究』などの研究誌が刊行されているので，それらを参考にするのがよい。ここでは，日本語で読むことのできる研究を中心に紹介することにしたい。

李滉の理気論に関しては，李滉・李珥をそれぞれ主理派・主気派に分類して「四端七情」論争を検討した高橋亨［1924］の研究が，日本における最初の本格的な論考であり，李滉の日本儒学，特に崎門学派への影響に注目したのが阿部吉

雄［1965］であった。しかし近年，崎門学派への影響は表面的なものに過ぎなかったとする厳錫仁［1998］や，山崎闇斎は後に李退渓の朱子学解釈に対する評価に疑問を呈していたとする井上厚史［2008］など，阿部の見解に対する批判も出されている。近代日本の李滉研究がもった植民地政策との関連性を衝いた権純哲［2006］の論考は示唆的である。このほか，李滉の「持敬」思想とそれを図式化した『聖学十図』に関する高橋進［1985］の研究，理気論の特質に関する友枝龍太郎［1985］の研究，家族や子弟たちに送った書簡「家書」を通じて李滉を取り巻く社会と彼の考え方を抽出した権五鳳［1991］などの研究がある。「四端七情」論争については，辺英浩［2007］の専論があり，概説として韓国思想史研究会編［2002］や韓国哲学思想研究会［1995］で簡略にまとめられている。ただ，論争という対立項で「四端七情」論，さらには儒学を研究することへの反論もある（韓亨祚［2006］）。

　一方の李珥は，朝鮮における気一元論の先駆者である徐敬徳（花潭）の理気論を批判的に検討しながら，成渾（牛渓）との間で「四端七情」論争を引き継ぎ，李滉の理気論への批判を展開した。ただ，李珥を主気派と単純化することに対しては批判的な論考も出されている（松田弘［1980］，安炳周［2003］）。李珥に関する韓国での研究動向に関しては，栗谷学会が毎年刊行している『栗谷思想史研究』を参照するとよい。

　以上のような李滉と李珥の理気論の違いから，こののち学派・党派が生み出されてくる。李滉の学問は嶺南（慶尚道）地方を中心に嶺南学派を形成すると同時に，政治勢力として東人派（のち南人派）をかたち作り，他方で李珥の学問は京畿・湖西（忠清道）・湖南（全羅道）に広がって畿湖学派を形成し，政治勢力として西人派に成長していった。さらにこの時代，両者のごとく理気論を中心に展開する学問的傾向に反対し，性理学の下学・人事の側面を強調，「義」を重視して実践的学問を追究した学者が曺植（南冥）であった。彼の門下生は，両乱の危機に直面した光海君時代の政界の中心勢力として北人派を形成したが，曺植の思想は，17世紀後半の近畿南人派の学問にも影響を与えたといわれる（申炳周［2000］）。曺植の研究に関しては最近，南冥学研究所の『南冥学関連文集解題』（南冥学研究所［2008-09］）や『南冥学研究』，南冥学研究院［2006］［2008］などで体系的な研究整理が進められている。

〈3〉 朝鮮後期の性理学（朱子学）

ⓐ 礼訟と正学（正統）・邪学（異端）

　朝鮮後期の思想史は，両乱（壬辰倭乱・丙子胡乱）を経て，混乱・疲弊した社会の再建を図る模索の過程とみることができる。そのなかで，従来の性理学を批判する形で18世紀以降に新しい思想潮流として「実学」が出現したといわれる。この時期の研究動向を概観するには，韓国の近代史研究会編［1987］と趙成山［2000］の整理が有益である。

　さて，17世紀の朝鮮思想界で重要なテーマとなったのが礼訟である。己亥礼訟（一次礼訟，1660年）および甲寅礼訟（二次礼訟，1674年）と二度の大きな礼訟が起こったが，それぞれの内容に関しては，政治的な動向を中心に整理した池斗煥［1987］，経学的な意味を考察した権純哲［1993a］が参考になる。また，李俸珪［1996］と金文重［2003］は従来の礼訟研究を整理・検討してその問題点を指摘している。

　朝廷で喪礼における服制が問題となって礼訟が起きた背景には，『朱子家礼』に代表される朱子学的な礼論研究の深化（高英津［1995］，李承妍［1994］，［1998］）と，それに基づく宗法制度の定着（池斗煥［1984］，山内弘一［2006a］［2008］）があった。朝鮮時代の礼論に関しては，慶星大学校韓国学研究所編［2008］がまとめた史料集『韓国礼学叢書』（全60巻）が便利である。さらに礼訟は単に服制に関する意見の対立だけでなく，大同法や戸布法など良役変通論の社会改革案をめぐる西人と南人の対立が礼訟という形で顕在化したものでもあったことが指摘されている（池斗煥［1987］，高英津［1999］）。

　礼訟という朱子性理学の実践における論争は，さらに朝鮮思想界における正統と異端の構図を強化する結果をもたらした（三浦国雄［1982］，朴忠錫［2001］）。宋時烈（尤菴）を中心とする畿湖学派は，学問的に朱子学を唯一正統な学問「正学」とし，他を異端の「邪学」として徹底的に排斥した。この朱子学「正学」化運動の過程で，政治的に西人派は宋時烈を中心とする老論と，彼に反対する少論の二派に分立した。金駿錫［1988］は，礼訟ののち畿湖学派が，儒学の道統である古代中国の聖賢および二程子・朱子に朝鮮の李珥を繋げる朱子道統論を確立していく経緯をあとづけている。宋時烈の思想に関しては，斯文学会編［1992］の体系的な研究論集がある。また，このときに李珥の文廟従祀（山内弘一

[2006b]）をはじめとして，文廟祀典の改正が行われた（鄭玉子［1988］）。

さらに西人（→老論）派は，両乱以降，明清交替という国際情勢のなかで，対外認識の面でも華夷思想に基づく春秋大義から，倭乱時の援軍派兵に対する対明義理論，および清に対する北伐論（ブクボル）を展開した。明王朝滅亡ののち，朝鮮こそが中華文明の唯一の継承者であるとする朝鮮小中華（ソジュンファ）意識を高揚させていった（鄭玉子［1998］）。そうした朝鮮における華夷思想・小中華意識の展開に関しては，山内弘一［2003］が簡潔かつ明瞭にまとめている。

ⓑ 朝鮮後期の理気心性論の展開──「湖洛論争」

朝鮮前期の「四端七情」論争に続いて，後期に問題となったのが「人物性同相違」論および「心体本善有善悪」論であった。これをめぐる「湖洛（ホラク）論争」については，韓国思想史研究会編［1994］および裴宗鎬［2007］が詳細に整理している。これは，人と物の性を「相違」か「倶同」かという点について湖西に在住していた学者とおもにソウルに在住していた学者間で論争されたことから「湖洛論争」と呼ばれた。この時期，ソウル在住の士族とソウル以外に居住する士族の間では，政治的にも学問的にも分離・対立が深化していたことがうかがえる（金文植［1996］，劉奉学［1995］［1998］）。

19世紀に入ると，こうした「京－郷」分離の傾向はさらに深まりをみせる。金文植［1998］［2007］は，清の文物にふれる機会が多いことでソウル近郊在住の学者は多く「北学（ブッカク）」に傾倒し，また老論系が多く居住するソウルや忠清道（チュンチョンド）と南人系が多い慶尚道（キョンサンド）ではテキスト研究に違いがあるなど，学問の地域的な特色が生じていたことを指摘している。地方においては，「湖洛論争」を受けて，人間の内面にある「明徳」が理を主とするか気を主とするかという「明徳主理主気論争」が起きたが，これについては裴宗鎬［2007］の考察がある。

ⓒ「実学」研究

虚学化した朱子学の内部から，現実に目を向けた新しい潮流として生まれたといわれる「実学」派の研究は，1960年代以来，朝鮮後期思想史の最大の関心テーマとなり，膨大な研究が蓄積されてきた。一般的にその先駆は17世紀の柳馨遠（ユ・ヒョンウォン）（磻渓（ボンゲ））に求められ，「実学」的思想が18世紀の李瀷（イ・イク）（星湖（ソンホ））および星湖学派と北学派へ引き継がれたといわれる。そうした実学思想に関する研究文献の目録が檀国大学校東洋学研究所編［1988］と趙誠乙／イ・ドンイン／ユ・スンヒ編［2005］であり，90年代以降のものを集めたのが李豪潤［2006］である。

80年代末から90年代初までの人物別の研究動向を紹介した池斗煥［1998］は，実学思想家についても主要な論文が紹介されており，これらによって韓国における研究の概況をつかむことができる。鄭聖哲［1982］は，実学派とみなされる8人の思想家を考察している。北朝鮮で出版された論著の翻訳であり，北朝鮮の歴史学が朝鮮後期をどのように把握しているかを知ることもできる好著である。日本語の研究文献としては，金泰俊［1988］の洪大容（湛軒）研究，近畿南人派の対日本観を検討した河宇鳳［2001］，丁若鏞（茶山）に関する山内弘一［1982］［1989］［1999］および彼の経学を検証した権純哲［1993a］［1993b］［1994］，中純夫［2002］などがある。

ところで，1980年代を前後する時期からの研究動向の特徴は，それまでの実学認識に対する再検討の気運が高まったことである。山内弘一は一連の研究［1982］～［2007］において，実学者と目されている人々の中華思想および儒学に関する論考を検討し，実学が脱朱子学的であったという見解や近代志向であったとする見方を批判した。金容沃［2004a］［2004b］は，崔漢綺（恵崗）の経学研究を通じて，実学という概念は後代に作られたフィクションであるとする。これに対して小川晴久［1994］は，現代の研究者の実学概念は，近代的契機（近代的実学概念）と近世的実学の合作であるとして，実学の存在否定論に反論している。最近の韓国の歴史学界での研究動向については，韓永愚他［2007］によくまとめられている。シンポジウムの報告集だが，これまでの研究史を総括しつつ，現時点において「実学」を再定義しようという動きをみてとることができる。

植民地期および南北朝鮮での「実学」をめぐる論争をあとづけた権純哲［2005］は，実学研究自体が各時代状況の下での理念性を帯びた哲学的問題であったという。1920年代に日本人学者による効果的な植民地支配のための「実学」の発見があり，30年代の朝鮮人学者による民族の自覚と啓発のための「実学」，解放後の50年代における民族意識の回復をめざした「実学」，60～70年代の高度経済成長期における近代主義と民族主義の「実学」というように，実学研究は各時期の政治社会状況を反映したものであった。そうした行き過ぎた指向性に対する批判や，「反朱子学的な実学」の存在自体への疑問など，実学に関する批判的検討が続けられているのが80年代以降の状況だと指摘している。

また韓亨祚［2007］も，実学研究が韓国の思想史研究の場でどのような役割を担っているかを分析し，植民地支配に対する責任の一端を担わされた朝鮮儒教の

弁明として始められた朝鮮学研究のテーマが,「実学」であったとする。20世紀の韓国における儒教研究が「「実学」というビッグブラザーの支配下」にあったと指摘し, 20世紀後半の韓国での近代化成就と, グローバリゼーションという「外」からの挑戦により多様化しているのが今日の研究状況だと述べている。

ⓓ「脱」朱子学──西学と陽明学

朝鮮後期における「脱」朱子学的な思考の出現として取り上げられるのが, 西学(ソハク)と陽明学(ヤンミョンハク)である。西学とは, 一般的にキリスト教および西洋の学問をいうが, その受容と展開を概略的にまとめたものとして鈴木信昭［2000］および山内弘一［2006c］が参考になる。

17世紀の初めに朝鮮へ伝来した西学では, 主に暦法・天文といった科学技術への関心が高かった。当初, 西学に関心をもったのは, 瀋陽に質として送られ, 清軍に従って北京に赴いた昭顕世子(ソヒョンセジャ)や使節経験者など実際に中国を往復できた人物が主であったが, 昭顕世子とアダム・シャールとの交流については山口正之［1967］の詳しい論考がある。

18世紀に入り漢訳西洋書を通じて西学を総合的に研究したのが李瀷である。その影響から, 18世紀末に天主教信者と, 逆に天主教を批判した儒学者の双方とも星湖学派より出現している。今日の研究では前者を星湖左派（信西派）, 後者を星湖右派（攻西派）と呼ぶ場合が多い。星湖学派の天主教へのこうした態度に関しては, 李元淳［1986］, 姜在彦［1996］, 琴章泰［2003］の研究が詳しい。漢訳西洋書の朝鮮への影響については『職方外記』をもって考察した文純實［2007］がある。また, 天主教の教理と朱子学的思惟の対立を検討し,「実学（西学）−虚学（朱子学）」という二分法的な捉え方を批判したものにベイカー［1997］がある。天主教受容と受難に関しては, ダレー神父『朝鮮キリスト教史』(1874年)の韓国語訳注本（韓国教会史研究所編［1980］）が詳しく, 天主教研究史に関しては, 趙珖［1988］がよく整理されている。

陽明学に関する歴史的研究は, 1933年の鄭寅普［1933］に始まるが, 近年になってとりわけ活況を呈しているテーマである。近代思想の萌芽としての実学研究の再検討が進む中で, 新たな思想の潮流を探りうる分野として陽明学への関心が高まったためであろう。韓国では, 1995年に韓国陽明学会が創立され, 学会誌『陽明学』が刊行されている。これまでの陽明学研究の成果を検討した論著として松田弘［1981］, 中純夫［2005］, 韓睿嫄［2007］, 江華陽明学研究チーム編

［2008］などをあげることができる。このうち中純夫は，陽明学に関する主要な研究文献を取り上げ，丹念にその内容の検討を行っている。また，文献目録としては，韓国陽明学会編［2000］と金世貞［2007］が便利である。

朝鮮陽明学の総論としては，古く高橋亨［1953］があり，韓国では尹南漢［1982］の著書が参考になる。ただし，陽明学者と目される人々の思想内容には不明な点も多く，中純夫［2005］［2007］は江華学派(カンファ)と呼ばれる学者たちの個々の思想を丹念に追跡し，朝鮮における陽明学受容の様相を検討している。朝鮮への陽明学の伝来時期に関しては，崔在穆［1987］が王陽明の『伝習録』初版本が出されてわずか3年後の1521年であることを明らかにした。

このほか，日本と中国の陽明学と比較研究した崔在穆［2006］や，星湖学派との関連（琴章泰［2008］），北学派との関連（劉明鍾［1978］），さらには文学史上における影響（姜明官［1996］）などを指摘する研究が注目される。

〈4〉 その他の思想

朝鮮時代の思想研究は，主に儒教研究が主流でそれに比べれば，他の思想に関する研究が活発とはいえないのが実情である。ここでは，仏教・道教・風水思想について簡単に紹介することにする。

朝鮮時代の仏教研究史を概略的にまとめたものとして金天鶴［2000］［2001］が参考になる。その中でも詳しく紹介されているが，朝鮮時代に限った仏教研究として目にとまるのは，植民地期に書かれた高橋亨［1973］の研究であり，一般的には鎌田茂雄［1987］や金煐泰［1985］のように，朝鮮仏教通史の中で朝鮮時代の抑仏・拝仏政策と，教団の変遷などが紹介される程度に尽きる。朝鮮初期の太宗（1401〜1418）・世宗代（1419〜1450）は，性理学に基づく国づくりを推進するなかで，禅宗(ソンジョン)と教宗(キョジョン)の両宗への統合，寺院数の削減，寺院の所有土地の没収，僧侶の還俗など次々と抑仏政策を実施していくが，こうした仏教政策に関しては，仏教新聞社編［1994］に概略的にまとめられていて参考になる。仏教への弾圧は，朝鮮前期から後期にかけて断続的に強化されていったが，そうした朝鮮後期の仏教研究に関しては，金淳錫［2000］の詳細な研究史整理がある。また，儒臣による仏教弾圧が，逆に民衆と仏教（弥勒(ミルク)信仰）を結びつけることになったと指摘する金三龍［1985］の研究がある。仏教史の文献目録として，2004年ま

での国内外の朝鮮仏教に関する論著目録を集めた金相永・黄仁奎編［2005］が便利である。

道教に関しては，野崎充彦［2001］の概説の他に車柱環［1990］による朝鮮初期の道教思想の紹介がある。また，韓国道教思想研究会（1996年より韓国道教文化学会）編［1987-96］にも朝鮮時代の道教に関する論考が多数掲載されており，研究の手がかりとすることができる。

また，ソウルの遷都や人々の生活空間の思想と大きくかかわった風水(プンス)思想に関しては，崔昌祚［1997］が参考になる。生活史研究が盛況となってきている昨今の研究状況を鑑みる場合，実際に人々の生活に密着していた仏教や道教，さらには風水思想や民間信仰についての研究の進展が望まれる。

〈5〉 文化史

ⓐ 文化史研究の動向

韓国の歴史学界では1990年半ば以降，ヨーロッパの生活史やミクロ史など社会史研究の影響をも受けて，文化史の研究が活気を帯びるようになった。日本においても1980年代ごろから，韓国の伝統文化に対する関心が高まり，翻訳本を中心に建築，美術，食文化，服飾，芸能，科学技術，民俗などの分野で相当数の出版物が出されている。

1990年代前半まで韓国では，国史編纂委員会刊行の旧『韓国史』やハンギル社刊行の同（姜万吉他11名編）［1994-2002］など通史のなかで，科学・技術，風俗，芸術，言語・文学，哲学といった分類史として文化史の叙述がなされてきた。また，文化史の体系的な叙述を目指した高麗大学校の民族文化研究院編［1964-72］や，民俗史の体系である同編［1980-82］，これを増補した同編［2000］などが，文化史研究の状況を示すものとなっている。

そのうえで1990年代後半からは，生活史や社会史というかたちで文化史の著書が数多く出されるようになった。こうした傾向を顕著に表すものとして，社会・経済生活と政治・文化生活に大きく分け，生活史という観点から書かれた教養書である韓国歴史研究会編［1996］や，王・両班・女性のライフヒストリーを追った奎章閣韓国学研究院編［2009-2010］の教養叢書，個人の日記や戸籍といった古文書および絵画史料を通じて人々の暮らしを描き出した韓国古文書学会

編［1996］［1998］［2006］の生活史シリーズ，人々の日常をテーマごとにまとめたチョン・ヨンシク［2002］などをあげることができる。この他に，李圭景(イ・ギュギョン)『五洲衍文長箋散稿』(ゴシュウエンブンチョウセンサンコウ)に描かれた朝鮮時代の風俗，民俗，医術，服飾，障害者の様相などを検討した韓国学中央研究院編［2005］や，黄胤錫(ファン・ユンソク)『頤齋亂藁』(イジェナンゴ)(こういんしゃく いさいらんこう)を通じて個人の政治・社会・経済生活を考察したカン・シニャン他［2007］などが出されている。また，ソウルという空間に生活する人々を描いたものにソウル文化史学会［2003］と姜明官［2003］がある。いずれも，従来はあまり顧みられなかった『朝鮮王朝実録』中の社会史関連記述や個人文集，古典小説，絵画資料などから人々の生活文化を再構築しようとするものである。

　これまでの文化史研究の蓄積をふまえ，韓国では2005年から全60巻の予定で，国史編纂委員会編［2005-］の『韓国文化史』シリーズの刊行が始まっている（2010年までに33巻まで刊行）。第1巻『婚姻と恋愛の風俗図』の第3章が朝鮮時代の婚姻制度，第2巻『学びと教えの終わりのない情熱』の第2章が朝鮮時代の学校制度というようにテーマごとの編集で，各章ごとに詳細な参考文献が提示されていて有益である。このシリーズの刊行にあたって朝鮮時代の文化史研究を整理した高英津［2002］，趙珖［2002］は，研究動向を知る手がかりとなる。

　以下においては，衣・食・住を中心とした生活文化および風俗史，科学史研究の入門となりうる文献にしぼって紹介することにしたい。

　ⓑ **生活文化史**

　朝鮮時代の生活文化に関しては，韓国古文書学会編［2006］が絵画史料を交えて衣食住の様相をわかりやすく示しており，入門書として参考になる。

　日本語で読めるものを中心に紹介すれば，まず朝鮮時代に限ったものではないが，韓国の国立国語院が日本向けに服飾・住生活・民俗信仰などの伝統文化関連用語233語を写真付きで解説した『韓国伝統文化事典』（国立国語院編［2006］）がある。衣生活に関しては，金英淑・孫敬子［1984］および李京子・洪那英・張淑煥［2007］が，図録や写真を掲載し，当時の服飾や装身具について視覚的にも確認できて有用である。食に関しては，朝鮮時代に限らず韓国料理の歴史として多くの教養書が出されているが，史料や研究書を紹介した朝倉敏夫［2000］［2003］のまとめが入門の手引となろう。料理の解説とともに歴史的な展開を解説したものとして，黄慧性・石井直道［1995］や姜仁姫［2000］，尹瑞石［2005］などがあり，朝鮮時代の料理書を紹介した鄭大声編訳［1982］もある。生活空間

としての住居や伝統建築に関しては，朱南哲［2006］および尹張燮［1997］［2008］，金奉烈［1991］の綜合的な建築史があり，民家についての研究には，朱南哲［1981］，尹張燮［1997］，申栄勲［2005］などがある。

　風俗文化に関しては，歳時風俗について，正月・春・夏・秋編に分けて刊行された国立民俗博物館民俗研究科［2004-07］とその電子辞典版や，朝鮮時代の歳時記の国訳シリーズである同［2003-07］がネット上でもみることができて便利である。日本語で読める最近のものでは，張籌根［2003］がある。仮面劇については，田耕旭［2004a］および李杜鉉［1990］があり，日本語訳はないが田耕旭［2007］の巻末には詳細な韓国民俗劇関連論著目録が掲載されていて参考となる。宮中の風俗に関しては，おもに女官の文化生活を扱った金用淑［2008］が日本語訳で読むことができ，宮中で催された宴会に関しては，進宴関連儀軌から音楽・美術・服飾・文学・飲食などを研究した韓国精神文化研究院編［2003］，伝統宴会での演目に注目した田耕旭［2004b］がある。このほか，伝統舞踊に関する成慶麟［1995］，伝統楽器に関する宋恵眞［2001］，化粧と茶文化に関する全完吉［1987］などの研究が注目される。また，読書文化史（洪善杓他［2006］，イ・ミンヒ［2007］，イ・ジェジョン［2009］）や士族が愛用した文具に関する肥塚良三［2000］の研究など，近年はミクロな生活文化をテーマとした研究が徐々に増え始め，朝鮮時代の生活を生き生きと再現する試みがなされている。

　こうした生活史研究に欠かせない史料となる風俗画など絵画史に関しては，安輝濬［1987a］［1987b］および多摩美術大学美術参考資料館編［1986］，国立中央博物館編［2002］が簡便である。朝鮮時代の人々の生活が書かれている古典文学もまた重要な史料といえる。ただ，日本語で読める文献がまだまだ少ないのが実情である。そのような中でも染谷智幸・鄭炳説編［2008］は，主要な20編の古典文学作品の概要を紹介し，日本の古典小説との比較や文献目録などもあって，便利である。他に古典文学に関する概説には三枝壽勝講師・小林泉編［1997］と山田恭子［2008］が参考になる。韓国で出された文学史の概説としては，趙東一［2005］とイム・ヒョンテク［1997］［2002］が有用である。

ⓒ 科学史

　日本で出版されている朝鮮時代の科学史の総論としては，任正爀編［1993］と全相運［2005］がある。前者は科学史の入門書といったものであり，後者は朝鮮時代については天文・地理が詳しく，科学者に関する研究も入っている。研究史

整理としては，任正爀［1995］にも簡潔なまとめがあって参考になる。韓国では近年，西洋科学の視点からの価値判断ではなく，伝統思想つまり性理学的な観点からこの時代の科学技術を再評価しようという気運があるが，その代表的な研究として延世大学校国学研究院編［2005］と文重亮［2006］をあげることができる。

朝鮮前期で注目されるのは，世宗代の科学と地理学に関する研究である。韓国精神文化研究院［2001］は，世宗時代に推進された文化政策全体のなかで科学研究を扱っている。朝鮮時代の地図や地理書について概説した楊普景［2001］は，論文末に詳細な関連論著目録が掲載されていて便利である。朝鮮建国の当初，盛んに地図の製作がおこなわれたが，なかでも代表的な世界地図である『混一疆理歴代国都之図(ホニルカンニョクデグクドジド)』に関する研究には，Ledyard［1994］とRobinson［2007］がある。また，15, 16世紀の朝鮮の世界地図から当時の世界観を検討したものにRobinson［2010］がある。他に朝鮮・琉球・日本の三国の地図と地理情報を記した『海東諸国紀(ヘドンジェグッキ)』を分析するロビンソン［2003］は，この地図が後代まで再生産され続けた事情を明らかにするとともに，地図をテキストとしてどのように読み解くかについて示唆に富む論考である。

朝鮮後期の研究は，中国経由で入ってきた西洋の科学技術との関連が，主に天文・暦学・地理学などの分野について注目されている。天文に関しては，総論として取り上げたものの他に小川晴久［1989］があり，地図に関しては，マテオ・リッチ系地図を検討した鈴木信昭［2003］［2008］がある。文化財庁編集部［2008］は，朝鮮時代の代表的な類型地図に解説を付したものである。この他，朝鮮時代の尺度に関する新井宏［1992］，数学を扱った川原秀城［1996］［1998］などの研究があり，田村專乃助［1983］による気象研究や三木栄［1991］による朝鮮時代の医学についての研究も貴重な論著である。　　　　（文　純實）

⇒ 文献一覧 pp. 397~404

第 6 章

開港期・大韓帝国期

1-a 政治・外交史（日清戦争以前）

　1981 年に刊行された『新朝鮮史入門』「第三章 近代の政治史」において，糟谷憲一は，60 年代半ば以降，朝鮮近代政治史研究は，内在的発展論を軸にして展開されてきたとしたうえで，その問題点として，①一国史的方法，② 社会構成史・経済史研究との結合の弱さ，③ 国家権力の動向や外部勢力の動きなどと連関させての構造的把握の不十分さを指摘した。

　本節で整理する日清戦争以前についての政治・外交史研究は，1980 年以後，実際にこれらの問題点——特に ① と ③——を克服することを課題に進められてきたといえよう。その研究の潮流は，大まかに次の 3 つに整理できる。まず第一に，朝鮮の自主性を強調するあまり，国内的契機による説明に偏りがちであったそれまでの研究の限界を乗り越え，当時の朝鮮がおかれていた国際状況を把握し，それが朝鮮史の展開に与えた影響，すなわち国際的契機に注目しようとするものである。第二に，自主的近代の担い手としての開化派に関心が集中する一方で，相対的に関心が低かった大院君政権・閔氏政権について，その構造および諸政策を実証的に明らかにしようとするものである。第三は，前述の 2 つの潮流を受けて，特に大院君・閔氏政権期の対外関係，外交政策の解明に焦点をあてたものである。以下，それぞれの具体的な研究テーマと成果について紹介していこう。

〈1〉 国際的契機をめぐって

19世紀後半,それまで中国を中心に,華夷思想に基づいて形成されていた東アジア国家間の関係は,西欧諸国の本格的な進出を契機に,大きな変化の局面を迎えた。

この過程における壬午軍乱(イモグルラン)の画期性を論じるものには藤間生大［1987］があるが,糟谷憲一［1992］は,当時の国際状況を,朝清間の宗属関係を基本とする伝統的な外交体制である旧外交体制の解体過程において,近代的・ヨーロッパ的な外交体制である新外交体制が創出されていく過程として捉え,新旧外交体制が並存かつ対立する状況が,朝鮮の対外関係に及ぼした影響について論じた。

浜下武志［1994］は,東アジアにおける1830年代から1890年代にかけての時期を,多角的・多面的な交渉が行われた「交渉の時代」とした上で,これを,受動的なアジアに対する「西洋の衝撃」という視角からではなく,東アジア域内の内在的変化という視角から捉える枠組みについて論じた。ここでは,朝清間の通商拡大と,朝鮮の西欧諸国,アメリカ,日本との条約締結がその重要な要素として取り上げられている。

また,韓国の外交史研究においては,金容九［2001］を代表として,当該時期の国際状況を「世界観の衝突」という視角から分析する研究が行われている。具体的には,①ヨーロッパ国際法を背景とした「国際法秩序」と,日朝関係をめぐる「交隣秩序」の衝突,②「国際法秩序」と,朝清関係をめぐる「事大秩序」の衝突,③イギリスなど西ヨーロッパ文明圏と,ロシアなどスラブ文明圏の衝突が,重ねて考察されている。金容九［2004］は,壬午軍乱,甲申政変(カプシンジョンビョン)といった朝鮮の外交史上の諸事件を,この枠組みにおいて位置づけたものである。世界史的観点の必要を主張して,英露対立に注目する点は,崔文衡［2001］も共通している。この研究は,朝鮮の近代外交を,日清対決というアジア的規模の対立構図と,英露対決という世界史的規模の対立構図が重なった,二重の対立構図の中に位置づけるものである。

しかし,実態から当時の国際関係像を描こうとした岡本隆司［2004］の研究によれば,当時の国際状況についてこのような枠組み整理だけでは割り切れない部分がみえてくる。岡本は,「在来の秩序」の核心である朝清関係を「属国自主」として概念化し,個別の外交上の事件を詳細に分析することを通して,「属国自

主」の形成過程やその動態について検討した結果,当時の国際関係の実態には,清・朝鮮・西欧諸国というそれぞれの立場からのねらいや認識のズレが「曖昧未決」に残された領域――「中間領域」が混在していた様相を明らかにした。

〈2〉 大院君政権・閔氏政権研究

　大院君政権・閔氏政権については,政権構造分析に大きな進展がみられた。糟谷憲一［1990a］は,大院君政権期について,政権上層部を構成する中央の重要官職の就任者を逐一調査し,その党派別姓氏別構成分析を通して,南人・北人の登用の顕著な拡大,外戚勢力の大きさとともに,老論勢力に対して抑圧的であったとされる大院君政権においても,老論優位の体制がなお維持されていたことを明らかにした。この党派別姓氏別構成分析は,地方官就任者についても行われた（糟谷憲一［1999］）。糟谷は続く閔氏政権期についても,同様の重要官職就任者に対する党派別姓氏別構成分析を行い,甲申政変後における老論優位体制の極大化,老論のなかでも驪興閔氏勢力の大幅な伸張を立証した（糟谷憲一［1990b］［1995］［1997］）。これら一連の研究は,党派と門閥による権力編成原理が,当該時期においても朝鮮王朝後期以来連続していることを具体的に示したものであり,当該時期の政治外交史研究の基礎となるものである。

　権力構造の基礎的分析を受けて,当該時期の官制改革についての研究も進められた。具仙姫［2002］は,①統理機務衙門の新設（1880年12月。旧暦――以下同様),②壬午軍乱時の統理機務衙門廃止,③軍乱終了後の機務処設置,④外務を担当する統理衙門（1882年11月。同年12月に統理交渉通商事務衙門に改称）と,内務を担当する統理内務衙門（1882年11月。同年12月に統理軍国事務衙門に改称）の設置,⑤統理軍国事務衙門の議政府への統合（1884年10月),⑥内務府の設置（1885年6月),⑦甲午改革時の軍国機務処設立までの過程を,伝統的な権力構造が,発展的に改編され,近代的官制改革に帰結する過程として整理した。それぞれの機関についても,統理機務衙門（李光麟［1988］),統理軍国事務衙門（韓哲昊［1994］),統理交渉通商事務衙門（田美蘭［1990］,酒井裕美［2007a］［2007b］),内務府（韓哲昊［1995］［1996］)などの研究が蓄積され,政策主体としての「朝鮮政府」の内実が,具体的に明らかになってきた。

　一方,政権の具体的な諸政策についての検討も深められた。大院君政権につい

ては，政権の権力基盤分析をふまえて，その対西洋外交政策，軍備増強策，財政拡充策の実態を総合的に考察した延甲洙［2001］（検討対象時期を閔氏政権期まで含めて「政治変動」という観点から論じた延甲洙［2008］も注目される），宗親府・議政府・三軍府の三府体制を基盤としての政権運営策を分析した金炳佑［2006］，土豪抑圧政策について検討した井上和枝［1990］があげられる．閔氏政権についても，軍備増強策のほか（崔炳鈺［2000］），次節で開化思想との関係から言及される開化政策や経済政策の他に，近年積極的に高宗の再評価を進めている李泰鎮の研究によって，国旗制定や新図書購入，都市整備をはじめとする諸政策の展開過程が明らかにされている（李泰鎮［2000］）．

〈3〉 対外政策研究

ⓐ 日朝関係

1869年11月，明治政府が王政復古を伝えた書契に対し，朝鮮政府は格例に反するとしてこれを受理しなかった．この書契問題の紛糾から，1876年2月の日朝修好条規締結に至るまでの経緯については，明治日本の対朝鮮政策研究としての蓄積があるが，紙幅の都合上，ここでは参照すべき研究として，征韓論の展開過程からこれを整理した吉野誠［2002］，それまでの日朝関係を独占的に運営していた対馬藩の動向に注目した石川寛［2002］をあげるにとどめておく．これに対し，同時期の朝鮮の対日政策という観点からの研究はそう多くない中で，日朝交渉における朝鮮の「内在的論理」に注目した研究として，宋安鍾［1996］［1997a］［1997b］があげられる．この研究は1874年の日朝交渉を再検討したもので，朝鮮側が交渉を再開した要因は1872年以来断絶していた対馬との通交関係を復旧する必要性にあったことを指摘した．

開港以後の日朝関係についても，日清戦争の前史として，軍備拡張や財政問題とのかかわりから日本の対朝鮮政策を分析した高橋秀直［1995］，「日本の対外膨張政策の紆余曲折した展開」を清や欧米列強の動向と関係づけて明らかにした崔碩莞［1997］，1885年に日朝間で結ばれた天津条約の運用状況として，条約第二条に基づく朝鮮軍再編策について検討した大澤博明［2004］［2005］など，日本史分野からの研究が活発に表されている一方で，朝鮮史分野から，すなわち大院君政権，閔氏政権の対日政策を体系的に整理した研究としては，未だに田保橋潔

［1940］を繙かざるを得ないのが現状である。とはいえ，当該時期，ひとつの大きな外交紛争であった防穀令(パンゴンニョン)問題については，吉野誠によって，特に咸鏡道(ハムギョンド)における展開過程（吉野誠［1997］［1998］），賠償交渉の詳細（吉野誠［2008］）が明らかにされている。また1882年まで全4回派遣された対日使節である修信使(スシンサ)の派遣過程や活動内容に関する研究である河宇鳳［2001］，特に1881年に派遣された第三次修信使趙秉鎬(チョ・ビョンホ)一行による「日朝通商章程(イルジョトンサンジャンジョン)」改定交渉を詳細に跡づけた北原スマ子［2004］，駐日朝鮮公使研究である韓哲昊［2001］など，具体的な成果も表され，今後の進展が期待される。

　ⓑ 朝清関係

　朝清宗属関係変質の始点に関しては，燕行使(ヨネンサ)が朝鮮にもたらしたアヘン戦争情報を分析した三好千春の一連の研究（三好千春［1989］［1990］［1994］）が注目されるが，甲午改革(カボギョク)によって宗属(そうぞく)関係が正式に廃止されるに至るまでの過程とその内容を分析することは，朝清関係研究の重要課題とみなされてきた。その際ポイントとなるのは，清の対朝鮮政策研究の成果（代表的なものとして，宋炳基［1985］，権錫奉［1986］，権赫秀［2000］をあげておく）をふまえた上で，清の圧力の性質をどう評価するか，またこれに対する朝鮮側の政策をどう位置づけるかという問題である。

　原田環［1981］は，朝鮮の開国をめぐって李鴻章と李裕元(イ・ユウォン)の間に往来した書簡の分析を通して，朝鮮側が宗属関係を利用して清の援助による鎖国攘夷政策を堅持しようとした一方，清側も宗属関係を利用して朝鮮の対外政策に介入し，自国の安全保障の観点からその鎖国攘夷政策を放棄させたと論じた。特に壬午軍乱後，朝鮮において清の領導下に進められた「開国近代化政策」が，清の宗主権強化を認める方向にシフトしていくにつれ，朝鮮政界は勢力分裂を引き起こし（原田環［1995］），金允植(キム・ユンシク)，金弘集(キム・ホンジプ)，魚允中(オ・ユンジュン)ら親清派によって，清との関係を基軸に国益を追求する政策が展開されるに至ったと論じた（原田環［1985］）。

　朝鮮の自主的近代化を挫折させた要因として，清の強圧的側面をより鮮明に描き出したのは，具仙姫である。具仙姫［1999］は，『朝鮮策略』以来の清による朝鮮開化政策援助，甲申政変後の袁世凱ソウル駐在と高宗の反清自主外交展開，甲午農民戦争当時清兵借兵問題論争の検討を通して，清が朝鮮に加えた外圧は，前近代的な朝貢体制に仮託して，その内実としては近代的な植民地支配方式を適用するものであったと捉えた。これに対する朝鮮の反清政策こそが自主的近代化

の可能性をもっていたが，清の圧迫はこれを挫折させたと論じた。

一方，清の圧力強化を前提としながらも，朝鮮側の独自の意図に基づく自主的対応に注目する研究も進められた。秋月望は，1882年に魚允中が清に赴いて展開した，海禁の解除と朝鮮使節の北京常駐許可を求める交渉（秋月望［1984］），また，朝清商民水陸貿易章程(チョチョンサンミンスリュクムヨクチャンジョン)をはじめとする三貿易章程成立経緯における交渉（秋月望［1985］）をそれぞれ取り上げ，朝鮮側が，宗属関係を対外抑止力として利用しながら，その枠内で実質的な利益を確保するために，巧みな交渉を展開したことを跡づけたが，結果的に三貿易章程の成立は，朝鮮の清への従属度をより強めるものとなったと指摘した。また，崔蘭英［2002］は，当時の国際環境を，「朝貢関係」と「条約関係」が同等に認められる二重外交関係であったと規定した上で，閔氏政権の外交政策は，国益にしたがって，それぞれにおける理論を使い分けるものであったことを明らかにした。酒井裕美［2005］も，朝清商民水陸貿易章程を手がかりに，反清政策としては割り切れない，朝鮮独自の対清政策展開過程を跡づけたものである。

ⓒ 対西欧関係

朝鮮は1882年5月に，アメリカとの間に修好通商条約を調印した。この交渉は李鴻章の指導下に，馬建忠が中心となって進められ，朝鮮側は直接関与できなかったので，先に言及した清の対朝鮮政策研究の中で言及されることも多いが，長田彰文［2004］はこれをあくまでも朝鮮の対米政策展開過程から論じたものである。その他，朝米関係の専論としては，当時の朝鮮の対米認識に踏みこんだ宋炳基［2005］，1866年のシャーマン号事件から，条約締結後の報聘使(ポビンサ)派遣，常駐公使(ほうへいし)派遣などの朝鮮の対米政策と，アメリカの対朝鮮政策を合わせて考察した金源模［2003］があげられる。

アメリカに次いで朝鮮は同年6月にイギリス，ドイツと条約を調印したが，本国で批准されず，1883年10月に再交渉が行われた。1885年に勃発した巨文島(コムンド)事件も含めて，イギリスの対朝鮮政策を論じたものには，佐々木揚［1997］がある。

また，1860年に北京条約により清が沿海州を割譲したことで朝鮮とも国境を接することになったロシアがある。この問題については秋月望［1991］があり，1884年5月に調印された条約も含めて，1880年代の朝露関係について論じたものには佐々木揚［1987］がある。一方北原スマ子［1995］は，日本や清からもた

らされたロシア脅威論が，朝鮮政府の対西洋開国決定に大きな影響を与えたことを明らかにした。　　　　　　　　　　　　　　　　　　　　　（酒井 裕美）

⇒ 文献一覧 pp. 404~407

1-b　政治・外交史（日清戦争〜韓国併合）

〈1〉　大韓帝国の再評価

　1970年代に金容燮(クァンムグヒョク)によって提唱された「光武改革」論は，1980年代以降の韓国でその存在が広く認知されるようになり，近年は日本でも通史に叙述されることが多くなった。ただし，光武改革は，地主的立場からの相対的に自主的な改革という点で社会経済史的側面から評価され，政治史的には専制化などの点で否定的に評価されていた。しかし，1990年代以後，大韓帝国の政治史へと関心が広まるとともに，皇帝高宗(コジョン)を「開明君主」として評価する動向も現れるようになった。この動向を代表するのが李泰鎮［2000］，翰林大学校韓国学研究所［2006］であるが，その研究史的背景として，①英祖・正祖の再評価の延長線上での高宗の再評価，②後述の第二次日韓協約（保護条約）無効論と関連した高宗の抗日姿勢の再評価，③1980年代以降の開化派に対する否定的評価にともなう，光武改革に対する高評価への傾向，④いわゆる「植民地近代化論」への対抗があげられる。④に関して補足すると，とりわけ「植民地近代化論」が朝鮮土地調査事業を「近代的土地制度」の確立として評価したことに対し，量田(ヤンジョン)事業を筆頭とする光武改革を「自主的改革」として評価しようとする「内在的発展論」の立場から出たものである。教授新聞企画・編［2005］は，「大韓帝国・高宗再評価論」，「植民地近代化論」，「内在的発展論」の三者による論争を集成したものである。近代朝鮮政治・外交史研究は，かつてのように大韓帝国・皇帝の存在そのものを度外視して進めることはできなくなったが，しかし大韓帝国と高宗をめぐる議論は，今後も実証研究をともないながら深められなくてはならない。

　さて，日清戦争から韓国併合に至る時期を通して扱った政治・外交史研究として，森山茂徳［1987］がまずあげられる。日清戦争後の東アジアに成立したバランス・オブ・パワーとその崩壊の過程，日本の朝鮮保護国化政策と路線対立，高

宗の「勢力均衡政策」にともなう韓国政府内の党派対立，統監伊藤博文の対韓政策（「文化政策」と「自治育成政策」）とその挫折，韓国における李完用派と一進会の対立，韓国併合と満州問題の連関が同書の論点である。韓国では，徐栄姫［2003］が，大韓帝国の「絶対主義的皇帝権」と「光武政権」の構造（「勤皇勢力」「政府大臣」などの「複合体」），韓国保護国化によるその解体の過程，政権内の各々の勢力の意向を反映した外交政策（初期の親露反日外交，日露開戦前夜における勤皇勢力の中立化政策と一部大臣の「韓日同盟論」への包摂，保護国化後の「密使外交」）などを論じた。同書が森山と同じく『駐韓日本公使館記録』をはじめとする日本側史料を多く使って大韓帝国の反日・抗日的側面を描き出そうとしているのに対し，玄光浩［2002］［2007］は欧米の史料・文献も使いながら，大韓帝国の外交政策について，通説的な「親露反日」には収まらない，「（東アジア）三国提携構想」「反露親日」的側面などに目を向けており，より多面的な大韓帝国像を描いている。なお，李盛煥［2005］は，概説的ながらも韓国での先行研究を批判的に検討しながら，大韓帝国の中立化政策の展開を論じている。

〈2〉 日清戦争〜日露戦争期の政治と外交

　日清戦争期の朝鮮については，朴宗根［1982］が第一次甲午農民戦争から「反日義兵運動」までを扱っている。日本軍の景福宮占領，甲午改革の評価，義兵運動の起点が重要な論点であるが，そのうち日本軍の景福宮占領に関連して，檜山幸夫［1989］による「日朝戦争」論，新たな史料の発掘による中塚明［1997］が注目される。甲午改革については，朴宗根［1982］がその自主性に疑問を付した。一方，韓国の研究では柳永益［2000］がその主導勢力を「愛国的反逆者」と評価し，王賢鍾［2003］が次節でみる韓国での開化派評価の流れを受けて，その階級的限界性を述べている。甲午改革に関する研究は，自主的か他律的かという評価に偏った嫌いがあり，政治過程についてさらに研究が深められる必要があろう。なお，警察制度について，改革当初の朝鮮開化派の「民衆の自立的な生活空間を保障」する警察構想が，日本の干渉によって挫折させられたという伊藤俊介［2003］がある。

　大韓帝国の成立について，奥村周司［1995］が高宗の皇帝即位儀礼からその東アジア史的意義を明らかにしており，画期的である。また，崔文衡［2001］は英

文史料・文献を駆使して1880年代から日露戦争開戦前夜に至る朝鮮の国際環境を論じたものであり，李玟源［2002］は，特にロシアの動向を中心に大韓帝国の成立を論じながら，日本側史料に対する史料批判の必要性を訴えている。大韓帝国の性格を考える上で，ロシアの東アジア政策に関する研究が不可欠であるが，和田春樹［2009-2010］が今後の研究のスタンダードである。また，アメリカの対韓政策については，長田彰文［1992］が，「桂－タフト協定」をはじめ，朝米条約に基づく朝鮮のアメリカに対する期待に応えられなかったセオドア・ルーズベルトの姿勢を問題視している。

大韓帝国は，1899年の「大韓国国制（テハングックッチェ）」にみられるように専制体制を構築するが，その過程と構造について，前出の徐栄姫［2003］が代表的な研究である。また，概説的ではあるが，大韓帝国の専制体制と「自主的近代化」を結びつけて論じたものに，都冕会［2004］がある。大韓帝国の政治史については，いまだ実証研究が不足しているが，軍事制度について徐仁漢［2000］があり，その他に日本語で読めるものとして，浅井良純［1995］，原智弘［2006］の官吏に関する研究，吉川友丈［1999］の地域社会に関する研究がある。なお，朝鮮近代史における政治文化の研究という新たな視点については，趙景達［2003］が研究成果と今後の課題を手際よくまとめており，思想史・運動史研究にとっても有用である。

〈3〉 日露戦争～韓国併合

日露戦争の結果，日本は韓国を保護国化し，さらに韓国を併合した。日本がなぜ1910年に韓国を併合したのかという問題について，前出の森山茂徳［1987］は，統監伊藤博文の保護政治の挫折という内在的理由と，満州問題をめぐる欧米列強の日本の対韓政策に対する規定性という国際的理由から論じた。一方，日露戦争を「世界戦争」と捉える崔文衡［2004］は，ヨーロッパにおけるドイツ包囲のための英・仏・露三国協商に日本が加わる「四国同盟」の成立と，満州の鉄道問題をめぐる日・露・米の駆け引きという国際関係の推移の中で韓国併合（ハングクピョンハプ）の過程を論じている。森山によれば，伊藤は基本的に韓国併合に反対の立場に立っていたが，崔の議論は伊藤を含めて日本の対韓政策は，日露戦争終結以前から韓国併合推進であるということが前提になっている。崔のような見解は，伊藤は漸進主義者だったと述べるものはあるものの（崔昌錫［2004］など），韓国の研究者

の共通理解とみてよい。一方，松田利彦［2009］（第1章）は警察機構の三系統（韓国警察・領事館警察・駐韓憲兵隊）の比重の推移との関係で，日本の朝鮮植民地化政策を論じている。また，小川原宏幸［2010］は，伊藤の韓国併合構想は聯邦論だったとした上で森山の説を批判し，伊藤の対韓政策も帝国主義的であったことを強調した。また，伊藤博文の対韓政策に関する日韓共同研究の成果として，伊藤之雄・李盛煥編［2009］がある。

日本における対韓政策論の複数性は疑う余地がなく，それに応じた韓国側の動きにもさまざまな形態がありえた。そのうち，一進会とその背景にある日本人政客の対韓政策論については研究の蓄積が進んだ。代表的なものとして，永島広紀［1995］［2001］，林雄介［1997］［1999a］［1999b］の基礎的研究，「政合邦」論に関する金東明［1993］，小川原宏幸［2010］（第4章），天佑俠・黒龍会研究である姜昌一［2002］をあげておく。また，愛国啓蒙運動団体などにかかわった日本人政客の動向について，池川英勝［1985］［1986］［1990］［1996］の丹念な調査があり，愛国啓蒙運動の個別の活動について，田口容三［1988］，林雄介［1991］がある。さらに，森山茂徳［1987］が提示した伊藤博文の「自治育成政策」の核心のひとつをなす司法制度改革との関連で，法制史から韓国保護政治を考察したものに，①森山茂徳［2004］，②李英美［2005］，③浅野豊美［2008］（第II編）がある。①は伊藤博文の「司法権の独立」構想と，その挫折の内的・国際的理由を論じ，②は森山の問題提起を受けながら，伊藤のもとでの裁判制度・法典調査事業を実証的に跡付けたものである。③は韓国の不平等条約改正問題を切り口に伊藤の韓国法制度改革に迫り，それに対する在韓日本人社会の批判，国際関係からの規定性を論じる中で，伊藤の「日韓共同主義による自治」という保護政治の構想が挫折し，併合へと至ることを論じている。論点は多岐に及び，ここで略述することは不可能であるが，次にみる保護条約有効・無効論争を含めて，既存の研究視角に根本的な変更を促しており，今後の議論が期待される。

最後に，1991年の「日朝交渉」を機に再燃した保護条約・併合条約の有効・無効論争について言及しておく。「日韓交渉」当時からの保護条約の無効論は，主に強制による条約は無効であるという点に根拠をおいていたが，1990年代以後のそれには，さらに条約の形式および条約締結の手続に違法性があるという論点が加わった。1998年から『世界』（岩波書店）誌上で繰り広げられた論争は，「合法不当論」と「無効論」という構図にまとめることができる（『世界』に掲載

された論考は，韓国で李泰鎮［2001］にまとめられている）。双方の立場を併記した書籍としては，海野福寿編［1995］，日韓歴史共同研究委員会［2005］がある。「合法不当論」からの研究成果として，海野福寿［2000］，海野福寿編集・解説［2003］があり，「無効論」からの研究成果として，李泰鎮編［1995］，ソウル大学校韓国文化研究所編［2003］，康成銀［2005］，笹川紀勝・李泰鎮編［2008］がある。また，韓国皇帝高宗の保護条約に対する態度をめぐって，高宗の韓国大臣に対する「協商」命令があったとする原田環［2004］，海野福寿［2005］と，それに対する李泰鎮の反論（前出の笹川紀勝・李泰鎮編［2008］の第2章第3節）がある。　　　　　　　　　　　　　　　　　　　　　　　　（月脚 達彦）

⇒ 文献一覧 pp. 407~408

2　思想史・運動史

〈1〉　開化派と開化思想

ⓐ 内在的発展論とその批判

　内在的発展論に基づく朝鮮近代史の中心課題であった開化派（ケファパ）・開化思想研究は，姜在彦［1980］によって集大成された。姜によれば，17世紀後半から19世紀前半に展開した実学（シラク）によって，「西欧的民主主義の伝播を待つまでもなく，儒教的名分秩序をくつがえすような近代的民権思想の原型が，儒教内在的に創出され」ていたが，それを継承しつつ1860年代からの「資本主義列強のインパクトに触発されて」，1870年代に「近代的変革思想」として「質的転換」をとげたのが開化思想である。開化思想を担った開化派の源流は朴珪寿（パク・キュス）にあり，その後1882年の壬午軍乱（イモグルラン）を契機に「変法的」と「改良的」の2つの派に分かれ，「変法的開化派」が企てた甲申政変（カプシンジョンビョン）は，「「上」からのブルジョア改革を志向」するクーデターであるという。この開化運動の第一段階の後，1890年代後半に活動した独立協会（トンニプヒョッフェ）が万民共同会（マンミンゴンドンフェ）を通じて開化思想を民衆に広め（開化運動の第二段階），さらに日露戦争後の日本による国権剥奪に直面して，開化思想は「国権回復」を目的とした「愛国啓蒙運動」を支える思想に転換した（開化運動の第三段階）というのが，今日でも影響力をもつ開化派・開化思想の体系である。

姜に代表される内在的発展論に基づく開化派・開化思想に対して，一国史的方法である，また，（西欧）近代的側面だけを取り上げる「浮彫的方法」であるとの批判がつとに提示されていたが，根本的な問題提起が行われたのが，1984年の朝鮮史研究会大会「甲申政変100年」である。糟谷憲一［1985］は，この時点における開化派・甲申政変に関する的確な政治史からの研究史整理であり，ここで提起された課題は今日においても有効なものが多い。原田環［1985］は，清との関係を機軸に閔氏政権の対外政策を担った金允植(キム・ユンシク)の活動とその論理を考察したもので，金玉均(キム・オッキュン)ら「変法的開化派」に比べて不振だった「改良的開化派」（原田環［1997］は「事大派」内部の「親清派」と位置づけている）に関する本格的な研究の嚆矢である。この大会ではまた，内在的発展論の近代主義的性格に対する批判が提示された。宮嶋博史［1984］は，朝鮮に「近代西欧思想とまったく同じ近代思想が内在的に出現することは，そもそもありえない」にもかかわらず，姜在彦に代表される既存の開化思想研究は，近代西欧思想を基準とするため，それと開化思想との違いは開化思想の「限界性と脆弱性」と捉えざるをえなくなること，これと関連して朝鮮から西欧的近代を相対化・批判する視点が出てこないことという問題点をあげ，開化思想と西欧近代思想の違いに積極的に着目し，その違いの原因を両者の「思想的伝統」のあり方に求め，そこから近代朝鮮の思想史的営みを究明すべきことを主張した。また，趙景達［1985］は，内在的発展論が一方で明治日本の「大国主義」を批判しながら，もう一方で明治政府を模倣して朝鮮の富国強兵化を試みた甲申政変を高く評価するのは，「方法論的アポリア」だとし，既存の研究では限界性とみなされていた開化思想の儒教的側面（特に「改良的開化派」のそれ）に着目し，そこから日本帝国主義を批判する論理としての「小国主義」を見出した。この大会によって，その（西欧）近代的性格を強調してきた開化派・開化思想研究の方法的問題性が明らかになり，その後の研究に大きな影響を与えたといえる。宮嶋博史［1986］，趙景達［1989a］［1989b］［1991］［1995a］［1996］は，この朝鮮史研究会大会での問題提起を発展させたものである。また，月脚達彦［2009］（第二章）は，これらを受けて儒教的側面を含んだ開化思想の全構造的把握を試みたものである。

　このような「変法的開化派」と甲申政変の相対化とともに質・量を増したのが，「改良的開化派」に関する研究である。趙景達［1987］は，金允植の儒者としての思想的営みの中に，民衆を変革の主体とする視点の獲得の可能性を探っ

た。また、趙景達による「小国主義」の提唱、中国史研究における「朝貢貿易システム」論の展開などに触発され、「改良的開化派」の国家構想・国際法理解などについての関心が高まった。尹素英［1990］と秋月望［1990］は、ともに魚允中(オ・ユンジュン)に関する研究であるが、秋月が魚は朝鮮の「自主」を主張するものの万国公法でいう主権国家の発想をもたなかったとするのに対し、尹は魚が清との宗属関係の廃止を構想していたという点で異なっている。さらに、原田環による着目以来、開化派の国際秩序認識のキーワードとなった兪吉濬の「両截(りょうせつ)体制」論に関連して、趙景達［1989a］が従来の評価を一転させて、兪は朝貢体制と万国公法体制の均衡による「二重体制」を模索したと述べたが、これに対して月脚達彦［2009］（第1章）、金鳳珍［2004］が異論を唱えている。

ⓑ 民衆的民族主義と開化派研究

1980年代の韓国では、「民衆的民族主義」に基づき、開化派の階級的性格に規定された反民衆的・反民族的性格の側面に注目する研究が発表された。この研究動向は、金容燮が提起した「光武改革(クァンムゲヒョク)」論を引き継ぐものであり、鄭昌烈［1982］によって先駆的に近代朝鮮の「変革運動」に関する枠組みとして提示された。その後、鄭昌烈・朴玄埰編［1985］において、「民衆的民族主義」の立場から「東学農民戦争」（朴贊勝）・独立協会（朱鎮五）・「義兵戦争」（金度亨）それぞれの個別研究が発表された。同書に収められた朱鎮五［1985］、および朱鎮五［1986］は、金容燮による開化派批判を独立協会について実証的に深めたものであり、また、朱鎮五［1989］も金容燮の議論を受け継ぎ、開化派を「執権・官僚勢力」の一部と位置づけた。そうして、朱鎮五［1993］では、内在的発展論において「ブルジョア改革」などと評価されてきた甲申政変を、民衆主体の変革に対する阻害要因として規定するに至り、韓国では1990年代以降、開化派を否定的に評価する傾向が強まった。こうした傾向に対して、韓国近現代社会研究会［1998］が「行き過ぎた民衆偏向の歴史理解」を批判し、開化派を再評価しようとする意図のもと、「時務開化派」（姜在彦の「改良的開化派」にあたる）やその思想である「東道西器(トンドソギ)」論を含めた共同研究も行われたが、韓国において開化派・開化思想に関する研究は今日に至るまで低調である。

その一方で、独立協会をはじめとする開化派の近代性を高く評価する慎鏞廈らの研究を引き継ぐ研究も行われた。国史編纂委員会編［1999］は、基本的にその方針で書かれた開化派と甲申政変に関する通史であり、開化派における民権思

想・民族主義の発展を扱ったものに柳永烈［1997］［2006］，金淑子［1998］がある。また，李光麟［1986］［1989］［1993］［1994］［1999］，柳永益［1992］，崔起栄［1991］［1997］［2003］，尹炳喜［1998］は，手堅い実証研究の成果である。

ⓒ **甲申政変以前の開化派と開化思想**

開化派の形成に影響を与えた朴珪寿(パク・キュス)について，その先鞭をつけた原田環の研究は原田環［1997］に集成されており，韓国でのまとまった研究としては，李完宰［1998］［1999］，孫炯富［1997］がある。琴秉洞［2001］は日本滞在中の金玉均に関する大著であり，開化派研究には必読の書である。開化派と日本については，その他に「開化僧」李東仁(イ・ドンイン)の活動について韓晳曦［1988］があり，兪炳勇他［2004］，朴忠錫［2006］は朴泳孝(パク・ヨンヒョ)の政治思想に関する研究である。甲申政変について，康玲子［1985］が山辺健太郎の問題提起以来，甲申政変研究の争点となっている『甲申日録(カプシンイルロク)』の異本を対照・整理した。また，『甲申日録』に記載された14カ条の「政令」について，1884年政令研究班［1998］が特集「1884年政変の政令分析」で，「政令」のうち対清外交改革構想・門閥廃止論・商業改革構想・軍制改革構想の歴史的背景を分析した。一方，金河元［1991］は『甲申日録』を甲申政変そのものに関する史料としてではなく，亡命後の金玉均(キム・オッキュン)の政治活動に関する史料として扱った。甲申政変に関するまとまった研究としては朴銀淑［2006］があり，主に「政令」の分析を行った上で，甲申政変を清からの「独立」を目指し「封建体制を維持しながら上からの資本主義化を試みた「ブルジョア的」改革運動」と位置づけた。また，1980年代からの韓国の研究動向を受けて民衆の視点からも評価を行い，日本を敵とみなして反開化の立場に立つ民衆によって甲申政変は打倒の対象とされ，さらに政変の失敗によって開化政策推進に対する「反動と逆効果」がもたらされたとする。

ⓓ **甲午改革・独立協会・愛国啓蒙運動**

前出の姜在彦［1980］が，甲午改革を「権力の奪取と維持における他律的性格からして，開化運動の各段階からは除外」したことにみられるように，内在的発展論において甲午改革は評価に窮するテーマであった。甲午改革とそれを担った開化派に関する史料を渉猟した柳永益［2000］は，甲午改革を「対外依存的近代化運動」として朝鮮開化運動に位置づけたもので，柳永益［1998］とともに必読の書である。甲午改革で主要な役割を果たした兪吉濬(ユ・ギルジュン)について，金鳳烈［1998］が基礎的研究を行い，鄭容和［2004］が政治思想史の観点からその文明観を考察

している。また，甲午改革期に中央政界に台頭し，独立協会の創設を主導した親米的な開化派について，韓哲昊［1998］がその形成から大韓帝国期へと至る活動を実証的に研究した。

独立協会に関する研究は，前出の朱鎮五［1985］［1986］が代表的なものであるが，月脚達彦［2009］（第5章）は独立協会を民衆的・民族的性格から評価するのではなく，国民国家の政治文化の形成という点で考察したものである。また，柳永烈［1985］は，独立協会で主要な役割を果たした尹致昊について，思想形成から「親日活動」へと至る論理を思想内在的に考察した。

愛国啓蒙運動については，田口容三［1980］［1982］が『韓国開化期学術誌』の復刻を受けて基礎的な研究を行った。また，1980年代までの韓国における基礎的な研究は趙恒来編［1993］にまとめられている。1980年代の韓国における民衆的民族主義の提唱の中で，愛国啓蒙運動研究も大きく変わった。金度亨［1994］は従来の研究がこの運動の日本に対する抵抗的な面だけを取り上げてきたことを批判して，日本の侵略に対する「妥協的」「敗北主義的」な思想潮流があることを指摘し，朴贊勝［1992］は植民地期の「民族主義右派」の前史としてこの運動を位置づけた上で，運動路線の違いから4つの「系統」に分類した。ともに運動の名称に「愛国」という言葉が使われていない。また，月脚達彦［2009］（第9章）はこの運動を文明観・日本観によって妥協派と非妥協派に分類し，後者から申采浩に代表される日本に対する全面対決論が現れると指摘した。金度亨・月脚，および趙景達［1989b］［1991］は，主に社会進化論の受容のあり方にこの運動の問題点を見出したが，佐々充昭［2002］は朝鮮で受容された社会進化論が，すでに日本で「歪曲」されたものだとする。この時期は，朝鮮におけるナショナリズム形成の画期にあたるが，特に民族史学の形成に与った朴殷植と申采浩について，研究者の間で評価の違いが大きい。ここにあげたものの他に，原田環［1986］，鄭昌烈［1990］が代表的なものである。民衆運動・義兵運動などと合わせて，今後朝鮮ナショナリズムの形成について，議論が深められることが望まれる。

（月脚　達彦）

〈2〉 衛正斥邪思想と義兵

　日本における義兵（ウィビョン）闘争に関する本格的な研究は，姜在彦［1970］を嚆矢とするといってよいが，その後，日本語で読める専論としては，義兵将の評伝類を除いては糟谷憲一［1977］があるくらいで，本書が主たる対象とする80年代以降の研究動向については，韓国の研究を参照せざるを得ない状況にある。まず，80年代を代表する研究として取り上げるべきは趙東杰［1986］［1989］である。趙は朝鮮の民族主義を，朱子学的普遍主義が支配する以前の「古典的民族主義」と，外と差別化された民族の同質的発展を図らんとする「近代的民族主義」に区分し，後者をさらに「市民的民族主義」と「民衆的民族主義」とに区分する。ここで「民衆」とは，封建社会解体期に市民が担うべき役割に空白が生じ，それを補うべく登場した歴史的実体であるとされる。つまり，一般的には市民が成長して民族主義を担うべきところ，朝鮮においてはその成長が阻害されていたために，「民衆」がそれに対置されたとするのである。そして，市民的民族主義は開化運動→独立協会→啓蒙運動と流れ，民衆的民族主義は民乱→甲午農民戦争→前期義兵闘争→光武農民運動（光武年間の農民運動）→後期義兵と流れたとする。さらに，この前提のもと，義兵闘争を時期区分し，各時期を民族主義の発展段階と連結させることを試みた。すなわち，第1期（1895～96）＝古典的民族主義，第2期（1905～軍隊解散）＝民衆的民族主義，第3期（1907年軍隊解散以後）＝啓蒙運動左派と義兵の結合＝民衆性と市民性の結合とし，その結果，第4期（南韓大討伐作戦以後）において独立軍に転化していく義兵らの政治理念として共和制が定着するという見通しを立てた。次に取り上げるべきは，金度亨［1985］である。そのタイトルが示すように，特に後期義兵（上の区分でいえば第2期以降）について義兵将や兵力の主体を分析し，義兵兵力の主体は農村から遊離した（あるいはしかかった）農村半失業層，都市貧民・雑業層，賃労働層，火賊など，もともとは貧農層に属する民衆であり，その基盤も農村にあり，その行動も農民層の利益を代弁するものであって，農民出身の義兵将が増加するのも当然であるとした。

　この趙東杰，金度亨の研究が，その後の韓国における義兵闘争研究の流れを決定づけたといっても過言ではなかろう。すなわち，民衆運動としての義兵闘争観である（韓国における民衆運動の概念については，次項の冒頭を参照のこと）。趙

東杰の設定した流れによれば，東学農民軍は当然に義兵に合流するのであり，その後のさまざまな民衆運動の主体として登場してくることになる。趙自身は，東学農民が義兵に合流したのは官憲の追及を避けるための「潜跡性」のものとしているが，農民軍の合流自体は否定していない。義兵闘争＝民衆運動という観点からは，当然の帰結である。しかし，その根拠になっているのは黄玹(ファンヒョン)の『梅泉野録』のある一部分であり，農民軍の義兵への合流説はそれを誤読した結果であるとする批判はすでに糟谷憲一［1977］によって提出されており，近年の韓国の研究でも糟谷に賛同を示すものもあるが（例えば金祥起［1997］），現在でもこの枠組みは影響力を維持しているようにみえる。大きな枠組みを提示することは必要だが，特に前期義兵を民衆運動と位置づけるには，今ひとつ根拠が不足しているとの感は否めない。また，義兵闘争＝民衆運動という歴史観の然らしむるところ，義兵闘争（特に後期）に反封建的性格を見出そうとする傾向が，特に最近の研究には顕著である。ただ，そうした動きが一部にあったことは事実として，それを義兵闘争の歴史的意義として捉えるべきなのか，あるいは切り離して考えるべきなのかは，地域性の問題とも関連して簡単には結論が出ない課題とはいえ，別途考察する必要があるように思われる。

さて，こうした状況のなか，90年代に入ると義兵闘争を主題とした博士学位論文も出始め，研究も多数発表されてくる。多くは個別事例研究であるが，日本の研究状況とは大きな開きがある。ただ，紙幅の関係からここではそのうち特徴的な著書をいくつか紹介することにとどめざるをえない。

まず，義兵将の多くを占めた衛正斥邪派(ウィジョンチョクサパ)儒生の理論的支柱となった華西李恒老(ファソイ・ハンノ)の思想および，それと前期義兵との関係性を述べたものとして呉瑛燮［1999］がある。洪淳権［1994］は後期義兵闘争がもっとも盛んに展開された全羅道(チョルラド)について分析したものであるが，開港後の全羅道がおかれていた社会経済的状況を丁寧に分析し，そこから義兵闘争が展開される背景を説明している。金祥起［1997］は前期義兵を集中的に研究したもので，その初発点を日本軍の宮廷クーデター直後に安東で挙兵した徐相轍(ソ・サンチョル)に求め，「甲午義兵」という名称を用いているのが特徴的であるが，この蜂起については東学農民軍の一部とみる研究者もいる。なお，本書は冒頭に50頁にわたる研究史整理・課題設定の序章を設けており，大いに参考になる。朴敏泳［1998］は第2部第2章で，先述した趙東杰の指摘にあったような啓蒙運動と義兵との連携について，大韓協会鏡城(テハンヒョプェキョンソン)支会の事例をあ

げて説明している。また，柳麟錫(ユ・インソク)の本拠地であった堤川(チェチョン)を中心とする義兵闘争については具玩會［1997］に詳しい。

　ところで，上にあげたものを含めこれまでの研究は，さまざまな見解の相違はあるにせよ，義兵闘争が下からの自発的な運動であったという点では基本的に一致をみている。ところが，こうした見方に真っ向から異を唱えたのが呉瑛燮［2007］である。呉によれば，義兵は高宗およびその側近勢力との密接な連携のうえに成り立っていたのであり，高宗はその頂点にいて背後で反日義兵闘争を支援，指揮していたとされる。やや実証に難がある部分もあるが，今後の研究ではふまえておかねばならない論点だろう。さらに，一般にいわれている，義兵が併合後に独立軍(トンニプクン)に転換していくという見通しはあまりにも誇張であるという主張や，後期における平民義兵将や兵力主体である農民出身層は傭兵的性格が強いという主張などは注目に値する。特に後者は，いかにして民衆が「義兵闘争」という非日常に動員されていくのかを考える上で示唆的である。前述のとおり，貧農出身層が兵力の主軸であることはすでに定説となっているが，彼らは民衆運動の担い手として評価されることはあっても，生活のために義兵に合流していったという形で言及した研究はあまりない。もちろん，それだけで義兵を説明することはできないが，生活者としての義兵という観点の必要も感じさせる主張である。なお，本書の第五部第二章は義兵闘争に関する資料の詳細な解説となっており，非常に有益である。義兵研究を始めようとする者にとっては必読といえよう。

　また，義兵に関する専論ではないが，慎蒼宇［2008］は，次項で紹介するような民衆のメンタリティを重要視する方法論に刺激を受けて，無頼輩→憲兵補助員→義兵という流れをたどった人物を取り上げてその心性に迫ろうとしており，義兵研究にも新たな切り口を提供する可能性を垣間みせている。

〈3〉 東学と甲午農民戦争，民衆運動

　ここでは，民衆運動史を扱うが，質・量ともに，甲午農民戦争(カボノンミンジョンジェン)に関する研究が圧倒的であるので，便宜上，甲午農民戦争とその他の民衆運動に分けて記述することとする。ただそれに先だって，民衆運動の概念について簡単に述べておく必要があろう。そもそも韓国の民衆運動史でいう「民衆」とは，前項でも述べたように封建社会解体期の「市民」に対置される存在，換言すれば反封建闘争に立ち

上がった人々を指すのであり，それが敷衍されて，日本支配下においては反日闘争を，軍事政権下では民主化闘争を闘った人々のことを指している。その場合，例えば多数の人間が何らかの集団行動をとっても，それがいわゆる「西洋型近代」の方向を向いていなければ民衆運動とは認定されない。その意味で，近年の日本で盛んになっている民衆運動史研究のように，運動という非日常を通して民衆世界（「近代」とはひとまず別の，自律的な精神世界）に迫ろうとする考え方とは趣を異にしているということを理解しておく必要がある。しかしそこには韓国なりの理由があることもまた理解しなければならない。韓国において，歴史学は現実社会ときわめて密接にリンクした実践の学であり，民主化運動が激しく進行した80年代は，まさに変革の原動力としての民衆の力を歴史学的に確認する民衆運動史研究が要請されたという背景がある。特に鄭昌烈［1982］は，民族運動を開化派や東道西器論者（ブルジョア的コース），民衆運動（民衆的コース），義兵闘争（封建的コース）に区分し，外勢に非妥協的で君主権や国権から自立的でありえた民衆運動のみが，国権が形骸化しても抵抗の主体として自己を再定立しえたとし，その後の民衆運動史研究に大きな影響を与えた。姜在彦［1980］にみられるような，「朝鮮における近代化への具体的ビジョンを開示し，世界史的同時性を獲得するための運動としては，開化運動をおいてほかにない」として開化思想を高く評価する見解とは対照的である。こうした研究潮流に1994年＝甲午農民戦争100年が重なった。韓国の歴史学界をあげて甲午農民戦争研究が行われたことは蓋し当然といわねばならない。その成果が韓国歴史研究会編［1991］［1992］［1993］［1995］［1997］であり，現在の韓国の通説を形成しているといってよい。ここではそれを中心に，いくつかの論点にしぼって研究の現状を示しておこう。まず，東学思想と農民戦争の関係については，韓国での研究ではいわゆる「外被論」が主流であり，東学思想自体に変革志向性は認めないのが一般的であるが，趙景達［1994］は「易行の道」「他力の道」である東学異端派（南接）思想こそ，民衆が自らを変革主体と捉え得た基本思想であると主張する。なお，民族文化研究所編［1998］はシンポジウムの報告論文集だが，巻末に東学思想関係文献目録がついていて便利である。次に，甲午農民戦争の主体勢力，指導勢力の問題について。主体が底辺民衆（小農，貧農，半プロ，賤民等）であったことはほぼ定着しているが，指導部については饒戸富民層（平民・両班とも含む），郷班層が多いものの，残班や，執綱所＝都所体制期以降には中農，貧農，賤民

までをも含む多様性をみせており，簡単には性格規定ができない。ただ，現状に不満を抱いているという共通項があるのみである。指導者についても何らかの性格規定が必要だと思われるが，現状では学界に提示されていない。次に農民軍の志向について。韓国では，前述の鄭昌烈［1982］以来，社会経済的には「小生産農民，小商品生産者として自立すること」が農民軍の志向であるとされてきた。いうなれば資本主義へ方向付けられた民衆像である。鄭自身はその後見解を変えているが，学界全体としては現在もそれが定着しているといってよい。また，社会的志向についても朴贊勝が同［1985］で述べた「支配と隷属関係に基づいた封建的社会経済体制を倒し，平等・自由・自立・自治などの原則に基づいた新しい社会経済体制を樹立すること」という見方が一般的であり，さらに政治的志向についても儒教的政治意識を超えて合議制に基づく権力構造を構想するなど，相当の発展をみせたとする見方が定着している。このように，甲午農民戦争の「近代」志向性を高く評価する韓国の研究潮流に対し，趙景達［1983］は農民軍の志向は反封建的であると同時に反資本主義的・反植民地主義的であり，反近代的変革というべきものであったと主張し，農民軍には「一君万民」型の国王幻想があり，国王の善政を阻害する仲介勢力の排除こそが運動の目的で，その目指した世界は「儒教的ユートピア」とでもいうべきものであったとした。なお，趙景達は甲午農民戦争に関する一連の研究をベースに趙景達［1998］を発表しており，前掲，韓国歴史研究会編と並んで，甲午農民戦争を研究する際の必読文献である。

　次に，甲午農民戦争以後の民衆運動について。まず，生産現場に定着している農民の運動については金度亨［1983a］が包括的に扱っている。金度亨は大韓帝国の改革事業が農民層を圧迫し，その結果，農民運動が発生したとする。そして，ここでの闘争の目的は封建的収奪への反対，農民的土地所有や小商品生産者としての自立，換言すれば，甲午農民戦争を継承するものであり，歴史的には農民戦争と義兵闘争をつなぐ役割を果たしたと評価した。一方，生産現場から脱落，もしくは脱落しかかった民衆による運動としては活貧党，英学党などの運動があるが，活貧党については朴贊勝［1984］が奎章閣の史料を用いて初めて本格的に分析した。それによれば，活動は1880年代から始まっており，基本的には反封建運動だが，間接的には反外勢運動の性格ももち，やがて後期義兵に合流して反外勢に闘争の舞台を変えていくという。なお趙景達［1999］も活貧党を扱ったものだが，後述する「士の論理」から活貧党を考える独自の視点を打ち出

している。英学党については李栄昊［1991］が本格的研究の先鞭をつけ，運動は南接による再蜂起企図の一環であり，志向するところも甲午農民戦争と同様であると分析した。また，農村から遊離して賃労働者となった民衆の運動については金度亨［1983b］が扱っており，帝国主義の経済的侵略により没落した民衆の抵抗で，植民地期の小作争議や労働争議の先駆をなすと評価した。なお，李栄昊［1990］は，甲午農民戦争から後期義兵までの民衆運動に関するまとまった研究史整理として貴重である。

　こうした韓国の民衆運動史研究をリードしてきた研究者の一人である朴贊勝は，これまでの研究成果を朴贊勝［2008］にまとめて，19世紀末から20世紀初頭の民衆運動を「民乱，甲午農民戦争，英学党運動」「火賊・活貧党」「抗租運動」の三類型に分類し，前二者が封建末期の民衆の抵抗であるのに対して「抗租運動」は近代初期に成長を志向する民衆運動であると規定した。ただ，農民戦争も抗租運動もその経済的志向は小商品生産者としての自立であるとされ，類型化する積極的な意味が今ひとつ不明確である。

　全体として韓国における民衆運動史研究は，前掲，韓国歴史研究会編の刊行を頂点に下降線をたどっているようにみえる。そこには，民衆の力によって民主化が勝ち取られ，80年代のような民衆運動史研究への高いモティベーションが失われたという現実があることは間違いないが，一方で，これまでここで何度も言及してきた「小商品生産者としての自立」＝「近代を目指す民衆」というモチーフが絶対的な価値をもってしまい，その他の展開を許容しない雰囲気を作ってしまっていることもまた事実であるように思える。大胆なパラダイム転換が必要なのではなかろうか。

　ところで，日本においてこうした韓国での一連の研究成果を「対日認識」という観点から再整理したのが林雄介［1995］である。林はここで，甲午農民戦争後の民衆運動の主たる要因は政府による種々の改革政策であり，闘争対象から日本はいったん消失するが，1900年を前後して，生活防衛の必要に迫られて，直接に日本を攻撃対象とする民衆運動が展開されるようになると主張し，この見通しに沿って林雄介［2001］で平壌民乱の事例を検討した。

　一方，朝鮮王朝期から植民地期までの長いタイムスパンを考える中で，この時期の民衆運動の行動原理の主要な柱として「士の論理」「徳望家的秩序観」を設定するのが趙景達である。日本史で使用される「地方名望家」概念とは異なり，

経済的には貧寒であっても「士」としての自覚とプライドをもち，周囲（支配者側，被支配者側とも）からも「士」としての秩序維持機能を期待されるような存在を想定しており，それを当然視するような秩序観が運動の根底にあるとする（例えば，全琫準もまぎれもなく自らを「士」と規定していたとされる）。こうした見方は趙景達［1995b］で先駆的に示されたが，一連の研究を合わせて趙景達［2002］にまとめられた。総じていえば，民衆の心性に目を向けることの重要性を強調する姿勢が貫かれているといってよい。こうした民衆のメンタリティーに着目する方法は研究に新たな切り口を提供してくれるが，同時にどうしても実証的に困難をともなう部分があり，現状では完全に方法論として確立しているとまではいいがたい。両者を調和させるべく，さらなる努力が必要とされているというのが現状であろう。　　　　　　　　　　　　　　　　　　（林　雄介）

⇒ 文献一覧 pp. 408~411

3-a　社会経済史（1）農業史・土地制度史・財政史

　本節が扱うのは，1876年の開港から1910年の韓国併合までの時期における農業と財政改革にかかわる研究である。最初に，近年出版された朝鮮経済史の概説である李憲昶［2004］を必読文献としてあげておきたい。本書は，この時期の社会経済史の視点からの通史というばかりではなく，研究者の問題意識を知る上でも有用である。本節もこれを含めた韓国での研究史整理に多くを学んでいる。

　戦後，この時期について精力的に進められた研究において主眼となったのは，いうまでもなく日本の侵略の実態を明らかにすることであった。同時に停滞的，あるいは他律的な朝鮮史像を打破するために，内在的な発展を前近代の朝鮮の歴史の中に見出そうとする視角が戦後の朝鮮史研究にみられたことは，すでに本書に書かれているとおりである。つまり，朝鮮が自生的な近代資本主義社会に移行できる要素を備えていたという問題意識から，いわゆる「資本主義の萌芽」を探ろうとする視角，あるいはその担い手たるべきブルジョアジーの原型を前近代社会に見出し，これがウェスタン・インパクト以後の対外貿易の拡大による商品貨幣経済の展開に積極的に対応する小商品生産者として，あるいは前近代的な支配・従属の関係を打破し，前近代社会を近代社会に変革しうる主体となることを

検証しようとする視角から研究が進められてきたのである。

こうした問題意識を象徴する研究のひとつが，金容燮［1988］である。これは，近代への変革が地主制の維持を前提に不合理な徴税制度を改革する方向と，地主制を打破して土地制度を改革しようとする農民的立場からの改革の方向があったと把握するものであり，それはすでに前近代における社会変動に起因するものであった。そして，農民的立場からの改革への動きを19世紀後半の農民抗争および甲午農民戦争（カボノンミンジョンジェン）に見出し，これに対して上からの近代改革（甲申政変（カプシンジョンビョン）・甲午改革（カボゲヒョク）・光武改革（クァンムグヒョク））は地主的立場からの改革であったとする。

こうした発展のコースは，日本帝国主義の侵略と植民地化により挫折，あるいは歪曲せしめられることとなる，というのが基本的な近代史の捉え方であった。しかし，1980年代後半から1990年代にかけて，こうした捉え方に一定の修正を迫るような論争が起こる。それは後述するように，土地制度改革としての光武改革および第7章第3節で扱う土地調査事業にかかわるもので，近代的土地所有権の確立を光武改革における量田（ヤンジョン）・地契（チゲ）事業に求めるのか，それとも植民地権力のもとで行われた土地調査事業に求めるのかという論争である（この時期の経済史にかかわる論争については河元鎬［1997］および高東煥［1997］が参考となる）。もし，近代的土地所有権の確立が植民地権力のもとで行われたと認定するならば，それは植民地支配の「意義」を認めることになりかねないと考えられ，「植民地近代化論」として激しく批判された。以上のような土地調査事業と「植民地近代化論」との関係を含め，この論争はいまだ決着をみていない。

いずれにせよ，この時期は，一般的には前近代と近代とが接合する端境となる時代として評価される傾向がある。したがって，この時期を研究する際にはこの前後の時代の研究について目を配る必要があろう。

〈1〉　農　業

開港後の社会矛盾の激化とともに国家による救恤のシステムも破壊されていくなかで，相対的な農村過剰人口として農村に滞留せざるを得なくなる没落した農民が，甲午農民戦争の主力となって立ち上がる姿を描き出しているのが，吉野誠［1975］［1988］および趙景達［1982］の研究である。甲午農民戦争の社会経済的背景については，甲午農民戦争100周年を迎えてシリーズとして刊行された

『1894年農民戦争研究』の第1巻に，王賢鍾［1991］，高東煥［1991］，徐栄姫［1991］，都冕会［1991］などの諸論考が収録され，開港後の国家財政の危機とその打開のための悪貨濫発による混乱や農民への収奪の強化を背景とした，国家・地主・農民の三者の社会矛盾の深化について検討されている。開港後の社会変動については，延世大学校国学研究院編［2005］など，近年も事例研究が蓄積されつつある。李潤甲［1991a］は，甲午農民戦争までの慶尚北道(キョンサンプクト)における商品生産を検討してこれが発展段階にあったと位置づけ，米作地帯では広作型富農，棉作地帯では企業型富農が成長したと論じた。

甲午農民戦争以後について，宮嶋博史［1974］は，日清戦争以後，日本の政治的・軍事的影響力が強まり商品経済の変化が加速化するなかで，自小作上農（富農）層がこれに積極的に対応する主体となったと論じた。李永鶴［1988］は，商業的農業の発展の契機を煙草(タバコ)農業に求め，煙草農業が開港後に海外煙草製品輸入へ対抗するための品質改良，租税金納化，そして対外貿易の進展により富農の主導する商業的農業として成長したが，1904年以後には日本製の煙草の輸入により煙草生産・製造が萎縮したとした。一方，李潤甲［1991b］は，日清戦争以後，日本と朝鮮との間には従属的な国際分業関係が形成され，地域の商業的農業も米と豆の単作的商品生産に再編された。ここに小農民経営の下降分解が起こると同時に，地主制は相対的に強化されたと位置づけている。

なお，こうした地主の出身階層や性格については，本書第5章第3節の朝鮮時代の「経済史」にみられるような議論があるが，開港後の地主についての最近の研究では，金建泰［2004］が朝鮮後期の農業経営や戸籍の問題などについての事例研究より，地主経営の動向について論じており，朝鮮時代後期になると旧来の「両班地主」ではなく，新興の郷吏や中庶階層出身で拡大再生産に積極的に乗り出す「新両班」(ヒャンニ)が生まれ，開港場での米穀輸出と関連して成長していったとしている。また，洪性讚［1999］は，地方行政における実務担当者としての郷吏層が富を蓄積し，大地主や地域の有力者となっていく過程を描く。一方，日本人による土地の集積について検討した洪淳権［1990］は，検討対象の湖南(ホナム)地域を，日本への米穀輸出と日本綿製品の原料供給地域となった，対日貿易の影響をもっとも受けた地域のひとつと位置づけた上で，農民の窮乏と日本人の土地所有の拡大がこの地域の義兵(ウィビョン)の経済的な背景であったと論じる。

〈2〉 光武量田・地契事業

　ついで，農業における以上の営為に対する上からの改革について取り上げる。とりわけこの時期でトピックとなるのは，前述した論争ともかかわる光武改革における量田・地契事業の評価である。

　金容燮［1968］は，光武改革における量田・地契事業の目的を農村経済と国家財政の安定化とした上で，旧来の所有権としての地主小作関係がそのまま追認された，すなわち地主制の強化と小作農の成長が制度的に阻止されていく過程とする。また，裵英淳［1988］も地主的土地所有を温存することを土台としつつ近代的改革を進めようとした施策として光武改革を評価した。

　これに対して李栄薫［1990］は，量田の過程で作成された量案（ヤンアン）上の人物の分析等から量案は土地所有の実態を反映しているとはいえず，光武量田は私的土地所有を法認する近代的な土地調査とはいえないとの結論を導き出している。また，宮嶋博史［1988a］［1988b］は，光武量田と土地調査事業との比較から土地調査事業との継続性と断絶性を浮き彫りにし，さらに宮嶋博史［1991］の中で，朝鮮王朝から土地調査事業に至る国家による土地把握と，その前提となる土地所有関係の変遷を論じ，とりわけ量田事業における調査が国家の収租権的土地支配と密接な関連を有しており，他方で私的土地所有の成長がみられ，両者が対抗関係にあったとする（この問題については安秉珆［1975］をも参照）。そして最終的には土地調査事業において近代的な私的土地所有権の認定が行われるとともに，収租権的土地支配が廃絶されるとしている。したがって，光武量田はこの最終的な私的土地所有権認定の一歩手前の段階にあるということになる。以上の視角は，金鴻植・宮嶋博史・李栄薫・趙錫坤・李憲昶［1990］にも現れているが，これに対して韓国歴史研究会近代史分科土地台帳研究班［1995］は，光武改革下の量田事業の過程，量案に現れる土地所有のあり方を分析し，光武量田（クァンムヤンジョン）は単に地税の増収ではなく，近代的土地所有権の確立，戸口把握，産業再編などの総合的な目的があったとする。量田事業の財政的な裏付けや調査体制の不備，時間的な問題などにより完成には至らなかったが，近代社会の出発点として位置づけることができるとし，その近代的な側面を強調した。また，崔元奎［1994］も，光武量田は近代化改革の基盤として農民の耕作権を認定しようという意志が認められるのに対し，土地調査事業は帝国主義的な資本蓄積を目的としたと論じる。

以上のような，光武量田・地契事業の性格をめぐる論争とも関連して，近年はこのときに作成された帳簿である量案などを利用した事例研究が進んできている。王賢鍾［2004］は江原道(カンウォンド)の量田・地契事業の過程を検討する中で，土地に対する所有権を確保するために，事業に呼応して積極的に所有者として登録を受けようとする人々の姿を見出した。申栄祐編［2007］は，地方の郡県における量案等をデータベース化し分析する中で，従来は捉えられなかった広範囲に分散している複雑な土地所有のあり方を明らかにした。

〈3〉 財　政

いわゆる植民地幣制の確立についての研究は次節中の「〈3〉通貨・金融制度とインフラストラクチャー」にゆずり，ここではこの時期の財政を概括的に扱った研究を中心に紹介する。金玉根［1992］は甲午改革から併合に至る時期の財政について詳細に書かれたものであり，辞書的に使えるという意味でも必読の研究である。堀和生［1980］は，日本による植民地財政の確立を中心としつつ，甲午改革における財政改革の流れを追う。

甲午改革時の財政制度改革については，日本の干渉によりその目的を十分に果たすことができなかった側面と，開化派の近代化構想を示すものとしての側面からの評価がある。とりわけ複雑な税の体系を整理し金納化を進めた点，徴税機関を度支衙門(タクチアムン)（度支部(タクチブ)）に一元化し，予算会計制度を整えた点などが，財政の近代化の方向と内容とを指し示すものとして評価される。金泰雄［1991］はこうした2つの側面について，開化派の甲午改革における地方税制の近代化は，従来地方で管轄されていた雑税等を廃しあるいは中央に移植する一方，地方の統治機構の改変は十分に行われないという矛盾を抱えていたと指摘する。王賢鍾［2003］は，甲午改革における改革の推進過程が日本の干渉にもかかわらず自主的に行う余地があったという視角から地税制度改革などの経済政策について論じた。李栄昊［2001］も，一連の地税制度改革を開化派や農民の意向を一定程度反映したものと捉えている。金載昊は甲午改革時期の財政についての総合的な研究（金載昊［1997］）を発表した後，金載昊［2000a］［2000b］において，日本の財政制度，とりわけ皇室財政と国家財政との関係性を中心に大韓帝国の財政制度との比較を行い，大韓帝国の皇室財政と国家財政との法的区分の未整備の問題およびこれと

関連する皇室財政が国家財政を包摂しようとする特徴について論じた。

　大韓帝国におけるもっとも大きな課題は地税などの財源確保とその合理的な管理体系にあったが，皇室財政と政府財政を包含した全体的な財政運営が行えなかったことが大韓帝国期財政運営のもっとも大きな問題点であった。李潤相［2006］は，その背景が皇帝権の強化と国家財政への浸食にあり，そのため限定的な財源を合理的に管理し，近代国家形成に必要な資金を準備してそれを政策の優先順位に従って効率的に投資することが困難であり，近代国家形成に必要な経済的土台を準備するのに失敗したと論じる。　　　　　　　　　　　（田中　正敬）

⇒ 文献一覧 pp. 411~413

3-b　社会経済史 (2) 商業・工業・貿易

　開港と国際貿易の拡大は朝鮮の商工業にどのような影響を及ぼしたのだろうか。ひとつの解釈としてありうるのは，国際市場の圧力が朝鮮の自立的な工業化を抑圧し，経済面から植民地化を促したという見方である。朝鮮後期から資本主義化への内在的な動きが始まっていたという「内在的発展論」（第5章を参照）の立場を取る場合，それがなぜ失敗に終わったのかという問題意識から，上のような解釈に到達しやすい。しかし近年では，そもそも朝鮮後期の経済において市場が果たす役割は限定的であり，国家による再分配など非市場的な仕組みの役割が無視できなかったという見方も提起されている。そうした見方からすれば，開港による国際市場への開放は，むしろ朝鮮の経済システムを市場中心に転換させるきっかけになったとも解釈できる。朝鮮後期の経済史研究が大きく変わりつつある中で，開港期の商工業史も多方面から再検討する必要に迫られている。

〈1〉 貿易と商品生産・流通

　貿易統計はこの時期に得られる数少ない経済統計のひとつであり，貿易史に限らず経済史全般に活用できる資料である。しかし統計編成の方法がしばしば変わったため一貫したデータを得るのは意外に難しい。貿易統計の整理に取り組んだ研究は少ないが，堀和生・木越義則［2008］が参考になる。貿易統計を作成し

た海関（税関）については，外交史や財政史の研究があるほか，崔泰鎬［1995］が具体的な機構と運営方法について取り上げている。

　朝鮮の開港後，終始最大の貿易相手国となったのは日本である。この時期の日朝貿易については，村上勝彦［1975］が古典的な研究であり，朝鮮米と日本綿織物を軸とする「米綿交換体制」が成立していたことを指摘している。その後，貿易構造の研究はあまり進展していないが，国境にとらわれず多様な空間的スケールの中で歴史を考えようとする傾向が強まるにつれ，国家を単位とした従来の貿易史では捉えられなかったさまざまな現象が見出されるようになっている。例えば古田和子［2000］，石川亮太［2005］は東アジア全域におよぶ中国人商人の交易ネットワークの中に朝鮮を位置づけようとした試みである。また梶村秀樹［1990］，原暉之［2008］は朝鮮東北部が極東ロシアの経済圏に国境を越えて組み込まれる過程を描いている。こうした見方にも目を配りつつ，開港後の朝鮮をとりまく商品流通のあり方を再検討する必要があるといえよう。

　国際貿易が拡大する中で国内流通に生じた変化については李憲昶の一連の研究が参考になる。李憲昶［1985］は開港場ごとの海関統計を整理し，国際貿易の拡大と並行して国内開港場間の流通も増加したこと，各開港場を核とする後背市場圏が形成されたことなどを示している。後背市場圏の構造については同じく李憲昶［1990］［1993］が20世紀初頭の 忠清南北道 を例とし，経済地理学のいう中心地理論の考え方を用いて検討している。それによれば定期市を拠点とした局地的な分業関係は相当に発達していた一方，それらを束ねる高次中心地は十分に発達せず，各地の小さな港町（浦口）がそれぞれに開港場と結び付く傾向があったという。国内の空間的な分業関係がどの程度成熟しており，それが開港後の流通構造の再編にどのように影響を与えたのか，さらなる検討が必要であろう。

　市場経済のはたらきを示す指標としては物価も重要である。木村光彦・浦長瀬隆［1987］，河元鎬［1997］はこの時期の米価が綿製品価格に対して上昇傾向にあったことを指摘し，その背景には日本との「米綿交換体制」（前出）の成立があったとする。このような価格体系の変化は農民を輸出向け米穀生産に参加させるきっかけになったと考えられるが，その影響が開港場から離れた奥地にまで及んだかどうかは検討の余地がある。例えば李栄薫・朴二澤［2004］は近年各地で発掘されている民間の米価資料を用い，内陸部の米価は容易には開港場の米価に収斂せず，独自の動きをみせていたことを指摘する。

個別商品について扱った研究をみてみよう。代表的な輸出品であった米穀の流通については吉野誠［1978］，金敬泰［1994］，河元鎬［1997］などがある。これらはいずれも米穀の輸出が国内市場に与えた影響について防穀令問題を手がかりに考察している。防穀令は日本との外交問題になったことで知られているが，海外輸出にかかわるものばかりでなく，各地方官のレベルで邑外への米穀の持ち出しを禁じる措置が頻繁に取られていた。その背景としては米穀輸出の拡大によって米価が上昇し，定期市で飯米を購入する零細農民層の生活が脅かされたことが指摘されている。このことは農民の市場参加度が相当に高かったことを示唆するのと同時に，権力による市場介入が頻繁に実施されたことを示しており，上述した市場統合の遅れと関連して深められるべき論点といえる。

一方で代表的な輸入品であった綿製品については1970年代まで活発な研究が行われ（梶村秀樹［1977］など），農村の在来綿業が輸入綿織物に駆逐され衰退してゆく過程が明らかにされた。衰退の原因としては不平等条約の下で保護関税政策を取りえなかった等の政治的要因のほか，在来綿業の工程間分業が弱く綿糸などの中間財市場が発達していなかったため，材料を輸入綿糸に転換して織布業のみが生き残るという日本・中国でみられた方向性を取りえなかったことが指摘されている。須川英徳［1988］は絹業についても工程間分業の弱さが生き残りのネックとなったことを指摘する。濃密な定期市の分布から分かるように，農民の市場参加度は必ずしも低くなかったと思われるが，遠隔地間の分業関係は十分に深まっておらず，商人が各地の市場情報を積極的に収集して生産を組織した形跡もあまりみられない。この時期の綿業に関する研究は近年沈滞しているが，こうした市場の特性を念頭におき，日本の在来産業等とも比較しつつ再検討する必要があろう。

なお関連研究として日本綿業にとっての朝鮮市場の意義を検討した高村直助［1994］や，保護国期の原綿政策を取り上げた権泰檍［1989］などがある。

〈2〉 商人・企業家の活動

この時期の朝鮮人商人についての研究では，外国人商人との関係が主な問題となってきた。1970年代までの研究では商業活動そのものというよりも，外商に対抗して行われた「商権回復」運動が主に取り上げられてきた。しかし1980年

代になると史料の発掘も進み，商業活動の実態により即した研究が現れた。李炳天［1985］，羅愛子［1991］は，開港場におけるいわゆる居留地貿易や開港場外での内地商業において，朝鮮人商人と外国人商人がどのように対峙したかを取り上げている。これらの研究では朝鮮後期から発達した客主(ケクチュ)に注目し，それらが開港期においても内外商人の仲介役として大きな役割を果たしたこと，地方ごとに団体を結成して一定の交渉力を獲得したこと等を明らかにした。客主のほかには定期市を巡回する褓負商(ボブサン)を取り上げた趙宰坤［2001］があり，その相互扶助を目的とした組織が政界の変動と連動して全国化してゆく様子を明らかにしている。

　これらの研究では朝鮮人商人が国家権力と結びつき，各種の特権を通じて利益を確保しようとしたことが強調されている。権力から自立した「私商」こそが資本主義の担い手になりうるという立場からすれば，こうした朝鮮人商人の姿勢は否定的に捉えられることになる。近年ではそうした発展段階論的な視角はあまり取られなくなり，朝鮮後期の特権を軸とした商業体系が開港期にどのように引き継がれたかを実証的に追究しようとする研究が現れている（須川英徳［1994］，趙映俊［2008］など）。ただし商人の特権性がことさらに強くみえるのは，利用できる史料の大半が国家側の史料であることと無関係ではあるまい。商人自身の経営に即した史料の発掘は今後の重要な課題である。そうした試みは着実に進展しており，ソウルの布木商人の帳簿を分析した洪性讃［2002］や，貢人(コンイン)の日記と思われる『荷斎日記』を利用した朴銀淑［2008］などが発表されている。

　さて開港期にはこうした在来の商人のほか「会社」を名乗る組織が叢生し，商業や製造業，運輸業などさまざまな事業に従事した。その多くは短期で消滅し活動内容も明らかでないが，趙璣濬［1973］などはこれを近代的な企業家層の出現とみて重視した。だがこれらの「会社」についても，在来の商人と同じように国家権力と結びつき，事業収益よりも特権からの収益に依存したとみられる例が少なくない。例えば藤永壮［1991］は，官吏出身で鉄道会社・水運会社の設立に参加した朴琪淙(パク・キジョン)の例を取り上げ，彼が政府の営業免許を従前の独占特権と同一視し転売を図るなどしたことから，企業家として成長するには限界があったとする。

　一方で全遇容［1997］は開港期に出現した「会社」を名乗る組織について網羅的に検討し，多くの会社が特権に依存していたことは事実だが，民間の資本蓄積が不十分で，かつ資本調達のための金融システムも整備されていない状況の中で

は，やむを得ない選択であったとする。また李承烈［2007］は代表的な朝鮮人銀行である大韓天一銀行（テハンチョニルウネン）を取り上げ，同行が京畿（キョンギ）地方の商人層と高位官僚層との提携によって設立され，財政資金の運用を収益の柱としていたことを明らかにする。さらに同行が植民地期には総督府と結び付いて生き残ってゆく過程を検討し，権力との相互依存関係は韓国資本家の歴史的特質として引き継がれたと主張した。論争的な主張だが，在来商人の行動パターンが近現代の企業家たちにどのように引き継がれたかは検討する価値のある問題である。

　さて国家権力の側はこうした商人や企業家の活動をどう認識し，どのような関係を取り結んでいたのだろうか。日清戦争下で推進された甲午改革を取り上げた王賢鍾［2003］によれば，当時の政権は自由主義的な市場観に基づき商業特権の解体を図る一方，企業家の活動を支援する姿勢をみせたという。しかし甲午改革が終わり大韓帝国期に入ると，肥大化する皇室財政が再び市場への介入を強めた。具体的に取られた施策は人参専売の強化や鉱山・鉄道など事業活動の直営，商人・企業家への特権分与など多岐にわたる。大韓帝国の性格をめぐって1970年代から繰り返されてきたいわゆる光武改革論争では，これまでの主な論点であった土地制度の問題に加え，皇室財政と関連した商工業政策の問題も取り上げられるようになった。翰林大学校韓国学研究所［2006］などをみると，皇室と商工業の関係を殖産興業政策の一環として高く評価する見方と，国家財政の分裂を招いたとして否定的に評価する見方とが並存していることが分かる。

　外国人の商工業活動についてもみておこう。植民地期に至る在朝日本人社会の形成過程を論じる中で，その中核となった中小商工業者の活動が取り上げられてきた。山田昭次［1979］は大阪の対朝鮮貿易が増加するのと並行して，在朝日本人商人の出身地も対馬・長崎から大阪へと変化してゆくことを指摘した。木村健二［1989］は朝鮮に定着した商工業者が商業会議所等に結集して日本人社会を主導するに至る過程を明らかにし，木村健二［1999］は個別経営の例として亀谷愛介商店を取り上げ，日朝にまたがる商業ネットワークを復元した。日本人商人と並んで活発に活動した中国人商人については，石川亮太［2005］が韓国に残る経営資料を利用して広域的な商業ネットワークの復元を試みている。

　外国人の投資活動については，借款供与過程での外交交渉に注目した研究はそれなりに行われてきたものの，実際の事業内容まで掘り下げた研究は意外に少ない。鉄道については後述するが，李培鎔［1989］は鉱業について列強による利権

侵奪という視角から検討している。米国人コルブランらの電鉄事業を扱う松崎裕子［2001］は，その事業免許や契約のあり方が韓国側の政権構造と密接に関連していたことを論証する。

〈3〉 通貨・金融制度とインフラストラクチャー

開港期の朝鮮には国家が供給する数種類の銅銭のほか各種の外国通貨が流入し，重層的な流通構造を形成した。これらを本位制の下に統一しようとする試みは何度か行われたが，十分な成果をあげることができなかった。その理由を政府の資金不足のみに帰することはできない。一見「紊乱（びんらん）」ともみえる錯綜した通貨流通の構造は，朝鮮後期から受け継いだ分節的な財政システムと連動している側面があり，容易に改変を許さなかったのである。最終的に通貨制度の統一は，保護国期に財政整理と並行して実施された貨幣整理事業によって，日本円との通貨統合という形で実現した。このような開港期の通貨制度の特質とその改革については都冕会［1989］，呉斗煥［1991］がある。また日本による植民地幣制の形成という視角から接近した研究としては波形昭一［1985］，羽鳥敬彦［1986］があげられる。

開港後には外国通貨の流入と並行して外国銀行が開港場を足がかりとして進出した。その中心は日系の支店銀行であった。第一銀行と第十八銀行の経営資料を活用した高嶋雅明［1978］は，その機能が日本人向けの貿易金融から出発し，保護国期には朝鮮国内の金融機構を掌握するに至ったことを明らかにした。また大韓帝国期には朝鮮人自身の銀行設立がみられた。小規模ではあったが高位官僚が多く参加し，政府の金融改革構想と結びついて一定の役割を果たした。近年では李承烈［2007］や金允嬉［2002］など，継承行の保存する経営資料を活用した研究が進んでいる。また尹錫範他［1996］や李栄薫他［2004］のような通史的な著作でも朝鮮人銀行の活動を大きく扱っている。

このように近代的な金融機構については一定の研究蓄積がみられるが，在来的な金融システムについてはほとんど研究がない。例えば商人による遠隔地送金が朝鮮後期からすでにみられたことはよく知られているが，開港期，特に大韓帝国期になると租税の金納化を背景に財政資金の移動と組み合わせた為替送金も活発に行われた。これについて具体的な検討が始まったのは最近のことである（李栄

昊［2001］など）。保護国期の財政・金融改革はこうした在来金融に大きな打撃を与えたが，逆に在来金融のあり方がそれに代わって構築された近代的な金融機構を何らかの形で条件づけた可能性も否定できない。石川亮太［2006］はそうした視角から保護国期の銅銭流通について検討している。

インフラストラクチャーについては交通・運輸に関する研究が相対的に進んでいる。明治期の日本郵船を取り上げた小風秀雅［1995］では，その近海航路が朝鮮開港場を東アジアの定期航路網に結びつけてゆく過程に触れている。開港期の国内海運業を幅広く扱った羅愛子［1998］では，日本人と中国人が国内開港場間の汽船運航に進出する一方，朝鮮人の在来船商も条約上外国人の活動が制限された非開港場を拠点に一定の成長を遂げたと主張する。しかし保護国期には日本人の沿岸航運に関する規制が撤廃され，日本人業者による小汽船運航が活発化した。木村健二［1989］ではそうした試みが朝鮮郵船会社の設立に帰着するまでの過程を論じている。河運に関する研究は少ないが，洛東江（ナクトンガン）の船運業が1905年の京釜鉄道（キョンブチョルド）開業により変容する過程を取り上げた新納豊［1992］がある。鉄道については鉄道敷設権の問題を外交史的に取り上げた研究のほか，鉄道そのものの建設過程と運営状況については鄭在貞［2008］が詳しい。軍事的圧力と不可分に進められた鉄道建設が朝鮮人の激しい抵抗を生んだことなど社会的な側面にも目が配られている。

郵便や電信など通信については利権をめぐる外交史的な研究はみられるものの，運用の実態について取り上げた研究はほとんどない。通信機関の整備がコミュニケーションのあり方をどう変化させたか実証的な研究が課題だといえる。

開港場と外国人居留地については，その設置過程を検討した孫禎睦［1982］，仁川（インチョン）・釜山（プサン）の都市機能を具体的に検証した橋谷弘［1993］，住民構成について戸籍データをもとに復元した呉星［1998］などがある。東アジア各地に設けられた開港場は，侵略の軍事的・政治的拠点であったのと同時に，新知識やサービスの集積，経済活動への法的保護の提供といった点で，重要なインフラストラクチャーとしての機能をもっていたことが無視できない。朝鮮における開港場の意義も多方面から再検討されるべきであろう。

（石川　亮太）

⇒ 文献一覧 pp. 413~414

4　文化史・教育史

〈1〉　文化史研究の動向

　「文化」が指し示す内容はあまりにも広範で政治史，運動史，教育史，思想史などの領域と重なるテーマも多くあり，「文化史」を独自の領域として切り出すことは決して容易ではないが，ここでは同時代の政治や社会を考えるうえで関連すると思われるものを中心的にみることとする。ただし，政治史，思想史，民族運動史，教育史などの領域を合わせて参照することを勧める。なお，以下では次の3点についてあらかじめ断っておく。第一に近代の文化史は植民地期との連続のなかで語られることが多く，植民地期の叙述を含むものも一部取り上げているということ，第二に，個々の文化領域に関する研究動向論文も有用と思われるので取り扱うこと，第三に，近代以前からの通史的記述についても必要な範囲において取り上げる。以上の3点をふまえた上で，韓国併合以前の文化史に関する研究動向についてふれておきたい。

　1980年代以前の研究動向については，宋連玉・森川展昭（朝鮮史研究会編［1981］所収）に記されているが，1980年代の研究動向は全般としてそれ以前の研究動向の延長線上にあるといってよい。この時期の文化史としては，おもに文学，言論，言語についての研究が中心的であったが，日本ではあまり盛んではない。もっとも各専門分野において個別的に研究は行われていたが，1990年代以降にみられるような歴史学への還元という意味においての（近代）文化史はまだ確立していなかったといってよい。

　1990年代初頭前後には，「国民国家」論が盛んになり，近代国家形成のあり方に関する研究に変容がみられたが，その変容を支えたひとつの要素が文化史研究の活性化であった。自明のものとされていた「国民／民族」，あるいは「伝統」などを相対化し，国民史（national history）に対する批判から社会史の影響も受けつつ，新たな研究傾向を形成していった。特徴としては，歴史学プロパーではなく，社会学，人類学，文学，言語学など周辺諸領域との越境が常態化したということ，それによって言説を分析対象とする研究が増加したことなどがあげられる。以下，各領域別の動向を紹介してみたい。

ⓐ 言　論

　言論史に関しては，開化期から植民地期までの新聞・雑誌に対する弾圧という観点が主で，日本において積極的に言論史研究が紹介されたのは 1990 年代以降のことである。それ以前のものとして，『漢城旬報(ハンソンスンポ)』と井上角五郎の関与について論じたものとして原田環 [1984]，『漢城周報(ハンソンジュボ)』へのハングル採用問題に言及したものとして稲葉継雄 [1987] があげられる。日本語で読めるものとしては李錬 [2002] をあげることができる。とりわけ新聞に注目した言論史としては鄭晋錫による研究がおこなわれており，1980 年代から継続して韓国で成果が公表されている（鄭晋錫 [2005] [2007]）。李錬，鄭晋錫の研究は韓国併合以前から以後を通した言論（統制）史研究であり，植民地期の記述としても参照の価値がある。なお，『大韓毎日申報(テハンメイルシンボ)』の創刊から統監府による買収までを描いたものとして鄭晋錫 [2008] がある。

　なお，言論史と関連して，図書館に関して林昌夫 [1978]，宇治郷毅 [1985] らによる基礎的研究があることも押さえておきたい。

ⓑ 文　学

　日本語に翻訳された文学史記述として金東旭 [1974]，卞宰洙 [1985] をあげることができよう。前近代からの通史ではあるが，流れを把握する上で有用である。

　併合前の文学史としては開化期文学の研究が盛んである。開化期小説の形成にかかわって宋敏鎬 [1982] をあげることができる。

　近現代文学史研究の争点を知ることのできるものとして李光鎬編 [2001] をあげることができる。また，近代文学史研究の現状に関する動向紹介としては車承棋 [2007] がコンパクトでわかりやすい。

　さて，近代文学の起点という問題は，近代文学史の記述を考えるうえで重要である。金栄敏は新小説(シンソソル)が形成されるまでの新聞に掲載された過渡期的作品形態に注目する（金栄敏 [1998] [2003] [2004]）。なお，近代文学の誕生は李光洙(イ・グァンス)の『無情』（1917 年）の出現が画期とされるが，波田野節子 [2008] は李光洙の初期思想を分析し，『無情』誕生までの李光洙の軌跡を描く。

　文学史研究の成果を支えるのが言論史研究の充実であり，メディアの形成とそれに対する規制のあり方が明らかになってくると，それを媒体として生み出される文学の性格を，出版・印刷，登壇制度，検閲といった問題のなかで捉える研究

が出てきた。また一方において，文学作品の受容者＝読者の形成という社会史的関心が高まり，いずれの場合にしても文学外の事実との関係が重視されるようになってきた。このような研究傾向のなかで，植民地期の分析が中心ではあるが，千政煥［2003］は近代初期の読者層の動向とその推移について言及している点で注目される。

ⓒ **言　語**

言語に関しては，日本語普及に関する議論は教育史で言及されているので，朝鮮近代語の形成という観点に絞って紹介する。1990年代まで言語政策・運動に関する記述は国語学史の枠を出ていなかったが，そのようななかで社会言語学的観点から朝鮮語の近代化を論じたものとしてイ・ヨンスク［1987］が注目される。ただ，言論，文学研究の進展に対し，言語社会論的研究はそれほど進展していない。三ツ井崇［2007］は近代における言語・文字観の変容と国家権力との関係について触れる。

ⓓ **音楽・歌謡**

音楽史の通史として宋芳松［2007］がある。歌謡史に関しては朴燦鎬［1987］が1895年から1945年までの近代歌謡史を，李英美［2006］が近現代歌謡史を概観している。金奉鉉［1990］は古代から現代までの民謡について紹介・論述している。

ⓔ **映　画**

映画史に関しては開化期から現代までを通した通史として，鄭宗和［1997］，キム・ハクス［2002］がある。個別研究としてユ・ソニョン［2006］が1920年代初頭までの映画の受容に関して論じており注目に値する。

ⓕ **女性史・ジェンダー・家族**

「賢母良妻」イデオロギー形成と普及に関する研究が多いが，日本における研究としては，朴宣美［2005］，李燦娘［2007］のほか，日本の「良妻賢母」イデオロギーと比較したものとして，金真淑［2003］をあげることができる。なお，家族史については開化期の家族に関する言説を分析したものとして全美慶［2005］があげられる。

ⓖ **文化ナショナリズムの形成**

野崎充彦［1997］は「檀君(タングン)」像の変遷について論じる。佐々充昭［2000］は開化期の檀君ナショナリズムの形成過程について論じる。李智媛［2007］は韓末か

ら植民地期初期の「民族文化」認識の形成について扱う。民族史学の形成に関しては，申采浩(シン・チェホ)の歴史学に注目した梶村秀樹［1978］，池明観［1987］などがある。韓永愚(かんえいぐ)［1994］は民族主義歴史学について概観したもので，韓末の申采浩の民族主義史論に言及している。

ⓗ 近代〈知〉の形成と伝播

　近代の諸制度が近代的な〈知〉の形成を前提にして成し遂げられたことはいうまでもない。よってあらゆる領域においてこの問題が扱われてきたが，個別の〈知〉のあり方に関しての詳細は政治史，思想史，経済史，教育史などの研究動向を参照されたい。ここでは近代〈知〉の形成と伝播という現象そのものの歴史的意味を論じるものに限って紹介するにとどめる。山室信一［2001］は東アジア規模で〈知〉の「連鎖」を捉えた研究である。もっとも，朝鮮に関する議論は必ずしも充実しているとはいえない。開化期知識人の知的営みについては数多くの研究がなされており，日本留学生の言論活動に注目した朴贊勝［1992］，金淇周［1993］，車培根［2000］，金範洙［2006］も注目される。近代移行期の思想状況に関する新しい研究成果は，宮嶋博史・金容徳編［2001］，朴忠錫・渡辺浩編［2001］［2006］，延世大学校国学研究院編［2004］，渡辺浩・朴忠錫編［2005］などで読むことができる。この他科学技術史の観点から任正爀編［2010］もある。

　共同研究の成果である梨花女大韓国文化研究院［2004］［2006］［2007］は，おもに新聞（『独立新聞(トンニプシンムン)』，『皇城新聞(ファンソンシンムン)』，『大韓毎日申報(シラク)』）を使って政治思想，ナショナリズム，文化意識の分析をおこなう。　　　　　　　　　　（三ツ井　崇）

〈2〉 教育史

　開港期から併合前の教育について80年代までの研究は，内在的発展論の立場から，併合前の朝鮮社会に近代教育の萌芽や受容能力がどの程度存在したかを解明しようとする傾向が強かった。この期は統監府設置が画期となって教育行政の性格が変化したことで，2期に区分される。

　まず統監府設置前は，朝鮮政府および民間人の主体性の下に近代教育が導入された時期であり，国家による近代教育制度の導入として甲午改革が焦点となる。姜在彦［1984］は，18世紀の実学思想が定着した内在的発展として，改革の第2段階までは日本に対して「自主性」を貫徹したと高く評価した。これに対して，

開港から 1910 年代までの教育思想と政策展開を体系的・通史的に考察した尹健次［1982］は，改革自体は姜在彦と同じく内在的発展として評価したが，日本の制度の模倣性や旧体制の再編強化の一環としての性格，そして挫折の原因として日本の侵略政策とともに封建・儒教的な諸条件についても重視した。甲午教育改革における政府の自主性や当時の伝統と近代の葛藤などその実態については，依然として未解明の部分が多い。

また，甲午改革以後展開された学校普及など政策の到達度について，従来の研究を否定的な立場にたつ植民地史観的な認識だとして批判する実証的研究が，1990 年代に入り韓国の学位論文でみられ始めた。統監政治による近代学校制度の定着でなく，それ以前に官公立においても一定程度成功していたという新しい視角のものである。

従来この期の近代学校については，私立学校として，キリスト教宣教師の教育活動（宗教系）と，一般の朝鮮人の学校普及努力（民族系）が高く評価されてきた。植民地期も含む通史的考察としては孫仁銖［1971］がある。また，朝鮮における最初の近代学校として，宗教系の培材学堂（ペジェハクタン）や官立の育英公院（ユギョンゴンウォン）（李光麟［1974］）に先立ち，民族系の元山学舎（ウォンサンハクサ）が設立された（慎鏞廈［1980］）ことが通説化した。

次に，統監府設置後に日本側が直接介入するようになると，教育制度の面では，1906 年の学校制度の改編による修業年限の短縮や教科課程への日本語の導入などがなされ，植民地期に連続的な政策が展開された。佐藤由美［2000］は，この期の日本側の関与を雑誌記事なども利用し主要な官僚の経歴など人物像を軸として考察し，井上薫［1992］は日本人官吏登用と日本語普及を扱った。

愛国啓蒙運動として私立学校が盛んに設立されたことは広く知られているが，各論の先駆的な研究としてはキリスト教主義学校について阿部洋［1973］が扱った。1980 年代半ばからは，概説的研究で多くみられた法令や事例羅列型ではない，民族主義的かつ実証性が高い柳漢喆［1988］・辺勝雄［1990］などの研究がでた。また，全国的状況ではなく地域的アプローチとして，ソウルにおける私立学校の教育規模を詳細に考察した崔起栄［1997］や慶北（キョンブク）地方についての考察（権大雄［1994］）などがある。また，古川宣子［1996］は，統監府の私立学校政策が，むしろ行政能力の「脆弱性」から段階的に展開された面に注目した。

教員政策については，初等教員養成について開化期から植民地期を金英宇

［1987］が叙述しているが，本間千景［2010］は韓国併合前後の教員養成制度などを扱い，教科書分析とともに日本側の関与に焦点を合わせた政策分析を行った。一方，近代学校制度の定着と深く関係する官吏任用制度のあり方について原智弘［2003］［2007］が，日本語学校については稲葉継雄［1997］の多くの事例を集めた研究がある。

史料集としては，韓国で開化期教科書の復刻20巻（韓国学文献研究所編［1977］）と，「学会」月報や新聞・官報の教育関連記事および教科書を収めた12巻（韓国精神文化研究院［1993-94］）がある。一方，日本の教育雑誌における朝鮮を含むアジア関係記事目録と記事本文全8巻・附巻1巻（近代アジア教育史研究会編［1995］［1999］）が出された。 （古川 宣子）

⇒ 文献一覧 pp. 415~417

第 7 章

植民地期

1 政治史

〈1〉 研究の新たな動向

　1980年代以降，植民地支配期の政治史に関する研究は，以前の時期には想像できないほど盛んになった。それには次のようないくつかの要因，背景がある。
　第一に，日本においてマルクス主義に基づく歴史研究が大きく後退したことをあげねばならない。マルクス主義的歴史研究を特徴づける社会構成体論が盛んであった1980年代までは，植民地研究においては帝国主義論や経済史の研究が主流を占め，政治史は社会史・文化史などとともにあまり重視されなかった。しかし，ソ連崩壊を前後する時期以降，マルクス主義的歴史研究が後退し，政治史，社会史，文化史などの領域への関心が増大した。
　第二に，この間に歴史教科書問題，「従軍慰安婦」（日本軍性奴隷）問題，戦後補償問題など，日本と南北朝鮮との間の歴史認識にかかわるさまざまな問題が起こったが，それらの問題を理解するうえで，植民地期の政治や社会の具体的なありようの解明が強く求められるようになったことが，ひとつの要因であろう。
　第三に，この間の資料状況の変化がある。1990年代以降，日本と韓国において植民地期にかかわる各種の資料を収集・整理する作業がなされ，データベース化されるとともにインターネットを通じて原文が公開されてきている。日本の「アジア歴史資料センター」，韓国の「韓国歴史情報統合システム」が代表的なも

のであるが，植民地期の公文書，新聞・雑誌・書籍，職員録・人名録などを簡便に利用することができる。政治史，社会史などの研究にとって，資料環境が大幅に改善しているといってよい。

とはいえ，植民地期の「政治史」には大きな困難がつきまとう。日本の政治史研究が行っているような政治過程（政策決定過程やその実施過程）の分析が難しいことが大きな理由である。そもそも植民地朝鮮の政治を決定・左右するアクターをどのように定めるかということ自体が難問である。朝鮮総督府が政策を立案・決定し実施するとはいえ，そこに作用する要因を検討するためには各種の政治勢力を想定しなければならないが，肝腎の朝鮮社会の側に政治勢力としてのまとまりを見出すのが難しいという事情があるからである。そもそも，朝鮮人が政治に参与することを厳格に抑制したのが日本の植民地支配のあり方であった。

「内地」側の政治アクターとしては，内閣，議会，軍部，財界などのほか，天皇自身とその諮問機関枢密院も想定しうる。政府内でも省庁間で異なる立場をとる場合があった。また，植民政策学者や言論機関の植民地統治論が一定の影響を及ぼしたことにも，注意すべきであろう。朝鮮においては，朝鮮総督府，朝鮮軍，在朝日本人，日本人の言論機関などをアクターとして設定しうる。朝鮮人側では，言論機関を政治アクターと捉えることができるが，それ以外にはまとまりのある政治勢力は想定しえない。もちろん，民族運動・民衆運動が植民地の政治を左右するものであったことはいうまでもないが，具体的にそれが政治過程にいかに作用したかは見極め難い。

また，近年の資料環境の改善にもかかわらず，政治過程を明らかにしうる資料がきわめて少ないことも指摘しなければならない。公文書の残存状況が悪いこと（これは1945年の敗戦直後に朝鮮総督府などが組織的に文書を湮滅したことが最大の原因である），政治史研究の重要な資料となる政治家・官僚の日記・書簡などが限られていることなども，政治過程を解明する上での障害となっている。

以上のような困難が存在していることは否定できないが，近年，植民地政治史に関する研究が厚みを増していることも事実である。それらは，次の3つの視点から行われるものが多い。(1) 支配史研究（日本の支配政策・機構・人事などを明らかにする研究），(2) 帝国史研究（他の植民地・準植民地を含む「帝国日本」の広がりの中で朝鮮支配を位置づける研究），(3) 地域社会研究（植民地の地域社会との関連で支配体制を解明する研究）。この2, 30年の研究は，これらいずれに

ついてもかなりの進展がみられるが，とりわけ（2）（3）の視点からする研究が盛んになっている。

以前の研究が植民地支配において日本帝国主義の意思が貫徹したことを前提に，「支配と抵抗」の図式を描いていたのに対し，近年の研究では植民地権力の意思や政策がかならずしも朝鮮社会に浸透したわけではなく，そのことが逆に支配政策のあり方を規定していたことが重視されている。両者の相克関係，相互規定性を含めて植民地支配をめぐる民族的矛盾が，政治過程のさまざまな局面に，あるいは社会の隅々に現れる具体的なありようを明らかにすることが第一の課題となっているといえよう。

近年，狭義の意味での政治史・政策史とは別に，社会史や文化史の領域での植民地支配期の研究が厚みを増している。今後はそれらをふまえた政治史を構想する必要があろう。

〈2〉 植民地統治政策

ⓐ 全般的研究

1980年代以降の政治史・政策史研究にきわめて大きな影響を与えた研究書として，姜東鎮［1979］をあげておかねばならない。「文化政治」期の支配政策を親日派育成による民族分裂政策と位置づけたものであるが，何よりも国会図書館憲政資料室所蔵の文書・書簡など一次史料に基づいて斎藤 実総督期の政治過程を明らかにするという研究方法は，その後の研究を活性化させるものであった。

森山茂徳［1991］は，武断統治期，文化政治期，大陸兵站基地化期の統治政策の特徴を政治史の視点から把握しようとした試論的研究である。ピーティ［1996］は，日本の植民地支配の全体的な見取り図を描こうとした野心的な研究であるが，1920年代までの植民地支配を西洋列強と比べても穏健なものであったとしながら，30年代になるとアジア侵略という「冒険主義」のために植民地においてもきわめて抑圧的な政策がとられたと論じている。1930年代前半を区切りとする支配政策の変化，あるいは連続・非連続をどのように説明するかは，植民地支配全体を捉える上で重要なポイントとなっている。

さらに植民地支配の統治理念あるいは政策の基調に関する研究が進められている。山本有造［1991］は，支配本国との関連で植民地統治体制の変化を「内地延

長主義」と「特別統治主義」,「同化主義」と「自治主義」の対立・対抗として整理している。また,日中戦争期を「前期皇民化政策期」,アジア太平洋戦争期を「後期皇民化政策期」として区別する捉え方を示している。山中速人［1982-83］,駒込武［1996］,小熊英二［1998］,権泰檍［2007］［2008］などが,言説,政策,実態の各レベルにおける統治理念を検討することによって,植民地支配をめぐるイデオロギーの諸相を明らかにしている。それらにより,同化政策（同化主義）においても「日本化」と「文明化」との違いや,制度的同一化と文化的同化との違いがあることなどが示された。また,支配当局が植民地支配秩序の維持・強化のために同化とともに差異化・差別化を図る政策を行ったことも明らかにされている。

ⓑ **各時期の研究**

寺内正毅・長谷川好道総督期（「武断統治期」）については,あまり研究が進んでいない。水曜歴史研究会編［2002］［2005］が総督府機関紙の役割を果たした朝鮮語新聞『毎日申報』を読み込みながら,言論,地方行政,宗教,教育,衛生などの諸政策を論じた論文を収録している。李熒娘［1990］は,「内地」の大正政変（1913年）の結果,朝鮮総督府官制を改正しようという動きがみられたことを明らかにする。

斎藤実総督期（「文化政治期」）については,上記の姜東鎮［1979］以降,研究が進んだ。特に,統治政策の改編をもたらす可能性のあった参政権問題,自治論,朝鮮議会設置論について楠精一郎［1991］,森山茂徳［2000］などがあり,朝鮮人側の参政権運動の研究として松田利彦［2004］,金東明［2006］がある。総督府は参政権付与や自治（朝鮮議会設置）の案をつくり,朝鮮人上層を支配体制に取り込もうとしたが,結局,1930年に地方自治の拡大という形に落着いた。朝鮮議会設置を阻んだ枢密院・拓務省など本国のアクターと総督府との関係については,岡本真希子［2000］がある。なお,1930・40年代の参政権問題については,岡本真希子［1996］［1997］が論じている。

宇垣一成総督期をどのように位置づけるかは,議論の分かれるところとなっている。南次郎総督期の「大陸兵站基地化」「皇民化」へと続く総動員（ファシズム）体制の形成期あるいは準備期と捉える見解が強かったが,近年は宇垣総督期に独自性を認めようとする大西比呂志・李圭倍［1997］,福島良一［1999］などが出ている。農村振興運動,心田開発運動などについても多くの研究があるが省

略する。

　南次郎総督期以降の「皇民化政策」については，まず宮田節子［1985］をあげねばならない。皇民化政策のスローガン「内鮮一体」があくまで差別の論理を内包していたものであること，にもかかわらず朝鮮人エリートが差別を克服するために「内鮮一体」を受け入れたことなど，皇民化政策の本質に迫る議論を展開している。崔由利［1997］は，宮田の研究を受けて国民精神総動員運動などの具体的な政策展開を論じる。なお，宇垣の統治理念について研究がなされているのに比べると，南次郎以降の総督についてはまだ研究がなされていない。南総督期に学務局長として皇民化政策の先頭に立った塩原時三郎に関して稲葉継雄［1999］があるくらいである。

　皇民化政策の中でもっとも注目を浴びる創氏改名については，この間，研究が進んだ。それをリードしたのは，法制度に関する金英達の研究（宮田節子・金英達・梁泰昊［1992］，金英達［1997］［2002］）である。それをふまえて，水野直樹［2008］は，創氏改名政策の諸側面とその実態，朝鮮人側の対応の諸相を明らかにしようとした。また，水野直樹［2002］は，創氏改名以前の時期に総督府が，朝鮮人が日本人風姓名を名乗ることを禁止する政策をとっていたことを明らかにして，創氏改名を植民地支配期全体の中で位置づけた上で，創氏改名の中にも同化と差異化の両面が現れていたと主張した。

　日中戦争以後の総動員体制（国民精神総動員朝鮮連盟・国民総力朝鮮連盟を頂点とする組織と運動）については，崔由利［1997］，庵逧由香［1995］，宣在源・康庚城［1999］，趙慶喜［2001］などがある。末端の愛国班が政策・時局宣伝，戦時動員政策遂行に一定の役割を果たしたとしながら，朝鮮人の自発性を引き出すことには成功しなかったという評価でほぼ一致している。宣・康はその理由を，「内地」の総動員組織とは異なり植民地支配当局が「意思疎通」を図る主体として朝鮮人を認めていなかった点に求めている。総動員体制の実態を具体的に解明することは，解放後の朝鮮社会のありようを考察する上でも重要な課題であり，研究の進展が期待される。

　戦時期の総督府と本国政府との関係については，水野直樹［1997］が1943年の「内外地行政一元化」の過程において朝鮮総督府が自らを総合行政機構と位置付ける立場を固守したことを論じた。

〈3〉 植民地支配機構と在朝日本人

ⓐ 官僚制

　植民地支配政策の立案・実行をになった総督府官僚については，この間，多くの研究が生み出された。木村健二［2000］は1920年代の朝鮮総督府の経済官僚に着目して，本国から派遣される官僚から植民地生え抜きの官僚に移行していったことを明らかにした。松田利彦・やまだあつし編［2009］は，朝鮮と台湾のさまざまな分野の植民地官僚を取り上げて分析を加えた論文を収録しており，植民地官僚研究の現状を整理した松田の文章が参考になる。岡本真希子［2008］は「帝国史」の観点から朝鮮と台湾の植民地官僚を対象とした総合的な研究である。論点は多岐にわたるが，植民地で長く勤務する「在来官僚」が総督府官僚の中心を占めたこと，特別任用制度と高等文官試験を通じて朝鮮人官僚も部分的に登用されたこと，しかし日本人官僚には植民地在勤加俸があり，朝鮮人官僚との間に差別が設けられ，加俸削減問題をめぐって総督府官僚内部に民族的利害を異にするグループが生まれたことなどが明らかにされている。何よりも，本国と植民地の政治過程を架橋するものとして官僚を考察している点に研究上の大きな意義がある。朝鮮人高級官僚については，浅井良純［1995］，浜口裕子［1996］などの研究がある。

ⓑ 警察と朝鮮軍

　植民地支配の秩序維持に最大の力を発揮した警察についての総合的な研究として，松田利彦［2009］がある。各時期における警察機構の特徴を明らかにした上で，治安情勢に対する警察幹部の認識，警察と朝鮮社会とのかかわり（農村振興運動への警察の関与，日中戦争期の「時局座談会」の開催など），戦時期の経済警察など，植民地期の警察がさまざまな局面で大きな役割を果たしたことを実証している。また，治安対策や民衆組織化の面からみると，1930年代前半は20年代からの連続性において捉えるべきであると主張している。松田が論じなかった出版警察（検閲）については，『東洋文化〈東京大学東洋文化研究所〉』第86号が特集を組み，検閲機構の変遷，検閲官の略歴を整理した鄭根埴［2006］論文などを収録している。

　植民地支配の軍事的性格が論じられながら，具体的に朝鮮軍の果たした役割について実証的に検討したものとしては，芳井研一［1976］，朴廷鎬［2005］があ

るくらいである。朴は，アジア歴史資料センターが公開している軍関係文書から新たな資料を発掘しつつ，植民地治安維持の機能に加えて，対ソ・対中の諜報・軍事出動の機能を指摘している。戦時期に朝鮮軍が統治政策に対する発言力を増したことを宮田節子［1991］が指摘しているが，戦時期の朝鮮軍そのものについての研究はまだなされていない。

ⓒ **在朝日本人**

統治機構を支え，植民地支配政策にも一定の影響を及ぼした在朝日本人についての研究も蓄積されつつある。在朝日本人研究の先鞭をつけた梶村秀樹［1992］の後，高崎宗司［2002］が在朝日本人の全体像を描く試みをしたが，政治史の観点から在朝日本人を捉えようとする研究として，内田じゅん［2003］，李昇燁［2003］などが現れた。それぞれ，在朝日本人有力者が朝鮮人親日派と合同で組織した同民会の活動，あるいは1920年代後半に朝鮮各地の府協議会員や道評議会員らが政治・経済・社会などの問題について議論するために開いた公職者大会の内容を検討しているが，経済的利益のために帝国議会への参加を主張する在朝日本人と自治主義思想に基づいて朝鮮議会設置を主張する朝鮮人との間に民族的な矛盾が存在していたという点で，一致している。

〈4〉 支配体制と朝鮮社会

ⓐ **地方制度と地域社会**

植民地支配体制が朝鮮社会をいかに取り込んで支配を維持・安定させようとしたか，逆にいうと朝鮮社会の側が支配体制にどのように対応したかという問題は，植民地の政治史を考える上でもっとも重要な問題である。支配と抵抗という面だけでは捉えきれない実態をどのように理解するか，今後研究を深める必要がある。

植民地の地方制度に関しては，大和和明［1988］，姜再鎬［2001］，尹海東［2006］がある。大和は，1914年の地方制度改編（郡や面の整理統合）を通じて植民地権力が朝鮮人名望家層を下級官吏として支配体制に組み込もうとしたが，旧来の有力者を取り込むには至らなかったとする。尹海東は，村落の自治，面制による支配，両者を媒介する中間支配層の3つの局面において地域社会の支配体制を捉えている。他方，姜再鎬は，制度史的観点から地方制度の変遷を追った研

究である。

　地域レベルでの支配体制を理解する枠組みに関しては，尹海東［2002］，並木真人［2004］らの試論的な研究がある。尹海東は，抵抗と協力が交差する地点に「政治的なるもの」＝「植民地公共性」が成立したと論じる。並木は植民地権力と被統治者の政治勢力の間に，不平等・不均衡でありながらも交渉の回路が存在していたとし，植民地における「バーゲニング」（「公共性」の確保をめぐる統治者と被統治者の交渉とせめぎ合い）の可能性を前提として，朝鮮人官僚・下級官吏を植民地「公共圏」を構成するファクターとみなす。

　池秀傑［2005］は，地域における支配体制を「官僚－有志支配体制」と規定して，各地域の秩序維持を図るとともに地域的利害を代表する地方有志（朝鮮人・日本人）と官僚とが取り結んだ関係を解明しようとする。財力と人望のある有志の集団が各地域に存在していたことは，事例研究で明らかにされているが，異動の多い官僚がそれらの有志集団といかなる関係の中で支配体制を築いたかについては，充分な解明がなされていない。

　他方，並木らの研究を批判する趙景達［2008］は，植民地権力が近代的制度や規範を朝鮮社会に浸透させようとした試みは，近代性を内面化しえない広汎な朝鮮民衆にとっては無意味なものであるだけでなく，むしろ抑圧を増大させるに過ぎないものであった，としている。

　ⓑ **社会事業史**

　植民地の社会統合の手段として，総督府は社会事業を展開したが，これに関する研究として，慎英弘［1984］，尹晸郁［1996］，大友昌子［2007］などがある。慎英弘は，京城府の方面委員制度の展開に焦点を絞って，貧民救済の役割は果たしえず，むしろ教化の側面に重点がおかれたことを示し，戦時期には方面委員が町会役員を兼ねることによって戦争動員の機能を果たしたと論じる。これに対して，大友は，帝国史研究の視点から朝鮮と台湾，そして日本「内地」の社会事業の展開を比較し，植民地における社会事業は「抑制された近代化」という性格をもっていたとし，それをもたらした要因を総督府の政策と植民地の福祉文化的基盤（伝統的な相互扶助など）との齟齬などに求めている。今後深めるべき論点である。

〈5〉 法制史

ⓐ 憲法適用問題と植民地法制

　法制史に関する研究は，この間，急速に進んだ。憲法，国籍法，戸籍制度などについて戦前以来の日本政府の見解・解釈をまとめた向英洋［2007］があり，政府見解を知るには便利であるが，歴史的背景にまで踏み込んで論じたものではない。

　明治憲法と植民地との関係については，江橋崇［1985］が戦前の憲法学者の見解を検討したが，小川原宏幸［2005］は，併合に関する日本政府の政策の中に憲法適用問題を位置づけ，また総督への立法権委任問題についても論じている。後者の立法権委任問題は，韓国併合以前に日本が領有した台湾の統治方式にかかわる重要な問題であったが，これについては，春山明哲［1980］が参考になる。

　植民地期の法制度の性格を論じたものとして，金圭昇［1991］，金昌禄［2001］があるほか，浅野豊美［2008］が帝国史の視点から法制度の展開を論じる。論点は多岐にわたるが，植民地期の法制度についていうと，浅野はそれを「内地」と植民地の法域の違い，植民地住民にだけ適用される属人法の体系として捉えている。「内地延長主義」が掲げられたにもかかわらず法域の違いが最後まで残ったこと，民法のみならず刑法についても属人的な性格を有していたことを強調している。

ⓑ 民事法制

　民事法（朝鮮民事令）については，韓国で民法改正問題に関連して研究が盛んとなっている。1912年の朝鮮民事令は日本民法を朝鮮で依用するとしながら，朝鮮人の能力・親族・相続などについては「慣習ニ依ル」としたが，「慣習」の解釈それ自体が当局によっていかにつくられてきたか，またそれによって朝鮮社会がどのように変化したか，などが研究史における論点となっている。李昇一［2008］は，植民地期の民事法制に対する総督府の政策を通覧した研究である。李は，植民地権力が慣習を変形・歪曲したという従来の見方に対して，朝鮮社会の側が慣習を変化させていった側面を強調している。さらに，総督府が民事慣習の成文法化を図ったが，日本民法以外の成文法を認めない内閣法制局によってそれが阻止されたことを明らかにした上で，1921・22年の民事令改正（「慣習ニ依ル」とする範囲を若干狭めたもの）が総督府と法制局との妥協の産物であると捉

えている。吉川美華［2009］は，1909年に制定された民籍法を治安維持のための住民登録を目的としたものと位置づけるとともに，1915年の改正によって血縁主義に基づく「家」制度の導入，慣習の取捨選択が図られたとする。民籍法については，李英美［2004］もある。

ⓒ 治安法制

刑事法に関する研究は，治安関係法を中心に進められている。新井勉［1978］は三・一独立運動時に制定された「政治に関する犯罪処罰の件」を詳細に分析し，水野直樹［2000］は，治安維持法制定までの朝鮮における治安関係法制定の動きを論じた。また，水野直樹［2004］は，独立運動に対する治安維持法の適用において「内地」と植民地の司法当局間に落差があったことを指摘した。

なお，植民地期の裁判所は行政権力である総督府から独立していなかったが，三・一運動関係事件の判例を分析した笹川紀勝［2000］は裁判所の相対的な独自性を見出している。また，田中隆一［2000］は，異法域を内部に抱える日本帝国の司法統合を考察するために，中国における日本の領事裁判と植民地の裁判所との連携関係（司法共助および領事裁判所の植民地裁判所への上級審移管）を論じている。

なお，最後に付け加えておくと，『東洋文化研究〈学習院大学東洋文化研究所〉』が第2号以降連載している「朝鮮総督府関係者録音記録」は，総督府官僚らの証言記録として貴重なものであり，解説・注も充実しており，政策史の研究に有用なものとなっている。　　　　　　　　　　　　　　　　（水野　直樹）

⇒ 文献一覧 pp. 417~420

2　民族運動・社会運動史

〈1〉　全般的動向

朝鮮近現代史の中にあって，植民地期の民族運動・社会運動史（以下，両者を合わせて運動史という）の研究ほど，近年において大きな変動を経た分野は他にないだろう。研究者数と論考数からみても，1980年代における隆盛と90年代以

後における不振という対蹠的な様相が窺われる。

　このように，運動史の分野が80年代以後激しく変化した原因は，研究自体が強い政治性と社会性を帯びていたことにある。運動史研究は，一面では体制の武器であった。南北朝鮮の政権は，植民地期の民族運動・社会運動の系譜のうちに権力と権威の正統性の淵源を求めていた。両国における運動史研究は，こうした国民国家の確立や国民統合の強化という企図と密接な関連をもって展開された。他方，韓国や日本において，政権に批判的な研究者は，現実の政治状況を打破するための教訓を得る手がかりとして，運動史研究を進めてきたのである。

　そもそも，運動史研究は，他律性論と停滞論に代表される植民地史観を一掃し，朝鮮人の主体的営為を中心に朝鮮史の展開をたどるという，戦後朝鮮史学のパラダイムである内在的発展論の根幹をなすものとして位置付けられた。例えば，朝鮮史研究会編［1974］では，近代を扱う各章のタイトルは，民族運動の流れによったものであり，運動史の流れを追うことと近代史の通史を述べることが同一視されていた。また，朝鮮史研究会編［1995］においても，近代を扱う各章の見出しは，「対外的危機と近代への模索」，「植民地支配と民族運動」であり，「支配と抵抗」という二項対立による理解が根強いものであったことが推察される。

　また，上述したような，南北の政権の正統性を担保するという企ての下で，韓国では反共民族主義が，北朝鮮では社会主義や主体思想が最優位におかれ，運動史研究においては現政権に通ずる系譜の運動や政治潮流が理想化される一方で，それ以外の運動や政治潮流は存在しないものとして無視されるか，「真の運動」の価値がないものとして非難の対象とされるか，せいぜいがその欠陥を指摘されるかした。具体的に，韓国では，三・一運動から大韓民国臨時政府，さらに解放後の大韓民国樹立に至る潮流に最高の評価が与えられる一方で，朝鮮共産党や新幹会に代表される左派民族主義や社会主義系列の運動に対しては，接近そのものが危険視される状況が，80年代半ばまで存在した。他方，北朝鮮では，朝鮮民主主義人民共和国社会科学院歴史研究所編［1964］が刊行されて以後，運動史の叙述スタイルはほぼ固定し，金日成とその革命家系に関連しない潮流に対する「研究」は稀となり，体制に批判的な運動史研究は存在しなくなった。

　80年代後半からの民主化運動の成長と連動した韓国の在野史学は，左派民族主義や社会主義系列の運動を中心に事実の発掘に取り組み，運動史研究に多大な

成果をもたらした。これまで特定の研究者を除いては，利用することのできなかった植民地期の官憲史料や裁判史料などの公開も，一気に進んだ。87年の民主化宣言に象徴される反共体制の緩和が研究の自由度を格段に高め，90年代初頭にかけて民主化運動や学生運動の進展とともに，研究は絶頂をきわめた。学校教育の場などでも，90年代半ばになって，ようやく左派民族主義や社会主義系列の運動や人物について，紹介がなされるようになった。けれども，90年前後に起きたソ連や東欧などの社会主義体制の崩壊，中国の改革開放政策への転換，北朝鮮の体制崩壊の危機は，何らかの形で「社会主義の実現」にひとつの到達目標をおいていた人々に，現実の社会主義に対する幻滅をもたらし，90年代半ばからは学生運動などの停滞と連動して，運動史研究に対する情熱を急速に冷却させた。研究と政治の緊密さが，負の作用を果たしたのであった。

さらに，90年代前後から本格化したポストモダン，ポストコロニアルの研究動向に触発された国民国家論に対する批判，「植民地帝国」論の提示といった問題提起は，「支配と抵抗」という一国史的把握に基づく運動史研究の視座の学問的有用性に疑問を抱かせることとなった。その結果，現在では特定の団体や人物の行動を詳細に叙述することで事足れり，とするような狭義の運動史研究は，ほとんど姿を消したといってよい。しかし，運動史研究の新たな理論的な枠組みがいまだ提供されていないという問題が残っている。

日本の運動史研究は，南北朝鮮においてあったような政治的な制約からは自由であり，相対的に有利な研究環境が存在していたものの，戦前期までの植民地史観の克服という課題が研究の方向性を決定した。研究者は，植民地期に総督府などが作成した史料や叙述の批判を行い，その評価を逆転させることを通じて運動史を執筆した。ただし，事実関係そのものは官憲史料や裁判史料に依拠せざるを得ず，それゆえ，事実関係はそうした史料をそのまま祖述し，冒頭の問題意識と末尾の結論のみ現時点からの評価を下すという，いささか乱暴な機械的手法に陥る危険を免れなかった。そして，組織の構成や事件の経緯に関する解明に力を注ぐ一方で，運動の理念や構造に対する討究が粗忽であるという欠陥を抱えていた。加えて南北朝鮮の研究の影響を多分に受けた。このことは，運動史研究においてひとつの倫理基準として機能する一方で，安直な勧善懲悪に走る危険性や，社会主義への接近を「発展」として把握する政治的手法に傾斜する可能性を孕んでいた。

ところで，近年においては植民地権力に対する抵抗のみでなく，改良や協力も含めた朝鮮人の政治的活動を主体的選択の問題として把握すべきである，という主張が登場しつつある。それに対して，植民地体制に包摂されない民衆の主体性を重視する立場から，知識人たる民族主義者と隔絶した民衆運動史研究を深化すべきであると考える論者から批判がなされ，両者の間で，植民地社会の性格の把握とそのための方法論をめぐり，論争が生じている。新たな動向が運動史研究をいかなる方向に導くか，去就が注目される。

以下では，初めに従来の運動史研究の枠組を踏襲して描かれた業績について紹介し，次に90年代半ば以後に登場した業績について概要を示す。紙幅の関係上，日本で刊行された単行本と論文を中心に紹介し，海外の論考はごく一部を取り上げる。韓国の研究成果の概要については，歴史問題研究所民族解放運動史研究班編［1997］および韓国史研究会編［2008］などを参照されたい。

〈2〉 通史など

上述のように，90年代に至るまで運動史研究は近代史研究の中軸であったため，朝鮮史研究会編［1974］［1995］をはじめ概説書の多くが，運動史の叙述を基本にしている。なかでも，梶村秀樹［1977］［1982］は，「内在的発展論」の視点から「理念型」としての民衆の歩みを綴るというモティーフで一貫しており，当時の問題意識を鮮明に示している。姜在彦［1982a］［1986］も「支配と抵抗」という観点から当該期の通史を把握し，朝鮮人の営為を民族解放運動の連続として叙述している。姜万吉［2005］は，朝鮮半島の平和統一への展望を探るという現在的な問題関心に基づき，植民地期から左右両翼により試みられた民族統一戦線運動の流れを相互の分裂の時期を含めて跡付け，朝鮮半島の分断と統一への模索それぞれの歴史的淵源をたどる。一般向けの概説書の形式をとるが，運動史全般について均衡を保って叙述しており，必読の文献である。また，巻末の参考文献や索引も大いに参考になる。なお，運動史関連の人物に関しては，林大植［1992］および姜万吉・成大慶編［1996］が有用である。

〈3〉 政治運動

ⓐ 民族主義系列

　植民地期最大の民族運動とされる三・一(サ ミ ル)運動に関して，韓国歴史研究会・歴史問題研究所編［1989］に代表される韓国での実証研究の蓄積や，「民族代表」の評価をめぐる姜徳相と朴慶植の間の論争に触発されて，さまざまな観点からの論考があるが，それぞれ断片的であり，総合する課題は未解決である。富田晶子［1982］は，在来市場が民衆の自己組織化に果たした役割を明らかにする一方，官軍民が一体となった弾圧を論じる。小野信爾［1982］は，三・一運動を契機として生まれた朝鮮人を「模範」とみる中国人の眼差しが，中朝連帯運動へと発展したことを明らかにする。金文子［1984］は，三・一運動に際して独立を請願した子爵金允植(キム・ユンシク)の行動をたどる。従来の三・一運動の概念を広げる可能性がある論考で，抵抗と協力，民族主義の概念についての再考を迫る。他方，康成銀［1989］は，朴慶植［1976］などの「民族代表」再評価の動きを批判し，訊問調書の分析を通じて，彼らの運動が妥協的，外勢依存的，上層運動的性格を帯びていたと主張する。川瀬貴也［1996］も「民族代表」の国家観と文明観を考察し，その妥協的性格を指摘する。原口由夫［1986］は弾圧事例に関する朝鮮民衆側の資料と官憲の資料を比較対照し，三・一運動を「暴動」・「騒擾(そうじょう)」とみなす認識の根強さとその虚構性を示す。長田彰文［2005］は，三・一運動期を中心に朝鮮人独立運動家が行った米国など国際社会に対する支持獲得のための種々の働きかけと，日本との関係を重視して朝鮮問題を無視する米国政府の消極的対応，それと対比される革命ロシアの好意的対応を考察する。これらに対して，趙景達［2002］は，「民族代表」を自称する民族主義者とは別個に，民衆が朝鮮王朝以来の民乱の形式を踏襲することで自律的に運動を展開したことを示し，これまでの歴史叙述が知識人中心の民族主義的解析であったことを批判する。趙景達の提起は，民族主義者＝知識人の民族運動と民衆の民族運動とを峻別して解釈しようとするきわめて大胆なものであるが，知識人と民衆の亀裂と差異を強調する手法には，当然異論が予想される。

ⓑ 社会主義系列

　社会主義運動について，官憲資料の丹念な読み取りにより，人物や組織，事件についての事実関係の把握は，基本的に達成されたといってよい。その中でも，

高峻石［1983a］［1983b］が詳細な事実を紹介しており，事典としても有用であるが，索引がない。姜万吉・成大慶編［1996］は，植民地期に社会主義者として活動した人物を広範に採録し，有用である。韓国歴史研究会1930年代研究班［1991］と歴史学研究所編［1997］は，韓国における社会主義系列の運動に対する研究の本格的な展開を象徴する論文集と学界展望である。金森襄作［1985］は，三・一運動を分水嶺として労農運動の展開から祖国光復会(チョグックァンボクェ)，さらに北朝鮮の建国を直線的に結ぶ把握を批判し，インテリ主導・派閥主導で展開された運動の問題点を追究する。これは，理論先行の図式的解釈を実証的に批判する企てであるが，朝鮮社会主義運動の特殊性を「畸形性」として捉えるなど，理想像を設定してそれとの乖離を裁断するという方法論のため，別の図式的解釈に陥っている。水野直樹［1984］は，コミンテルン大会の議事録（英独仏露文）により全7回の大会に参加した朝鮮代表を特定し，コミンテルンが朝鮮共産党(チョソンコンサンダン)に解散を命じたとの俗説を否定する。堀内稔［1982］は，コミンテルンの党承認取消以後各派閥で試みられた朝鮮共産党の再建運動を概観する。園部裕之［1989］は，在朝日本人が参加して朝鮮人との民族的共闘が達成された社会主義運動に関して，新たな事実を発掘する。ただし，社会主義者の理論や現実社会の分析などに対する解明は依然として不十分であり，白南雲(ペク・ナムン)の政治経済思想を分析した方基中［1992］や左派知識人の社会主義受容を論じるチョン・サンスク［1994］などにより緒に就いたところである。朝鮮への社会主義の伝播・定着を考察する李賢周［2003］，イム・キョンソク［2003］，チョン・ミョンヒョク［2006］などの研究成果をふまえて，今後より綿密な考察が期待される。

その際，新たな史料の発掘が欠かせない。80年代以降中国やロシアの史料が利用可能になったことは，研究を著しく進展させた。このうち，和田春樹・劉孝鐘・水野直樹［2001］は，ロシア国立社会政治史文書館所蔵のコミンテルン文書を渉猟する。劉は朝鮮人共産主義者の韓人社会党結成とコミンテルンでの活躍の背景としてロシア在住朝鮮人組織国民会が果たした役割を検討し，水野はコミンテルン朝鮮共産党承認の経緯と中国の国共合作に倣った民族統一戦線論の展開を考察し，和田はコミンテルンが発した「12月テーゼ」が朝鮮人の活動の主体性を否定して民族統一戦線運動を阻害し，結局自らが構想した党再建にも失敗したことを解明する。

ⓒ 民族統一戦線

　民族統一戦線に対する研究は，南北朝鮮の統一という民族的課題を抱える韓国の研究者にとっては，実践と直結する分野である。それゆえ，朝鮮の内外における民族統一戦線の試みに関する論考は韓国のものを中心に甚だ多いが，ここでは割愛せざるを得ない。日本の研究としては，社会主義者と民族主義者の提携により形成された民族統一戦線（当時の用語では「民族協同戦線」）である新幹会について，水野直樹［1981］が創立の経過と発起メンバー，創立に対する反響を論じる。同様に，女性の統一戦線として創立された槿友会について，宋連玉［1981］は，民族解放と女性解放との結合の観点から分析する。そうした中，李均永［1994］は，新幹会本部の創立から解消に至る経過のみならず，組織の構成問題を中心に全国の支会の動向を網羅的に解明した論考であり，現在もなお研究の標準をなす。趙聖九［1998b］は，新幹会の結成過程における総督府の分断工作および崔麟ら自治推進派の動きを扱い，会参加の有無をもって民族主義者を妥協派と非妥協派に区分する従来の見解を批判する。社会主義者と民族主義者あるいは妥協派と非妥協派の言行の内実について，当事者の論理を徹底的に追究すると同時にそれを客観化するという，より根本的な批判的検討が必要であろう。

ⓓ 対日協力・体制内改革

　90年代以後急速に研究が蓄積されたのが，朝鮮人の対日協力や体制内改革に関する論考である。従来，民族運動・社会運動とは対極にあるものと考えられてきた朝鮮人の動向を，政治運動のひとつとして捉えようとする新たな視角は，後に総括されて，植民地における「政治的なるもの」＝公共領域を抵抗と協力が交差する地点に見出そうとする尹海東［2003］や「同化型協力」と「分離型協力」という概念を用いて右派民族主義者・自治論者の論理を解明した金東明［2006］の中に明確に示されている。こうした動向と関連して，松田利彦［1992］は，三・一運動以後の民族運動を総督府権力の側がどのように認識したかについて，青年会運動や実力養成運動の改良主義化・対日妥協化をすすめた警務局長丸山鶴吉の行動をたどることで論及する。並木真人［1993］は，30年代以降顕著になった朝鮮人の植民地統治機構への参加を論じ，近代的統治技術を学んだ人々が民族運動の活動家とともに解放後の韓国の国家建設を担ったと唱える。「朝鮮自治論」を掲げる副島道正と自治推進派との接触に着目する趙聖九［1994］は，朝鮮地方議会設立によって民族運動の鎮静を図る総督府の参政権構想をたどる。そ

の論考は，のちに大幅に増補されて趙聖九［1998a］として纏められた。森山茂徳［2000］は，総督府が部分的に実施した「朝鮮自治論」を考察した論考であるが，自治の現実化に対する朝鮮人の対応として「自治運動」の担い手の動向を追い，民族運動の再編過程の中に位置付ける。松田利彦［2004］は，国民協会が展開した内地延長主義型の参政権要求運動の展開過程について，在朝日本人の参政権要求と総督府筋の自治論との関連を視野に入れつつ，基礎的事実の掘り起こしを試みる。木村幹［1995］は，李光洙と朱耀翰が対日協力に転じた背景として，民族よりも近代を重視する普遍主義的態度がより「普遍的」な日本への依存に通じたと指摘する。河かおる［1998］は，同友会の活動を追い，合法的に民衆を動員しようとすればするほど総督府権力との接近を強いられ，対日協力へと転向した植民地下のナショナリズムが抱えた矛盾を描き出す。内田じゅん［2003］は，同民会に拠った日朝合同の政治運動を論じ，1920年代在朝日本人・朝鮮人エリート・総督府の間の協力と対立のアンビバレンスを明らかにする。李昇燁［2003］は，20年代後半に府協議会員ら公職者が結集した大会における参政権や地方行政・地方自治などの問題に関する議論を分析して，日本人と朝鮮人の地域エリートが総督府との間で結んだ対立と協力の緊張関係を論じる。総じて，これらの論考は，従来の研究が抵抗の側面を強調していたことを批判し克服しようとする性格上，協力や統合の側面に焦点をあてて分析するために，植民地支配容認論，植民地支配万能論に堕する危険性があると指摘される。協力や体制内改革を朝鮮人の主体的選択のひとつとして客観的に位置付ける必要がある。

ⓒ 海　外

朝鮮国内に劣らず民族運動の舞台として重要であるのは，海外である。そこでは，日本帝国主義の弾圧からの相対的な自由や社会主義をはじめとする先進思想との接触など有利な条件を用いて，抗日運動や独立運動が果敢に展開された。また，上述したように，南北現政権はともに，海外での民族運動にその正統性の淵源を有しているため，当該分野の研究は政治的にも重視されてきた。そのことが，研究を促進するとともに制約ともなったといえる。

中国東北（以下，満洲とする）在留朝鮮人の独立運動に関して，姜在彦［1984］は，独立運動の根拠地作りを通じて，開化思想系列の近代的民族主義が衛正斥邪思想に取って代わると論じる。金靜美［1986］は，間島・シベリア地域における朝鮮人の武装独立運動と日本軍のシベリア・間島侵入を描く。金靜美

［1992］は，吉林・会寧(フェリョン)間植民地鉄道建設に反対する朝鮮人・中国人の抗日闘争を跡付けるとともに，満洲における中朝両民族の対立を揚言する従来の研究視角を批判する。

　一方，米国や中国，旧ソ連などの資料の公開によって，満洲の抗日パルチザンにかかわる多くの新事実が明らかになった。林隠［1982］は，北朝鮮からソ連留学中に亡命した許真(ホ・ジン)（許雄培(ホ・ウンベ)）が同じくソ連に亡命した元駐ソ大使李相朝(イ・サンジョ)らの証言や自己の体験をもとに著した書であり，解放前後の金日成の動向を中心に貴重な記述が少なくない。許東粲［1985］［1988］は，北朝鮮刊行の諸種の金日成の伝記の比較検討，および中国刊行の伝記・史話類との対照という作業を通じて，北朝鮮公認の金日成像が虚構であると断罪する。水野直樹［1985］は，35年コミンテルン第7回大会の方針を通じた中国共産党の少数民族政策の転換が在満朝鮮人社会主義者の抗日闘争，特に在満韓人祖国光復会(チェマナニンジョグックァンボクェ)の成立に及ぼした影響を論じる。和田春樹［1992］は，米国や中国の資料・研究文献を駆使し，北朝鮮における「神話化」と韓国などでの「反神話化」のはざまにあって実像が捉えにくい金日成の活動について，朝鮮人社会主義者を中心とする満洲における反満抗日闘争の中で描写する。姜在彦［1993］もほぼ同様の問題意識に基づき，中国刊行の文献を利用して30年代の東満・南満で展開された中国共産党下の朝鮮人パルチザンの闘争を跡付け，パルチザン部隊の一幹部として金日成像を描き出す。これらの手堅い実証により，金日成偽物説や複数存在説，あるいは打倒帝国主義同盟，朝鮮人民革命軍(チョソンニンミンヒョンミョングン)の結成説など，両極の「虚像化」の打破を達成し得た。その結果，北朝鮮自らが金日成［1992-98］の刊行を通じて，金日成らの抗日闘争史叙述に修正を施した。この回顧録やその後公開された中国共産党の文書を検討した辛珠柏［1999］は，満洲における民族主義系列と社会主義系列それぞれの民族運動の対立と連帯の長期動向の中に金日成の抗日闘争を位置付ける。同じく辛珠柏［2000］は，中国共産党入党までの青年期の金日成の政治理念が民族主義から社会主義的民族主義へ，さらに民族主義的社会主義へと変化したことを論じる。水野直樹［2000］は，朝鮮人「民族自治区」，在満韓人祖国光復会，朝鮮人民革命軍の問題を論じ，前二者の課題の追求において金日成の役割が重要であったと唱え，後者では実際に朝鮮人により編制された武装部隊があったことを示し，和田春樹［1992］の叙述を訂正する。また，水野直樹［1996］とキム・ソンホ［1998］は，従来ほとんど研究の手がつけられていなかった民生団(ミンセンダン)について，

結成から解散に至るまでの経過を追跡する。

次に，満洲での抗日闘争と解放後の中朝の革命・内戦を連続の視点で捉える鐸木昌之［1993］は，抗日闘争の国際的性格を指摘し，ソ連領滞在期に形成された朝満人脈が解放後の両国の建国・革命と朝鮮戦争で大きな役割を果たしたと結論付ける。金森襄作［1983］は，30 年間島 5・30 蜂起を契機とする中朝共産党の合同について，朝鮮共産党再建運動の挫折および中国共産党の対朝鮮人工作を通じて論じる。また，同じく金森襄作［1986］は，5・30 以後の蜂起に焦点をあて，分析する。

また，中国関内における朝鮮人の民族運動について，水野直樹［1989］は，20 年代中国国民革命期の活動に関して，黄埔軍官学校入学者と教官に関する調査をなし，中国共産党と朝鮮人の初期からの接触という事実を示す。また，李恢成・水野直樹編［1991］は，『アリランの歌』の著者キム・サンこと張志楽の生涯について多くの事実を明らかにする。金元鳳を中心とする義烈団と朝鮮義勇隊の活動については，鹿嶋節子［1982］［1987］があり，彼らの行動を在中朝鮮人の武装独立運動の流れの中で位置づけ直す。40 年代在中朝鮮人が組織した華北朝鮮独立同盟については，民族革命党以来の在中朝鮮人社会主義者の系譜上に位置づける森川展昭［1984］［1989］と結成過程および政治路線における中国共産党の影響力を重視する鐸木昌之［1984］がある。

さらに，海外における民族統一戦線型の運動は，南北統一の実現という現在的な関心から重視された。姜万吉［1985］は三・一運動以来の民族運動の展開を共和主義に基づく民族国家建設のための歩みとして把握すべきことを提唱し，30 年代中国で樹立された左右両派の独立運動団体が統一戦線的性格を有し，解放直前には両者が社会民主主義制度を指向する民族国家建設論を提唱したことを明らかにする。姜万吉［1991］も，中国で展開された民族運動団体の統合と分裂を民族連合戦線結成のための苦闘の過程として描く。鹿嶋節子［1991］も在中朝鮮人の民族統一戦線を目指した金元鳳系列の朝鮮民族戦線連盟の活動を取り扱う。

その他の在中朝鮮人の民族運動に関する韓国の論考については，朴桓［1991］，韓時俊［1993］，ハン・サンド［1994］，キム・ヒコン［1995］，ヨム・インホ［2001］，コ・チョンヒュ［2004］，チャン・セユン［2005］，ユン・テウォン［2006］があることを指摘するにとどめる。

次に，極東ロシア在住朝鮮人の独立運動に関しては，劉孝鐘［1985］［1987］

がある。前者は併合から第一次世界大戦までの時期の独立運動を取り上げ，後者は10月革命期の朝鮮人社会における民族自治と民族独立という2つの志向・課題をめぐる路線の分裂と統合を扱う。

在米朝鮮人の独立運動については，稲葉強［1991］が民族主義左派の韓吉洙(ハン・ギルス)を中心とする統一戦線組織である在美韓族連合委員会(チェミハンジョギョナプウィウォンヘ)をハワイおよび西海岸在住の朝鮮人の動向と関連付けて論じる。

在日朝鮮人の民族運動については，運動全般について多くの事実の掘り起こしを行う朴慶植［1979］と高峻石［1985］，30年岸和田紡績での労働争議を扱う金賛汀［1982］のほか，『民衆時報』を結集軸に統一戦線的な形で京阪神の民族的生活権確立運動を追った外村大［1991］，官憲資料と民族誌紙を渉猟して労働争議と民族的生活権闘争を中心とする動向を追った外村大［2004］を掲げるに止どめ，他は在外朝鮮人の項に譲る。

〈4〉 社会運動

ⓐ **農民運動・労働運動**

農民運動に関しては，浅田喬二［1973］が日本人地主に対する朝鮮人小作農民の小作争議を分析し，民族矛盾と階級矛盾を重ね合わせて抗日運動として規定する理解を呈示した。この浅田の見解を克服することが，80年代農民運動研究の課題とされた。大和和明［1982］［1984］は，朝鮮人地主と朝鮮人小作農民，また植民地官憲との関係を含めて，20年代半ば「実力養成論」に代わる社会主義思想の流入とともに生じた三者の融和から農民対地主・官憲連合の対立への変化の中で，農民運動の過渡的性格を把握する。他方，同じ順天(スンチョングン)郡の農民運動を扱う金森襄作［1982］は，社会主義者による階級闘争至上主義に基づく指導の限界をあげ，否定的側面を強調する。天道教(チョンドギョ)を背景とする農民団体であった朝鮮農民社(チョソンノンミンサ)を扱う論考には，農業協同組合としての性格を重視する飛田雄一［1991］と農民の生産・生活の主体的管理から協同化への経過をたどる自立的農民経済運動として認識する新納豊［1981］がある。

30年代初頭の社会主義思想に導かれた赤色農民組合運動については，官憲資料と当時の新聞記事に基づき活動の経緯をたどった飛田雄一［1991］にまとめられた。並木真人［1983］は，洪原(ホンウォングン)郡という特定地域における日常生活の擁護の

ための民衆の運動を青年会運動，新幹会運動，赤色農民組合運動の三段階に区分して説明する。金翼漢［1992］は，各地の赤色農民組合の活動を指導した地方の社会主義者が有した，土着的で左右連合的な性格に着目する。赤色農民組合運動全般を扱った研究には，池秀傑［1993］とShin［1996］があるが，前者は赤色農民組合運動を通じて民衆が民族解放運動の主力としての役割を果たすようになったことをその歴史的意義として総括し，後者は農村社会学の理論的な成果を事例研究と接合しようとする。これらの研究は，赤色農民組合運動を民衆運動や民族解放運動のひとつの頂点をなすものとして認識する点で共通する。なお，既存の農民運動史研究が組織や指導路線の問題，あるいは赤色農民組合のような「思想的」運動形態にのみ注目する誤りを冒していると批判する李圭洙［1993］は，20年代後半期の不二西鮮農場の小作争議を取り上げ，直接生産者である農民が社会主義者などの影響を受けながら運動指導層に浮上していく過程を解明する。蘇淳烈［1995］は，30年代朝鮮農地令施行下の全羅北道熊本農場の小作争議について，地主と小作農民の論理と小作経営の実態変化を解明し，農村の安定を図るために両者の仲介を進めた道庁の役割を重視する。

ところで，上述の農民運動研究の多くは，実際には農民が展開した政治運動（主に抗日独立運動）をもって農民運動として認識し，農業社会の構造や農耕生活との具体的連関に対する把握が後景に退くきらいがあった。植民地にあって，階級矛盾の問題が多分に民族矛盾と相乗して現出する朝鮮農村においては，それはやむを得ないことではあった。しかしながら，農民の経営実態や植民地農政と有機的に結合した研究が少なかったのも事実である。そうした中で，松本武祝［1998］は，植民地権力と朝鮮農民との間の支配−被支配の関係を構造的に把握しようという試みであり，総督府の政策の変遷にともない，中上層の朝鮮農民（「中堅人物」）が植民地政策に協力し，その浸透の受け皿となっていく過程を考察する。これは，農民の行動に関する主体的選択の多様性を示唆する作業であり，農民運動の視座の見直しに通じる論考である。

労働運動に関しての日本の論考は少ない。大和和明［1983］は，精米労働者と平壌くつ下労働者の労働運動について，旧来の労働慣行との関連をふまえて「実力養成論」から社会主義への指導理論の変化を分析する。藤永壮［1989］は搾取と差別という二重の抑圧下にあった済州島の海女の漁民争議を扱った研究であり，朝鮮共産党再建運動との関連について言及する。これに対して，金烱一

［1992］は，1920年代を中心に，労働者の生活実態の分析に始まり，労働組合およびその連盟体の組織過程の解明，さらに労働運動を支えた理念の検討にわたる総合的な研究であり，争議とともに労働組合の文化活動などを通じて労働者が階級的・民族的に成長していくことが実証される。ここでも，労働者が民族解放運動の一翼を担ったことが強調される。

ⓑ 青年運動・女性運動・衡平運動

青年運動に関しては，韓国から韓国歴史研究会1930年代研究班編［1995］他の論考が刊行されているものの，日本の論考はほとんどない。辻弘範［1999］は，20年代 載寧（チェリョン）青年会に結集した地域有力者層の活動を論じ，地域の近代化のための行動が植民地権力との関係構築に通じたことを解明する。

女性運動に関して，橋澤裕子［1989］は，男性の補助的役割を越えて独立運動に参与して侵略と封建の両面をもつ日本の支配と戦うことにより女性を抑圧してきた封建体制を打破した，という議論で女性解放と民族解放を結合させる。宋連玉［1981］も，女性解放と民族解放を結合させる視点を示している。しかし，実際には両者の課題がしばしば対立していたことにも留意する必要がある。女性史の問題関心については，山下英愛［2000］と井上和枝［2001］が参考になる。

衡平運動については，池川英勝［1986］と金永大［1988］が衡平（ヒョンピョンサ）社の通史を述べ，被差別民「白丁（ペクチョン）」の身分解放運動の概要を取り扱うが，後者は日本の部落解放運動を展開した水平社との連帯闘争に関する資料を収録する。女性運動と衡平運動は，総じて民族運動や民衆運動の主役たる朝鮮人一般民衆（特に男性）との軋轢をめぐって展開されたものであり，民衆の位相を逆照射するものとして，今後とも重視されていかなければならない。

ⓒ 宗教運動

宗教運動について，森山浩二［1987］は，『聖書朝鮮』の刊行などを通じてキリスト教の土着化を進めた 金教臣（キム・ギョシン）の行動を独立に向けた実力養成運動の一環として把握する。韓晳曦［1982］は，総督府の神社参拝強要に対するキリスト者の抵抗と屈服を日本人キリスト者の強要関与を交えて解明する。韓晳曦［1988］は，三・一運動以後の間島地方や東京・京阪神の天道教の動向を紹介する。趙載国［1994］は，大倧教（テジョンギョ），天道教，甑山教（チュンサンギョ）各派を取り上げ，それぞれの思想の民衆的な特徴と信徒たちが展開した民族運動との関連を論じる。青野正明［2001］は，近代ナショナリズムの培養基としての「村落自治」に着目し，天道教と

金剛大道(クムガンデド)という民族宗教を取り上げ，あわせて天道教が後援した朝鮮農民社の「郷村自営」運動に論及する。佐々充昭［2003］は，大倧教から分派して朝鮮国内で活動した檀君教(タングンギョ)について，教団維持のための親日的活動と儒教的色彩の強い教義の特色を指摘する。佐々充昭［2005］は，亡命朝鮮人独立運動家が作り上げたディアスポラ的公共圏でナショナル・アイデンティティの創出において大倧教の教理が果たした役割を論じる。この他に民衆運動史の枠組みでさまざまな新興宗教を扱った趙景達の諸論考があり，これらは趙景達［2002］にまとめられた。

〈5〉 運動を支えた思想・理論

ⓐ 抵抗の思想

抵抗運動を支えた思想・理論について，安秉直［1986］は韓竜雲(ハン・ヨンウン)と申采浩(シン・チェホ)の独立思想・民族主義について民衆論との関連で考察し，民族主義が有した特徴と限界を指摘する。すなわち，近代市民社会の成立が未だ達成されていない状況で，労働者・農民ら成長途上の「民衆」が独立運動の主導勢力とならねばならないことを指摘する一方で，その成長を妨げる封建階級である地主や資本家に対する反封建闘争の訴えは不十分であったと主張する。朴玄埰［1985］も社会経済史と運動史を架橋する試みである。植民地的再編過程に規定された資本主義化にともない，民族主義運動の分岐が保守的・地主的な流れから，ブルジョア的な分岐，小市民的な枝，労農運動に代表される民衆的な潮流へと継起的に展開されたとの議論が呈示される。近代民族主義運動を統一的に把握しようとする意図とともに，限りなく社会主義運動に接近しつつも民族主義的傾向をなお残す当該期朝鮮の特徴を描く。姜在彦［1982b］は，衛正斥邪思想，開化思想(ケファ)，東学思想(トンハク)の終結点であると同時に，以後の社会主義対民族主義という思想的分岐点であったと三・一運動を思想史の流れの中に位置付ける。並木真人［1989］は，植民地期の思想・潮流を当該期の最大の課題であった民族的解放という見地から再整理し，積極的親日派，妥協的民族主義者，非妥協的民族主義者，社会主義者，沈黙・ユートピア思想の5つに類型化し，総督府主導の近代と思想・潮流の中の近代像との相克関係をもとに配置する。姜徳相［1990］［2002］［2005］は，呂運亨(ヨ・ウニョン)(リョウンキョウ)の生誕から戦時期までの動向を論じる。なお，大畑裕嗣［1989］は，安昌浩(アン・チャンホ)の「同胞に告げる文」と申采浩の「朝鮮革命宣言」などに示された状況認識と独立

運動の方針をコミュニケーション戦略という観点から読み解く。

ⓑ **改良の思想**

植民地という枠組みの中で改良の道を求めた人々の行動にも，ようやく研究の鍬が入れられるようになった。文化主義ナショナリズムという概念により三・一運動以後に登場した漸進主義的な民族運動（通例妥協的民族主義運動と呼ばれる）の路線を把握しようとする Robinson［1988］は，19世紀末からの近代ナショナリズムの連続線上に位置づけられる開化主義的・実力養成論的な思潮が，20年代に至り社会主義者（急進的ナショナリスト）との論争の中で隆盛し，「文化政治」下の条件を利用して新聞・雑誌を発行し，総督府の検閲に挑戦したことを描く。彼は，当時の新聞・雑誌の記事の分析を通じて，李光洙ら文化主義者はエリート主義・合法主義・反政治主義・非暴力主義を掲げ，民立大学期成運動などの文化運動が体制の枠内での活動を模索したことを論じる。そして，民族主義左派が文化運動を徹底的に批判し，その結果勢力再編を目論む協同戦線論が登場してくると結論付ける。また，朴賛勝［1992］は，妥協的民族主義者を民族主義右派として把握し，彼らの改良主義的な政治行動のもとになった実力養成運動論の展開過程を，段階区分して描く。朴賛勝によれば，社会進化論を受容して出発した自強運動（愛国啓蒙運動）が植民地期にも「先実力養成・後独立」の路線を継承して，精神改造・民族改造に重点をおいた文化運動を展開するものの，運動の挫折と担い手の民族資本家の社会主義運動・労働運動に対する危機感から，総督府に接近して体制内に包摂された，という。同書は概念規定の曖昧さ，用語の混乱などの欠陥が散見されるが，運動史研究において改良的・妥協的傾向のある運動に目を向けたことの意味は小さくない。木村幹［1997］は，金性洙・宋鎮禹ら「東亜日報グループ」を論じ，功利的な「経済感覚」が総督府と紐帯を結んで安定した経営基盤を確立しながら民族運動に活動の舞台を提供することを可能にし，総督府に全面依存する親日派に転落することを防いだと述べる。

ⓒ **協力の思想**

対日協力に関する研究は行動と言説の双方を分析することで量・質ともに盛んになった。松田利彦［1988］は，唯一の朝鮮人衆議院議員朴春琴の選挙運動と議会活動を検討するが，個人の節操に対する指弾ではなく内在する思想への接近を試みた先駆的な論考である。高崎宗司［1993］と永島広紀［2003］は，ともに緑旗連盟に結集した朝鮮人に論及する。松田利彦［1996］［1998］は，戦時期東

亜連盟運動に共鳴して在京都朝鮮人留学生を組織した曹寧柱の対日協力活動を扱い，体制に同調的な運動内部になお残存する民族意識を摘出する。同じく松田利彦［1997］は，朝鮮人社会主義者の転向を取り上げ，やはり東亜連盟運動に関与した姜錫永の行動の中に，権力の強制と同時に自発的意志による選択を読み取る。並木真人［1999a］［1999b］は，対日協力者の心性を区分し，皇国青年型，時局便乗型，面従腹背型の3つに類型化すべきことを提案する。申奎燮［2000］は，満洲国の掲げる「民族協和」と「内鮮一体」に対して，在満朝鮮人有識階級者が示した錯綜する認識を鳥瞰する。廣岡浄進［2003］は，在満朝鮮人の対日協力をめぐる言説を分析し，それらが満洲国の論理を利用した「アジア解放論」と「差別解消論」によって論理構築されていると説く。「植民地／近代の超克」研究会編［2004］は，社会主義からの転向者の「東亜協同体論」にかかわる論説を収録し，解題を付す。洪宗郁［2004］は，「東亜協同体論」の受容を介して朝鮮という単位を帝国日本の位階に位置付け，朝鮮と帝国両者の主体を同時肯定したと，知識人の転向の論理を説明する。一方，趙景達［2007］は，狭小な総督府の言論空間で発表された知識人の言説が暴力と化し，植民地システムを通じて民衆に移譲することを明らかにし，転向を抵抗や変革と関連付ける一連の研究に対して民衆史的視座から批判する。

〈6〉 新たな動き

90年代後半以後，運動史研究の枠組みを問い直す新たな視角が登場した。詳しくは，日本植民地研究会編［2008］などに譲らざるを得ないが，最低限必要な範囲で言及する。

ひとつは，90年代から狭義の抵抗運動や独立運動だけでなく，体制内改革や対日協力の実態と論理を解明しようとする研究が急増したことである。これは，Shin / Robinson eds.［1999］の問題提起などを受け止めつつ，抵抗・改良・協力の枠を超えて朝鮮人の政治運動を同一のスペクトラムで捉えようとする試みである。上述の「対日協力・体制内改革」の項で記した業績に加えて，朝鮮人の政治勢力と総督府との政治的交渉をバーゲニングの概念を介して分析し，協力をも朝鮮人の主体的選択として把握する金東明［2006］は，その代表である。板垣竜太［2003］は，尚州郡という地域社会における支配構造の持続と変容の過程を，市

街地における旧来の漢文エリートと新興エリートとの相剋，産業・交通の都市的変貌，日朝間の民族矛盾の顕在化などを通じて描き，30年代に政治空間の体制内化が進むと論じる。

　もうひとつは，労農団体など既成組織の動向を追跡し，民族運動史研究と民衆運動史を混淆して叙述する研究方法を批判し，総督府と知識人双方の近代主義に包摂され得ない底辺民衆の心性ないし思想を剔抉しようとする試みである。そこでは，従来の民衆史学に基づく運動史研究でさえも，闘争・変革にのみ着目するあまり，民衆の日常性と主体性を軽視していると批判される。そして，知識人のナショナリズムとは区別される民衆の主体的な営為を民衆運動史として把握すべきであることが提起される。趙景達［2002］は，そうした志向の代表的な業績であり，近代移行期から解放に至るまでの時期，変革主体の土着的発現形態である士あるいは真人（チニン）の意識の高揚と消沈を通時的に追究することで，民衆運動史の大綱を示す。植民地期に限定しても，皇帝幻想を梃子に展開された民衆的大蜂起としての三・一運動という把握，皇帝幻想に代わり『鄭鑑録』（チョンガムノク）の真人思想をもとに民衆の心性を支配した終末思想的な新興宗教による「神経戦」の描写など，既存の運動史研究の枠組みの再考を迫る提言が繰り返される。そして，このような視角から解放後の人民委員会や十月人民蜂起に対しても，民衆の主体＝士意識の反映であると論じる。続いて，趙景達［2005］は，Shin / Robinson eds.［1999］などに触発された松本武祝［2002］，尹海東［2003］，並木真人［2003］，宮嶋博史他編［2004］に代表される「植民地近代性」あるいは「植民地公共性」の立場に立つ研究が，植民地権力の近代性・包摂性を強調する一方で，民衆に対する暴力性や排除性を看過していると批判し，総督府や知識人による規律・訓練化の企てから逸脱する民衆の姿を描出する。

　さらに，これと関連して，朝鮮民衆の土着的な日常生活そのものが植民地支配政策にとっての障害となっていたことを指摘し，「抵抗」の範疇を対自的なものだけでなく即自的なものも含む形に拡大しようとする試みがある。このような観点は，徴兵制度導入に対する朝鮮人の反応を考察した宮田節子［1982］で先駆的に呈示されたが，板垣竜太［2006］は，自家用酒の「密造」の実態を解明する中で，このような弱者の選択が有する行為・結果・抗議という三重の「抵抗」の政治的意味を議論する。宮本正明［1998］は，井上和枝［2006］［2007］とともに生活改善運動を取り上げ，朝鮮人有識者の「近代化」志向とそれに対する民衆の

在来の生活慣習という「抵抗」，さらに総督府の近代化政策との関係からなる領域を扱う。趙景達［2008］の議論にも関連して，朝鮮人階層間の亀裂の一面が明らかにされる。ただし，民衆と有識者を亀裂や差異の側面でのみ把握できるかは疑問である。呉成哲［2000］が明らかにしたように，民衆は公立普通学校増設運動を展開し，子弟の教育に熱心であった。決して反知性主義の立場をとったわけではない。また，金銭利益や階層上昇，社会的被認知などに対する「欲望」は，民衆を「生活者」として認識する限り看過しえず，有識者の「近代的」なハビトゥス（habitus）が憧憬や羨望の対象となったこと，それが実現されなかったときに怨嗟や拒絶の対象になったことにも留意すべきではないだろうか。

　これらの新たな研究の動きの展望はいまだ確定しえないが，いずれも既存の運動史研究を脱構築（deconstruction）する試図として評価することができる。旧来の方法論の限界が露呈した今，研究の隘路を打破する試図が求められていることは明らかである。

（並木　真人）

⇒ 文献一覧 pp. 420~425

3　経済史

　アジア・太平洋戦争敗戦による帝国解体の後，日本の朝鮮史研究にとっては，植民地支配を正当化する言説として流通した「朝鮮社会停滞論」の克服が最重要な課題となった。そのためのもっとも有力な方法論が「内在的発展論」であった。ただし，その「内在的発展論」を植民地期の経済史研究に当て嵌めようとすると，難題に逢着する。植民地支配によって，朝鮮における自立的な資本主義的近代化の試図は挫折を強いられたからである。梶村秀樹［1977］が指摘したように，民族解放闘争こそが植民地下での朝鮮の内在的発展の「最良の精華」であり，植民地下での資本主義の内在的な形成と展開は「一筋の赤い糸」として表象されるにとどまる。

　ところで，1980年代以降，植民地下での資本主義的諸関係の展開に，あらためて焦点があてられるようになった。その背景には，韓国のNICs／NIEsとしての経済成長への着目，さらには中国も含む東アジアにおける資本主義的国際分業関係の深化という新たな状況の出現があった。こうした研究動向は，意識的であ

れ無意識的であれ,「内在的発展論」とのあいだで,方法論上の緊張関係を孕んでゆくことになる。以下では,「内在的発展論」を座標軸として,1980年代以降の植民地期に関する経済史研究の動向を概観してみたい。

〈1〉 内在的発展論の戦略論

梶村秀樹［1986］は,「内在的発展論」を,一国史を国内的な契機の法則的展開に即して発展してきたものとして捉えようとする方法論であるとしている。ただし,同時に梶村は,一国史的発展への着目が国際的契機を軽視するものではないことも強調している。梶村による1981年の2つの論文（梶村秀樹［1981a］［1981b］),すなわち「外圧」の強度の差異という視点に基づいて東アジア3国の近代移行期における「両極分解」を論じた論文,および韓国のNICs化をふまえつつ中心部－周辺部のあいだでの国際垂直分業の再編にともなう（旧）植民地の社会構成の変遷を理論的に整理した論文は,梶村が「一国史的発展」の国際的契機を重視していたことをよく示している。

そのうえで梶村秀樹［1986］は,「戦略論」のレベルでの方法論を設定している。すなわち,ひとつには,「朝鮮社会停滞論」を克服しえていない日本社会の状況をふまえて,「上から外からの契機」よりも「内部の下からの契機」の研究を優先すべきであるとする。もうひとつには,世界資本主義の止揚という実践的課題に照らして,各国人民の課題はまずは一国的枠組の中で設定されるべきであり,とりわけ第三世界各国人民は世界資本主義体系からの一国的相対的離脱の権利と可能性を保有しているとしている。

この2つの「戦略論」に関連して,梶村秀樹［1986］は,次のような歴史認識を示している。日清戦争・甲午農民戦争に起点をおく東アジア3国の両極分解は,1930～40年代に至って日本帝国主義支配の朝鮮・中国への全面展開と朝・中人民の抑圧という対極化において頂点に達した。日本人民が今日でもなお1930年代以前からの状況の延長として,帝国主義イデオロギーによる呪縛と自己疎外の極点にあるのに対し,朝・中両国人民は,1930年代から,それぞれ反帝ナショナリズムを包みこんだ社会主義・国際主義の歩みを開始し,民族解放・社会主義革命を達成した（東アジア3国の「逆分解」)。そして,今日では,両国社会主義体制間の矛盾を克服する論理を探し求めている。

韓国の世界資本主義からの「一国的相対的離脱」の可能性と中・朝両社会主義国における「国際主義」の確立とに見通しを与え，かつ，日本人の「帝国主義イデオロギーによる呪縛と自己疎外」からの脱却に道筋をつけてくれるものとして，「内在的発展論」が「戦略論」的に位置づけられていたということができる。

〈2〉 民族経済論をめぐって

1980年代前半には，70年代末の韓国での議論の影響を受けつつ，「民族経済論」が経済史研究における論点のひとつとして浮上した。梶村秀樹［1986］は，それを，日本帝国主義の資本の論理とは異なる論理が貫徹する「民族経済」という社会的関係の実体が存在したことに，朝鮮人にとっての主体的意義を認めようとする立論であると定義している。梶村の「民族経済論」には，「内部の下からの契機」および「世界資本主義体系からの一国的相対的離脱」を重視する「内在的発展論」の「戦略論」が反映している。なお，70年代末以降の韓国における「民族経済論」を主導し，日本の朝鮮史研究者にも影響を与えた朴玄埰の場合は，韓国の対外従属的な経済構造に対する代案としての「民族経済」——すなわち内包的工業化を基盤とする自立的な国民経済——を提示している（朴玄埰［1989］。この点については，滝沢秀樹［1992］も参照）。資本主義体制批判の含意が強い梶村の「民族経済論」とは，位相を異にしている。

1983年の朝鮮史研究会大会においては，新納豊が「民族経済論」の立場から，橋谷弘がそれに批判的な立場からそれぞれ報告をおこなった。そこでの論争点は，「民族経済論」それ自体の特質を浮かび上がらせている。新納豊［1983］は，植民地下における移植資本主義の展開のもとでそれと対抗しつつ植民地民衆が自己の再生産を営む領域として「民族経済」圏を設定し，朝鮮農民の生活物資相互交換の場である在来市場に着目する。これに対して橋谷弘［1983］は，主要な対日貿易品目（米穀・綿製品）の流通構造を分析して，在来市場は植民地的商品経済の末端を担う場に再編成されていたことを指摘する。

新納の問題意識は，その後，李洪洛［1987］や梶村秀樹［1990］による地域内分業関係の分析に受け継がれている。他方，浜口裕子［1996］は，満州と比較して朝鮮農村における制度金融の浸透度の強さを強調しており，橋谷の問題意識と重なるところが大きい。

蚕糸業分析の権赫泰［1991］および綿業を分析した権泰檍［1989］，曹晟源［1992］，高村直助［1994］は，一方では原料生産（養蚕業／綿花）部門は日本国内および朝鮮内の製糸・紡績資本に包摂されつつも，他方では自給的な織布部門をある程度維持した農民の市場対応の姿を描いている。新納・橋谷両報告の対立点を，いわゆる「二重構造」という視点から統合しようとする試みであるといえる。

〈3〉 資本主義的近代化

　梶村は，先述の「逆分解」を経て成立した中国・朝鮮の社会主義に対して批判的な視点をもちつつも，いわば「もうひとつの社会主義」の可能性をも見出していたといえる。これに対して，宮嶋博史［1984］は，いわば「逆々分解」の視点を提示することで，東アジア近代史に関する新しい歴史分析の方法論を提案している。

　宮嶋の整理によると，「逆分解」論は，その後の東アジア地域の構造変動によって裏切られる。すなわち，ひとつには，中ソ対立から文化大革命に至る過程での「進んだ中国」への懐疑の増大，朝鮮民主主義人民共和国における金日成（キム・イルソン）個人崇拝の強化，中国における四つの現代化路線への転換と日・米への接近等の事態にともなう社会主義信仰の崩壊である。そしてもうひとつには，「石油危機」後の日本のGNP世界2位への成長，韓国・台湾・香港のNICs化という事態である。そのうえで，中国・朝鮮では，条件如何によっては資本主義的近代化の試みが現実化することもありえたことを強調する。

　そして，宮嶋博史［1984］は，韓国のNICs化現象に注目して，韓国社会がこの20年ほどの間に経験した「朝鮮近現代史上最大規模の構造変動」の重要性を指摘する。その際，現状分析としての韓国経済論における歴史的観点の希薄さを指摘し，60年代にみられたような「近代化論」へのイデオロギー的反発ではなく，今日の「近代化論」が示しつつある歴史像との学問的な対話を通じて，新たな東アジア近代史像を模索していかなければならないと述べている。

　他方では，宮嶋は，ひとつには中心部における，安定した雇用システムさえ確立できない高成長に対して抗する力，もうひとつには周辺部における，近代化のためという錦の御旗を掲げた暴力を拒否する力，この合力によって導出される新

しい社会の可能性にも言及している。この点では,「近代化論」とのあいだで歴史認識における断絶がある。

　宮嶋の「資本主義的近代化論」と梶村の「内在的発展論」の「戦略論」は, 1930〜60年代の社会主義運動／国家に対する歴史的評価を異にしている。それは, 前者が, 韓国のNICs化を通じた経済成長および朝鮮民主主義人民共和国における社会主義の硬直化という70年代以降の対照的な変化を, 後者よりも重大視する立場をとっていることによる。しかし, 他方では, 朝鮮後期から現代韓国に至る資本主義的近代化の動向を長期的視点でもって分析するという宮嶋の課題設定は, 「内在的発展論」の捉え直しであるということができる。さらに, 東アジアにおける「新しい世界システム」を展望しようとしている点では, 梶村の「戦略論」との類似性を見出すことができよう。

　この宮嶋論文を前後する時期以降, 朝鮮後期以降の長期の経済変動を資本主義的近代化という視点から分析する研究が蓄積されてきた。それらの研究は, 分析対象の時期から大きく2つに分けることができる。ひとつは, 朝鮮後期から植民地期にかけての資本主義的近代化のいわば社会的基礎に着目する研究(「小農社会論」)であり, もうひとつは, 解放後韓国の工業化の歴史的前提として植民地期の工業化とそれにともなう社会的分業の再編に注目する研究(「植民地工業化論」)である。さらに, この2つの領域がオーバーラップする研究分野として, 植民地下での農家経済・農村社会の再編という研究領域が設定される。

〈4〉 小農社会論

　「資本主義萌芽論」は, 朝鮮時代後期に部分的にではあれ生産過程において資本－賃労働関係が成立していた事実を発見し, そのことの重要性を強調した。これに対して「小農社会論」は, 農業に関しては, 世界史的にみても資本－賃労働関係に至る両極分解が成立する地域は例外的であり, 特に東アジアのような労働集約的な農法が支配的な地域においては, 小農経営こそが資本主義にもっとも適合的な農業経営の形態である, という理論的な枠組を前提とする(中村哲[1991])。この指摘が含意する論点として次の3点をあげることができる。

　第一に,「外圧」に接する直前の段階において東アジア3国がほぼ共通して到達していたと想定される「内在的発展」の段階を示す指標として, 従来の「資本

主義萌芽」に代わって「小農社会」の成立が措定される。なお，小農経営は小商品生産者として商品経済と親和的であり，さらに兼業・副業による農村工業と結合しやすい。「資本主義萌芽論」と「小農社会論」とは，必ずしも排他的な関係にはないといえる。

　第二に，今日の東アジア3国において「伝統」として捉えられている社会制度（家族・親族制度など）の歴史的起源やイデオロギー（特に朱子学）の定着過程を見通すための分析枠組が提示された。さらには，小農社会の成立にともなって形成されてきた家族・親族制度が近代に入ってむしろ強化される（宮嶋博史［1994］）という指摘のとおり，「伝統」が近代において再生，強化されるという新しい視点が提示された。

　なお，この第二の論点は，あえて「近代化論」との対話を通じて新たな東アジア像の提示を試みるべきとする宮嶋博史［1984］での問題提起に対する自答となっている。第一の論点も併せていえば，「イエ社会」論に代表される日本の「近代化論」に対して，いわば「東アジア儒教社会論」を代置することによって，「朝鮮社会停滞論」の克服が目指されているといえる。この論点に関しては，とりいそぎ2点だけコメントしておきたい。ひとつは，東アジアのなかで日本を例外視する従来の「近代化論」が，アジアの中で東アジアを例外視する「東アジア近代化論」に置き換わったに過ぎないのではないか。もうひとつは，多様な「伝統」のなかから儒教的なそれのみが選び取られていった過程こそが分析課題となるのではないか。なお，李相旭［2008］は，植民地下での墓制の分析を通じて，後者の論点に接近している。

　本題に戻って第三には，朝鮮後期と植民地期との連続性への着目である。この観点からの画期的な成果として土地調査事業に関する一連の研究をあげることができる（金鴻植他［1997］，裵英淳［2002］，趙錫坤［2003］）。特に，宮嶋博史［1991］は，朝鮮時代初期から韓末に至る土地制度の変遷を前史として捉えつつ，植民地下での土地調査事業を分析している。第三の論点に引き付けて内容を紹介すると，朝鮮時代において，私的土地所有権の成長とともに政治的土地支配は，一部を除いて衰退した。土地調査事業における土地所有権の確定作業は，朝鮮時代以来成長しつつあった私的土地所有権に依拠して実施された。すなわち，該事業は，朝鮮社会の内在的展開に即した近代的土地変革であった。

　「私的土地所有権の成長」は「小農社会」の成立と関連付けて理解することが

できる。宮嶋の著作は,「小農社会論」の視点から,朝鮮後期−植民地期の土地制度における連続性を析出したものであるといえる。そして,「内在的展開」に即していたがゆえに,植民地下でいったん土地所有権が確定するや,土地所有分解が急速に進展する,という分析枠組みが提示されている。

〈5〉 植民地工業化論

　植民地下での工業化に関しては,この間,数多くの研究がなされている。主な著作としては,それぞれ日本窒素と製糸資本を扱った姜在彦編［1985］と藤井光男［1987］の事例分析,綿業資本と在来綿業との対抗を分析した権泰憶［1989］,平壌メリヤス工業を対象に朝鮮人資本家の「成長」を論じた朱益鍾［1994］がある。河合和男・尹明憲［1991］は工業化過程を総体として整理している。また,小林英夫［1994］は,従来手薄であった1910年代に関する分析を試みた。他方,金仁鎬［1998］は,戦時期における工業の実態を分析している。裵城浚［1998］は,京城（ソウル）地域における工業部門を植民地的な二重構造という視点から論じている。

　それらの中にあって,「資本主義近代化論」をふまえた「植民地工業化論」の代表的業績として,堀和生［1995］をあげることができる。堀は,植民地という「国民国家を形成していない社会における資本主義の個別的性格」を把握するための方法論として「本源的蓄積」の枠組を提示する。そして,支配と抵抗という政治的側面でのみ分析されてきた事態を,経済の側面とりわけ資本主義の論理で分析するという課題を提示し,植民地下での「社会的分業の再編成」を実証的に分析した。さらに,植民地末期に朝鮮は本源的蓄積が不可逆的な段階にまで進展した社会になっていたとして,解放後との連続性を示唆している。

　「植民地工業化論」に対しては,以下の3つの視点から批判がなされている。第一に,金洛年［2002］は,朝鮮における社会的分業の展開が,あくまでも「帝国」を領域とする日本資本主義の蓄積の一環として位置づけられているために,朝鮮という特定の空間に固有な文脈における「植民地工業化」の評価を困難にしているという,方法論上の難点を指摘した。

　第二に,植民地下の京城（ソウル）を分析した橋谷弘［2004］は,「都市非公式部門」の存在に着目して,資本主義化とは直接には結びつかない植民地下での

社会的分業の特質を析出した。そして，植民地下での朝鮮の都市化と現代のいわゆる発展途上国における「過剰都市化」との類似性を強調する。なお，都市における過剰人口＝貧困問題については，姜万吉［1987］，孫禎睦［1996］が，それぞれ具体的な分析を加えている。

　第三に，解放前後での工業化の連続／断絶をめぐって反論がなされた。小林英夫［1990］は，韓国のNICs化を冷戦構造下でのアメリカによるロストウ路線，すなわち，「日・米一体の工業化政策」の成功例と捉えて，植民地工業化との断絶性を強調している。ただし，それと同時に小林は，そうした米・日の対外政策に「アドプト」する能力が植民地期に形成されたことにも言及している。具体的には，行政（官僚）制度，金融制度および教育制度といった制度の問題を取り上げている。

　なお，こうした制度・インフラストラクチャーに関する研究としては，財政制度の植民地的特質を分析した金玉根［1994］，租税制度における逆進性を析出した鄭泰憲［1996］，主たる金融機関の組織と機能を分析した尹錫範他［1996］および朝鮮鉄道の植民地性に着目した鄭在貞［2008］をあげることができる。朝鮮銀行については，朝鮮銀行史研究会［1987］が刊行されている。

　ところで，解放前後での連続性を析出しようとする際には，制度とならんで，朝鮮人労働者の熟練の程度が論点とされてきた。日本人大工場や朝鮮鉄道において朝鮮人熟練労働者がある程度形成されていったこと，特に戦時期には，民族差別による限界をかかえつつも，日本人労働者の欠落を埋めるために朝鮮人労働者の熟練工や中間管理職への登用が促進されたことが確認されている（安秉直［1988］［1990］，鄭在貞［1990］）。

　他方で，朝鮮鉄道を分析した林采成［2005］は，戦時期の朝鮮人労働者の登用が，「労働力の希釈化（dilution）」を招き，解放後の自力での事業所運営を困難にしたと指摘している。また，戦時期における朝鮮人技術者・技能者の成長を析出した安秉直［1993］は，戦時下で朝鮮人労働者が直面した民族差別という暴力の問題を強調している。日本人工場経営者のもとでの朝鮮人の「雇用システム」を分析した宣在源［2006］は，朝鮮人労働者における一定の人的資本形成を確認しつつも，「工場法」不在という条件に起因する労働条件の不利性とそれにともなう労働市場の流動性という植民地的な特徴を析出した。関連して，鄭昞旭［2004］，崔在聖［2006］は，それぞれ朝鮮殖産銀行，金融組合の職員層における

採用，給与あるいは昇進面での民族差別の実態を分析している。

さて，1980年代以後，1930年代後半以降に進展した戦時工業化への関心が高まりをみせた。その要因としては，第一に，解放前後での連続／断絶という研究課題において，戦時期こそが両時期を繋ぐ時期としてあらためて注目された，第二に，韓国民主化後に浮上した「過去清算」という課題において，戦時下での加害／被害問題の解明が必須となった，第三に，帝国本国を対象として研究蓄積が進んだいわゆる「総力戦体制」論から刺激を受けつつ，戦時動員体制のもとでの植民地朝鮮社会の改編という論点に対する関心が高まった，という3点をあげることができるであろう。

第二の論点とかかわって，近年研究蓄積が進んだ戦時動員の実態に関する分析のなかで，特に「植民地工業化論」と関連性の深い労働力動員に関する研究としては，まず，庵逧由香［1995］が，労働力動員実施のための末端組織に至る組織化の過程を明らかにしている。広瀬貞三［1988］は，「官斡旋」による朝鮮南部から北部への土木建築労働の動員実態を扱っている。また，海野福寿［1993］は，対日労働力動員政策と朝鮮の農業構造政策とを関連づけながら論じた点で特徴的である。被動員者名簿を用いた実証分析の嚆矢でもある。郭健弘［2001］とイ・サンギ［2006］は，労働現場における朝鮮人労働者に対する差別的な統制政策と生産過程での労働の実態を分析している。なお，樋口雄一［1998］は，戦時下の労働力動員・農産物供出にともなう農民生活の困窮の実態に迫っている。

さて，第一と第三の論点に関しては，すでに先に紹介したように，戦時下における資本蓄積（特に朝鮮人企業の成長）や朝鮮人労働者の量的・質的成長に対する評価をめぐって分析が重ねられてきた。それらの研究以外に，エッカート［1994］は，戦時「総力戦」下の工業化過程に着目して，朝鮮人の技術者・企業・ホワイトカラー層がそれぞれ増大した点を指摘しつつ，こうした社会変動の解放前後での連続性を強調している。

これに対して朴根好［2006］は，戦時統制の下で朝鮮人企業が衰退傾向にあったことを指摘している。そして1960年代以降の韓国高度成長の背景として，解放前後での連続性に代えて，韓国のベトナム派兵を契機に形成された韓日米の三角貿易構造の規定性を強調する。また，朝鮮内に労働力動員された朝鮮人に対する労務管理方式に注目した宣在源・康庚城［1999］は，日本人労働者とは異なり，朝鮮人労働者に対しては「コミュニケーション」（懇談・人格承認）を通じ

た労務管理への志向性が不在であったという特質を析出している。

戦時下での朝鮮人企業・労働者の成長という事実の確認は重要な作業であるといえる。ただし，「総力戦体制」論のキーワードである「強制的均質化」という視角から研究の流れを捉えた場合，民族差別の持続・強化という実態を強調しつつ，帝国本国では進行した「均質化」現象を植民地において見出すことは困難であるとする問題提起はより重要であると思われる。「総力戦体制」論の植民地への適用の可否が問われているといえる。

〈6〉 植民地期農業史研究

従来の農業史研究では，いわゆる植民地地主制が主要な研究対象とされてきた。1980年代以降には，個別の地主経営に関する分析（金容燮［1992］，洪性讃［1992］，韓国精神文化研究院［1993］），日本人大地主の類型別分析（李圭洙［1996］），地主資金の農外投資に関する分析（張矢遠［1989］，許粋烈［1990］，呉美一［2002］）など，新たな視点からの分析がなされた。また，韓国農村経済研究院［1991］や洪性讃他［2006］のような，地主経営分析を中心においた特定の地域社会に関するモノグラフも刊行されている。姜万吉［1987］は，地主制の下での小作農民や火田民の貧困の実態を分析している。また，東洋拓殖会社の日本人農業移民事業や農地経営に関する研究も行われた（姜泰景［1995］，河合和男他［2000］，黒瀬郁二［2003］）。これに対して朴ソプ［1995］は，以下の3点において，地主制研究を核とする既存の農業史研究にはない新たな論点を提示している。

第一に，「農民の存在形態」に着目している点である。この論点は「小農社会論」の問題提起を継承したものである。そして，朴は，農民の小商品生産者としての「合理的」な対応形態を分析した。第二に，植民地統治の安定化と農業生産力増強のために小作農を保護・懐柔する政策が部分的ながらも実施されたことを強調している。これは，植民地農政を地主利害の反映と捉える既存の研究への反論となっている。第三に，植民地期の朝鮮農業の展開を解放後におけるその展開の基礎条件として分析する視点を提示した。

ところで，朴ソプ［1995］は，農民による農産物の共同販売に着目している。小商品生産者としての農民という視点からの農民「運動」像を提示する試みであ

る。なお，農民による共同販売事業に関しては，すでに，新納豊［1981］の先駆的分析がある。新納は，朝鮮農民社の斡旋部および農民共生組合を取り上げて，先に紹介した「民族経済論」の視点から高く評価した。朴ソプの問題意識とは異なる視点からの分析となっている。

　蘇淳烈［1995］および朱奉圭・蘇淳烈［1996］は，全北・熊本農場での小作争議を分析したものであるが，重要なファクト・ファインディングは，小作農側が独自に「収支計算」を行って地主の小作料引上げの不当性を訴えたことである。蘇の研究は，〈抵抗〉する側の小作農のなかに，小商品生産者としての側面を見出しているといえる。

　松本武祝［1997］は，植民地下の朝鮮農民を小農範疇で捉えている点では朴ソプと共通する。しかし，以下の3点において，朴ソプとは見解を異にしている。第一に，朝鮮内消費市場の狭小さにより，小商品生産者として成長する機会が局限されていた点にこそ植民地下の農民の特質がある，第二に，そのために，協同組合運動など経済主義的農民「運動」の展開の余地も限られていた，第三に，小作農民は小作権確保のために総督府による小作調停制度に依存せざるをえなかった。

　ところで，農業史分野においても戦時統制政策に関する研究が進展した。李景蘭［2002］は，金融組合・殖産契を通した朝鮮農村の統制過程を分析している。金英喜［2003］は，総督府による戦時統制政策とそれに対する村落レベルでの対応を実証的に論じている。李松順［2008］は，戦時下農村における物資動員政策の制度とそれにともなう農村の疲弊を明らかにした。

〈7〉　経済成長史アプローチ

　1980年代以降，植民地期に関するマクロ・データの体系的な整理と推計が進み，計量経済学的手法を用いたマクロ経済分析が行われるようになった。そうした業績として，溝口敏行・梅村又次編［1988］，山本有造［1992］，安秉直編［2001］，金洛年編［2008］をあげることができる。

　金洛年［2002］は，これらの研究蓄積をふまえながら，貿易・金融を通じた帝国本国との資金循環と朝鮮工業化との関連性に着目しつつ，植民地下での朝鮮経済の再生産構造をマクロな視点から分析している。特に，米穀増産政策によって

生じた「農業剰余」が商業資本や産業資本に転化するという事実を析出して，植民地農業開発の結果が，朝鮮工業化のあり方を規定するという論点を示した。前節で紹介したように，地主の農外投資に関する事例分析はすでに行われてきたが，それをマクロな資金循環という枠組の中で論じた点において重要である。

さて，「国民経済計算」の手法を採用しているこれらの研究においては，朝鮮という領域が「国民経済」の単位として擬制的に設定されている。この方法論は，日本資本主義の分業関係の一環として朝鮮を位置づける傾向が強かった先述の「植民地工業化論」とは，方法論の上では対照をなしている。ただし，そこから得られた結論は「植民地工業化論」のそれと重複する部分が大きい。すなわち，植民地期の朝鮮経済が同時代の帝国本国のそれと同程度の高い成長率を維持していたという点である。

こうしたファクト・ファインディングスに対しては，2つの方向からの反応があった。ひとつには，朝鮮に「国民経済計算」を適用したことに対する批判である。許粋烈［2008］は，朝鮮という「地域」に着目するのではなく，朝鮮人－日本人という属人（法人も含めて）的な範疇を設定することの必要性を説いている。そして，資本蓄積および所得分配における日本人・日本人資本の優越性を確認し，朝鮮人にとっては工業化の効果（資本蓄積，所得）が限定的であったことを強調している。

朝鮮人－日本人別の経済活動や経済格差といった論点に関しては，定量的な推計に基づく議論が可能である。実際に，許粋烈と金洛年らとのあいだでは，相互の批判に基づいてより精緻な推計が試みられている（金洛年［2008］）。

第二の反応は，植民地期の高い経済成長それ自体を高く評価する主張である。安秉直［2005］は，この立場をもっとも鮮明に打ち出している。安は，経済成長こそが，韓国の近現代経済史においてもっとも注目に値する出来事であると指摘する。そして，その経済成長過程は，「内在的発展過程」であった先進国のそれとは異なり，戦前－戦後を一貫して「先進国へのキャッチ・アップ過程」であったと定義されている。

そして，安秉直［2005］は，それが拠って立つ「研究者の現在的立場」においても，際立つ特徴を有している。すなわち，戦前－戦後での経済成長主体の交代という断絶よりも市場経済システムの連続を重視する，あるいは植民地期の収奪史的側面よりも成長史的側面を考慮することこそが，中進国から先進国への移行

過程にある韓国現代経済史の課題遂行に役立つとする，研究者としての立場を表明している。

先に紹介したように，「内在的発展論」や「資本主義的近代化論」は，その主唱者の「戦略」と深くかかわっていた。この点では，「研究者の現在的立場」を強調する安秉直とのあいだに差異がない。ただし，資本主義の下での経済成長の追求が歴史学者にとっての実践的課題であるとする安論文の「立場」と，前二者における「研究者の現在的立場」とは隔絶しているといえる。安論文では，毛沢東の革命が解決できなかった貧困問題を鄧小平の改革開放政策が解決したという見解が述べられている。グローバリゼーション下での中国改革開放路線の「成功」という現代東アジアの資本主義と社会主義に対する現状認識が，安論文の「現在的立場」を強く規定していると考えられる。

解放後韓国の経済成長との連続性を前提として，植民地期の経済成長を肯定的に捉えようとする分析枠組は，「植民地近代化論」と呼ばれている。安秉直［2005］は，キャッチ・アップにも「社会的能力」が必要であったことを強調しており，「朝鮮社会停滞論」とは一線を画している。しかし，植民地支配に対する批判的視点という点では，従来の研究より後退しているといわざるを得ない。

資本主義的近代を肯定的に評価する「植民地近代化論」に対しては，1990年代末以降，近代の否定的側面を強調することによって批判を加える論考が数多く提示されてきている。それらの研究対象は多岐にわたっており，経済史よりもむしろ社会史・文化史の領域での研究蓄積が進んでいる。それらの研究は，「植民地近代化論」と区別して，「植民地近代論」と呼ばれている（さしあたり松本武祝［2002］を参照）。ただし，後者に対しては，植民地下での「近代」の浸透を過大に評価しているために前者に対する有効な批判となりえていない，という民衆運動論の視点からの批判がある（趙景達［2008］）。また，金洛年［2008］は，「植民地近代」論が文化史や社会史に視点を移したことに対して，「経済史の領域が依然存在する」として，国家－社会－経済という三者の関係性に関する見取図の整理を試みている。

植民地朝鮮の経済史研究にとって，日本帝国主義による朝鮮支配を批判的な視点から分析するという課題は，なによりも重要視されるべきであると考える。「帝国主義イデオロギーによる呪縛と自己疎外」からの脱却という梶村秀樹の課題設定（梶村秀樹［1986］）は，当時よりもむしろその重要性を増している。今

日,そのための新たな「戦略論」が問われているといえる。　　　　（松本　武祝）

⇒ 文献一覧 pp. 425~428

4　文化史・社会史・教育史

〈1〉　文化史・社会史研究の動向

　植民地期文化史研究は1990年代以降,「国民国家」論,日本「帝国史」研究,「植民地近代」論など朝鮮近代史研究をめぐる動向の変化にともない研究蓄積が豊富になった。植民地研究で「文化」が注目される大きなきっかけになったものとして,大江志乃夫他編［1992-93］『岩波講座近代日本と植民地』の刊行をあげることができる。その第7巻が「文化のなかの植民地」を扱う。以後,1990年代後半以降に盛んになった日本「帝国史」研究は,「国民国家」日本の「文化」が植民地へと膨張していく過程に注目させ,「内地」と植民地との相互作用に注目する。文化史の面から捉えるとき,「「日本人」「日本語」「日本文化」というカテゴリーを自明のものとみなさず,その形成と変容の歴史的プロセスに着目すること」(駒込武［2000］)が主たる関心とされ,文化史研究の射程も広がった。「帝国」サイズでの文化史の理解を意図したものとして,山本武利他編［2006］『岩波講座「帝国」日本の学知』の刊行が一例としてあげられるが,植民地朝鮮関連の論文が他地域のものと比べ少ないことからもわかるとおり,「朝鮮人」「朝鮮語」「朝鮮文化」の形成と変容という主題へのアプローチが強く要求されていることもまた一方において忘れてはならない。

　さて,文化史研究が盛んになったもうひとつの背景として,「植民地近代(性)」への研究関心の高まりがあげられる。金晋均・鄭根埴編［1997］は政治・軍事的領域ではなく,広義の文化的領域における西欧近代と「植民地近代」の協調と対立という「近代性」の二重性に注目し,植民地権力が日常において,規律を内面化した「近代主体」をいかに再生産していこうとしたかに注目する。また,Shin / Robinson eds.［1999］は民族主義に裏打ちされた「支配－抵抗」の二分法的解釈を批判し,植民地主義,近代性,ナショナリズムの相互作用により,「文化的ヘゲモニー」が日常生活の中に浸透していく過程に注目する必要性を訴

えた。1990年代後半以後の文化史研究はこのような問題関心のもとに展開され，都市文化の形成，日常史・社会史への関心が高まっていった（「植民地近代（性）」と文化研究に関する動向については，並木真人［2003］，松本武祝［2004］，板垣竜太［2004］などにも言及されている）。その意味では1980年代までの文化史研究とは性格が大きく変化したといえる。

　なお，併合以前の文化史と同様，同時代の政治や社会を考えるうえで関連すると思われるものを中心的に紹介するが，個別領域における研究も進展していることから，以下では，各領域別の通史は原則として省略し，それらについては開港期・大韓帝国期の文化史の記述を合わせて参照されたい。また，政治史，思想史，民族運動史，教育史などの領域も参照することを勧める。

ⓐ 文化政策・文化運動

　まず，文化運動史に関する近年の成果として，崔起栄［2003］が朝鮮内のみならずロシア，中国，アメリカでの言論活動の展開についても分析しているほか，李智媛［2007］が韓末から植民地末期までの文化運動論の推移について検討している。

　なお，文化運動史に対する研究の多くが1930年代以降の朝鮮学振興運動に注目するが，個別の運動については各領域のところで言及することにして，運動の全体像を見渡すことのできるものを以下で紹介する。李智媛［1994］は少し図式的ではあるが，文化運動の担い手の思想的系譜について理解する上で有用。朴賛勝［1992］による民族主義運動の実力養成論に関する分析も合わせて理解しておく必要があろう。鶴園裕［1997］は主に崔南善の役割に注目し，朝鮮学振興運動のなかで自己と他者の区別がどのように形成されてきたのかに注目する。崔南善の朝鮮学振興運動に関する研究は従来の「親日」知識人としての解釈に再考を迫るものでもある。全成坤［2005］はそのような問題意識から崔南善史学を捉え返す。民族文学史研究所基礎学問研究団［2007］は文学研究の立場から，「朝鮮」または「朝鮮的なもの」が発見されていく言説を古典復興，社会主義批評，金東里文学のなかに見出す諸論考を収める。

　近代学術の形成としては，民俗学の形成について川村湊［1996］が，史学史については韓永愚［1994］が全体的な動向を，池明観［1987］が崔南善と申采浩の歴史学について，そして方基中［1993］が白南雲の社会経済史学について言及する。文学史に関しては趙潤済に注目した姜海守［1998］がある。国語学をはじ

めとするその他領域の民族学問としての形成に対する研究はあまり進展をみていない。

なお，文化運動史は1910年代に関する分析が手薄ではあるが，前述の崔起栄［2003］，李智媛［2007］が1910年代の動向も押さえており重要である。さて，三・一独立運動以後の集会・結社・言論の規制緩和という事実が文化運動史理解のひとつのメルクマールとなるが，Robinson［1988］は1920年代前半の文化ナショナリズムの形成とその過程で同時に抱えざるを得なかった支配権力・儒教的秩序との拮抗関係，民族主義内部での対立などについて言及しており，1990年代後半以降に盛んになる文化（運動）史研究の原型ともなっている。

さて，朝鮮文化の発見は必ずしも朝鮮人の民族運動のみにおいておこなわれたのではない。支配者側（朝鮮総督府，日本知識人）が支配を進める，あるいはそれを支えるという文脈で推進されることもある。ここで扱う「文化政策」とは，朝鮮の文化領域に支配権力が直接・間接的に介入していく政策のことを指す。この面において近年顕著な業績があらわれているのは，朝鮮総督府による①朝鮮史編纂事業，②朝鮮古蹟調査事業，③博物館政策についての研究である。①については李成市［2004a］，金性玟［2010］がある。②に関しては千田剛道［1997］，裵炯逸［2002］，宮里修［2004］，藤井恵介他編［2005］などがあるほか，李成市［2004a］が黒板勝美の役割に注目し，①と②が一連の歴史管理事業であったことを論じている。また，韓国では李順子［2009］がある。③については金仁徳［2007］，崔錫栄［2008］が総体的に扱っているほか，李成市［2004b］が李王家博物館（〜美術館），総督府博物館の歴史的性格について分析している。

この他，三ツ井崇［2010］が1920〜30年代に朝鮮総督府が朝鮮語規範化に介入した事例を扱う。李良姫［2007］は朝鮮総督府の観光開発政策の意図について検討する。戦時期については，宮本正明［2001］が戦時期の国民総力朝鮮連盟文化部設置に関する実証的な研究をおこなっている。その他文化領域に対する政策は後述する。

なお，政策ではないものの，日本人の朝鮮文化への関与とその政治的性格について論じる研究も増加した。とりわけ日本の近代学知の形成が朝鮮支配，あるいはそれを肯定する論調に及ぼす影響について注目されている。石川遼子［1997］は金沢庄三郎の言説と行動から，「日鮮同祖論」にかかわる言説とその時局との関与のあり方の推移に注目し，朝鮮人の民族性を認める朝鮮語観と日本の対朝鮮

言語政策を認定する立場との相克を描出する。なお，朝鮮古代史像の形成全般に関してはPai [2000] がまとまっているほか，人類学史として全京秀 [2004] がある。なお，京城帝国大学のアカデミズムについての研究も近年注目されるが，人類学研究について全京秀 [2006] が，同じく朝鮮研究についてはパク・ヨンギュ [2007] がある。

さて，このような政策や近代日本学知の朝鮮文化に対する関与が，朝鮮人の民族運動としての文化運動に影響を与える，あるいはそれと結合することもあった。Pai [2000] と全京秀 [2004] は朝鮮知識人の動向についても触れる。この他，言語政策／運動面では三ツ井崇 [2010] が総督府の朝鮮語規範化政策が朝鮮人の朝鮮語規範化運動のあり方を規定したことを論じた。

ⓑ 文　学

戦後（解放後）おける近代文学研究（おもに韓国）の動向については布袋敏博 [2003] が参考になる。任展慧 [1994] は併合以前から戦時期にかけての朝鮮人の日本における文学活動について叙述する。近代小説の成立について，金栄敏 [2003] は1910年代の短編小説・長編小説の登場を近代小説の完成とみる。長編小説の完成として李光洙(イ・グァンス)の『無情』があげられるが，波田野節子 [2008] は『無情』のテキスト分析だけでなく，執筆に至るまでの李光洙の思想・行動などに関して詳細に検討する。

詩に関しても個別の作家に対する研究が豊富だが，鴻農映二 [1984-85] はさまざまな詩人に注目する基本的な資料である。

プロレタリア文学に関する研究は社会主義の影響という観点からも重要である。日本ではすでに早くから研究が始まっていた。大村益夫 [1981]，金学烈 [1985-87] によるプロレタリア文学研究のほか，金学烈 [1996] [1999] [2000] などの一連のカップ（KAPF）研究がある。また，権寧珉 [2000] はカップと新幹会(シンガンヘ)との関係に触れており，運動史的にも興味深い。韓国では金允植 [1976] がプロレタリア文学の系譜を初めて叙述したものとされるが，越北(ウォルブク)・在北作家を扱うことが長らくタブーであったため，研究が本格化したのは1980年代後半以降のことであり，これ以後全集資料が多く刊行されたほか，研究成果も豊富に出ている（布袋敏博 [2003]）。

植民地期朝鮮文学を扱う際，「親日」性の議論を避けることができない。すでに1960年代から「親日」文学論が展開されていたが，80年代後半以降近年に至

るまで日韓双方において研究が盛んであり、日本で発表されたものとしては大村益夫［1989］、任展慧［1994］、白川豊［1995］ほか多数の研究成果が出ている（布袋敏博［2003］）ほか、現在に至るまで主要なテーマとなり続けている。なお、近年、「日本語文学」ないしは「二重言語文学」とカテゴライズされる場合も多い。作家の言語使用の二重性が近代性＝植民地性を示すものとして言語問題としても前景化されるが、その代表的なものとして鄭百秀［2000］［2007］をあげることができる。植民地期末期の文学活動としては近年「国民文学」運動に注目する尹大石［2006］があるほか、その主幹である崔載瑞(チェ・ジェソ)の活動に注目した金允植［1993］、川村湊［2006］らの成果もある。かつての「親日」文学論が抵抗ナショナリズムを土台としておこなわれてきたのに対し、それを批判するものとして李建志［2007］がある。また、民族主義批判の文脈から戦時期文学の「ファシズム」性に注目した金哲・辛炯基他［2001］もある。

ⓒ メディア・言論・検閲・出版

　言論史・メディア研究に関しては、鄭晋錫［2005］［2007］、李錬［2002］などが言論媒体の形成史と統制・弾圧に関する通史的記述をおこなっている。植民地期における検閲に関しては、上記、鄭晋錫、李錬の研究のほか、制度の構築に関する議論が鄭根埴［2006］でコンパクトに整理されている。この他、文学研究の立場から検閲に注目するものも多く、千政煥［2003］で触れられているほか、日本でも、朴憲虎［2006］、韓基亨［2006］、韓万洙［2006］などの研究があらわれている。

　この他、森山茂徳［1993］で『京城日報』創刊以降の朝鮮総督府との関係について概観されており、また、崔由利［1997］で『東亜日報』(トンアイルボ)・『朝鮮日報』(チョソンイルボ)の強制廃刊に至る経緯が政策史的観点から分析されている点も注目に値する。なお、水曜歴史研究会編［2002］［2005］［2007］などが、総督府系朝鮮語新聞であった『毎日申報』(メイルシンポ)を分析する。李相哲［2009］は日本人経営の新聞に注目する。

　メディア研究の新たな動向としてラジオ放送に関する研究が注目される。先駆的なものとして、鄭晋錫［1992］、津川泉［1993］があげられる。金栄熙［2006］は植民地期におけるラジオの紹介、聴取者層の動向、放送の性格などの基礎的データを提示する。Robinson［1999］はラジオ放送をめぐる日本の支配政策と朝鮮人の対応という問題を提起し、植民地主義と朝鮮人の文化ナショナリズムとの接点に注目する。徐在吉［2006］は朝鮮語放送のもつ両義性に注目する。

4 文化史・社会史・教育史 —— 271

出版界の動向に関しては，出版動向については千政煥［2003］でも言及があるが，キム，マイケル［2005］が出版界の動向を通観，キム・ポンヒ［2008］が総合雑誌の流通に注目している。

なお，近代的読書の成立とも関連が深い図書館の成立については，先駆的に林昌夫［1978］，宇治郷毅［1985］［1988］が図書館政策・運動の展開について概観するほか，加藤一夫他［2005］が基礎的研究をおこなっている。

ⓓ 言　語

イ・ヨンスク［1996］は「国語」ナショナリズムがどのように形成され，植民地朝鮮における「同化」の論理として機能していくことになったのかを扱う。安田敏朗［1997］も同様の問題意識に立ちながら，朝鮮だけでなく満州も含め，「国語」の論理が「帝国」サイズへと拡大して適用されていくシステムを言説面から整理する。朝鮮における言語政策／運動については，教育史における日本語教育政策関連研究を除いては，森川展昭［1981］［1982］，高崎宗司［1984］などの研究によって歴史化されたといえる。また，梶井陟［1980］は朝鮮語に対する日本人の態度について扱った貴重な著作である。しかし，これらの研究で強調される「支配－抵抗」という視角ではなく，言語政策の多面性，言語運動の具体的な展開過程について注目する研究が1990年代より増えてきた。山田寛人［2004］は梶井の問題意識を批判的に継承しつつ，日本人に対する朝鮮語奨励制度について論じる。また，朝鮮語規範化運動については三ツ井崇［2010］がある。韓国でも研究が盛んであるが，朝鮮語をめぐる多様な問題を概観できるものとしては林熒沢他編［2008］がある。日本語普及政策に関しては教育史における研究成果のほか，熊谷明泰［2006］，川嵜陽［2006］などがある。朝鮮人の日本語受容のもつ性格については戦時期の朝鮮人日本語文学研究において触れられており，文学史研究の成果を参照されたい。

ⓔ 映画・演劇

近現代映画史をその社会相と合わせて描くものとして，鄭宗和［1997］，キム・ハクス［2002］がある。植民地期を概観したものとしては李英一［1986］，金麗實［2006］があるほか，映画運動について論じたものとして金大浩［1986］がある。

個別の研究としては戦時期に関するものが多く，早くは高崎隆治［1980-81］(6)，桜本富雄［1983］があるほか，近年では李英載［2008］がある。各論とし

てはイ・ジュンシク［2003］［2004］が映画政策の戦争動員的性格について，金京淑［2004］は作品検閲の過程から映画政策の矛盾について描出する。イ・ジェミョン他［2005］が映画検閲，親日映画の性格，朝鮮映画令について扱う諸論考を収める。李英一［1986］は1942年で考察を終えているのに対し，フジタニ［2006］は植民地末期の映画を通して，朝鮮人を帝国のなかの「国民」として包摂するために生物学的ではなく文化的人種主義の言説が用いられていくプロセスについて指摘した。

また，ユ・ソニョン［2006a］は併合前から1920年代初頭までの初期映画の受容について論じる。ユ・ソニョン［2006b］は「近代性の消費」という観点から1930年代半ばから40年代初頭における西洋映画の受容に関して論じる。金麗實［2005］は朝鮮映画のなかの満州像について，川崎賢子［2006］は朝鮮・満州・中国占領地にわたる1930～40年代の「映画ネットワーク」について論じている点も興味深い。この他，在朝日本人の映画政策への関与について田中則広［2005］の業績がある。

なお，演劇に関しては，イ・ジェミョン他［2005］が戦時期の国民演劇論，演劇統制などに関する論文を収める。

　ⓕ 美　術

植民地期朝鮮美術に関する研究としては，金英那編［2002］が美術言説の受容とその近代イデオロギーとしての性格について分析した諸論考を収める。李美那［1999］は李王家徳寿宮博物館における美術展示を題材に，金恵信［2005］が「朝鮮美術展覧会」と刊行雑誌を媒体とした美術イメージの形成という観点から，その文化支配としての性格について分析する。

　ⓖ 音楽・歌謡

1980年代後半以降の朝鮮近代音楽史研究の動向については植村幸生［1993］に詳しい。植村幸生［1997］［2003］は植民地期の宮廷音楽調査の政治的性格について論じ，文化政策史としても貴重な成果である。大衆歌謡については，朴燦鎬［1987］，李英美［2006］が近代を，山根俊郎［1982a］［1982b］，が植民地期の歌謡史を概説したものとして重要である。また，チェ・チャンホ［2000］は共和国での大衆歌謡史研究が韓国で翻訳されたもので貴重な文献である。孫牧人・李哲［1987］は作曲家孫牧人の貴重な証言を得る。大衆歌謡に関しての個別研究としては，高仁淑［2004］は唱歌教育政策だけでなく，1920年代の大衆歌謡の

受容についても言及する。林慶花編［2005］は民謡「アリラン」にナショナル・アイデンティティが付与されていく過程について考察した論文を収録するほか，日本に紹介された民謡の一部を紹介している。高仁淑［2003］はヴァイオリニスト・作曲家の洪蘭坡（ホン・ナンパ）の音楽活動に注目する。レコードに関する研究としては，ノ・トンウン［1996］が「親日」的レコードについて，山内文登［2003］がレコード産業に従事した日本人作曲家・編曲家の活動について分析しているなど，ジャンルないしは媒体別に個別の研究が増加しつつある。

ⓗ 日本人の朝鮮像・朝鮮表象

日本人の朝鮮像は近代学知の形成という問題と深くかかわるが，制度的学問のなかの朝鮮観については，前述のⓐ文化政策・文化運動の記述を参照されたい。

この点についてはいろいろな文化領域で研究がおこなわれているが，李成市［2004a］，モク・スヒョン［2002］が博物館における朝鮮表象の問題を取り扱っている。また，クォン・ヘンガ［2002］が観光はがきの妓生イメージについて，イ・キリ［2002］が広告について分析している点も新しい傾向である。

文学研究における研究蓄積もある。日本人（作家）の朝鮮像・朝鮮表象を扱ったものとしては，高崎隆治［1980-81］，梶井陟［1986］［1988］がその先駆的な研究であるが，その後も南富鎮［2002］，中根隆行［2004］などがある。

各分野において日本人の朝鮮文化観に関する研究が進展しているが，浅川巧（あさかわたくみ）について高崎宗司［2002］，柳宗悦（やなぎむねよし）について韓永大［2008］などがある。なお，柳に関しては彼の朝鮮美術論が朝鮮知識人を刺激する一方，朝鮮を日本に従属させる「帝国」の論理から自由ではなかったと批判的に捉えるイ・ヤンスク［2007］もある。

この他言論界における日本人の朝鮮観を扱う研究も多いが，姜東鎮［1984］がまとまったものとして重宝する。

ⓘ 帝国と民族／〈知〉の交錯

ⓐ文化政策・文化運動のところでも触れたように，植民地における「文化」とそれを支える〈知〉の言説を，「支配－抵抗」の二項対立ではなく，「交錯」として捉える研究が盛んとなった。趙寬子［2007］は日中戦争期の朝鮮知識人の言説から「帝国」と植民地の〈知〉の連環を説く。このような枠組みからは「親日」論に代表されるような「協力－抵抗」の二分法的思考も解体される。「親日」文学論の再考が試みられるのもこのような脈絡においてである。

「帝国」の〈知〉の連鎖については山室信一［2001］が東アジア規模での分析枠組みを提示しているが，朝鮮史の文脈ではその具体的な回路である留学に注目されている。主な成果としては朴宣美［2005］が女子留学生の〈知〉の獲得と朝鮮に帰ってから後の役割に注目しており，教育史，女性史研究としても重要な意味をもつ。

ⅰ 日常史

日常生活も文化史の主要なテーマである。まず農村社会（地方社会）に注目した研究について。樋口雄一［2001］は朝鮮農民の食生活の実情と社会変動について論じる。松本武祝［2005］は医療・衛生事業，地方職員の対日協力，水利組合での合意形成における「地方有志」の役割などに注目し，農村の変容・改編過程が具体化するメカニズムを明らかにした。板垣竜太［2008］は慶尚北道尚州（キョンサンブクトサンジュ）の地域エリートの動態に注目し，植民地支配による都市近代的文化意識の浸透過程を扱う。一方，青野正明［2001］，趙景達［2002］は前者が天道教・金剛大道（チョンドギョ・クムガンデド）の「村落自治」の場に注目し，また，後者が東学（トンハク）系の民衆運動に注目し，それぞれ「近代」との距離の捉え方は異なるが，民衆のナショナリズムの存在について言及する。ともに民衆文化に対する総督府権力の介入についても触れており，文化政策を考える上でも重要な視点を提示している。

日常史は都市文化ないしはそれを享受する近代的大衆の形成に注目する多くの成果が出ている。とりわけ文字／日本語を通した近代文化の受容者の形成がクローズアップされる。安夕影（アン・ソギョン）の漫文漫画を通して「京城」におけるモダンな文化の登場を扱う申明直［2005］，金振松［2005］などはよく注目されている。そのような文化を享受する近代主体の形成という意味で識字層としての「読者」の誕生を扱った千政煥［2003］のような研究もある。そこで受容される文化は西洋近代をコードとしたものであり，このような観点からチョン・ヨンファ／キム・ヨンヒ他［2008］は近代文化受容の重層的構造を描き出しており興味深い。またその担い手である「近代主体」は支配権力による誘導と植民地知識人による社会的啓蒙との間で合理化される「大衆」であり（尹海東［2004］），学校・工場・医療・軍隊など植民地権力によって用意された機構を通して規律を内面化した人物である。そのような規律化に注目した研究が金晋均・鄭根埴編［1997］所収の各論文であり，また，鄭根埴［2004］は日本語で読めるものとして有用である。孔堤郁・鄭根埴編［2006］は規律の身体化，都市空間の形成，近代性の消費という

観点から諸論文を収める。姜英心他［2008］は旅行・電気通信・学校教育・消費文化・迷信打破政策・出版文化の観点から都市の日常と支配権力の問題を扱う。イ・サンロク／イ・ユジェ編［2006］は規律化にともなう植民地権力の暴力の側面について注目する。

また，都市と農村の日常史を複眼的に扱う研究成果も出ており，延世大学校国学研究院編［2004］が都市・農村の日常に注目するほか，規律化のメカニズムについて扱っている。

ⓚ **女性史・ジェンダー・家族**

1980年代以降盛んになった研究動向として女性史・ジェンダー史研究がある。女性史研究の動向については井上和枝［1997］，早川紀代［2001］がある。もっとも，すでに女性運動史，女性政策に関する研究はおこなわれており，今日に至るまでも主たる関心事となっていることはいうまでもない。1980年代以降の研究史のなかで特筆すべきことは，「新女性」やジェンダーと権力に関する研究の進展である。よって女性史研究は1980年代以降に多様化をみせた。その多様性は呉香淑［2008］でも確認できる。なお，女性運動・政策に関しては民族運動・社会運動史ないしは在外朝鮮人史の項を参照されたい。

まず，「新女性」研究である。研究動向については井上和枝［2000a］［2001］がある。近代教育を受け，恋愛・結婚・家族に関する新たな価値観を身に付けた女性たちの言説に関する分析が増加した。教育の側面から朴宣美［2005］が「新女性」形成のメカニズムを明らかにする。権ポドゥレ［2003］，井上和枝［2003］など旧来の家父長制的家族観と対立する新しい価値観の形成・出現について論じるものが多い。申明直［2005］は都市における新しい結婚文化の出現と家父長制的意識の希薄化について言及する。朝鮮女性の自我の形成と近代的価値観の受容を扱ったものとして井上和枝［2000b］［2002］，イ・ユンミ［2008］がある。金㟜一［2002］は新女性の他者認識とアイデンティティの植民地的特徴について述べ，金㟜一［2004］は新女性の姿を，新女性観，アイデンティティ，恋愛観，風俗，教育の側面から多面的に描き出す。また，朝鮮の新女性を日本のそれと比較する試みとして韓国精神文化研究院編［2003］がある。代表的な新女性・羅蕙錫，金一葉などの生涯に言及したものとして山下英愛［2000］［2007］などがあげられる。李相瓊［2002］は女性文学について論じる。

女性史研究と関連して生活史・家族史の研究があげられる。井上和枝［2000b］

は『家庭の友』という雑誌の分析から農村女性の生活について考察した。井上和枝［2006］［2007］は植民地期の生活改善運動を「新家庭」の構築という観点から論じた。金恵慶［2006］は女子教育，家事労働，核家族概念の構成などの観点から植民地期における家族の形成とその背後にあるジェンダー規範の変化について論じた。また，キム・ヒョンスク［2006］は新聞・雑誌の言論から朝鮮知識人のなかでの「家庭」，「児童」認識の変化と内面化の過程について明らかにした。この他「内鮮」結婚について鈴木裕子［2003］がある。

「新家庭」構築のジェンダー規範として機能したのが「賢母良妻」イデオロギーである。これについては朴宣美［2005］が言及している。また洪金子は三・一独立運動後，民族の「実力養成」を支えるために「賢母良妻」の規範意識が高まり，それが女子就学の正当化される一要因になったと論じる。

植民地権力とジェンダーの観点からは，金富子［2005］が女性の就学構造から民族，ジェンダーの両面から二重に差別されていたことを明らかにする。女性史としてみても教育史としてみても朴宣美［2005］とは異なる観点であろう。河かおる［2001］は総力戦体制下，女性が教化・啓発の対象となっていく過程と，婦人の労働動員の性格について言及し，女性に求められた役割が日本と異なり，徴兵・徴用に反対させない啓発の対象，労働力，娼婦としてのそれであったと分析した。また，河かおる［2003］は金融組合活動の広がりのなかで組織された婦人会の活動と朝鮮金融組合連合会による統制について触れ，河かおる［2001］で提示した植民地下における朝鮮女性の役割について確認する。安泰沇［2007］は植民地権力が家庭生活に介入し，女性が主婦として銃後活動に動員されていく過程を扱う。権明娥［2005］は皇民化過程における女性間におけるアイデンティティの差異化とそこに滑り込む人種主義，地域・階級的差別の構造に触れる。なお，権の分析は男性間のアイデンティティの差異化についても論じている点で興味深い。　　　　　　　　　　　　　　　　　　　　　　　　　（三ツ井　崇）

〈2〉　教育史

1990年代以前の植民地期の教育史に関する全般的研究動向としては，帝国主義批判や植民地教育批判の観点から「民族性」が重視され，「支配と抵抗」の枠組による分析が主流を占めてきた。具体的検討としては，教育制度に関して，

修業年限の短さや実業・初等教育中心という教育レベルの低さにかかわる差別的な愚民化政策の解明と，教育内容では朝鮮語・歴史など文化を否定し，日本人・日本文化への同化政策をいかに進めたかの解明（鄭在哲［1985］）に関心が払われた。朝鮮人の教育要求としては，植民地教育への抵抗として民族教育機関である私立学校・書堂・私設学術講習会（夜学を含む。以下講習会と略）が考察対象とされてきた。

　解放後の李万珪［1949］，呉天錫［1979］，渡部学編［1975］などの通史的研究が，こうした枠組みの土台をつくった。夜学は姜東鎮［1970］，趙東杰［1978］が，書堂は地方調査の朴来鳳［1974-80］があるが，盧栄澤［1979］は両者の植民地下民衆教育機関としての役割を重視し，政策展開と教育実態を類型的に整理し，この分野への関心をさらに高めた。日本でも石川武敏［1981］の研究がある。1990年代以降，こうした中から新しい研究動向が生まれてきている。以下，研究視角・方法において注目されるものを取り上げる。

　植民地期教育構造を「公立普通学校体制」と捉えたのは渡部学［1960～64］であり，総督府が公立普通学校を教育の基幹と考え，その周辺部に私立学校・書堂・講習会を多重同心円状に配した求心的力動の体制を作る一方，朝鮮人は逆に中心部から周辺部へと遠心的に力を働かせたと把握した。これについて古川宣子［1993］［1995］は，植民地期の教育の全体像把握で画期的だと評価しつつも，初等教育機関への就学率の検討などから不就学者の圧倒的存在（植民地期全期間平均で約8割）とともに，その一方で普通学校が中心化していく過程を在学者数や入学希望者数の増加などから描き，渡部の枠組みにおける朝鮮人の求心化動向の捨象・不可視化の限界を指摘した。呉成哲［2000］はこの普通学校の中心化を特に1930年代以降の動向に注目し，新たに中退率や実業科教育などについての詳細な検討を行い，朝鮮人の民族的主体性と普通学校の植民地性を指摘した。また，金富子［2005］は，普通学校への不就学者，特に女子に焦点をあて，権力・民族・ジェンダーというファクターを通して不就学と就学を分ける原因・背景を動態的に検討し，植民地状況の解明を試みた。以上の諸研究は普通学校就学動向（就学・志願・中退・入学率など）が立論の核となっている。1980年代までは普通学校が支配政策を展開する同化機関とのみ捉えられたため就学希望自体がタブー視されたが，今後は学校で提供される「近代知」への接近や学歴主義的要素，あるいは「幻想」や「植民地性」など，多面的な考察が求められるであろ

う。

　普通学校を一定の地域の中で書堂・講習会などと関連させ検討した鄭根埴［1988］，呂博東［1992］の研究も出された。地域研究的なアプローチで近年注目される成果が，尚州(サンジュ)を対象とした板垣竜太［2008］である。考察の核として教育事象を組み込み，地域エリートに注目して「近世」以来の動態として植民地期を考察した。植民地期の教育を，底流に流れる朝鮮時代の教育の影響に着目しこの時代との連続相でみる視点は渡部学［1969］が強調したが，こうした視点と地域研究をクロスさせ，広範な地域資料を使った貴重な研究となっている。その他，普通学校設置の進度を地域生活空間との対比を軸に扱った古川宣子［2007］や4年制普通学校についての井上薫［1999］の研究がある。

　次に，帝国研究的アプローチが注目される。駒込武［1996］は，多民族帝国日本が朝鮮・台湾などで実施する植民地教育政策を，「文化統合」として考察した。帝国内の構造・連関を学校教育ファクターで幅広く考察する視点は画期的であり，こうした他地域との連関や比較はさらに進められる必要がある。朴宣美［2005］は，朝鮮人女性の日本内地と朝鮮にまたがる教育現象である留学を対象に，朝鮮を含む帝国日本規模で形成された教育ピラミッドにおける頂点「メトロポリス東京」への留学として朝鮮人女性の高等教育を描きだした。数的にはごく少数であっても，イデオロギー的影響力は多大であった領域を考察対象とした意味は大きく，オーラルヒストリーや私的な手紙分析という手法で朝鮮人女性エリートの植民地認識・価値観に迫る植民地近代「主体」分析となった。同じ高等教育で私立学校を対象とした李省展［2006］［2007］は，アメリカ所在の教会関係資料を使い，宣教師による近代教育の扶植・受容・発展に焦点をあわせ，帝国日本内に存在した「帝国」として，崇実(スンシル)学校を中心とした平壌(ピョンヤン)における教育活動を明らかにした。

　その他，多様化した研究対象として，主流の政策史では法制史（安基成［1984］，鈴木敬夫［1989］）や体育教育（西尾達雄［2003］)，言語面では日本語について久保田優子［2005］，井上薫［1995］［1997］らが，朝鮮語について山田寛人［2004］が「朝鮮語を学んだ日本人」に焦点をあて朝鮮語奨励策の実態を詳細に明らかにした。唱歌教育についての成果（高仁淑［2004］）も得られた。また，阿部洋［1971］，馬越徹［1995］が高等教育関係で民立大学設立運動と京城帝国大学について扱い，通堂あゆみ［2008a］［2008b］が後者の法科系学科学生に注

目し，同校の社会移動回路機能に着目した問題提起を行った。従来著しく手薄だった近代的幼児教育に関しても李相琴［1987］や李ユンジン［2006］が，児童文化については大竹聖美［2008］が考察している。また，朝鮮神宮への参拝と学校の関係について，樋浦郷子［2006］［2008］が検討するなど，各分野を掘り下げる成果がだされた。旧満州の間島地域の朝鮮人教育についても，朴州信［2000］や金美花［2007］・許寿童［2009］の考察があり，植民地期朝鮮人教育の分析対象空間を広げた。

　一方，教科教育の内容に関して，普通学校用国史教科書の朝鮮史叙述にみられる停滞史観への批判が旗田巍［1987］によりなされたが，國分麻里［2006a］［2006b］は朝鮮史（「朝鮮事歴」）が日本史の一郷土史として扱われた側面と，そうした教科書に対する教師の反応を考察し，教育現場レベルへ分析が進みつつある。なお教科書分析としては語彙分析による通史的考察があり（李淑子［1980］），また第2次朝鮮教育令下の普通学校用教科書66巻が復刻（あゆみ出版［1985］）されている。その他史料集として，渡部学・阿部洋編［1987-91］69巻には，政策・統計など重要基礎資料が収められ，近年多くの研究で利用されている。新たな史料利用として期待される茗荷谷文書については，佐野通夫［2003］が資料紹介的に朝鮮植民地末期の教育政策について扱った。　　　（古川　宣子）

⇒ **文献一覧 pp. 428~437**

5　在外朝鮮人史

〈1〉　関心の高まりと研究の活性化

　朝鮮近現代史を語る際に，多大な数となっていた在外朝鮮人（近代以降，現在の南北朝鮮以外の領域で生活した朝鮮民族）の存在は決して無視することはできない。また，朝鮮外に移動した朝鮮民族はすでに解放前からそれぞれの移動先で一定の生活基盤を確立しさまざまな分野で活動してきた。

　しかし，国家の建設と深くかかわる民族解放運動は別として，朝鮮という空間の外でなされた在外朝鮮人の動向は朝鮮史の一要素として意識されにくい傾向があったことは否めない。同時にそれぞれの移動先の国家史ないし地域史でも在外

朝鮮人の歴史が語られることは少なかった。

　だが1990年代以降，日本でも在外朝鮮人に関する関心が高まりその歴史研究も活発となった。これには国家の境界を越える人々の活動やそれにともなって発生するさまざまな現象の顕在化，在外朝鮮人との接触・交流の機会の増加，情報公開等の進展が影響を与えた。

　もっとも現時点においては体系化された「在外朝鮮人史」や「本国」（現在の南北朝鮮）の朝鮮民族を含めた「世界の朝鮮民族史」が書かれているわけではない。また，そもそもその形成やホスト社会との関係は多様で在外朝鮮人の歴史はひとくくりにしにくい。これはそれぞれの地域の朝鮮人史について比較の視点を組み込んだ検討が必要であることも意味するが，研究が多い在日朝鮮人史も含めて重要性をもちながらも研究蓄積が手薄ないし未着手の部分も少なくなく，必ずしもそれは容易ではない。現段階では，それぞれの地域の朝鮮人史（もちろん本国とのつながりなど越境の要素を意識しながら）の掘り下げと新たな論点の発見を進めることがもっとも重要な課題となっている。

　朝鮮民族や国家をどのように捉えるかによって異説はあるにせよ，在外朝鮮人の歴史の起点は一般的には1860年代とされる。当初の移動は朝鮮北部の農民による営農のための中国・ロシアへの移動がほとんどであり，植民地期の初期までこの傾向は続いた。ただし，20世紀初頭にはハワイ等へのプランテーション労働力としての移民や米国への留学が少数みられ，これがのちのアメリカへの移動の源流をなすこととなる。1910年代後半になると就労機会を求める朝鮮南部の農民や留学生などの「日本内地」（現在の日本の47都道府県）への移動が本格化し，以後拡大を続けた。さらに，1930年代後半以降の日本帝国の総力戦準備とその遂行の過程では日本帝国の勢力圏に入った満州国やほかの植民地に加え中国などの日本軍占領地域への移動が進んだ。なお，この時期にはロシア＝ソ連領域への移動は政治的亡命等を除いてほぼ途絶している。こうして，第二次世界大戦末期には在外朝鮮人は400万人程度となっていた。これは当時の朝鮮内外の朝鮮民族の人口全体のうちの15％程度にあたっている。

　以上のような朝鮮の域外への移動全般とその歴史の概観を提示したものとしては，水野直樹［1999］がある。また，在外朝鮮人史全般を扱った著書としては玄圭煥［1967］［1976］の記述が詳しい。反共主義の制約が存在した時期に韓国で出版されたものであるが，基本的な歴史的事実は一通り押さえられている。

〈2〉 在日朝鮮人の形成とその活動

ⓐ 研究の展開と概況

　在外朝鮮人史研究のなかで，日本では在日朝鮮人史研究はもっとも活発に，相対的に早い段階で進められてきた。その担い手は初期には在日朝鮮人が中心であり，それは日本人の行ってきた植民地支配，民族差別への反省を促し，自らの尊厳の回復を企図するものとして進められた。したがってそこでは日本帝国主義が朝鮮人に加えた直接的な暴力や迫害とそれに抗しながら続いた先鋭的な民族運動の発掘が先行した。

　その後，1970年代半ば頃からは生活史等にも関心が向けられるようになっていたが，さらに1990年代以降，① 単なる帝国主義の迫害の犠牲者としての在日朝鮮人ではなく積極的に日本での生活を切り開いていった存在としての捉え直し，② 民族的紐帯・民族文化の維持とそれを可能にしたエスニック・コミュニティへの着目，③ 差別撤廃・生活権を確立擁護するための多様な運動の発掘と評価，④ 在日朝鮮人という集団のなかの階層，出身地等の差異を組み込んだ分析，⑤ 抗日か親日や，あるいは定住か帰国かといった二元論に還元されない複雑な意識やアイデンティティの理解や把握，等が進められた。そのような新たな傾向を盛り込み解放前の在日朝鮮人の動向全体ないし広い時期・対象を扱った単著としては，河明生 [1997]，西成田豊 [1997]，杉原達 [1998]，外村大 [2004] がある。

　こうした研究は官憲史料以外にも多数史料が発掘，利用されたことで（日本の地方紙，朝鮮語紙の記事や在日朝鮮人刊行の新聞や雑誌，聞き取りなど）で可能となった。なお，新聞記事については水野直樹のサイトでの「戦前日本在住朝鮮人関係新聞記事検索」のデータベースが存在する。

ⓑ 移動の実態，背景と統制

　植民地期においてどれくらいの朝鮮人が，なぜ，どのように日本に移動してきたか（渡航史）は，在日朝鮮人史の根幹ともいうべき重要な問題である。

　移動の実態については森田芳夫 [1996] が内務省，朝鮮総督府の統計をまとめており便利である。ただし，当時の行政当局の朝鮮人に関する統計は精度に注意する必要がある。

　なぜ多数の朝鮮人が渡日を選択したかに関しては，従来，植民地支配下の朝鮮

におけるプッシュ要因・低賃金労働力を求める日本内地のプル要因で説明されてきたが，1990年代以降には，こうした社会構造をふまえたうえで朝鮮人がどのように日本内地への移動を実現させたかが論じられるようになった。すなわち，先に渡日してある程度日本の事情に慣れた朝鮮人が同郷者や親戚を呼び寄せる——朝鮮に居る者の立場からいえば彼らを頼って職場や住居等の見通しをつけて渡日する——連鎖移民が展開・拡大していっていたことが指摘されている。特にそれが目立った済州島民の動向については杉原達［1998］が詳しい。

　もっとも，知人や親戚等に頼らず自己申込で職を確保したケースに着目する河明生［1997］の見解があり，企業の募集活動に応じたケース等もある。どのように生活の見通しを立て渡日を実現させたかについては，今後，全体像の把握が望まれる。

　このほか，労働力需要調整と治安対策を目的にした渡航管理，日本に生活基盤を移した朝鮮人の「一時帰鮮証明」を活用した統制についての研究も進んだ。それについて整理した論考として金廣烈［1997］，福井譲［2008］がある。

ⓒ 社会運動と統合政策

　在日朝鮮人運動に関しては従来前衛党とその方針に基づく左翼労働運動・民族解放運動を軸とする歴史像が構築されていたが，その修正が1980年代以降に進んだ。各地域での消費組合，借家人組合，無産者医療運動，民族教育，エスニックペーパーの刊行等の活動が発掘されたのである。これらの民族文化と生活を守るための運動（外村大［2004］では民族的生活権闘争と呼称）は1920年代後半以降の在日朝鮮人人口の増加，定住層形成にともなって広がり，その後，戦時体制の構築のために弾圧されてしまうが，大衆的な基盤をもっていた。

　これとともに親睦団体の相互扶助の活動，議会活動を行った（あるいは議員を目指した）朝鮮人や内鮮融和団体においても差別撤廃を求めた活動に注目し，これを評価する論考も提出されている。これについては，後述の統合政策との関連をふまえながらより慎重に分析を深めることが求められよう。

　一方，在日朝鮮人の統合政策については，樋口雄一［1986］が先駆的，体系的な研究である。同書は関東大震災時の虐殺事件後の一部の府県での内鮮融和事業の開始，1939年以降の全国的な協和会の整備と協和会のもとでの同化，監視，統制，動員政策を明らかにし，在日朝鮮人に与えた抑圧を論じている。

　ただし，協和事業等のなかでは在日朝鮮人の生活の向上が掲げられ職業紹介等

が行われた事実もある。これを欺瞞に過ぎないとみるか，一定の意味があったと捉えるかは議論の余地がある。これとも関連して，協和会等の中での朝鮮人の活動が非主体的に動かされていただけなのか，あるいは限定された条件のなかで生活維持や差別撤廃を多少なりとも遂行しようとしたのかという問題も考える必要があろう。

ⓓ 関東大震災時の朝鮮人虐殺事件

関東大震災時の朝鮮人虐殺事件については1980年代以降引き続き追悼記念行事とともに調査研究活動が行われている。1993年，2003年の記念集会・シンポジウムの記録は，関東大震災70周年記念行事実行委員会編［1994］，関東大震災80周年記念行事実行委員会編［2004］としてまとめられている。これには震災虐殺をめぐる歴史研究の成果と動向をまとめた論考も収録されている。

関東大震災時ほどの大規模なものはないとしてもそれ以外にも，日本人による朝鮮人襲撃事件等は少なくない。これについても1980年代以降，調査が行われそれをまとめた論考が『在日朝鮮人史研究』等で発表されている。

ⓔ 生活と文化

解放前の在日朝鮮人の大多数は不安定な雇用と低賃金等の劣悪な労働条件，社会的な差別のなかで生活していた。しかしそうしたなかでも日本での暮らしを切り開いてきたことも事実でありその点は，河明生［1997］や外村大［2004］が論じている。

また，朝鮮人集住地を中心とする民族的結合に依拠した文化，娯楽，コミュニケーション，ビジネス等の多様な活動の展開に関しては，金賛汀［1985］が，大阪の有名な集住地である猪飼野の様子を描き，さらに外村大［2004］ではほかの都市も含めて朝鮮人集住地での商工サービス業の展開等を明らかにしている。

文化については，本来，文学や演劇，音楽，大衆芸能，さらに広げればスポーツや料理といったものも含めて研究の対象となるだろう。これらについて言及もなされるようになってきたが本格的・体系的にまとめられた研究は少ない。ただし，文学については任展慧［1994］の成果がある。

〈3〉 戦時動員と「従軍慰安婦」

ⓐ 労務動員

　戦時下における朝鮮人の動員は，朴慶植［1965］の発表以来，体験者からの聞き取りなどが続けられてきたが，新たな論点の提示や実証水準の向上をもたらすような研究は少なかった。しかし，1990年代以降，新たな展開をみせた。まず，金英達は朴慶植［1965］での統計数字の読取りミスや，誤った集計のまま流布していた動員数等の問題を指摘した。こうした作業によって労務動員計画・国民動員計画での朝鮮外への送出数は，現在では約60〜70万名という推定を用いるのが一般的となった。これとともに金英達は朴慶植［1965］以来用いられてきた強制連行概念の曖昧さを指摘した。そして戦時下の朝鮮人のさまざまな動員を「朝鮮人戦時動員」としてまとめ，そこに含まれる「労務動員」「軍事動員」等を法制度に則して区別した上で研究を進めることを提起した（以上について論じた論考は，金英達［2003］に所収）。また樋口雄一［1998］は労務動員が直接的暴力のみで行われたのではなく，その初期には経済的困窮からの渡日希望者を吸収していた状況等を指摘した。

　以上の論考は，戦時労務動員の実態把握の緻密化，その背景を含めた研究の掘り下げを目指したものであった。ところが，一部でそれを故意に曲解・利用し，朝鮮人に対する暴力的連行の事実はない，朝鮮人に対する待遇も悪くなかったといった宣伝が流布されるようになった。山田昭次・古庄正・樋口雄一［2005］はその誤りを指摘しつつ，朝鮮人に対する労務動員の実態を明らかにしたもので，現在の研究の到達点を示すものである。

ⓑ 軍事動員

　戦時期における兵士・軍属としての朝鮮人の活用は，労務動員と区別して軍事動員と呼ぶことが多い。兵士としての動員は，1938年に陸軍志願兵にはじまり，1943年の海軍特別志願兵，大学生等に対する陸軍特別志願（いわゆる学徒兵）の採用，1944年と1945年の徴兵実施と続いた。軍属については，捕虜監視員や占領地の飛行場建設，陣地の設営等を担った者などがその身分を付与された。

　兵士としての動員の実施過程については樋口雄一［1991］［2001］が詳しいほか，捕虜監視要員を務めてBC級戦犯として日本の戦争責任を肩代わりさせられた人々に関しては内海愛子［1982］，強要をうけて「志願」させられた学徒兵に

ついては姜徳相［1997］の著書がある。

ⓒ「従軍慰安婦」

いわゆる「従軍慰安婦」（自ら軍に従っていたわけではないことを明確にするために，「軍隊慰安婦」という呼称を用いる論者もいる。以下では「慰安婦」とする）として，戦時下，日本軍占領地等に連れさられた朝鮮女性も多い。慰安婦をめぐる問題は，1990年代以降，実践的，思想的課題としても大きな論議を呼ぶとともに実証研究についても飛躍的に進んだ。それ以前にも関係者の伝える話として従軍慰安婦についてまとめた著作はあったが，吉見義明［1995］は日本軍の史料などを利用しつつ論点となっていた問題の事実解明に迫った。以後，史料発掘が進み，研究は深められた。その結果，慰安婦とされた女性たちは最低でも5万人程度に上ること（一定期間の監禁・強姦を含めればこれを上回る），慰安婦の募集，慰安所の設置に軍が関与し，民間の業者は軍の指示，統制にしたがって動いていたこと，直接的・物理的な連行のほかに，甘言を用いたり，心理的圧迫を加えたりして本人の意思に反して慰安婦にされたケースが多く存在すること，慰安婦とされた人々は名目的な廃業の自由，外出の自由すらもたず，性奴隷というべき状態におかれたこと，これらは当時の国際法にも違反していること，などが明らかになった。

朝鮮史との関連では，慰安婦の中でも特に朝鮮女性が多かったことの背景の解明が重要な論点となる。これについては，人身売買の黙認などで政策的な民族差別が存在したこと，経済的困難から「身売り」させられる朝鮮女性が少なくなく，かつ人身売買・管理売春にかかわる業者が相当に活動して女性たちを集める事実があった。尹明淑［2003］は，元慰安婦の証言にも依拠しながらこうした問題について丹念に明らかにしている。

〈4〉 在満朝鮮人

ⓐ 研究の展開と概況

現在，中華人民共和国の少数民族として暮らす朝鮮人（「中国朝鮮族」と称される）は約200万人を数える。中国政府は少数民族の文化を尊重する立場を表明しており，中国朝鮮族の自治が行われている行政区域も存在することもあって，その歴史については公的機関ないしそれに準ずる団体によってもまとめられてい

る。その日本語訳も，『朝鮮族簡史』の翻訳である編写組［1990］などいくつか出されている。当然ながら，そこでは現在の中国の民族関係，外交関係に配慮した歴史記述の整理が行われている。

一方，日本では在満朝鮮人（1945年以前，中国東北部に在住していた朝鮮人を便宜的にこのように呼称）の歴史については，主として日本帝国主義の中国侵略や満州移民問題との関連で研究が進められてきた。そして，1980年代半ば以降，中国の改革開放の進展を受けての交流や現地の史料へのアクセスの機会も増加するなかで，論著の数も増加し，研究の深化が図られた。このようななかで，解放以前を含む中国朝鮮族の歴史と現状全般を扱った論著として高崎［1996］や鄭雅英［2000］がまとめられている。

移住の背景については，これまでも，朝鮮内での生活難によるケースが多いが政治亡命もあったこと，中国側が労働力を必要とした事情もあったことなどが語られてきた。鶴嶋雪嶺［1997］はその実態と中国当局の政策の変化，朝鮮人農民の農業の発展等の様相などを論じている。

ⓑ 抗日運動・教育活動と弾圧

中国東北部は朝鮮民族の抗日運動の拠点でもあり，したがって在満朝鮮人の歴史において抗日運動は大きな比重を占める。その際，金日成(キム・イルソン)の指導の重要性を北朝鮮の歴史研究では強調し，1950～70年代，日本にもそうした見方が紹介されてきた。これに対して1980年代以降には疑問が提示され，金日成は抗日運動を行っていないとの主張も一方ではなされていたわけであるが，1990年代に入って金日成らの抗日活動を実証するとともにそれをいわば等身大で描き出そうとする研究も進み，和田春樹［1992］などの成果が生まれた。

また，中国東北部では金日成らパルチザン派の共産主義者だけでなくさまざまな朝鮮人の抗日闘争があった。これらについては，辛珠柏［1999］などが詳しい。このほか，許寿童［2009］は抗日運動と結びついて展開された朝鮮人の教育活動とそれに対する弾圧を，金静美［1992］は抗日武装勢力と朝鮮人農民とを切り離すため行われた「安全農村」「集団部落」建設とそれに対する朝中両民族の連帯のもとでの抵抗の実態を明らかにした。

ⓒ 日中両国の政策と在満朝鮮人

19世紀後半，間島(カンド)（現在の延辺朝鮮族自治州とほぼ重なる吉林省和龍，延吉，汪清(おうせい)，琿春(こんしゅん)の各県）への朝鮮人の移住が進んだなかで，中朝間では同地の領有

権の問題が発生した。朝鮮を保護国化した日本はこれに介入し日中間で1909年，間島協約を結び，間島を中国領と認めた。しかし，日本は間島の人口上多数を占めた朝鮮人への関与を通じて同地域への影響力の拡大を図るとともに，そこで行われている抗日運動を抑え込むことを企図した。一方，日本の大陸侵略を警戒する中国側は朝鮮人に対して帰化政策を進めた。このことは民族教育の困難化，国籍をもたない多くの朝鮮人が中国人の小作人となるという条件を生み出し，朝中両民族の対立を一部に作り出した。もっとも，鄭雅英［2000］が指摘しているように対立は個別的であり，朝中両民族が平和的に共存する空間も存在した。しかし日本政府は在満朝鮮人の「保護」を口実にこの地域に介入，中国による朝鮮人迫害を喧伝し日中間の矛盾を広げて行った。特に1920年代後半以降，こうした矛盾は深刻化し，最終的に日本帝国は満州事変，満州国建国によって問題解決を図ろうとした。

この間の間島をめぐる日中間の対立とそのなかでの朝鮮民族の動きによって生じた複雑な政治過程については李盛煥［1991］が日本の外交文書等をもとに整理している。また，在満朝鮮人中の「有力者」への日本側の働きかけ，それへの対応等を組み込んだ分析を提示したものとして申奎燮［2002］がある。

ⓓ 満州国建国後の在満朝鮮人

満州事変によって日本帝国は，中国東北部を勢力圏に収め，そこにできた満州国は五族協和を掲げた。しかし，在満朝鮮人をめぐる問題は解決したわけではない。封建的土地所有関係は温存され，一方では新たな矛盾が生じていた。帝国臣民たる朝鮮人は一面で優遇され，それゆえ漢族らとの葛藤が深まったが，しかし，朝鮮人らは満州国のなかで指導的立場にあるとされた日本人と平等ではなかった。さらに五族協和の理念は朝鮮人をひとつの民族単位としていたものであったが，朝鮮・日本内地では内鮮一体＝朝鮮人の日本人化を進めていたという問題もあった。

このような満州国の民族統合の困難さ，日本帝国内の朝鮮人政策の齟齬がもたらした矛盾とそれへの対処としての政策展開，朝鮮人の対応については，鄭雅英［2000］申奎燮［2002］，田中隆一［2007］の論述がある。また，これらの研究では矛盾が存在したまま，戦時体制のもとで朝鮮人を兵士などに動員していった過程についても触れている。

〈5〉 在ロシア朝鮮人

　近年，「高麗人」と称されるようになった旧ソ連地域在住の朝鮮人の歴史は長い。極東ロシアへの移住は1860年代に始まり，1920年代まで続いた。その後は日ソ関係の緊張などから同地域への移動はごく少数（政治的亡命など）となるが，朝鮮人にとって同地域は新たな生活の場としてだけでなく民族運動の根拠地としても重要であった。この地域に暮らした朝鮮人は日本軍の弾圧を受けながらも，ロシア革命に参加し，民族自治を追求した活動を展開した。しかし，日本の侵略への警戒から革命後も朝鮮人は安定した地位を確保できず，1937年にはスターリン政権によって極東地方居住の朝鮮人約17万人がすべて中央アジアに強制移住させられた事実がある。

　こうした事実については長らく研究が困難であったが，1980年代後半，ペレストロイカのなかでソ連地域の朝鮮人が自らの歴史について語り，研究することが可能となっていった。日本でも1980年代末頃より一部の研究者の間でソ連在住朝鮮人についての関心が高まり，和田春樹［1989］が発表され，現代語学塾『レーニン・キチ』を読む会編訳［1991］も刊行された。後者はソ連の朝鮮語紙における歴史関係の記事の翻訳等が中心となっているが，劉孝鐘による簡潔で要領を得た歴史的背景についての解説が付されている。

　その後，ソ連崩壊後には新たな史料の公開等を受けて研究が進んだ。強制移住についてもそれ以前からのソ連当局の朝鮮人への警戒，国境付近からの朝鮮人の引き離し計画の存在，強制移住の決定の背景，強制移住に対する朝鮮人の反応と移住後の生活等についてより具体的な事実が明らかになった。これについてまとめた論考として岡奈津子［1998］がある。なお，ロシアでの研究の日本語訳としてクージン［1998］がある。これは沿海州とともにサハリン島在住の朝鮮人についてもそれぞれ通史を記述したものである。

〈6〉 その他の地域の朝鮮人

　以上のほか，比較的多数で重要性をもつ植民地期の朝鮮人の域外への移動としては，ハワイ，アメリカ本土，日本帝国のほかの植民地や勢力圏，すなわち台湾，樺太，南洋群島や，中国大陸の華北等の日本の傀儡政権支配地域や日本軍占

領地への移動がある。

　このうち，樺太については当時の人口比率としても朝鮮人の占める割合が高かったこと，冷戦によって解放後も帰還できずに置き去りにされた人々が大量に出たという事実があり，中国大陸の占領地等や南洋群島への移動は日本の侵略戦争と深く結び付いていることからもその実態解明は重要な課題である。これまでに出た論文としては，樺太については長沢秀［1986］，三木理史［2003］，中国大陸の占領地等については木村健二他［2003］，南洋群島に関しては今泉裕美子［2009］がある。　　　　　　　　　　　　　　　　　　　　　　　　（外村　大）

⇒ 文献一覧 pp. 437~438

第 8 章

現代史

1　政治史

　解放後政治史研究は1980年代以降に大きく進んだ。植民地期研究に比べると不十分だとはいえ，多くの研究が蓄積されてきた。

　研究が進んだ要因として，まず，韓国で民主化が進展したことがあげられる。1980年代に民主・民衆・民族を主題として展開された民主化運動の中で，それらの主題がかかえる矛盾や葛藤の起源を解放後の政治史に求める動きが起こった。

　二つ目の要因は，東西冷戦体制が崩壊し国際情勢が激変したことである。ソ連や東欧の国家社会主義が崩れ，朝鮮半島での冷戦状況が緩和される中で，解放後政治史が再検討され，新たに問題が提起されるようになった。

　この2つの要因と関連して，1980年代から90年代にかけて韓国，米国，ロシアで新資料が発掘・公開され，国際学術交流が進んだことも研究を促進した。

　このような研究の進展にともなって，既存の歴史の見方を乗り越え，新しい視点を提示しようとする動きが出てきた。そのひとつは，韓国の研究において1980年代に提起された民族・民衆主義に立脚した歴史理解を見直そうとするものである。宋建鎬他［1979-89］は民族・民衆主義の視座を強調した代表的な研究だが，90年代以降の内外情勢の変化を経て，それを批判する朴枝香他編［2006］と尹海東他編［2006］が出された。

　宋建鎬他［1979-89］が「民族至上主義」と「民衆革命必然論」に立脚するも

のだと批判する前者に対して，尹海東他編[2006]は，その批判は民族主義を克服するのではなく「大韓民国国家主義」を強化するものだとし，「脱近代の歴史学」を提示した。

　これは1990年代後半以降の植民地近代をめぐる諸研究の中で提起され，近代的な権力や抑圧，暴力，差別などの諸相に注目する。解放後政治史では，植民地期との連続面，地域，個人の体験，日常，ジェンダーなどの視点を重視する傾向がみられる。もちろん「脱近代の歴史学」にも植民地性や民衆運動への関心が弱いなどの批判が

図8-1　現代の朝鮮半島

なされており，必ずしも民族・民衆主義の視座が克服されたわけではないが，ひとつの代案が提示されたとはいえる。

　もうひとつは，解放後政治史を東アジア史との関係性のなかで把握しようとする視点である。例えば，朝鮮半島における戦争，暴力，人権侵害の歴史を，台湾，沖縄での諸事件との比較を通して，東アジアの歴史に位置づける研究や，朝鮮戦争を東北アジアの歴史の中で把握しようとする研究が現れている。

　以下，1945年「八・一五」から1980年代半ばまでの政治史を主題とする研究を検討するが，日本での研究以外に，韓国での研究や政治学からの研究も取り上げる。

〈1〉 概説書

　南北の解放後史を叙述したものには，岩田功吉・馬淵貞利［1995］，並木真人［2000］，橋谷弘［2000］，太田修［2008］がある．米国の朝鮮政策および米国人の朝鮮史認識を批判的にみる立場から書かれたカミングス［2003］もある．

　韓国のみを扱ったものには，「民主主義と民族統一」の観点から書かれた姜万吉［1985］，民主化の過程を描いた池明観［1995］，「民主化運動史」としての徐仲錫［2008］がある．また文京洙（チェジュド）［2005］は，済州島や全羅南道（チョルラナムド）などの「周縁それ自体に内在する人びとの営みや思い」という視点から韓国現代史を描いている．

　その他に政治学の立場から，「分断体制」としての韓国政治を跡付けた森山茂徳［1998］，韓国社会を「資本主義的生産体制を持つ分断された国民国家」と認識し，韓国現代史を「保守的近代化」「受動革命」の過程として叙述した崔章集［1997］［1999］，開発独裁から民主主義への移行のダイナミズムを描いた木宮正史［2003］がある．

〈2〉 解放から分断へ

ⓐ 解放直後の状況

　1980年代に解放後史研究を主導したのは，宋建鎬他［1979-89］とカミングス［1989-91］，Cumings［1990］である．解放前後から朝鮮戦争までを扱った前者は，80年代の韓国民主化運動の中で出され続けたシリーズで，姜万吉［1985］とともに「民衆・民族的観点」から解放後史を認識する潮流を作り出した．後者は，朝鮮人の「革命的ナショナリズム」の高揚，それと米軍政との激突の過程を描き，米国の責任という視角を提示して，その後もっとも多く引用される記念碑的研究となった．

　解放直後の状況を詳細に記した森田芳夫［1964］は，今日でも欠かせない文献である．これとカミングスの研究の上に，朝鮮建国準備委員会（チョソンコンググチュンビウィウォネ），左右合作運動など解放直後の民衆の政治参加の過程を跡づけ，「分断時代」の朝鮮政治史の展開を描いたのが李景珉［1995］［2003］である．林哲［1983］［1986］は，朝鮮人民共和国全国人民委員会代表者大会（チョソニンミンコンファグク）での議論，民主主義民族統一戦線の結

成過程など左派の動きを分析し，いずれも統一戦線的性格を保持していたとみる。

また，南北分断国家の形成過程を検討した李圭泰［1997］は，分断国家の樹立は米ソの政策などの「外的要因」と左右政治勢力の対立などの「内的要因」が相互作用した結果だったとする。防衛省防衛研究所所蔵の日本軍と沖縄の米軍との無線交信資料の分析が重要である。

一方，韓国での解放後史研究を代表する徐仲錫［1991］［1996］は，解放後の政治史を革命と反革命の2分法で把握したカミングスを批判し，朝鮮建国準備委員会，朝鮮人民共和国，左右合作運動，南北協商など，民族統一戦線運動の展開過程を究明した。分断国家成立の原因として「外的要因」が基本だったとしながらも，「内的要因」を強調する。これは，分断克服・近代民族国家形成という「民族主義的志向」から解放後史を捉える見方で，1980～90年代の研究を牽引した。

これに対して朴璨杓［1997］は，徐仲錫の「民族主義的志向」と，米軍政が樹立した国家を「反共・極右独裁体制」だったとするカミングスを批判し，体制内部の問題に対する把握と改革という「民主主義に対する志向」への視角の転換を唱えた。普通選挙制度，三権分立，地方自治など米軍政による「早熟な民主主義」の制度化は，手続的民主主義面では肯定的効果を，実質的民主主義面では否定的効果をもたらしたと結論する。

ⓑ 左右政治勢力，労働運動，民衆抗争

国家建設をめぐる左右政治勢力の動き，労働・農民運動，民衆抗争については，宋建鎬他［1979-89］，徐仲錫［1991］，李圭泰［1997］，李景珉［2003］も扱っているが，個別研究も進んでいる。鄭秉峻［2005］は李承晩の政府樹立路線を，金南植［1984］は南朝鮮労働党の樹立・展開・衰退過程を，李景珉［1991］は呂運亨と金奎植の統一運動論を，都珍淳［1997］は金九・金奎植に代表される右派民族主義者の統一運動をそれぞれ検討した。また，呂運亨の評伝に鄭秉峻［1995］がある。

米軍政期の労働政策と労働運動を扱った研究には，団結抑制を中心とする労働政策の変容過程を叙述した金三洙［1991］，朝鮮労働組合全国評議会と大韓独立促成労働総連盟の活動と労働行政とのかかわりを検討した中尾美知子・中西洋［1984］［1985］がある。

1946年10月に大邱(テグ)で起こった10月人民抗争(シウォルインミンハンジェン)については，丁海亀［1988］がその背景，展開過程，性格をよく分析している。10月人民抗争は「暴動」や「騒擾」，自然発生的な「農民反乱」ではなく，米軍政と保守勢力に対する，「民衆」による「抗争」だったとする。

済州四・三事件(チェジュサ　サム　サコン)研究は相対的に進んでいる。その背景には，1987年の6月民主抗争以降，四・三事件の真相糾明を求める運動が本格化し，2000年に「済州四・三事件真相糾明および犠牲者名誉回復に関する特別法」（以下，「四・三特別法」）が制定されたことがある。済州島の地方紙『済民日報(チェミニルボ)』が体験者の証言をもとにまとめた済民日報四・三取材班［1994-2004］，済州四・三事件真相糾明および犠牲者名誉回復委員会編集の資料集（済州四・三事件真相糾明及び犠牲者名誉回復委員会［2001-03］）と報告書（済州四・三事件真相糾明及び犠牲者名誉回復委員会［2003］）が出たことも，研究を促進した。

歴史問題研究所／済州四・三研究所／韓国歴史研究会編［1999］は，四・三事件を主題とした最初の本格的な研究書で，四・三事件を解放後史の中に位置づけ，事件に対する米国の責任の重大性を指摘している。梁正心［2008］は，国家権力と米軍政による大規模な虐殺の側面だけが記憶される傾向を批判し，国家権力の暴力に抵抗した「抗争の主体」としての民衆的経験を強調している。

日本では，文京洙［2005］が自由で開かれた「議論の場（公共圏）」の死滅として四・三事件を把握する。さらに文京洙［2008］は，事件の背景，展開過程，その後の問題解決に向けた過程を叙述し，「記憶をめぐる戦争」よりも「記憶の対話」を重視すべきだとする。

また，東アジア現代史の中で四・三事件の位相を考えることを重視する藤永壮［2006］は，同時期の在日朝鮮人の民族教育擁護運動や吹田(すいた)・枚方(ひらかた)事件に参加した在日朝鮮人の思いが四・三事件など祖国の運動と連動していたことを指摘し，「四・三特別法」の制定が無差別虐殺や人権蹂躙は許されないという姿勢を示した点を評価している。

ⓒ 植民地期との連続，「八・一五」

解放後の政治史を考える際に，植民地期との連続と断絶の問題は見落とせない。並木真人［1993］は，制憲国会の議員を分析し，人的資源において植民地支配の「負の遺産」が大韓民国(テハンミングク)を束縛したことを指摘した。並木真人［2006］は，植民地末期の「総力戦体制」が解放後に継承され，それが南北朝鮮の権威主義体

制の存続を可能にしたとみる。

また，解放後の戸主制度は日本の植民地支配によって作り出された「残滓」だとの主張の展開に注目し，1980年代までの家族法改正運動の展開過程を分析した堀山明子［1992］，1948年7月に公布された最初の大韓民国憲法の作成過程と，憲法草案作成の中心人物だった兪鎭午(ユ・ジノ)の民主主義観を検討した国分典子［2002］，植民地期から朝鮮戦争直後におけるソウル地域の住民の生活空間・洞と住民組織・洞会を，支配と抵抗の緊張関係の歴史として把握した金栄美［2009］がある。

その他に，1945年「八・一五」の記憶を再検証する研究が出ている。「八・一五」の新聞や放送が進歩派の民族主義を排除したとする元容鎭［2007］，歴史教科書や記念館・記念日，大衆漫画における「八・一五」の記憶を検証した鄭根埴・辛珠柏［2006］がある。

〈3〉 朝鮮戦争と1950年代

ⓐ 朝鮮戦争

朝鮮戦争(チョソンジョンジェン)については相対的に多くの研究が出されている。先鞭をつけたのは，冷戦に肯定的で米国の立場を正当化する「伝統主義」を批判した「修正主義」の代表的研究，カミングス［1989-91］，Cumings［1990］だった。前者の第1巻は，人民委員会とそれへの米軍政の弾圧を描き，朝鮮戦争は1945年から始まっていた「内戦と革命の性格」を帯びたもので，50年6月の本格的戦争の開始は「すでに前から進んでいた闘争の別の手段による継続」に過ぎないとする。ハリディ／カミングス［1990］もその説を繰り返す。第2巻では，「内戦」論をさらに進め，50年6月に誰が戦争を始めたかは重要ではないと主張した。その後のカミングス［2003］でも「内戦」論を捨てていない。

それに対して方善柱，朴明林，和田春樹は，米国立公文書館（以下，NARA）所蔵の捕獲北朝鮮文書，中国・ロシアで公開された新資料を使い，カミングスとは異なる朝鮮戦争史像を提示した。朴明林［1996］は，1948年に2つの分断国家が出現したことを「48年秩序」と呼び，それが朝鮮戦争の起源となったとみるが，戦争に深くかかわったソ連と中国の存在などから「純粋な内戦」ではなく，北朝鮮指導部の「急進軍事主義」による「侵略戦争」だったと主張する。朴

明林［2009］は，50年「六・二五」から51年「一・四後退」までの約6カ月を政治・社会学的に分析している。

和田春樹［1995］は，北朝鮮軍の韓国占領と米韓軍の北朝鮮占領の解明を進め，ロシアの文書資料により戦時下の北朝鮮の状況を究明し，朝鮮戦争と日本共産党について検討した。続く和田春樹［2002］では，1949年の危機，開戦に向かう北朝鮮，北朝鮮軍の攻撃，米韓軍の北進と中国軍の参戦について叙述した上で，「東北アジア戦争」という新しい像を提示する。

他に，米国側資料を検討して米国の介入過程を検証した小此木政夫［1986］，中国の内部資料や当事者の証言を総合し毛沢東が参戦を主張して周囲の消極論を押し切っていく過程を描いた朱建栄［1991］，捕獲北朝鮮文書を読解し北朝鮮軍各師団の配備の状況などを解明した萩原遼［1993］がある。

今世紀に入っても研究が出続けているが，注目すべきは鄭秉峻［2006］と金東椿［2008］である。前者は，NARA所蔵の捕獲北朝鮮文書を渉猟，検討し，38度線の「軍事境界線化」と38度線近辺での軍事衝突を重視する。後者は，朝鮮戦争下の「避難」「占領」「虐殺」など民衆の体験を論じ，戦争の最大の被害者は南北の住民だったと主張する。

ⓑ **李承晩政権**

他の分野に比べて，第一共和国＝李承晩(イ・スンマン)政権に関する研究は低調である。日本の研究には，野党に対する自由党(チャユダン)の圧倒的優位の体制の成立が韓国最初の権威主義的体制の成立だとする木村幹［2003］，1950年代の進歩党に代表される政治の可能性を再評価する必要があるとする太田修［2004］がある。

韓国での研究は1990年代後半から出始めた。50年代を現代韓国の基礎を築いた時期だと把握する視角から，李承晩政権下の政治・社会全般を検討した歴史問題研究所編［1998］が90年代の研究水準を示している。また，50年代政治史研究に精力的に取り組んできた徐仲錫の研究に，李承晩政権期の政治史を概説した徐仲錫［2007］，政治イデオロギーとしての「一民主義(イルミンジュイ)」の展開と形骸化の過程を分析した徐仲錫［2005］がある。

また，麗順(ヨスンサゴン)事件を報道した文字・視覚史料の分析により，大韓民国が民族と人類の名の下で自らの正当化を図ったとする林鍾明［2003］，麗順事件，国民保導(クンミンボド)連盟，戦争への女性動員，学徒護国団(ハクトホグクタン)，国民班(クンミンバン)，除隊軍人を検討し，反共イデオロギーと監視・動員体制という視角から国民形成史を跡付けた金得中他［2007］

は，新しい傾向を示している。

その他に，「親日派」の処罰を進めるために韓国樹立直後に設置された反民族行為特別調査委員会 の組織と活動について跡付けた許宗［2003］，朝鮮戦争下の軍慰安婦と軍慰安所の存在を明らかにした金貴玉［2004］，朝鮮戦争下の女性の生をジェンダーの視点から描いた李林夏［2004］がある。

ⓒ **進歩党・曹奉岩，四・一九**

朝鮮戦争後の1956年に，被害大衆のための政治と平和統一を掲げて結成された進歩党とそれを主導した曹奉岩 に関する研究が注目される。朴泰均［1995］は進歩党の路線と組織，進歩党事件を，徐仲錫［1999］は平和統一論，曹奉岩と進歩党が掲げた社会民主主義，虐殺された被害大衆の問題を集中的に論じている。

「四・一九革命」については，教員労組運動，学生運動，政治・歴史的意義を検討した李鍾旿他［1991］，「四・一九」を統一運動の面から分析し「民衆抗争」と位置づける韓国歴史研究会4月民衆抗争研究班［2001］がある。1953年の休戦協定から「四・一九」までの統一問題に関する論議と運動を分析した洪性律［2001］は，「四・一九」直後の統一論議と運動が50年代の韓国社会の理念的両極化過程を止揚し，多様な政治・社会集団間の共存と対話を模索したとする。

〈4〉 開発独裁から民主化へ

ⓐ **開発独裁，維新体制**

朴正熙 政権期の政治史を総論的に検討したのは崔章集［1999］，韓培浩［2004］である。前者は，独裁から民主主義への移行理論などを援用し，資本主義発展と民主主義，軍部権威主義体制などを分析した。後者は，当該期の政治変動を権威主義体制の制度化の失敗の過程として位置づけ，なぜ権威主義体制が挫折したのかを究明する。

また，木宮正史の一連の研究［1994］［1995a］［1995b］［1999］［2008］は，朴正熙政権が内包的工業化戦略から輸出指向型工業化戦略へと経済開発戦略を転換する過程を実証的に跡付け，1960〜70年代を「冷戦型開発独裁」の成立と展開の過程として捉える。さらに，朴政権の制度と政策は米国の影響の下で市場経済に適応させるために策定されたが，韓国政府の自律的選択にもよるものだったと

する。

　その他に，クーデタから「民主化」へ向かう時期の韓国政治を野党政治家を軸に検討した木村幹［2008］，60年代の経済成長開始の要因として，経済企画院の創設，官庁内部の中央調整制の確立などを指摘した大西裕［1992］，朴正熙政権の初期経済政策における外資導入政策への転換を，政権の正統性に対する国民の合意調達と関連づけて論じた磯崎典世［1991］，70年代韓国における代表的な農業・農村政策のひとつであるセマウル運動の展開過程を分析した松本武祝［1993］がある。

　ⓑ **民主化運動，民主化**

　1970年代から80年代にかけての韓国民主化運動と民主化については，ようやく研究が始まったばかりである。まず，民主化運動の思想とその主体についての究明を試みた滝沢秀樹［1984］［1988］が注目される。前者は民族的・民衆的要求を実現する変革の思想としての韓国民族主義を，後者は都市化と工業化の相克，農業問題，キリスト教の検討を通して社会変革の歴史形成の担い手としての民衆の構成について検討した。また，和田春樹・梶村秀樹編［1986a］とその続編和田春樹・梶村秀樹［1986b］［1987］は，民主化運動への同時代史的分析と民主化運動諸団体の機関誌の翻訳を掲載している。

　また，韓国で出された民主化運動記念事業会研究所編［2008］は民主化運動の始点を1950年代初めにひきあげ，1952年釜山政治波動から1971年学園兵営化反対闘争・光州大団地生存権闘争までを叙述している。1970年代の民主化運動については，安炳旭他［2005］が，1972年に始まる維新体制と在野・学生・民衆・文化芸術運動など反維新運動を検討し，チャ・ソンファン他［2005］が，清溪被服労組，統一紡績労組，都市産業宣教会，カトリック労働青年会，クリスチャンアカデミーなど民衆・社会運動を初めて学術的に検討した。木宮正史［1995b］は，80年代の民主化運動が，より平等な国際秩序を構築していこうとする「民族主義」的志向と，民衆の政治経済的利益を実現するために「民衆主義的」志向を示したとみる。

　個別の主題では，労働運動史研究がまとまっている。崔章集［1988］は，権威主義的コーポラティズム論を用いて，朴正熙政権下の労働統制が労働法の適用を通してより制度化されていった過程を分析した。クー［2004］は，韓国の家父長制の伝統と肉体労働を軽視する儒教的文化，権威主義的な国家権力という要素が

労働者階級形成に色濃く投影されているとし，金元［2006］は，これまで等閑視されていた1970年代の女性労働者を，ジェンダー，労働組合，日常と文化などの観点から分析している。

1980年代の 光州民衆抗争（クァンジュミンジュンハンジェン）など民主化運動については，光州民衆抗争の資料集，光州広域市五・一八資料編纂委員会編［1997-2005］，1987年6月民主抗争に参加した人々が叙述した記録集，6月民主抗争継承事業会・民主化運動記念事業会［2007］が出ているが，本格的研究は今後の課題である。

〈5〉 北朝鮮

ⓐ 概説書，政治体制

北朝鮮の解放後史に関する概説書には，北朝鮮の政治・社会体制を歴史的に跡付けた和田春樹［1998］，解放から1997年の 金正日（キム・ジョンイル）の総秘書就任に至るまでの政治・経済・思想・法律・外交などを時系列的に叙述した小此木政夫編［1997］がある。後者は，北朝鮮関連年表と基本資料集が充実している。

1990年代以降，北朝鮮の政治体制の解明を目指す研究が数多く出された。まずCumings［1990］は，マルクス＝レーニン主義体制からかけ離れた「革命的な民族主義的コーポラティズム」に類似の体制だとした。これに対して鐸木昌之［1992］は，「プロレタリア独裁という社会主義体制の特徴を有しながらも，党国家システムの上に首領を載せた朝鮮独特の政治体制」＝「首領制」と規定する。和田春樹［1998］は，1930年代中国東北地方（満州）で展開された抗日武装闘争を歴史的な起源とし，61年に成立した国家社会主義体制の上に67年から第二次的に構成された構造物を「遊撃隊国家」だとする。

韓国での北朝鮮研究を先導した李鍾奭［1995］は，北朝鮮の体制を変化の視点から理解し，1961年以前の労働党（ノドンダン）の構造を分派の連合体だとする。また，抗日武装闘争の伝統が北朝鮮の体制を歴史的に規定し，労働党と北朝鮮社会の特徴を主体（チュチェ）思想と唯一指導体系として捉える。社会主義モデルとの関係づけが希薄な李鍾奭［1995］に対して，徐東晩［2005］は，45～61年の政治史を緻密に分析し，61年に成立した体制をソ連よりも徹底した国家社会主義だと把握する。また金光雲［2003］は，47年頃には「金日成（キム・イルソン）指導体系」が確立したとして李鍾奭，徐東晩らとは異なる見解を示すが，60年代に独特の社会主義体制が成立したとみ

るのが大勢である。研究史や資料の詳細は金聖甫［2004］を参照されたい。
 ⓑ 北朝鮮労働党，国家建設
　まず，北朝鮮労働党の起源としての朝鮮共産党北部朝鮮分局の創立問題を扱った研究が注目される。予備会議と大会の日付，金日成の役割をめぐって中川信夫［1985］，鐸木昌之［1989］，和田春樹［1990］が論争したが，意見が分かれたままである。1945年10月5日・10〜12日に会議，13日に大会が開かれ，10日の会議で金日成が「北朝鮮中央党」の提案をしたが貫徹されなかったため分局設置案に妥協し，結局13日の大会で分局設置が決定されたとみる徐東晩［2005］が，今日の研究水準を示している。
　その後の党の建設問題については，鐸木昌之［1990］が党建設は国家建設と同時並行的に進められ，その過程で民主集中制原則に基づく一党支配が確立されたとする。「民主主義根拠地」論については，林哲［1993］が1946年8月の北朝鮮労働党の結成によって「民主主義根拠地」論が確立され，統一戦線論が強化されたとみる。
　その他，国家建設過程におけるソ連の介入と金日成の影響力の強化を論じたものが多い。ソ連占領期における「八・一五」を記念する解放イベントやメディアを分析した小林聡明［2006］［2007］，1949年末には金日成の影響力が里洞レベルまで及ぶ体制が成立したとする中川雅彦［2000］，朝鮮人民軍（チョソニンミングン）の創建と金日成によるその政治統制体系の掌握，金正日によるその継承の過程を跡付けた中川雅彦［2001］などがある。
　1950年代の北朝鮮の政治・社会・文化については，歴史問題研究所編［1998］，徐東晩［2005］がよく分析している。

　解放後政治史研究では，以上のような概説書，個別のテーマに関する研究書，論文が次々に出され，その内容はより豊かで多様なものとなっている。とはいえ，研究は本格化したばかりで，これまでの諸研究にも多くの課題が残されているのが実情である。以下，おもな課題について記しておく。
　まず，個別のテーマについてのより具体的で多面的な実証研究が必要不可欠である。特に解放後政治史研究はその時代の政治状況に左右されやすく，研究を主導してきた政治学研究は理論的枠組の設定や適用を先行させる傾向が強かった。そのため，実証研究がおろそかにされてきたことは否定できず，あらためて既存

の理論的枠組みや概念を，史資料によって下から再検証し，再定立する作業が求められよう。

またその作業に関連して，先行研究では見落とされた矛盾や葛藤，揺れ動き，選択の可能性，変革の動き，人々の体験や希望などを，歴史としていかにすくい上げ叙述していくのかが課題となるだろう。

第二に，植民地期との連続と断絶の問題をどのように考えるかということである。もちろん，これまで植民地期との連続と断絶の問題が扱われなかったわけではない。例えば，カミングスや徐仲錫は解放後から朝鮮戦争までの政治の展開の起源を人物や階級を植民地期に遡って分析したし，多くの研究が植民地期の非民主的遺制を「残滓」として理解した。先行研究がこうした政治の連続面に注意を払ってきたことは重要なことである。

ただし，そこにとどまるのではなく，連続面におけるより多面的で構造的な検討を加える必要があるだろう。例えば，植民地期の政治権力や抑圧・差別・暴力的な政治システムや法・制度が解放後にどのように継承されたのか，また，冷戦と分断国家の展開，米国の影響の中でどのように変形・変質していったのか，それぞれのテーマに即して究明していく必要がある。そのことは，植民地主義が解放後政治史にどのように継承されているのかを問うことにもなろう。

第三に，朝鮮現代政治史を世界史や東アジア史の中にいかに位置づけるのかという点である。これまで，特に米国の対韓政策，ソ連の対北朝鮮政策について比較的よく研究されてきた。また，政治学においてはイタリアや日本との比較研究が行われてきた。

今後もそうした研究を進めていくべきだが，外交史や比較史をこえて，各主題を東アジアの地域や集団との関係性の中で考え，時間の変化と空間の中に位置づけることがより重要となる。政治史の主題を東アジア史の中に位置づける研究を進めていくことは，各主題の全体像の究明だけでなく，その世界史的意義を解明することにもつながるだろう。

その他に，1970年代以降の政治史研究，特に民主化と民主化運動研究，さらには北朝鮮の政治史研究をいかに進めていくかなど，多くの課題が残されている。

（太田 修）

⇒ 文献一覧 pp. 439~443

2 対外関係史

〈1〉 日本との関係

ⓐ 外交関係その他

　朝鮮戦争が始まると，日本政府は在日米軍に全面的に協力し，物資の拠出や掃海艇派遣などを行った。その一方で，在日朝鮮人たちによる戦争協力または反戦運動などが展開された。朝鮮戦争と日本との関係については山崎静夫［1998］や大沼久夫［2006］が詳しい。また，韓国軍に参加した在日義勇兵を扱った金賛汀［2007］や吹田・枚方事件を考察した脇田憲一［2004］なども注目される。さらに，韓国政府樹立後の日本との経済関係については太田修［1999］がある。

　1959年12月に始まり，1984年までに93,334人の在日朝鮮人が朝鮮民主主義人民共和国（以下，北朝鮮）に渡った帰国運動については，同政府や朝鮮総連側の一次史料の開示が不足している状況で，研究者による努力が継続している。高崎宗司・朴正鎮［2005］がこの運動を日朝国交正常化交渉であったと位置づける試論を提示している。モーリス－スズキ［2007］は国際赤十字の史料を用いた本格的な研究であり，日本政府が在日朝鮮人を国外に追放する目的でこの運動に協力したことを明らかにした。その他，上記の研究を批判した菊池嘉晃［2009］などの研究が注目される。

　1951年10月より始まり1965年にようやく妥結した日韓国交正常化交渉（日韓会談）についての研究は，1990年を前後する時期よりアジア・太平洋戦争期における日本の戦時政策による朝鮮人の被害に対する補償問題（戦後補償問題）が注目される中で進展した。高崎宗司［1996］，李元徳［1996］，太田修［2003］，吉澤文寿［2005］などの研究はとりわけ財産請求権問題の交渉過程を中心に分析し，日本の植民地責任問題の「解決」のあり方を問いただした。日韓国交正常化を側面的に支援した米国の政策を分析したものとしては李鍾元［1996］がまとまっている。同書には所収されていないが，李鍾元［1994a］［1994b］は米国の日韓会談に対する姿勢が直接介入を避けた「不介入政策」として一貫していたことを実証した研究である。

　このほか，日韓会談が妥結へと向かう1960年代の日韓関係を中心とする研究

には，池田政権の対韓政策を分析した金斗昇［2008］が最新のものとして注目される。当時の日本財界の動きについては研究が少なく，木村昌人［1989］が若干古いものの今なお参考に値する。財産請求権問題以外の議題についてはこれから研究の進展が期待されるが，漁業問題については藤井賢二［2004］の研究をあげておきたい。なお，日韓会談については 2005 年に韓国で 3 万 6 千枚の外交文書が開示され，日本でも 2008 年までに約 6 万枚の外交文書が開示決定された。日本の文書は不開示部分が多いものの，今後のさらなる開示を期待したい。今後はこれらの新史料を活用した研究が望まれるが，その先鞭を付けた研究として李承晩政権の対日政策に焦点を合わせた朴鎮希［2008］，日韓会談において「過去清算」問題が解決できなかった要因を多角的に分析した張博珍［2009］をあげておく。

　日韓国交正常化後の韓国は米国および日本との関係を維持しながら高度経済成長を実現させた。朴一［2002］は韓国の経済成長について，開発独裁や財閥への経済力集中とともに，米国および日本資本そして日米両国との関係を重視した。木宮正史［2008］は朴正熙政権が追求した経済戦略である「輸出指向型工業化」と日本を中心とする対外関係との関係について考察したものであり，同政権の冷戦外交について日韓国交正常化，ベトナム派兵，ASPAC を事例として考察した木宮正史［2001］からの研究を結実させたものである。また，橋谷弘［2001］［2004］は戦後日本経済と韓国を含むアジアとの関係を，柳町功［2004］は日韓経済関係を人脈からそれぞれ考察したものである。

　一方，当時の日韓関係における「癒着」問題は「漢江の奇跡」と呼ばれた韓国経済の発展に影を落とした。その典型的な事例が韓国中央情報部による組織的犯行である金大中事件の真相をうやむやにしてしまった同事件の「外交決着」であろう。古野喜政［2006］はジャーナリストとしての手腕を発揮し，韓国で公開された外交文書を分析し，事件の真相を丁寧に追跡している。金栄鎬［2008］は韓国政府が日本政府に対して，安全保障と経済開発の観点から協調を基調としながらも「歴史問題」などをめぐって対立行動も持続させてきた点について，韓国社会の「記憶」の問題を含めて分析した。

　また，日韓国交正常化は日朝関係にも大きな影響を与えた。韓国の高度経済成長は朝鮮における体制競争で北朝鮮を劣勢に立たせることになる。李燦雨［2002］は日朝関係が北朝鮮の経済に与えた影響を豊富なデータに基づいて分析

している。

　1990年から始まる日朝国交正常化交渉（日朝交渉）の研究は外交文書等の一次史料がほとんど開示されていないため，主としてメディアによる記事や交渉当事者の発言などを利用するしかない。しかし，そのような難しい史料状況は日韓会談研究も同様だったのであり，地道な史料発掘の努力は継続されるべきだろう。その中でも高崎宗司［2004］は日朝交渉をめぐる基本的な事実関係が整理されており，この問題に取り組むための必読文献であるといえる。その他，日朝交渉をめぐる思想状況を論じたものを含めて，福原裕二［1998］［2002］［2004］，姜尚中・水野直樹・李鍾元編［2003］，姜尚中［2003］，徐京植［2003］，徐東晩［2004］，李泳采［2006］，チン・ヒガァン［2006］をあげておく。

　最後に，現在も日本と朝鮮との間で懸案となっている竹島＝独島問題については堀和生［1987］が1905年の日本による同島の領土編入過程に関する本格的な実証論文である。また，政府見解を補強しようとする下條正男［2004］らの研究がある一方で，日本側の領有権主張の論理を綿密に検証して批判しようとする内藤正中・朴炳渉［2007］，内藤正中・金炳烈［2007］，ナショナリズム研究の観点から考察した玄大松［2006］などの研究がある。

ⓑ 植民地責任問題

　日本の戦争責任論が敗戦直後から議論されてきたのに比べて，植民地支配に対する責任＝植民地責任論は未だに試論の域を出ていない。すなわち，日本の植民地責任論は戦争責任の枠内で論じられてきたため，その対象が1931年以後のいわゆる「十五年戦争」期の被害者に対する補償問題をいかに実現させるかという観点から進められてきた。しかし，この緊要な課題に加えて，欧米諸国による植民地支配の問題も含めてどのような責任論を構築すべきかという問題意識が近年の議論の傾向として確認できる。板垣竜太［2005］は「植民地支配という巨大な構造によって引き起こされた個別具体的な被害の経験」を出発点とし，「そのような暴力をもたらした構造がいかなるものなのかということを，やはり個別具体的な責任の主体の解明を通じて明らかにしていく」ことで国際法的な概念として「植民地支配責任」を定立することの必要性を訴えた。この提言は板垣竜太［2008］で深められ，20世紀の日朝間の暴力について，被害の実態解明，その責任体系の解明などのための東アジア真実和解委員会の構想へとつながっている。板垣の提言に触発を受けつつ，吉澤文寿［2006］も植民地支配不法論および戦時

強制動員研究に大別して，朝鮮に対する日本の植民地責任論を整理した。

これに関連する近年の研究成果にも注目すべきものが多い。鄭恵瓊［2006］は朝鮮人戦時動員における労働の強制性を包括的に捉える概念として「強制連行・強制労働」という用語を提唱した。内海愛子［2008］は長年取り組んできた朝鮮人 BC 級戦犯問題についての最新の研究書である。なお，2007 年の米下院における日本軍「慰安婦」に関する決議を受けて，この問題をめぐる議論は新たな局面を迎えている。これについては金富子・中野敏男編［2008］，山下英愛［2008］，鄭鎮星［2008］などを参照されたい。これらの点をふまえて，最近発表された吉見義明［2009］による研究史整理が参考になる。原爆被害者については市場淳子［2005］［2006］などを参照されたい。

また，山田昭次［2003］，姜徳相［2003］らによる関東大震災における朝鮮人虐殺の真相解明作業は，日本の植民地責任が戦時期にとどまるものではないという新たな問題提起として注目される。さらに，欧米諸国の植民地責任についての試論を提示した永原陽子［2006］，そして永原を代表者とする研究会の成果としての永原陽子［2009］は朝鮮史研究者にとっても大いに示唆を受けるところが多いだろう。

〈2〉 米国・中国・ロシアとの関係

朝鮮現代史を理解する上で，常に念頭におかなければならないのが米国の朝鮮政策と南北朝鮮の対米政策である。李昊宰［2008］は小国を中心とする小国際政治体制モデルを提示し，解放から朝鮮戦争直後の韓米相互防衛条約締結までの韓米関係を考察した。初版は 1969 年であるが，現在まで 6 版を重ねた同書はこの時期の韓米関係研究の基本文献である。朝鮮戦争後については上述の李鍾元［1996］の他に，日韓国交正常化以後の米国の朝鮮政策を分析したチャ［2003］，韓国がベトナム参戦を通じて経済発展を実現させたことを論証した朴根好［1993］の研究をあげることができる。また，1990 年代以降を対象に含む研究は北朝鮮の核開発などを外交問題のイシューとして取り上げるものが目立つ。同政府のアイデンティティ政治という観点からその対米政策を検討したり（ソ・ボヒョク［2006］），ジャーナリストとして外交の現場を取材し，北朝鮮の核疑惑をめぐる米朝交渉の経緯を克明に明らかにしたオーバードファー［1998］，さらに，

米国務省北朝鮮担当官として1994年の米朝合意までの交渉にあたったキノネス［2000］［2003］のレポート，2001年の9・11事件以後，米国の対朝鮮政策をあらためて歴史的に考察したフェッファー［2004］，カミングス［2004］などの労作をあげることができる。

韓米関係の政治的，軍事的象徴が在韓米軍である。しかし，まとまった研究はまだまだ少ない。外交史的な成果としてはカーター政権の在韓米軍撤退政策について，公開された外交文書に加え，当時の関係者約30人へのインタビューを通じて明らかにした村田晃嗣［1998］をあげることができる。また，現在も継続している在韓米軍による韓国人への被害の問題に注目した研究としては，駐韓米軍犯罪根絶のための運動本部編［1999］の他，鄭柚鎮［2004］，李正姫［2006］などの文献が参考になる。

米国と並んでアジアの大国として朝鮮現代史に影響を与えているのが中華人民共和国（以下，中国）である。米国に比べると中国の朝鮮政策は朝鮮戦争について平松茂雄［1988］，朱建栄［1991］などの蓄積がある。とりわけ，朱建栄［2004］は近年の中国における研究状況とロシアで開示された資料を駆使して前著を大幅に書き直し，中国の朝鮮戦争参戦の全容の究明を目指している。また，服部隆行［2007］は朝鮮戦争との関連で，中国の台湾「解放」事業および同国の安全保障問題について研究したものである。

朝鮮戦争以後の中国と南北朝鮮との関係についてはユ・グァンジン［2006］などによる包括的な考察があるものの，依然として未解明の部分が多いといわざるを得ない。ただし，韓中国交樹立をめぐる南北朝鮮の外交政策は重要な研究テーマであるため，主な研究を紹介しておきたい。石崎菜生［1993］が盧泰愚政権の北方外交に注目して韓中国交樹立を考察したのに対し，石井明［1996］は日韓条約を警戒した中国が1992年に韓中国交を樹立させるに至るまでの経過を論じた。また，中川雅彦［1993］は韓中国交樹立に対応する北朝鮮政府の対外政策を考察し，同政府の対外政策が資本主義諸国に自己の体制の独自性を認識させ，その存続を保障してもらうことを目標にしていることを明らかにした。

その他，今村弘子［2000］は朝中経済関係を軸としつつ，中国の朝鮮半島観と北東アジア経済圏の歴史と将来を展望した。また，今村弘子［2005］は中国による北朝鮮政府への支援および北朝鮮の経済史を一瞥した好著である。同じく脱冷戦期の朝中関係を考察した李鍾奭［2004］は今後の朝中関係について，表面的に

は既存の伝統的慣行が作用しながらも，内面的には実用主義的な関係への転換と，中国の北朝鮮への影響が拡大していく様相を示すだろうと展望した。さらに，環境問題に注目した東アジア環境情報発伝所編［2006］などの研究は，東アジアに共通する課題への関心という点で，北東アジア経済圏や植民地責任研究に通底するものがある。今後の東アジアを展望する研究にこれからも期待したい。

台湾の中華民国との関係については，服部民夫・佐藤幸人編［1996］などに代表される経済分野での韓国との比較研究が多い。しかし，中国と南北朝鮮との関係についての研究は一定の蓄積があるものの，台湾とのそれ以外の分野を考察したものとしては近藤久洋［2006］［2007］等を除くとほとんど成果はなく，研究史上の盲点といってよい。上述した東アジアの今後を展望するという意味でも，朝鮮現代史研究において，朝鮮と同じく分断体制下にある大陸および台湾中国との関係がより意識されるべきであろう。

朝鮮現代史に影響を与えうるもうひとつのファクターがロシアであるが，日本におけるロシアの朝鮮政策研究は上述した日米中三国のそれよりさらに立ち後れている。解放後の北朝鮮政府とロシアとの関係については，チョン・ソンイム［2006］の研究が参考になる。この研究によると，朝鮮側からみた朝ロ関係は1960年代後半と1990年の韓ソ国交樹立を通じて，社会主義連帯から体制支援国家へとロシアの位置づけを変化させてきた。また，今後の朝ロ関係の課題のひとつとして北朝鮮政府の対ロ債務問題をあげている。

朝鮮戦争については，ロシア側の史料を駆使したものとしてトルクノフ［2001］，和田春樹［2002］の労作がある。トルクノフは「朝鮮戦争は，ソ連を含めた多くの国の利益にもマイナスの影響を与えた」として，米ソ，中ソ，そして南北朝鮮とソ連との関係に対する朝鮮戦争の否定的な役割を強調した。また，和田は「朝鮮戦争は文字通りスターリンの戦争だった」と述べるように，ソ連が開戦決定過程で重要な役割を果たすとともに，朝鮮人民軍および中国義勇軍を支援する後方基地であったことを論証した。

このように，朝鮮戦争期については一定の成果が現れ始めているが，それ以降の時期についてはまとまった研究が少なく，下斗米伸夫［2006］やペトロフ／スターソフ［2004］が目立った成果としてあげられるのみである。下斗米は金日成(キム・イルソン)体制の成立と形成について，1945年から1961年までを対象に，ソ連側の外交史料や共産党史料をもとに解明しようと試みた。下斗米はソ連共産党の朝

鮮担当が日本担当を兼任していたことなどを指摘しつつ，ロシアの朝鮮に対する関心の低さを明らかにし，1961年の朝ソ同盟が「偽りの同盟」であったとした。また，ペトロフとスターノフは主として金日成から金正日(キム・ジョンイル)に指導者が移行した朝鮮政府に対し，エリツィン大統領が朝ソ条約を破棄し，プーチンが再び朝ロ条約を結び直してから，現在も続いている両者の冷淡な関係を素描している。

また，韓ソ国交樹立に関する研究としては，その前史としての1986年からの韓ソ関係を考察した横手慎二［1991］，韓ソ国交樹立と北朝鮮政府との関係について論じた金成浩［2004］などが参考になる。ロシア側の情報開示の進展が期待できる今日において，今後，ロシアと南北朝鮮との関係史がいっそう解明されることが望まれる。

(吉澤 文寿)

⇒ 文献一覧 pp. 443~446

3　経済史

〈1〉 韓国経済の研究潮流

ⓐ 新古典派アプローチの台頭とその批判

1980年代以降の韓国経済研究の特徴は，朝鮮研究を専門とする地域研究者以外から韓国の経済発展を積極的に評価する諸議論が現れたことである。なかでも，輸出を梃子に急成長する韓国経済にいち早く関心を寄せたのは市場メカニズムを通じた資源配分機能に全幅の信頼をおく新古典派開発経済学者たちであった。

日本において韓国経済の研究に本格的に取り組んだ開発経済学者は渡辺利夫［1982］が最初である。渡辺は，新古典派理論に立脚しながらもA. ガーシェンクロンの後発性利益論やW. A. ルイスの二重経済論などを援用し，60年代以降の韓国の工業化過程を「圧縮型産業発展パターン」として描いた。

発展面を強調する渡辺理論に対して直ちに反論を加えたのは朝鮮研究プロパーの研究者たちであった。主たる批判点は，事実認識の問題もさることながら，第一にその歴史的視点の弱さであり，第二に経済開発における政府の役割についてであった。

前者に関しては，工業化の本格化した60年代以降を重視する渡辺に対し，経済発展の「歴史的な根拠」（冨岡倍雄・梶村秀樹・新納豊・鈴木義嗣［1984］）や「歴史的条件」（中村哲・堀和生・安秉直・金泳鎬編［1988］）の重要性が指摘され，植民地期を含む60年代以前の時期の資本主義発展にも留意する必要性が喚起された。

後者については，60～70年代の公企業の実態や政府の経済介入を論じた梶村秀樹［1984］の先駆的な研究をはじめ多数存在する。また，制度論的な視点から「後発工業化（late industrialization）」過程における政府の役割を重視した Amsden ［1989］は，新古典派理論に依拠した韓国経済研究に対する本格的な批判として注目できる。

ⓑ「解放～1960年」期の認識と研究課題

解放後韓国経済史に関する争点のひとつは，解放から朴正煕（パク・チョンヒ）政権成立までの時期を資本主義発展過程の中でいかに位置づけるかである。いわゆるNIEs論的アプローチではもっぱら60年代以降の工業化過程に研究者の視線が集まり，当該時期の経済発展については過小評価される傾向にあった。

この時期を明確に位置づけた論者の一人に朴玄埰［1985a］がいる。代表的な民族経済論者であり国家独占資本主義論者でもあった朴は，同時期を官僚資本（1945～48年），国家資本（48～53年），金融独占資本（54～60年）の3つの資本概念で継起的に捉えるが，当時の韓国資本主義の発展段階を考慮すると金融独占資本概念を適用することに違和感を禁じ得ない。

周辺資本主義論を援用する論者の認識では，周辺資本主義の成立過程の一部とみるか（李大根［1985］），それともその過渡期とみなすか（梶村秀樹［1981］）によって若干の違いがあるものの，同時期を周辺資本主義の発展が軌道に乗るそれ以降の時期と関連づけて捉える立場には変わりはない。ただし，周資論者の中には中進資本主義論に触発されて経済発展を評価する姿勢に転じる研究者も現れており，李憲昶［2004］のように，この時期に興った従属的資本主義発展に国民経済の形成を読み取ろうとする論者もいる。また，第4世代資本主義論を提唱する金泳鎬［1988b］は，解放後の再編期を戦後世界システムの中で初めて専一的な産業資本主義国家が成立した事実を重視し，当該時期を第4世代資本主義への過渡期とみなしている。

この時期の経済発展をめぐっては，米軍政期および李承晩（イ・スンマン）政権期の経済状況や

経済政策に対する分析が不可欠な研究課題となる。具体的には，南北分断の影響，資本蓄積の契機（帰属財産払い下げ，農地改革，外国援助，インフレーションなど），朝鮮戦争の影響，輸入代替工業化の実態，財閥資本の初期形成などが研究対象となろう。また，朴政権に先駆けて「経済第一主義」を掲げた張　勉政権の経済政策も見逃せない。経済開発5カ年計画，国土建設事業，不正蓄財処理事業などは，朴政権初期の経済政策に少なからぬ影響を及ぼしているのである。

同時期の先駆的な研究として李大根［1987］があげられる。李は，米国援助を再生産条件とする「援助経済論」に対して工業化の内的契機を重視する「農業犠牲蓄積論」を提示した。後の研究（李大根［2002］）では植民地期の工業化や米国援助を評価する論調に変わり，それらが60年代以降のNIEs化過程にとって「国際契機」になったと述べている。軍政期の経済政策を農業政策，工業政策など多面的に分析した文献には兪光浩・鄭英一・李鍾燻・金栄圭・崔洸［1992］がある。また，新納豊［1984］は軍政期から朝鮮戦争前までの経済状況を民族経済の形成という視点から論じている。

個別の題材についてみると，まず，帰属財産払い下げに関する文献がいくつかある。帰属企業の処理を労働者自主管理運動とのかかわりで捉えた金基元［1990］や，その後の経済発展への影響を限定的にみる李大根［1990］［1993］などの業績が注目できる。次に，農地改革に関する評価はほぼ固まりつつあるといってよい。農地改革の成果および問題点については，植民地地主制の解消，自作農体制の確立，その後の小作制の復活などが指摘されている。また，資本主義発展に及ぼした影響としては，地価証券を媒介とした土地資本から産業資本への転化と零細自作農の大量創出による工業労働力予備軍の形成などが重要である（趙錫坤［2003］）。

ⓒ 朴正煕政権の経済開発体制をめぐって

韓国経済の発展過程の中で研究者たちの関心の的となったのは朴正煕政権期の経済発展である。朴政権の経済開発体制を包括的に把握する概念として，単なる「開発体制」のほかに「開発独裁」や「権威主義開発体制」などの用語が使用されてきた。内容的には，政府と金融システムに関心を寄せる論者（谷浦孝雄［1989］）や，労働力の動員を不可欠な要素とみなす見解（法政大学比較経済研究所・小林謙一・川上忠雄編［1991］）などに分かれている。開発の担い手に関しては，政府（軍部と官僚）もしくは政府と財閥の協力関係を重視する見方が多い

が，階級同盟論の視点から政府・外資・財閥の「三者同盟」を指摘する論者もいる（金泳鎬［1988a］，朴一［1992］）。

朴政権の経済政策をめぐっては，経済開発5カ年計画，輸出指向工業化政策，重化学工業化政策などが争点となっている。5カ年計画については，各計画の性格変化を論じた谷浦孝雄［1989］や第1次計画の立案過程から第6次計画まで総合的に分析した法政大学比較経済研究所・小林謙一・川上忠雄編［1991］などの研究がある。成立当初の朴政権は「内包的工業化」を目指していたといわれ（木宮正史［1991］），輸出指向工業化政策は60年代半ばの「対外志向開発戦略」（外向的開発戦略）の採用を機に本格化するという見方が一般的である（経済企画院［1982］）。

70年代に入って実施される重化学工業化政策については多くの論考がある。防衛産業育成との関連で捉えた文献として直接の政策担当者であった呉源哲［1996］や金正濂［1990］があり，経済的要請を強調する研究には朴永九［2005］［2008］がある。日本では，経済的・軍事的双方の要請から論じたものが多く，野心的な計画に政治的な意図を読み取る研究もある（石崎菜生［1996］）。

朴体制下の開発戦略の特徴として政府主導型や輸出主導型を指摘する声が多いが（司空壹［1994］），キム・ジノプ編［2001］では「投資主導経済成長」と規定する見解が紹介されている。国内貯蓄を上回る旺盛な投資を可能にしたのは外資導入にほかならない（財務部・韓国産業銀行［1993］，姜錫寅［1994］）。外資導入の本格化は1965年の「日韓条約」締結を画期とし（李度晟編［1995］，永野慎一郎［1999］，太田修［2003］），特需を生み出したベトナム戦争（朴根好［1993］）や中東諸国への建設輸出は外貨獲得の貴重な機会を提供した。

工業化によってもっとも影響を受ける分野は工業労働力の主たる源泉となる農業である。倉持和雄［1994］は工業化過程における農業の変容を多面的に解析した。また，農村から都市への無制限労働力供給が制限的に変わる「転換点論争」も展開された。農村・都市間の労働力移動に着目するルイス的2部門モデルに都市非公式部門を加えた3部門モデルで分析した裵茂基［1983］は，1975年頃を韓国経済の転換点とした。また，都市非公式部門の労働者に注目する尹辰浩［1984］は工業化過程における同部門の存在をより重視した。これに対し金泳鎬［1988a］は，農村人口の存在と資本労働比率の上昇を根拠に「無制限外資利用型」説を唱えている。

ⓓ「転換期」における資本主義発展像

　未曾有の経済危機で始まった80年代は韓国経済にとって大きな転換期となった。前半期は世界同時不況や構造調整の影響もあって総じて低迷したが，後半期は一転して「三低現象（ドル安・原油安・国際金利安）」と呼ばれた好景気を謳歌するようになる。

　80年代の動向でまず注目されるのは，韓国資本主義論争(ハングクチャボンジュイノンジェン)が展開されたことである。運動圏の民主変革をめぐる対立（CNP論争＝市民，民族，民衆の変革主体論争）に由来するこの論争は，学界においては国家独占資本主義論と周辺資本主義論の相互批判となって表面化した（朴玄埰［1985b］，李大根［1985］）。論争の全体像を網羅した文献としては朴玄埰・曺喜昖編［1989-92］が有益であり，日本語文献では滝沢秀樹［1992］，金泳鎬［1988a］，本多健吉監修［1990］などが参考になる。

　当時の資本主義発展の矛盾はもっぱら労働問題の深刻化となって表れた。この時期の労働問題研究としては，労働者階級の形成を強調した徐寛模［1984］や労働問題を包括的に論じた朴玄埰／金炯基他［1985］など多数ある。また，法政大学大原社会問題研究所編［1997］は87年「労働者大闘争」以後の労使関係について言及している。

　80年代後半期になると，韓国資本主義論争の理論的枠組みでは十分捉えきれない諸現象が現れてくる。韓国経済の持続的発展がもはや否定しがたい事実となり，「従属弱化」や「従属をつうじての自立」といった言説が研究書の文頭を飾るようになる。経済発展を織り込んだ諸研究が集中的に現れてくるのは，ちょうどこの時期である。

　まず注目すべきは服部民夫編［1987］である。そこでの関心は，韓国経済の「発展の構図」を描くことに注がれ，その高みにおいて韓国経済が直面する諸問題を指摘することであった。また朴宇熙［1989］は，主要産業分野における外国技術の吸収過程を分析し，技術発展が経済発展の原動力となった事実を明らかにした。

　経済史の分野からも重要な問題提起がいくつかなされた。共通するモチーフは，解放前後期の経済発展過程を通史的に描くことであった。最初の試みとして梶村秀樹［1981］がある。梶村は，新従属学派の代表的論者であるS.アミンの周辺部資本主義社会構成体論を批判的に継承し，前資本主義社会構成体→植民地

半封建社会構成体→周辺資本主義社会構成体へと移行する「旧植民地社会構成体論」を展開した。また，韓国の経済学者である金泳鎬［1988a］は日本留学時代に精力的に研究業績を発表し，いわゆる「第4世代資本主義（工業化）」論を提唱した。金は，資本主義発展の推進主体や世界システムにおける位置の違いなどを基準に先発資本主義諸国を3つの世代に分類し，第二次世界大戦終結以後に興った東アジアの経済発展を第4世代資本主義と規定した。

一方，マルクス経済史家の中村哲［1991］は，20世紀後半に勃興した東アジアにおける資本主義発展をマルクスに倣って「三度目の一六世紀」と表現し，60年代以降本格化した韓国の経済発展を「中進資本主義」の概念で捉えることを提案した。中村の中進資本主義論は，過度な一般化が韓国資本主義固有の性格を捨象してしまいかねない懸念はあるものの（滝沢秀樹［1992］），その構想力の豊かさから内外の研究者に多大な影響を及ぼした。

ⓔ **アジア通貨危機と「IMF改革」**

90年代前半期の韓国経済は，経常収支の黒字基調が反転するなど若干の後退もみられたが，総じて堅調な発展ぶりを示していた。この頃になると研究者の間でも韓国経済の先進国化が取りざたされるようになり，1996年に実現したOECD加盟は先進国への仲間入りを印象づける格好のメルクマールとなった。

経済研究の方も危機論や悲観論は後景に退き，もっぱら韓国経済が先進国化するのにいかなる条件が必要かという問題意識が大勢を占めるようになる。例えば，制度（institutions）の市場補完機能に注目する比較制度分析アプローチ（新制度派経済学）を引用して韓国経済を分析した深川由起子［1997］は，80年代後半から90年代にかけて制度環境が変化したとみなし，導入された日米両制度の相克過程の中に韓国経済の先進国化像を模索している。

金融の自由化や規制緩和が研究者の関心事となり始めたのもこの時期の特徴であった。国際金融取引の自由化を論じた伊東和久［1995］や盧泰愚政権以降本格化する規制緩和措置をまとめた金華東［2000］はその一例である。また，韓国企業の対外進出も盛んになり，それに対する研究も本格化し始める（王允鍾編［1997］）。

ところが，韓国の先進国化の道は平坦ではなかった。1997年のアジア通貨危機が韓国経済を直撃したのである。GDP規模で世界11位にまで上り詰めた韓国が脆くも崩れ去る光景を目の当たりにして，研究者の論調は楽観論から一転して

危機論一色に染まるようになる。

　危機の原因については論者によって意見が分かれている。高龍秀［2000］によると，韓国の金融機関が短期性資金の借り手であると同時に海外への貸し手であったことが危機を複雑にしたという。それに対し服部民夫［2001］［2007］は，海外の資本財や重要部品に依存する「組立型工業化」という工業構造上の特徴を問題視する。アジア通貨危機は従来型の経常収支赤字による危機ではなく巨額の短期性資金が一気に海外逃避した結果引き起こされた「資本収支危機」であったといわれるが，原因の究明に際してはこの点をいかに考慮するかがポイントとなろう。

　危機後の構造調整はIMF主導で敢行された。「国民の政府」を自任した金大中政権であったが，実施された経済政策は「IMF改革」にたがをはめられ，新自由主義的な色彩を強く帯びるものとなった。

　IMF改革については，IMFプログラムの進捗状況を克明に描いた張亨壽・王允鍾［1998］や黄祥仁・王允鍾・李晟鳳［1999］，危機発生から構造調整過程まで包括的に論じた李揆成［2006］など，多数の文献がある。金大中政権期の改革に関しては，財政経済部・韓国開発研究院編［1998］，高龍秀［2000］［2009］，高安雄一［2005］などが参考になる。

　ⓕ **資本主義発展像の揺らぎ**

　通貨危機後の改革論議の中で焦点のひとつとなったのは財閥問題であった。韓国における財閥研究は財閥が巨大化した90年代に入って本格化する。財閥の経済力集中を問題視した姜哲圭・崔廷杓・張志祥［1991］，政府と財閥の関係に言及した姜明憲［1996］，財閥の概念規定や財閥史の時期区分など総合的に論じた趙東成［1997］，財閥の組織形態を効率性の点から評価する左承喜［1999］など，枚挙にいとまがない。

　日本でもいくつか注目できる研究が現れている。財閥研究の嚆矢となった服部民夫の業績（服部民夫・大道康則［1985］，服部民夫［1988］）をはじめ，最近ではファミリービジネス（安倍誠［2006］）や持株会社（高龍秀［2008］，鄭安基［2008］）に関する研究も行われている。個別財閥を取り上げた文献には，三星の技術吸収過程を扱った曺斗燮・尹鍾彦［2005］や三星電子の半導体産業を分析した吉岡英美［2010］がある。また，鄭章淵［2007］は財閥形成史の視点から解放後韓国資本主義の展開過程を論じている。

財閥改革に関しては韓国の市民運動に参画した研究者たちの論考が注目される。経済正義実践市民連合(キョンジェジョンウィシルチョンシミニョナプ)の姜哲圭［1999］や参与連帯(チャミョヨンデ)にかかわった金大煥・金均編［1999］および金基元［2002］らは，異口同音に財閥体制の独立専門経営体制への転換を訴えている。特に参与連帯は，運動面ばかりでなく財閥に関する実証研究の面でも大きな成果をあげている（参与連帯参与社会研究所経済分科編［1999］，参与社会研究所・仁荷大産業経済研究所共同企画［2005］）。また，保守的な立場から財閥改革を提示した研究としては毎日経済産業部・韓国経済研究院編［2000］がある。

　危機後早期に「V字型回復」を遂げた韓国経済ではあったが，雇用不安や「両極化」現象などIMF改革の副作用が容赦なく国民生活を襲い，研究者の間では韓国経済の行く末を不安視する見方が広がった。新自由主義の克服を期待された盧武鉉(ノ・ムヒョン)「参与政府(チャミョジョンブ)」も経済発展のオルタナティブを示せないまま，結局は韓米FTA締結路線に転じてしまう。いわゆる「87年体制（民主化体制）」はIMF改革を機に新自由主義的体制へ横滑りしたといわれるが（金鍾曄［2005］），盧武鉉政権末期の政策的迷走ぶりはあらためてそのことを裏付けるものとなった。

　危機後の韓国経済を論じた文献は少なくない。構造改革の分析を通じて将来の発展像を展望した谷浦孝雄編［2000］，改革後の新システムの成功説に疑問を呈し各分野の状況を分析した環日本海経済研究所（ERINA）編［2005］，非正規労働者や福祉など多方面にわたる問題を取り上げた奥田聡編［2007］，韓国経済が直面する諸問題を労働問題から対外経済関係まで多角的に論じた環日本海経済研究所（ERINA）編［2010］などの研究がある。韓国語文献では，盧武鉉政権の改革や両極化現象を扱ったソウル社会経済研究所編［2005］や，経済のほか政治・社会・文化の領域における変化を総合的に論じた鄭雲燦／チョ・フンシク編［2007］などが参考になる。そのほか，金大中政権の生産的福祉論を取り上げた金淵明編［2006］や韓米FTAの問題点を体系的に論じた韓米FTA阻止汎国民運動本部政策企画研究団編［2006］も，危機後の韓国経済を語る上で見逃せない文献である。

　現在の研究動向としては，グローバリゼーションと韓国経済の関係を究明する研究が進む一方で（金俊行［2006］，尹明憲［2008］），実証主義的な経済史分野において過去の経済発展を再評価する動きが加速化している。後者に関する研究として，経済史研究者の集まりで安秉直と李大根を中心に1987年に設立された

落星台経済研究所関係者による一連の業績がある。例えば李大根他［2005］は，「20世紀の成長」をキイワードに朝鮮後期からIMF改革後に至るまで通史的に韓国経済を分析した。そこでは，新自由主義に対する批判とともに財閥の再評価も試みられており，財閥改革を主要課題に掲げてきた経済民主化路線とは明らかに一線を画している。また，朴正煕を韓国近代化の功労者として再評価する動きがみられるようになったのもこの間の研究動向の特徴である（趙利済／渡辺利夫／カーター・J・エッカート編［2009］）。

IMF改革後の新自由主義路線の破綻が明らかとなりつつある今，市場原理重視の経済戦略だけではもはや不十分である。有効な経済戦略を立案するには，新たな成長軸を開拓しつつ，市場と政府それにさまざまな利害関係者の間でいかにバランスのとれた調整メカニズムを構築できるかが鍵となろう。いずれにせよ，韓国資本主義の発展像は大きく揺らいでおり，その実像が確定するには今しばらく時間を要しそうである。

〈2〉 北朝鮮経済の研究状況

ⓐ 経済研究の貧困

日本における朝鮮民主主義人民共和国（北朝鮮）経済の研究は総じて低迷状態にある。いわゆる「北朝鮮本」が書店コーナーを埋め尽くすのとは対照的に，北朝鮮経済に関する専門書はほとんど見当たらないのが現状である。ポスト冷戦時代の到来を機に深刻な危機に見舞われてきた北朝鮮経済は，資料や情報の不足も手伝ってほとんどの研究者から忘れ去られた存在となってしまった。

そうした中，日本における数少ない研究として木村光彦［1999］および木村光彦・安部桂司［2003］が注目される。前者は，朝鮮戦争中に米軍によって捕獲された資料やペレストロイカを機に公開された旧ソ連の公文書などを用いながら，日本統治時代の戦時統制経済から90年代の危機的段階に至る展開過程を「全体主義の連続性」という視点から論じている。また後者は，植民地期の軍事工業化が朝鮮戦争に結びついていったプロセスを分析している。そのほか，経済以外も含むが北朝鮮の成立過程を描いた桜井浩編［1990］や主に中国との経済関係から論じた今村弘子［2000］があり，翻訳文献としては南北朝鮮の経済を比較した黄義珏［2005］がある。

最近の研究としては，南北経済協力を韓国側の視点から論じた二階宏之編［2008］，北朝鮮経済の現状についてまとめた中川雅彦編［2009］，「飢餓」をキーワードに対北朝鮮援助問題を取り上げたハガード／ノーランド［2009］，北東アジアの経済協力という視点から北朝鮮経済を分析した小牧輝夫・財団法人環日本海経済研究所編［2010］などがあげられる。

ⓑ **韓国における「北韓学(ブッカンハク)」の動向**

統一問題を抱える韓国では，当然ながら北朝鮮について無関心ではいられない。政府担当部署の統一部はもちろん，大学（院）や研究機関でもいわゆる「北韓学(ブッカンハク)」が盛んである。経済分野に限っていえば，最近の傾向は北朝鮮経済そのものを対象とした研究よりも南北経済協力や南北統一経済に関する論考が目立っており，東北アジア経済圏の中で北朝鮮経済や南北経済を捉える研究もいくつか出てきている。

経済全般については，やや古いが黄義珏［1992］や全洪澤・朴進［1995］などが参考になり，経済改革はキム・ヨンチョル／パク・スンソン編［2002］が詳しい。経済協力を含む南北統一経済に関しては，市場経済の導入を論じた全洪澤・李栄善編［1997］，ドイツ式統一との関連で分析した高日東編［1997］，北朝鮮経済の現状と経済協力および経済統合に言及した北韓経済フォーラム編［1999］などがある。また，北朝鮮の対外開放政策については，中国との比較で経済特区を扱った先駆的な研究として朴貞東［1996］がある。

今後の研究の方向性としては，危機論や破綻論を論じるだけでは不十分で，北朝鮮経済の実態を客観的に分析することはもちろんのこと，南北経済交流や東北アジアの経済協力が北朝鮮内部の経済改革と結びつく，より生産的な議論が求められるところである。 （鄭　章淵）

⇒ 文献一覧 pp. 446~451

4　社会史・文化史

社会史や文化史の研究をするうえでまず念頭におくべきことは，それがただ過去の「社会」「文化」を対象にした叙述であるにとどまらず，既存の歴史研究の批判的継承として出てきた側面があるという点である。それは経済的数値では分

析しきれない社会変動や長期持続，「上」からみおろした歴史ではない「下」からの歴史，狭義の政治経済史ではこぼれ落ちてしまう民衆史・日常史・心性史，男性中心的な歴史叙述に対する批判としての女性史ないしジェンダー史，文献依存の歴史学を相対化するオーラル・ヒストリー（韓国では「口述史」）やライフ・ヒストリー（同「生涯史」），国家・民族単位ではみえてこない経験を叙述しようとする地方史やミクロヒストリー（同「微視史」），政治団体や政治エリート中心の研究では捉えきれない政治の分析，言説を単に現実の反映として理解するのではなく，言説が現実を構築する側面への注目（しばしば「言語論的転回」とよばれる）など，複数の批判的契機の産物である。また，没歴史的な社会学と没理論的な歴史学の双方を批判しながら1980年代に結成された韓国社会史学会［2004］が代表的であるように，隣接した社会科学・人文科学における歴史研究とも相互に重なり合っている。

　その分，社会史・文化史の研究は，政治・経済等の分野に比べて研究蓄積が分散しており，歴史学的研究と隣接分野の研究との区別も著しく困難である。基本史料の整理もまだこれからである。かつての同時代的な社会・文化研究が，時代を経るにつれて史料となっていくなど，一次文献／二次文献の区分も曖昧な側面がある。また，全般に現代史研究は韓国がもっとも盛んであり，朝鮮語の先行研究が読めなければ「入門」すら困難である。政治経済史の基本知識がなければ社会史・文化史に取り組むのも難しいことも付記しておく。

　社会史と文化史を区分するのは困難なので，以下，まずは時代別に，次にトピック別に研究動向を紹介する。なお，対象地域は朝鮮半島南部が中心となり，対象時代としてはおよそ1980年代までとする。

〈1〉　時代別概観

　米軍政下の南朝鮮の社会史研究は，1990年代から目にみえて発表されるようになってきた。社会学者を中心として，この時期の社会移動を分析した李東瑗・趙成南［1997］や，翰林大学校アジア文化研究所編［1999］の共同研究などがそれにあたる。「米軍政期の社会史」という企てを歴史学の脈絡に沿って位置づけた李庸起［2000］は，それを既存の「進歩的歴史学」「民衆史」の問題意識を受け継ぎながらも，その限界を克服し，日常や生活を重視しながらも，支配と抵抗

の力学や，民族・階級などの構造的問題との相互関係などを叙述する「下」からの歴史と規定している。

植民地支配からの解放は政治体制としては巨大な変動であったが，それがすぐに朝鮮社会を根本から組み替えたわけではなく，解放直後の社会は，解放前，特に戦時体制からの連続性において捉えてはじめてみえてくる側面がある。その点に意識的に取り組んだ代表的な研究のひとつが，金榮美［2009a］である。解放後，「町会」が「洞会」と名称は変わっても，それが動員の場であった点で連続性をもっており，そうした住民社会における支配と抵抗の相互作用をダイナミックに描きだそうとしている。

次に，社会史的な観点から朝鮮戦争をみた場合，国家対国家の「国際関係論」的な枠組による戦争・紛争の研究では捉えきれなかった民衆の経験に着目することになる。そうした最良の成果のひとつが金東椿［2008］（原著初版は2000年）である。金東椿は，朝鮮戦争の戦闘過程ではなく，その過程で発生した政治社会的な事実に注目し，避難，占領，虐殺という経験を浮き彫りにした。戦争が政治の延長であるとともに，朝鮮戦争後の韓国の政治社会が戦争を内在化していたことも展望している。また，全南大の湖南文化研究所を中心とした人類学・社会学・歴史学などの共同研究である表仁柱他［2003］や金暻學他［2005］，晋州(チンジュ)の民衆の経験を「生存戦争」として描いた金㥠顯［2007］など，地域社会に即した研究も続々と発表されつつある。

そうした朝鮮戦争期の社会相が浮き彫りになるとともに，その前後の「大韓民国」形成期の社会を「生きる」とはどのような経験なのかについての研究も進められてきた。例えば，1948年の麗水(ヨス)・順天(スンチョン)事件(サコン)（麗順(ヨスン)事件(サコン)）を契機に「パルゲンイ（빨갱이）」（「アカ」という意味）が創出された過程を追う金得中［2009］は，事件史の枠をこえ反共主義の形成過程を描き出している。朝鮮戦争後の1950年代の韓国社会については，近年まで「暗黒期」「過渡期」として扱われるなど実証研究が薄かったが，次第に独自の社会相が明らかになりつつある。1990年代では歴史問題研究所編［1998］や韓国精神文化研究院編［1999］などが1950年代を積極的に主題化した研究であるが，2000年代に入ってさらに議論が深まっていった。李林夏［2004］は，朝鮮戦争がもたらした韓国社会のジェンダー秩序の変動を明らかにしている。「戦争未亡人」という存在，「男性不在」という状況で女性が働きに出ていく現実，姦通双罰罪や蓄妾をめぐる論争，「自由

婦人」に象徴されるような女性のセクシュアリティに関する事象や議論など，朝鮮戦争後の女性の経験を多角度から論じている。金得中他［2007］は，大韓民国樹立後に形成された諸組織を通じて，どのようにして南部に住む多様な人々を「反共(パンゴン)」の旗印のもとに「国民」として統合したのか，それはどのような権力技術を通じて人々のあいだに差異と位階秩序を作っていったのか，統合と排除のあいだで監視と動員はどう作動したのかを論じた共同研究である。

　また，大韓民国成立過程における宗教の役割も見逃せない。特に保守主義，反共主義，親米主義の定着過程における改新教(ケーシンギョ)（プロテスタント）の役割は決定的なものがあるが，姜仁哲［1996］は米軍政期から第一共和国にかけての形成過程に切り込んでいる。こうした歴史もあって，現代キリスト教史の叙述は常に困難さを抱えているが，南北のキリスト教史の先駆的業績である澤正彦［1982］と，20年もの時間を費やしてまとめあげた通史である韓国基督教歴史学会編［2009］は，貴重な研究の道しるべとなろう。

　経験とは直接的なものだけでなく，文化的な媒介を通じた経験の領域も存在する。解放から1950年代までの南朝鮮-韓国の文化史における重要なトピックのひとつがアメリカの存在である。許殷［2008］は，1945年から60年代にかけての文化を媒介としたアメリカのヘゲモニー構築過程を，文化政策を軸に，中央やエリートだけでなく地方や大衆にも目配りしながら論じている。「韓国のなかのアメリカ」については，1950年代メディアのアメリカ表象を扱った尚虚学会編［2006］，韓国の「アメリカ化」研究の体系化をはかった金徳鎬他編［2008］など，研究が活発に進められている。その他，日本や中国も視野に入れながら冷戦初期の文化状況を論じた聖公会大東アジア研究所編［2008］，1950年代の韓国映画の特徴を当時の言説空間のなかに置き直して論じたオ・ヨンスク［2007］など，文化史的な研究が次々に出されている。また，1960年の四・一九革命(サーイルグヒョンミョン)から1961年の五・一六(オーイリュク)クーデターまでの時代の雰囲気を，当時の時事漫画を素材に読み解いた千政煥他［2005］も注目される。

　1960～70年代，「朴正熙(パク・チョンヒ)時代」ともよばれる時代の社会史的研究は数多く出ている。韓国精神文化研究院（現・韓国学中央研究院）の「韓国現代史の再認識」シリーズでは，この時代の社会史的な研究が多く含まれている。韓国の売春女性を韓米同盟の構図のなかで論じたMoon［1997］，「反動的モダニズム」概念により朴正熙の思想を読み解いたチョン・ジェホ［2000］，朴正熙政権下の経済

開発と民族主義論を検討した金寶賢［2006］，社会学者らを中心にした日常史の試みである孔堤郁編［2008］，ひとつの村と一人の農民を通して1970年代のセマウル運動を描き出した金榮美［2009b］など，問題提起的な研究も出ている。そうした諸研究のなかで，論争を巻き起こしたのは林志弦らによる比較史的な観点からの「大衆独裁」論である（林志弦・金容右編［2004］，李相禄・張文碩編［2006］）。すなわちファシズムないし独裁は，「上」からの抑圧や暴力とそれに対する抵抗という図式だけでは理解できず，「下」からの同意の側面に対する解剖が必要だとの観点から，大衆独裁論は朴正熙時代を再照明する。林志弦と曹喜昖らの論争（林志弦・金容右編［2005］に収録）は，考察すべき問題群を提示している。

　1960～70年代の工業化にともない，都市の労働者が急増することになるが，社会史の視点で注目されるのは労働者の階級文化とアイデンティティに関する研究である。社会構造のなかで労働者の位置におかれたからといって，誰もが「労働者」という階級アイデンティティをもつわけではない。労働者の階級文化やアイデンティティは単に構造に規定されるわけではなく，当時を生きていた民衆により不断に「下」から作り出されていくものである。そうした視点を明確に打ち出したのがトムソン［2003］（英語初版は1963年）であり，労働史研究の新たな視座を切りひらいた。そうした観点から，インタビューや当事者資料などに基づき，1970～80年代の韓国の「労働者（ノドンジャ）」の政治文化の形成を描いた著作としてクー［2004］がある。1970年代後半から1987年の労働者大闘争に至るまでの階級形成の過程を，教会，学生などとの関係や，ジェンダーの視点を導入しながら論じている。開発独裁を底辺で支えた「女工（ヨゴン）」の経験を叙述しながら，「女工」に対する支配的な言説に異議申し立てをおこなったキム・ウォン［2006］，当時の民主化運動の変革主体とみなされた労働者や農民などの「民衆（ミンジュン）」の形成を政治文化論の観点から叙述したLee［2007］なども，こうした流れのなかにある。聖公会大の労働史研究所が「1960～70年代韓国の産業労働者の形成と生活世界」を主題に，文献調査と口述史を組み合わせた学際的な調査研究をおこない，「労働史アーカイブス」の構築を進めているが，その過程で李鍾久編［2004］［2005a］［2005b］［2006］を刊行している。

　なお，尹海東他編［2006］の第3部・第6部に，ここまで紹介した流れの一部が反映された論文が収録されていることを付記しておく。

〈2〉 主題別概観

　ここまで，およそ時代別に瞥見してきたが，いくつかトピック別にもみておこう。

　現代社会史研究が盛んになるひとつの背景として，1980年代から2000年代にかけて展開された「過去清算」の運動および事業がある。済州四・三事件その他の朝鮮戦争前後の民間人虐殺など，権威主義体制下では実態を明らかにすることさえ抑圧されてきた諸事に対し，民主化運動にともなって真相究明運動が急速に進んだ。1990年代から2000年代にかけては政府の事業ともなり，「真実・和解のための過去事整理委員会」（2005年発足）をはじめ複数の「過去事」委員会が組織された。その過程で，民間人の虐殺や種々の人権侵害の事実関係については膨大な資料，証言が収集されたが，今後，そうした情報を抜きにした研究は考えられない。

　これに関連して，もうひとつ注目しておくべき流れは，韓国で活発化している口述史（oral history）である。金貴玉他［2008］の整理によれば，口述研究は1980年代半ばから1990年代半ばまでの第一期，それ以降の第二期に分けられる。第一期は，そうした真相究明運動の切実な要求からタブーを破りながら出てきた口述史と，海外留学者を中心とする学術的な調査研究とが別個に進展した。済州四・三の虐殺の経験について巫覡の語りを通じて論じた金成禮の先駆的な博士論文は1989年に出されたまま翻訳されなかったし（部分的には金成禮［2001］等），「パルゲンイ」とよばれた村の経験を綴った尹澤林［2003］が韓国で本になったのは1992年に英語の博士論文として書かれて10年以上たってのことだった。こうした積み重ねの上に，1990年代後半以降，口述史の方法論の体系化や普及が急速に進んだ。解放後から朝鮮戦争にかけて朝鮮北部から南に渡ってきた「越南民」の越境と定着のプロセスを叙述した金貴玉［1999］のような個人による研究のほか，韓国学中央研究院・国史編纂委員会・民主化運動記念事業会などの政府関連機関，嶺南大の20世紀民衆生活史研究団などの大学機関など，広く体系的な調査研究が進展している。

　すでに言及したものにも含まれているが，1990年代以降，歴史叙述のジェンダー化（engendering）を図る女性史ないしジェンダー史が活発に展開されている。韓国現代女性史をおよそ年代別に編成して分かりやすく記述した鄭鎭星他

［2004］，政治・社会・文化・人物などにかかわるトピック別に現代女性史を叙述した全敬玉他［2005a］［2005b］［2005c］などが，見取り図を提供してくれる。フェミニズムの広がりとともに，女性の主体的な運動を叙述しようとする試みもなされ，女性人権運動を広く記述した韓国女性ホットライン連合編［2004］，女性労働者の運動を通史的に叙述した姜仁順［2001］，女性農民運動を描いたオム・ヨンエ［2007］などが公刊されている。また女性にだけ焦点をあてるのではなく，ジェンダーを分割していく社会の機制を解剖していくジェンダー史の観点においても，例えば軍事化された近代性や軍事文化の問題とジェンダーとを結びつけて韓国の市民社会を省察する権仁淑［2006］や Moon［2005］などがある。軍隊と性売買・性暴力との関係を植民地期から解放後にかけて跡づけた宋連玉・金栄編［2010］も注目される。

　かつての農村調査研究が，今では当時を知る重要な資料になっている点にも注目しておく必要がある。李萬甲［1960］は1950年代の京畿道（キョンギド）の6つの洞里について，金宅圭［1981］は1960年代の安東（アンドン）の河回（ハフェ）マウルについて，その社会構造を詳細に描いているし，崔在錫［1979］は1960年代前後の農村の状況を克明に分析している。金東椿［2005］（第2章）は，そうした社会調査報告に基づき，1950年代の家族－国家間関係を分析している。日本や米国の人類学者らが韓国の農村に入ってモノグラフを発表しはじめたのが1970年代であり，これらも現代社会史の貴重な一次史料となっている（Brandt［1971］，伊藤亞人［1996］［1999］，嶋陸奥彦［2006］，嶋陸奥彦・朝倉敏夫編［1998］）。関連して，農業史研究でも，1960～80年代の農業経済の変動を分析した倉持和雄［1994］，韓国小農社会の変容を検討した加藤光一［1998］など，まとまった成果が出ている。

　なお，現代都市史は必ずしも盛んではないが，ソウルを中心とする都市空間に関する研究として，多彩な執筆陣によるソウル施政開発研究院［2001a］［2001b］，老練の都市史研究者による孫禎睦［2005］などは，参考に値する。

　思想史の領域では，まず尹健次［2000］［2008］の2冊の力作が，独自の視点から思想史を描ききっている点で参考になる。思想問題としての民族主義は重要なトピックだが，議論は多くても歴史研究はあまりない。対象を限定したものとしては，竹島／独島（ドクト）問題を「領土ナショナリズム」の問題として論じた玄大松［2006］のほか，東アジア冷戦の脈絡から韓国華僑の現代史を描き出した王恩美［2008］などがある。

教育史は，独自の分野を形成している向きがある．米軍政期の教育改革については阿部洋編［2004］，韓国の大学については馬越徹［1995］，歴史教育の変遷については坂井俊樹［2003］などがある．

大衆文化や民衆文化運動でも，徐々に歴史研究としての厚みをもったものが公刊されつつある．入門的な韓国映像資料院編［2004］をはじめ同院からは口述叢書，資料叢書が続々と出ている．南北映画史を同時代的に比較検討した鄭泰秀他［2007］は，映画の作品論をこえて現代史の一断面を克明に照射している．程景恩［2008］も，民衆歌謡の形成と展開を現代史の流れとともに跡づけた労作である．北朝鮮－朝鮮民主主義人民共和国を対象とした研究では，史料上の制約があることはいうまでもないのだが，逆説的なことに，とりわけ文化史的な研究が政治文化論として研究されている点は注目しておく必要がある．

社会史・文化史研究では，多様な方法を駆使しての具体的な情報の丹念な収集，社会・文化への広範囲に渡る目配り，それらを紡ぎ合わせる歴史的想像力こそが求められている． (板垣　竜太)

⇒ 文献一覧 pp. 451~453

5　在外朝鮮人史

現代朝鮮の歴史を考える際，重要な観点のひとつは，成人人口の4割ともいわれるほどの，非常に多くの朝鮮人が日本敗戦・朝鮮解放（八・一五）を生まれ故郷以外の地で迎えていたことである．そして，そうした生活体験をもった膨大な朝鮮人が，「解放」を契機に，朝鮮への／朝鮮での移動をおこなうなかに解放政局があり，分断体制が形成されていった（カミングス［1989-91］［2003］）．八・一五以後も，分断に起因して，故郷をあとにした人は絶えない．

在日朝鮮人をはじめ，世界各地に散在する在外朝鮮人の歴史は，帝国主義世界，冷戦の展開のなかで生じた移動を原点としている．そして，こうした構造を克服するための人々の運動も継続しているために，在外朝鮮人は，気がつけば数世代にわたって暮らしてきた家族史を語れるほどに，居住地域・国との関係をもちながらも，帝国主義時代以来，冷戦構造や南北関係の変動の深い影響の下で，民族意識を「多様化」させてきた．

〈1〉 在日朝鮮人

ⓐ「在日朝鮮人史」という枠組みについて

　日本在住者の場合，「在日朝鮮人」（総称）という意識でさえ，その内実は大きく変化してきた。戦前来，日本人あるいは朝鮮在住朝鮮人と区別する意味で，「在日朝鮮人」という範疇は用いられてきたが，それは，その集団としての歴史像を自ら意識し，独自に位置づけるほどのものではなかった。

　しかし，戦前来の日本社会の在日朝鮮人に対する民族的偏見・差別が，八・一五以後も冷戦構造のなかで助長され，さらに南北分断からの諸抑圧にもさらされながら世代を重ねていくなかで，「在日朝鮮人」としての意識もさまざまに自覚化されていった。それらは，朝鮮民族としての紐帯をより意識するもの，「在日」としての集団性を前面に出すものなど，決してひとつに収斂するものではなかった（他方，日本人に同化する意識も広がっていった）。こうした「分散化／多様化」された状況を背景に，在日朝鮮人の歴史的体験は，朝鮮史や日本史のなかに位置づけて論じられるとともに，「在日朝鮮人史」としても語られるようになっていく。

　戦後日本における歴史研究において，皇国史観の克服を目指しながらも，在日朝鮮人の存在が抜け落ちている状況については，すでに1960年代には問題視され，関東大震災や強制連行など，植民地期の在日朝鮮人に関する研究は始まっていた。八・一五以後の時期については，同時代史的制約からも，しばらくは歴史研究というより，社会調査や教育問題等の実態研究が中心だった。これらは日本近代史や朝鮮民族解放闘争史研究のなかで「日本の朝鮮問題」「在日朝鮮人問題」などとして位置づけられていた。こうした諸研究が，近年では「在日朝鮮人史」研究としても括られるようになっていくのだが，当初，中心的に取り組まれたのは運動史の分野だった。

ⓑ 朴慶植による在日朝鮮人史研究──運動史研究の展開

　埋もれていた在日朝鮮人史に関する諸資料を収集し，実証研究を続けた研究者として第一にあげられるべきは朴慶植であろう。彼は1970年に朝鮮大学校を離れ，朝鮮近現代史研究に専念するなかで，それまで以上に在日朝鮮人運動史研究に積極的に取り組んだ。朴慶植は1976年に在日朝鮮人運動史研究会をつくり，解放後の在日朝鮮人運動史に関する論文を会誌『在日朝鮮人史研究』に連載し

た．それらは，朴慶植［1979］に続く，朴慶植［1989］としてまとめられた．

　南北対立が熾烈化し，双方で国民統合が強化され，別個に近現代史像が形づくられていくなかで，朝鮮の民族解放運動の一環として八・一五以後の在日朝鮮人運動史研究に取り組むことは，朝鮮統一の模索であるとともに，分断を深める近現代史像を在外地域の社会運動に基づいて問う意味があった．実際に1970年代〜80年代は，韓国民主化闘争に関連して，統一を模索する在日朝鮮人の動きも著しかった（徐京植編訳［1981］など）．

　ⓒ 定住外国人としての側面をめぐって──「国境をまたぐ生活圏」

　もっともこの時期には，日本を仮の住まいとする発想はすでに現実にそぐわず，生活実態に即して定住の事実に向きあうべきことも主張され始めた．帰国か帰化かではなく，民族的自覚を堅持しながら日本に定住するという「第三の道」の提唱は，1980年代以降には「在日」意識として広範に共有されていくようになるが，それは往々にして「祖国志向」と対立的なものと捉えられ，論争になった．飯沼二郎編［1988］には，総合雑誌『季刊三千里』誌上における梁泰昊・姜尚中論争を含み，遡って10年の主要な在日朝鮮人論が収められている．また，尹健次は戦後思想史を問いながら，在日朝鮮人にとっての民族と国家について論じた（尹健次［1987］など）．

　このように，1980年代に在日朝鮮人をめぐる議論が展開された背景には，「日立就職差別裁判」から続く民族差別と闘う運動の広がりがあった．また，日本の高度成長にともなう産業構造の変化が在日朝鮮人の生活状況にも影響を及ぼし，さらに，日本の国際人権規約・難民条約批准にともない，サンフランシスコ条約体制成立以来はじめて出入国管理法制が大きく改正され，課題を内包しながらも在日外国人にも日本の社会保障制度が開かれるようになったことで，在日朝鮮人間での相互扶助なしにも生活できる条件が広がっていったことも指摘できよう（梶村秀樹［1994］）．他方，「国際化」のかけ声の下，新たに来日する外国人も増えるなかで，指紋押捺等の外国人全般に対する差別的処遇の是正が，より広範に求められるようになった．こうした「在日」意識を実体化しうる社会基盤の拡充は，在日朝鮮人を「日本のマイノリティ」として位置づける視角からも模索された．

　このような状況をふまえ，梶村秀樹は在日朝鮮人運動の二重の課題（朝鮮の解放運動の一環を日本で担うとともに，在日朝鮮人の生活と人権を守る）の重要性に

ついて論じた（梶村秀樹［1980］）。そして，在日朝鮮人の歴史的形成を「国境をこえた農民層分解」という観点から跡づけ，「国境をまたぐ生活圏」を生きる定住外国人としての在日朝鮮人という視角から，その抱える問題を認識すべきことを主張した（梶村秀樹［1985］）。

在日朝鮮人を歴史的存在として捉え，そのトランスナショナルな「国境をまたぐ生活圏」を保障することは，国民国家体制の相対化にも資する重要な観点である。が，米ソ冷戦体制が崩壊した1990年代以後は，戦後補償問題には一定の問題関心が高まりながらも，このような観点から今日の在日朝鮮人を歴史的に捉える認識は，一般にはそれほど深められてきたとはいえない。

ⓓ **個別研究の進展────運動史・政策史から社会史へ**

ただし，八・一五以後の在日朝鮮人に関する研究自体は広がってきた。政治学・社会学等の隣接領域の研究成果も含めれば，近年，在日朝鮮人を研究対象としたものが数多くあらわれている。こうした研究は，新たに発見されたり，活用可能となった資料に基づき，おこなわれるようになった。

例えばそれは，朴慶植編［1981-84／89-91］の『朝鮮問題資料叢書』や朴慶植編［2000-01］の『在日朝鮮人関係資料集成〈戦後編〉』である。これらには，八・一五以後の在日朝鮮人民族団体の資料や定期刊行物の一部が収められている。それまでの研究は，在日朝鮮人を治安対象とする立場から編まれた，限られた官憲資料に依拠せざるをえない側面が強かったが，何よりも，在日朝鮮人側の一次史料をふまえての研究が，より本格的におこなわれるようになった意義は大きい。

また，公開が進んだ米国の公文書やGHQ／SCAP文書を活用しての研究もおこなわれている。これら資料群には，政策文書だけでなく，米軍等が収集した在日朝鮮人の原資料も含まれている。占領下において検閲された出版物は米国メリーランド大「プランゲ文庫（Gordon W. Prange Collection）」に保管されてきたが（宮本正明［2000］，小林聡明［2007］など），雑誌・新聞等の複写は進み，日本の国立国会図書館でも調査可能となった。

こうした新資料に基づく成果として，まず指摘すべきは，出入国管理法制の成立を中心に，GHQの在日朝鮮人政策に関する研究が進んだことであろう。大沼保昭［1993］は，米国の公文書等の調査をふまえ，入管法制を在日朝鮮人に焦点をあてて論じた研究等をまとめたものである。また，宮崎章［1985］は在日朝鮮

人の帰還政策や法的地位について，ロバート・リケットは在日朝鮮人政策に影響を与えた米国の外国人管理法制について論じた（ロバート・リケットと裁判の会［1988］［2006］）。そして金太基［1997］は，戦後日本政治という枠組み内で，GHQ の在日朝鮮人政策の展開を跡づけた。

これらに対して，朴慶植［1989］に続き，より在日朝鮮人側の動きに着目してGHQ 占領下の日本と朝鮮半島情勢との関係について論じたものとして小林知子［1996］などがある。また，鄭栄桓は，在日朝鮮人運動の活動家の分析，日本の管理対象とされていく在日朝鮮人をめぐる構造など，総合的かつ緻密に在日朝鮮人運動史研究を展開しており（鄭栄桓［2005］［2009］など），今後の研究も注目される。

なお，GHQ 占領下の時期に関しては，その他の個別具体的な問題についても研究が進められてきた。金英達は八・一五直後の人数について検証し（金英達［1995］），また森田芳夫［1996］にも補章をよせて人口動態等について解説した。水野直樹は，在日朝鮮人・台湾人の参政権が「停止」された背景（水野直樹［1996-97］），「第三国人」という差別表現の起源（水野直樹［2000］）など，今日の在日朝鮮人をめぐる状況に直結する諸問題を実証的に明らかにしている。

民族教育については，「阪神教育闘争」に関し，金慶海［1979］に続いて，「4・24を記録する会」編［1988］や金慶海／内山一雄・趙博編［1988-89］といった資料集が刊行されたほか，当時の教材や各地における民族教育の展開についての研究成果が出された。荒敬［1990］は，「阪神教育闘争」と「五・一〇選挙」とが，米国にとっては連動して認識されていたことを示した。また，朝鮮学校の歴史を包括的に扱った研究としては金徳龍［2002］が特筆される。教育闘争を生活権闘争の側面をも重視して論じる視角も提起されている（鄭祐宗［2010］）。

また，在日朝鮮人の民族団体や学校に関しては，節目の時期ごとに，全国もしくは地域レベルでの団体史や学校史が刊行されている。こうした諸資料をも駆使し，最近では，呉圭祥［2009］や民団新宿支部編［2009］などが出ている。

このように，GHQ 占領下の在日朝鮮人に関する運動史や政策史研究が進む一方で，近年ではそれ以外の分野の研究も増え，最近ではむしろ社会史的研究に関心が集まっている。在日朝鮮人を，日本の地域社会の住民と捉える認識が広がるなかで，各地の地域史に在日朝鮮人の足跡を記すべく，体験談の聞き書きも進

められた。本節では紙数の制約から，聞き書きや自伝等は具体的に紹介しえないが，八・一五以後の在日朝鮮人の歴史は，このように生活史にも着目して，語られるようになってきている（入手しやすく，多様な一世の姿を収めたものとして小熊英二・姜尚中編［2008］）。

　特に在日朝鮮人女性の歴史に関しては，こうした口述史料の重要性はひときわ大きい。ジェンダーの観点を重視して歴史像を再構成することの意義は，意識的に語られるようになり，金栄［1996-97］，かわさきのハルモニ・ハラボジと結ぶ2000人ネットワーク生活史聞き書き・編集委員会編［2009］など，個人史を跡づけるかたちでの研究成果が少しずつ増えている。しかし，宋連玉［2005］などを除けば，八・一五以後の女性史を鳥瞰的に論じる研究は，いまだほとんどない。依然として，在日朝鮮人女性は，概してその存在が歴史的に十分には位置づけられていないのである。

　占領期以後を対象とした研究は，女性史に限らず総じて，史料的制約からも緒についたばかりの状況である。が，1959年からの北朝鮮への帰国や日韓会談をめぐる問題等，新たに公開された外交文書等に基づき，取り組みが本格化してきた分野もあらわれている（小此木政夫監修［2004］，高崎宗司・朴正鎮編［2005］，モーリス・スズキ［2007］，菊池嘉晃［2009］など）。

　また，在日朝鮮人のアイデンティティの「分散化／多様化」（徐京植［1996］，小林知子［2002］）のなかで，1990年代以降もさまざまな在日朝鮮人論が語られた（民族名をとりもどす会編［1990］，ぱくいる［1992］，ハンギョレ研究会［1996］，鄭大均［2001］，朴鐘碩他［2008］や雑誌『ほるもん文化』掲載の各論考など）。そして，それぞれの観点から「在日朝鮮人史」としての通史も登場し，そのなかで八・一五後の時代も俯瞰されるようになった。日本社会における共生という観点から書かれた金賛汀［1997］，国民国家日本を問いながら在日朝鮮人社会を論じた外村大［2004］，文京洙［2007］などである。樋口雄一［2002］は，社会史的側面をも重視した，近現代の在日朝鮮人史の通史として注目される。他方，近年では，在日朝鮮人文学研究の進展のほか，医療関連（石坂浩一・竹内理江編［1997］，黒川洋二［2006］，金貴粉［2009］など）や音楽（山根俊郎［1990］，宋安鍾［2009］），服飾（韓東賢［2006］）といったさまざまな視角からの研究があらわれている。こうした成果をも含め，今後の在日朝鮮人史研究のいっそうの深化が期待される。

〈2〉　その他の地域における在外朝鮮人

　このように，とりわけ1970年代以後，さまざまに在日朝鮮人をめぐる議論が展開するなかで，その状況と対比する意味も含め，1980年代末頃より日本以外の在外朝鮮人の歴史や現状に対する調査・研究が進んだ。
　特に，米ソ冷戦体制が瓦解する過程で，韓国が社会主義圏のソ連（1990）・中国（1992）と国交関係を樹立するようになると，国家保安法下の韓国でも，ソ連在住朝鮮人や中国朝鮮族等，在外朝鮮人への着目・交流が社会的に可能になった。こうしたなかで，韓国では，「韓民族共同体」といったかたちで統一政策推進のなかに在外朝鮮人を位置づける視角が示されるとともに，『在外韓人研究』（在外韓人研究会）等の定期刊行物や，統一院発行の李光奎他［1996］による『世界の韓民族』や李光奎［2000］等の概説書も登場してくる。従来，独立運動史もしくは人類学的研究が若干みられるに過ぎなかった在外朝鮮人に関する研究は，1990年代以後，社会学的研究を中心に少しずつ増えていった。そして，日本においても，世界のなかの在外朝鮮人の一部としての在日朝鮮人という観点が喚起されていく（野村進［2009］，朴三石［2002］など）。
　朝鮮半島隣接地域に在住する朝鮮人の多くは，日本の植民地支配との関係から，朝鮮を離れた人とその子孫が大半である。現在，中国・日本・旧ソ連には世界の在外朝鮮人の過半数が居住している。八・一五以後の歴史に関しては，日本の戦後補償問題という観点から，戦後に帰郷がかなわなかったサハリン在住朝鮮人の現状を考えるうえで調査研究が始まった（朴亨柱［1989-90］，高木健一［1992］，大沼保昭［1992］など）。ソ連邦崩壊を前後して，サハリンだけでなく，沿海州や中央アジア在住者と南北朝鮮・ロシア等の現住国との関係が，社会・文化の領域をも含めて研究されるようになっている（現代語学塾『レーニン・キチ』を読む会編訳［1991］，クージン［1998］など）。中国朝鮮族の八・一五後に関しては，「延辺朝鮮族自治州概況」執筆班［1987］をはじめ，高崎宗司［1996］，鶴嶋雪嶺［1997］，鄭雅英［2000］などで言及されてきた。近年ではイム・ヨンサン他［2005］，李海燕［2009］などの成果があらわれているが，旧ソ連・中国地域ともに，八・一五以後を主題とする歴史研究は諸についたばかりといえるだろう。
　北米，中南米など，その他の地域の朝鮮人は，1960年代以降に韓国から移民

として渡った人とその子孫が多い。移民法制定（1962年）以後、南米等への労働移民政策が展開される。渡米者の歴史は戦前より続くが、新規移民が本格化するのは米国の移民法改正（1968年）以降である。米国では各地で在米コリアン会史やコリアン教会史が出されており、また社会学的研究は多いが、やはり八・一五以後に関する歴史研究は少ない（高賛侑［1993］、李鎭［2001］、パターソン［2003］、カミングス［2003］、キム・チャンボム［2004］などで扱われてはいる）。ヨーロッパへは旧西ドイツへ鉱山労働者や看護師として渡り、契約終了後に定住した人や、留学後に職を得て定住したり、韓国の政治情勢との関係から現地に留まった人がいる。国際養子縁組で乳幼児期に欧米へ渡った人も少なくない。朝鮮戦争直後、戦争孤児や混血児の渡米から始まるが、海外養子に関する法の制定後に本格化し、そのピークは1980年代だった。米ソ冷戦の終結以後は、グローバリゼーションも後押しし、商用等による在外居住者数がさらに増えた。新規来日者いわゆる（ニューカマー）も漸増している。

　他方、八・一五以後、北朝鮮から中国他へ渡った人に対する注目は、とりわけ1990年代後半より著しい。周辺地域を経て、現在韓国で暮している人については、もはや「在外朝鮮人」とはいえないが、韓国社会がこうした人々をどのように処遇してきたのかについては、「越南民」「失郷民」「脱北者」「セトミン」等、呼称自体の推移からもうかがえる。こうした研究は、社会学等、他領域での研究が大半である（金貴玉［2002］、鄭炳浩他編［2006］、礒﨑敦仁［2009］など）。また、統一研究、北朝鮮研究の枠組みとも重なりあいつつ、研究が進められている。

　以上のような世界各地の朝鮮人の現況を、最近では、総じてコリアン・ディアスポラとして捉え、位置づけようとする研究があらわれている（尹麟鎮［2004］、リャン［2005］、Ryang and Lie, ed.［2009］金友子［2009］など）。髙全恵星監修［2007］は、各地のコリアン社会とコリアとの対等性が確保される概念としてディアスポラを用いているが、継続する植民地主義の下で各地に破片化された存在性をうきぼりにする概念として用いている例（中野敏男・金富子等による「コリアン・ディアスポラ・ウィメンズ・スタディーズ」）もある。強弱はあるにせよ、朝鮮史との連関が意識されて研究はおこなわれている。

　米ソ冷戦体制崩壊以後――特に2000年6月15日の初の南北首脳会談以後、南北間で「和解と協力」が模索されるなかで、在日朝鮮人史を含み、在外朝鮮人全

般に関する研究成果は増えた。南北分断が継続するなか，在外朝鮮人の存在は，東アジア地域協力といった観点からも，新たに意味づけられようとしている。しかし，八・一五以後の在外朝鮮人を歴史的・構造的に捉える視座については，一般はもちろん，研究者のあいだでも依然として課題が多い。　　　（小林　知子）

⇒ 文献一覧 pp. 454~457

文献一覧

1. 朝鮮語（韓国語）文献には＊を付した。
2. 朝鮮語（韓国語）文献は，日本語に翻訳して示した。
3. 漢字表記の編著者名については，日本語読みの五十音順で排列した。
4. 北朝鮮，中国，台湾が出版地の場合は，括弧に付して示した。

緒 論　朝鮮史研究の課題と現況

安秉珆［1975］『朝鮮近代経済史研究』日本評論社
石川遼子［1997］「「地と民と語」の相剋——金沢庄三郎と東京外国語学校朝鮮語学科」『朝鮮史研究会論文集』35
石坂浩一［1993］『近代日本の社会主義と朝鮮』社会評論社
井上直樹［2006］「日露戦争後の大陸政策と「満鮮史」」『洛北史学』8
小熊英二［1995］『単一民族神話の起源——〈日本人〉の自画像の系譜』新曜社
梶井陟［1986］「近代における日本人の朝鮮文学観（1）——明治・大正期」『朝鮮学報』119・120 合輯
梶村秀樹［1977］『朝鮮における資本主義の形成と発展』龍溪書舍
——［1982］「強制連行，朝鮮語学習，三・一運動」『歴史評論』391
糟谷憲一［1981］「近代の政治史」（朝鮮史研究会編『新朝鮮史入門』龍溪書舎）
——［2001］「「つくる会」編中学校歴史教科書朝鮮関係記述の問題点」『歴史評論』616
——［2006］「日韓歴史共同研究を素材に歴史認識に関わる交流の課題を考える」『メトロポリタン史学』2
北原スマ子・園部裕之・趙景達・吉野誠・長谷川直子編［1995］『資料・新聞社説に見る朝鮮——征韓論～日清戦争（全6巻・別冊1)』緑蔭書房
君島和彦［2009］『日韓歴史教科書の軌跡——歴史の共通認識を求めて』すずさわ書店
木村茂光［2006］「日韓の歴史教材作成に向けて」『メトロポリタン史学』2
木村誠［1988］「朝鮮古代における国家と民族の形成」『朝鮮史研究会論文集』25
姜在彦［1970］『朝鮮近代史研究』日本評論社
——［1980］『朝鮮の開化思想』岩波書店
＊姜昌一［2002］『近代日本の朝鮮侵略と大アジア主義——右翼浪人の行動と思想を中心に』歴史批評社
姜徳相［1983］「日本の朝鮮支配と民衆意識」（『歴史学研究（別冊・1983 年度歴史学研究会大会報告「東アジア世界の再編と民衆意識」)』青木書店）
琴秉洞編［1999］『資料雑誌にみる近代日本の朝鮮認識（1～5)』緑蔭書房
幣原坦［1907］『韓国政争志』三省堂書店
白鳥庫吉［1986］『朝鮮史研究』岩波書店（『白鳥庫吉全集 第 3 巻』岩波書店，1970 年を単行本化したもの）
園部裕之編［1996］『近代日本の朝鮮認識に関する研究文献目録』緑蔭書房
武田幸男［1989］『高句麗史と東アジア』岩波書店
朝鮮史研究会編［1981］『新朝鮮史入門』龍溪書舎
朝鮮史研究会・旗田巍編［1966］『朝鮮史入門』太平出版社
寺内威太郎［2004］「「満鮮史」研究と稲葉岩吉」（寺内威太郎他編『植民地主義と歴史学』刀水書房）
並木真人［1990］「戦後日本における朝鮮近代史研究の現段階——「内在的発展論」再考」『歴史評論』482
日韓歴史共同研究委員会編［2005］『日韓歴史共同研究報告書（全 4 巻)』日韓文化交流基

金
── ［2010］『第2期日韓歴史共同研究報告書（全4巻）』日韓文化交流基金
日中韓三国共通歴史教材委員会編［2005］『未来をひらく歴史──東アジア三国の現代史』高文研
橋谷弘［1991］「朝鮮史における近代と反近代」『歴史評論』500
旗田巍［1966］「朝鮮史研究の課題」（朝鮮史研究会・旗田巍編『朝鮮史入門』太平出版社）
── ［1976］「朝鮮史像と停滞論」（野原四郎・松本新八郎・江口朴郎編『近代日本における歴史学の発達（下）』青木書店）
林直樹［1999］「今西龍と朝鮮考古学」『青丘学術論集』14
三ツ井崇［1999a］「「満鮮史」と朝鮮語学について」『人民の歴史学』138
── ［1999b］「日本語朝鮮語同系論の政治性をめぐる諸様相」『朝鮮史研究会論文集』37
── ［2000］「白鳥庫吉の歴史認識形成における言語論の位相」『史潮』新48
── ［2004］「近代アカデミズム史学のなかの「日鮮同祖論」──韓国併合前後を中心に」『朝鮮史研究会論文集』42
宮嶋博史［1984］「方法としての東アジア──東アジア三国における近代への移行をめぐって」『歴史評論』412
── ［2004］「東アジアにおける近代化，植民地化をどう捉えるか」（宮嶋博史・李成市・尹海東・林志弦編『植民地近代の視座──朝鮮と日本』岩波書店）
── ［2006］「東アジア世界における日本の「近世化」」『歴史学研究』821
宮田節子［1982］「三一運動，強制連行，創氏改名」『歴史評論』391
森平雅彦［1998a］「駙馬高麗国王の成立──元朝における高麗王の地位についての予備的考察」『東洋学報』79-4
── ［1998b］「高麗王位下の基礎的考察──大元ウルスの一分権勢力としての高麗王家」『朝鮮史研究会論文集』36
山内弘一［1986］「1985年の歴史学界──回顧と展望 朝鮮 二」『史学雑誌』95-5
吉野誠［2002］『明治維新と征韓論──吉田松陰から西郷隆盛へ』明石書店
李成市［1988］「渤海史研究における国家と民族」『朝鮮史研究会論文集』25
── ［1991］「渤海史をめぐる民族と国家」『歴史学研究』626
── ［1997］『東アジアの王権と交易』青木書店
── ［1998］『古代東アジアの民族と国家』岩波書店
── ［2004］「コロニアリズムと歴史学」（寺内威太郎他編『植民地主義と歴史学』刀水書房）
歴史学研究会編［2004］『歴史教科書をめぐる日韓対話──日韓合同歴史研究シンポジウム』大月書店
歴史教育研究会（日本）・歴史教科書研究会（韓国）編［2007］『日韓歴史共通教材 日韓交流の歴史──先史から現代まで』明石書店
歴史教育者協議会（日本）・全国歴史教師の会（韓国）編［2006］『向かい合う日本と韓国・朝鮮の歴史 前近代史編（上・下）』青木書店

第1章　先史時代の朝鮮半島

❖ 1　旧石器時代　　　　　　　　　　　　　　　　　　　　　(pp. 13〜18)

* 延世大学校博物館編［2001］『韓国の旧石器』延世大学校出版部
　大谷薫［2009］「韓半島における先史時代の黒曜石」『駿台史学』135
　小畑弘己［2003a］「朝鮮半島の細石刃文化」（八ヶ岳旧石器研究グループ編『シンポジウム日本の細石刃文化Ⅱ 細石刃文化研究の諸問題』同グループ）
　──［2003b］「朝鮮半島における後期旧石器時代初頭の文化」（日本旧石器学会編『日本旧石器学会第1回シンポジウム予稿集 後期旧石器時代のはじまりを探る』同会）
　──［2009］「サハリン・シベリアの黒曜石」『駿台史学』135
　小畑弘己・絹川一徳［2003］「ユーラシア大陸の前・中期旧石器 朝鮮半島」（前・中期旧石器問題調査研究特別委員会編『前・中期旧石器問題の検証』日本考古学協会）
　絹川一徳［2002］「朝鮮半島旧石器研究の新たな展開──活況をみせる韓国の旧石器研究から」『科学』72-6
　金正培［2005a］『韓国の旧石器文化』六一書房
　──［2005b］「韓国の旧石器時代と遺跡」『月刊考古学ジャーナル』527
　クラーク, J. デスモンド（鋤柄俊夫訳）［1984］「韓国旧石器遺跡訪問報告」『旧石器考古学』28
* 国立大邱博物館［2008］『人類の黎明 東アジアのハンドアックス』国立大邱博物館
　白須典之［1989］「朝鮮半島における後期旧石器時代初頭の石器群──特にクム洞窟遺跡を中心として」『筑波大学先史学考古学研究』1
　芹沢長介［1982］「韓国の前期旧石器──とくに全谷里遺跡の発掘結果について」『月刊考古学ジャーナル』206
　張龍俊［2001］「韓半島出土剝片尖頭器の特徴と編年」『季刊考古学』74
　──［2002a］「韓国の石刃技法──古礼里遺跡を中心に」『旧石器考古学』63
　──［2002b］「韓半島の石刃技法と細石刃技法」『九州旧石器』6
　──（木崎康弘訳）［2004］「韓半島と日本九州地域の後期旧石器文化の交流──有茎尖頭器を中心にして」（九州考古学会・嶺南考古学会編『日韓交流の考古学』同会）
　──（金正培・村越純子訳）［2005］「韓国の後期旧石器時代と剝片尖頭器」『月刊考古学ジャーナル』527
* ──［2007］『韓国後期旧石器の製作技法と編年研究』学研文化社
　鄭永和（大竹弘之訳）［1984］「韓国全谷里遺跡（上）」『旧石器考古学』28
　──（大竹弘之訳）［1985］「韓国全谷里遺跡（下）」『旧石器考古学』30
　直良信夫［1940］「朝鮮潼関鎮発掘旧石器時代ノ遺物」（第一次満蒙学術調査研究団『第一次満蒙学術調査研究団報告　第6部第3編』）
　長岡信治・檀原徹・板谷徹丸・柵山徹也・渡辺満久・裵基同・松藤和人［2008］「大韓民国・全谷里周辺における第四紀玄武岩類の層序と年代および古地理復元」（松藤和人編『東アジアのレス──古土壌と旧石器編年』雄山閣）

朴英哲（小畑弘己訳）［2000］「韓国中・南部出土の旧石器時代尖頭器（Point types）の分類と検討」『旧石器考古学』59
松藤和人［1987］「海を渡った旧石器"剥片尖頭器"」『花園史学』8
──編［2008］『東アジアのレス──古土壌と旧石器編年』雄山閣
松藤和人・裵基同・檀原徹・成瀬敏郎・林田明・兪剛民・井上直人・黄昭姫［2005］「韓国全谷里遺跡における年代研究の新進展──日韓共同研究2001-2004の成果と課題」『旧石器考古学』66
明治大学博物館・国立忠北大学校博物館［2004a］『韓国スヤンゲ遺跡と日本の旧石器時代』明治大学博物館
明治大学博物館・明治大学考古学研究室・笠懸町教育委員会・国立忠北大学校博物館［2004b］『第9回国際学術会議 韓国スヤンゲ遺跡と日本の旧石器時代』明治大学博物館
李起吉（田中聡一訳）［2002］「韓国西南部の旧石器文化──代表遺跡と編年」『九州旧石器』6
＊李憲宗［2000］「東北アジア中期旧石器文化研究」『韓国上古史学報』33
＊李憲宗／キム・ジョンビン（김정빈）／チョン・チョルファン（정철환）／イム・ヒョンス（임현수）／イ・ヘヨン（이혜연）／A. P. Derevianko／M. I. Dragacheva／N. S. Bolikhovskaya［2006］『栄山江流域の旧石器考古学と第4紀地質学』学研文化社
李鮮馥（小畑弘己訳）［1998］「臨津江流域の旧石器遺跡の年代について」『旧石器考古学』57
＊──［2000］「旧石器考古学の編年と時間層位確立のための仮説」『韓国考古学報』42
＊李東瑛［1992］「先史遺跡地層の形成時期と古環境解釈のための地質研究」『韓国上古史学報』20
＊李隆助・尹用賢［1994］「韓国細石刃石核の研究」『先史文化』2
──（金正培他訳）［2005］「韓国細石刃石核の研究──垂楊介手法との比較を中心にして」『月刊考古学ジャーナル』527

❖ 2　新石器時代　　　　　　　　　　　　　　　　　　　　　　　　(pp. 18〜23)

安德任・李仁盛［2001］「酸素同位元素分析を利用した大竹里貝塚の貝採集の季節性研究」『月刊考古学ジャーナル』482
江坂輝彌［1976］「朝鮮半島櫛目文土器文化と西九州地方縄文文化前期の曽畑式土器文化との関連性について」『月刊考古学ジャーナル』128
──［1985］「縄文文化の起源を探る」（八幡一郎先生頌寿記念考古学論集編集委員会編『日本史の黎明──八幡一郎先生頌寿記念考古学論集』六興出版）
大貫静夫［1992］「豆満江流域を中心とする日本海沿岸の極東平底土器」『先史考古学論集』2
小原哲［1984］「韓国隆起文土器の検討」『伽倻通信』13・14合輯
──［1987］「朝鮮櫛目文土器の変遷」（岡崎敬先生退官記念事業会編『東アジアの考古と歴史──岡崎敬先生退官記念論集（上）』同朋舎出版）
＊河仁秀［2006］『韓半島南部地域櫛文土器研究』民族文化

＊──［2010］「東海岸地域隆起文土器の検討」（韓国新石器学会編『東海岸地域の新石器文化』韓国新石器学会）
　上條信彦［2005］「先史時代の製粉加工具──韓半島と北部九州を中心に」『韓国新石器研究』10
　──［2008］「朝鮮半島先史時代の磨盤・磨棒における使用痕分析」（宮本一夫編『日本水稲農耕の起源地に関する総合的研究』九州大学大学院人文科学研究院）
＊韓永熙［1978］「韓半島中・西部地方の新石器文化」『韓国考古学報』5
＊──［1983］「地域的比較」『韓国史論〈国史編纂委員会〉』12
＊──［1995］「新石器時代」（韓国考古学会編『韓国考古学の半世紀』韓国考古学会）
＊──［1996］「新石器時代中・西部地方土器文化の再認識」『韓国の農耕文化』5
　木村幾多郎［1997］「交流のはじまり」（大塚初重他編『考古学による日本歴史 10』雄山閣）
　──［2003］「縄文時代の日韓交流」（後藤直・茂木雅博編『東アジアと日本の考古学 III 交流と交益』同成社）
＊金恩瑩［2006］「韓半島中東部地域新石器時代平底土器の時空的位置について」（石軒鄭澄元教授停年退任記念論叢刊行委員会編『石軒鄭澄元教授停年退任記念論叢』同会）
＊金建洙［1999］『韓国原始・古代の漁撈文化』学研文化社
　──［2001］「群山のノレ島貝塚の食料資源の季節性検討」『月刊考古学ジャーナル』482
　金姓旭［2006］「韓半島新石器時代の初期農耕の検討──中西部地域の石鎌と石器組成の分析を中心に」『熊本大学社会文化研究』4
　──［2007］「韓国新石器時代石器の使用痕観察──打製の石刀形石器を中心に」『熊本大学社会文化研究』5
＊金用玕［1990］『朝鮮考古学全書 原始編（石器時代）』科学百科事典綜合出版社（北朝鮮）
　具滋振（古澤義久訳）［2007］「韓国新石器時代住居址の構造と変化様相」（第7回日韓新石器時代研究会事務局編『日韓新石器時代の住居と集落』九州縄文研究会）
　甲元眞之［1993］「朝鮮先史時代の漁撈関係自然遺物」『古文化談叢』30 下
　──［1997］「朝鮮先史時代の漁撈文化」『古文化談叢』39
　甲元眞之・鄭澄元・河仁秀・小畑弘己・正林護・田中聡一・高野晋司［2002］「先史時代の日韓交流試論──九州出土韓国系遺物及び韓国出土縄文系遺物の基礎的研究」『青丘学術論集』20
＊国史編纂委員会編［1983］『韓国史論〈国史編纂委員会〉』12
＊──編［1997］『韓国史 2』国史編纂委員会
＊崔鐘赫［2001a］「新石器時代東海岸地方の土器文化についての研究」『文物研究』5
　──［2001b］「生産活動からみた韓半島新石器文化──中西部地方と東北地方の貝塚遺跡を中心として」『月刊考古学ジャーナル』428
　──［2002］「韓半島新石器文化──南部地方と中西部地方を中心として」（西谷正編集代表『韓半島考古学論叢』すずさわ書店）
　──［2008］「新石器時代南部地方文物交流の様相──生業を中心に」『石堂論叢』40
　早乙女雅博［2000］『朝鮮半島の考古学』同成社
＊徐国泰［1986］『朝鮮の新石器時代』社会科学出版社（北朝鮮）
　申鉱東［1993］『朝鮮原始古代住居址と日本への影響』雄山閣
＊申淑静［1994］『我国の南海岸地方新石器文化研究──東三洞・金海・南海島嶼地方を中

心に』学研文化社
* 宋銀淑［2001］「新石器時代生計方式の変遷と南部内陸地域農業の開始」『湖南考古学報』14
　田中聡一［1997］「韓国新石器時代の隆起文土器について」（龍田考古会編『先史学・考古学論究Ⅱ』同会）
　──［1999］「韓国中西部地方の新石器時代土器について」（龍田考古会編『先史学・考古学論究Ⅲ』同会）
* ──［2001］「韓国南部地方沈線文系土器群・二重口縁土器群について」『文物研究』5
　──［2003］「韓半島──土器出現期の様相」『季刊考古学』83
* ──［2009］「東三洞貝塚出土縄文系土器とその意味」『韓国新石器研究』18
　鄭澄元（宮本一夫訳）［1985］「韓国南海岸地方における隆起文土器の研究」『考古学雑誌』72-2
* 鄭澄元・河仁秀［1998］「南海岸地域と九州地方の新石器時代文化交流研究」『韓国民族文化〈釜山大学校韓国民族文化研究所〉』12
　富岡直人［1988］「朝鮮半島東南海岸島嶼地域における櫛目文土器時代の貝採集活動について」『九州考古学』62
　任鶴鐘（平郡達哉訳）［2003］「韓半島南海岸新石器時代の埋葬遺構」『古代文化』59-2
* 任孝宰［1983］「西海地域の櫛文土器文化──編年を中心に」『韓国考古学報』14・15合輯
* ──［1997］「新石器時代の時期区分」（国史編纂委員会編『韓国史2』国史編纂委員会）
　裵成爀（田中聡一訳）［2007］「新石器時代集落の空間構造」（第7回日韓新石器時代研究会事務局編『日韓新石器時代の住居と集落』九州縄文研究会・韓国新石器学会）
* 白弘基［1994］『東北亜平底土器の研究』学研文化社
　平郡達哉［2008］「先史」（田中俊明編『朝鮮の歴史』昭和堂）
　広瀬雄一［1984］「韓国隆起文土器論──編年を中心として」『異貌』11
　──［1985］「櫛目文土器前期の研究──韓国南海岸地域における編年を中心として」『伽倻通信』13・14合輯
　──［1986］「韓国隆起文土器の系譜と年代」『異貌』12
　──［1989a］「韓国嶺南地方櫛目文土器前期土器の変遷」（慶應義塾大学民族学考古学研究室編『考古学の世界』新人物往来社）
　──［1989b］「韓国南部地方櫛目文後期の変遷」『九州考古学』64
　──［1992］「韓国櫛目文土器の編年」『季刊考古学』38
　──［2005］「対馬海峡を挟んだ日韓新石器時代の交流」『西海考古』6
　古澤義久［2006a］「江原道嶺東地域における新石器時代沈線文系土器の編年と地域性」（小林達雄他監修『東アジアにおける新石器文化と日本Ⅲ』國學院大學21世紀COEプログラム研究センター）
　──［2006b］「韓半島新石器時代後・晩期二重口縁土器の生成と展開」（九州考古学会・嶺南考古学会編『日韓新時代の考古学』九州考古学会）
　──［2007］「遼東地域と韓半島西北部先史土器の編年と地域性」『東京大学文学部考古学研究室研究紀要』21
　──［2010］「日韓新石器時代土器文化交流」『季刊考古学』113
　水ノ江和同［2003］「朝鮮海峡を越えた縄文時代の交流の意義──言葉と文化圏」『考古学

に学ぶⅡ』同志社大学考古学シリーズⅧ
　　――［2007］「ふたたび対馬海峡西水道を越えた縄文時代の交流の意義――縄文文化と異
　　　文化との接触,言葉と文化圏」『考古学に学ぶⅢ』同志社大学考古学シリーズⅨ
宮本一夫［1986］「朝鮮有文土器の編年と地域性」『朝鮮学報』121
　　――［2003］「朝鮮半島新石器時代の農耕化と縄文農耕」『古代文化』55-7
　　――［2004］「北部九州と朝鮮半島南海岸地域の先史時代交流再考」（小田富士雄先生退職
　　　記念事業会編『福岡大学考古学論集――小田富士雄先生退職記念』同会）
＊李基吉［1995］『我国の新石器時代の土器と生活』白山資料院
＊李成周［1992］「第2章 新石器時代」（崔夢龍他『韓国先史考古学史』図書出版カッチ）
　李相均［1994］「縄文前期前半における轟B式土器群の様相――九州・山陰地方,韓国南
　　　海岸を中心に」『東京大学文学部考古学研究室研究紀要』12
　　――［1996］「韓国南岸の瀛仙洞式土器と西北九州西唐津式土器の諸様相」『考古学雑誌』
　　　81-1
＊――［1998］『新石器時代の韓日文化交流』学研文化社
　　――（田中聡一訳）［2000］「韓半島新石器人の墓制と死後世界観」（九州縄文研究会長崎
　　　大会事務局編『九州の縄文墓制』九州縄文研究会）
＊――［2002］「韓半島新石器時代住居の形成と地域的特徴」『先史と古代』17
＊――［2003］「韓半島新石器時代住居の変遷と構造的様相」『古文化』61
＊李東注［1991］「韓国南部内陸地域の新石器時代有文土器研究」『韓国上古史学報』7
＊――［2002］「我国の初期新石器文化の源流と性格」（韓国上古史学会編『転換期の考古学
　　　Ⅰ』学芸文化社）
＊――［2006］『韓国新石器文化の源流と展開』世宗出版社
＊林尚澤［2007a］「第2章 新石器時代」（韓国考古学会『韓国考古学講義』社会評論）
　　――（田中聡一訳）［2007b］「韓国新石器時代集落運用の一端」（第7回日韓新石器時代研
　　　究会事務局編『日韓新石器時代の住居と集落』九州縄文研究会・韓国新石器学会）
＊――［2008a］『韓半島中西部地域櫛文土器文化変動過程の研究』一志社
＊――［2008b］「新石器時代大韓海峡両地域交流についての再検討」（嶺南考古学会・九州
　　　考古学会編『日・韓交流の考古学』九州考古学会）
　渡辺誠［1985］「西北九州の縄文時代漁撈文化」（網野善彦他編『列島の文化史2』日本エ
　　　ディタースクール出版部）
＊――［1990］「鳳渓里遺跡出土の植物遺体」『考古歴史学志〈東亜大学校博物館〉』5・6合輯
　　――［1995］「朝鮮海峡における漁民の交流」『日韓交流の民族考古学』名古屋大学出版会

❖3　青銅器時代・初期鉄器時代　　　　　　　　　　　　　　(pp. 23～30)

　安在晧（後藤直訳）［1992］「松菊里類型の検討」『古文化談叢』31
＊――［1996］「無文土器時代――集落の変遷」（碩晤尹容鎮教授停年退任紀念論叢刊行委員
　　　会編『碩晤尹容鎮教授停年退任紀念論叢』同会）
＊――［2000］「韓国農耕社会の成立」『韓国考古学報』43
＊――［2001］「中期無文土器時代の集落構造の転移」『嶺南考古学』29
＊――［2004］「中西部地域無文土器時代中期集落の一様相」『韓国上古史学報』43

*韓国考古学会編［2007a］『韓国考古学講義』社会評論
*──編［2007b］『階層社会と支配者の出現』社会評論
　九州考古学会・嶺南考古学会編［1998］『第3回合同考古学会　環壕集落と農耕社会の成立』九州考古学会
　金元龍（西谷正訳）［1972］『韓国考古学概論』東出版（原著1966年）
　──（西谷正訳）［1984］『韓国考古学概説［増補改訂］』六興出版（原著1977年）
*──［1986］『第3版　韓国考古学概説』一志社
*金材胤［2004］「韓半島刻目突帯文土器の編年と系譜」『韓国上古史学報』46
　金承玉［2001］「錦江流域松菊里型墓制の研究」『韓国考古学報』45
*──［2004］「龍潭ダム無文土器時代文化の社会組織と変遷過程」『湖南考古学報』19
*──［2006a］「墓域式（龍潭式）支石墓の展開過程と性格」『韓国上古史学報』53
*──［2006b］「松菊里文化の地域圏設定と拡散過程」『湖南考古学報』24
*──［2007］「墳墓資料を通してみた青銅器時代社会組織と変遷」（韓国考古学会編『階層社会と支配者の出現』社会評論）
*金壮錫［2003］「忠清地域松菊里類型形成過程」『韓国考古学報』51
*──［2006］「忠清地域の先松菊里物質文化と松菊里類型」『韓国上古史学報』51
*金範哲［2006］「錦江中下流域　松菊里型集落に対する家口考古学的接近──多次元尺度法を用いた家口間貧富差／位階分析を中心に」『韓国上古史学報』51
*国立金海博物館［2004］『韓国円形粘土帯土器文化　資料集』国立金海博物館
　後藤直［1994］「朝鮮半島原始時代農耕集落の立地」『第四紀研究』33-5（後，同［2006］『朝鮮半島初期農耕社会の研究』同成社に所収）
　──［2006］『朝鮮半島初期農耕社会の研究』同成社
*崔鐘圭［1996］「韓国原始の防御集落の出現と展望」『韓国古代史論叢』8
*崔夢龍［1981］「全南地方支石墓社会と階級の発生」『韓国史研究』35
　庄田慎矢［2004］「玉作から分業を考える──韓国晋州大坪遺跡の分析から」『考古学研究』50-4
　──［2009］「朝鮮半島南部青銅器時代の編年」『考古学雑誌』93-1
*千羨幸［2005］「韓半島突帯文土器の形成と展開」『韓国考古学報』57
*宋満栄［2002］「南韓地方農耕文化形成期集落の構造と変化」（韓国考古学会編『韓国農耕文化の形成』学研文化社）
*──［2007］「南韓地方青銅器時代集落構造の変化と階層化」（韓国考古学会編『階層社会と支配者の出現』社会評論）
　高倉洋彰［1973］「墳墓からみた弥生時代社会の発展過程」『考古学研究』20-2
*武末純一［2002］「遼寧式銅剣墓と国の形成──積良洞遺跡と松菊里遺跡を中心に」（悠山姜仁求教授停年紀念論叢編纂委員会編『東北亜古文化論叢』同会）
　田村晃一［1994］「楽浪郡設置以前の考古学（1）」（青山学院大学東洋史論集編集委員会編『東アジア世界史の展開──青山学院大学東洋史論集』汲古書院）
　鄭澄元［1991］「初期農耕遺跡の立地環境──韓国　無文土器時代の住居遺跡を中心に」（小田富士雄・韓炳三編『日韓交渉の考古学　弥生時代篇』六興出版）
　中間研志［1987］「松菊里型住居址」（岡崎敬先生退官記念事業会編『東アジアの考古と歴史（中）』同朋舎）
　中山清隆［1993］「朝鮮・中国東北の突帯文土器」『古代』95

西谷正［1982］「朝鮮考古学の時期区分について」（小林行雄博士古稀記念論文集刊行委員会編『考古学論考――小林行雄博士古稀記念論文集』平凡社）
――［1998］「松菊里型住居の分布とその意味」（浅川滋男編『先史日本の住居とその周辺』同成社）
＊裵眞晟［2005］「検丹里類型の成立」『韓国上古史学報』48
＊――［2007］「無文土器社会の階層構造と国」（韓国考古学会編『階層社会と支配者の出現』社会評論）
＊深澤芳樹・李弘鐘［2005］「松菊里式土器の打捺技法検討」（高麗大学校考古環境研究所編『松菊里文化を通してみた農耕社会の文化体系』書景文化社）
藤口健二［1986］「朝鮮系無文土器と弥生土器」（金関恕・佐原真編『弥生文化の研究3』雄山閣）
＊朴淳発［1999］「欣岩里類型形成過程再検討」『湖西考古学』1
＊――［2003］「渼沙里類型形成考」『湖西考古学』9
――（山本孝文訳）［2004］「遼寧粘土帯土器文化の韓半島定着過程」（小田富士雄先生退職記念事業会編『福岡大学考古学論集――小田富士雄先生退職記念』同会）
＊朴辰一［2006］「ソウル・京畿地方粘土帯土器文化試論」『考古学』5-1
＊宮里修［2005］「無文土器時代の集落構成――中西部地域の駅三洞類型」『韓国考古学報』56
＊――［2010］「粘土帯土器文化の地域的様相について」『史観』162
村上恭通［2008］「東アジアにおける鉄器の起源」（春成秀爾・西本豊弘編『新弥生時代のはじまり3 東アジア青銅器の系譜』雄山閣）
家根祥多［1997］「朝鮮無文土器から弥生土器へ」（立命館大学考古学論集刊行会編『立命館大学考古学論集Ⅰ』同会）
李亨源（小栗明彦訳）［2002］「韓半島における青銅器時代前期の集落について――中部地域を中心に」『橿原考古学研究所紀要 考古学論攷』25
＊――［2005］「松菊里類型と水石里類型の接触様相――住居遺跡を中心に」『湖西考古学』12
＊李弘鐘［2005］「松菊里文化の文化接触と文化変動」『韓国上古史学報』48
＊李清圭［1988］「南韓地方無文土器文化の展開と孔列土器文化の位置」『韓国上古史学報』1
＊李盛周［2006］「韓国青銅器時代「社会」考古学の問題」『古文化』68
＊――［2007］『青銅器・鉄器時代社会変動論』学研文化社
＊李相吉［1996］「青銅器時代墓についての一考察」（碩晤尹容鎮教授停年退任紀念論叢刊行委員会編『碩晤尹容鎮教授停年退任紀念論叢』同会）
＊――［2007］「祭祀を通してみた権力の発生」（韓国考古学会編『階層社会と支配者の出現』社会評論）
＊李柱憲［2000］「大坪里型石棺墓考」（慶北大学校人文大学考古人類学科編『慶北大学校考古人類学科20周年紀念論叢』慶北大学校人文大学考古人類学科）
＊李南珪［2002］「韓半島初期的文化の流入様相――楽浪設置以前を中心に」『韓国上古史学報』36
＊李白圭［1974］「京畿道出土の無文土器・磨製石器――土器編年を中心に」『考古学』3

第 2 章　国家形成と三国

❖1　総説 (pp. 31〜32)

* 韓国古代史学会編［2007］『韓国古代史研究の新動向』書景文化社
* 韓国古代社会研究所編［1992］『訳注韓国古代金石文（1〜3）』駕洛国史蹟開発研究院
　木村誠［1992］「朝鮮における古代国家の形成」（田村晃一・鈴木靖民編『アジアからみた古代日本』角川書店，後，木村誠［2004］『古代朝鮮の国家と社会』吉川弘文館に所収）
* 金泰植［2003］「初期古代国家論」（韓国古代社会研究所編『講座韓国古代史 2 古代国家の構造と社会（1）』駕洛国史蹟開発研究院）
* 玄明浩［1994］「古朝鮮の成立と首都の問題」（朝鮮民主主義人民共和国社会科学院編著・外国文出版社翻訳『朝鮮の始祖檀君――研究論文集』外国文出版社）（北朝鮮）
　高寛敏［1996］『『三国史記』の原典的研究』雄山閣
* 国史編纂委員会編［1995-96］『韓国古代金石文資料集（1〜3）』国史編纂委員会
* 国立慶州博物館［2002］『文字からみた新羅――新羅人の記録と筆跡』学研文化社
　坂元義種［1975］「『三国史記』百済本紀の史料批判――中国諸王朝との交渉記事を中心に」『韓』4-2（後，同［1978］『百済史研究』塙書房に所収）
　新羅史研究会編［1994-2001］「『三国遺事』訳註（1）-（8）」『朝鮮文化研究』1〜8
* 宋鎬晟［2003］『韓国古代のなかの古朝鮮史』プルンヨクサ
　武田幸男［1980］「朝鮮三国の国家形成」『朝鮮史研究会論文集』17
　田中俊明［1977］「『三国史記』撰進と『旧三国史』」『朝鮮学報』83
　――［1980］「『三国史記』の板刻と流通」『東洋史研究』39-1
　――［1982］「『三国史記』中国史書引用記事の再検討――特にその成立の研究の基礎作業として」『朝鮮学報』104
* 鄭求福・文明大・申東河・盧重国・南豊鉉・金泰植・権悳永・金英云・金知見・金都錬［1995］『三国史記の原典検討』韓国精神文化研究院
　中尾敏朗［1985］「『三国史記』三国相互交渉記事の検討――原典探究のための基礎作業として」『史境』10
　深津行徳［1989］「『三国史記』記載対中国関係記事について――その検討のための予備的考察」『学習院史学』27
　――［1992］「『三国史記』編纂作業の一齣――武寧王紀・文咨明王紀を手がかりとして」（黛弘道編『古代国家の歴史と伝承』吉川弘文館）
　三品彰英撰［1975-79］『三国遺事考証（上・中）』塙書房
　村上四男撰［1994-95］『三国遺事考証（下之 1・2・3）』塙書房
　李淳鎮［1995］「新しく発掘された黄岱城址」（在日本朝鮮歴史考古学協会編訳『朝鮮民族と国家の源流――神話と考古学』雄山閣）
　李成市［1993］「朝鮮史における国家形成の諸段階」『歴史評論』514
* 盧泰敦［2009］『韓国古代史の理論と争点』集文堂

❖ 2-a　古朝鮮・漢四郡・三韓（文献史学）　　　　　　　　　　　　　（pp. 33〜36）

＊イ・ピリョン（이필영）［1996］「檀君神話認識の諸問題」（韓国古代史研究会編『古朝鮮と夫餘の諸問題』新書苑）
　今西龍［1937］「檀君考」『朝鮮古史の研究』近澤書店
＊尹以欽編［1994］『檀君──その意味と史料』ソウル大学校出版部
＊尹龍九［2009］「平壌出土「楽浪郡初元四年県別戸口簿」研究」『木簡と文字』3
　江畑武［1983］「箕子朝鮮開国伝承の成立」『阪南論集（人文・自然科学編）』18-4
　──［1989］「箕子朝鮮開国伝承の展開──『漢書』・『魏書』・『魏志』を中心に」『阪南論集（人文・自然科学編）』25-1・2・3
　大阪府立弥生文化博物館［1993］『弥生人の見た楽浪文化』大阪府立弥生文化博物館
＊韓国古代史研究会編［1995］『三韓の社会と文化』新書苑
　木村誠［1992］「朝鮮における古代国家の形成」（田村晃一・鈴木靖民編『〔新版〕古代の日本2 アジアからみた古代日本』角川書店，後，同［2004］『古代朝鮮の国家と社会』吉川弘文館に所収）
＊金教京［1994］「檀君陵から出た人骨についての年代測定結果」（歴史編集室編『檀君と古朝鮮に関する研究論文集』社会科学出版社）（北朝鮮）
＊金秉駿［2006］「中国古代簡牘史料を通してみる楽浪郡の郡県支配」『歴史学報』189
　──（小宮秀陵訳）［2009］「楽浪郡初期の編戸過程──楽浪郡初元四年戸口統計木簡を端緒として」『古代文化』61-2
＊金泰植［1993］『加耶連盟史』一潮閣
　窪添慶文［1981］「楽浪郡と帯方郡の推移」（井上光貞他編『東アジア世界における日本古代史講座3 倭国の形成と古文献』学生社）
＊呉永賛［2006］『楽浪郡研究』四季社
＊国立中央博物館編［2001］『楽浪』国立中央博物館
＊権五重［1992］『楽浪郡研究──中国古代辺郡に対する事例的検討』一潮閣
　在日本朝鮮歴史考古学協会編［1995］『朝鮮民族の国家と源流──神話と考古学』雄山閣
＊徐栄洙［1988］「古朝鮮の位置と疆域」（李基白編『韓国史市民講座2 古朝鮮の諸問題』一潮閣）
　鈴木靖民［1995］「加耶の鉄と倭王権についての歴史的パースペクティヴ」（門脇禎二編『日本古代国家の展開（上）』思文閣出版）
＊宋鎬晸［2003］『韓国古代のなかの古朝鮮史』プルンヨクサ
＊孫永鍾・朴英海・金用玕［1992］『朝鮮通史（上）』外国文出版社（北朝鮮）
　孫進己［1994］『東北亜研究──東北民族史研究（1）』中洲古籍出版社（中国）
　武田幸男［1995］「三韓社会における辰王と臣智（上）」『朝鮮文化研究』2
　──［1996］「三韓社会における辰王と臣智（下）」『朝鮮文化研究』3
　田中俊明［1982］「檀君神話の歴史性をめぐって──史料批判の再検討」『韓国文化』33
　──［1994］「高句麗の興起と玄菟郡」『朝鮮文化研究』1
　──［2000］「古朝鮮から三韓へ」（武田幸男編『朝鮮史』山川出版社）
　谷豊信［1987］「楽浪郡の位置」『朝鮮史研究会論文集』24
　田村晃一［1989］「先史時代と古朝鮮」（三上次男・神田信夫編『東北アジアの民族と歴史』山川出版社）

朝鮮民主主義人民共和国社会科学院編［1994］『朝鮮の始祖檀君――研究論文集』外国文出版社（北朝鮮）
張博泉・魏存成主編［1998］『東北古代民族考古与疆域』吉林大学出版社（中国）
＊東北亜歴史財団編［2007］『古朝鮮・檀君・夫餘研究論著目録』東北亜歴史財団
西本昌弘［1989］「帯方郡治の所在地と辰韓廉斯邑」『朝鮮学報』130
原田一良［2002］「『本紀』檀君即位年の復元」『朝鮮学報』184
三上次男［1966］『古代東北アジア史研究』吉川弘文館
＊李栄勲・呉永賛［2001］「楽浪文化研究の現状と課題」（国立中央博物館編『楽浪』国立中央博物館）
＊李基白編［2000］『韓国史市民講座27 檀君，それは誰なのか』一潮閣
＊李賢恵［1995］『三韓社会形成過程研究』一潮閣
――（金井塚良一訳）［1996］「三韓の対外交易体系」『東洋研究』119
李治亭主編［2003］『東北通史』中州古籍出版社（中国）
＊李成珪［2006］「中国郡県としての楽浪」（李成珪・鄭仁盛・李南珪・呉永賛・金武重・金吉植『楽浪文化研究』東北亜歴史財団）
李成市［1992］「東アジアの諸国と人口移動」（田村晃一・鈴木靖民編『アジアからみた古代日本』角川書店，後，同『古代東アジアの民族と国家』岩波書店に所収）
李徳山・欒凡編［2003］『中国東北古民族発展史』中国社会科学出版社（中国）
＊盧重国／権珠賢／キム・セギ（김세기）／イ・ミョンシク（이명식）／李炯佑・李熙濬・朱甫暾［2002］『辰・弁韓史研究』慶尚北道・啓明大学校韓国学研究院
＊盧泰敦［1989］「古朝鮮史研究の現況と課題」（韓国上古史学会編『韓国上古史』民音社）
＊――［1994］「古朝鮮の変遷」（尹以欽編『檀君――その意味と史料』ソウル大学校出版部）
＊――［2000］「檀君と古朝鮮の理解」（盧泰敦編『壇君と古朝鮮』四季社）
＊――編［2000］『檀君と古朝鮮』四季社

❖ 2-b 楽浪・三韓（考古学） (pp. 37～43)

＊安在晧［1994］「三韓時代後期瓦質土器の編年――下垈遺跡を中心に」『嶺南考古学』14
小田富士雄・韓炳三編［1991］『日韓交渉の考古学 弥生時代篇』六興出版
＊韓仁徳［1990］「平壌一帯の塼室墓に関する研究」（チェ・テクソン（최택선）編『考古民俗論文集12』科学百科事典綜合出版社）（北朝鮮）
＊金吉植［2006］「辰・弁韓地域楽浪文物の流入様相とその背景」（東北亜歴史財団編『楽浪文化研究』東北亜歴史財団研究叢書20）
金元龍（西谷正訳）［1984］『韓国考古学概説〔増補改訂〕』六興出版
＊金武重［2004］「考古資料を通してみた百済と楽浪の交渉」『湖西考古学』11
＊金龍星［1996］「土器による大邱・慶山地域古代墳墓の編年」『韓国考古学報』35
＊洪潛植［1993］「楽浪塼築墓に対する一考察」『釜大史学』17（吉井秀夫訳［1994］「同」『古文化談叢』32）
＊権五栄［2002］「防御聚落の発展と土城の出現」（韓国古代社会研究所編『講座韓国古代史7 村落と都市』駕洛国史跡開発研究院）

＊崔鍾圭［1982］「陶質土器成立前夜と展開」『韓国考古学報』12（後藤直訳［1983］「陶質土器の成立前夜とその展開」『古文化談叢』12）（後，崔鍾圭［1995］『三韓考古学研究』書景文化社に所収）
＊──［1991］「墓からみた三韓社会の構造および特徴」『韓国古代史論叢』2（後，同［1995］『三韓考古学研究』書景文化社に所収）
＊崔盛洛［1993］『韓国原三国文化の研究──全南地方を中心に』学研文化社
＊崔秉鉉［2002］「土器製作技術の発展と瓷器の出現」（韓国古代社会研究所編『講座韓国古代史6 経済と生活』駕洛国史跡開発研究院）
＊徐賢珠［2000］「湖南地域原三国時代貝塚の現況と形成背景」『湖南考古学報』11
＊申敬澈［1982］「釜山・慶南出土瓦質系土器」『韓国考古学報』12
＊辛勇旻［1991-92］「西北地方木槨墓に関する研究（上・下）」『考古歴史学志』7，8
＊孫明助［1998］「韓半島中・南部地方鉄器生産遺跡の現状」『嶺南考古学』22
＊高久健二［1995］『楽浪古墳文化研究』学研文化社
──［2002］「楽浪郡と三韓」（西谷正編『韓半島考古学論叢』すずさわ書店）
武末純一［1997］「韓国・渼沙里遺跡の溝と掘立柱建物（上）──崇実大学校発掘A地区」『古文化談叢』38
──［2002］「三韓の鉄器生産体制──隍城洞遺跡を中心に」（西谷正編『韓半島考古学論叢』すずさわ書店）
谷豊信［1984-86］「楽浪土城址出土の土器（上・中・下）」『東京大学文学部考古学研究室紀要』3～5
田村晃一［1979］「楽浪郡地域の木槨墓──漢墓綜考二」（三上次男博士頌寿記念論集編集委員会編『三上次男博士頌寿記念東洋史・考古学論集』同会，後，田村晃一［2001］『楽浪と高句麗の考古学』同成社に所収）
──［1993］「朝鮮半島北部の塼室墓について」（坪井清足さんの古稀を祝う会編『論苑考古学』天山舎，後，田村晃一［2001］『楽浪と高句麗の考古学』同成社に所収）
鄭仁盛［2001］「楽浪土城と青銅器製作」『東京大学大学院人文社会系研究科・文学部考古学研究室紀要』16
＊──［2006］「楽浪土城の鉄器と製作」（東北亜歴史財団編『楽浪文化研究』東北亜歴史財団研究叢書20）
＊朴淳発［2001］『漢城百済の誕生』書景文化社（木下亘・山本孝文訳［2003］『百済国家形成過程の研究──漢城百済の考古学』六一書房）
村上恭通［1997］「原三国・三国時代における鉄技術の研究──日韓技術比較の前提として」『青丘学術論集』11
＊李在賢［2003］「弁・辰韓社会の考古学的研究」釜山大学校大学院史学科文学博士学位論文
＊李淳鎮［1983］「我が国西北地方のナムクァクムドムに対する研究」（歴史編集部編『考古民俗論文集8』科学百科事典出版社）（北朝鮮）
＊──［1997］『平壌一帯の楽浪古墳に対する研究』社会科学出版社（北朝鮮）
＊李盛周［1998］『新羅・伽耶社会の起源と成長』学研文化社
＊──［1999］「辰・弁韓地域墳墓出土1～4世紀土器の編年」『嶺南考古学』24
＊林孝澤［1993］「洛東江下流域加耶の土壙木棺墓研究」漢陽大学校大学院博士学位論文

❖ 3-a 高句麗（文献史学） (pp. 43〜48)

東潮・田中俊明編［1995］『高句麗の歴史と遺跡』中央公論社
市川繁［2002］「任昌淳氏所蔵広開土王碑拓本の跋文について」『東アジア古代文化』110
井上直樹［2000］「高句麗の対北魏外交と朝鮮半島情勢」『朝鮮史研究会論文集』38
── ［2001］「『韓暨墓誌』を通してみた高句麗の対北魏外交の一側面──6世紀前半を中心に」『朝鮮学報』178
── ［2002］「高句麗と五世紀の東アジア」『東アジアの古代文化』110
── ［2005］「高句麗史研究と「国史」──その帰属をめぐって（上・下）」『東アジアの古代文化』122, 123
── ［2007］「集安出土文字資料からみた高句麗の支配体制についての一考察──安岳三号墳・徳興里古墳にみえる被葬者の爵位の再検討と府官制」『朝鮮学報』203
＊── ［2008a］「1945年以後の日本における高句麗史研究動向」『先史と古代』28
── ［2008b］「570年代の高句麗の対倭外交について」『年報朝鮮学』11
王健群［1984］『好太王碑の研究』雄渾社
金子修一［2001］『隋唐の国際秩序と東アジア』名著刊行会
川本芳昭［1996］「高句麗の五部と中国の「部」についての一考察」『九州大学東洋史論集』24（後, 同［1998］『魏晋南北朝時代の民族問題』汲古書院に所収）
＊韓日関係史学会［2007］『東アジアの中の高句麗と倭』景仁文化社
菊池英夫［1992］「隋朝の対高句麗戦争の発端について」『中央大学アジア史研究』16
木下礼仁［1982］「日付干支と年次──『中原高句麗碑』の日付干支をめぐって」（森浩一編『考古学と古代史』同志社大学考古学シリーズ刊行会）
木村誠［1997］「中原高句麗碑立碑年次の再検討」（武田幸男編『朝鮮社会の史的展開と東アジア』山川出版社, 後, 木村誠［2004］『古代朝鮮の国家と社会』吉川弘文館に所収）
＊金賢淑［2005］『高句麗の領域支配方式研究』モシヌンサランドゥリ
金富軾（井上秀雄訳注）［1983］『三国史記2』平凡社
倪軍民他［1998］『中国学者高句麗研究文献敍録』吉林人民出版社（中国）
高寛敏［1996］『『三国史記』の原典的研究』雄山閣
＊高句麗研究会［1996］『広開土好太王碑研究100年』学研文化社
＊── ［2000］『高句麗研究10 中原高句麗碑研究』学研文化社
＊── ［2002］『高句麗研究14 高句麗国際関係』学研文化社
＊高句麗研究財団［2004a］『北韓の最近高句麗史研究』高句麗研究財団
＊── ［2004b］『高句麗史研究論著目録』高句麗研究財団
＊── ［2004c］『中国所在高句麗関連金石文資料集』高句麗研究財団
＊── ［2005］『高句麗の国際関係』高句麗研究財団
＊孔錫亀［1998］『高句麗領域拡張史研究』書景文化社
耿鉄華［1994］『好太王碑新考』吉林人民出版社（中国）
── ［2003］『好太王碑一千五百八十年祭』中国社会科学出版社（中国）
呉吉煥［2005］「『広開土王碑文』紀年記事にみえる広開土王の軍事行動」『古代文化』57-1
── ［2006］「『広開土王碑文』「守墓人烟戸」条の再検討──「新来韓穢」三六地域を中

心に」『メトロポリタン史学』2
坂元義種［1998］「古代朝鮮三国と日本の官位の比較対照——高句麗の官位を中心に」（大阪大学文学部日本史研究室編『古代中世の社会と国家』清文堂出版）
＊『史学志』13 ［1979］『中原高句麗碑』特集号，檀国大学校
＊篠原啓方［2000］「「中原高句麗碑」の釈読と内容の意義」『史叢』51
徐建新［2006］『好太王碑拓本の研究』東京堂出版
＊孫永鐘［2000］『高句麗史の諸問題』社会科学院（北朝鮮）
孫進己・孫海編［1994］『高句麗 渤海研究集成（1〜6）』哈爾濱出版社（中国）
武田幸男［1978］「高句麗官位制とその展開」『朝鮮学報』86（後，同［1989a］『高句麗史と東アジア』岩波書店に所収）
―――［1980］「五〜六世紀東アジア史の一視点——高句麗『中原碑』から新羅『赤城碑』へ」（井上光貞他編『東アジア世界における日本古代史講座4 朝鮮三国と倭』学生社）
―――［1981］「牟頭婁一族と高句麗王権」『朝鮮学報』99・100合輯（後，同［1989a］『高句麗史と東アジア』岩波書店に所収）
―――［1988a］「広開土王碑の拓本を求めて」『朝鮮学報』126
―――［1988b］「広開土王碑おぼえがき（下）伝承のなかの原石拓本」『UP』17-3
―――［1988c］『広開土王碑原石拓本集成』東京大学出版会
―――［1989a］『高句麗史と東アジア』岩波書店
―――［1989b］「徳興里壁画古墳被葬者の出自と経歴」『朝鮮学報』130
―――［1993］「その後の広開土王碑研究」『年報朝鮮学』3（後，同［2009］『広開土王碑墨本の研究』に所収）
―――［1994］「『高麗記』と高句麗情勢」（于江権兌遠教授定年紀念論叢刊行委員会編『民族文化の諸問題』世宗文化社）
―――［2007］『広開土王碑との対話』白帝社
―――［2009］『広開土王碑墨本の研究』吉川弘文館
田中俊明［1980］「徳興里壁画古墳の墨書銘について」『朝鮮史研究会会報』59
―――［1981］「高句麗の金石文——研究の現状と課題」『朝鮮史研究会論文集』18
―――［1982］「『三国史記』中国史書引用記事の再検討——特にその成立の研究の基礎作業として」『朝鮮学報』104
―――［1984］「高句麗長安城の位置と遷都の有無」『史林』67-4
―――［1985］「高句麗長安城城壁石刻の基礎的研究」『史林』68-4
―――［1994］「高句麗の興起と玄菟郡」『朝鮮文化研究』1
―――［1996］「新羅中原小京の成立」（忠北大学校湖西文化研究所編『中原文化国際学術会議』忠北大学校湖西文化研究所）
―――［1997］「高句麗前期・中期の遼東進出路」（武田幸男編『朝鮮社会の史的展開と東アジア』山川出版社）
―――［1998］「高句麗の前期王都卒本の構造」『高麗美術館研究紀要』2
―――［2001］「高句麗の「任那加羅」侵攻をめぐる問題」『古代武器研究』2
―――［2004］「高句麗の平壌遷都」『朝鮮学報』190
―――．［2008］「魏の東方経略をめぐる問題点」『古代武器研究』9
＊東北亜歴史財団［2007］『古代東アジア世界論と高句麗の正体性（アイデンティティ）』東北亜歴史財団

西嶋定生［1962］「東アジア世界と冊封体制――六‐八世紀の東アジア」（『岩波講座日本歴史 第2巻古代2』，後，同［2002］『西嶋定生東アジア史論集3 東アジア世界と冊封体制』岩波書店に所収）

林泉［1996］「高句麗における仏教受容と平壌――肖門・伊弗蘭寺の位置をめぐって」『駿台史学』96

深津行徳［1997］「高句麗古墳壁画を通してみた宗教と思想の研究」（高句麗研究会『高句麗研究4 高句麗古墳壁画』学研文化社）

＊朴性鳳編［1995］『高句麗南進経営史の研究』白山資料院

堀敏一［1993］『中国と古代東アジア世界』岩波書店

―――［1998］『東アジアのなかの古代日本』研文出版

馬大正他［2001］「中国学者対高句麗歴史研究評述」（馬大正・楊保隆・李大龍・権赫秀・華立『古代中国高句麗歴史叢論』黒龍江教育出版社）（中国）

三崎良章［1982］「北魏の対外政策と高句麗」『朝鮮学報』102

―――［1983］「高句麗の対北魏外交」『早稲田大学大学院文学研究科紀要・別冊』9

水谷悌二郎［1977］『好太王碑考』開明書院

門田誠一［2001a］「高句麗の初期仏教における経典と信仰の実態」『朝鮮史研究会論文集』39（後，同［2006］『古代東アジア地域相の考古学的研究』学生社に所収）

―――［2001b］「銘文の検討による高句麗初期仏教の実相――徳興里古墳中の仏教語彙を中心に」『朝鮮学報』180

＊余昊奎［1995］「3世紀後半～4世紀前半高句麗の交通路と地方統治組織――南道と北道を中心に」『韓国史研究』91

＊―――［2002］「6世紀末～7世紀初東アジア国際秩序と高句麗の対外政策の変化――対隋関係を中心に」『歴史と現実』46

＊―――［2003］「中国学界の高句麗対外関係史研究現況」『韓国古代史研究』31

＊―――［2007］「3世紀前半の東アジア国際情勢と高句麗の対外政策」『歴史学報』194

吉田光男［1977］「『翰苑』註所引「高麗記」について――特に筆者と作成年次」『朝鮮学報』85

李成市［1984］「『梁書』高句麗伝と東明王伝説」（早稲田大学文学部東洋史研究室編『中国正史の基礎的研究』早稲田大学出版部，後，李成市［1998］『古代東アジアの民族と国家』岩波書店に所収）

―――［1989］「高句麗の建国伝説と王権」『史観』121（後，同［1998］『古代東アジアの民族と国家』岩波書店に所収）

―――［1990］「高句麗と日隋外交――いわゆる国書問題に関する一試論」『思想』795（後，同［1998］『古代東アジアの民族と国家』岩波書店に所収）

―――［1993］「高句麗泉蓋蘇文の政変について」『朝鮮史研究会論文集』31（後，同［1998］『古代東アジアの民族と国家』岩波書店に所収）

―――［1994］「表象としての広開土王碑文」『思想』842

―――［2006］「東アジアからみた高句麗の文明史的位相」（早稲田大学アジア地域文化エンハンシング研究センター編『アジア地域文化学の発展――21世紀COEプログラム研究集成』雄山閣）

＊李成制［2005］『高句麗の西方政策』国学資料院

＊―――［2009］「570年代の高句麗の対倭交渉とその意味――新しい対外戦略の推進の背景

と内容に対する再検討」『韓国古代史探究』2
李鎔賢［1997］「5世紀末における加耶の高句麗接近と挫折」『東アジアの古代文化』90
――［2005］「「東北工程」と韓国の高句麗史研究の現状」『東アジアの古代文化』122
＊林起煥［2004a］「高句麗史研究の諸問題――政治史と対外関係史を中心に」（李成珪他編『東北アジア先史及古代史研究の方向』学研文化社）
＊――［2004b］『高句麗政治史研究』ハンナレ
＊盧泰敦［1999］『高句麗史研究』四季社

❖ 3-b 高句麗（考古学） (pp. 49〜53)

東潮［1988］「高句麗文物に関する編年学的一考察」『橿原考古学研究所論集』10
――［1993］「遼東と高句麗壁画――墓主図像の系譜」『朝鮮学報』149
――［1997］『高句麗考古学研究』吉川弘文館
――［1999］「北朝・隋唐と高句麗壁画――四神図像と畏獣図像を中心として」『国立歴史民俗博物館研究報告』80
――［2006］「高句麗王陵と巨大積石塚――国内城時代の陵園制」『朝鮮学報』199・200合輯
東潮・田中俊明編［1995］『高句麗の歴史と遺跡』中央公論社
諫早直人［2008］「古代東北アジアにおける馬具の製作年代――三燕・高句麗・新羅」『史林』91-4
王綿厚［2002］『高句麗古城研究』文物出版社（中国）
緒方泉［1985］「高句麗古墳群に関する一考察――中国集安県における発掘調査を中心にして（上・下）」『古代文化』37-1，3
＊韓国放送公社編［1994a］『高句麗古墳壁画 高句麗特別大展』韓国放送公社
＊――［1994b］『高句麗城 高句麗特別大展』韓国放送公社
魏存成［2002］『高句麗遺跡』文物出版社（中国）
吉林省文物考古研究所・集安市博物館編［2002］『洞溝古墓群 1997 年調査測絵報告』科学出版社（中国）
――編［2004a］『集安高句麗王陵―― 1990〜2003 年集安高句麗王陵調査報告』文物出版社（中国）
――編［2004b］『丸都山城―― 2001〜2003 年集安丸都山城調査試掘報告』文物出版社（中国）
――編［2004c］『国内城―― 2000〜2003 年集安国内城与民主遺跡試掘報告』文物出版社（中国）
＊九宜洞報告書刊行委員会［1997］『漢江流域の高句麗要塞――九宜洞遺跡発掘調査総合報告書』ソフア
＊金元龍・任孝宰・朴淳發［1988］『夢村土城東南地区発掘調査報告』ソウル大学校博物館
金日成綜合大学編（呂南喆・金洪圭訳）［1985］『五世紀の高句麗文化』雄山閣
＊高句麗研究財団編［2006］『高句麗安鶴宮調査報告書 2006』高句麗研究財団
耿鉄華［2008］『高句麗古墓壁画研究』吉林大学出版社（中国）
＊国立中央博物館［2006］『高句麗墳墓壁画 国立中央博物館所蔵模写図』国立中央博物館

後藤和民・服部敬史・後藤祥夫・宮塚義人［2003］「高句麗山城の基礎的研究——衛星画像を利用した高句麗山城の測量調査」『青丘学術論集』22
崔鍾澤［2001］「5〜6世紀高句麗の武器と馬具——漢江流域出土遺物を中心として」『古代武器研究』2
在日本朝鮮社会科学者協会歴史部会編［1993］『高句麗・渤海と古代日本』雄山閣
＊白井克也［2005］「高句麗土器研究の成果と新たな課題」（『高麗大学校開校100周年記念博物館特別展　韓国古代のGlobal Pride 高句麗』高麗大学校博物館・ソウル特別市）
＊沈光注／キム・ジュホン（김주홍）／チョン・ナリ（정나리）［2000］『漣川コル古壘精密地表調査報告書（土地博物館学術調査叢書第2集）』韓国土地公社土地博物館・漣川郡
＊全虎兌［2000］『高句麗古墳壁画研究』サゲジョル
＊──［2004］『高句麗古墳壁画の世界』ソウル大学校出版部
宋桂鉉（高正龍・井上直樹訳）［2006］「桓仁と集安の高句麗甲冑」『朝鮮古代研究』7
谷豊信［1989］「四, 五世紀の高句麗の瓦に関する若干の考察——墳墓発見の瓦を中心として」『東京大学東洋文化研究所紀要』108
──［1990］「平壌土城里発見の古式の高句麗瓦当について」『東京大学東洋文化研究所紀要』112
──［2005］「平壌遷都前後の高句麗瓦に関する覚書——東京国立博物館収蔵資料の紹介」『MUSEUM』596
田村晃一［1982］「高句麗積石塚の構造と分類について」『考古学雑誌』68-1（後, 同［2001］『楽浪と高句麗の考古学』同成社に所収）
──［1983］「高句麗の寺院址に関する若干の考察」（佐久間重男教授退休記念中国史・陶磁史論集編集委員会編『佐久間重男教授退休記念中国史・陶磁史論集』同会, 後, 田村晃一［2001］『楽浪と高句麗の考古学』同成社に所収）
──［1984］「高句麗の積石塚の年代と被葬者をめぐる問題について」『青山史学』8（後, 同［2001］『楽浪と高句麗の考古学』同成社に所収）
──［2001］『楽浪と高句麗の考古学』同成社
千田剛道［1983］「清岩里廃寺と安鶴宮」（奈良国立文化財研究所創立30周年記念論文集刊行会編『文化財論叢』同朋舎出版）
＊朝鮮画報社出版部編［1985］『高句麗古墳壁画』朝鮮画報社（北朝鮮）
永島暉臣慎［1981］「高句麗の都城と建築」『難波宮址の研究』7
──［1988］「集安の高句麗遺跡」（読売テレビ放送編『好太王碑と集安の壁画古墳』木耳社）
西川宏［1992］「中国における高句麗考古学の成果と課題」『青丘学術論集』2
＊任孝宰／崔鍾澤／ヤン・ソンヒョク（양성혁）／ユン・サンドク（윤상덕）／チャン・ウンジョン（장은정）［2000］『峨嵯山第4堡塁——発掘調査総合報告書』ソウル大学校博物館・ソウル大学校人文学研究所・九里市・九里文化院
白種伍（寺岡洋訳）［2004］「韓半島臨津江流域の高句麗関防体系」『朝鮮古代研究』5
＊──［2006］『高句麗瓦の成立と王権』周留城
服部敬史・千田剛道・寺内威太郎・林直樹［1994］「高句麗都城と山城——中国東北地方における都城と山城の基礎的研究」『青丘学術論集』5
林直樹［1995］「桓仁高句麗遺跡考——高句麗古都卒本に関する考古学的アプローチ」『青

丘学術論集』7
　平山郁夫・早乙女雅博監修［2005］『高句麗壁画古墳』共同通信社
　桃崎祐輔［2005］「高句麗太王陵出土瓦・馬具からみた好太王陵説の評価」（海交史研究会考古学論集刊行会編『海と考古学』同会）
　門田誠一［2005］「東アジアの壁画墓に描かれた墓主像の基礎的考察――魏晋南北朝期における高句麗壁画の相対的位置」『鷹陵史学』31
　読売テレビ放送編［1988］『好太王碑と集安の壁画古墳』木耳社
＊李熙濬［2006］「太王陵の墓主は誰か？」『韓国考古学報』59
　李殿福（西川宏訳）［1991］『高句麗・渤海の考古と歴史』学生社
　遼寧省文物考古研究所編［2004］『五女山城――1996〜1999，2003年桓仁五女山城調査発掘報告』文物出版社（中国）

❖ 4-a　百済（文献史学）　(pp. 53〜57)

　尹善泰［2007］「韓国古代木簡の出土現況と展望」（朝鮮文化研究所編『韓国出土木簡の世界』雄山閣
＊――［2007］『木簡が語る百済の話』チュリュソン
　木村誠［2004］「朝鮮における古代国家の形成」『古代朝鮮の国家と社会』吉川弘文館
＊姜仁求［1993］「百済初期都城問題新考」『韓国史研究』81
＊金英心［1990］「5〜6世紀百済の地方統治体制」『韓国史論』22
＊――［1997］「漢城時代百済佐平制の展開」『ソウル学研究』8
＊――［1998］「百済官等制の成立と運営」『国史館論叢』82
＊――［2007］「百済の地方統治に関するいくつかの再検討」『韓国古代史研究』48
　金起燮［2000］『百済と近肖古王』学研文化社
＊金聖範［2009］「羅州伏岩里出土百済木簡とその他の文字関連遺物」『百済学報』創刊号
　黒田達也［2007］『朝鮮・中国と日本古代大臣制――「大臣・大連制」についての再検討』京都大学学術出版会
　呉吉煥［2003］「百済熊津時代の領域支配体制について」『朝鮮学報』189
　国立昌原文化財研究所編［2004］『韓国の古代木簡　学術調査報告第25輯』国立昌原文化財研究所（韓国）〔日本語〕
＊――［2006］『韓国の古代木簡〔改訂版〕学術調査報告第32輯』国立昌原文化財研究所
＊近藤浩一［2007］「扶餘陵山里羅城築造木簡の研究」『百済研究』39
＊――［2008］「扶餘陵山里羅城築造木簡再論」『韓国古代史研究』49
＊千寛宇［1976］「三韓の国家形成（下）」『韓国学報』3
＊ソウル特別市史編纂委員会編［2008］『漢城百済史（全5巻）』ソウル特別市史編纂委員会
　武田幸男［1980］「六世紀における朝鮮三国の国家体制」（井上光貞他編『東アジア世界における日本古代史講座4　朝鮮三国と倭』学生社
＊田中俊明［1997］「熊津時代百済の領域再編と王・侯制」（忠南大学校百済研究所編『百済の中央と地方』忠南大学校百済研究所
　――［1999］「百済漢城時代における王都の変遷」『百済古代研究』1
＊忠清南道歴史文化研究院編［2007］『百済文化史大系研究叢書（全15巻）』忠清南道歴史

文化研究院
＊忠南大学校百済研究所編［2000］『韓国の前方後円墳』忠南大学校出版部
　朝鮮学会編［2002］『前方後円墳と古代日朝関係』同成社
＊鄭載閏［1992］「熊津・泗沘時代百済の地方統治体制」『韓国上古史学報』10
＊鄭東俊［2006］「百済22部司成立期の内官・外官」『韓国古代史研究』42
＊百済文化開発研究院編［2004-08］『百済文化開発研究院歴史文庫（全33巻）』チュリュソン
　朴淳発（木下亘・山本孝文訳）［2003］『百済国家形成過程の研究』六一書房
　三上喜孝［2007］「韓国出土木簡と日本古代木簡——比較研究の可能性をめぐって」（朝鮮文化研究所編『韓国出土木簡の世界』雄山閣）
　吉井秀夫［2004］「考古学からみた百済の国家形成過程」（鈴木靖民編『倭人のクニから日本へ』学生社）
＊李鍾旭［1976］「百済の国家形成」『大丘史学』11
＊李道学［1995］『百済古代国家研究』一志社
＊李丙燾［1985］「百済の建国問題と馬韓中心勢力の変動」『韓国古代史研究〔修訂版〕』博英社
＊梁起錫［1997］「百済泗沘時代の佐平制研究」『忠北史学』9
　李鎔賢［2007］「韓国における木簡研究の現状」（朝鮮文化研究所編『韓国出土木簡の世界』雄山閣）
＊盧重国［1988］『百済政治史研究』一潮閣

❖ 4-b　百済（考古学）　(pp. 57〜62)

＊尹根一・申熙権・崔聖愛［2002］『風納土城Ⅱ 東壁発掘調査報告書』国立文化財研究所
　大竹弘之［2001］「韓国全羅南道の円筒形土器——いわゆる埴輪形土製品をめぐって」『朝鮮学報』181
＊小栗明彦［2000］「全南地方出土埴輪の意義」『百済研究』32
　亀田修一［1981］「百済古瓦考」『百済研究』12
　——［1984］「百済漢城時代の瓦に関する覚書——石村洞4号墳出土例を中心として」（尹武炳博士回甲記念論叢刊行委員会編『尹武炳博士回甲記念論叢』同会）
＊金元龍・任孝宰・朴淳発［1988］『夢村土城東南地区発掘調査報告』ソウル大学校博物館
＊金鍾萬［2004］『百済土器研究』書景文化社
　高正龍［2007］「百済刻印瓦覚書」『朝鮮古代研究』8
＊権五栄・権度希・韓志仙［2004］『風納土城Ⅳ 慶堂地区9号遺構に対する発掘報告』韓神大学校博物館
＊崔完奎［1997］「錦江流域百済古墳の研究」崇実大学校大学院博士学位請求論文
＊崔孟植［1999］『百済平瓦新研究』学研文化社
　酒井清治［2005］「韓国栄山江流域の土器生産とその様相——羅州勢力と百済・倭の関係を中心に」『駒澤考古』30
　定森秀夫［1989］「韓国ソウル地域出土三国時代土器について」（横山浩一先生退官記念事業会編『生産と流通の考古学』同会）

清水昭博［2004］「百済「大通寺式」軒丸瓦の成立と展開――東アジアにおける中国南朝系造瓦技術の伝播」『日本考古学』17
―― ［2008］「百済・泗沘時代の瓦生産――扶余・亭岩里窯の検討」『帝塚山大学考古学研究所研究報告』X
徐賢珠［2004］「光州月桂洞長鼓墳出土の墳周木器について」『考古学論攷』27
＊―― ［2006］『栄山江流域古墳土器研究』学研文化社
＊徐程錫［2002］『百済の城郭』学研文化社
白井克也［1992］「ソウル・夢村土城出土土器編年試案――いわゆる百済前期都城論に関連して」『東京大学文学部考古学研究室研究紀要』11
＊成周鐸［2002］『百済城址研究』書景文化社
戸田有二［2001］「百済の鐙瓦製作技法について［I］特に漢城時代と熊津時代を中心として」『百済文化』30
―― ［2004］「百済の鐙瓦製作技法について［II］熊津・泗沘時代における公山城技法・西穴寺技法・千房技法の鐙瓦」『百済研究』40
坂靖［2005］「韓国の前方後円墳と埴輪」『古代学研究』170
＊朴淳発［2001］『漢城百済の誕生』書景文化社（木下亘・山本孝文訳［2003］『百済国家形成過程の研究』六一書房）
朴天秀［2001］「栄山江流域の古墳」（後藤直・茂木雅博編『東アジアと日本の考古学 I 墓制1』同成社）
毛利光俊彦［1999］「古代朝鮮の冠――百済」（森郁夫先生還暦記念論文集刊行会編『瓦衣千年――森郁夫先生還暦記念論文集』同会）
柳沢一男［2001］「全南地方の栄山江型横穴式石室の系譜と前方後円墳」『朝鮮学報』179
＊山本孝文［2002］「百済泗沘期石室墳の階層性と政治制度」『韓国考古学報』47
＊―― ［2006］「百済泗沘期土器様式の成立と展開」（国立夫餘文化財研究所編『百済泗沘期文化の再照明』春秋閣）
＊―― ［2007］「百済泗沘期石室の設計と構造系統論」『韓国考古学報』63
吉井秀夫［1993］「百済地域における横穴式石室分類の再検討――錦江下流域を中心として」『考古学雑誌』79-2
―― ［1996］「金銅製沓の製作技術」（碩晤尹容鎮教授停年退任紀念論叢刊行委員会編『碩晤尹容鎮教授停年退任紀念論叢』同会）
―― ［2001a］「百済の墳墓」（後藤直・茂木雅博編『東アジアと日本の考古学 I 墓制1』同成社）
―― ［2001b］「栄山江流域の三国時代墓制とその解釈をめぐって」『朝鮮史研究会論文集』39
―― ［2008］「墓制からみた百済と倭――横穴式石室を中心に」（辻秀人編『百済と倭国』高志書院）
＊李漢祥他［1999］『艇止山』国立公州博物館
李正鎬［2002］「百済古墳変遷の背景について――栄山江流域を中心に」（西谷正編『韓半島考古学論叢』すずさわ書店）
李タウン（다운）［1999］「百済五部名刻印瓦について」『古文化談叢』43
―― ［2002］「百済の瓦生産――熊津時代・泗沘時代を中心として」（西谷正編『韓半島考古学論叢』すずさわ書店）

＊李南奭［1995］『百済石室墳研究』学研文化社
＊── ［2002a］『百済墓制の研究』書景文化社
＊── ［2002b］『熊津時代の百済考古学』書景文化社
　林永珍［2002］「韓国の墳周土器［円筒形土器］」（後藤直・茂木雅博編『東アジアと日本の考古学 II 墓制 2』同成社）

❖ 5-a　新羅（文献史学）　　　　　　　　　　　　　　　（pp. 62〜66）

＊尹善泰［1999］「咸安城山山城出土新羅木簡の用途」『震檀学報』88
＊韓国古代史学会［1989］「鳳坪碑特集」『韓国古代史研究』2
＊── ［1990］「冷水碑特集」『韓国古代史研究』3
＊韓国古代社会研究所［1992］『訳註韓国古代金石文 II』駕洛国史蹟開発研究院
＊漢陽大学校博物館［2000］『二聖山城第 8 次発掘調査報告書』漢陽大学校博物館
　木村誠［1984］「三国期新羅の王畿と六部」『人文学報』167
　── ［1992］「新羅国家生成期の外交」（荒野泰典・石井正敏・村井章介編『アジアのなかの日本史 II』東京大学出版会，後，木村誠［2004］『古代朝鮮の国家と社会』吉川弘文館に所収）
＊姜鍾薫［2000］『新羅上古史研究』ソウル大学校出版部
＊金哲埈［1975］『韓国古代社会研究』知識産業社
＊国立昌原文化財研究所［1998］『咸安城山山城』国立昌原文化財研究所
　──編［2004］『韓国の古代木簡』藝脈出版
　齊藤忠［1983］『古代朝鮮・日本金石文資料集成』吉川弘文館
＊朱甫暾［1998］『新羅地方統治体制の整備過程と村落』新書苑
＊── ［2002］『金石文と新羅史』知識産業社
　申昌秀・李柱憲［2004］「韓国の古代木簡出土遺跡について──城山山城木簡の出土様相と意味」『古代文化』56-11
　末松保和［1995］「新羅上古世系考」『新羅の政治と社会（上）』吉川弘文館
＊宣石悦［2001］『新羅国家成立過程研究』慧眼
　田中俊明［1983］「新羅の金石文（全 13 回）」『韓国文化』40〜65
　武田幸男［1979a］「真興王代における新羅の赤城経営」『朝鮮学報』93
　── ［1979b］「新羅官位制の成立」（旗田巍先生古稀記念会編『朝鮮歴史論集（上）』龍溪書舎）
　── ［1991］「新羅六部とその展開」『朝鮮史研究会論文集』28
　── ［1993］「蔚州書石谷における新羅・葛文王一族──乙巳年原銘・己未年追銘の一解釈」『東方学』85
　── ［1997］「新羅官位制の成立にかんする覚書」（武田幸男編『朝鮮社会の史的展開と東アジア』山川出版社）
　── ［2003］「新羅・蔚珍鳳坪碑の「教事」主体と奴人法」『朝鮮学報』187
　── ［2004］「新羅・蔚珍鳳坪碑の「教事」執行階層と受刑者」『朝鮮学報』191
＊檀国大学校史学会［1978］「丹陽新羅赤城碑特集号」『史学志』12
　朝鮮文化研究所編［2007］『韓国出土木簡の世界』雄山閣

礪波護・武田幸男［2008］『隋唐帝国と古代朝鮮』中央公論新社
橋本繁［2009a］「韓国木簡研究の現在」『歴史評論』715
──［2009b］「城山山城木簡と六世紀新羅の地方支配」（工藤元男・李成市編『東アジア古代出土文字資料の研究』雄山閣）
平川南［2003］「韓国・城山山城跡木簡」『古代地方木簡の研究』吉川弘文館
深津行徳［1990］「迎日冷水里新羅碑について」『韓』116
──［1993］「法体の王──序説：新羅の法興王の場合」『学習院大学東洋文化研究所調査研究報告』39
＊文昌魯［2007］「'新羅中古期地方統治組織'研究の動向と課題」『震檀学報』103
＊李鍾旭［1982］『新羅国家形成史研究』一潮閣
李成市［1997］「韓国出土の木簡について」『木簡研究』19
──［1998］「蔚珍鳳坪新羅碑の基礎的研究」『古代東アジアの民族と国家』岩波書店
──［2002］「新羅の国家形成と加耶」（鈴木靖民編『日本の時代史2 倭国と東アジア』吉川弘文館）
──［2009a］「韓国木簡研究の現在──新羅木簡研究の成果を中心に」（工藤元男・李成市編『東アジア古代出土文字資料の研究』雄山閣）
──［2009b］「六世紀における新羅の付札木簡と文書行政」（朝鮮文化研究所編『咸安城山山城木簡』雄山閣）
＊李鎔賢［2006］『韓国木簡基礎研究』新書苑

❖ 5-b 新羅（考古学） (pp. 67〜71)

東潮［1992］「新羅・加耶の政治的領域をめぐる諸問題」『東アジアの古代文化』73
東潮・田中俊明編［1988］『韓国の古代遺跡Ⅰ 新羅篇（慶州）』中央公論社
＊金大煥［2008］「古墳資料からみた新羅の国家形成」（韓国考古学会編『国家形成の考古学（韓国考古学会学術叢書4）』社会評論）
＊金龍星［1998］『新羅の高塚と地域集団──大邱・慶山の例』春秋閣
＊洪潽植［2003］『新羅後期古墳文化研究』春秋閣
＊崔秉鉉［1992］『新羅古墳研究』一志社
定森秀夫［1981］「韓国慶尚南道昌寧地域出土陶質土器の検討」『古代文化』33-4
重見泰［2004］「7〜8世紀を中心とする新羅土器の形式分類──「新羅王京様式」構築に向けての基礎研究」『文化財学報』22
白井克也［1998］「東京国立博物館保管新羅緑釉陶器──朝鮮半島における緑釉陶器の成立」『MUSEUM』556
──［2003］「新羅土器の型式・分布変化と年代観──日韓古墳編年の並行関係と暦年代」『朝鮮古代研究』4
高田貫太［2004］「5、6世紀日本列島と洛東江以東地域の地域間交渉」（考古学研究会編『文化の多様性と比較考古学（考古学研究会50周年記念論文集）』考古学研究会）
朝鮮学会［1987］「新羅の王陵の研究」『朝鮮学報』122
藤井和夫［1979］「慶州古新羅古墳編年試案──出土新羅土器を中心として」『神奈川考古』6

──［1981］「昌寧地方の古墳出土の陶質土器の編年に就いて──伽耶地域古墳出土陶質土器編年試案 III」『神奈川考古』12
馬目順一［1995］「慶州古新羅王族墓の立華飾付黄金製宝冠編年試論」（滝口先生追悼考古学論集編集委員会・早稲田大学所沢校地埋蔵文化財調査室編『古代探叢 IV ──滝口宏先生追悼考古学論集』早稲田大学出版部）
宮川禎一［1988］「文様からみた新羅印花文陶器の変遷」（高井悌三郎先生喜寿記念事業会編『高井悌三郎先生喜寿記念論集 歴史学と考古学』真陽社）
──［1993］「新羅印花文陶器変遷の画期」『古文化談叢』30 中
毛利光俊彦［1983］「新羅積石木槨墳考」（奈良国立文化財研究所創立 30 周年記念論文集刊行会編『文化財論叢』同朋社）
──［1995］「朝鮮古代の冠──新羅」（西谷眞治先生の古稀をお祝いする会編『西谷眞治先生古稀記念論文集』勉誠社）
＊山本孝文［2006］『三国時代律令の考古学的研究』書景文化社
＊李漢祥［2004］『黄金の国 新羅』キンヨン社
　李熙濬［2001］「新羅の墳墓」（後藤直・茂木雅博編『東アジアと日本の考古学 I 墓制 1』同成社）
＊──［2007］『新羅考古学研究』社会評論
＊李盛周［1996］「新羅式木槨墓の展開と意義」（韓国考古学会編『新羅考古学の諸問題』韓国考古学会）
＊──［1998］『新羅・伽耶社会の起源と成長』学研文化社（木村光一・原久仁子訳［2005］『新羅・伽耶社会の起源と成長』雄山閣）

❖ 6-a　加耶（文献史学） (pp. 71～74)

　東潮・田中俊明編［1989］『韓国の古代遺跡 2 百済・加耶篇』中央公論社
　請田正幸［1974］「六世紀前期の日朝関係──任那「日本府」を中心として」『朝鮮史研究会論文集』11
＊延敏洙［1998］「任那日本府論」『古代韓日関係史』慧眼
　大山誠一［1980］「所謂「任那日本府」の成立について」『古代文化』260, 262, 263（後、同［1999］『日本古代の外交と地方行政』吉川弘文館に所収）
　奥田尚［1976］「「任那日本府」と新羅倭典」（大阪歴史学会編『古代国家の形成と展開』吉川弘文館）
＊加耶史政策研究委員会編［2004］『加耶史研究論文要約集』釜山大学校韓国民族文化研究所
＊韓国古代史研究会編［1995］『加耶史研究──大加耶の政治と文化』慶尚北道
＊韓国古代社会研究所編［1991］『韓国古代史論叢』2
＊──編［1992］『韓国古代史論叢』3
　鬼頭清明［1991］「所謂「任那日本政府」の再検討」『東洋大学文学部紀要』45
　金鉉球［1985］「任那の対外関係と「任那日本府」の実態」『大和政権の対外関係研究』吉川弘文館
＊──［1992］「'任那日本府' 研究の現状と問題点」（李基白編『韓国史市民講座11 任那日

本府説批判』）一潮閣
＊金泰植［1992］「加耶史研究の現状」（李基白編『韓国史市民講座11 任那日本府説批判』）
　　　一潮閣
＊――［1993a］『加耶連盟史』一潮閣
　　――［1993b］「六世紀中葉加耶連盟の滅亡過程」『朝鮮学報』87
＊金泰植・李益柱［1992］『加耶史史料集成』駕洛国史蹟開発研究院
＊金東洙編［1996］「加耶論著目録」『韓国史論著 分類総目1 総説・考古学・古代史』慧眼
　　熊谷公男［2005］「いわゆる「任那四県割譲」の再検討」『東北学院大学論集（歴史・地理
　　　号）』39
＊高麗大学校韓国学研究所編［1993］『加耶史論』高麗大学校韓国学研究所
＊高霊郡・韓国古代史学会編［2004］『大加耶の成長と発展』高霊郡・韓国古代史学会
＊高霊郡・韓国上古史学会編［2002］『大加耶と周辺諸国』学術文化社
＊高霊郡大加耶博物館・啓明大学校韓国学研究院編［2007］『5～6世紀東アジアの国際情勢
　　と加耶』ソウル企画
＊権珠賢［1996］「加耶論著目録」『韓国古代史論叢』8
　　佐藤長門［1997］「加耶地域の権力構造――合議制をキーワードとして」『東アジアの古代
　　　文化』90
＊昌原文化財研究所［1991］『伽耶研究論著目録』慶南文化社
　　白石太一郎・上野祥史編［2004］『国立歴史民俗博物館研究報告 特集：古代東アジアにお
　　　ける倭と加耶の交流』110
＊仁済大学校加耶文化研究所編［1995］『加耶諸国の王権』新書苑
　　鈴木英夫［1987］「加耶・百済と倭――「任那日本府論」」『朝鮮史研究会論文集』24（後，
　　　同［1996］『古代の倭国と朝鮮諸国』青木書店に所収）
　　――［1996］「「任那日本府」（在安羅諸倭臣）の解体と高句麗――六世紀中葉の倭国の朝
　　　鮮外交」（林陸朗・鈴木靖民編『日本古代の国家と祭儀』雄山閣）
　　――［2006］「「任那日本府」と「諸倭臣」――語義の分析を中心に」『國學院大紀要』44
　　鈴木靖民［1974］「いわゆる任那日本府および倭問題――井上秀雄『任那日本府と倭』評
　　　を通して」『歴史学研究』405
　　――［1984］「東アジア諸民族の国家形成と大和王権」（歴史学研究会・日本史研究会編
　　　『講座日本歴史1』東京大学出版会）
　　鈴木靖民・武田幸男・鬼頭清明・田中俊明・東潮・柳田康雄・尹容鎮・早乙女雅博
　　　［1991］『伽耶はなぜほろんだか――日本古代国家形成史の再検討』大和書房
　　武田幸男［1994］「伽耶～新羅の桂城「大干」――昌寧・桂城古墳群出土土器の銘文につ
　　　いて」『朝鮮文化研究』1
　　田中俊明［1991］「于勒十二曲と大加耶連盟」『東洋史研究』48-4
　　――［1992］『大加耶連盟の興亡と「任那」』吉川弘文館
　　――［2001］「高句麗の「任那加羅」侵攻をめぐる問題」『古代武器研究』2
　　――［2009a］『古代の日本と加耶』山川出版社
　　――［2009b］「いわゆる「任那4県割譲」記事の新解釈」（石門李基東教授停年紀念論叢
　　　刊行委員会編『韓国古代史研究の現段階』周留城出版）
＊白承玉［2003］『加耶各国史研究』慧眼
＊釜山大学校韓国民族文化研究所編［2001］『韓国古代史のなかの加耶』慧眼

山尾幸久 [1983]「任那支配の実態」『日本古代王権形成史論』岩波書店
── [1989]『古代の日朝関係』塙書房
＊羅幸柱 [2005]「6世紀韓日関係の研究史的検討」(韓日関係史研究論集編集委員会編『韓日関係史研究論集 3 任那問題と韓日関係』景仁文化社)
李永植 [1993]『加耶諸国と任那日本府』吉川弘文館
── [2004]「加耶諸国の対外関係史の論点と視点」(白石太一郎・上野祥史編『国立歴史民俗博物館研究報告 特集：古代東アジアにおける倭と加耶の交流』110)
＊李基白編 [1992]『韓国史市民講座 11 任那日本府説批判』一潮閣
李鎔賢 [1997]「5世紀末における加耶の高句麗接近と挫折」『東アジアの古代文化』90
── [1998]「加耶諸国の権力構造──「『任那』復興会議」を中心に」『国史学』164
＊盧重国 [2001]「加耶史研究の昨日と今日」(釜山大学校韓国民族文化研究所編『韓国古代史のなかの加耶』慧眼)

❖ 6-b 加耶（考古学） (pp. 74〜78)

安在晧 [1993]「土師器系軟質土器考」(小田富士雄他『伽耶と古代東アジア』新人物往来社)
諌早直人 [2005]「朝鮮半島南部三国時代における轡製作技術の展開」『古文化談叢』54
井上主税 [2007]「倭系遺物からみた金官加耶勢力の動向」『九州考古学』82
── [2008]「朝鮮半島南部出土の土師器系土器について」『韓式系土器研究』Ⅹ
＊禹枝南 [1987]「大伽耶古墳の編年──土器を中心として」(三仏金元龍教授停年退任記念論叢刊行委員会編『三仏金元龍教授停年退任記念論叢Ⅰ 考古学篇』一志社)(定森秀夫訳 [1990]「同」〔西谷正編『古代朝鮮と日本』名著出版〕)
＊韓国考古学会 [2000]『考古学を通してみた加耶』韓国考古学会
＊金世基 [2003]『古墳資料からみた大加耶研究』学研文化社
金斗喆 [1996]「韓国と日本の馬具──両国間の編年調律」(九州考古学会・嶺南考古学会編『4・5世紀の日韓考古学』九州考古学会・嶺南考古学会)
洪潽植 [2001]「加耶の墳墓」(後藤直・茂木雅博編『東アジアと日本の考古学Ⅰ 墓制 1』同成社)
定森秀夫 [1982]「韓国慶尚南道釜山・金海地域出土陶質土器の検討──陶質土器に関する一私見」『平安博物館研究紀要』7
── [1987]「韓国慶尚北道高霊地域出土陶質土器の検討」(岡崎敬先生退官記念事業会編『東アジアの考古と歴史──岡崎敬先生退官記念論集（上）』同会)
白井克也 [2003a]「馬具と短甲による日韓交差編年──日韓古墳編年の並行関係と暦年代」『土曜考古』27
── [2003b]「日本における高霊地域加耶土器の出土傾向──日韓古墳編年の併行関係と暦年代」『熊本古墳研究』創刊号
白石太一郎・上野祥史編 [2004]『国立歴史民俗博物館研究報告 特集：古代東アジアにおける倭と加耶の交流』110
申敬澈 [1983]「伽耶地域における 4 世紀代の陶質土器と墓制──金海礼安里遺跡の発掘調査を中心として」『古代を考える』34

＊── ［1985］「古式鐙子考」『釜大史学』9（定森秀夫訳 ［1986］「古式鐙考」『古代文化』38-6）
── ［2004］「筒形銅器論」（小田富士雄先生退職記念事業会編『福岡大学考古学論集──小田富士雄先生退職記念』同会）
鈴木靖民・武田幸男・鬼頭清明・田中俊明・東潮・柳田康雄・尹容鎮 ［1991］『伽耶はなぜほろんだか──日本古代国家形成史の再検討』大和書房
高久健二 ［2004］「韓国の倭系遺物──加耶地域出土の倭系遺物を中心に」（白石太一郎・上野祥史編『国立歴史民俗博物館研究報告 特集：古代東アジアにおける倭と加耶の交流』110）
武末純一 ［1988］「朝鮮半島の布留式系甕」（永井昌文教授退官記念論文集刊行会編『永井昌文教授退官記念論文集（日本民族・文化の生成 1）』六興出版）
── ［1992］「韓国・礼安里古墳群の階層構造」『古文化談叢』28
田中晋作 ［2006］「筒形銅器について II（上・下）」『古代学研究』173, 174
田中良之 ［2002］「三国時代の親族関係（予察）」（西谷正編『韓半島考古学論叢』すずさわ書店）
張允禎 ［2008］『古代馬具からみた韓半島と日本（ものが語る歴史 15）』同成社
＊趙栄済 ［2007］『玉田古墳群と多羅国』慧眼
鄭澄元・洪潽植 ［2000］「筒形銅器研究」『福岡大学総合研究所報』240
＊原久仁子 ［2001］「韓・日出土筒形銅器に対する比較検討」（姜仁求編『三国時代研究 1（清渓古代学研究会学術叢書 1）』学研文化社）
藤井和夫 ［1990］「高霊池山洞古墳群の編年──伽耶地域古墳出土陶質土器編年試案 V」（田村晃一編『東北アジアの考古学（天池）東北アジア考古学研究会二十周年記念論文集』六興出版）
＊朴天秀 ［1995］「政治体の相互関係からみた大伽耶王権」（仁済大学校加耶文化研究所編『加耶諸国の王権』新書苑）
── ［1997］「大伽耶の国家形成」『東アジアの古代文化』90
＊── ［2000］「考古学からみた加羅国史」（釜山大学校韓国民族文化研究所編『加耶各国史の再構成』慧眼）
── ［2007a］『加耶と倭──韓半島と日本列島の考古学』講談社
＊── ［2007b］『新たに書く古代韓日交渉史』社会評論
＊李盛周 ［1998］『新羅・伽耶社会の起源と成長』学研文化社（木村光一・原久仁子訳［2005］『新羅・伽耶社会の起源と成長』雄山閣）
柳昌煥 ［2004］「古代東アジア初期馬具の展開」（小田富士雄先生退職記念事業会編『福岡大学考古学論集──小田富士雄先生退職記念』同会）
＊李蘭暎・金斗喆 ［1999］『韓国の馬具（馬文化研究叢書 III）』韓国馬事会・馬事博物館

第3章　統一新羅と渤海

❖ 1　統一新羅　　(pp. 79～86)

東潮［1999］「新羅金京の坊里制」『条里制・古代都市研究』15
東潮・田中俊明編［1988］『韓国の古代遺跡Ⅰ 新羅篇（慶州）』中央公論社
安部井正［1989］「新羅村落文書に見える九等戸区分について」『朝鮮学報』133
市大樹［2010］「慶州月城垓字出土の四面墨書木簡」『飛鳥藤原木簡の研究』塙書房
今西龍［1970］『新羅史研究』国書刊行会
＊尹善泰［1995］「正倉院所蔵「新羅村落文書」の作成年代――日本の『華厳経論』流通状況を中心に」『震檀学報』80
――［2003］「新羅村落文書研究の現状」（新川登亀男・早川万年編『美濃国戸籍の総合的研究』東京堂出版）
――［2007］「月城垓字出土新羅木簡に対する基礎的検討」（朝鮮文化研究所編『韓国出土木簡の世界』雄山閣）
＊尹武炳［1987］「新羅王京の坊制」（斗渓李丙燾博士九旬紀年韓国史学論叢刊行委員会編『斗渓李丙燾博士九旬紀年韓国史学論叢』知識産業社）
亀田博［2000］『日韓古代宮都の研究』学生社
鬼頭清明［1979］「新羅における都城制の発達」（旗田巍先生古稀記念会編『朝鮮歴史論集（上）』龍渓書舎
木村誠［1976］「新羅の禄邑制と村落構造」（『歴史学研究（1976年度別冊）』青木書店、後、同［2004］『古代朝鮮の国家と社会』吉川弘文館に所収）
――［1983］「統一新羅の王畿について」『東洋史研究』42-2（後、同［2004］『古代朝鮮の国家と社会』吉川弘文館に所収）
――［1986］「統一新羅の骨品制――新羅華厳経写跋文の研究」『人文学報』185（後、同［2004］『古代朝鮮の国家と社会』吉川弘文館に所収）
――［2004］「新羅村落文書の作成年について」『古代朝鮮の国家と社会』吉川弘文館
――［2006］「統一期新羅村落支配の諸相」『人文学報』368
＊金基興［1991］『三国および統一新羅税制の研究』歴史批評社
＊国立慶州文化財研究所［2002］『新羅王京 発掘調査報告書Ⅰ』
＊――［2006］『月城垓子発掘調査報告書Ⅱ』
国立昌原文化財研究所編［2004］『韓国の古代木簡』藝脈出版
黄仁鎬［2006］「新羅王京の変遷――道路を通じてみる都市計画」『東アジアの古代文化』126
佐藤興治［2007］「新羅の都城」（中尾芳治・佐藤興治・小笠原好彦編『古代日本と朝鮮の都城』ミネルヴァ書房）
朱甫暾［2005］「新羅骨品制社会とその変化」『朝鮮学報』196
末松保和［1995］『新羅の政治と社会』吉川弘文館
宋浣範［2003］「正倉院所蔵「華厳経論帙内貼文書」（いわゆる新羅村落文書）について」

『東京大学日本史学研究室紀要』7
大韓民国文化部文化財管理局編［1993］『雁鴨池 発掘調査報告書』学生社
武田幸男［1975］「新羅骨品の再検討」『東洋文化研究所紀要』67
─［1977］「新羅の村落支配──正倉院所蔵文書の追記をめぐって」『朝鮮学報』81
田中俊明［1988］「慶州新羅廃寺考（1）〜（3）」『堺女子短期大学紀要』23，24，27
─［1992］「新羅における王京の成立」『朝鮮史研究会論文集』30
橋本繁［2007］「慶州雁鴨池木簡と新羅内廷」（朝鮮文化研究所編『韓国出土木簡の世界』雄山閣）
旗田巍［1972］「新羅の村落」『朝鮮中世社会史の研究』法政大学出版局
濱田耕策［1986］「「新羅村落文書」研究の成果と課題──その作成年および内省の禄邑説を中心に」（唐代史研究会編『律令制──中国朝鮮の法と国家』汲古書院）
─［2002］『新羅国史の研究──東アジア史の視点から』吉川弘文館
浜中昇［1986］「新羅村落文書にみえる計烟について」『朝鮮古代の経済と社会──村落・土地制度史研究』法政大学出版局
藤島亥治郎［1930］「朝鮮建築史論（1・2）」『建築雑誌』530，531
古畑徹［1983］「七世紀末から八世紀初にかけての新羅・唐関係──新羅外交史の一試論」『朝鮮学報』107
─［1998］「後期新羅・渤海の統合意識と境域観」『朝鮮史研究会論文集』36
＊朴泰祐［1987］「統一新羅時代の地方都市に対する研究」『百済研究』18
三上喜孝［2006］「文書様式「牒」の受容をめぐる一考察」『山形大学歴史・地理・人類学論集』7
山田隆文［2002］「新羅金京復元試論」『古代学研究』159
李恩碩［2003］「新羅王京の都市計画」（奈良文化財研究所編『東アジアの古代都城』奈良文化財研究所）
＊李喜寛［1999］『統一新羅土地制度研究』一潮閣
李基東［1982］「雁鴨池から出土した新羅木簡について」『國學院雑誌』83-6
─［2001］「張保皐とその海上王国」『アジア遊学』26，27
＊李仁哲［1996］『新羅村落社会史研究』一志社
李成市［1997a］「韓国出土の木簡について」『木簡研究』19
─［1997b］『東アジアの王権と交易』青木書店
─［2004］「新羅文武・神文王代の集権政策と骨品制」『日本史研究』500
李文基［2002］「最近の韓国学界における韓国古代史研究の動向──新羅史関係資料問題を中心に」『東洋文化研究』4
李炳魯［1993］「九世紀初期における「環シナ海貿易圏」の考察」『神戸大学史学年報』8
李鎔賢［1999］「統一新羅の伝達体系と「北海通」──韓国慶州雁鴨池出土の15号木簡の解釈」『朝鮮学報』171

❖2 渤 海 (pp. 87〜94)

赤羽目匡由［2003］「封敕作「與渤海王大彛震書」について──その起草・発給年時と渤海後期の権力構成」『東洋学報』85-3

―― ［2004］「8 世紀中葉における新羅と渤海との通交関係――『三国史記』所引, 賈耽『古今郡国県道四夷述』逸文の分析」『古代文化』56-5
―― ［2007］「いわゆる賈耽「道里記」の「営州入安東道」について」『史学雑誌』116-8
石井正敏［2001］『日本渤海関係史の研究』吉川弘文館
　　ⓐ「日本・渤海関係の概要と本書の構成」, ⓑ「渤海の地方社会――『類聚国史』の渤海沿革記事の検討」, ⓒ「渤海と西方社会」, ⓓ「対日外交開始前後の渤海情勢――玄宗皇帝「勅渤海王大武藝書」の検討」, ⓔ「光仁・桓武朝の日本と渤海」, ⓕ「渤海王の世系」
―― ［2003］「日本・渤海間の名分関係――舅甥関係を中心に」(佐藤信編『日本と渤海の古代史』山川出版社)
井上和人［2005］「渤海上京竜泉府形制新考」(田村晃一編『東アジアの都城と渤海（東洋文庫論叢 64）』財団法人東洋文庫)
イブリエフ, アレクサンダー・L.（小嶋芳孝訳）［2005］「ロシア沿海地方の渤海遺跡」(上田正昭監修『古代日本と渤海――能登からみた東アジア』大巧社)
上田雄・孫栄健［1994］『日本渤海交渉史〔改訂増補版〕』彩流社
大隅晃弘［1984］「渤海の首領制――渤海国家と東アジア世界」『新潟史学』17
金子修一［2001］『隋唐の国際秩序と東アジア』名著刊行会
河上洋［1983］「渤海の地方統治体制について――一つの試論として」『東洋史研究』42-2
―― ［1987］「東北アジア地域の仏教――渤海を中心として」『大谷大学史学論究』1
―― ［1989］「渤海の交通路と五京」『史林』72-6
―― ［1992］「渤海の東京と二仏並座像」『仏教史学研究』35-2
―― ［2009］「渤海国の中の西方人」『河合文化教育研究所研究論集』6
＊韓圭哲［1994］『渤海の対外関係史――南北国の形成と展開』新書苑
菊地俊彦［1995］『北東アジア古代文化の研究』北海道大学図書刊行会
魏国忠・朱国忱（佐伯有清監訳, 浜田耕策訳）［1996］『渤海史』東方書店
魏国忠・朱国忱・郝慶雲［2006］『渤海国史』中国社会科学出版社（中国）
吉林省文物考古研究所・延辺朝鮮族自治州文化局・延辺朝鮮族自治州博物館・和竜市博物館編［2007］『西古城――2000〜2005 年度渤海国中京顕徳府故址田野考古報告』文物出版社（中国）
吉林省文物考古研究所・延辺朝鮮族自治州文物管理委員会弁公室［2009］「吉林和竜市竜海渤海王室墓葬発掘簡報」『考古』2009-6（中国）
＊金東宇［1996］「渤海の地方統治体制と首領」『韓国史学報』創刊号
＊権五重［1980］「靺鞨の種族系統に関する試論」『震檀学報』49
＊高句麗研究財団［2005］『渤海史研究論著目録』高句麗研究財団
河内春人［1995］「東アジアにおける安史の乱の影響と新羅征討計画」『日本歴史』561
―― ［2003］「渤海と契丹・奚」(佐藤信編『日本と渤海の古代史』山川出版社)
小嶋芳孝［2003］「渤海の仏教遺跡」(佐藤信編『日本と渤海の古代史』山川出版社)
坂上康俊・森公章［2010］「古代東アジア国際秩序の再編と日韓関係――7〜9 世紀」『第 2 期日韓歴史共同研究報告書（第 1 分科会篇）』日韓歴史共同研究委員会
酒寄雅志［2001］『渤海と古代の日本』校倉書房
　　ⓐ「渤海史研究の成果と課題」, ⓑ「渤海史研究と近代日本」, ⓒ「日本と渤海・靺鞨

との交流——日本海・オホーツク海域圏と船」，ⓓ「渤海王権の構造——王位継承をめぐって」，ⓔ「渤海国中台省牒の基礎的研究」
桜井俊郎［1995］「渤海の有力姓氏と中央官制」『歴史研究』33
澤本光弘［2008］「契丹の旧渤海領統治と東丹国の構造——「耶律羽之墓誌」をてがかりに」『史学雑誌』117-6
シャフクノフ，エルンスト・V.［1998］「北東アジア民族の歴史におけるソグド人の黒貂の道」『東アジアの古代文化』96
朱国忱・朱威［2002］『渤海遺迹』文物出版社（中国）
徐光輝［1997］「渤海の仏教遺跡について」『仏教史学研究』40-1
鈴木靖民［1985］「渤海の首領制に関する予備的考察」『古代対外関係史の研究』吉川弘文館
——［2008］「渤海の国家と対外交流」（韓日文化交流基金・東北亜歴史財団編『東アジアの中の渤海と日本』景仁文化社）（日本語・朝鮮語併記）
＊宋基豪［1995］『渤海政治史研究』一潮閣
＊——［1997］「渤海の地方統治とその実相」（韓国古代史研究会編『韓国古代社会の地方支配』新書苑）
孫玉良編［1992］『渤海史料全編』吉林文史出版社（中国）
孫進己等主編［1989］『東北歴史地理（1・2）』黒竜江人民出版社（中国）
田島公［1991］「海外との交渉」（橋本義彦編『古文書の語る日本史2 平安』筑摩書房）
田村晃一編［2005］『東アジアの都城と渤海（東洋文庫論叢64）』財団法人東洋文庫
中国社会科学院考古研究所編［1997］『六頂山与渤海鎮——唐代渤海国的貴族墓地与都城遺址』中国大百科全書出版社（中国）
鄭永振［2003］『高句麗渤海靺鞨墓葬比較研究』延辺大学出版社（中国）
鄭永振・厳長録［2000］『渤海墓葬研究』吉林人民出版社（中国）
東北亜歴史財団編（濱田耕策監訳，赤羽目匡由・一宮啓祥・井上直樹・金出地崇・川西裕也訳）［2009］『渤海の歴史と文化』明石書店（原著2007年）
ニキーチン，ユーリ・G.（小嶋芳孝訳）［2005］「渤海の港湾遺跡——クラスキノ土城における主な調査結果」（上田正昭監修『古代日本と渤海——能登からみた東アジア』大巧社）
馬一虹［1998］「8世紀中葉の渤海と日本の関係——762年の渤海第六次遣日本使を中心として」『國學院大学大学院紀要文学研究科』29
浜田久美子［2003］「渤海史研究の歩み——石井正敏氏，酒寄雅志氏の業績を中心に」『歴史評論』634
濱田耕策［1998］「渤海国王の即位と唐の冊封」『史淵』135
——［1999］「渤海国王位の継承と「副王」」『年報朝鮮学』7
——［2000］『渤海国興亡史』吉川弘文館
——［2003］「渤海国の対唐外交——時期区分とその特質」（佐藤信編『日本と渤海の古代史』山川出版社）
廣瀬憲雄［2007］「日本の対新羅・渤海名分関係の検討——『書儀』の礼式を参照して」『史学雑誌』116-3
——［2009］「日本－渤海間の擬制親族関係について——「古代東アジア世界」の可能性」『東アジア世界史研究センター年報』3

古畑徹［1984a］「渤海建国関係記事の再検討――中国側史料の基礎的研究」『朝鮮学報』113
―――［1984b］「大門芸の亡命年時について――唐渤海紛争に至る渤海の情勢」『集刊東洋学』51
―――［1986a］「日渤交渉開始期の東アジア情勢――渤海対日通交開始要因の再検討」『朝鮮史研究会論文集』23
―――［1986b］「唐渤紛争の展開と国際情勢」『集刊東洋学』55
―――［1988a］「張九齢作「勅渤海王大武芸書」と唐渤紛争の終結――第二・三・四首の作成年時を中心として」『東北大学東洋史論集』3
―――［1988b］「張九齢作「勅渤海王大武芸書」第1首の作成年次について」『集刊東洋学』59
―――［1992］「いわゆる「小高句麗国」の存否問題」『東洋史研究』51-2
―――［1994］「渤海・日本間航路の諸問題――渤海から日本への航路を中心に」『古代文化』46-8
―――［1995］「渤海・日本間の航路について」『古代交通研究』4
―――［1998］「後期新羅・渤海の統合意識と境域観」『朝鮮史研究会論文集』36
―――［1999］「環日本海諸「地域」間交流史の中の渤海国――7～10世紀における航路の変遷を中心に」（唐代史研究会編『東アジア史における国家と地域』刀水書房）
―――［2001］「『唐会要』の靺鞨・渤海の項目について」『朝鮮文化研究』8
―――［2003］「渤海の首領研究の方法をめぐって――解明のための予備的考察」（佐藤信編『日本と渤海の古代史』山川出版社）
―――［2007］「渤海「首領」語義考――中国正史の用例を中心に」『東北大学東洋史論集』11
―――［2008a］「渤海王大欽茂の「国王」進爵と第六次渤海使――渤海使王新福による安史の乱情報の検討を中心に」『集刊東洋学』100
―――［2008b］「渤海と唐との関係――濱田耕策氏の時期区分をめぐって」（韓日文化交流基金・東北亜歴史財団編『東アジアの中の渤海と日本』景仁文化社）（日本語・朝鮮語併記）
＊方学鳳（朴相佾編訳）［1998］『渤海の仏教遺跡と遺物』書景文化社
＊―――［2001］『渤海城郭』延辺人民出版社（中国）
保科富士男［1995］「古代日本の対外意識――相互関係をしめす用語から」（田中健夫編『前近代の日本と東アジア』吉川弘文館）
三上次男［1990］『高句麗と渤海』吉川弘文館
森安孝夫［1982］「渤海から契丹へ――征服王朝の成立」（井上光貞他編『東アジア世界における日本古代史講座7 東アジアの変貌と日本律令国家』学生社）
―――［2007］『シルクロードと唐帝国（興亡の世界史05）』講談社
山内晋次［2003］「唐朝の国際秩序と日本――外交文書形式の分析を通して」『奈良平安期の日本とアジア』吉川弘文館
李成市［1988］「渤海史研究における国家と民族――「南北国時代」論の検討を中心に」『朝鮮史研究会論文集』25
―――［1991］「渤海史をめぐる民族と国家――国民国家の境界をこえて」『歴史学研究』626

―――［1998］『東アジアの民族と国家』岩波書店
　　ⓐ「渤海の対日本外交への理路」，ⓑ「8世紀新羅・渤海関係の一視角―――『新唐書』新羅伝長人記事の再検討」
＊林相先［1999］「渤海の王位継承と王室勢力」『渤海の支配勢力研究』新書苑

第4章　高　麗

❖ 1　政治史・対外関係史　　　　　　　　　　　　　　　　　　　　(pp. 95～109)

池内宏［1931］『元寇の新研究』東洋文庫
―――［1979a］『満鮮史研究 中世2』吉川弘文館（復刻版，初版1937年）
―――［1979b］『満鮮史研究 中世3』吉川弘文館（復刻版，初版1963年）
石井正敏［2000］「日本・高麗関係に関する一考察―――長徳3年（997）の高麗来襲説をめぐって」（中央大学人文科学研究所編『アジア史における法と国家』中央大学出版部）
―――［2006］「『小右記』所載「内蔵石女等申文」にみえる高麗の兵船について」『朝鮮学報』198
―――［2010］「貞治六年の高麗使と高麗牒状について」『中央大学文学部紀要（史学55）』
＊尹薫杓［2000］『麗末鮮初 軍制改革研究』慧眼
＊尹龍爀［1991］『高麗対蒙抗争史研究』一志社
＊―――［2000］『高麗三別抄の対蒙抗争』一志社
禹成勲［2004］「国家権力の都市支配装置としての開京寺院」『日本建築学会計画系論文集』584
―――［2007］「高麗太祖代の開京への遷都と都城空間化に関する研究」『日本建築学会計画系論文集』619
榎本渉［2007］「宋代の「日本商人」の再検討」『東アジア海域と日中交流―――9～14世紀』吉川弘文館
江原正昭［1980］「高麗初期の王位継承―――二代恵宗から八代顕宗まで」（中嶋敏先生古稀記念事業会編『中嶋敏先生古稀記念論集（上）』汲古書院）
太田弘毅［1997］『蒙古襲来―――その軍事史的研究』錦正社
岡本真［2007］「外交文書よりみた14世紀後期高麗の対日交渉」（佐藤信・藤田覚編『前近代の日本列島と朝鮮半島』山川出版社）
奥村周司［1979］「高麗における八関会的秩序と国際環境」『朝鮮史研究会論文集』16
―――［1982］「高麗の外交姿勢と国家意識―――「仲冬八関会儀」および「迎北朝詔使儀」を中心として」（歴史学研究会編『民衆の生活・文化と変革主体（歴史学研究別冊特集）』青木書店）
―――［1984］「使節迎接礼より見た高麗の外交姿勢―――十一，二世紀における対中関係の一面」『史観』110
―――［1985］「医師要請事件に見る高麗文宗朝の対日姿勢」『朝鮮学報』117
―――［1987］「高麗の圜丘祀天礼について」『早稲田実業学校研究紀要』21
―――［1997］「高麗の圜丘祀天礼と世界観」（武田幸男編『朝鮮社会の史的展開と東アジ

ア』山川出版社）
── ［2003］「高麗における謁祖眞儀と王権の再生」『早実研究紀要』37
── ［2004］「高麗の燃灯会における「如奉恩寺」の意味」『早実研究紀要』38
── ［2007］「高麗における燃燈会と王権」（記念論集刊行会編『福井重雅先生古稀・退職記念論集 古代東アジアの社会と文化』汲古書院）
＊河炫綱 ［1988］「高麗時代の西京」『韓国中世史研究』一潮閣
＊韓国歴史研究会 ［2002］『高麗の皇都開京』創作と批評社
＊韓容根 ［1999］『高麗律』書景文化社
　北村高 ［1985］「高麗王王璋の崇仏」『東洋史苑』24・25
　北村秀人 ［1984］「高麗初期の在地支配機構管見」『人文研究〈大阪市大〉』36-9
── ［1985］「高麗時代の渤海系民大氏について」（三上次男博士喜寿記念論文集編集委員会編『三上次男博士喜寿記念論文集 歴史編』平凡社）
── ［1990］「高麗時代の京市の基礎的考察──位置・形態を中心に」『人文研究〈大阪市大〉』42-4
── ［1992］「崔氏政権の成立と京市」『人文研究〈大阪市大〉』44-12
── ［1993］「高麗時代の京市の機能について」『朝鮮史研究会論文集』31
＊姜恩景 ［2007］『高麗時代記録と国家運営』慧眼
　姜吉仲 ［2004］『高麗与宋金外交経貿関係史論』文津出版社（台湾）
＊許興植 ［2005］『高麗の科挙制度』一潮閣
＊金渭顕 ［2004］『契丹東方経略史研究』明知大学校出版部
＊金琪燮・金東哲・白承忠・蔡尚植・延敏洙・李宗峯・車喆旭 ［2005］『日本古中世文献における朝日関係史料集成』慧眼
＊金基徳 ［1998］『高麗時代封爵制研究』青年社
＊金炯秀 ［2001］「元干渉期の国俗論と通制論」（韓国中世史学会編『韓国中世社会の諸問題』韓国中世史学会）
＊金光植 ［1995］『高麗武人政権と仏教界』民族社
＊金光哲 ［1991］『高麗後期世族層研究』東亜大学校出版社
＊金皓東 ［2003］『高麗武臣政権時代文人知識層の現実対応』景仁文化社
＊金甲童 ［1990］『羅末麗初の豪族と社会変動研究』高麗大学校民族文化研究所出版部
＊── ［2005］『高麗前期政治史』一志社
＊金在満 ［1999］『契丹・高麗関係史研究』国学資料院
＊金順子 ［2007］『韓国中世韓中関係史』慧眼
＊金昌賢 ［1998］『高麗後期政房研究』高麗大学校民族文化研究院
＊── ［2002］『高麗開京の構造とその理念』新書苑
＊── ［2006］『高麗の南京，漢陽』新書苑
＊金澈雄 ［2007］『韓国中世の吉礼と雑祀』景仁文化社
＊金塘澤 ［1998］『元干渉下の高麗政治史』一潮閣
＊── ［1999］『高麗の武人政権』国学資料院
＊金南奎 ［1989］『高麗両界地方史研究』世文社
　金文京 ［2007］「高麗の文人官僚・李斉賢の元朝における活動──その峨眉山行を中心に」（夫馬進編『中国東アジア外交交流史の研究』京都大学学術出版会）
＊金秉仁 ［2003］『高麗睿宗代政治勢力研究』景仁文化社

* 金龍善［1991］『高麗蔭叙制度研究』一潮閣
* ──編［2008］『弓裔の国泰封──その歴史と文化』一潮閣
　桑野栄治［1996］「高麗から李朝初期における円丘壇祭祀の受容と変容──祈雨祭としての機能を中心に」『朝鮮学報』161
　──［2004］「高麗末期の儀礼と国際環境──対明遥拝儀礼の創出」『久留米大学文学部紀要（国際文化学科編）』21
* 洪栄義［2005］『高麗末政治史研究』慧眼
* 洪元基［2001］『高麗前期軍制研究』慧眼
* 洪承基編［1995］『高麗武人政権研究』西江大学校出版部
* ──［1996］『高麗太祖の国家経営』ソウル大学校出版部
* 黄善栄［1993］『高麗初期王権研究』東亜大学校出版部
* 黄秉晟［1998］『高麗武人政権期研究』新書苑
* ──［2008］『高麗武人政権期文士研究』景仁文化社
　小見山春生［1983］「高麗前期兵馬使機構に関する一考察──『高麗史』「礼志」所載の史料分析をめぐって」『朝鮮史研究会論文集』20
　近藤一成［2009］「知杭州蘇軾の治績──宋代文人官僚政策考（下）」『宋代中国科挙社会の研究』汲古書院
　近藤剛［2008］「嘉禄・安貞期（高麗高宗代）の日本・高麗交渉について」『朝鮮学報』207
　──［2009］「泰和六年（元久3・1206）対馬島宛高麗牒状にみえる「廉察使」について」『中央史学』32
* 崔恵淑［2004］『高麗時代南京研究』景仁文化社
* 崔圭成［2005］『高麗太祖王建研究』周留城
* 崔貞煥［1991］『高麗・朝鮮時代禄俸制研究』慶北大学校出版部
　──［1992］「権務官禄を通じてみた高麗時代の権務職」『史林』75-3
* 14世紀高麗社会性格研究班［1994］『14世紀高麗の政治と社会』民音社
　徐台洙［1992］「高麗国王の地位と其の性格」（神田信夫先生古稀記念論集編纂委員会編『清朝と東アジア──神田信夫先生古稀記念論集』山川出版社）
* 申安湜［2002］『高麗武人政権と地方社会』景仁文化社
* 申虎澈［1983］『後百済甄萱政権研究』一潮閣
* ──編［1997］『林衍・林衍政権研究』忠北大学校出版部
* ──［2002］『後三国時代豪族研究』ケシン
* 辛虎雄［1995］『高麗法制史研究』国学資料院
* 沈載錫［2002］『高麗国王冊封研究』慧眼
　末松保和［1996］「麗末鮮初に於ける対明関係」『末松保和朝鮮史著作集5 高麗朝史と朝鮮朝史』吉川弘文館
　周藤吉之［1980］『高麗朝官僚制の研究──宋制との関連において』法政大学出版局
　──［1992］『宋・高麗制度史研究』汲古書院
* 全北伝統文化研究所［2001］『後百済甄萱政権と金州』周留城
* 宋寅州［2007］『高麗時代親衛軍研究』一潮閣
　高橋公明［1987］「中世東アジアにおける海民と交流──済州島を中心として」『名古屋大学文学部研究論集（史学）』33

武田幸男編訳［2005］『高麗史日本伝──朝鮮正史日本伝2（上・下）』岩波書店
　田中健夫［1987］「倭寇と東アジア通交圏」（朝尾直弘・網野善彦・山口啓二・吉田孝編『日本の社会史1　列島内外の交通と国家』岩波書店）
　田村洋幸［1993］「高麗における倭寇濫觴期以前の日麗通交」『経済経営論叢〈京都産業大〉』28-2
＊張東翼［1994］『高麗後期外交史研究』一潮閣
＊──［1997］『元代麗史資料集録』ソウル大学校出版部
＊──［2000］『宋代麗史資料集録』ソウル大学校出版部
＊──［2004］『日本古中世高麗資料研究』ソウル大学校出版部
　──［2007］「1366年高麗征東行中書省の咨文についての検討」『アジア文化交流研究』2
＊──［2009］『高麗時代対外関係史総合年表』東北亜歴史財団
　チョン・ヨンチュル（水谷昌義訳）［1985］「高麗の首都開城についての研究」『朝鮮学報』117
＊鄭清柱［1996］『新羅末高麗初豪族研究』一潮閣
　豊島悠果［2005］「高麗前期の冊立儀礼と后妃」『史学雑誌』114-10
　──［2009a］「1116年入宋高麗使節の体験──外交・文化交流の現場」『朝鮮学報』210
　──［2009b］「高麗の宴会儀礼と宋の大宴」（宋代史研究会編『「宋代中国」の相対化』汲古書院）
　長井丈夫［1994］「高麗、庚寅・癸巳乱の実態とその政治的性格」（青山学院大学東洋史論集編集委員会編『東アジア世界史の展開──青山学院大学東洋史論集』汲古書院）
　中村淳・森平雅彦［2002］「韓国・松広寺所蔵の元代チベット文法旨」『内陸アジア史研究』17
＊南仁国［1999］『高麗中期政治勢力研究』新書苑
　野沢佳美［1982］「金俊の政変について」『史正』12
　浜中昇［1980］「高麗における唐律の継受と帰郷刑・充常戸刑」『歴史学研究』483
　──［1986］「高麗末期政治史序説」『歴史評論』437
　──［1996］「高麗末期倭寇集団の民族構成──近年の倭寇研究に寄せて」『歴史学研究』685
　──［2007］「初期高麗国家と邑司」『朝鮮史研究会論文集』45
　原田一良［1994］「高麗翼軍の成立──部隊単位「軍翼」への照明」『駿大史学』92
　原美和子［1999］「宋代東アジアにおける海商の仲間関係と情報網」『歴史評論』592
　──［2006］「宋代海商の活動に関する一試論──日本・高麗および日本・遼（契丹）通交をめぐって」（小野正敏・五味文彦・萩原三雄編『中世の対外交流──場・ひと・技術』高志書院）
　平木實［2006］「高麗時代の縁座・連座制に関する一考察」（笠谷和比古編『公家と武家III　王権と儀礼の比較文明史的考察』思文閣出版）
＊閔賢九［1974］「高麗後期権門世族の成立」（国史編纂委員会編『韓国史8』国史編纂委員会）
＊──［2004］『高麗政治史論──統一国家の確立と独立王国の試練』高麗大学校出版部
　藤田明良［1997］「「蘭秀山の乱」と東アジアの海域世界──14世紀の舟山群島と高麗・日本」『歴史学研究』698

────［2008］「東アジア世界のなかの太平記」（市沢哲編『太平記を読む』吉川弘文館）
藤田亮策［1963］「李子淵と其の家系」『朝鮮学論考』藤田先生記念事業会
＊辺太燮［1971］『高麗政治制度史研究』一潮閣
＊朴玉杰［1996］『高麗時代の帰化人研究』国学資料院
＊朴宰佑［2005］『高麗国政運営の体制と王権』新丘文化社
＊朴龍雲［1980］『高麗時代台諫制度研究』一志社
＊────［1990］『高麗時代蔭敍制と科挙制研究』一志社
＊────［1996］『高麗時代開京研究』一志社
＊────［1997］『高麗時代官階・官職研究』高麗大学校出版部
＊────［2000a］『高麗時代中書門下省宰臣研究』一志社
＊────［2000b］『高麗時代尚書省研究』景仁文化社
＊────［2001］『高麗時代中枢院研究』高麗大学校民族文化研究院
＊────［2002］「高麗・宋交聘の目的と使節に関する考察」『高麗社会のさまざまな歴史像』新書苑
＊────［2003］『高麗社会と門閥貴族家門』景仁文化社
細野渉［1998］「高麗時代の開城──羅城城門の比定を中心とする復元試案」『朝鮮学報』166
松田孝一［1992］「モンゴル帝国東部国境の探馬赤軍団」『内陸アジア史研究』7・8
丸亀金作［1960-61］「高麗と宋との通交問題（1・2）」『朝鮮学報』17，18
三上次男［1973］『金史研究3』中央公論美術出版
宮紀子［2006］「モンゴルが遺した「翻訳」言語──旧本『老乞大』の発見によせて」『モンゴル時代の出版文化』名古屋大学出版会
村井章介［1982］「高麗・三別抄の叛乱と蒙古来襲前夜の日本」『歴史評論』382，384（後，同［1988］『アジアのなかの中世日本』校倉書房に所収）
────［1996］「1019年の女真海賊と高麗・日本」『朝鮮文化研究』3
森克己［2008］『新訂日宋貿易の研究』勉誠出版（初版1975年）
────［2009a］『続日宋貿易の研究』勉誠出版（初版1975年）
────［2009b］『続々日宋貿易の研究』勉誠出版（初版1975年）
森公章［2008］「古代日麗関係の形成と展開」『海南史学』46
森平雅彦［1996］「高麗後期の賜給田をめぐる政策論議について──14世紀初葉の政局情勢にみるその浮上背景」『朝鮮学報』160
────［1998a］「駙馬高麗国王の成立──元朝における高麗王の地位についての予備的考察」『東洋学報』79-4
────［1998b］「高麗王位下の基礎的考察──大元ウルスの一分権勢力としての高麗王家」『朝鮮史研究会論文集』36
────［2001］「元朝ケシク制度と高麗王家──高麗・元関係における禿魯花の意義に関連して」『史学雑誌』110-2
────［2002］「大元ウルスと高麗仏教──松広寺法旨出現の意義に寄せて」『内陸アジア史研究』17
────［2004a］「高麗における元の站赤──ルートの比定を中心に」『史淵』141
────［2004b］「『賓王録』にみる至元十年の遣元高麗使」『東洋史研究』63-2
────［2006a］「『晦軒実記』刊行始末初探」『年報朝鮮学』9

―――[2006b]「朱子学の高麗伝来と対元関係（1）――安珦朱子学書将来説の再検討」『史淵』143
―――[2007]「牒と咨のあいだ――高麗王と元中書省の往復文書」『史淵』144
―――[2008a]「事元期高麗における在来王朝体制の保全問題」『北東アジア研究』別冊1
―――[2008b]「高麗における宋使船の寄港地「馬島」の位置をめぐって――文献と現地の照合による麗宋間航路研究序説」『朝鮮学報』207
―――[2008c]「高麗群山亭考」『年報朝鮮学』11
―――[2008d]「高麗王家とモンゴル皇族の通婚関係に関する覚書」『東洋史研究』67-3
―――[2009]「黒山諸島海域における宋使船の航路――『高麗図経』所載の事例から」『朝鮮学報』212
―――[2010]「全羅道沿海における宋使船の航路――『高麗図経』所載の事例」『史淵』147
矢木毅［1998］「高麗における軍令権の構造とその変質」『東方学報』70
―――[2008]『高麗官僚制度研究』京都大学学術出版会
安田純也［2002］「高麗時代の僧録司制度」『仏教史学研究』45-1
山内晋次［2003］『奈良平安時代の日本とアジア』吉川弘文館
楊渭生［1997］『宋麗関係史研究』杭州大学出版社（中国）
横内裕人［2008］「高麗続蔵経と中世日本――院政期の東アジア世界観」『日本中世の仏教と東アジア』塙書房
依田千百子［1991］「朝鮮中世の王権神話――高麗王朝起源伝説とその神聖性の源泉」『朝鮮神話伝承の研究』瑠璃書房
＊李益柱［1996］「高麗・元関係の構造に関する研究――いわゆる'世祖旧制'の分析を中心に」『韓国史論〈ソウル大〉』36
―――（森平雅彦訳）［2001］「蒙古帝国の侵略と高麗の抵抗」『歴史評論』619
＊李基白［1968］『高麗兵制史研究』一潮閣
＊―――編［1981］『高麗光宗研究』一潮閣
＊―――[1990]『高麗貴族社会の形成』一潮閣
＊李基白・盧鏞弼・朴貞柱・呉英燮［1993］『崔承老上書文研究』一潮閣
＊李在範［2007］『後三国時代弓裔政権研究』慧眼
＊李鎮漢［1999］『高麗前期官職と禄俸の関係研究』一志社
―――[2009]「高麗時代における宋商の往来と麗宋通交」『年報朝鮮学』12
＊李貞薫［2007］『高麗前期政治制度研究』慧眼
＊李範稷［1991］『韓国中世礼思想研究――五礼を中心として』一潮閣
＊李文基［1995］「新羅末大邱地域豪族の実体とその行方――〈新羅寿昌郡護国城八角燈楼記〉の分析を通して」『郷土文化』9・10合輯
李領［1999］『倭寇と日麗関係史』東京大学出版会
―――[2005]「「庚申年の倭寇」の歴史地理学的検討――鎮浦口戦闘を中心として」（歴史学研究会編『港町と海域世界（港町の世界史1)』青木書店）
ロビンソン，デイビット（水越知訳）［2007］「モンゴル帝国の崩壊と高麗恭愍王の外交政策」（夫馬進編『中国東アジア外交交流史の研究』京都大学学術出版会）
＊盧明鎬［1997］「東明王篇と李奎報の多元的天下観」『震檀学報』83
＊―――[1999]「高麗時代の多元的天下観と海東天子」『韓国史研究』105

＊盧鏞弼［2007］『新羅高麗初政治史研究』韓国史学
Duncan, John B. ［2000］ *The Origins of the Chosŏn Dynasty*, Seattle and London: Univevsity of Washington Press
Shultz, Edward J. ［2000］ *General and Scholars: Military Rule in Medieval Korea*, Honolulu: University of Hawai'i Press

❖ 2　経済史・社会史・文化史　　　　　　　　　　　　　　　　　　(pp. 110〜126)

新井宏［1992a］「朝鮮の尺度変遷について」『朝鮮史研究会論文集』30
―――［1992b］「量田制における頃と結」『朝鮮学報』144
安輝濬（藤本幸夫・吉田宏志訳）［1987］『韓国絵画史』吉川弘文館（原著1980年）
＊安秉佑［2002］『高麗前期の財政構造』ソウル大学校出版部
井上和枝［1990］「高麗時代の女性の地位について」『史学研究』190
＊尹漢宅［1995］『高麗前期私田研究』高麗大学校出版部
尹龍二（弓場紀知監修，片山まび訳）［1998］『韓国陶瓷史の研究』淡交社（原著1993年）
禹成勲［2005a］「高麗の首都，開京の都市商業施設に関する基礎的検討」『日本建築学会計画系論文集』596
―――［2005b］「開京の都市商業施設の建築形式と役割」『日本建築学会計画系論文集』598
奥村周司［1984］「使節迎接礼より見た高麗の外交姿勢―――一，二世紀における対中関係の一面」『史観』110
―――［1987］「高麗の圜丘祀天礼について」『早稲田実業学校研究紀要』21
―――［1997］「高麗の圜丘祀天礼と世界観」（武田幸男編『朝鮮社会の史的展開と東アジア』山川出版社）
―――［2003］「高麗における謁祖真儀と王権の再生」『早実研究紀要』37
―――［2004］「高麗の燃灯会における「如奉恩寺」の意味」『早実研究紀要』38
片山まび［2003］「中世・東アジアにおける象嵌陶磁器の再評価」『青丘学術論集』22
＊韓基汶［1998］『高麗寺院の構造と機能』民族社
＊魏恩淑［1998］『高麗後期農業経済研究』慧眼
菊竹淳一［1988］「高麗仏考―――西日本に伝存する作品による」『九州文化史研究所紀要〈九州大〉』33
菊竹淳一・井手誠之輔・朴銀卿［1994］「高麗時代仏教絵画の総合的研究」『青丘学術論集』4
北村高［1985］「高麗王王璋の崇仏」『東洋史苑』24・25合輯
北村秀人［1969］「高麗時代の「所」制度について」『朝鮮学報』50
―――［1978］「高麗初期の漕運についての一考察―――『高麗史』食貨志漕運の条所収成宗十一年の輸京価制定記事を中心に」（末松保和博士古稀記念会編『末松保和博士古稀記念古代東アジア史論集（上）』吉川弘文館）
―――［1979］「高麗時代の漕倉制について」（旗田巍先生古稀記念会編『旗田巍先生古稀記念朝鮮歴史論集（上）』龍溪書舎）
―――［1981］「高麗時代の貢戸について」『人文研究〈大阪市大〉』32-9
―――［1985a］「朝鮮の身分制」（木村尚三郎他編『中世史講座4』学生社）

──［1985b］「高麗初期の在地支配機構管見」『人文研究〈大阪市大〉』36-9
──［1986］「高麗時代の絹織物生産について」『人文研究〈大阪市大〉』37-9
──［1990］「高麗時代の京市の基礎的考察──位置・形態を中心に」『人文研究〈大阪市大〉』42-4
＊姜恩景［2002］『高麗時代戸長層研究』慧眼
＊姜晋哲［1989a］『〔改訂〕高麗土地制度史研究』一潮閣（初版1980年）
＊──［1989b］『韓国中世土地所有研究』一潮閣
＊許興植［1981a］『高麗社会史研究』一潮閣
＊──［1981b］『高麗科挙制度史研究』一潮閣
＊──［1986］『高麗仏教史研究』一潮閣
＊──［1994］『韓国中世仏教史研究』一潮閣
＊──［2005］『高麗の科挙制度』一潮閣
＊金琪燮［1987］「高麗前期農民の土地所有と田柴科の性格」『韓国史論〈ソウル大〉』17
＊金元龍・安輝濬［1993］『〔新版〕韓国美術史』ソウル大学校出版部
＊金甲童［1990］『羅末麗初の豪族と社会変動研究』高麗大学校出版部
＊金載名［1994］『高麗税役制度史研究』韓国精神文化研究院博士学位論文
　金鍾国［1962］「高麗時代の郷吏について」『朝鮮学報』25
＊金鍾鳴［2001］『韓国中世の仏教儀礼』文学と知性社
＊金仁昊［1999］『高麗後期士大夫の経世論研究』慧眼
＊金泰永［1983］『朝鮮前期土地制度史研究』知識産業社
＊金東洙［1989］「高麗中・後期の監務派遣」『全南史学』3
＊金杜珍［1983］『均如華厳思想研究』一潮閣
＊──［2006］『高麗前期教宗と禅宗の交渉思想史研究』一潮閣
＊金南奎［1989］『高麗両界地方史研究』世文社
＊金日宇［1998］『高麗初期国家の地方支配体系研究』一志社
＊──［2000］『高麗時代耽羅史研究』新書苑
＊金柄九［1983］『晦軒思想研究』学文社
＊金蘭玉［2000］『高麗時代賤事・賤役良人研究』新書苑
＊具山祐［2003］『高麗前期郷村支配体制研究』慧眼
　桑野栄治［2004］「高麗末期の儀礼と国際環境」『久留米大学文学部紀要（国際文化学科編）』21
＊元昌愛［1984］「高麗中・後期監務増置と地方制度の変遷」『清渓史学』1
＊呉イルスン（오일순）［2000］『高麗時代役制と身分制変動』慧眼
＊高栄燮［2005］『韓国仏学史──高麗時代篇』ヨンギ社
＊高惠玲［2001］『高麗後期士大夫の性理学受容』一潮閣
＊洪元基［2001］『高麗前期軍制研究』慧眼
＊洪承基［1983］『高麗貴族社会と奴婢』一潮閣
＊──［2001a］『高麗社会史研究』一潮閣
＊──［2001b］『高麗社会経済史研究』一潮閣
＊──［2001c］『高麗政治史研究』一潮閣
＊黄仁奎［2003］『高麗後期・朝鮮初仏教史研究』慧眼
＊権純馨［2006］『高麗の婚姻制と女性の生』慧眼

＊崔永好［2008］『江華京版『高麗大蔵経』の版刻事業研究』景仁文化社
＊崔在錫［1983］『韓国家族制度史研究』一志社
＊蔡尚植［1991］『高麗後期仏教史研究』一潮閣
＊崔然柱［2006］『高麗大蔵経研究』景仁文化社
　斎藤忠［2000］「開城霊通寺跡の大覚国師碑の現状について」『朝鮮学報』176・177合輯
　崔柄憲（平木實訳）［1986］「大覚国師義天の天台創立と仏教界の改編」『朝鮮学報』118
＊蔡雄錫［2000］『高麗時代の国家と地方社会』ソウル大学校出版部
　佐藤道郎［1981］「朝鮮禅宗の伝燈について」『朝鮮学報』97
　里道徳雄［1983］「高麗仏教に於ける八関会の構造」『東洋学研究』17
＊申千湜［2003］『高麗教育制度史研究』蛍雪出版社
＊──［2004］『麗末鮮初性理学の受容と学脈』景仁文化社
　末松保和［1985］「高麗演福寺鐘銘について」『東洋学報』66-1・2・3・4合併号
　須川英徳［1993］「高麗から李朝初期における諸貨幣──銭・銀貨・楮貨」『歴史評論』516
　──［1997a］「高麗後期における商業政策の展開」『朝鮮文化研究』4
　──［1997b］「高麗末から朝鮮初における貨幣論の展開」（武田幸男編『朝鮮社会の史的展開と東アジア』山川出版社）
＊千恵鳳［1990］『韓国典籍印刷史』ソウル大学校出版部
　高橋隆博［1994］「朝鮮半島漆芸史の基礎的研究」『青丘学術論集』4
　武田幸男［1971］「朝鮮の律令制」（荒松雄他編『岩波講座世界歴史6』岩波書店）
　──［1984］「朝鮮の姓氏」（井上光貞他編『東アジア世界における日本古代史講座10　東アジアにおける社会と習俗』学生社）
　──［1989］「高麗・李朝──慶州にみる朝鮮在地社会の千年史」（三上次男・神田信夫編『東北アジアの民族と歴史（民族の世界史3）』山川出版社）
　──［2006］「高麗の雑所・雑尺に関する考察」『朝鮮学報』199・200合輯
＊趙明済［2004］『高麗後期看話禅研究』慧眼
＊鄭容淑［1988］『高麗王室族内婚研究』世文社
＊──［1992］『高麗時代の后妃』民音社
＊都賢喆［1999］『高麗末士大夫の政治思想研究』一潮閣
　──（福井譲訳）［2003］「高麗末における性理学の特徴」『朝鮮学報』186
　豊島悠果［2005］「高麗前期の冊立儀礼と后妃」『史学雑誌』114-10
　──［2007］「高麗時代の婚姻形態について」『東洋学報』88-4
　──［2009］「高麗の宴会儀礼と宋の大宴」（宋代史研究会編『「宋代中国」の相対化』汲古書院）
　中野照男［1993］「高麗時代の地蔵十王図」『美術研究』356
＊裵象鉉［1998］『高麗後期寺院田研究』国学資料院
　旗田巍［1972］『朝鮮中世社会史の研究』法政大学出版局
　浜中昇［1976］「高麗末期の田制改革について」『朝鮮史研究会論文集』13
　──［1980］「高麗における唐律の継受と帰郷刑・充常戸刑」『歴史学研究』483
　──［1984］「『世宗実録』地理志条の基礎的考察」『東洋史研究』43-2
　──［1986］『朝鮮古代の経済と社会』法政大学出版局
　──［1987］「高麗時代の姓氏記録、『古籍』について──『世宗実録』地理志姓氏条の史

料的性格」『朝鮮学報』123
＊──［1990］「新羅末・高麗初期の城主・将軍について」（紀念論叢刊行委員会編『碧史李佑成教授定年退職紀念論叢　民族史の展開とその文化（上）』創作と批評社）
　──［1992］「高麗初期村落の性格をめぐって」『朝鮮学報』144
　──［1993］「高麗初期の邑の丁数」『年報朝鮮学』3
　──［1997a］「『高麗史』地理志の批判──顕宗九年条を中心に」（武田幸男編『朝鮮社会の史的展開と東アジア』山川出版社）
　──［1997b］「高麗末期・朝鮮初期の禾尺・才人」『朝鮮文化研究』4
　──［2000］「高麗前期の土地利用方式について──『高麗史』食貨志所収規定の再検討」『朝鮮学報』176・177 合輯
　──［2003］「高麗における公・私と公田・私田」『朝鮮学報』186
　──［2007］「初期高麗国家と邑司」『朝鮮史研究会論文集』45
＊閔丙河［1992］『韓国中世教育制度史研究』成均館大学校出版部
＊辺東明［1995］『高麗時代性理学受容研究』一潮閣
＊朴胤珍［2006］『高麗時代王師・国師研究』景仁文化社
＊朴恩卿［1996］『高麗時代郷村社会研究』一潮閣
＊朴京安［1996］『高麗後期土地制度研究』慧眼
＊朴敬子［2001］『高麗時代郷吏研究』国学資料院
＊朴贊洙［2001］『高麗時代教育制度史研究』景仁文化社
＊朴鍾進［2000］『高麗時期財政運営と租税制度』ソウル大学校出版部
＊朴宗基［1990］『高麗時代部曲制研究』ソウル大学校出版部
＊朴龍雲［1990］『高麗時代蔭叙制と科挙制度』一志社
　三上次男［1981］「高麗陶磁の起源とその歴史的背景」『朝鮮学報』99・100 合輯
　宮嶋博史［1980］「朝鮮農業史上における十五世紀」『朝鮮史叢』3
　ミュラー, C.［2004］「高麗－朝鮮における仏教－儒教間の対立の眼目」『思想』960
　森平雅彦［1996］「高麗後期の賜給田をめぐる政策論議について」『朝鮮学報』160
　──［2006］「朱子学の高麗伝来と対元関係（その一）」『史淵』143
　安田純也［2002］「高麗時代の僧録司制度」『仏教史研究』45-1
　──［2005］「高麗時代の内道場」『朝鮮学報』194
　──［2006］「了円撰『法華霊験伝』と高麗仏教」『アジア文化交流研究』1
　──［2007］「高麗時代の在地寺院と仏事」『アジア文化交流研究』2
　山内民博［1997］「高麗墓誌の親族関係記事について」（武田幸男編『朝鮮社会の史的展開と東アジア』山川出版社）
　湯山明［1985］「演福寺銅鐘の梵語銘文覚書」『東洋学報』66-1・2・3・4 合併号
　吉岡完祐［1986］「高麗青磁の出現」『朝鮮学報』119・120 合輯
　吉田光男［1980］「高麗時代の水運機構「江」について」『社会経済史学』46-6
＊李煕徳［1994］『高麗政治思想の研究』一潮閣
＊──［2000］『高麗時代天文思想と五行説研究』一潮閣
＊李恵玉［1985］「高麗時代税制研究」梨花女子大学校博士学位論文
＊李景植［1987］『朝鮮前期土地制度研究』一潮閣
＊──［2008］『高麗前期の田柴科』ソウル大学校出版部
＊李源明［1997］『高麗時代性理学受容研究』国学資料院

* 李弘斗［2006］『韓国中世部曲研究』慧眼
* 李載昌［1993］『韓国仏教寺院経済研究』仏教時代社
* 李淑京［2007］『高麗末朝鮮初賜牌田研究』一潮閣
* 李樹健［1984］『韓国中世社会史研究』一潮閣
* 李純根［1986］「高麗時代事審官の機能と性格」（辺太燮編『高麗史の諸問題』三英社）
  李鍾益［1980］『韓国仏教の研究』国書刊行会
* 李仁在［1990］「高麗中後期地方制改革と監務」『外大史学』3
* 李成茂［1978］「高麗・朝鮮初期の土地所有権についての諸説の検討」『省谷論叢』9
* 李相瑄［1998］『高麗時代寺院の社会経済研究』誠信女子大学校出版部
* 李宗峯［2001］『韓国中世度量衡研究』慧眼
* 李泰鎮［1986］『韓国社会史研究』知識産業社
* 李貞熙［2000］『高麗時代税制の研究』国学資料院
* 李楠福［2004］『高麗後期新興士族の研究』景仁文化社
* 李範稷［1991］『韓国中世礼思想研究』一潮閣
* 李炳熙［2008］『高麗後期寺院経済研究』景仁文化社
* 李丙旭［2000］『天台思想研究』キョンソウォン
* ──［2002］『高麗時代の仏教思想』慧眼
* 李丙燾［1980］『〔改訂版〕高麗時代の研究』亜細亜文化社
  梁銀容［1981］「高麗道教の浄事色について」『仏教大学大学院研究紀要』9
  六反田豊［1993］「高麗末期の漕運運営」『久留米大学文学部紀要（国際文化学科編）』2
  ──［1997］「科田法の再検討──土地制度史からみたその制定の意義をめぐる一試論」『史淵』134
* 盧明鎬［1979］「山陰帳籍を通してみた17世紀初村落の血縁様相」『韓国史論〈ソウル大〉』5
* ──［1988］「高麗時代郷村社会の親族関係網と家族」『韓国史論〈ソウル大〉』19

第5章　朝　鮮

❖ 1-a　政治史（前期）　　　　　　　　　　　　　　　　（pp. 127～134）

有井智徳［1985］『高麗李朝史の研究』国書刊行会
井上秀雄［1982］「現存遺蹟からみた朝鮮城郭小史」（村上四男博士退官記念論文集編集委員会編『村上四男博士和歌山大学退官記念 朝鮮史論文集』開明書院）
尹張燮（西垣安比古訳）［2004］『韓国の建築』中央公論美術出版（原著1996年）
禹成勲［2005］「韓国の前近代都市史研究史──高麗時代と朝鮮時代の都市史研究を中心に」『年報都市史研究』13
押川信久［2002］「朝鮮王朝建国当初における僧徒の動員と統制」『朝鮮学報』185
加藤裕人［2009］「高麗末期から朝鮮建国期における僧徒と建築技術」『朝鮮学報』211
川西裕也［2007］「朝鮮初期における官教文書様式の変遷──頭辞と印章を中心として」『朝鮮学報』205

──［2009］「朝鮮初期における文武官妻封爵の規定と封爵文書体式の変遷」『年報朝鮮学』12
韓永愚（平木葉子訳）［2004］「朝鮮時代における「儀軌」の編纂とその資料的価値」『朝鮮学報』190
＊──［2005］『朝鮮王朝儀軌──国家儀礼とその記録』一志社
＊韓亨周［2002］『朝鮮初期国家祭礼研究』一潮閣
＊韓国史研究会編［2008］『新しい韓国史の道しるべ──第3版韓国史研究入門（上）』知識産業社
＊韓春順［2006］『明宗代勲戚政治研究』慧眼
＊韓忠熙［1998］『朝鮮初期六曹と統治体系』啓明大学校出版部
＊──［2006］『朝鮮初期の政治制度と政治』啓明大学校出版部
＊──［2007］『朝鮮初期官衙研究』国学資料院
岸本美緒・宮嶋博史［1998］『明清と李朝の時代（世界の歴史12）』中央公論社
北村明美［1992］「李朝初期国役制度「保法」の成立について」『朝鮮史研究会論文集』30
──［1996a］「李朝初期「軍役」概念の再検討」『歴史学研究』680
──［1996b］「李朝初期の架閣庫」（河音能平編『中世文書論の視座』東京堂出版）
北村秀人［1983］「朝鮮（前期）」（島田虔次他編『アジア歴史研究入門2 中国II・朝鮮』同朋舎）
姜信沆［1991］「王権と訓民正音の創製」『朝鮮学報』138
＊金宇基［2001］『朝鮮中期戚臣政治研究』集文堂
＊金海栄［2003］『朝鮮初期祭祀典礼研究』集文堂
＊金慶洙［1998］『朝鮮時代の史官研究』国学資料院
金憲奎［2005］「朝鮮王朝の防衛体制の変化に関する研究──城郭の立地と整備過程を中心に」『日本建築学会計画系論文集』588
＊金松姫［1998］『朝鮮初期堂上官兼職制研究──東班京官職と臨時職を中心に』漢陽大学校出版部
＊金昌鉉［1999］『朝鮮初期文科及第者研究』一潮閣
＊金燉［1997］『朝鮮前期君臣権力関係研究』ソウル大学校出版部
桑野栄治［1994］「李朝初期における承政院の設立とその機能」『史淵』131
──［1996］「高麗から李朝初期における円丘壇祭祀の受容と変容──祈雨祭としての機能を中心に」『朝鮮学報』161
──［2002］「朝鮮世祖代の儀礼と王権──対明遥拝儀礼と圜丘壇祭祀を中心に」『久留米大学文学部紀要（国際文化学科編）』19（後，同［2004］『高麗末期から李朝初期における対明外交儀礼の基礎的研究』［科学研究費報告書］に所収）
──［2004］『高麗末期から李朝初期における対明外交儀礼の基礎的研究』（科学研究費報告書）
──［2005］「正朝・冬至の宮中儀礼を通してみた15世紀朝鮮の儒教と国家──朝鮮燕山君代の対明遥拝儀礼を中心に」『朝鮮史研究会論文集』43
＊元永煥［1990］『朝鮮時代漢城府研究』江原大学校出版部
河内良弘［2000］「朝鮮王国の女真通事」『東方学』99
＊呉甲均［1995］『朝鮮時代司法制度研究』三英社
＊呉宗禄［2005］「朝鮮前期史研究50年」（梨花女子大学校韓国文化研究院編『韓国史研究

50年』慧眼）
* 崔異敦［1994］『朝鮮中期士林政治構造研究』一潮閣
* 崔承熙［2002］『朝鮮初期政治史研究』知識産業社
* ──［2004］『朝鮮初期言論史研究』知識産業社
* 車文燮［1973］『朝鮮時代軍制研究』檀国大学校出版部
　末松保和［1956］「朝鮮議政府考」『朝鮮学報』9（後，同［1996］『高麗朝史と朝鮮朝史（末松保和著作集5）』吉川弘文館に所収）
　──［1984］「歴史家としての西厓・柳成龍（講演手記）」『朝鮮学報』110（後，同［1996］『高麗朝史と朝鮮朝史（末松保和著作集5）』吉川弘文館に所収）
　──［1996］『高麗朝史と朝鮮朝史（末松保和著作集5）』吉川弘文館
　須川英徳［2003］「背徳の王燕山君──儒教への反逆者」『アジア遊学』50
　杉山信三［1984］『韓国の中世建築』相模書房
　妹尾達彦［2001］『長安の都市計画』講談社
* 宋基中・申炳周・朴智善・李仁盛［2005］『『朝鮮王朝実録』保存のための基礎調査研究(1)』ソウル大学校出版部
* 池斗煥［1994］『朝鮮前期儀礼研究──性理学正統論を中心に』ソウル大学校出版部
* 趙志晩［2007］『朝鮮時代の刑事法──大明律と国典』景仁文化社
* 鄭光［1988］『司訳院倭学研究』太学社
* ──［1990］『朝鮮朝訳科試券研究』成均館大学校大東文化研究院
* ──［2002］『訳学書研究』J＆C
* 鄭杜熙［1994］『朝鮮時代の臺諫研究』一潮閣
　中村栄孝［1970］「朝鮮世祖の圜丘壇祭祀について（上）」『朝鮮学報』54
　西垣安比古［1994］「朝鮮の聚落の場所論的構造──河回マウルの場合」『年報朝鮮学』4
　西谷正［2001］「李朝考古学の諸問題」『史淵』138
* 裵賢淑［2002］『朝鮮実録研究序説』泰一社
* 白相起［1990］『朝鮮朝監査制度研究』嶺南大学校出版部
　平木實［1985］「韓国における天神（祭天）信仰について──親神・神の翻訳語と関連して」『天理大学学報』151（後，同［1987］『朝鮮社会文化史研究』国書刊行会に所収）
　──［1987］『朝鮮社会文化史研究』国書刊行会
　──［1990］「朝鮮中宗・明宗代の旱魃をめぐる天譴意識とその社会」『朝鮮学報』134（後，同［2001］『朝鮮社会文化史研究II』阿吽社に所収）
　──［1991］「朝鮮史の展開における王権──朝鮮王朝時代を中心に」『朝鮮学報』138（後，同［2001］『朝鮮社会文化史研究II』阿吽社に所収）
* ──［1999］「圜丘壇祭祀儀礼を通してみた王権と官僚制の一側面」（朝鮮時代史学会編『東洋三国の王権と官僚制』国学資料院）
　──［2001］『朝鮮社会文化史研究II』阿吽社
　──［2008］「高麗末・朝鮮初期の私兵と文・武官制成立の史的意義」（笠谷和比古編『公家と武家IV──官僚制と封建制の比較文明史的考察』思文閣出版）
　藤本幸夫［1983］「校書館推治の件──「内訓」を中心として」『汲古』4
* 方相鉉［1991］『朝鮮初期水軍制度』民族文化社
* 朴光用［1999］「朝鮮時代政治史研究の成果と課題」（鄭求福・朴光用・李栄薫・崔珍玉・朴連鎬『朝鮮時代研究史』韓国精神文化研究院）

矢木毅［1996］「朝鮮初期の徒流刑について」（梅原郁編『前近代中国の刑罰』京都大学人文科学研究所）
――［1999］「朝鮮初期の笞杖刑について」『史林』82-2
――［2008］「朝鮮党争史における官人の処分――賜死とその社会的インパクト」（冨谷至編『東アジアの死刑』京都大学学術出版会）
山内弘一［1979］「李朝初期における対明自尊の意識」『朝鮮学報』92
――［1990］「子どものしつけと女大学――朝鮮の儒教教育」（二宮宏之編『規範と統合（シリーズ世界史への問い5）』岩波書店）
――［2001］「小中華を生きる――朝鮮王朝の知識人，両班士族」（伊原弘・小島毅編『知識人の諸相――中国宋代を基点として』勉誠出版）
吉田光男［1981］「15世紀朝鮮の土官制――李朝初期地方支配体制の一断面」『朝鮮史研究会論文集』18
――［1992］「漢城の都市空間――近世ソウル論序説」『朝鮮史研究会論文集』30（後，同［2009］『近世ソウル都市社会研究』草風館に所収）
――［1998］「朝鮮の身分と社会集団」（岸本美緒編『岩波講座世界歴史 13 東アジア・東南アジア伝統社会の形成』岩波書店）
――［1999］「朝鮮近世の王都と帝都」『年報都市史研究』7（後，同［2009］『近世ソウル都市社会研究』草風館に所収）
――［2009］『近世ソウル都市社会研究――漢城の街と住民』草風館
＊陸軍士官学校韓国軍事研究室［1968］『韓国軍制史――近世朝鮮前期篇』陸軍本部
＊李樹健［1989］『朝鮮時代地方行政史』民音社
李成茂（李大淳監修，金容権訳）［2006］『朝鮮王朝史（上・下）』日本評論社（原著1998年）
――（平木實・中村葉子訳）［2008］『韓国の科挙制度――新羅・高麗・朝鮮時代の科挙』日本評論社（原著1994年）
＊李存熙［1990］『朝鮮時代地方行政制度研究』一志社
＊――［2001］『朝鮮時代の漢陽と京畿』慧眼
李泰鎮（六反田豊訳）［2000］『朝鮮王朝社会と儒教』法政大学出版局（原著1989年）
李範稷（浅井良純訳）［1991a］「朝鮮王朝における王権と五礼」『朝鮮学報』138
＊――［1991b］『韓国中世礼思想研究――五礼を中心に』一潮閣
＊柳在春［2003］『韓国中世築城史研究』景仁文化社
＊林容漢［2002］『朝鮮前期守令制と地方統治』慧眼
＊――［2008］『朝鮮前期官吏登用制度研究』慧眼
六反田豊［1986］「定陵碑文の改撰論議と桓祖庶系の排除――李朝初期政治史の一断面」『九州大学東洋史論集』15
――［1994］「李朝初期の漕運運営機構」『朝鮮学報』151
渡辺信一郎［1996］『天空の玉座――中国古代帝国の朝政と儀礼』柏書房

❖ 1-b　政治史（後期）　　　　　　　　　　　　　　　　　　　　（pp. 134～142）

＊禹景燮［1998］「英・正祖代弘文館機能の変化」『韓国史論〈ソウル大〉』39

＊禹仁秀［1999］『朝鮮後期山林勢力研究』一潮閣
　糟谷憲一［1996］「李朝後期の権力構造の歴史的特質——門閥と党派」『一橋論叢』115-4
＊韓永愚［1998］『正祖の華城行次——その8日』ヒョヒョン出版
＊韓国歴史研究会［1992］『1894年農民戦争研究 2——18・19世紀の農民抗争』歴史批評社
＊韓国歴史研究会19世紀政治史研究班［1990］『朝鮮政治史1800〜1863（上・下）』青年社
＊韓相権［1996］『朝鮮後期社会と訴冤制度——上言・撃錚研究』一潮閣
＊──［1998］「朝鮮後期勢道家門の蓄財と農民抗争」（李基白編『韓国史市民講座22 不正蓄財の社会史』）一潮閣
＊許興植・元昌愛・韓春順・崔珍玉・張弼基・鄭海恩・李南姫・任敏赫・朴洪甲・宋楊燮［2003］『朝鮮時代の科挙と官職（朝鮮時代両班社会と文化1）』集文堂
＊金芝英［2002］「英祖代親耕儀式の挙行と『親耕儀軌』」『韓国学報』109
＊金成潤［1997］『朝鮮後期蕩平政治研究』知識産業社
＊金友哲［2000］『朝鮮後期地方軍制史』景仁文化社
＊金容欽［2006］「19世紀前半勢道政治の形成と政治運営」『韓国史研究』132
＊金龍徳［1986］「朋党政治論批判」『精神文化研究』1986 夏
　桑野栄治［2001］「朝鮮小中華意識の形成と展開——大報壇祭祀の整備過程を中心に」（朴忠錫・渡辺浩編『国家理念と対外認識17-19世紀（日韓共同研究叢書3）』慶應義塾大学出版会）
　──［2006］「朝鮮後期における国家祭祀儀礼の変動」『久留米大学文学部紀要（国際文化学科編）』23
　高錫珪［1992］「18・19世紀農民抗争の推移」（韓国歴史研究会『1894年農民戦争研究 2——18・19世紀の農民抗争』歴史批評社）
＊洪順敏［1990］「中央政治勢力の性格」（韓国歴史研究会19世紀政治史研究班『朝鮮政治史1800〜1863（上）』青年社）
＊呉甲均［1995］『朝鮮時代司法制度研究』三英社
＊呉洙彰［1985］「仁祖代政治勢力の動向」『韓国史学』13
＊──［1990］「政局の推移」（韓国歴史研究会19世紀政治史研究班『朝鮮政治史1800〜1863（上）』青年社）
＊崔異敦［1994］『朝鮮後期士林政治構造研究』一潮閣
＊車文燮［1973］『朝鮮時代軍制研究』檀国大学校出版部
＊宋賛植［1978］「朝鮮朝士林政治の権力構造——三司と銓郎を中心に」『経済史学』2
　鶴園裕［1984］「平安道農民戦争と檄文」『朝鮮史研究会論文集』21
　──［2000］「朝鮮王朝後期の反乱」（深谷克己編『民衆運動史——近世から近代へ 5（世界史の中の民衆運動）』青木書店）
＊鄭求先［1991］「朝鮮後期の薦挙制——薦挙を通じて初入仕した被薦者の成分と官歴の分析を中心に」『慶州史学』10
＊鄭玉子［1989］「17世紀思想界の再編と礼論」『韓国文化』10
＊鄭奭鍾［1994］『朝鮮後期の政治と思想』ハンギル社
＊鄭万祚［1983］「英祖代初半の蕩平策と蕩平派の活動——蕩平基盤の成立に至るまで」『震檀学報』56
＊──［1993］「朝鮮時代の士林政治——17世紀の政治形態」（李鍾旭・李基白・申虎澈・

鄭万祚・柳永烈『韓国史上の政治形態』一潮閣
* 南智大［1990］「中央政治勢力の形成構造」（韓国歴史研究会19世紀政治史研究班『朝鮮政治史1800〜1863（上）』青年社）
* 潘允洪［2003］『朝鮮時代備辺司研究』景仁文化社
* 朴光用［1994］「朝鮮後期政治史研究動向（1989〜1994）」『韓国史論〈国史編纂委員会〉』24
* ―――［1998］『英祖と正祖の国』プルンヨクサ
* 李銀順［1986］「18世紀老論一党専制の成立過程――辛壬士禍と闡義昭鑑の論理を中心に」『歴史学報』110
* 陸軍士官学校韓国軍事研究所［1977］『韓国軍制史――近世朝鮮後期篇』陸軍本部
* 李迎春［1998］『朝鮮後期王位継承研究』集文堂
* 李根浩［2002］「英祖代蕩平派の形成と閥閲化」『朝鮮時代史学報』21
* 李在喆［2001］『朝鮮後期備辺司研究』集文堂
* 李成茂［1998］「朝鮮後期党争史に関する諸説の検討」『国史館論叢』81
* ―――［2000］『改訂増補 韓国の科挙制度』集文堂
* ―――［2007］『朝鮮時代党争史（1・2）』アルムダウンナル
  ―――（平木實・中村葉子訳）［2008］『韓国の科挙制度――新羅・高麗・朝鮮時代の科挙』日本評論社（原著1994年）
* 李成茂・鄭万祚・李銀順・崔鳳永［1992］『朝鮮後期党争の綜合的検討』韓国精神文化研究院
* 李相培［1999］『朝鮮後期政治と掛書』国学資料院
* 李泰鎮［1985a］『朝鮮後期の政治と軍営制変遷』韓国研究院
* ―――［1985b］「朝鮮時代の政治的葛藤とその解決――士禍と党争を中心に」（同編『朝鮮時代政治史の再照明――士禍・党争編』汎潮社）
* ―――［1989］『朝鮮儒教社会史論』知識産業社
  ―――（春木育美訳）［2002］「朝鮮時代の「民本」意識の変遷と18世紀「民国」理念の台頭」（朴忠錫・渡辺浩編『国家理念と対外認識 17-19世紀（日韓共同研究叢書3）』慶應義塾大学出版会）
  Haboush, Jahyun Kim［1999］"Constructing the Center: The Ritual Controversy and the Search for a New Identity in Seventeenth-Century Korea" in Jahyun Kim Haboush and Martina Deuchler ed., *Culture and the State in Late Chosŏn Korea,* Cambridge: Harvard University Asia Center

❖ 2-a 対外関係史（前期） (pp. 142〜147)

荒木和憲［2007］『中世対馬宗氏領国と朝鮮』山川出版社
有井智徳［1981］「李朝初期向化倭人考」（村上四男博士退官記念論文集編集委員会『村上四男博士和歌山大学退官記念朝鮮史論文集』開明書院）
* 安貞姫［1997］「朝鮮初期の事大論」『歴史教育』64
  伊藤幸司［2002］「現存史料からみた日朝外交文書・書契」『九州史学』132
  ―――［2005］「日朝関係における偽使の時代」（日韓歴史共同研究委員会編『日韓歴史共同

研究報告書（第2分科篇）』日韓歴史共同研究委員会）
──［2009］「偽大内殿使考──大内氏の朝鮮通交と偽使問題」『日本歴史』731
宇田川武久［1993］『東アジア兵器交流史の研究──十五〜十七世紀における兵器の受容と伝播』吉川弘文館
太田秀春［2006］『朝鮮の役と日朝城郭史の研究──異文化の遭遇・受容・変容』清文堂
奥村周司［1999］「朝鮮における明使迎接礼と対明姿勢──中宗三二年の明使迎接を中心として」『早稲田実業学校研究紀要』33
長節子［1987］『中世日朝関係と対馬』吉川弘文館
──［1997］「一五世紀後半の日朝貿易の形態」（中村質編『鎖国と国際関係』吉川弘文館）
──［2002a］『中世国境海域の倭と朝鮮』吉川弘文館
──［2002b］「朝鮮前期朝日関係の虚像と実像──世祖王代瑞祥祝賀使を中心として」『年報朝鮮学』8
──［2006］「壬申条約後の釜山浦再開港時期について」『九州産業大学国際文化学部紀要』34
──［2007］「壬申・丁未約条接待停止深処倭に関する考察」『年報朝鮮学』10
川添昭二［1996］『対外関係の史的展開』文献出版
河内良弘［1992］『明代女眞史の研究』同朋舎出版
＊韓成周［2006］「朝鮮初期受職女真人研究──世宗代を中心に」『朝鮮時代史学報』36
＊──［2007］「朝鮮初期朝・明二重受職女真人の両属問題」『朝鮮時代史学報』40
＊韓相権［1983］「16世紀対中国私貿易の展開──銀貿易を中心として」（金哲埈博士華甲紀念史学論叢刊行準備委員会編『金哲埈博士華甲紀念史学論叢』知識産業社）
韓文鍾［1995］「朝鮮前期の受職倭人」『年報朝鮮学』5
＊──［1996］「朝鮮前期の受図書倭人」『韓日関係史研究』5
＊──［2001］『朝鮮前期向化・受職倭人研究』国学資料院
＊韓明基［1999］『壬辰倭乱と韓中関係』歴史批評社
北島万次［1990］『豊臣政権の対外認識と朝鮮侵略』校倉書房
──［1995a］「永楽帝期における朝鮮国王の冊封と交易」（田中健夫編『前近代の日本と東アジア』吉川弘文館）
──［1995b］『豊臣秀吉の朝鮮侵略』吉川弘文館
──［2004］「壬辰倭乱における降倭の存在形態──その素描」『歴史評論』651
木村拓［2004］「一五世紀朝鮮王朝の対日本外交における図書使用の意味──冊封関係との接点の探求」『朝鮮学報』191
──［2007］「17世紀前半朝鮮の対日本外交の変容──「為政以徳」印の性格変化をめぐって」『史学雑誌』116-12
──［2008］「一五世紀前半朝鮮の女真人への授職と羈縻──明の品帯を超えて」『朝鮮史研究会論文集』46
＊金九鎮［1990］「朝鮮前期韓・中関係史の試論──朝鮮と明の使行とその性格に対して」『弘益史学』4
＊──［1995］「女真との関係」（国史編纂委員会編『韓国史22 朝鮮王朝の成立と対外関係』国史編纂委員会）
＊金暻緑［2004］「朝鮮時代使臣接待と迎接都監」『韓国学報』117

*金康植［2005］「壬乱時義兵戦争」（韓日関係史研究論集編纂委員会編『壬辰倭乱と韓日関係』景仁文化社）
*金順子［2008］『韓国中世韓中関係史』慧眼
*金松姫［1998］『朝鮮初期堂上官兼職制研究——東班京官職と臨時職を中心に』漢陽大学校出版部
　金文子［1993］「豊臣政権期の日・明和議交渉と朝鮮」『お茶の水史学』37
　桑野栄治［1998］「朝鮮版『正徳大明会典』の成立とその現存——朝鮮前期対明外交交渉との関連から」『朝鮮文化研究』5
　──［2008a］「朝鮮中宗代における宗系弁誣問題の再燃」『久留米大学文学部紀要（国際文化学科編）』25
　──［2008b］「朝鮮中宗二〇年代の対明外交交渉——『嘉靖会典』編纂の情報収集をめぐって」『東洋史研究』67-3
　──［2009］「朝鮮中宗三〇年代における対明外交交渉——宗系弁誣問題をめぐって」『久留米大学文学部紀要（国際文化学科編）』26
*桂勝範［2009］『朝鮮時代海外派兵と韓中関係——朝鮮支配層の中国認識』プルンヨクサ
　末松保和［1996］「麗末鮮初に於ける対明関係」『高麗朝史と朝鮮朝史』吉川弘文館
　須田牧子［2002］「室町期における大内氏の対朝関係と先祖観の形成」『歴史学研究』761
　──［2006］「大内氏の対朝関係の展開と琳聖太子伝説」（小野正敏他編『考古学と中世史研究 3 中世の対外交流——場・ひと・技術』高志書院）
　関周一［1992］「香料の道と日本・朝鮮」（荒野泰典・石井正敏・村井章介編『アジアのなかの日本史 III ──海上の道』東京大学出版会）
　──［1997］「室町幕府の朝鮮外交——足利義持・義教期の日本国王使を中心として」（阿部猛編『日本社会における王権と封建』東京堂出版）
　──［2002］『中世日朝海域史の研究』吉川弘文館
*曺永禄［2002］『近世東アジア三国の国際交流と文化』知識産業社
*曺佐鎬［1960］「李朝対明貢女考——韓国女人哀史の一齣」（東国大学校史学会・黄義敦先生古希記念論叢編纂会編『海圓黄義敦先生古稀記念史学論叢』東国大学校出版部）
　孫承喆（山里澄江・梅村雅英訳，鈴木信昭監訳）［1998］『近世の朝鮮と日本——交隣関係の虚と実』明石書店（原著1994年）
*──［1999］「朝・琉交隣体制の構造と特徴」（河宇鳳他『朝鮮と琉球』アルケ）
　高橋公明［1982a］「外交文書，「書」・「咨」について」『年報中世史研究』7
　──［1982b］「外交儀礼よりみた室町時代の日朝関係」『史学雑誌』91-8
　──［1987］「朝鮮遣使ブームと世祖の王権」（田中健夫編『日本前近代の国家と対外関係』吉川弘文館）
　──［1989］「十六世紀の朝鮮・対馬・東アジア海域」（加藤榮一他編『幕藩制国家と異域・異国』校倉書房）
　田代和生［2007］「朝鮮国書原本の所在と科学分析」『朝鮮学報』202
　田代和生・米谷均［1995］「宗家旧蔵『図書』と木印」『朝鮮学報』156
　田中健夫［1959］『中世海外交渉史の研究』東京大学出版会
　──［1975］『中世対外関係史』東京大学出版会
　──［1987］「倭寇と東アジア通交圏」（朝尾直弘他編『日本の社会史 第1巻 列島内外の交通と国家』岩波書店）

鄭杜熙・李璟珣編（小幡倫裕訳，金文子監訳）［2008］『壬辰戦争——16世紀日・朝・中の国際戦争』明石書店（原著2007年）
中村栄孝［1965］『日鮮関係史の研究（上）』吉川弘文館
——［1969a］『日鮮関係史の研究（中）』吉川弘文館
——［1969b］『日鮮関係史の研究（下）』吉川弘文館
貫井正之［1996］『豊臣政権の海外侵略と朝鮮義兵研究』青木書店
＊白玉敬［2006］「朝鮮前期の使行密貿易研究——赴京使行を中心として」『歴史文化研究』25
橋本雄［2005］『中世日本の国際関係——東アジア通交圏と偽使問題』吉川弘文館
橋本雄・米谷均［2008］「倭寇論のゆくえ」（桃木至朗編『海域アジア史入門』岩波書店）
荷見守義［1995］「明朝の冊封体制とその様態——土木の変をめぐる李氏朝鮮との関係」『史学雑誌』104-8
——［2003a］「世祖靖難と女直調査——一四五五年四月の人名記録に見る中朝関係」（明代史研究会編『明代史研究会創立三十五年記念論集』汲古書院）
——［2003b］「女直授官と朝鮮王朝——端宗三年の事例を通して」『人文研究紀要〈中央大学人文科学研究所〉』48
——［2004］「女直授官の構造とその変容——中朝関係における女直の位置」（川越泰博編『明清史論集——中央大学川越研究室二十周年記念』国書刊行会）
平木實［1994］「朝鮮時代前期における胡椒交易をめぐって」『朝鮮学報』153
閔徳基［1994］『前近代東アジアのなかの韓日関係』早稲田大学出版部
藤田明良［1998］「東アジアにおける「海域」と国家——一四世紀〜一五世紀の朝鮮半島を中心に」『歴史評論』575
夫馬進［2007］「明清中国の対朝鮮外交における「礼」と「問罪」」（同編『中国東アジア外交交流史の研究』京都大学学術出版会）
——［2008］「一六〇九年，日本の琉球併合以降における中国・朝鮮の対琉球外交——東アジア四国における冊封，通信そして杜絶」『朝鮮史研究会論文集』46
＊朴元熇［2002］『明初朝鮮関係史研究』一潮閣
＊朴成柱［2000］「朝鮮初期遣明使節に対する一考察」『慶州史学』19
松尾弘毅［2003］「中世日朝関係における後期受職人の性格」『日本歴史』663
——［2006］「朝鮮前期における向化倭人」『史淵』144
三宅英利［1986］『近世日朝関係史の研究』文献出版
村井章介［1988］『アジアのなかの中世日本』校倉書房
——［1993］『中世倭人伝』岩波書店
——［1996］「中世倭人と日本銀」（竹内実他『日本史を海から洗う』南風社）
山内民博［2003］「倭乱記録と顕彰・祭祀——壬辰丁酉倭乱と朝鮮郷村社会」『新潟史学』50
米谷均［1997］「16世紀日朝関係における偽使派遣の構造と実態」『歴史学研究』697
——［2002］「文書様式論から見た一六世紀の日朝往復書契」『九州史学』132
李薫（松原孝俊・金明美訳）［1997］「朝鮮王朝時代後期漂民の送還を通してみた朝鮮・琉球関係」『歴代宝案研究』8
＊李鉉淙［1961］「明使接待考」『郷土ソウル』12
＊李章熙［1999］『壬辰倭乱史研究』亜細亜文化社

李成珪（朴永哲訳）［2004］「明・清史書の朝鮮「曲筆」と朝鮮による「弁誣」」（京都大学大学院文学研究科 21 世紀 COE プログラム「グローバル化時代の多元的人文学の拠点形成」編『人文知の新たな総合に向けて 第二回報告書 I（歴史篇）』京都大学大学院文学研究科 21 世紀 COE プログラム「グローバル化時代の多元的人文学の拠点形成」）
李泰勲［2005］「朝鮮三浦恒居倭の刷還に関する考察」『朝鮮学報』195
──［2006］「朝鮮三浦恒居倭の法的位置──朝鮮・対馬の恒居倭に対する「検断権」行使を中心に」『朝鮮学報』201
──［2007］「三浦恒居倭に対する朝鮮の対応──課税案と課税を中心として」『年報朝鮮学』10
六反田豊［2005］「文禄・慶長の役（壬辰倭乱）開戦初期における朝鮮側の軍糧調達とその輸送」（日韓歴史共同研究委員会編『日韓歴史共同研究報告書（第 2 分科篇）』日韓歴史共同研究委員会）
柳承宙［1983］「朝鮮前期後半の銀鉱業研究」『震檀学報』55
盧永九（太田秀春訳）［2004］「壬辰倭乱初期の様相に対する再検討と「壬辰倭乱図屏風」の新たな解釈」（黒田慶一編『韓国の倭城と壬辰倭乱』岩田書院）
ロビンソン, ケネス［1997］「一四五五年三月の人名記録にみる朝鮮王朝の受職女真人」『年報朝鮮学』6
──［1999］「朝鮮王朝─受職女真人の関係と「朝鮮」」『歴史評論』592
和田久徳［1986］「十四五世紀における東南アジア船の東アジア来航と琉球国」（島尻勝太郎他編『球陽論叢』ひるぎ社）

❖ 2-b 対外関係史（後期） (pp. 148〜154)

荒野泰典［1983］「近世日本の漂流民送還体制と東アジア」『歴史評論』400
──［1988］『近世日本と東アジア』東京大学出版会
池内敏［1998］『近世日本と朝鮮漂流民』臨川書店
──［2006］『大君外交と「武威」──近世日本の国際秩序と朝鮮観』名古屋大学出版会
泉澄一［1997］『対馬藩藩儒雨森芳洲の基礎的研究』関西大学出版部
──［2002］『対馬藩の研究』関西大学出版部
稲葉岩吉［1932］『光海君時代の満鮮関係』大阪屋号書店, 京城
尹裕淑［1997］「近世癸亥約条の運用実態について」『朝鮮学報』164
岡本健一郎［2002］「対馬藩の往来船管理と各浦の役割」『九州史学』130
長正統［1968］「日鮮関係における記録の時代」『東洋学報』50-4
河宇鳳（井上厚史訳）［2001］『朝鮮実学者の見た近世日本』ぺりかん社（原著 1989 年）
──（金両基監訳, 小幡倫裕訳）［2008］『朝鮮王朝時代の世界観と日本認識』明石書店（原著 2006 年）
糟谷憲一［2006］「朝鮮の対清関係の諸相」『人民の歴史学』169
上垣外憲一［1989］『雨森芳洲──元禄享保の国際人』中公新書
紙屋敦之［1995］「北京の琉球使節」『歴史手帖』23-6
＊韓日関係史学会編［2000］『韓日関係史の様相』国学資料院
＊──編［2001］『朝鮮時代韓日漂流民研究』国学資料院

＊──編［2002］『韓日関係史の回顧と展望』国学資料院
＊──編［2004］『「朝鮮王朝実録」の中の韓国と日本』国学資料院
＊韓日関係史研究会編［1993］『韓日関係史論著目録』玄音社
＊韓明基［2009］『丁卯・丙子胡乱と東アジア』プルンヨクサ
──［2010］「17-18世紀の東アジア世界と日韓関係──倭館問題をめぐる対日認識を中心に」（日韓歴史共同研究委員会編『日韓歴史共同研究報告書 第2期 第2分科篇』日韓歴史共同研究委員会）
＊姜東燁［2007］「燕行使と会同館」『比較文学』41
金栄鎮（清水亮訳）［2009］「書評：夫馬進著『燕行使と通信使』」『東洋史研究』67-4
金義煥［1983］「釜山倭館の職官構造とその機能について」『朝鮮学報』108
＊金鍾圓［1999］『近世東アジア関係史研究』慧眼
金泰俊［1988］『虚学から実学へ──十八世紀朝鮮知識人洪大容の北京旅行』東京大学出版会
＊洪性徳［1990］「朝鮮後期「問慰行」について」『韓国学報』59
＊──［2000］「朝鮮後期対日外交使節問慰行研究」『国史館論叢』93
──［2005］「朝鮮後期の対日外交使行と倭学訳官」（日韓歴史共同研究委員会編『日韓歴史共同研究報告書 第2分科篇』日韓歴史共同研究委員会）
＊崔韶子［1997］『明清時代中・韓関係史研究』梨花女子大学校出版部
＊──［2005］『清と朝鮮──近世東アジアの相互認識』慧眼
清水太郎［2000］「ベトナム使節と朝鮮使節の中国での邂逅──18世紀の事例を中心に」『北東アジア文化研究』12
──［2001］「ベトナム使節と朝鮮使節の中国での邂逅（2）──1790年の事例を中心に」『北東アジア文化研究』14
須川英徳［2010］「17-18世紀の東アジア世界と日韓関係──グローバル・ヒストリーとの接続」（日韓歴史共同研究委員会編『日韓歴史共同研究報告書 第2期 第2分科篇』日韓歴史共同研究委員会）
鈴木信昭［1995］「李朝仁祖期をとりまく対外関係──対明・対清・対日政策をめぐって」（田中健夫編『前近代の日本と東アジア』吉川弘文館）
＊成均館大学校大東文化研究院編［2000］『燕行録選集補遺（全3冊）』成均館大学校大東文化研究院
＊全海宗［1970］『韓中関係史研究』一潮閣
孫承喆（鈴木信昭監訳，山里澄江・梅村雅英訳）［1998］『近世の朝鮮と日本──交隣関係の虚と実』明石書店（原著1994年）
＊──［1999］『近世朝鮮の韓日関係研究』国学資料院
＊──［2003］「朝鮮時代"通信使"概念の再検討」『朝鮮時代史学報』27
田川孝三［1932］『毛文龍と朝鮮との関係について（青丘説叢巻3）』今西龍発行
──［1934］「藩獄について（上）」『青丘学叢』17
田代和生［1981］『近世日朝通交貿易史の研究』創文社
──［1983］『書き替えられた国書──徳川・朝鮮外交の舞台裏』中公新書
──［1994］「渡海訳官使の密貿易」『朝鮮学報』150
──［2002］『倭館』文春新書
──［2007］『日朝交易と対馬』創文社

＊趙恒来・河宇鳳・孫承喆編［1994］『講座韓日関係史』玄音社
　張舜順［2005］「通信使研究の現況と課題」（日韓歴史共同研究委員会編『日韓歴史共同研究報告書　第2分科篇』日韓歴史共同研究委員会）
　張存武［1978］『清韓宗藩貿易（1637～1894）』中央研究院近代史研究所（台湾），＊同（金澤中・安明子・朴炳奭・孫準植・金文共訳）［2001］『近代韓中貿易史』教文社
　――［1987］『清代中韓関係論文集』台湾商務印書館（台湾）
＊チョ・ギュイク（조규익）／イ・ソンフン（이성훈）／チョン・イルウ（전일우）／チョン・ヨンムン（정영문）編［2006］『燕行録研究叢書（全10冊）』学古房
＊チョ・ギュイク（조규익）／チョン・ヨンムン（정영문）編［2008］『朝鮮通信使使行録研究叢書（全13冊）』学古房
　鶴田啓［1990］「近世日朝貿易と日朝接触の特質」『歴史評論』481
　――［2003］「釜山倭館」（荒野泰典編『江戸幕府と東アジア』吉川弘文館）
＊鄭成一［2000］『朝鮮後期対日貿易』新書苑
　寺内威太郎［1983］「李氏朝鮮と清朝との辺市について――会寧・慶源開市を中心として（一・二）」『駿台史学』58, 59
　――［1985］「慶源開市と琿春」『東方学』70
　――［1986］「義州中江開市について」『駿台史学』66
　――［1992a］「柵門後市と湾商」（神田信夫先生古稀記念論集編纂委員会編『神田信夫先生古稀記念論集　清朝と東アジア』山川出版社）
　――［1992b］「柵門後市管見――初期の実態を中心に」『駿台史学』85
　――［1992c］「団練使小考――李氏朝鮮の貢物輸送をめぐって」『駿台史学』86
　――［1996］「一七世紀前半の朝中関係の一齣――第二次藩獄を中心に」『駿台史学』96
　――［1998］「近世における朝鮮北境と中国――咸鏡道の国境交易を中心に」『朝鮮史研究会論文集』36
　――［2001］「近世における朝鮮北部地域と中国東北地方との政治経済関係に関する研究」『明治大学人文科学研究所紀要』48
　トビ, ロナルド（速水融・永積洋子・川勝平太訳）［1990］『近世日本の国家形成と外交』創文社（原著1984年）
　内藤雋輔［1977］『文禄・慶長役における被擄人の研究』東京大学出版会
　仲尾宏［1995］「朝鮮渡海訳官使と対馬藩」『京都芸術短期大学紀要　瓜生』17
　――［2006］「朝鮮通信史研究の現段階」『朝鮮史研究会論文集』44
　――［2007］『朝鮮通信使――江戸日本の誠信外交』岩波新書
　中村栄孝［1965-69］『日鮮関係史の研究（上・中・下）』吉川弘文館
　日韓歴史共同研究委員会編［2010］『日韓歴史共同研究報告書　第2期　第2分科篇』日韓歴史共同研究委員会
　芳賀登［1986］『日韓文化交流史の研究』雄山閣
　畑地正憲［1981］「清朝と李氏朝鮮との朝貢貿易について――特に鄭商の盛衰をめぐって」『東洋学報』62
　関徳基［1994］『前近代東アジアの中の韓日関係』早稲田大学出版部
　夫馬進［1999］「使琉球録と使朝鮮録」（同編『［増訂］使琉球録解題及び研究』榕樹書林）
　――［2003a］「紹介：林基中・夫馬進編『燕行録全集日本所蔵編』」『東洋史研究』61-4
　――［2003b］「日本現存朝鮮燕行録解題」『京都大学文学部紀要』42

＊——［2008］『燕行使と通信使』新書苑
朴趾源（今村与志雄訳註）［1978］『熱河日記——朝鮮知識人の中国紀行（全2冊）』平凡社東洋文庫
松浦章［1992］「明清時代北京の会同館」（神田信夫先生古稀記念論集編纂委員会編『清朝と東アジア』山川出版社）
三宅英利［1986］『近世日朝関係史の研究』文献出版
桃木至朗編［2008］『海域アジア史入門』岩波書店
森岡康［1983］「第二次清軍入寇後の朝鮮人捕虜の売買」『朝鮮学報』109
——［1984］「第二次清軍入寇後の朝鮮人捕虜の賣買」『東洋学報』65
——［1985］「朝鮮捕虜の清国の価格について」『東洋学報』66
森晋一郎［1986］「近世後期対馬藩日朝貿易の展開——安永年間の私貿易を中心として」『史学』56-3
吉田光男・田代和生・六反田豊・伊藤幸司・橋本雄・米谷均［2005］「学説史：朝鮮通信使（近世篇）」（日韓歴史共同研究委員会編『日韓歴史共同研究報告書 第2分科篇』日韓歴史共同研究委員会）
米谷均［1993］「雨森芳洲の対朝鮮外交」『朝鮮学報』148
——［1999a］「近世日朝関係における戦争捕虜の送還」『歴史評論』595
——［1999b］「「朝鮮通信使」と被虜人刷還活動について」（田代和生・李薫監修『対馬宗家文書 第I期 朝鮮通信使記録 別冊 中』ゆまに書房）
——［2008］「朝鮮侵略後における被擄人の本国送還について」（鄭杜煕・李璟珣共編〔金文子監訳，小幡倫裕訳〕『壬辰戦争——16世紀日・朝・中の国際戦争』明石書店）（原著2007年）
李薫（池内敏訳）［2008］『朝鮮後期漂流民と日朝関係』法政大学出版局（原著2000年）
李元植［1997］『朝鮮通信使の研究』思文閣
＊李哲成［2000a］「朝鮮後期貿易史研究動向と展望」（姜万吉編『朝鮮後期史研究の現況と課題』創作と批評社）
＊——［2000b］『朝鮮後期対清貿易史研究』国学資料院
＊——［2005］「通信使と燕行使の比較研究」（韓日関係史研究論集編纂委員会編『通信使・倭館と韓日関係』景仁文化社）
＊柳承宙・李哲成［2002］『朝鮮後期中国との貿易史』景仁文化社
劉序楓［2008］「漂流，漂流記，海難」（桃木至朗編『海域アジア史入門』岩波書店）
＊林基中編［2001］『燕行録全集（全100冊）』東国大学校出版部
＊——編［2008］『燕行録続集（全50冊）』尚文社
＊林基中・夫馬進編［2001］『燕行録全集日本所蔵篇（全3冊）』東国大学校韓国文学研究所
ルイス，ジェイムス［1996］「江戸時代の釜山倭館の記録に見る日朝関係——「迷惑」から相互理解へ」（原尻英樹・六反田豊編『半島と列島のくにぐに——日朝比較交流史入門』新幹社）
——［1997］「釜山倭館における日・朝交渉」（中村質編『鎖国と国際関係』吉川弘文館）

❖ 3　経済史　　　　　　　　　　　　　　　　　　　　　　　　　　(pp. 154〜165)

　安秉珆［1975］『朝鮮近代経済史研究』日本評論社
＊安秉直・李栄薫編［2001］『マッチルの農民たち』一潮閣
＊尹用出［1998］『朝鮮後期の徭役制と雇用労働』ソウル大学校出版部
＊韓国農業史学会編［2003］『朝鮮時代農業史研究』国学資料院
＊韓明基［1992］「17世紀銀の流通とその影響」『奎章閣』15
＊姜万吉［1973］『朝鮮後期商業資本の発達』高麗大学校出版部
＊──［1984］『朝鮮時代商工業史研究』ハンギル社
＊許宗浩［1965］『朝鮮封建末期の小作制研究』社会科学院出版社（北朝鮮）
＊金玉根［1984］『朝鮮王朝財政史研究 I』一潮閣
＊──［1987］『朝鮮王朝財政史研究 II』一潮閣
＊──［1988］『朝鮮王朝財政史研究 III』一潮閣
＊──［1992］『朝鮮王朝財政史研究 IV』一潮閣
＊金建泰［2004］『朝鮮時代両班家の農業経営』歴史批評社
＊──［2008］「農業生産力と農業経営」（韓国史研究会編『新しい韓国史の道しるべ──第3版韓国史研究入門（上）』知識産業社）
＊金泰永［1983］『朝鮮前期土地制度史研究』知識産業社
＊近代史研究会編［1987］『韓国中世社会解体期の諸問題 下 経済・社会編』図書出版ハヌル
　金東哲（吉田光男訳）［2001］『朝鮮近世の御用商人』法政大学出版局（原著1993年）
＊金徳珍［1999］『朝鮮後期地方財政と雑役税』国学資料院
＊──［2002］『朝鮮後期経済史研究』図書出版先人
＊金容燮［1970-71］『朝鮮後期農業史研究 I・II』一潮閣
＊──［1984］『〔増補版〕韓国近代農業史研究』一潮閣
＊権乃鉉［2004］『朝鮮後期平安道財政研究』知識産業社
＊権丙卓［1986］『薬令市研究』韓国研究院
＊元裕漢［1975］『朝鮮後期貨幣史研究』韓国研究院
＊高錫珪［2000］「19世紀前半ソウルの市廛商業」（李泰鎮他『ソウル商業史』太学社）
＊高丞嬉［2003］『朝鮮後期咸鏡道商業研究』国学資料院
＊高東煥［1997］『ソウル商業発達史研究』知識産業社
＊──［2000］「17世紀ソウル商業体制の動揺と再編」（李泰鎮他『ソウル商業史』太学社）
＊呉美一［1986］「18・19世紀貢物政策の変化と貢人層の変動」『韓国史論〈ソウル大〉』14
＊崔完基［1989］『朝鮮後期船運業史研究』一潮閣
＊崔潤晤［2006］『朝鮮後期土地所有権の発達と地主制』慧眼
　須川英徳［1994］『李朝商業政策史研究』東京大学出版会
　──［2000］「朝鮮初期の経済構想」『東洋史研究』58-4
　──［2001］「朝鮮前期の貨幣発行とその論理」（池亨編『銭貨』青木書店）
　──［2003a］「朝鮮時代の商人文書について」『史料館研究紀要〈国文学研究資料館史料館〉』34
　──［2003b］「朝鮮時代における商業の歴史的性格について」『史料館研究紀要〈国文学研究資料館史料館〉』34

＊宋賛植［1973］『李朝後期手工業にかんする研究』ソウル大学校韓国文化研究所
＊宋讃燮［2002］『朝鮮後期還穀制改革研究』ソウル大学校出版部
＊宋洙煥［2000］『朝鮮前期王室財政研究』集文堂
＊宋亮燮［2006］『朝鮮後期屯田研究』景仁文化社
＊──［2008］「賦税制度と農民生活」（韓国史研究会編『新しい韓国史の道しるべ──第3版韓国史研究入門（上）』知識産業社）
＊孫炳圭［2008］『朝鮮王朝財政システムの再発見』歴史批評社
　田川孝三［1964］『李朝貢納制の研究』東洋文庫
＊趙璣濬・劉元東・柳承宙・元裕漢・韓栄国［1991］『朝鮮後期社会経済史研究入門』民族文化社
＊張東杓［1999］『朝鮮後期地方財政研究』国学資料院
＊趙炳魯［2005］『韓国近世駅制史研究』国学資料院
＊鄭勝振［2003］『韓国近世地域経済史』景仁文化社
　中村哲［1991］「近代世界における農業経営，土地所有と土地改革」（同編『近代世界史像の再構成』青木書店）
　──［2001］「東アジア資本主義形成史論」（同編『現代からみた東アジア近現代史』青木書店）
　──［2005］「東アジア資本主義形成史序説」（同編『東アジア近代経済の形成と発展』日本評論社）
　──［2007］「東北アジア（中国・日本・朝鮮）経済の近世と近代（1600-1900年）」（同編『近代東アジア経済の史的構造』日本評論社）
　長森美信［1998］「李朝後期の海上交易」『千里山文学論集』59
　──［2003］「朝鮮後期商品流通経済と沿海浦口」『千里山文学論集』70
　──［2006］「朝鮮近世海路の復元」『朝鮮学報』199・200合輯
＊裵亢燮［2008］「朝鮮後期民衆運動研究の諸問題」『歴史問題研究』19
＊白承哲［2000］『朝鮮後期商業史研究』慧眼
＊文勇植［2000］『朝鮮後期賑政と還穀運営』景仁文化社
＊卞光錫［2001］『朝鮮後期市廛商人研究』慧眼
＊朴平植［1999］『朝鮮前期商業研究』知識産業社
＊──［2009］『朝鮮前期交換経済と商人研究』知識産業社
　宮嶋博史［1984］「朝鮮史研究と所有論──時代区分についての一提言」『人文学報』167
　──［1991］『朝鮮土地調査事業史の研究』東京大学東洋文化研究所報告
　──［1994］「東アジア小農社会の形成」（溝口雄三・浜下武志・平石直昭・宮嶋博史編『アジアから考える 6 長期社会変動』東京大学出版会）
　──［1995］『両班──李朝社会の特権階層』中公新書
　吉田光男［1984］「李朝末期の漕倉構造と漕運作業の一例」『朝鮮学報』113
　──［1985］「李朝後期ソウルの米商人組合「米廛」について」『史潮』新17
　──［1986］「19世紀忠清道の海難」『朝鮮学報』121
　──［1988］「商業史研究から見た朝鮮の近世と近代」（中村哲・堀和生・安秉直・金泳鎬編『朝鮮近代の歴史像』日本評論社）
＊李栄薫［1988］『朝鮮後期社会経済史』ハンギル社
＊──［1995］「韓国経済史時代区分試論──戸の歴史的発展過程の観点から」（韓国精神文

化研究院『韓国史の時代区分にかんする研究』韓国精神文化研究院）
* ──［1999］「朝鮮社会経済史研究の現状と課題」（鄭求福・朴光用・李栄薫・崔珍玉・朴連鎬『朝鮮時代研究史』韓国精神文化研究院）
* ──編［2004］『数量経済史で再検討した朝鮮後期』ソウル大学校出版部
  李栄薫・朴二澤［2007］「18 世紀朝鮮王朝の経済体制」（中村哲編『近代東アジア経済の史的構造』日本評論社）
* 李栄昊［1985］「19 世紀浦口収税の類型と浦口流通の性格」『韓国学報』41
* 李景植［1986］『朝鮮前期土地制度研究』ハンギル社
  李憲昶（須川英徳・六反田豊監訳）［2004］『韓国経済通史』法政大学出版局（原著1999年）
* ──編［2010］『朝鮮後期財政と市場』ソウル大学校出版文化院
* 李鎬澈［1986］『朝鮮前期農業経済史』ハンギル社
* 李在洙［2003］『朝鮮中期田畓売買研究』集文堂
* 李正守・金ヒホ（김희호）［2006］『朝鮮の貨幣と貨幣量』慶北大学校出版部
  李泰鎮（六反田豊訳）［2000］『朝鮮王朝社会と儒教』法政大学出版局（原著1993年，原題『朝鮮儒教社会史論』）
* ──［2002］『医術と人口，そして農業技術』太学社
* 李炳天［1983］「朝鮮後期商品流通と旅客主人」『経済史学』6
* 柳承宙［1993］『朝鮮時代鉱業史研究』高麗大学出版部
  六反田豊［1994］「李朝初期の漕運運営機構」『朝鮮学報』151
  ──［1997］「李朝初期漕運体制における船卒・船舶の動員体制」『朝鮮文化研究』4
  ──［1999］「朝鮮成宗代の漕運政策論議（上）」『史淵』136
  ──［2000］「朝鮮成宗代の漕運政策論議（下）」『史淵』137
  ──［2005］「朝鮮初期における田税穀の輸送・上納期限」『東洋史研究』64-2

❖ 4　社会史　　　　　　　　　　　　　　　　　　　　　　　　（pp. 165〜174）

* 安承俊［2007］『朝鮮前期私奴婢の社会経済的性格』景仁文化社
* 安秉旭［1985］「朝鮮後期自治と抵抗組織としての郷会」『聖心女子大学校論文集』18
  井上和枝［1985a］「李朝後期慶尚道丹城県の社会変動──学習院大学蔵丹城県戸籍大帳研究」『学習院史学』23
  ──［1985b］「朝鮮家族史研究の現状と課題」『歴史評論』424
  ──［1991a］「丹城民乱期における在地士族の動向──海寄金欞と端磎金麟燮父子を中心に」（武田幸男編『朝鮮後期の慶尚道丹城県における社会動態の研究（I）──学習院大学蔵朝鮮戸籍大帳の基礎的研究（2）』学習院大学東洋文化研究所）
  ──［1991b］「李朝後期郷村支配権の変動と在地士族──慶尚道丹城県の場合を中心に」『朝鮮史研究会論文集』28
  ──［1991c］「朝鮮李朝時代郷村社会史研究の現状と課題」『歴史評論』500
  ──［1998］「朝鮮後期における洞契の運営と機能──晋州・丹城餘沙洞契を中心に」『朝鮮文化研究』5
  ──［2002］「朝鮮後期の駅村と駅民──慶尚道晋州牧召村里戸籍大帳を中心に」（武田幸

男編『朝鮮後期の慶尚道における社会動態の研究——学習院大学蔵朝鮮戸籍大帳の基礎的研究（4）』学習院大学東洋文化研究所）
―――［2003］「最近の戸籍大帳および戸籍関連研究の動向」（武田幸男編『学習院大学蔵朝鮮戸籍大帳等目録——学習院大学蔵朝鮮戸籍大帳の基礎的研究（5）』学習院大学東洋文化研究所）
―――［2005］「朝鮮後期における人口と家族の変容」（中村哲編『東アジア近代経済の形成と発展——東アジア資本主義形成史Ⅰ』日本評論社）
＊韓栄国［1985］「朝鮮王朝戸籍の基礎的研究」『韓国史学』6
＊韓国古文書学会［1996］『朝鮮時代生活史』歴史批評社
＊―――［2000］『朝鮮時代生活史 2』歴史批評社
＊―――［2006］『朝鮮時代生活史 3 衣食住，生きている朝鮮の風景』歴史批評社
＊韓国史研究会編［2000］『韓国地方史研究の現況と課題』景仁文化社
＊韓相権［1996］『朝鮮後期社会と訴冤制度』一潮閣
―――（井上アキ訳）［2001］「十九世紀民訴の様相と推移——純祖代における上言・撃錚の分析を中心に」（朴忠錫・渡辺浩編『国家理念と対外認識 17-19 世紀（日韓共同研究叢書 3）』慶應義塾大学出版会）
菅野修一［1981］「李朝後期の郷所について——郡県制的国家支配と地方支配層」『朝鮮史研究会論文集』18
北村秀人［1985］「朝鮮の身分制」（木村尚三郎他編『中世史講座 4 中世の法と権力』学生社）
＊金炫栄［1999］『朝鮮時代の両班と郷村社会』集文堂
＊金仁杰［1981］「朝鮮後期郷権の推移と支配層の動向——忠清道木川県の事例」『韓国文化』2
―――（平木實訳）［1999］「朝鮮後期の社会変動と郷村社会史研究」『朝鮮学報』170
＊金盛祐［1997］「17 世紀の危機と粛宗代の社会相」『歴史と現実』25
＊―――［2001］『朝鮮中期国家と士族』歴史批評社
＊―――［2006］「朝鮮時代の身分構造，変化，そして展望」（韓国古文書学会編『東アジア近世社会の比較——身分・村落・土地所有関係』慧眼）
金斗憲（李英美・金香男・金貞任訳）［2008］『韓国家族制度の研究』法政大学出版局（原著 1949 年）
＊金容晩［1997］『朝鮮時代私奴婢研究』集文堂
＊髙錫珪［1998］『19 世紀朝鮮の郷村社会研究』ソウル大学校出版部
＊―――［2008］「地方社会」（韓国史研究会編『新しい韓国史の道しるべ——第 3 版韓国史研究入門（上）』知識産業社）
＊戸籍大帳研究チーム［2003］『丹城戸籍大帳研究』成均館大学校大東文化研究院
崔弘基［1996］『韓国戸籍制度史の研究』第一書房
＊崔在錫［1983］『韓国家族制度史研究』一志社
＊崔承煕［1981］『韓国古文書研究』韓国精神文化研究院（増補版，知識産業社，1989 年）
＊―――［2003］『古文書を通じてみた朝鮮後期社会身分史研究』知識産業社
四方博［1976］『朝鮮社会経済史研究（中）』国書刊行会
嶋陸奥彦［1996］「朝鮮時代後期の村落構成の動態——大丘戸籍の分析」『東洋文化』76
―――［2010］『韓国社会の歴史人類学』風響社

＊全炯澤［1989］『朝鮮後期奴婢身分研究』一潮閣
＊宋俊浩［1987］『朝鮮社会史研究』一潮閣
＊孫炳圭［2007］『戸籍 1606-1923 戸口記録からみた朝鮮の文化史』ヒューマニスト
　田川孝三［1972］「郷案について」（山本博士還暦記念東洋史論叢編纂委員会編『山本博士還暦記念 東洋史論叢』山川出版社）
　──［1975］「郷憲と憲目」（鈴木俊先生古稀記念東洋史論叢編集委員会編『鈴木俊先生古稀記念 東洋史論叢』山川出版社）
　──［1975-76］「李朝の郷規について（一）（二）（三）」『朝鮮学報』76, 78, 81
　竹腰礼子［1991］「朝鮮後期駅民の身分変動について──金泉道・松羅道形止案の分析を中心に」『待兼山論叢（史学）』25
　武田幸男［1983］『学習院大学蔵朝鮮戸籍大帳の基礎的研究──19世紀・慶尚道鎮海県の戸籍大帳を通じて』学習院大学東洋文化研究所
　──［1989］「高麗・李朝──慶州にみる朝鮮在地社会の千年史」（三上次男・神田信夫編『民族の世界史3 東北アジアの民族と歴史』山川出版社）
　──［1991］「学習院大学蔵の丹城県戸籍大帳とその意義」（同編『朝鮮後期の慶尚道丹城県における社会動態の研究（Ｉ）──学習院大学蔵朝鮮戸籍大帳の基礎的研究（2）』学習院大学東洋文化研究所）
＊池承鍾［1995］『朝鮮前期奴婢身分研究』一潮閣
＊張炳仁［1997］『朝鮮前期婚姻制と性差別』一志社
　鄭勝謨（長森美信訳）［2007］「門中組織と郷村中人」『朝鮮学報』205
＊鄭震英［1998］『朝鮮時代郷村社会史』ハンギル社
＊──［2003］「郷村社会からみた朝鮮後期の身分と身分変化」『歴史と現実』48
　東洋文庫東北アジア研究班（朝鮮）編［2004］『日本所在朝鮮戸籍関係資料解題』東洋文庫
　西田信治［1988］「李朝後期の朝鮮社会と国家」『朝鮮史研究会論文集』25
　浜中昇［1997］「高麗末期・朝鮮初期の禾尺・才人」『朝鮮文化研究』4
　原武史［1996］『直訴と王権──朝鮮・日本の「一君万民」思想史』朝日新聞社
　平木實［1987］『朝鮮社会文化史研究』国書刊行会
　──［2001］『朝鮮社会文化史研究 II』阿吽社
　古田博司［1991］「朝鮮儒家の葬礼と死後観──『文公家礼』による盧墓古俗の変異」『思想』808
　──［1992］「朝鮮王朝前期葬喪礼教化政策」『史学』62-1・2
　──［1994］「儒礼教化以前朝鮮葬祭法復元攷」『朝鮮学報』152
　──［2001］「李朝後期の砕かれたる「民意」──王族・外戚関係の山訟事件における王の裁決を中心に」（朴忠錫・渡辺浩編『国家理念と対外認識 17-19 世紀 日韓共同研究叢書3』慶應義塾大学出版会）
　古谷暢子［1989］「中宗代郷約実施運動の再検討──士林派の歴史的性格解明の一端」『朝鮮史研究会論文集』26
　──［2001］「朝鮮16世紀半ば在地両班の世界──退渓李滉長子寯宛書簡の分析を中心に」『歴史学研究』753
＊文叔子［2004］『朝鮮時代財産相続と家族』景仁文化社
　辺英浩［1991］「李栗谷の郷村，地域編成論」『朝鮮史研究会論文集』29

――　［1997］「李退渓の郷村・地域編成論――李栗谷・朱子との比較を中心に」『東アジア研究〈大阪経済法科大学〉』17

宮嶋博史　［1994］「東アジア小農社会の形成」（溝口雄三・浜下武志・平石直昭・宮嶋博史編『アジアから考える6 長期社会変動』東京大学出版会）

――　［1995］『両班――李朝社会の特権階層』中央公論社

＊――　［2003］「朝鮮時代の身分，身分制概念について」『大東文化研究』42

＊――　［2004a］「韓国人口史研究の現況と課題」『大東文化研究』46

――　［2004b］「東アジア史における近代化，植民地化をどう捉えるか」（宮嶋博史・李成市・尹海東・林志弦『植民地近代の視座――朝鮮と日本』岩波書店）

山内民博　［1990］「李朝後期における在地両班層の土地相続――扶安金氏家文書の分析を通して」『史学雑誌』99-8

――　［1995］「李朝後期郷村社会における旌表請願」『朝鮮文化研究』2

＊――　［2003］「19世紀安義県戸籍大帳に記載された柳器匠について」『大東文化研究』42

――　［2004］「日本所在の朝鮮「屠漢戸籍」について」『資料学研究』1

――　［2005］「19世紀朝鮮の巫夫と巫女――慶尚道安義県戸籍大帳の分析から」『資料学研究』2

――　［2007］「朝鮮後期郷村社会と文字・文書――伝令と所志類をてがかりに」『韓国朝鮮の文化と社会』6

――　［2009-10］「朝鮮後期戸籍大帳僧戸秩及び新式戸籍僧籍の性格（上・下）」『資料学研究』6，7

山内弘一　［1988］「李朝後期郷吏身分移動与否考――丹城県戸籍大帳による郷吏系家門の事例研究」『上智史学』33

――　［1990］「李朝儒教社会の形成――一夫一妻制の定着過程をめぐって」『ソフィア〈上智大学〉』39-2

――　［1991］「工匠の行方――丹城県戸籍大帳による生鉄匠・水鉄匠の事例研究」（武田幸男編『朝鮮後期の慶尚道丹城県における社会動態の研究（I）――学習院大学蔵朝鮮戸籍大帳の基礎的研究（2）』学習院大学東洋文化研究所）

――　［1997］「李朝後期の戸籍編成について――特に地方の場合を中心に」（武田幸男編『朝鮮後期の慶尚道丹城県における社会動態の研究（II）――学習院大学蔵朝鮮戸籍大帳の基礎的研究（3）』学習院大学東洋文化研究所）

――　［2002］「十九世紀昌寧県の郷吏について――『戸籍大帳』による事例分析」『朝鮮学報』185

――　［2004］「十九世紀昌寧県の官奴婢と郷吏――『戸籍大帳』による事例分析」『上智史学』49

吉田光男　［1988］「商業史研究から見た朝鮮の近世と近代――李朝後期の経済構造をめぐって」（中村哲・堀和生・安秉直・金泳鎬編『朝鮮近代の歴史像』日本評論社）

――　［1998］「朝鮮の身分と社会集団」『岩波講座世界歴史13 東アジア・東南アジア伝統社会の形成』岩波書店

――　［2000］「朝鮮近世士族の族的結合と「邑」空間――慶尚道丹城縣の安東権氏の場合」『東洋史研究』58-4

――　［2002a］「士族と両班のあいだ――歴史の時間・文化の時間」『韓国朝鮮の文化と社会』1

──［2002b］「近世朝鮮の氏族と系譜の構築──安東権氏の族譜編纂をとおして」（歴史学研究会編『系図が語る世界史　シリーズ歴史学の現在 8』青木書店）
　　　──［2004］「朝鮮近世社会史料としての戸籍」『朝鮮学報』192
　　　──［2008］「近世韓国における住民の居住地移動──慶尚道丹城県の場合」『韓国朝鮮の文化と社会』7
　　　──［2009］「朝鮮近世の継後養子と父系系譜の継承意識──階層・身分との関係を中心に」『朝鮮学報』213
　　　──［2010］『近世ソウル都市社会研究──漢城の街と住民』草風館
　　李栄薫［1993］「朝鮮前期・明代の戸籍についての比較的検討」（中村哲編『東アジア専制国家と社会・経済』青木書店）
＊　──［1995］「韓国経済史時代区分試論──戸の歴史的発展過程の観点から」（韓国精神文化研究院編『韓国史の時代区分に関する研究』韓国精神文化研究院）
　　李海濬（井上和枝訳）［2006］『朝鮮村落社会史の研究』法政大学出版局（原著 1996 年）
＊　──［2008］『朝鮮後期門中書院研究』景仁文化社
＊　李海濬・金仁杰他［1993］『朝鮮時期社会史研究法』韓国精神文化研究院
　　李勛相［2002］「19 世紀戸籍大帳の地域化と郷吏社会における接合構造の形成──泗川県における戸籍大帳と黄氏吏族」（武田幸男編『朝鮮後期の慶尚道における社会動態の研究──学習院大学蔵朝鮮戸籍大帳の基礎的研究（4）』学習院大学東洋文化研究所）
　　　──（宮嶋博史訳）［2007］『朝鮮後期の郷吏』法政大学出版局（原著 1990 年）
＊　李樹健［1995］『嶺南学派の形成と展開』一潮閣
＊　李俊九［1993］『朝鮮後期身分職役変動研究』一潮閣
＊　──［1997］「18・19 世紀身分制変動の趨勢と身分持続性の傾向」『韓国文化』19
＊　李泰鎮［1986］『韓国社会史研究──農業技術発達と社会変動』知識産業社
＊　──［1996］「小氷期（1500～1750）の天体現象の原因──『朝鮮王朝実録』の関連記録分析」『国史館論叢』72
　　　──（六反田豊訳）［2000］「朝鮮時代の両班──概念と研究動向」『朝鮮王朝社会と儒教』法政大学出版局（原著 1993 年）
＊　劉承源［1987］『朝鮮初期身分制研究』乙酉文化社

❖ 5　朝鮮王朝の思想と文化　　　　　　　　　　　　　　　　　　　（pp. 174～186）

　　朝倉敏夫［2000］「両班の食生活──その研究方法の模索」『青丘学術論集』16
　　　──［2003］「両班の食とヤンバンの食──食にみる儒林文化の形成と展開」『朝鮮儒林文化の形成と展開に関する総合的研究』（科学研究費研究成果報告書）
　　阿部吉雄［1965］『日本朱子学と朝鮮』東京大学出版会
　　新井宏［1992］「朝鮮の尺度変遷について」『朝鮮史研究会論文集』30
　　安輝濬（藤本幸夫・吉田宏志訳）［1987a］『韓国絵画史』吉川弘文館（原著 1980 年）
　　　──［1987b］『韓国の風俗画』近藤出版社
　　安炳周［2003］「栗谷の改革主義と民本思想」『中国──社会と文化』18
＊　イ・ジェジョン（이재정）［2009］『朝鮮出版株式会社』アンティークス（Antiquus）
＊　イ・ジョンジュ（이정주）［2007］『性理学受容期仏教批判と政治・思想的変容──鄭道伝

と権近を中心として』高麗大学校民族文化研究院
　井上厚史［2008］「近世思想史における朝鮮と日本──山崎闇斎再考」『大航海』67
＊イ・ミンヒ（이민희）［2007］『朝鮮のベストセラー──朝鮮後期貰冊業の発達と小説の流
　　　行』プロネシス
＊イム・ヒョンテク（임형택）［1997］『韓国文学史の視角』創作と批評社
＊── ［2002］『韓国文学史の論理と体系』創作と批評社
　尹瑞石［2005］『韓国食生活文化の歴史』明石書店
　尹張燮（尹張燮・柳沢俊彦訳）［1997］『韓国建築史』丸善株式会社
＊── ［2008］『〔最新増補版〕韓国の建築』ソウル大学校出版部（初版 1996 年）
＊尹南漢［1982］『朝鮮時代の陽明学研究』集文堂
＊延世大学校国学研究院編［2005］『韓国実学思想研究 4 科学技術編』慧眼
　小川晴久［1989］「東アジアの地転説と宇宙無限論」（伊藤俊太郎・村上陽一郎編『比較科
　　　学史の地平（講座科学史 3）』培風館）
　── ［1994］『朝鮮実学と日本』共栄書房
　鎌田茂雄［1987］『朝鮮仏教史』東京大学出版会
　河宇鳳（井上厚史訳）［2001］『朝鮮実学者が見た近世日本』ぺりかん社（原著 1989 年）
　川原秀城［1996］「『九数略』──算学と四象」『朝鮮文化研究』3
　── ［1998］「東算と天元術── 17 世紀中期〜18 世紀初期の朝鮮の数学」『朝鮮学報』
　　　169
＊韓永愚・鄭豪薫・劉奉学・金文植・具万玉・裵祐晟・高東煥・翰林大学校韓国学研究所編
　　　［2007］『再び，実学とは何か』プルンヨクサ
　韓睿嬛［2007］「韓国における陽明学研究について」『陽明学』19
＊韓亨祚［2004］「朝鮮儒学の地形図──朝鮮儒学史の展開と理気概念の地形変化」『今日の
　　　東洋思想』11
＊── ［2006］「なぜ退渓－高峯論争なのか」『国学研究』9
　── ［2007］「多焦点の時代──韓国における儒教と儒教研究」『日韓共同シンポジウム：
　　　18-19C 東アジア思想空間の再発見──丁茶山の時代の韓国・日本学術史』（予稿集）
＊韓国学中央研究院編［2005］『19 世紀朝鮮，生活と私有の変化を垣間見る』トルペゲ
＊韓国教会史研究所編［1980］『韓国天主教会史（上・中・下）』韓国教会史研究所発行（ダ
　　　レー神父『朝鮮キリスト教史』〔1874 年〕の訳注書）
＊韓国国学振興院国学研究室編［2005］『韓国儒学思想大系 II 哲学思想編（上）』韓国国学
　　　振興院
＊韓国古文書学会編［1996］『朝鮮時代生活史』歴史批評社
＊──編［2000］『朝鮮時代生活史 2』歴史批評社
＊──編［2006］『衣食住，生きている朝鮮の風景（朝鮮時代生活史 3）』歴史批評社
＊韓国思想史学会［2006］『韓国思想史入門』ソムン文化社
＊韓国思想史研究会編［1994］『人性物性論』ハンギル社
＊──編［1996］『朝鮮儒学の学派』芸文書院
＊──編［2002］『朝鮮儒学の「概念」』芸文書院
＊韓国精神文化研究院編［2001］『世宗時代の文化』太学社
＊──編［2003］『朝鮮後期宮中宴享文化（巻 1・2）』民俗院
＊韓国哲学思想研究会［1995］『講座韓国哲学』芸文書院

＊韓国道教思想研究会編［1987-96］『韓国道教思想研究叢書1〜10』亜細亜文化社
　韓国陽明学会編（林縕圭訳）［2000］「韓国陽明学関連論著目録」『陽明学』12
＊韓国歴史研究会編［1996］『朝鮮時代の人々はどのように暮らしたか（I・II）』図書出版青年社
＊韓国歴史研究会中世2分科17世紀儒学思想史班［1992］「朝鮮時代儒学思想研究──争点と課題」『歴史と現実』7
＊カン・シニャン（강신향），イ・ジョンモク（이종목），クォン・オヨン（권오영），チョン・スヌ（정순우），チョン・マンジョ（정만조），イ・ヒョンチャン（이현창），チョン・ソンヒ（정성희），カン・グァンシク（강관식）［2007］『頤齋亂藁でみる朝鮮知識人の生活史』韓国学中央研究院
　姜在彦（鈴木信昭訳）［1996］『朝鮮の西学史（姜在彦著作集4）』明石書店（原著1995年）
　──［2001］『朝鮮儒教の二千年』朝日出版社
　姜仁姫（玄順恵訳）［2000］『韓国食生活史──原始から現代まで』藤原書店
＊姜文植［2008］『権近の経学思想研究』一志社
＊姜万吉編［2000］『朝鮮後期史研究の現況と課題』創作と批評社
＊姜万吉他編［1994］『韓国史（第8〜10巻）』ハンギル社
＊姜明官［1996］「朝鮮後期漢文学研究の新しい地平の模索」『韓国漢文学研究』19
＊──［2003］『朝鮮の裏路地の風景』プルンヨクサ
　金英淑・孫敬子［1984］『朝鮮王朝韓国服飾図録』臨川書店
　金煐泰（沖本克巳監訳，中島志郎・法岳光徳訳）［1985］『韓国仏教史』禅文化研究所
　金三龍［1985］『韓国弥勒信仰の研究』教育出版センター
＊金駿錫［1988］「17世紀畿湖朱子学の動向──宋時烈の'道統'継承運動」（孫宝基博士停年紀年論叢刊行委員会編『孫宝基博士停年紀年韓国史学論叢』知識産業社，後，金駿錫［2005］『韓国中世儒教政治思想史論I』知識産業社に所収）
＊金淳錫［2000］「朝鮮後期仏教史研究の現況と課題」（姜万吉編『朝鮮後期史研究の現況と課題』創作と批評社）
＊琴章泰［2003］『朝鮮後期儒教と西学──交流と葛藤』ソウル大学校出版部
＊──［2008］『韓国陽明学の争点』ソウル大学校出版部
　金世貞［2007］「韓国における象山学と陽明学関連研究目録」『陽明学』19
＊金相永・黄仁奎編［2005］『韓国仏教研究叢書1 朝鮮時代仏教研究論著目録』大興寺朝鮮仏教研究院
＊近代史研究会編［1987］「朝鮮後期史研究の現況と課題──政治思想史篇」『韓国中世社会解体期の諸問題（上）』ハヌル出版社
　金泰俊［1988］『虚学から実学へ──十八世紀朝鮮知識人洪大容の北京旅行』東京大学出版会
＊金忠烈［1984］「鮮初性理学の発軔」『高麗儒学史』高麗大学校出版部
　金天鶴［2000］「朝鮮時代の仏教に対する研究」『韓国仏教学SEMINAR』8
＊──［2001］「日本の朝鮮時代仏教研究動向」『日本の韓国仏教研究動向』蔵経閣
＊金文重［2003］「礼訟研究の現況と向後研究の方向」『儒教思想研究』19
＊金文植［1996］『朝鮮後期経学思想研究──正祖と京畿学人を中心として』一潮閣
＊──［1998］「朝鮮後期京畿学人の漢宋折衷論」『朝鮮後期経学の展開とその性格』成均館

大学校大東文化研究院
*―――［2007］「朝鮮後期儒学テキスト研究と経世学的経学」（韓永愚他『再び，実学とは何か』プルンヨクサ）
金奉烈（林正義他写真）（西垣安比古訳）［1991］『韓国の建築――伝統建築編』京都学芸出版社（原著 1985 年）
金用淑（李賢起訳）［2008］『朝鮮朝宮中風俗の研究』法政大学出版局（原著 1987 年）
*金容沃［2004a］『読気学説』ドンナム（初版 1990 年）
―――（髙煕卓訳）［2004b］「朝鮮思想史における崔漢綺の位相への試論」『季刊日本思想史』66（同［2004a］の抄訳）
*奎章閣韓国学研究院［2009］『朝鮮国王の一生』クルハンアリ
*―――［2009］『朝鮮両班の一生』クルハンアリ
*―――［2009］『朝鮮女性の一生』クルハンアリ
*慶星大学校韓国学研究所編［2008］『韓国礼学叢書（1～60）』図書出版民族文化
厳錫仁［1993］「朝鮮半島における性理学の受容と展開」『学習院大学東洋文化研究所調査研究報告（朝鮮に流入した諸文化要素の研究）』39
―――［1998］「理気論にみえる崎門学派の思想史的位置――崎門学派と李退渓・薛敬軒・羅整菴」『季刊日本思想史』56
*髙英津［1995］『朝鮮中期礼学思想史』ハンギル社
*―――［1999］『朝鮮時代思想史をどのように見るべきか』プルピッ
*―――［2002］「韓国文化史朝鮮時代編の編纂方向と目次事案」『韓国史論〈国史編纂委員会〉』35
*江華陽明学研究チーム編［2008］『講座陽明学研究史（I・II）』韓国学術情報
黄慧性・石井直道［1995］『韓国の食文化史』平凡社（後，［2005］平凡社ライブラリー 525 に所収）
*洪善杓，ナム・ジョンヒ（남정희），チョン・ソンヒ（정선희），コ・ヨンヒ（고연희），チャ・ミヒ（차미희），カン・ヨンシム（강영심），ハン・ジャギョン（한자경），ユン・デシク（윤대식）［2006］『17・18 世紀朝鮮の外国書籍の受容と読書文化』慧眼
肥塚良三［2000］「李朝の文房具」『青丘学術論集』16
*国史編纂委員会編［1994-2002］『韓国史（26・27・31・34・35）』国史編纂委員会
*―――［2005- ］『韓国文化史（1～，刊行継続中）』国史編纂委員会
国立国語院編（三橋広夫・趙完済訳）［2006］『韓国伝統文化事典』教育出版
*国立中央博物館編［2002］『朝鮮時代の風俗画（展示図録）』韓国博物館会
*国立民俗博物館民俗研究科［2004-07］『韓国歳時風俗辞典（正月・春・夏・秋編）』国立民俗博物館
*―――［2003-07］『朝鮮代歳時記（I～IV）』国立民俗博物館
権五鳳［1991］『李退渓家書の総合的研究』中文出版社
権純哲［1993a］「「礼訟」の経学的分析――茶山の「正体伝重弁」を手掛かりとして」『山口大学教養学部紀要 人文科学篇』27
―――［1993b］「茶山丁若鏞の改革原理と経学――「文質遥変」説，「堯舜無為」論，「祖宗の法不可議」論の分析を中心に」『山口大学哲学研究』2
―――［1994］「茶山の王朝体制改革構想と経学」『山口大学哲学研究』3
―――［2005］「韓国思想史における「実学」の植民地近代性――韓国思想史再考 I」『日本

アジア研究』2
　　―― [2006]「退渓哲学研究の植民地近代性――韓国史思想史再考 II」『日本アジア研究』3
＊崔英成 [1995]『韓国儒学思想史（II ～ IV）』亜細亜文化社
　崔在穆 [1987]「韓国陽明学研究の序論的考察――伝来時期を手掛かりとした研究視角の再考」『倫理学〈筑波大学倫理学原論研究会〉』5
　―― [2006]『東アジア陽明学の展開』ぺりかん社
　崔昌祚（三浦国雄監訳，金在浩・渋谷鎮明訳）[1997]『韓国の風水思想』人文書院（原著1984年）
　三枝壽勝講師・小林泉編 [1997]『アジア理解講座 1996年度第 3 期「韓国文学を味わう」報告書』国際交流基金アジアセンター
　澤井啓一 [2000]「日本の儒学・朝鮮の儒学」『〈記号〉としての儒学』光芒社
＊斯文学会編 [1992]『尤庵思想研究論叢』太学社
　車柱環（三浦国雄・野崎充彦訳）[1990]『朝鮮の道教』人文書院（原著 1984年）
　朱南哲 [1981]（野村孝文訳）『韓国の伝統的住宅』九州大学出版会
＊―― [2006]『〔改訂版〕韓国建築史』高麗大学校出版部（初版 2000年）
　申栄勲（金大璧写真）（西垣安比古監訳，李終姫・市岡実幸訳）[2005]『韓国の民家』法政大学出版局（原著 2000年）
＊申炳周 [2000]『南冥学派と花潭学派の研究』一志社
　鈴木信昭 [2000]「李氏朝鮮天主教史小考」『歴史と地理』531
　―― [2003]「朝鮮粛宗三十四年描画入り『坤輿萬國全圖』攷」『史苑』63-2
　―― [2008]「利瑪竇『兩儀玄覽図』攷」『朝鮮学報』206
＊成慶麟 [1995]『韓国の伝統舞踊』一志社（初版 1979年）
＊全完吉 [1987]『韓国化粧文化史――附，韓国の茶文化と茶具』悦話堂
　全相運（許東粲訳）[2005]『韓国科学史――技術的伝統の再照明』日本評論社（原著 2000年）
＊宋恵真（姜運求写真）[2001]『韓国楽器』悦話堂
＊ソウル文化史学会編 [2003]『朝鮮時代のソウルの人々（1・2）』オジニ
　染谷智幸・鄭炳説編 [2008]『韓国の古典小説』ぺりかん社
＊退渓研究所編集部 [1997-2000]『退渓学研究論叢（1～10）』慶北大学校退渓研究所
　高橋進 [1985]『李退渓と敬の哲学』東洋書院
　高橋亨 [1924]「李朝儒教史に於ける主理派主気派の発達」『京城帝国大学法文学会第二部（哲学・史学・文学部門）論纂』第一冊
　―― [1953]「朝鮮の陽明学派」『朝鮮学報』4
　―― [1973]『李朝仏教』国書刊行会（初版 1929年，寶文館）
　多摩美術大学美術参考資料館編 [1986]『李朝生活画――李朝 518年間が育んだ生活空間の絵画』多摩美術大学美術参考資料館
　田村専乃助 [1983]『李朝気象学史研究』神田一誠堂
＊檀国大学校東洋学研究所編 [1988]「実学関連研究論著目録」『朝鮮後期文化――実学部門』檀国大学校出版部
＊池斗煥 [1984]「朝鮮前期宗法制度理解過程」『泰東古典研究』創刊号（後，同 [1998]『朝鮮時代思想史の再照明』歴史文化に所収）

＊──［1987］「朝鮮後期礼訟研究」『釜山史学』11（後，同［1998］『朝鮮時代思想史の再照明』歴史文化に所収）
＊──［1998］『朝鮮時代思想史の再照明』歴史文化
＊趙珖［1988］『朝鮮後期天主教研究』高麗大学校民族文化研究所出版部
＊──［1993］「朝鮮後期思想界の転換期的特性──正学・実学・邪学の対立構造」（韓国史研究会編『韓国史転換期の問題』知識産業社）
＊──［2002］「韓国文化史の叙述方向と編纂体制」『韓国史論〈国史編纂委員会〉』35
 張籌根（児玉仁夫訳）［2003］『韓国の歳時習俗』法政大学出版局（原著1984年）
＊趙東一［2005］『〔第4版〕韓国文学通史（2・3）』知識産業社
＊趙誠乙／イ・ドンイン（이동인）／ユ・スンヒ（유승희）編［2005］『実学研究一世紀の流れ 実学研究論著目録（上・下）』京畿文化財団
＊趙成山［2000］「朝鮮後期性理学研究の現況と展望」（姜万吉編『朝鮮後期史研究の現況と課題』創作と批評社）
＊チョン・ヨンシク（정연식）［2002］『日常からみた朝鮮時代のはなし（1・2）』青年社
 鄭寅普［1933］「6 朝鮮の陽明学派」「7 後記」『東亜日報』（後，同〔沈慶昊・小川晴久訳〕［2007］『陽明学』19に所収）
＊鄭玉子［1988］『朝鮮後期文化運動史』一志社
＊──［1998］『朝鮮後期朝鮮中華思想研究』一志社
＊鄭在薫［2008］「北韓の儒学史研究動向」『朝鮮時代の学派と思想』新旧文化社
 鄭聖哲（崔允珍・権仁燮・金哲央訳）［1982］『朝鮮実学思想の系譜』雄山閣出版（原著1974年）
 鄭大声編訳［1982］『朝鮮の料理書（東洋文庫416）』平凡社
 田耕旭（野村伸一監訳，李美江訳）［2004a］『韓国仮面劇──その歴史と原理』法政大学出版局（原著1998年）
＊──［2004b］『韓国の伝統宴会』学古齋
＊──［2007］「韓国民俗劇の現況と展望」（同編『韓国仮面劇とその周辺文化』図書出版月印）
＊都賢喆［2006］「性理学の受容と朝鮮の支配理念」（韓国思想史学会『韓国思想史入門』ソムン文化社）
 友枝龍太郎［1985］『李退渓──その生涯と思想』退渓学研究院日本分室東洋書院
 中純夫［2002］「丁若鏞の『大学』解釈について──李朝実学者の経書解釈」『京都府立大学学術報告（人文・社会）』54
 ──［2005］「朝鮮陽明学研究史に関する覚え書き」『京都府立大学学術報告（人文・社会）』57
 ──［2007］「鄭斉斗の後裔たち」（西脇常記教授退休記念論集編集委員会・京都大学人文科学研究所 Christian Wittern 研究室編『東アジアの宗教と文化──西脇常記教授退休記念論集』同委員会・同研究室）
＊南冥学研究院［2006］『南冥思想の再照明』芸文書院
＊──［2008］『南冥学派研究の新地平』芸文書院
＊南冥学研究所［2008-09］『南冥学関連文集解題（1-3）』慶尚大学校南冥学研究所
 任正爀編［1993］『朝鮮の科学と技術』明石書店
 ──［1995］『朝鮮科学文化史へのアプローチ』明石書店
 野崎充彦［2001］「韓国道教研究小史」（遊佐昇・野崎充彦・増尾伸一郎編『講座道教6

アジア諸地域と道教』雄山閣出版）
裴宗鎬（川原秀城監訳）［2007］『朝鮮儒教史』知泉書館（原著 1974 年）
＊仏教新聞社編［1994］『韓国仏教史の再照明』仏教時代社
＊文化財庁編集部［2008］『韓国の古地図』文化財庁
文重亮［2006］『わたしたちの歴史科学紀行』東アジア
文純實［2007］「『職方外紀』と朝鮮の知識人──その受容と影響について」『駿台史学』131
＊ベイカー，D.（金世潤訳）［1997］『朝鮮後期儒教と天主教の対立』一潮閣
辺英浩［2007］「朝鮮史における四端七情論争の意味と原因」『東アジア研究』48（後，同［2010］『朝鮮儒教の特質と現代韓国──李退渓・李栗谷から朴正熙まで』クレインに所収）
朴忠錫［2001］「朝鮮の朱子学──その規範性と歴史性」（朴忠錫・渡辺浩編『国家理念と対外認識 17-19 世紀（日韓共同研究叢書 3）』慶應義塾大学出版会）
松田弘［1980］「李栗谷における理気論の特質とその思想史的位置」『哲学・思想学系論集〈筑波大〉』
────［1981］「朝鮮朝陽明学研究における問題の所在」『倫理思想研究』6
三浦国雄［1982］「十七世紀朝鮮における正統と異端──宋時烈と尹鑴」『朝鮮学報』102
三木栄［1991］『補訂 朝鮮医学史及疾病史』思文閣出版（初版 1963 年自家版）
宮嶋博史［1986］「朝鮮社会と儒教──朝鮮儒教思想史の一解釈」『思想』750
＊民族文化研究院編［1964-72］『韓国文化史大系』高麗大学校民族文化研究院
＊──編［1980-82］『韓国民俗大鑑』高麗大学校民族文化研究院
＊──編［2000］『韓国民俗の世界』高麗大学校民族文化研究院
山内弘一［1982］「丁若鏞の学問観──朱子学への評価をめぐって」『朝鮮史研究会論文集』19
────［1987］「丁若鏞の事天の学と修己治人の学について」『朝鮮学報』122
────［1992］「朴趾源に於ける北学と小中華」『上智史学』37
────［1996］「洪大容の華夷観について」『朝鮮学報』159
────［1998］「朴齊家における「北學」と慕華意識」『上智史学』43
────［1999］「京城・貴族の誇り──丁若鏞に於ける貴賤と華夷」『上智史学』44
────［2000］「朝鮮国人李徳懋と華夷意識」『朝鮮文化研究』7
────［2001］「朝鮮儒教研究の手引き──中国学・日本学の研究者にむけて」『漢文学解釈与研究』4
────［2003］『朝鮮からみた華夷思想（世界史リブレット 67）』山川出版社
────［2006a］「朝鮮王朝後期の宗族制度の確立と祭礼説──四代奉祀と不遷の位をめぐって（其之一）」『漢文学解釈与研究』9
────［2006b］「栗谷思想の評価とその歴史性について」（『栗谷と実学思想（第 19 回栗谷文化祭 2006 国際学術会議報告集）』坡州文化院・成均館大学儒教文化研究所）
────［2006c］「18 世紀朝鮮王朝への天主教（カトリック）の伝来について──共生から弾圧へ」『キリスト教文化・東洋宗教研究所紀要』25
────［2007］「星湖李瀷と文明の化」『上智史学』52
────［2008］「朝鮮王朝後期の宗族制度の確立と祭礼説──四代奉祀と不遷の位をめぐって（其之二）」『漢文学解釈与研究』10

山口正之［1967］『朝鮮西教史——朝鮮キリスト教の文化史的研究』雄山閣（再刊，1985年，お茶の水書房）

山田恭子［2008］「文学からの接近：古典文学史——時代区分とジャンルを中心に」（野間秀樹編『韓国語教育論講座 第 4 巻』くろしお出版）

＊楊普景［2001］「伝統時代の地理学」第 29 次世界地理学大会組織委員会編『韓国の地理学と地理学者』ハヌル

李京子・洪那英・張淑煥（原田美佳他訳）［2007］『朝鮮王朝の衣裳と装身具』淡交社（原著 2003 年）

＊李元淳［1986］『朝鮮西学史研究』一志社

李豪潤［2006］「朝鮮王朝後期思想史研究文献目録」『東アジアの思想と文化』1

李承妍［1994］「朝鮮における「朱子家礼」の受容および展開過程——金長生の「家礼輯覧」を中心に」『朝鮮学報』153

―――［1998］「朝鮮における『朱子家礼』の受容および展開過程 II——『南渓集』を中心に」『朝鮮学報』167

李泰鎮（六反田豊訳）［2000］「朝鮮性理学の歴史的機能」『朝鮮王朝社会と儒教』法政大学出版局（原著 1989 年）

李杜鉉［1990］『朝鮮芸能史』東京大学出版会

＊李俸珪［1996］「礼訟の哲学的分析に対する再検討」『大東文化研究』31

＊劉奉学［1995］『燕厳一派北学思想研究』一志社

＊―――［1998］『朝鮮後期学界と知識人』新旧文化社

＊劉明鍾［1978］「朝鮮朝における陽明学研究とその展開」（韓国哲学学会編『韓国哲学研究（下）』東明社）

ロビンソン，K.［2003］「『海東諸国紀』の地図の一考察」中核的研究拠点形成プログラム，前近代日本の史料遺産プロジェクト『前近代日本の史料遺産プロジェクト研究集会報告集 2001-2002』東京大学史料編纂所

Ledyard, Gari［1994］"Cartography in Korea," in J. B. Harley and David Woodward, eds., *The History of Cartography*, volume 2, book two: *Cartography in the Traditional East and Southeast Asian Societies*, Chicago: The University of Chicago Press

Robinson, Kenneth R.［2007］"Chosŏn Korea in the Ryūkoku *Kangnido*: Dating the Oldest Extant Korean Map of the World (15th Century)," *Imago Mundi*, vol. 59-2

―――［2010］"Daoist Geographies in Three Korean Maps of the World," *Journal of Daoist Studies*, no. 3

第 6 章　開港期・大韓帝国期

❖ 1-a　政治・外交史（日清戦争以前）　　　　　　　　　　(pp. 187〜193)

秋月望［1984］「朝中貿易交渉の推移——1882 年，派使駐京問題を中心に」『東洋史論集〈九州大〉』13

―――［1985］「朝中間の三貿易章程の締結経緯」『朝鮮学報』115

──［1991］「朝露国境の成立と朝鮮の対応」『国際学研究〈明治学院大〉』8
石川寛［2002］「日朝関係の近代的改編と対馬藩」『日本史研究』480
＊井上和枝［1990］「大院君の地方統治政策に関して──高宗期「土豪別単」の再検討」（碧史李佑成教授定年退職記念論叢刊行委員会編『民族史の展開とその文化（上）』創作と批評社）
＊延甲洙［2001］『大院君執権期富国強兵政策研究』ソウル大学校出版部
＊──［2008］『高宗代政治変動研究』一志社
大澤博明［2004］「日清天津条約（1885年）の研究（1）」『熊本法学』106
──［2005］「日清天津条約（1885年）の研究（2）」『熊本法学』107
岡本隆司［2004］『属国と自主のあいだ──近代清韓関係と東アジアの命運』名古屋大学出版会
河宇鳳［2001］「開港期修信使の日本認識」（金容徳・宮嶋博史編『近代交流史と相互認識Ⅰ（日韓共同研究叢書2）』慶應義塾大学出版会）
糟谷憲一［1990a］「大院君政権の権力構造」『東洋史研究』49-2
──［1990b］「閔氏政権上層部の構成に関する考察」『朝鮮史研究会論文集』27
──［1992］「近代的外交体制の創出」（荒野泰典・石井正敏・村井章介編『アジアのなかの日本史Ⅱ 外交と戦争』東京大学出版会）
──［1995］「閔氏政権後半期の権力構造──政権上層部の構成に関する分析」『朝鮮文化研究』2
──［1997］「閔氏政権前半期の権力構造──政権上層部の構成に関する分析」（武田幸男編『朝鮮社会の史的展開と東アジア』山川出版社）
──［1999］「大院君政権期の地方官の構成」『東洋文化研究〈学習院大〉』1
＊韓哲昊［1994］「統理軍国事務衙門（1882～1894）の組織と運営」（李基白先生古稀紀念韓国史学論叢刊行委員会編『李基白先生古稀紀念韓国史学論叢（下）』一潮閣）
＊──［1995］「閔氏戚族政権期（1885-1894）内務府の組織と機能」『韓国史研究』90
＊──［1996］「閔氏戚族政権期（1885-1894）内務府官僚研究」『アジア文化〈翰林大学校アジア文化研究所〉』12
＊──［2001］「開化期（1887-1894）駐日朝鮮公使の派遣と活動」『韓国文化』27
北原スマ子［1995］「朝鮮の対西洋開国決定とロシア認識」『朝鮮史研究会論文集』33
──［2004］「第三次修信使の派遣と「日朝通商章程」の改定・課税交渉」『朝鮮学報』192
＊金源模［2003］『開化期韓米交渉関係史』檀国大学校出版部
＊金炳佑［2006］『大院君の統治政策』慧眼
＊金容九［2001］『世界観衝突と韓末外交史1866-1882』文学と知性社
＊──［2004］『壬午軍乱と甲申政変』図書出版ウォン
＊具仙姫［1999］『韓国近代対清政策史研究』慧眼
＊──［2002］「開港期官制改革を通して見た権力構造の変化」『韓国史学報』12
＊権赫秀［2000］『19世紀末韓中関係史研究──李鴻章の朝鮮認識と政策を中心に』白山資料院
＊権錫奉［1986］『清末対朝鮮政策史研究』一潮閣
崔碩莞［1997］『日清戦争への道程』吉川弘文館
＊崔文衡［2001］『韓国をめぐる帝国主義列強の角逐──19世紀末の国際関係』知識産業社

*崔炳鈺［2000］『開化期の軍事政策研究』景仁文化社
崔蘭英［2002］「近代朝鮮の外交政策の一側面——「朝貢関係」と「条約関係」」『朝鮮学報』184
酒井裕美［2005］「甲申政変以前における朝清商民水陸貿易章程の運用実態——関連諸章程と楊花津入港問題を中心に」『朝鮮史研究会論文集』43
—— ［2007a］「開港期の朝鮮外交主体・統理交渉通商事務衙門の対内活動——甲申政変前の外交関連政策を中心に」『一橋社会科学』2
—— ［2007b］「開港期の朝鮮外交主体・統理交渉通商事務衙門に関する一考察——甲申政変前における地方官庁との関係，とくに財政政策を一例として」『朝鮮学報』204
佐々木揚［1987］「1880年代における露朝関係」『韓』106
—— ［1997］「英露の極東政策と日清開戦」（東アジア近代史学会編『日清戦争と東アジア世界の変容（上）』ゆまに書房）
宋安鍾［1996］「1874年の朝鮮政府の日朝交渉再開要因」『阪大法学』45-6
—— ［1997a］「1874年における日朝代理交渉の展開（1）」『阪大法学』46-6
—— ［1997b］「1874年における日朝代理交渉の展開（2）」『阪大法学』47-1
*宋炳基［1985］『近代韓中関係史研究——19世紀末の聯美論と朝清交渉』檀国大学校出版部
*—— ［2005］『韓国，美国との出会い——対美開国史論』GOD's Win
高橋秀直［1995］『日清戦争への道』東京創元社
田保橋潔［1940］『近代日鮮関係の研究』朝鮮総督府中枢院
*田美蘭［1990］「統理交渉通商事務衙門に関する研究」『梨大史苑』24・25合輯
長田彰文［2004］「朝鮮の対米開国と両国間における「理想主義」と「現実主義」の相克」『アメリカ太平洋研究〈東京大〉』4
浜下武志［1994］「朝貢と条約」（溝口雄三・浜下武志・平石直昭・宮嶋博史編『アジアから考える3 周縁からの歴史』東京大学出版会）
原田環［1981］「朝・中「両截体制」成立前史」（飯沼二郎・姜在彦『近代朝鮮の社会と思想』未来社，後，原田環［1997］『朝鮮の開国と近代化』第7章に収録）
—— ［1985］「1880年代前半の閔氏政権と金允植」『朝鮮史研究会論文集』22（後，同［1997］『朝鮮の開国と近代化』第11章に改編収録）
—— ［1995］「朝鮮の開国近代化と清」『青丘学術論文集』7（後，同［1997］『朝鮮の開国と近代化』第10章に収録）
—— ［1997］『朝鮮の開国と近代化』溪水社
藤間生大［1987］『壬午軍乱と近代東アジア世界の成立』春秋社
三好千春［1989］「アヘン戦争に関する燕行使情報」『史艸〈日本女子大〉』30
—— ［1990］「両次アヘン戦争と事大関係の動揺——特に第二次アヘン戦争時期を中心に」『朝鮮史研究会論文集』27
—— ［1994］「大院君政権の中国認識」『史艸〈日本女子大〉』35
吉野誠［1997］「咸鏡道防穀令事件——賠償請求案の検討」『東海大学紀要（文学部）』66
—— ［1998］「咸鏡道防穀令事件——事件の発生」『朝鮮文化研究』5
—— ［2002］『明治維新と征韓論——吉田松陰から西郷隆盛へ』明石書店
—— ［2008］「防穀令事件の外交交渉——賠償請求から大石・趙交渉の停頓まで」『東海大学紀要（文学部）』88

＊李光麟　［1988］「統理機務衙門の組織と任務」『学術院論文集（人文社会科学）』26
＊李泰鎮　［2000］『高宗時代の再照明』太学社

❖ 1-b　政治・外交史（日清戦争～韓国併合）　　　　　　　　（pp. 193〜197）

浅井良純　［1995］「日帝侵略初期における朝鮮人官吏の形成について」『朝鮮学報』155
浅野豊美　［2008］『帝国日本の植民地法制――法域統合と帝国秩序』名古屋大学出版会
池川英勝　［1985］「大垣丈夫について――彼の前半期」『朝鮮学報』117
――　［1986］「大垣丈夫の研究――大韓自強会との関連を中心にして」『朝鮮学報』119, 120
――　［1990］「日韓同志会について」『朝鮮学報』135
――　［1996］「大韓帝国末期各団体に見られる日本人顧問について――佐伯剛平」『朝鮮学報』158
伊藤俊介　［2003］「朝鮮における近代警察制度の導入過程」『朝鮮史研究会論文集』41
伊藤之雄・李盛煥編　［2009］『伊藤博文と韓国統治』ミネルヴァ書房
海野福寿編　［1995］『日韓協約と韓国併合』明石書店
――　［2000］『韓国併合史の研究』岩波書店
――編集・解説　［2003］『外交資料　韓国併合』不二出版
――　［2005］「第二次日韓協約と五大臣上疏」『青丘学術論集』25
＊王賢鍾　［2003］『韓国近代国家の形成と甲午改革』歴史批評社
小川原宏幸　［2010］『伊藤博文の韓国併合構想と朝鮮社会――王権論の相克』岩波書店
奥村周司　［1995］「李朝高宗の皇帝即位について」『朝鮮史研究会論文集』33
＊翰林大学校韓国学研究所　［2006］『大韓帝国は近代国家か』プルンヨクサ
＊教授新聞企画・編　［2005］『高宗皇帝歴史聴聞会』プルンヨクサ
＊姜昌一　［2002］『近代日本の朝鮮侵略と大アジア主義』歴史批評社
金東明　［1993］「一進会と日本」『朝鮮史研究会論文集』31
＊玄光浩　［2002］『大韓帝国の対外政策』新書苑
＊――　［2007］『大韓帝国とロシア，そして日本』先人
康成銀　［2005］『一九〇五年韓国保護条約と植民地支配責任――歴史学と国際法学との対話』創史社
＊崔昌錫　［2004］『朝鮮統監府研究 II』国学資料院
＊崔文衡　［2001］『韓国をめぐる帝国主義列強の角逐―― 19 世紀末の国際関係』知識産業社
――　［2004］『日露戦争の世界史』藤原書店
笹川紀勝・李泰鎮編　［2008］『韓国併合と現代――歴史と国際法からの再検討』明石書店
＊徐栄姫　［2003］『大韓帝国政治史研究』ソウル大学校出版部
＊徐仁漢　［2000］『大韓帝国の軍事制度』慧眼
＊ソウル大学校韓国文化研究所編　［2003］『韓国併合の不法性研究』ソウル大学校出版部
田口容三　［1988］「李朝末期の国債報償運動について」『朝鮮学報』128
趙景達　［2003］「朝鮮の近代とその政治文化」（歴史学研究会編『現代歴史学の成果と課題 II 国家像・社会像の変貌』青木書店）
都冕会　［2004］「自主的近代化と植民地的近代化」（宮嶋博史・李成市・尹海東・林志弦編

『植民地近代の視座』岩波書店）
　永島広紀［1995］「一進会の活動とその展開」『年報朝鮮学』5
　──［2001］「一進会立「光武学校」考」『朝鮮学報』178
　長田彰文［1992］『セオドア・ルーズベルトと韓国──韓国保護国化と米国』未來社
　中塚明［1997］『歴史の偽造をただす──戦史から消された日本軍の「朝鮮王宮占領」』高文研
　日韓歴史共同研究委員会［2005］『日韓歴史共同研究報告書 第3分科篇上巻』日韓歴史共同研究委員会（http://www.jkcf.or.jp/history/report3.html で閲覧可能）
　林雄介［1991］「愛国啓蒙運動の農業重視論について」『朝鮮史研究会論文集』29
　──［1997］「一進会の前半期に関する基礎的研究」（武田幸男編『朝鮮社会の史的展開と東アジア』山川出版社）
　──［1999a］「一進会の後半期に関する基礎的研究」『東洋文化研究』1
　──［1999b］「運動団体としての一進会」『朝鮮学報』172
　原田環［2004］「第二次日韓協約調印と大韓帝国皇帝高宗」『青丘学術論集』24
　原智弘［2006］「大韓帝国期の試験制官吏任用制度について」『朝鮮学報』198
　檜山幸夫［1989］「七・二三京城事件と日韓外交」『韓』115
　朴宗根［1982］『日清戦争と朝鮮』青木書店
　松田利彦［2009］『日本の朝鮮植民地支配と警察──一九〇五～一九四五年』校倉書房
　森山茂徳［1987］『近代日韓関係史研究』東京大学出版会
　──［2004］「保護政治下韓国における司法制度の理念と現実」（浅野豊美・松田利彦編『植民地帝国日本の法的構造』信山社）
　吉川友丈［1999］「上からの改革と地域社会」『朝鮮史研究会論文集』37
　李英美［2005］『韓国司法制度と梅謙次郎』法政大学出版局
　李盛煥［2005］「韓国の中立政策と日露戦争」（日露戦争研究会編『日露戦争研究の新視点』成文社）
＊李泰鎮編［1995］『日本の大韓帝国強占』カチ
＊──［2000］『高宗時代の再照明』太学社
＊──［2001］『韓国併合, 成立しなかった』太学社
＊李玟源［2002］『明成皇后弑害と俄館播遷』国学資料院
　柳永益（秋月望・広瀬貞三訳）［2000］『日清戦争期の韓国改革運動』法政大学出版局（原著『甲午更張研究』1990年）
　和田春樹［2009-10］『日露戦争──起源と開戦（上・下）』岩波書店

❖ 2　思想史・運動史　　　　　　　　　　　　　　　　(pp. 197～208)

　秋月望［1990］「魚允中における「自主」と「独立」」『年報朝鮮学』1
　尹素英［1990］「一八八〇年代初期の魚允中の朝鮮近代化構想」『お茶の水史学』33
＊尹炳喜［1998］『兪吉濬研究』国学資料院
　糟谷憲一［1977］「初期義兵運動について」『朝鮮史研究会論文集』14
　──［1985］「甲申政変・開化派研究の課題」『朝鮮史研究会論文集』22
＊韓国近現代社会研究会［1998］『韓国近代開化思想と開化運動』新書苑

＊韓国歴史研究会編［1991］『1894年農民戦争研究1──農民戦争の社会経済的背景』歴史批評社
＊──［1992］『1894年農民戦争研究2──18・19世紀の農民抗争』歴史批評社
＊──［1993］『1894年農民戦争研究3──農民戦争の政治・思想的背景』歴史批評社
＊──［1995］『1894年農民戦争研究4──農民戦争の展開過程』歴史批評社
＊──［1997］『1894年農民戦争研究5──農民戦争の歴史的性格』歴史批評社
　韓晢曦［1988］『日本の朝鮮支配と宗教政策』未來社
＊韓哲昊［1998］『親美開化派研究』国学資料院
　姜在彦［1970］「反日義兵運動の歴史的展開」『朝鮮近代史研究』日本評論社（後，同［1982］『新訂 朝鮮近代史研究』日本評論社に再収録）
　──［1980］『朝鮮の開化思想』岩波書店
　金河元［1991］「金玉均のクーデタ再起運動と『甲申日録』執筆」『朝鮮史研究会論文集』28
＊金淑子［1998］『大韓帝国期の救国民権意識』国学資料院
＊金祥起［1997］『韓末義兵研究』一潮閣
＊金度亨［1983a］「大韓帝国の改革事業と農民層動向」『韓国史研究』41
＊──［1983b］「大韓帝国時期の外来商品・資本の浸透と農民層動向」『学林』6
＊──［1985］「韓末義兵戦争の民衆的性格」（朴玄埰・鄭昌烈編『韓国民族主義論III 民衆的民族主義』創作と批評社）
＊──［1994］『大韓帝国期の政治思想研究』知識産業社
　琴秉洞［2001］『〔増補新版〕金玉均と日本』緑蔭書房（初版は1991年）
　金鳳珍［2004］『東アジア「開明」知識人の思惟空間──鄭観応・福沢諭吉・兪吉濬の比較研究』九州大学出版会
＊金鳳烈［1998］『兪吉濬開化思想の研究』慶南大学校出版部
＊具玩會［1997］『韓末の堤川義兵──湖左義陣研究』集文堂
＊洪淳權［1994］『韓末湖南地域義兵運動史研究』ソウル大学校出版部
　康玲子［1985］「甲申政変の問題点」『朝鮮史研究会論文集』22
＊呉瑛燮［1999］『華西学派の思想と民族運動』国学資料院
＊──［2007］『高宗皇帝と韓末義兵』先人
＊国史編纂委員会編［1999］『韓国史38』国史編纂委員会
＊崔起栄［1991］『大韓帝国時期新聞研究』一潮閣
＊──［1997］『韓国近代啓蒙運動研究』一潮閣
＊──［2003］『韓国近代啓蒙思想研究』一潮閣
　佐々充昭［2002］「韓末における「強権」的社会進化論の展開」『朝鮮史研究会論文集』40
＊朱鎮五［1985］「独立協会の経済体制改革構想とその性格」（鄭昌烈・朴玄埰編『韓国民族主議論III 民衆的民族主義』創作と批評社）
＊──［1986］「独立協会の対外認識の構造と展開」『学林』8
＊──［1989］「執権・官僚勢力の民族問題認識と対応」『歴史と現実』1
＊──［1993］「開化派の成立過程と政治思想的動向」（韓国歴史研究会編『1894年農民戦争研究3』歴史批評社）
　慎蒼宇［2008］『植民地朝鮮の警察と民衆世界 1894〜1919』有志舎
＊1884年政令研究班［1998］「1884年政変の「政令」について」『歴史と現実』30

＊孫炯富［1997］『朴珪寿の開化思想研究』一潮閣
田口容三［1980］「大韓自強会について」『立命館文学』418〜421
────［1982］「旧韓国末期の五学会」『立命館史学』3
趙景達［1983］「甲午農民戦争指導者＝全琫準の研究」『朝鮮史叢』7
────［1985］「朝鮮における大国主義と小国主義の相克──初期開化派の思想」『朝鮮史研究会論文集』22
────［1987］「金允植における民衆観の相克」『アジア史研究〈中央大〉』11
────［1989a］「朝鮮近代のナショナリズムと東アジア──初期開化派の「万国公法」観を中心に」『中国──社会と文化』4
────［1989b］「朝鮮における日本帝国主義批判の論理の形成──愛国啓蒙運動期における文明観の相克」『史潮』新25
────［1991］「朝鮮近代のナショナリズムと文明」『思想』808
────［1994］「東学における正統と異端」（溝口雄三・浜下武志・平石直昭・宮嶋博史編『アジアから考える 5 近代化像』東京大学出版会
────［1995a］「朝鮮における実学から開化への思想的転回」『歴史学研究』678
────［1995b］「李朝末期の民乱──原州民乱（1885年）の事例から」『朝鮮史研究会論文集』33
────［1996］「金玉均から申采浩へ──朝鮮における国家主義の形成と展開」（歴史学研究会編『「近代」を人はどう考えてきたか（講座世界史7）』東京大学出版会）
────［1998］『異端の民衆反乱──東学と甲午農民戦争』岩波書店
────［1999］「朝鮮の義賊──活貧党の世界を中心に」『東洋文化研究』1
────［2002］『朝鮮民衆運動の展開──士の論理と救済思想』岩波書店
＊趙恒来編［1993］『1900年代の愛国啓蒙運動研究』亜細亜文化社
＊趙東杰［1986］「義兵運動の韓国民族主義上の位置（上）」『韓国民族運動史研究』1
＊────［1989］「義兵運動の韓国民族主義上の位置（下）」『韓国民族運動史研究』3
月脚達彦［2009］『朝鮮開化思想とナショナリズム──近代朝鮮の形成』東京大学出版会
＊鄭昌烈［1982］「韓末変革運動の政治・経済的性格」（宋建鎬・姜万吉編『韓国民族主義論 I』創作と批評社）
＊────［1990］「愛国啓蒙思想の歴史認識」『国史館論叢』15
＊鄭昌烈・朴玄埰編［1985］『韓国民族主議論 III 民衆的民族主義』創作と批評社
＊鄭容和［2004］『文明の政治思想──俞吉濬と近代韓国』文学と知性社
林雄介［1995］「19世紀末，朝鮮民衆の対日認識について」『朝鮮史研究会論文集』33
────［2001］「1898年平壌民乱について」『朝鮮文化研究』8
原田環［1985］「一八八〇年代前半の閔氏政権と金允植」『朝鮮史研究会論文集』22
────［1986］「朝鮮近代ナショナリズムの形成──朴殷植の〝大韓精神〟」『朝鮮民族運動史研究』3
────［1997］『朝鮮の開国と近代化』溪水社
＊朴銀淑［2006］『甲申政変研究』歴史批評社
＊朴賛勝［1984］「活貧党の活動とその性格」『韓国学報』35
＊────［1985］「東学農民戦争の社会・経済的志向」（朴玄埰・鄭昌烈編『韓国民族主義論 III 民衆的民族主義』創作と批評社）
＊────［1992］『韓国近代政治思想史研究』歴史批評社

* ── ［2008］『近代移行期民衆運動の社会史──東学農民戦争・抗租・活貧党』景仁文化社
  朴忠錫（宮崎善信訳）［2006］「朴泳孝の富国強兵論」（朴忠錫・渡辺浩編『「文明」「開化」「平和」──日本と韓国（日韓共同研究叢書16）』慶應義塾大学出版会）
* 朴敏泳［1998］『大韓帝国期義兵研究』図書出版ハヌル
  宮嶋博史［1984］「開化派研究の今日的意味」『季刊三千里』40
  ── ［1986］「近代克服志向型ナショナリズムと新しい朝鮮史像」『歴史批判』3
* 民族文化研究所編［1998］『東学思想の新たな照明』嶺南大学校出版部
* 俞炳勇他［2004］『朴泳孝研究』韓国精神文化研究院
* 李栄昊［1990］「韓国近代民衆運動研究の動向と「国史」教科書の叙述」『歴史教育』47
* ── ［1991］「大韓帝国時期英学党運動の性格」『韓国民族運動史研究』5
* 李完宰［1998］『韓国近代初期開化思想の研究』漢陽大学校出版院
* ── ［1999］『朴珪寿研究』集文堂
* 李光麟［1986］『韓国開化史の諸問題』一潮閣
  ── ［1989］『開化派と開化思想研究』一潮閣
  ── ［1993］『開化期の人物』延世大学校出版部
  ── ［1994］『開化期研究』一潮閣
  ── ［1999］『韓国近現代史論攷』一潮閣
* 柳永益［1992］『韓国近現代史論』一潮閣
* ── ［1998］『東学農民蜂起と甲午更張』一潮閣
* ── （秋月望・広瀬貞三訳）［2000］『日清戦争期の韓国改革運動』法政大学出版局（原著『甲午更張研究』1990年）
* 柳永烈［1985］『開化期の尹致昊研究』ハンギル社
* ── ［1997］『大韓帝国期の民族運動』一潮閣
* ── ［2006］『韓国近代史の探求』景仁文化社

❖ 3-a　社会経済史（1）農業史・土地制度史・財政史　　　　　　（pp. 208〜213）

  安秉珆［1975］『朝鮮近代経済史研究』日本評論社
* 延世大学校国学研究院編［2006］『開港前後韓国社会の変動』太学社
* 王賢鍾［1991］「19世紀末湖南地域地主制の拡大と土地問題」（韓国歴史研究会編『1894年農民戦争研究 1──農民戦争の社会経済的背景』歴史批評社）
* ── ［2003］『韓国近代国家の形成と甲午改革』歴史批評社
* ── ［2004］「大韓帝国期地契衙門の江原道量田事業と官契発給」『東方学志』123
* 河元鎬［1997］「開港期経済構造研究の成果と課題」『韓国近代経済史研究』新書苑
* 韓国歴史研究会近代史分科土地台帳研究班［1995］『大韓帝国の土地調査事業』民音社
* 金玉根［1992］『朝鮮王朝財政史研究Ⅳ 近代編』一潮閣
* 金建泰［2004］『朝鮮時代両班家の農業経営』歴史批評社
* 金鴻植・宮嶋博史・李栄薫・趙錫坤・李憲昶［1990］『大韓帝国期の土地制度』民音社
* 金載昊［1997］「甲午改革以後における近代的財政制度の形成過程に関する研究」ソウル大学校博士学位論文

──［2000a］「近代財政制度の成立過程における皇室財政──韓国と日本の比較」『朝鮮学報』175

──［2000b］「皇室財政と「租税国家」の成立──韓国と日本の比較」『社会経済史学』66-2

＊金泰雄［1991］「1894～1910年地方税制の施行と日帝の租税収奪」『韓国史論〈ソウル大〉』26

＊金容燮［1968］「光武年間の量田・地契事業」『亜細亜研究』31（後，同［1975］『韓国近代農業史研究──農業改革論・農業政策』一潮閣に所収）

＊──［1988］「近代化過程における農業改革の二つの方向」（移山趙璣濬博士古稀紀念論文集刊行委員会編『韓国資本主義の性格論争──移山趙璣濬博士古稀紀念論文集』大旺社）

＊洪淳権［1990］「韓末湖南地域経済構造の特質と日本人の土地侵奪──湖南義兵運動の経済的背景」『韓国文化』11

＊洪性讚［1999］「韓末・日帝下の社会変動と郷吏層──全南谷城の事例を中心に」（延世大学校国学研究院編『韓国近代移行期中人研究』新書苑）

＊高東煥［1991］「19世紀賦税運営の変化とその性格」（韓国歴史研究会編『1894年農民戦争研究1──農民戦争の社会経済的背景』歴史批評社）

＊──［1997］「近代化論争」（李基白編『韓国史市民講座20　韓国史学，何が問題なのか』一潮閣）

＊崔元奎［1994］「韓末日帝初期土地調査と土地法研究」延世大学校博士学位論文

＊申栄祐編［2007］『光武量案と鎮川の社会経済変動』慧眼

＊徐栄姫［1991］「開港期封建的国家財政の危機と民衆収奪の強化」（韓国歴史研究会編『1894年農民戦争研究1──農民戦争の社会経済的背景』歴史批評社）

趙景達［1982］「東学農民運動と甲午農民戦争の歴史的性格」『朝鮮史研究会論文集』19

＊都冕会［1991］「貨幣流通構造の変化と日本金融機関の浸透」（韓国歴史研究会編『1984年農民戦争研究1──農民戦争の社会経済的背景』歴史批評社

＊裵英淳［1988］「韓末日帝初期の土地調査と地税改正に関する研究」ソウル大学校博士学位論文

堀和生［1980］「日本帝国主義の朝鮮植民地化過程における財政変革」『日本史研究』217

宮嶋博史［1974］「朝鮮甲午改革以後の商業的農業──三南地方を中心に」『史林』57-6

──［1988a］「量案から「土地台帳」へ──朝鮮土地調査事業における帳簿体系の変革」『朝鮮民族運動史研究』5

──［1988b］「光武改革論」『歴史学研究』586

──［1991］『朝鮮土地調査事業史の研究』東京大学東洋文化研究所

吉野誠［1975］「朝鮮開国後の穀物輸出について」『朝鮮史研究会論文集』12

──［1988］「開港後の社会変動」（中村哲・堀和生・安秉直・金泳鎬編『朝鮮近代の歴史像』日本評論社）

＊李永鶴［1988］「開港期煙草農業の展開」『韓国史論〈ソウル大〉』18

李栄薫（宮嶋博史訳）［1990］「光武量田の歴史的性格──忠清南道燕岐郡光武量案に関する事例分析」（中村哲・梶村秀樹・安秉直・李大根編『朝鮮近代の経済構造』日本評論社）

＊李栄昊［2001］『韓国近代地税制度と農民運動』ソウル大学校出版部

李憲昶（須川英徳・六反田豊監訳）［2004］『韓国経済通史』法政大学出版局（原著1999年）
＊李潤甲［1991a］「開港〜1894年の農民的商品生産の発展と甲午農民戦争——慶北地域の農業変動を中心に」『啓明史学』2
＊———［1991b］「1894〜1910年の商業的農業と地主制」『韓国史論〈ソウル大〉』25
＊李潤相［2006］「大韓帝国の経済政策と財政状況」（翰林大学校韓国学研究所『大韓帝国は近代国家か』プルンヨクサ）

❖ 3-b　社会経済史（2）商業・工業・貿易　　　　　　　　　　　　　　　　（pp. 213〜219）

石川亮太［2005］「朝鮮開港後における華商の対上海貿易」『東洋史研究』63-4
———［2006］「韓国保護国期における小額通貨流通の変容」『朝鮮史研究会論文集』44
＊尹錫範・洪性讚・禹大亨・金東昱［1996］『韓国近代金融史研究』世経社
＊王賢鍾［2003］『韓国近代国家の形成と甲午改革』歴史批評社
＊河元鎬［1997］『韓国近代経済史研究』新書苑
梶村秀樹［1977］「李朝末期（開国後）の綿業の流通および生産構造」『朝鮮における資本主義の形成と展開』龍溪書舎
———［1990］「旧韓末北関地域経済と内外交易」『商経論叢〈神奈川大〉』26-1
＊翰林大学校韓国学研究所［2006］『大韓帝国は近代国家か』プルンヨクサ
木村健二［1989］『在朝日本人の社会史』未來社
———［1999］「朝鮮進出日本人の営業ネットワーク」（杉山伸也／リンダ・グローブ編『近代アジアの流通ネットワーク』創文社）
木村光彦・浦長瀬隆［1987］「開港後朝鮮の貨幣と物価」『社会経済史学』53-5
＊金敬泰［1994］『韓国近代経済史研究』創作と批評社
＊金允嬉［2002］「大韓帝国期ソウル地域金融市場の変動と商業発展」高麗大学校史学科博士論文
＊洪性讚［2002］「韓末日帝下のソウル鐘路商人研究」『東方学志』116
小風秀雅［1995］『帝国主義下の日本海運』山川出版社
＊呉星［1998］『韓国近代商業都市研究』国学資料院
＊呉斗煥［1991］『韓国近代貨幣史』韓国研究院
＊権泰憶［1989］『韓国近代綿業史研究』一潮閣
＊崔泰鎬［1995］『近代韓国経済史研究序説』国民大学校出版部
須川英徳［1988］「開港期朝鮮における絹業について」『朝鮮学報』127
———［1994］『李朝商業政策史研究』東京大学出版会
＊全遇容［1997］「19世紀末〜20世紀初韓人会社研究」ソウル大学校国史学科博士論文
＊孫禎睦［1982］『韓国開港期都市変化過程研究』一志社
高嶋雅明［1978］『朝鮮における植民地金融史の研究』大原新生社
高村直助［1994］「近代日本綿業と韓国」『朝鮮文化研究』1
＊趙映俊［2008］「19世紀王室財政の運営実態と変化様相」ソウル大学校経済学科博士論文
＊趙璣濬［1973］『韓国企業家史』博英社
＊趙宰坤［2001］『韓国近代社会と褓負商』慧眼

鄭在貞（三橋広夫訳）[2008]『帝国日本の植民地支配と韓国鉄道』明石書店（原著『日帝侵略と韓国鉄道』1999 年）
＊都冕会 [1989]「甲午改革以後貨幣制度の紊乱とその影響（1894～1905）」『韓国史論〈ソウル大〉』21
波形昭一 [1985]『日本植民地金融政策史の研究』早稲田大学出版部
新納豊 [1992]「朝鮮洛東江船運──鉄道開通（1905）前後の変化」『大東文化大学紀要（社会科学）』30
橋谷弘 [1993]「釜山・仁川の形成」（大江志乃夫他編『近代日本と植民地 3 植民地化と産業化』岩波書店）
羽鳥敬彦 [1986]『朝鮮における植民地幣制の形成』未來社
原暉之 [2008]「近代東北アジア交易ネットワークの形成」（左近幸村編『近代東北アジアの誕生』北海道大学出版会）
藤永壮 [1991]「開港後の「会社」設立問題をめぐって（上・下）」『朝鮮学報』140, 141
古田和子 [2000]『上海ネットワークと近代東アジア』東京大学出版会
＊朴銀淑 [2008]「開港後分院運営権の民間移譲と運営実態」『韓国史研究』142
堀和生・木越義則 [2008]「開港期朝鮮貿易統計の基礎的研究」『東アジア経済研究』3
松崎裕子 [2001]「大韓帝国光武年間期の米国系企業家コルブラン＆ボストウィックの電気関係利権について」『歴史学研究』754
村上勝彦 [1975]「植民地」（大石嘉一郎編『日本産業革命の研究（下）』東京大学出版会）
山田昭次 [1979]「明治前期の日朝貿易」（編集委員会編『家永三郎教授東京教育大学退官記念論集 近代日本の国家と思想』三省堂）
吉野誠 [1978]「李朝末期における米穀輸出の展開と防穀令」『朝鮮史研究会論文集』15
＊羅愛子 [1991]「開港期外国商人の侵透と朝鮮商人の対応」（韓国歴史研究会編『1894 年農民戦争研究 1──農民戦争の社会経済的背景』歴史批評社）
＊── [1998]『韓国近代海運業史研究』国学資料院
＊李栄薫／裵永穆／朴元厳／キム・ソクチン（김석진）／ヨン・ガンフム（연강흠）[2004]『韓国の銀行 100 年史』山河
＊李栄薫・朴二澤 [2004]「農村米穀市場と全国的市場統合」（李栄薫編『数量経済史で再検討する朝鮮後期』ソウル大学校出版部）
＊李栄昊 [2001]『韓国近代地税制度と農民運動』ソウル大学校出版部
＊李憲昶 [1985]「韓国開港場の商品流通と市場圏」『経済史学』9
── [1990]「旧韓末における忠清北道の市場構造」（中村哲・梶村秀樹・安秉直・李大根編『朝鮮近代の経済構造』日本評論社）
── [1993]「開港期忠清南道の流通構造」（中村哲・安秉直編『近代朝鮮工業化の研究』日本評論社）
＊李承烈 [2007]『帝国と商人』歴史批評社
＊李培鎔 [1989]『韓国近代鉱業侵奪史研究』一潮閣
＊李炳天 [1985]「開港期外国商人の侵入と韓国商人の対応」ソウル大学校国史学科博士論文

❖ 4　文化史・教育史　　　　　　　　　　　　　　　　　　　　(pp. 220～225)

阿部洋［1973］「併合直前の朝鮮におけるキリスト教主義学校」『日本の教育史学』16
稲葉継雄［1987］「井上角五郎と『漢城旬報』『漢城周報』——ハングル採用問題を中心に」『文芸言語研究（言語篇）〈筑波大学〉』12
── ［1997］『旧韓末「日語学校」の研究』九州大学出版会
井上薫［1992］「日本帝国主義の朝鮮における植民地教育体制形成と日本語普及政策——韓国統監府時代の日本語教育を通した官吏登用と日本人配置」『北海道大学教育学部紀要』58
イ・ヨンスク［1987］「朝鮮における言語的近代」『一橋研究』12-2
尹健次［1982］『朝鮮近代教育の思想と運動』東京大学出版会
宇治郷毅［1985］「近代韓国公共図書館史の研究——開化期から1920年代まで」『参考書誌研究』30
梶村秀樹［1978］「申采浩の朝鮮古代史像」（末松保和博士古稀記念会編『末松保和博士古稀記念古代東アジア論集』吉川弘文館）
＊韓国学文献研究所編［1977］『韓国開化期教科書叢書（1～20）』亜細亜文化社
＊韓国精神文化研究院［1993-94］『韓国教育史料集成（I～XII）』朝銀文化社
＊韓永愚［1994］『韓国民族主義歴史学』一潮閣
＊キム・ハクス（김학수）［2002］『スクリーン外の韓国映画史（I・II）』人物と思想社
　姜在彦［1984］『近代朝鮮の思想』未来社
＊金英宇［1987］『韓国近代教員教育史（I）——初等学校教員養成教育史』正民社
　金栄敏（山田佳子訳）［1998］「韓国近代小説の形成過程研究——〈叙事的論説〉と〈論説的叙事〉を中心に」『朝鮮学報』166
＊── ［2003］『韓国近代小説史〔改訂版〕』ソル（初版1997年）
＊── ［2004］「西欧文化の受容と韓国近代文学——近代啓蒙期叙事文学様式の形成過程を中心に」（延世大学校国学研究院編『西欧文化の受容と近代改革』太学社）
＊金淇周［1993］『韓末在日韓国留学生の民族運動』図書出版ヌティナム
　金真淑［2003］「日本の「良妻賢母」と韓国の「賢母良妻」にみる女子教育観」（氏家幹人・桜井由幾・谷本雅之・長野ひろ子編『日本近代国家の成立とジェンダー』柏書房）
　近代アジア教育史研究会編［1995］『近代日本のアジア教育認識——明治後期教育雑誌所収　中国・韓国・台湾関係記事（目録編）』龍溪書舎
── ［1999］『近代日本のアジア教育認識・資料篇〔韓国の部〕』龍溪書舎
金東旭［1974］『朝鮮文学史』日本放送出版協会
金範洙［2006］「大韓帝国末期渡日韓国留学生の現実認識——留学生団体機関誌の論説にみる文明観・国家観」『学校教育学研究論集〈東京学芸大〉』13
金奉鉉［1990］『朝鮮民謡史——庶民の心の唄』国書刊行会
＊権大雄［1994］「韓末慶北地方の私立学校とその性格」『国史館論叢』58
＊崔起栄［1997］『韓国近代啓蒙運動研究』一潮閣
　佐々充昭［2000］「檀君ナショナリズムの形成——韓末愛国啓蒙運動期を中心に」『朝鮮学報』174
　佐藤由美［2000］『植民地教育政策の研究——朝鮮・1905-1911』龍溪書舎

車承棋（月脚達彦訳）［2007］「「文学主義」から「文化論」へと──最近の韓国文化研究の流れに関する一つの概観」『韓国朝鮮の文化と社会』6
＊車培根［2000］『開化期日本留学生たちの言論出版活動研究（I）』ソウル大学校出版部
＊慎鏞廈［1980］『韓国近代史と社会変動』文学と知性社
＊全美慶［2005］『近代啓蒙期の家族論と国民生産プロジェクト』ソミョン出版
＊宋芳松［2007］『韓国近代音楽史研究〔増補版〕』民俗苑
　宋敏鎬［1982］「開化期小説の形成過程とその性格」『朝鮮学報』102
＊孫仁銖［1971］『韓国近代教育史 1885-1945』延世大学校出版部
＊千政煥［2003］『近代の本読み──読者の誕生と韓国近代文学』プルンヨクサ
　池明観［1987］「申采浩史学と崔南善史学」『東京女子大学比較文化研究所紀要』48
　朝鮮史研究会編［1981］『新朝鮮史入門』龍溪書舎
＊鄭根埴［2003］「植民地的検閲の歴史的起源──1904〜1910 年」『社会と歴史』64
＊鄭晋錫［2001］『歴史と言論人』コミュニケーションブックス
＊──［2005］『言論朝鮮総督府』コミュニケーションブックス
＊──［2007］『極秘朝鮮総督府の言論検閲と弾圧』コミュニケーションブックス
　──（李相哲訳）［2008］『大韓帝国の新聞を巡る日英紛争──あるイギリス人ジャーナリストの物語』晃洋書房（原著 1987 年）
＊鄭宗和［1997］『資料でみる韓国映画史』悦話堂
　任正爀編［2010］『朝鮮近代科学技術史研究──開化期・植民地期の問題』皓星社
　野崎充彦［1997］「檀君の位相──固有と外来の相克」『朝鮮史研究会論文集』35
　波田野節子［2008］『李光洙・『無情』の研究──韓国啓蒙文学の光と影』白帝社
　林昌夫［1978］「近代朝鮮公共図書館史における民族図書館の系譜──開化期から三・一運動頃まで」『東京都立中央図書館研究紀要』13
　原田環［1984］「井上角五郎と『漢城旬報』」『季刊三千里』40
　原智弘［2003］「韓末官立中等教育機関の社会的評価──官吏任用制度との関連で」『朝鮮学報』189
　──［2007］「大韓帝国における文官任用令──明治日本との対照を中心に」『年報朝鮮学』10
　古川宣子［1996］「併合前後の私立学校状況──統監府・総督府の政策との関連で」『朝鮮史研究会論文集』34
　卞宰洙［1985］『朝鮮文学史』青木書店
　朴燦鎬［1987］『韓国歌謡史 1895-1945』晶文社
＊朴賛勝［1992］『韓国近代政治思想史研究──民族主義右派の実力養成運動論』歴史批評社
　朴宣美［2005］『朝鮮女性の知の回遊──植民地文化支配と日本留学』山川出版社
　朴忠錫・渡辺浩編［2001］『国家理念と対外認識 17-19 世紀（日韓共同研究叢書 3）』慶應義塾大学出版会
　──［2006］『「文明」「開化」「平和」──日本と韓国（日韓共同研究叢書 16）』慶應義塾大学出版会
＊辺勝雄［1990］「韓末私立学校設立動向と愛国啓蒙運動」『国史館論叢』18
　本間千景［2010］『韓国「併合」前後の教育政策と日本』思文閣出版
　三ツ井崇［2007］「近代朝鮮における文字の価値付けとその文脈」『韓国朝鮮の文化と社

宮嶋博史・金容徳編［2001］『近代交流史と相互認識Ⅰ（日韓共同研究叢書2）』慶應義塾大学出版会

山室信一［2001］『思想課題としてのアジア――基軸・連鎖・投企』岩波書店

*ユ・ソニョン（유선영）［2006］「初期映画の文化的受容と客観性――近代的視覚文化の変造と再配置」（尹海東／千政煥／許洙／ファン・ピョンジュ（황병주）／イ・ヨンギ（이용기）／尹大石編『近代を再読する2』歴史批評社）

*李英美［2006］『韓国大衆歌謡史』民俗苑

*梨花女大韓国文化研究院［2004］『近代啓蒙期における知識概念の受容とその変容』ソミョン出版

*――［2006］『近代啓蒙期における知識の発展と思惟の地平の拡大』ソミョン出版

*――［2007］『近代啓蒙期における知識の屈折と現実的深化』ソミョン出版

李熒娘［2007］「近代以降期における朝鮮の女性教育論」（早川紀代・李熒娘・江上幸子・加藤千香子編『東アジアの国民国家形成とジェンダー』青木書店）

李光鎬（尹相仁・渡部直紀訳）［2001］『韓国の近現代文学』法政大学出版局

*李光麟［1974］『〔改訂版〕韓国開化史研究』一潮閣（初版1969年）

*李智媛［2007］『韓国近代文化思想史研究』慧眼

*柳漢喆［1988］「韓末私立学校令以後日帝の私学弾圧とその特徴」『韓国独立運動史研究』2

李錬［2002］『朝鮮言論統制史――日本統治下朝鮮の言論統制』信山社出版

渡辺浩・朴忠錫編［2005］『韓国・日本・「西洋」――その交錯と思想変容（日韓共同研究叢書11）』慶應義塾大学出版会

第7章　植民地期

❖1　政治史　(pp. 227〜236)

浅井良純［1995］「日帝侵略初期における朝鮮人官吏の形成について――大韓帝国官吏出身者を中心に」『朝鮮学報』155

浅野豊美［2008］『帝国日本の植民地法制――法域統合と帝国秩序』名古屋大学出版会

新井勉［1978］「朝鮮総督府政治犯罪処罰の制令」『法制史研究』28

庵逧由香［1995］「朝鮮における戦争動員政策の展開――「国民運動」の組織化を中心に」『国際関係学研究〈津田塾大〉』21別冊

稲葉継雄［1999］「塩原時三郎研究――植民地朝鮮における皇民化教育の推進者」『研究紀要〈九州大・院・教育学〉』1

尹晸郁［1996］『植民地朝鮮における社会事業政策』大阪経済法科大学出版部

尹海東［2002］「植民地認識の「グレーゾーン」――日帝下の「公共性」と規律権力」『現代思想』30-6

*――［2006］『支配と自治――植民地期村落の三局面構造』歴史批評社

内田じゅん［2003］「植民地期朝鮮における同化政策と在朝日本人――同民会を事例とし

て」『朝鮮史研究会論文集』41
江橋崇［1985］「植民地における憲法の適用――明治立憲体制の一側面」『法学志林』82-3・4
大友昌子［2007］『帝国日本の植民地社会事業政策研究――台湾・朝鮮』ミネルヴァ書房
大西比呂志・李圭倍［1997］「昭和期の朝鮮総督府支配」『青丘学術論集』11
大和明［1988］「植民地期朝鮮地方行政に関する一試論――面制の確立過程を中心に」『歴史評論』458（後，同［1994］『植民地期朝鮮の民衆運動』緑蔭書房に所収）
岡本真希子［1996］「アジア・太平洋戦争末期における朝鮮人・台湾人参政権問題」『日本史研究』401
――［1997］「戦時下の朝鮮人・台湾人参政権問題」『紀要〈早稲田大・院・文学研究科〉』42-4
――［2000］「総督政治と政党政治――二大政党期の総督人事と総督府官制・予算」『朝鮮史研究会論文集』38
――［2008］『植民地官僚の政治史――朝鮮・台湾総督府と帝国日本』三元社
小川原宏幸［2005］「韓国併合と朝鮮への憲法適用問題――朝鮮における植民地法制度の形成過程」『日本植民地研究』17
小熊英二［1998］『「日本人」の境界――沖縄・アイヌ・台湾・朝鮮植民地支配から復帰運動まで』新曜社
梶村秀樹［1992］『梶村秀樹著作集 1 朝鮮史と日本人』
木村健二［2000］「朝鮮総督府経済官僚の人事と政策」（波形昭一・堀越芳昭編『近代日本の経済官僚』日本経済評論社）
姜再鎬［2001］『植民地朝鮮の地方制度』東京大学出版会
姜東鎮［1979］『日本の朝鮮支配政策史研究―― 1920年代を中心として』東京大学出版会
金英達［1997］『創氏改名の研究』未來社
――［2002］『創氏改名の法制度と歴史』明石書店
金圭昇［1991］『日本の朝鮮侵略と法制史』社会評論社
金昌禄［2001］「韓国における日帝強占期の法体系の性格」『法学論集〈北海道大〉』52-2
＊金東明［2006］『支配と抵抗，そして協力』景仁文化社
楠精一郎［1991］「外地参政権問題」（手塚豊編『近代日本史の新研究 9』北樹出版）
駒込武［1996］『植民地帝国日本の文化統合』岩波書店
＊権泰檍［2007］「1920,30年代日帝の同化政策論」『韓国史論』53
＊――［2008］「1910年代日帝の朝鮮同化論と同化政策」『韓国文化』44
＊崔由利［1997］『日帝末期植民地支配政策研究』国学資料院
笹川紀勝［2000］「朝鮮における植民地支配と裁判所の役割――三・一独立運動にかかわって」（杉原泰雄先生古希記念論文集刊行会編『21世紀の立憲主義――現代憲法の歴史と課題』勁草書房）
慎英弘［1984］『近代朝鮮社会事業史研究――京城における方面委員制度の歴史的展開』緑蔭書房
＊水曜歴史研究会編［2002］『植民地朝鮮と毎日申報 1910年代』新書苑
＊――編［2005］『日帝の植民地支配政策と毎日申報 1910年代』トゥリミディア
宣在源・康庚城［1999］「第2次世界大戦期朝鮮における労働力動員政策――植民地における社会統合と総力戦体制」『経済学論集〈東京大〉』65-3

田中隆一［2000］「帝国日本の司法連鎖」『朝鮮史研究会論文集』38（後，同［2007］『満洲国と日本の帝国支配』有志舎に所収）
高崎宗司［2002］『植民地朝鮮の日本人』岩波新書
池秀傑［2005］「日帝時期の在朝鮮（邑単位）日本人社会と朝鮮の"地方自治"」（宮嶋博史・金容徳編『近代交流史と相互認識 2 日帝支配期（日韓共同研究叢書 12）』慶應義塾大学出版会）
趙慶喜［2001］「植民地動員のコミュニケーション戦略——戦時下朝鮮における「国民運動」を事例に」『紀要〈東京大・社会情報研〉』61
趙景達［2008］『植民地期朝鮮の知識人と民衆——植民地近代史論批判』有志舎
鄭根埴［2006］「日帝下の検閲機構と検閲官の変動」『東洋文化（特集「日本の植民地支配と検閲体制——韓国の事例を中心に」）』86
並木真人［2004］「植民地期朝鮮における「公共性」の検討」（三谷博編『東アジアの公論形成』東京大学出版会）
浜口裕子［1996］『日本統治と東アジア社会——植民地期朝鮮と満州の比較研究』勁草書房
春山明哲［1980］「近代日本の植民地統治と原敬」（春山明哲・若林正丈編『日本植民地主義の政治的展開——その統治体制と台湾の民族運動 1895～1934』アジア政経学会）
マーク・ピーティー（浅野豊美訳）［1996］『植民地——帝国 50 年の興亡』読売新聞社
福島良一［1999］「宇垣一成における朝鮮統治の方針」（堀真清編『宇垣一成とその時代——大正・昭和前期の軍部・政党・官僚』新評論）
朴廷鎬［2005］「近代日本における治安維持政策と国家防衛政策の狭間——朝鮮軍を中心に」『本郷法政紀要〈東京大・院・法学政治学研究科〉』14
松田利彦［2004］「植民地期朝鮮における参政権要求運動団体「国民協会」について」（浅野豊美・松田利彦編『植民地帝国日本の法的構造』信山社出版）
―― ［2009］『日本の朝鮮植民地支配と警察——一九〇五〜一九四五年』校倉書房
松田利彦・やまだあつし編［2009］『日本の朝鮮・台湾支配と植民地官僚』思文閣出版
水野直樹［1997］「戦時期の植民地支配と「内外地行政一元化」」『人文学報〈京都〉』79
―― ［2000］「治安維持法の制定と植民地朝鮮」『人文学報〈京都大〉』83
―― ［2002］「朝鮮植民地支配と名前の「差異化」——「内地人ニ紛ハシキ姓名」の禁止をめぐって」（山路勝彦・田中雅一編『植民地主義と人類学』関西学院大学出版会）
―― ［2004］「植民地独立運動に対する治安維持法の適用」（浅野豊美・松田利彦編『植民地帝国日本の法的構造』信山社出版）
―― ［2008］『創氏改名——日本の朝鮮支配の中で』岩波新書
宮田節子［1985］『朝鮮民衆と「皇民化」政策』未来社
―― ［1991］「皇民化政策の構造」『朝鮮史研究会論文集』29
宮田節子・金英達・梁泰昊［1992］『創氏改名』明石書店
向英洋［2007］『詳解旧外地法』日本加除出版
森山茂徳［1991］「日本の朝鮮統治政策（1910〜1945 年）の政治史的研究」『法政理論〈新潟大〉』23-3・4
―― ［2000］「日本の朝鮮支配と朝鮮民族主義」（北岡伸一・御厨貴編『戦争・復興・発展』東京大学出版会）
山中速人［1982-83］「朝鮮「同化政策」と社会学的同化——ジャーナリズムをとおしてみ

た日韓併合時の民族政策論の構造（上・下）」『紀要〈関西学院大・社会〉』45，46
　山本有造［1991］「日本における植民地統治思想の展開」『アジア経済』32-1・2（後，同
　　　［1992］『日本植民地経済史研究』名古屋大学出版会に所収）
　芳井研一［1976］「植民地治安維持体制と軍部——朝鮮軍の場合」『季刊現代史』7
　吉川美華［2009］「朝鮮における民籍法制定と改正——慣習をめぐるポリティクス」『東洋
　　文化研究』
＊李昇一［2008］『朝鮮総督府法制政策——日帝の植民統治と朝鮮民事令』歴史批評社
　李昇燁［2003］「全鮮公職者大会——1924～1930」『二十世紀研究』4
　李熒娘［1990］「第1次憲政擁護運動と朝鮮の官制改革論」『日本植民地研究』3
　李英美［2004］「韓国近代戸籍関連法規の制定及び改正過程——「民籍法」を中心に」『東
　　洋文化研究〈学習院大・東洋文化研〉』6

❖ 2　民族運動・社会運動史　　　　　　　　　　　　　　　　　　(pp. 236～253)

　青野正明［2001］『朝鮮農村の民族宗教』社会評論社
　浅田喬二［1973］『日本帝国主義下の民族革命運動』未来社
　安秉直（宮嶋博史訳）［1986］『日本帝国主義と朝鮮民衆』御茶の水書房
　池川英勝［1986］「朝鮮の衡平社運動の展開過程とその歴史的性格」（西順蔵・小島晋治編
　　『アジアの差別問題』明石書店）
　板垣竜太［2003］「植民地期朝鮮の地域社会における「有志」の動向」『東アジア近代史』
　　6
　──［2006］「どぶろくと抵抗」（伊藤亞人先生退職記念論文集編集委員会編『東アジアか
　　らの人類学』風響社）
　稲葉強［1991］「太平洋戦争中の在米朝鮮人運動」『朝鮮民族運動史研究』7
　井上和枝［2001］「日韓「新女性」研究の現況」『歴史評論』612
　──［2006］「植民地期朝鮮における生活改善運動」（中村哲編『一九三〇年代の東アジア
　　経済』日本評論社）
　──［2007］「1920～30年代における日本と植民地朝鮮の生活改善運動」（中村哲編『近
　　代東アジア経済の史的構造』日本評論社）
＊イム・キョンソク（임경석）［2003］『韓国社会主義の起源』歴史批評社
＊尹海東［2003］『植民地の灰色地帯』歴史批評社
　内田じゅん［2003］「植民地期朝鮮における同化政策と在朝日本人」『朝鮮史研究会論文
　　集』41
　大畑裕嗣［1989］「朝鮮独立運動のコミュニケーション戦略」『紀要〈東京大・新聞研〉』
　　39
　大和和明［1982］「一九二〇年代前半期の朝鮮農民運動」『歴史学研究』502（後，同
　　［1994］『植民地期朝鮮の民衆運動』緑蔭書房に所収）
　──［1983］「一九二〇年代前半期の朝鮮労働運動」『朝鮮史研究会論文集』20（後，同
　　［1994］『植民地期朝鮮の民衆運動』緑蔭書房に所収）
　──［1984］「朝鮮農民運動の転換点」『歴史評論』413（後，同［1994］『植民地期朝鮮の
　　民衆運動』緑蔭書房に所収）

小野信爾［1982］「三・一運動と五四運動」（飯沼二郎・姜在彦編『植民地期朝鮮の社会と抵抗』未来社）
鹿嶋節子［1982］「金元鳳の思想と行動」（むくげの会編『朝鮮一九三〇年代研究』三一書房）
―――［1987］「朝鮮義勇隊の成立と活動」『朝鮮民族運動史研究』4
―――［1991］「朝鮮民族戦線連盟について」『朝鮮民族運動史研究』7
梶村秀樹［1977］『朝鮮史』講談社現代新書
―――［1982］『朝鮮史の枠組と思想』研文出版
金森襄作［1982］「朝鮮農民組合運動史」（飯沼二郎・姜在彦編『植民地期朝鮮の社会と抵抗』未来社）
―――［1983］「「満州」における中朝共産党の合同と間島五・三〇蜂起について」『朝鮮史叢』7
―――［1985］『一九二〇年代朝鮮の社会主義運動史』未来社
―――［1986］「一九三〇年の「間島蜂起」について」『朝鮮民族運動史研究』3
河かおる［1998］「植民地期朝鮮における同友会」『朝鮮史研究会論文集』36
川瀬貴也［1996］「「国家」観と「近代文明」観」『東京大学宗教学年報』14
＊韓国史研究会編［2008］『新しい韓国史の道しるべ――第3版韓国史研究入門（下）』知識産業社
＊韓国歴史研究会1930年代研究班［1991］『日帝下社会主義運動史』ハンギル社
＊―――編［1995］『韓国近現代青年運動史』プルピッ
＊韓国歴史研究会・歴史問題研究所編［1989］『3・1民族解放運動研究』青年社
＊韓時俊［1993］『韓国光復軍研究』文学と知性社
韓晢曦［1982］「戦時下朝鮮の神社参拝強要とキリスト者の抵抗」（飯沼二郎・姜在彦編『植民地期朝鮮の社会と抵抗』未来社）
―――［1988］「中国と日本の東学・天道教」『朝鮮民族運動史研究』5
＊キム・ソンホ（김성호）［1998］『1930年代延辺民生団研究』白山資料院
＊キム・ヒゴン（김희곤）［1995］『中国関内韓国独立団体研究』知識産業社
木村幹［1995］「平和主義から親日派へ」『愛媛法学会雑誌』22-2
―――［1997］「日本統治期における韓国民族運動と経済の論理」『国際協力論集〈神戸大〉』5-2
姜在彦［1982a］『日本による朝鮮支配の40年』大阪書籍
―――［1982b］「思想からみた三・一運動」（飯沼二郎・姜在彦編『植民地期朝鮮の社会と抵抗』未来社）
―――［1984］「朝鮮独立運動の根拠地問題」『朝鮮民族運動史研究』1
―――［1986］『朝鮮近代史』平凡社選書
―――［1993］『満州の朝鮮人パルチザン』青木書店
姜徳相［1990］「皇民化政策下の呂運亨」『調査研究報告〈学習院大・東洋文化研〉』24
―――［2002］『呂運亨評伝1　朝鮮三・一独立運動』新幹社
―――［2005］『呂運亨評伝2　上海臨時政府』新幹社
姜万吉（水野直樹訳）［1985］『韓国民族運動史論』御茶の水書房
＊―――［1991］『朝鮮民族革命党と統一戦線』和平社
―――（太田修・庵逧由香訳）［2005］『朝鮮民族解放運動の歴史』法政大学出版局

＊姜万吉・成大慶編［1996］『韓国社会主義運動人名事典』創作と批評社
　許東粲［1985］『金日成評伝』亜紀書房
　──［1988］『金日成──虚像と実像』自由社
　金永大（翻訳編集委員会編訳）［1988］『朝鮮の被差別民衆』部落解放研究所
＊金烱一［1992］『日帝下労働運動史』創作と批評社
　金賛汀［1982］『朝鮮人女工のうた』岩波新書
　金静美［1986］「朝鮮独立運動における一九二〇年一〇月」『朝鮮民族運動史研究』3
　──［1992］『中国東北部における抗日朝鮮・中国民衆史序説』現代企画室
＊金東明［2006］『支配と抵抗，そして協力』景仁文化社
　金日成［1992-98］『金日成回顧録──世紀とともに（全8巻）』雄山閣
　金文子［1984］「三・一運動と金允植」『寧楽史苑』29
　金翼漢［1992］「一九三〇年代朝鮮における赤色農民運動」『朝鮮史研究会論文集』30
　高峻石［1983a］『朝鮮革命運動史1　日本の侵略と民族解放闘争』社会評論社
　──［1983b］『朝鮮革命運動史2　コミンテルンと朝鮮共産党』社会評論社
　──［1985］『在日朝鮮人革命運動史』柘植書房
　康成銀［1989］「三・一運動における「民族代表」の活動に関する一考察」『朝鮮学報』130
　洪宗郁［2004］「一九三〇年代における植民地朝鮮人の思想的模索」『朝鮮史研究会論文集』42
＊コ・ジョンヒュ（고정휴）［2004］『李承晩と韓国独立運動』延世大学校出版部
＊呉成哲［2000］『植民地初等教育の形成』教育科学社
　佐々充昭［2003］「植民地朝鮮における檀君教の沿革と活動」『朝鮮史研究会論文集』41
　──［2005］「亡命ディアスポラによる朝鮮ナショナル・アイデンティティの創出」『朝鮮史研究会論文集』43
　「植民地／近代の超克」研究会編［2004］「資料と証言Ⅰ　日中戦争期・朝鮮知識人の東亜協同体論」『Quadrante〈東京外国語大〉』6
　申奎燮［2000］「在満朝鮮人の「満洲国」観および「日本帝国」像」『朝鮮史研究会論文集』38
＊辛珠柏［1999］『満洲地域韓人の民族運動史（1920～45）』亜細亜文化社
　──（姜孝叔訳）［2000］「青年金日成の行動と世界観の変化」『思想』912
　鐸木昌之［1984］「忘れられた共産主義者たち」『法学研究〈慶應大〉』57-4
　──［1993］「満州・朝鮮の革命的連繫」（大江志乃夫他編『岩波講座　近代日本と植民地6　抵抗と屈従』岩波書店
　宋連玉［1981］「一九二〇年代朝鮮女性運動とその思想」（飯沼二郎・姜在彦編『近代朝鮮の社会と思想』未来社）
　蘇淳烈［1995］「一九三〇年代朝鮮における小作争議と小作経営」『アジア経済』36-9
　園部裕之［1989］「在朝日本人の参加した共産主義運動」『朝鮮史研究会論文集』26
　高崎宗司［1993］「朝鮮の親日派」（大江志乃夫他編『岩波講座　近代日本と植民地6　抵抗と屈従』岩波書店
＊池秀傑［1993］『日帝下農民組合運動研究──1930年代革命的農民組合運動』歴史批評社
＊チャン・セユン（장세윤）［2005］『中国東北地域民族運動と韓国現代史』明知社
　趙景達［2002］『朝鮮民衆運動の展開』岩波書店

―――［2005］「天道教の正統運動」『歴史学研究』808
―――［2007］「日本帝国の膨張と朝鮮知識人」（石田憲編『膨張する帝国　拡散する帝国』東京大学出版会）
―――［2008］『植民地期朝鮮の知識人と民衆』有志舎
趙載国［1994］「近代朝鮮の民衆宗教と民族運動」『朝鮮民族運動史研究』10
趙聖九［1994］「民族運動と参政権」『紀要〈青山学院大学文学部〉』36
―――［1998a］『朝鮮民族運動と副島道正』研文出版
―――［1998b］「朝鮮民族運動の分岐点」『青山史学』16
朝鮮史研究会編［1974］『朝鮮の歴史』三省堂
―――編［1995］『朝鮮の歴史〔新版〕』三省堂
朝鮮民主主義人民共和国社会科学院歴史研究所編（在日本朝鮮人科学者協会訳）［1964］『朝鮮近代革命運動史』新日本出版社
＊チョン・サンスク（전상숙）［1994］『日帝時期韓国社会主義知識人研究』知識産業社
＊チョン・ミョンヒョク（전명혁）［2006］『1920年代韓国社会主義運動研究――ソウル派社会主義グループの路線と活動』先人
辻弘範［1999］「植民地期実力養成運動における連続と転換」『朝鮮史研究会論文集』37
外村大［1991］「一九三〇年代中期の在日朝鮮人運動」『朝鮮史研究会論文集』28
―――［2004］『在日朝鮮人社会の歴史学的研究』緑蔭書房
富田晶子［1982］「三・一運動と日本帝国主義」（鹿野政直・由比正臣編『近代日本の統合と抵抗 3』日本評論社）
永島広紀［2003］「昭和戦前期の朝鮮における「右派」学生運動史論」『九州史学』135
長田彰文［2005］『日本の朝鮮統治と国際関係』平凡社
並木真人［1983］「植民下朝鮮における地方民衆運動の展開」『朝鮮史研究会論文集』20
―――［1989］「植民地期民族運動の近代観」『朝鮮史研究会論文集』26
―――［1993］「植民地期朝鮮人の政治参加について」『朝鮮史研究会論文集』31
―――［1999a］「植民地期朝鮮政治・社会史研究に関する試論」『朝鮮文化研究』6
―――［1999b］「親日派について」（清水透編『グローバル化の時代へ』国際書院）
―――［2003］「朝鮮における「植民地近代性」・「植民地公共性」・対日協力」『国際交流研究〈フェリス女学院大〉』5
新納豊［1981］「朝鮮農民社の自立経済運動」（冨岡倍雄・梶村秀樹編『発展途上経済の研究』世界書院）
日本植民地研究会編［2008］『日本植民地研究の現状と課題』アテネ社
橋澤裕子［1989］『朝鮮女性運動と日本』新幹社
原口由夫［1986］「三・一運動弾圧事例の研究」『朝鮮史研究会論文集』23
＊ハン・サンド（한상도）［1994］『韓国独立運動と中国軍官学校』文学と知性社
飛田雄一［1991］『日帝下の朝鮮農民運動』未來社
廣岡浄進［2003］「在満朝鮮人の「皇国臣民」言説」『朝鮮史研究会論文集』41
藤永壮［1989］「一九三二年済州島海女のたたかい」『朝鮮民族運動史研究』6
＊方基中［1992］『韓国近現代思想史研究』歴史批評社
朴慶植［1976］『朝鮮三・一独立運動』平凡社選書
―――［1979］『在日朝鮮人運動史――8・15解放前』三一書房
朴玄埰（滝沢秀樹訳）［1985］『韓国資本主義と民族運動』御茶の水書房

＊朴桓［1991］『満洲韓人民族運動史研究』一潮閣
＊朴賛勝［1992］『韓国近代政治思想史研究』歴史批評社
堀内稔［1982］「一九三〇年代・朝鮮共産党の再建運動」（むくげの会編『朝鮮一九三〇年代研究』三一書房）
松田利彦［1988］「朴春琴論」『在日朝鮮人史研究』18
――［1992］「丸山鶴吉の朝鮮独立運動認識」『朝鮮民族運動史研究』8
――［1996］「東亜連盟論における朝鮮問題認識」『研究紀要〈世界人権問題研究センター〉』1
――［1997］「植民地末期朝鮮におけるある転向者の運動」『人文学報〈京都大〉』79
――［1998］「曺寧柱と京都における東亜連盟運動」『研究紀要〈世界人権問題研究センター〉』3
――［2004］「植民地期朝鮮における参政権要求運動団体「国民協会」について」（浅野豊美・松田利彦編『植民地帝国日本の法的構造』信山社出版）
松本武祝［1998］『植民地権力と朝鮮農民』社会評論社
――［2002］「"朝鮮における「植民地的近代」"に関する近年の研究動向」『アジア経済』43-9
水野直樹［1981］「新幹会の創立をめぐって」（飯沼二郎・姜在彦編『近代朝鮮の社会と思想』未来社）
――［1984］「コミンテルンと朝鮮」『朝鮮民族運動史研究』1
――［1985］「コミンテルン第七回大会と在満朝鮮人の抗日闘争」『歴史評論』423
――［1989］「黄埔軍官学校と朝鮮の民族解放運動」『朝鮮民族運動史研究』6
――［1996］「在満朝鮮人親日団体民生団について」（河合和男他編『論集 朝鮮近現代史』明石書店）
――［2000］「満州抗日闘争の転換と金日成」『思想』912
宮嶋博史・李成市・尹海東・林志弦編［2004］『植民地近代の視座――朝鮮と日本』岩波書店
宮田節子［1982］「皇民化政策と民族抵抗」（鹿野政直・由比正臣編『近代日本の統合と抵抗 4』日本評論社）
宮本正明［1998］「植民地期朝鮮における「生活改善」問題の位相」『史観』139
森川展昭［1984］「朝鮮独立同盟の成立と活動について」『朝鮮民族運動史研究』1
――［1989］「一九三〇年代の在中国朝鮮革命と中国観」『朝鮮史研究会論文集』26
森山浩二［1987］「金教臣研究――日帝統治下の一朝鮮人キリスト者の生涯」『朝鮮民族運動史研究』4
森山茂徳［2000］「日本の朝鮮支配と朝鮮民族主義」（北岡伸一・御厨貴編『戦争・復興・発展』東京大学出版会）
山下英愛［2000］「近代朝鮮における「新女性」の主張と葛藤」（井桁碧編『「日本」国家と女』青弓社）
＊ユン・テウォン（윤대원）［2006］『上海時期大韓民国臨時政府研究』ソウル大学校出版部
＊ヨム・インホ（염인호）［2001］『朝鮮義勇軍の独立運動』ナナム
李恢成・水野直樹編［1991］『『アリランの歌』覚書』岩波書店
＊李均永［1994］『新幹会研究』歴史批評社
李圭洙［1993］「一九二〇年代後半期,「不二農場」地域の朝鮮農民運動について」『朝鮮

民族運動史研究』9（後，同［1996］『近代朝鮮における植民地地主制と農民運動』信山社出版に所収）
*李賢周［2003］『韓国社会主義勢力の形成 1919～1923』一潮閣
李昇燁［2003］「全鮮公職者大会」『二十世紀研究』4
劉孝鐘［1985］「極東ロシアにおける朝鮮民族運動」『朝鮮史研究会論文集』22
── ［1987］「極東ロシアにおける一〇月革命と朝鮮人社会」『ロシア史研究』45
林隠［1982］『北朝鮮王朝成立秘史』自由社
*林大植［1992］『日帝下社会運動人名索引集（上・下）』驪江出版社
*歴史学研究所編［1997］『韓国共産主義運動史研究──現況と展望』亜細亜文化社
*歴史問題研究所民族解放運動史研究班編［1997］『争点と課題 民族解放運動史』歴史批評社
和田春樹［1992］『金日成と満州抗日戦争』平凡社
和田春樹・劉孝鐘・水野直樹［2001］「共同研究 コミンテルンと朝鮮」『青丘学術論集』18
Robinson, E. Michael［1988］*Cultural Nationalism in Colonial Korea, 1920-1925*, Seattle: University of Washington Press
Shin, Gi-Wook［1996］*Peasant Protest and Social Change in Colonial Korea*, Seattle: University of Washington Press
Shin, Gi-Wook / Robinson, Michael eds.［1999］*Colonial Modernity in Korea*, Cambridge, MA: Harvard University Asia Center

❖ 3　経済史　　　　　　　　　　　　　　　　　　　　　　　　（pp. 253～266）

庵逧由香［1995］「朝鮮における戦争動員政策の展開──「国民運動」の組織化を中心に」『国際関係学研究〈津田塾大〉』21，別冊
安秉直［1988］「日本窒素における朝鮮人労働者階級に関する研究」『朝鮮史研究会論文集』25
── ［1990］「植民地朝鮮の雇用構造に関する研究」（中村哲他編『朝鮮近代の経済構造』日本評論社）
── ［1993］「「国民職業能力申告令」資料の分析」（中村哲・安秉直編『近代朝鮮工業化の研究』日本評論社）
*──編［2001］『韓国経済成長史』ソウル大学校出版部
── ［2005］「キャッチ・アップ過程としての韓国経済成長史」『歴史学研究』802
*イ・サンギ（이상의）［2006］『日帝下朝鮮の労働政策研究』慧眼
*尹錫範・洪性讚・禹大亨・金東昱［1996］『韓国近代金融史研究』世経社
海野福寿［1993］「朝鮮の労務動員」（大江志乃夫他編『近代日本と植民地 5 膨張する帝国の人流』岩波書店）
エッカート，カーター・J.（橋谷弘訳）［1994］「植民地末期朝鮮の総力戦・工業化・社会変化」『思想』841
*郭健弘［2001］『日帝の労働政策と朝鮮労働者──1938～1945』新書苑
梶村秀樹［1977］『朝鮮における資本主義の形成と展開』龍溪書舎

―― ［1981a］「東アジア地域における帝国主義体制への移行」（冨岡倍雄・梶村秀樹編『発展途上経済の研究』世界書院, 後, 梶村秀樹［1993］『梶村秀樹著作集2』明石書店に所収）
―― ［1981b］「旧植民地社会構成体論」（冨岡倍雄・梶村秀樹『発展途上経済の研究』世界書院, 後, 梶村秀樹［1993］『梶村秀樹著作集3』明石書店に所収）
―― ［1982］「朝鮮史からみた現代東アジア」『朝鮮史の枠組みと思想』研文出版（後, 同［1993］『梶村秀樹著作集2』明石書店に所収）
―― ［1986］「朝鮮近代史における内在的発展の視角」（滕維藻他編『東アジア世界史探求』汲古書院, 後, 梶村秀樹［1993］『梶村秀樹著作集2』明石書店に所収）
―― ［1990］「1910年代朝鮮の経済循環と小農経営」（中村哲他編『朝鮮近代の経済構造』日本評論社, 後, 梶村秀樹［1993］『梶村秀樹著作集3』明石書店に所収）
河合和男・尹明憲［1991］『植民地期の朝鮮工業』未來社
河合和男・金早雪・羽鳥敬彦・松永達［2000］『国策会社・東拓の研究』不二出版
＊韓国精神文化研究院［1993］『韓国農業経営史研究』韓国精神文化研究院
＊韓国農村経済研究院［1991］『農村および農業構造変遷に関する研究――全南求礼郡土旨面事例を中心に』農漁村振興公社農漁村研究院
姜在彦編［1985］『朝鮮における日窒コンツェルン』不二出版
＊姜泰景［1995］『東洋拓殖会社の朝鮮経済収奪史』啓明大学校出版部
＊姜万吉［1987］『日帝時代貧民生活史研究』創作社
許粋烈［1990］「日帝下韓国人会社および韓国人重役の分析」（中村哲他編『朝鮮近代の経済構造』日本評論社）
―― ［2008］（保阪祐二訳）『植民地朝鮮の開発と民衆――植民地近代化論, 収奪論の相克』明石書店（原著2005年）
＊金英喜［2003］『日帝時代農村統制政策研究』景仁文化社
＊金玉根［1994］『日帝下朝鮮財政史論攷』一潮閣
＊金鴻植・宮嶋博史・李栄薫・朴錫斗・趙錫坤・金載昊［1997］『朝鮮土地調査事業の研究』民音社
＊金仁鎬［1998］『太平洋戦争期朝鮮工業研究』新書苑
＊金容燮［1992］『韓国近現代農業史研究――韓末・日帝下の地主制と農業問題』一潮閣
金洛年［2002］『日本帝国主義下の朝鮮経済』東京大学出版会
―― ［2008］「「植民地近代化」再論」（今西一編『近代システムと東アジア――小経営・国内植民地・植民地近代』日本経済評論社）
――編（文浩一・金承美訳）［2008］『植民地期朝鮮の国民経済計算 1910～1945』東京大学出版会
黒瀬郁二［2003］『東洋拓殖会社――日本帝国主義とアジア太平洋』日本経済評論社
＊洪性讚［1992］『韓国近代農村社会の変動と地主層』知識産業社
＊洪性讚・崔元奎・李俊植・禹大亨・李景蘭［2006］『日帝下万頃江流域の社会史』慧眼
小林英夫［1990］「近代東アジア史像の再検討」『歴史評論』482
―― ［1994］『植民地への企業進出――朝鮮会社令の分析』柏書房
＊呉美一［2002］『韓国近代資本家研究』ハヌルアカデミー
権赫泰［1991］「日本帝国主義と植民地朝鮮の蚕糸業」『朝鮮史研究会論文集』28
＊権泰憶［1989］『韓国近代綿業史研究』一潮閣

＊崔在聖［2006］『植民地朝鮮の社会経済と金融組合』景仁文化社
＊朱益鍾［1994］「日帝下平壌のメリヤス工業に関する研究」ソウル大学校博士論文
＊朱奉圭・蘇淳烈［1996］『近代地域農業史研究』ソウル大学校出版部
　宣在源［2006］『近代朝鮮の雇用システムと日本──制度の移植と生成』東京大学出版会
　宣在源・康庚城［1999］「第二次世界大戦期朝鮮における労働力動員政策」『経済学論集〈東京大学〉』65-3
　曺晟源［1992］「植民地期朝鮮棉作綿業の展開構造」東京大学博士論文
　蘇淳烈［1995］「1930年代朝鮮における小作争議と小作経営」『アジア経済』36-9
＊孫禎睦［1996］『日帝強占期都市化過程研究』一志社
　高村直助［1994］「近代日本綿業と韓国」『朝鮮文化研究』1
　滝沢秀樹［1992］『韓国の経済発展と社会構造』御茶の水書房
　趙景達［2008］「植民地近代性論批判序説」『歴史学研究』843
＊趙錫坤［2003］『韓国近代土地制度の形成』ヘネム
　朝鮮銀行史研究会［1987］『朝鮮銀行史』東洋経済新報社
＊張矢遠［1989］「日帝下大地主の存在形態に関する研究」ソウル大学校博士論文
　鄭在貞［1990］「朝鮮総督府鉄道局の雇用構造」（中村哲他編『朝鮮近代の経済構造』日本評論社）
　──（三橋広夫訳）［2008］『帝国日本の植民地支配と韓国鉄道──1892～1945』明石書店（原著『日本侵略と韓国鉄道』1999年）
＊鄭泰憲［1996］『日帝の経済政策と朝鮮社会──租税制度を中心に』歴史批評社
＊鄭昞旭［2004］『韓国近代金融研究──朝鮮殖産銀行と植民地経済』歴史批評社
　中村哲［1991］『近代世界史像の再検討──東アジアの視点から』青木書店
　新納豊［1981］「朝鮮農民社の自立経済運動」（冨岡倍雄・梶村秀樹編『発展途上経済の研究』世界書院）
　──［1983］「植民地下の「民族経済」をめぐって──直接耕作農民を中心に」『朝鮮史研究会論文集』20
＊裵英淳［2002］『韓末日帝初期の土地調査と地税改定』嶺南大学校出版部
＊裵城浚［1998］「日帝下京城地域工業研究」ソウル大学校博士論文
　橋谷弘［1983］「両大戦間期の日本帝国主義と朝鮮経済」『朝鮮史研究会論文集』20
　──［2004］『帝国日本と植民地都市』吉川弘文館
　浜口裕子［1996］『日本統治と東アジア社会──植民地期朝鮮と満州の比較研究』勁草書房
　樋口雄一［1998］『戦時下朝鮮の農民生活誌──1939～1945』社会評論社
　広瀬貞三［1988］「「官斡旋」と土建労働者──「道外斡旋」を中心に」『朝鮮史研究会論文集』29
　藤井光男［1987］『大戦間期の日本繊維産業の対外進出──日本製糸業資本と中国・朝鮮』ミネルヴァ書房
＊朴玄埰［1989］『民族経済論の基礎理論』トルベゲ
　朴根好［2006］「戦時体制と開発独裁」（『岩波講座アジア・太平洋戦争8 20世紀の中のアジア・太平洋戦争』岩波書店）
　朴ソプ［1995］『1930年代朝鮮における農業と農村社会』未來社
　堀和生［1995］『朝鮮工業化の史的分析』有斐閣

松本武祝［1997］『植民地権力と朝鮮農民』社会評論社
―　［2002］「"朝鮮における「植民地的近代"」に関する近年の研究動向――論点の整理と再構成の試み」『アジア経済』43-9
溝口敏行・梅村又次編［1988］『旧日本植民地経済統計――推計と分析』東洋経済新報社
宮嶋博史［1984］「方法としての東アジア――東アジア三国における近代への移行をめぐって」『歴史評論』412
―　［1991］『朝鮮土地調査事業史の研究』東京大学東洋文化研究所
―　［1994］「東アジア小農社会の形成」（溝口雄三・浜下武志・平石直昭・宮嶋博史編『アジアから考える 6 長期社会変動』東京大学出版会）
山本有造［1992］『日本植民地経済史研究』名古屋大学出版会
李圭洙［1996］『近代朝鮮における植民地地主制と農民運動』信山社出版
＊李景珝［2002］『日帝下金融組合研究』慧眼
李洪洛［1987］「植民地朝鮮における農村地域再生産構造のモデル化のための一試論」『研究論集〈神奈川大〉』10
林采成［2005］『戦時経済と鉄道運営――「植民地」朝鮮から「分断」韓国への歴史的経路を探る』東京大学出版会
＊李松順［2008］『日帝下戦時農業政策と農村経済』先人
李相旭［2008］「朝鮮における林野所有権確立過程と墓地問題」『朝鮮史研究会論文集』46

❖ 4　文化史・社会史・教育史　　　　　　　　　　　　　　　　　　　　(pp. 266～279)

青野正明［2001］『朝鮮農村の民族宗教――植民地期の天道教・金剛大道を中心に』社会評論社
阿部洋［1971］「日本統治下朝鮮の高等教育――京城帝国大学と民立大学設立運動をめぐって」『思想』565
あゆみ出版［1985］『朝鮮総督府編纂教科書 1922～1928 年（旧植民地・占領地域用教科書集成）』（復刻版）あゆみ出版
＊安基成［1984］『韓国近代教育法制研究』高麗大学校民族文化研究所
安泰沇［2007］「戦時朝鮮における家庭生活の戦時化と銃後活動――政策と現実」（早川紀代他編『東アジアの国民国家形成とジェンダー』青木書店）
＊イ・キリ（이기리）［2002］「日帝時代の広告と帝国主義」（金英那編『韓国近代美術と視覚文化』造形教育）
＊イ・サンロク（이상록）／イ・ユジェ（이유재）編［2006］『日常史でみる韓国近現代史――韓国とドイツ日常史の新たな出会い』チェックヮハムケ
＊イ・ジェミョン（이재명）他［2005］『解放前（1940～1945）公演戯曲と上演シナリオの理解』平民社
石川武敏［1981］「1920 年代朝鮮における民族教育の一断面――夜学運動について」『北大史学』21
石川遼子［1997］「「地と民と語」の相剋――金沢庄三郎と東京外国語学校朝鮮語学科」『朝鮮史研究会論文集』35
＊イ・ジュンシク（이준식）［2003］「日帝ファシズム期映画政策と映画界の動向」『韓国民

　　　　族運動史研究』37
*　──　[2004]「日帝ファシズム期宣伝映画と戦争動員イデオロギー」『東方学志』124
　　板垣竜太　[2004]「〈植民地近代〉をめぐって──朝鮮史研究における現状と課題」『歴史評論』654
　　──　[2008]『朝鮮近代の歴史民族誌──慶北尚州の植民地経験』明石書店
　　井上薫　[1995]「第1次朝鮮教育令下における日本語普及・強制政策──『国語講習会』『国語講習所』による日本語普及政策とその実態」『北海道大学教育学部紀要』66
　　──　[1997]「日帝統治下末期の朝鮮における日本語普及・強制政策──徴兵制度導入に至るまでの日本語常用・全解運動への動員」『北海道大学教育学部紀要』73
　　──　[1999]「日帝下朝鮮における四年制公立普通学校──三・一独立運動直後の修業年限延長と学校増設政策の実態」『釧路短期大学紀要』26
　　井上和枝　[1997]「朝鮮」（アジア女性史国際シンポジウム実行委員会編『アジア女性史──比較史の試み』明石書店）
　　──　[2000a]「朝鮮女性史における「新女性」研究の新たな動向」『鹿児島国際大学国際文化学部論集』1-2
　　──　[2000b]「女性雑誌からみた植民地下朝鮮女性の生活──『家庭の友』を中心に」『人間研究〈武蔵野女子大学〉』5
　　──　[2001]「日韓「新女性」研究の現況──「日韓ジェンダー史研究シンポジウム」によせて」『歴史評論』612
　　──　[2002]「近代女性の自我形成のあゆみ──『女子界』・『女子時論』・『新女子』を中心に」『鹿児島国際大学国際文化学部論集』3-2
*　──　[2003]「朝鮮'新女性'の恋愛観と結婚観の変革」（韓国精神文化研究院編『新女性──韓国と日本の近代女性像』青年社）
　　──　[2006]「植民地期朝鮮における生活改善運動──「新家庭」の家庭改善から「生活改新」運動へ」（中村哲編『1930年代の東アジア経済──東アジア資本主義形成史II』日本評論社）
　　──　[2007]「1920～30年代における日本と植民地朝鮮の生活改善運動」（中村哲編『近代東アジア経済の史的構造──東アジア資本主義形成史III』日本評論社）
*　イ・ヤンスク（이양숙）[2007]「柳宗悦の'朝鮮芸術論'についての考察」（民族文学史研究所基礎学問研究団『『朝鮮的なもの』の形成と近代文化言説』ソミョン出版）
*　イ・ユンミ（이윤미）[2008]「日帝下基督教新女性の近代認識と近代性についての再考」（チョン・ヨンファ〔정용화〕他『日帝下西欧文化の受容と近代性』慧眼）
　　イ・ヨンスク　[1996]『「国語」という思想──近代日本の言語認識』岩波書店
　　尹海東（河かおる訳）[2004]「植民地近代と大衆社会の登場」（宮嶋博史・李成市・尹海東・林志弦編『植民地近代の視座──朝鮮と日本』岩波書店）
*　尹大石　[2006]『植民地国民文学論』亦楽
*　──　[2007]「文学（化）・植民地・近代──韓国近代文学研究の新領域」『歴史批評』2007年春号
　　植村幸生　[1993]「韓国近代音楽史への胎動──80年代後半の研究動向から」『東洋音楽研究』57
　　──　[1997]「植民地期朝鮮における宮廷音楽の調査をめぐって──田辺尚雄「朝鮮雅楽調査」の政治的文脈」『朝鮮史研究会論文集』35

―――［2003］「朝鮮宮廷音楽の楽譜化にみる「近代の体験」」『韓国朝鮮の文化と社会』2
宇治郷毅［1985］「近代韓国公共図書館史の研究――開化期から1920年代まで」『参考書誌研究』30
―――［1988］「近代韓国図書館史の研究――植民地期を中心に」『参考書誌研究』34
馬越徹［1995］『韓国近代大学の成立と展開』名古屋大学出版会
＊延世大学校国学研究院編［2004］『日帝の植民支配と日常生活』慧眼
大江志乃夫・浅田喬二・三谷太一郎・後藤乾一・小林英夫・高崎宗司・若林正丈・川村湊編［1992-93］『岩波講座近代日本と植民地』岩波書店
大竹聖美［2008］『植民地朝鮮と児童文化――近代日韓児童文化・文学関係史研究』社会評論社
大村益夫［1981］「朝鮮プロレタリア文学についての叙述」『季刊三千里』27
―――［1989］「大東亜文学者大会と朝鮮」『社会科学討究』34-3
梶井陟［1980］『朝鮮語を考える』龍溪書舎
―――［1986］「近代における日本人の朝鮮文学観（一）――明治・大正期」『朝鮮学報』119・120合輯
―――［1988］「近代における日本人の朝鮮文学観（二）――昭和期～1945年まで」『朝鮮学報』127
加藤一夫・川田いこひ・東条文規［2005］『日本の植民地図書館――アジアにおける日本近代図書館史』社会評論社
河かおる［2001］「総力戦下の女性」『歴史評論』612
―――［2003］「朝鮮金融組合婦人会について――植民地下朝鮮の農村女性史への手がかりとして」（姜徳相先生古希・退職記念論文集刊行委員会編『姜徳相先生古希・退職記念日朝関係史論集』新幹社）
川崎賢子［2006］「「外地」の映画ネットワーク――1930～40年代における朝鮮・満洲国・中国占領地域を中心に」（山本武利編『岩波講座「帝国」日本の学知4 メディアのなかの「帝国」』岩波書店）
川﨑陽［2006］「戦時下朝鮮における日本語普及政策」『史林』89-4
川村湊［1996］「『大東亜民俗学』の虚実」講談社
―――［2006］「朝鮮近代批評の成立と蹉跌――崔載瑞を中心に」（藤井省三編『岩波講座「帝国」日本の学知5 東アジアの文学・言語空間』岩波書店）
＊韓永愚［1994］『韓国民族主義歴史学』一潮閣
韓永大［2008］『柳宗悦と朝鮮――自由と芸術への献身』明石書店
韓基亨［2006］「文化政治期における検閲体制と植民地メディア」『東洋文化』86
＊韓国精神文化研究院編［2003］『新女性――韓国と日本の近代女性像』青年社
韓万洙［2006］「植民地期の韓国文学における検閲と印刷資本」『東洋文化』86
＊キム・ハクス（김학수）［2002］『スクリーン外の韓国映画史（I・II）』人物と思想社
＊キム・ヒョンスク（김현숙）［2006］「近代メディアを通してみた「家庭」と「児童」認識の変化と内面形成」（キム・ヒョンスク／イ・ミョンヒ［이명희］／キム・ハンシク［김한식］／イ・ウンジュ［이은주］編『植民地近代の内面と媒体形成――資料と解説』キプンセム）
＊キム・ポンヒ（김봉희）［2008］「日帝時代の出版文化――総合雑誌を中心に」（姜英心他『日帝時期近代的日常と植民地文化』梨花女子大学校出版部）

＊キム，マイケル（마이클 김）［2005］「日帝時代における出版界の変化と成長――古典小説から近代文学の生産時期まで」（『韓国史市民講座 37 本の文化史』）一潮閣
＊姜英心他［2008］『日帝時期近代的日常と植民地文化』梨花女子大学校出版部
　姜海守［1998］「植民地「朝鮮」における「国文学史」の成立――趙潤済の「文学史」叙述を中心にして」（西川長夫・渡辺公三編『世紀転換期の国際秩序と国民文化の形成』柏書房）
＊姜東鎮［1970］「日帝支配下の労働夜学」『歴史学報』46
――［1984］『日本言論界と朝鮮――1910-1945』法政大学出版局
　許寿童［2009］『近代中国東北教育の研究――間島における朝鮮人中等教育と反日運動』明石書店
＊金允植［1976］『韓国文芸批評史研究』一志社
――（芹川哲世訳）［1993］「1940年前後ソウル日本人の文学活動――『国民文学』誌と関連して」（大江志乃夫他編『岩波講座近代日本と植民地 7 文化のなかの植民地』岩波書店）
＊金栄熙（孫安石訳）［2006］「植民地時期朝鮮におけるラジオ放送の出現と聴取者」（貴志俊彦・川島真・孫安石編『戦争・ラジオ・記憶』勉誠出版）
＊金英那編［2002］『韓国近代美術と視覚文化』造形教育
＊金栄敏［2003］『韓国近代小説史〔改訂版〕』ソル（初版1997年）
　金学烈［1985-87］「朝鮮プロレタリア文学（1）～（完）」『統一評論』239～262
――［1996］「朝鮮プロレタリア文学評論（「カップ」批評）の特徴」『朝鮮大学校学報』2
――［1999］「カップの結成」（高秉雲編『朝鮮史の諸相』雄山閣出版）
――［2000］「カップにおける社会主義リアリズム（1930年代）」『朝鮮大学校学報』4
　金京淑［2004］「日本植民地支配末期の朝鮮と映画政策――『家なき天使』を中心に」（岩本憲児編『映画と「大東亜共栄圏」』森話社）
　金炅一［2002］「植民期朝鮮の〈新女性〉」『歴史評論』624
＊――［2004］『女性の近代，近代の女性』プルンヨクサ
＊金恵慶［2006］『植民地下近代家族の形成とジェンダー』創批
　金恵信［2005］『韓国近代美術研究――植民地期「朝鮮美術展覧会」にみる異文化支配と文化表象』ブリュッケ
＊金晋均・鄭根埴編［1997］『近代主体と植民地規律権力』文化科学社
　金振松（安岡明子・川村亜子訳）［2005］『ソウルにダンスホールを――1930年代朝鮮の文化』法政大学出版局（原著1999年）
＊金仁徳［2007］『植民地時代の近代空間・国立博物館』国学資料院
　金性玫（金津日出美訳）［2010］「朝鮮史編修会の組織と運用」『季刊日本思想史』76
　金大浩（高崎宗司訳）［1986］「植民地下朝鮮における映画運動」『季刊三千里』46
＊金哲・辛炯基他［2001］『文学のなかのファシズム』サミン
　金富子［2005］『植民地期朝鮮の教育とジェンダー――就学・不就学をめぐる権力関係』世織書房
　金美花［2007］『中国東北農村社会と朝鮮人の教育』御茶の水書房
　金麗實［2005］「日本植民地時代の朝鮮映画に描かれた満州」『比較文化研究』67
＊――［2006］『透写する帝国，投影する植民地――1901～1945年の韓国映画史を振り返る』サミン

クォン・ヘンガ（권행가）［2002］「日帝時代の観光ハガキと紀行イメージ」（金英那編『韓国近代美術と視覚文化』造形教育）
久保田優子［2005］『植民地朝鮮の日本語教育――日本語による「同化」教育の成立過程』九州大学出版会
熊谷明泰［2006］「賞罰表象を用いた朝鮮総督府の「国語常用」運動――「罰札」、「国語常用家庭」、「国語常用章」」『関西大学視聴覚教育』29
洪金子［2007］「『基督新報』にみる植民地朝鮮の非公式的女性教育」（早川紀代他編『東アジアの国民国家形成とジェンダー』青木書店）
高仁淑［2003］「朝鮮における芸術歌曲の展開と洪蘭坡」（姜徳相先生古希・退職記念論文集刊行委員会編『姜徳相先生古希・退職記念日朝関係史論集』新幹社）
――［2004］『近代朝鮮の唱歌教育』九州大学出版会
*孔堤郁・鄭根埴編［2006］『植民地の日常，支配と亀裂』文化科学社
鴻農映二［1984-85］「朝鮮の近代詩人たち（1）～（最終回）」『韓国文化』6-7～11，7-1～2
國分麻里［2006a］「1920年代植民地朝鮮の普通学校における「朝鮮事歴」教授――郷土史概念を手がかりとして」『社会科教育研究』97
――［2006b］「1920年代植民地朝鮮の普通学校における「朝鮮事歴」と郷土史教授――教師の教授内容と方法に着目して」『アジア教育史研究』15
呉香淑［2008］『朝鮮近現代史を駆けぬけた女性たち32人』梨の木舎
*呉成哲［2000］『植民地期初等教育の形成』教育科学社
呉天錫（渡部学・阿部洋訳）［1979］『韓国近代教育史』高麗書林
駒込武［1996］『植民地帝国日本の文化統合』岩波書店
――［2000］「「帝国史」研究の射程」『日本史研究』452
権寧珉（布袋敏博訳）［2000］「階級文学運動の組織拡大と政治的進出問題――カップと新幹会の関係を中心として」『語研フォーラム』18
*権ボドゥレ（권보드래）［2003］『恋愛の時代――1920年代初頭の文化と流行』現実文化研究
*権明娥［2005］『歴史的ファシズム――帝国のファンタジーとジェンダー政治』チェクセサン
*崔起栄［2003］『植民地時期民族知性と文化運動』ハヌルアカデミー
*崔錫栄［2008］『韓国博物館100年の歴史――診断＆代案』民俗苑
*崔由利［1997］『日帝末期植民地支配政策研究』国学資料院
桜本富雄［1983］「15年戦争下の朝鮮映画――透明体の中の朝鮮」『季刊三千里』34
佐野通夫［2003］「茗荷谷文書に見る朝鮮植民地末期の教育政策」『アジア教育史研究』12
車承棋（月脚達彦訳）［2007］「「文学主義」から「文化論」へと――最近の韓国文化研究の流れに関する一つの概観」『韓国朝鮮の文化と社会』6
*徐在吉［2006］「日帝植民地期のラジオ放送と「植民地近代性」」『사이 間 SAI』創刊号
白川豊［1995］『植民地期朝鮮の作家と日本』大学教育出版
申207直（岸井紀子・古田富建訳）［2005］『幻想と絶望――漫文漫画で読み解く日本統治時代の京城』東洋経済新報社（原著2003年）
*水曜歴史研究会編［2002］『植民地朝鮮と毎日申報 1910年代』新書苑
*――［2005］『日帝の植民地支配政策と毎日申報 1910年代』トゥリメディア

＊―― [2007]『植民地同化政策と協力そして認識――日帝の植民地支配政策と毎日申報 1920〜30 年代』トゥリメディア
鈴木敬夫 [1989]『朝鮮植民地統治法の研究――治安法下の皇民化教育』北海道大学図書刊行会
鈴木裕子 [2003]「内鮮結婚」(大日方純夫編『日本家族史論集 13 (民族・戦争と家族)』吉川弘文館)
全京秀 (岡田浩樹・陳大哲訳) [2004]『韓国人類学の百年』風響社
―― (太田信平訳) [2006]「植民地の帝国大学における人類学的研究――京城帝国大学と台北帝国大学の比較」(岸本美緒編『岩波講座「帝国」日本の学知 3 東洋学の磁場』岩波書店)
全成坤 [2005]『日帝下文化ナショナリズムの創出と崔南善』J & C
＊孫牧人・李哲 [1987]「〈対談〉植民地時代の歌謡史」『季刊三千里』50
高崎宗司 [1984]「一五年戦争下, 朝鮮語の試練」『季刊三千里』38
―― [2002]『朝鮮の土となった日本人――浅川巧の生涯〔増補 3 版〕』草風館 (初版 1982 年)
高崎隆治 [1980-81]「日本人文学者のとらえた朝鮮 (1) 〜 (7・完)」『季刊三千里』21〜28
田中則広 [2005]「在朝日本人の映画製作研究――剣戟俳優・遠山満の活動をめぐって」『メディア史研究』17
＊千政煥 [2003]『近代の本読み――読者の誕生と韓国近代文学』プルンヨクサ
池明観 [1987]「申采浩史学と崔南善史学」『東京女子大学附属比較文化研究所紀要』48
千田剛道 [1997]「植民地朝鮮の博物館――慶州古蹟保存会陳列館を中心に」『朝鮮史研究会論文集』35
＊チェ・チャンホ (최창호) [2000]『民族受難期の大衆歌謡史』日月書閣
趙寛子 [2007]『植民地朝鮮／帝国日本の文化連環――ナショナリズムと反復する植民地主義』有志舎
趙景達 [2002]『朝鮮民衆運動の展開――士の論理と救済思想』岩波書店
＊趙東杰 [1978]「朝鮮農民社の農民運動と農民夜学」『韓国思想』16
＊チョン・ヨンファ (정용화)／キム・ヨンヒ (김영희)／キム・ソンギョン (김선경)／イ・ユンミ (이윤미)／コン・イムスン (공임순)／キム・イェリム (김예림) [2008]『日帝下西欧文化の受容と近代性』慧眼
通堂あゆみ [2008a]「京城帝国大学法文学部の再検討――法科系学科の組織・人事・学生動向を中心に」『史学雑誌』117-2
―― [2008b]「植民地期朝鮮出身者の官界進出――京城帝国大学法文学部を中心に」(松田利彦・やまだあつし編『日本の朝鮮・台湾支配と植民地官僚』思文閣出版)
津川泉 [1993]『JODK 消えたコールサイン』白水社
鶴園裕 [1997]「近代朝鮮における国学の形成――「朝鮮学」を中心に」『朝鮮史研究会論文集』35
＊鄭根埴 [1988]「日帝下全南農村の教育実態――望雲地域を中心に」『全南務安郡望雲地域農村社会構造変動研究』全南大学校湖南文化研究所
―― [2004]「植民地支配, 身体規律,「健康」」(水野直樹編『生活の中の植民地主義』人文書院)

──［2006］「日帝下の検閲機構と検閲官の変動」『東洋文化』86
＊鄭在哲［1985］『日帝の対韓国植民地教育政策史』一志社
＊鄭晋錫［1992］「日帝下のラジオ普及と聴取者」『新聞と放送』262
＊──［2005］『言論朝鮮総督府』コミュニケーションブックス
＊──［2007］『極秘朝鮮総督府の言論検閲と弾圧』コミュニケーションブックス
＊鄭宗和［1997］『資料でみる韓国映画史』悦話堂
＊鄭百秀［2000］『韓国近代の植民地体験と二重言語文学』亜細亜文化社
──［2007］『コロニアリズムの超克──韓国近代文化における脱植民地化への道程』草風館
中根隆行［2004］『〈朝鮮〉表象の文化誌──近代日本と他者をめぐる知の植民地化』新曜社
並木真人［2003］「朝鮮における「植民地近代性」・「植民地公共性」・対日協力──植民地政治史・社会史研究のための予備的考察」『国際交流研究』5
南富鎮［2002］『近代日本と朝鮮人像の形成』勉誠出版
西尾達雄［2003］『日本植民地下朝鮮における学校体育政策』明石書店
＊ノ・トンウン（노동운）［1996］「日帝下親日音盤と大衆歌謡界」『韓国音盤学』6
任展慧［1994］『日本における朝鮮人の文学の歴史──1945年まで』法政大学出版局
裵炯逸（藤原貞朗訳）［2002］「朝鮮の過去をめぐる政治学──朝鮮半島における日本植民地考古学の遺産」『日本研究〈国際日本文化研究センター〉』26
＊パク・ヨンギュ（박용규）［2007］「京城帝国大学と地方学としての朝鮮学」（民族文学史研究所基礎学問研究団『「朝鮮的なもの」の形成と近代文化言説』ソミョン出版）
旗田巍［1987］「朝鮮人児童に対する朝鮮総督府の歴史教育──第二次朝鮮教育令下の歴史教科書」（旗田巍監修『日本は朝鮮で何を教えたか』あゆみ出版）
波田野節子［2008］『李光洙・『無情』の研究──韓国啓蒙文学の光と影』白帝社
早川紀代［2001］「植民地期女性史研究について」『歴史評論』612
早川紀代／李熒娘／江上幸子／加藤千香子編［2007］『東アジアの国民国家形成とジェンダー』青木書店
林昌夫［1978］「近代朝鮮公共図書館史における民族図書館の系譜──開化期から三・一運動頃まで」『東京都立中央図書館研究紀要』13
樋浦郷子［2006］「朝鮮神宮と学校──勧学祭を中心に」『日本の教育史学』49
──［2008］「朝鮮神宮大祓式への児童生徒動員──「崇敬」と「信仰」のあいだ」『朝鮮史研究会論文集』46
樋口雄一［2001］「植民地下朝鮮民衆の食生活」『歴史評論』620
＊方基中［1993］『韓国近現代思想史研究──1930・40年代の白南雲の学問と政治経済思想』歴史批評社
藤井恵介・早乙女雅博・角田真弓・西秋良宏編［2005］『関野貞アジア調査』（東京大学コレクションXX）東京大学出版会
フジタニ，タカシ［2006］「植民地支配後期の"朝鮮"映画における国民，血，自決／民族自決──今井正監督作品の分析」（冨山一郎編『記憶が語りはじめる（歴史の描き方3）』東京大学出版会）
古川宣子［1993］「植民地期朝鮮における初等教育──就学率の分析を中心に」『日本史研究』370

── ［1995］「朝鮮における普通学校の定着過程──1910年代を中心に」『日本の教育史学』38
── ［2007］「植民地近代社会における初等教育構造──朝鮮における非義務制と学校「普及」問題」（駒込武・橋本伸也編『帝国と学校』昭和堂）
朴憲虎［2006］「「文化政治」期における新聞の位置と反検閲の内的論理──1920年代の朝鮮語民間紙を中心に」『東洋文化』86
朴燦鎬［1987］『韓国歌謡史1895-1945』晶文社
*朴賛勝［1992］『韓国近代政治思想史研究──民族主義右派の実力養成運動論』歴史批評社
*朴州信［2000］『間島韓人の民族教育運動史』亜細亜文化社
朴宣美［2005］『朝鮮女性の知の回遊──植民地文化支配と日本留学』山川出版社
朴来鳳［1974-80］「日本統治下書堂教育の具体相──全羅北道を中心に（I〜VI）」『韓』34, 36, 58, 70, 81, 100
布袋敏博［2003］「朝鮮近代文学研究の現状と課題──韓国での議論を中心に」（国際日本文化研究センター編『世界の日本研究2002──日本統治下の朝鮮；研究の現状と課題』国際日本文化研究センター）
松本武祝［2004］「〔研究動向〕「植民地的近代」をめぐる近年の朝鮮史研究──論点の整理と再構成の試み」（宮嶋博史・李成市・尹海東・林志弦編『植民地近代の視座──朝鮮と日本』岩波書店）
── ［2005］『朝鮮農村の〈植民地近代〉経験』社会評論社
三ツ井崇［2010］『朝鮮植民地支配と言語』明石書店
宮里修［2004］「戦前の朝鮮における石器時代の調査研究について」『朝鮮史研究会論文集』42
宮本正明［2001］「戦時期朝鮮における「文化」問題」『年報日本現代史』7
── ［2005］「植民地と「文化」」『年報日本現代史』10
*民族文学史研究所基礎学問研究団［2007］『「朝鮮的なもの」の形成と近代文化言説』ソミョン出版
*モク・スヒョン（목수현）［2002］「日帝下李王家博物館の植民地的性格」（金英那編『韓国近代美術と視覚文化』造形教育）
森川展昭［1981］「朝鮮語文運動の展開」『季刊三千里』27
── ［1982］「朝鮮語学会の語文運動」（むくげの会編『朝鮮一九三〇年代研究』三一書房）
森山茂徳［1993］「現地新聞と総督政治──『京城日報』について」（大江志乃夫他編『岩波講座近代日本と植民地7 文化のなかの植民地』岩波書店）
安田敏朗［1997］『帝国日本の言語編制』世織書房
*山内文登［2003］「日帝時代音盤制作に参与した日本人に関する試論──コロムビアレコードの作曲・編曲活動を中心に」『韓国音楽史学報』30
山下英愛［2000］「近代朝鮮における「新女性」の主張と葛藤──洋画家羅蕙錫を中心に」（井桁碧編『「日本」国家と女』青弓社）
山田寛人［2004］『植民地朝鮮における朝鮮語奨励政策──朝鮮語を学んだ日本人』不二出版
山根俊郎［1982a］「植民地下の歌謡曲」『季刊三千里』30

──［1982b］「日帝下の朝鮮歌謡曲史」（むくげの会編『朝鮮一九三〇年代研究』三一書房）
山室信一［2001］『思想課題としてのアジア──基軸・連鎖・投企』岩波書店
山本武利・田中耕司・杉山伸也・末廣昭・山室信一・岸本美緒・藤井省三・酒井哲哉編［2006］『岩波講座「帝国」日本の学知』岩波書店
＊ユ・ソニョン（유선영）［2006a］「初期映画の文化的受容と観客層──近代的視覚文化の変造と再配置」（尹海東／千政煥／許洙／ファン・ピョンジュ（황병주）／イ・ヨンギ（이용기）／尹大石編『近代を再読する2』歴史批評社）
＊──［2006b］「黄色植民地の西洋映画観覧と消費の政治，1934-1942」（孔堤郁・鄭根埴編『植民地の日常，支配と亀裂』文化科学社）
李英一（高崎宗司訳）［1986］「日帝植民地時代の朝鮮映画」（今村昌平・佐藤忠男・新藤兼人・鶴見俊輔・山田洋次編『講座日本映画3 トーキーの時代』岩波書店）
＊李英載［2008］『帝国日本の朝鮮映画』現実文化研究
＊李英美［2006］『韓国大衆歌謡史』民俗苑
李建志［2007］『朝鮮近代文学とナショナリズム──「抵抗のナショナリズム」批判』作品社
李淑子［1985］『教科書に描かれた朝鮮と日本──朝鮮における初等教科書の推移 1895-1979』ほるぷ出版
＊李順子［2009］『日帝強占期古蹟調査事業研究』景仁文化社
李省展［2006］『アメリカ人宣教師と朝鮮の近代──ミッションスクールの生成と植民地下の葛藤』社会評論社
──［2007］「帝国・近代・ミッションスクール──ピョンヤンにおける『帝国内帝国』と崇実学校」（駒込武・橋本伸也編『帝国と学校』昭和堂）
李成市［2004a］「コロニアリズムと近代歴史学──植民地統治下の朝鮮史編修と古蹟調査を中心に」（寺内威太郎・李成市・永田雄三・矢島國雄『植民地主義と歴史学──そのまなざしが残したもの』刀水書房）
──［2004b］「朝鮮王朝の象徴空間と博物館」（宮嶋博史・李成市・尹海東・林志弦編『植民地近代の視座──朝鮮と日本』岩波書店）
＊李相琴［1987］『韓国近代幼稚園教育史』梨花女子大学校出版部
＊李相瓊［2002］『韓国近代女性文学史論』ソミョン出版
李相哲［2009］『朝鮮における日本人経営新聞の歴史（一八八一──一九四五）』角川学芸出版
＊李智媛［1994］「1930年代前半の民族主義文化運動論の性格」『国史館論叢』51
──［2007］『韓国近代文化思想史研究』慧眼
＊李万珪［1949］『朝鮮教育史（下）』乙酉文化社
李美那［1999］「李王家徳寿宮日本美術品展示──植民地朝鮮における美術の役割」（静岡県立美術館他編『図録・東アジア／絵画の近代──油絵の誕生とその展開』）
＊李ユンジン（이윤진）［2006］『日帝下幼児保育史研究』慧眼
李良姫［2007］「植民地朝鮮における朝鮮総督府の観光政策」『北東アジア研究〈島根県立大学〉』13
李錬［2002］『朝鮮言論統制史──日本統治下朝鮮の言論統制』信山社出版
＊林慶花編［2005］『近代韓国と日本の民謡創出』ソミョン出版

＊林熒沢・韓基亨・柳浚弼・李恵鈴編［2008］『揺らぐ言語たち――言語の近代と国民国家』成均館大学校出版部
＊盧栄澤［1979］『日帝下民衆教育運動史』探求堂
＊呂博東［1992］「日帝植民統治下の巨文島の教育事情」（崔吉城編『日帝時代―漁村の文化変容（上）』）亜細亜文化社
渡部学［1960-64］「朝鮮における「副次」的初等教育施設――朝鮮近代教育理解のための領域づけへの提言（上・中・下）」『武蔵大学論集』8-4・8-5，『武蔵大学紀要』2
―――［1969］『近世朝鮮教育史研究』雄山閣
―――編［1975］『朝鮮教育史』世界教育史大系5，講談社
渡部学・阿部洋編［1987-91］『日本植民地教育政策史料集成（朝鮮編）』龍溪書舎
Pai, Hyung-il [2000] *Constructing "Korean" Origins: A Critical Review of Archaeology, Historiography, and Racial Myth in Korean State-Formation Theories*, Cambridge, MA: Harvard University Asia Center
Robinson, E. Michael [1988] *Cultural Nationalism in Colonial Korea, 1920-1925*, Seattle: University of Washington Press
―――[1999] "Broadcasting, Cultural Hegemony, and Colonial Modernity in Korea, 1924-1945", Shin, Gi-wook / Robinson, Michael eds., *Colonial Modernity in Korea*, Cambridge, MA: Harvard University Asia Center
Shin, Gi-Wook / Robinson, Michael eds. [1999] *Colonial Modernity in Korea*, Cambridge, MA: Harvard University Asia Center

❖ 5　在外朝鮮人史　　　　　　　　　　　　　　　　　　　　　　　（pp. 279～289）

今泉裕美子［2009］「南洋群島への朝鮮人の戦時労働動員――南洋群島経済の戦時化からみる一側面」『季刊戦争責任研究』64
尹明淑［2003］『日本の軍隊慰安所制度と朝鮮人軍隊慰安婦』明石書店
内海愛子［1982］『朝鮮人BC級戦犯の記録』勁草書房
岡奈津子［1998］「ソ連における朝鮮人強制移住――ロシア極東から中央アジアへ」（山内昌之他編『岩波講座世界歴史24 解放の光と影』岩波書店）
河明生［1997］『韓人日本移民社会経済史――戦前編』明石書店
関東大震災70周年記念行事実行委員会編［1994］『この歴史永遠に忘れず――関東大震災70周年記念集会の記録』日本経済評論社
関東大震災80周年記念行事実行委員会編［2004］『世界史としての関東大震災――アジア・国家・民衆』日本経済評論社
木村健二・申奎燮・幸野保典・宮本正明［2003］「戦時下における朝鮮人の中国関内進出について」『青丘学術論集』23
姜徳相［1997］『朝鮮人学徒出陣――もう一つのわだつみのこえ』岩波書店
許寿童［2009］『近代中国東北教育の研究――間島における朝鮮人中等教育と反日運動』明石書房
金英達［2003］『金英達著作集2――朝鮮人強制連行の研究』明石書店
金賛汀［1985］『異邦人は君ヶ代丸に乗って――朝鮮人街猪飼野の形成史』岩波新書

金靜美［1992］『中国東北部における抗日朝鮮・中国民衆史序説』現代企画室
金廣烈［1997］「戦間期における日本の朝鮮人渡日規制政策」『朝鮮史研究会論文集』35
クージン，アナトーリー・T.（岡奈津子・田中水絵訳）［1998］『沿海州・サハリン──近い昔の話（翻弄された朝鮮人の歴史）』凱風社
＊玄圭煥［1967］『韓国流移民史（上）』語文閣
＊──［1976］『韓国流移民史（下）』三和印刷出版部
現代語学塾『レーニン・キチ』を読む会編訳［1991］『在ソ朝鮮人のペレストロイカ──朝鮮語新聞『レーニン・キチ』を解読』凱風社
杉原達［1998］『越境する民──近代大阪の朝鮮人史研究』新幹社
申奎燮［2002］「帝国日本の民族政策と在満朝鮮人」東京都立大学大学院提出博士学位請求論文
＊辛珠柏［1999］『満州地域韓人の民族運動史──1920～1945』亜細亜文化社
田中隆一［2007］『満洲国と日本の帝国支配』有志舎
高崎宗司［1996］『中国朝鮮族──歴史・生活・文化・民族教育』明石書店
鶴嶋雪嶺［1997］『中国朝鮮族の研究』関西大学出版部
鄭雅英［2000］『中国朝鮮族の民族関係』アジア政経学会
外村大［2004］『在日朝鮮人社会の歴史学的研究──形成・構造・変容』緑蔭書房
長沢秀［1986］「戦時下南樺太の被強制連行朝鮮人炭礦夫について」『在日朝鮮人史研究』16
西成田豊［1997］『在日朝鮮人の「世界」と「帝国」国家』東京大学出版会
任展慧［2004］『日本における朝鮮人の文学の歴史──1945年まで』法政大学出版局
樋口雄一［1986］『協和会──戦時下朝鮮人統制組織の研究』社会評論社
──［1991］『皇軍兵士にされた朝鮮人──15年戦争下の総動員体制の研究』社会評論社
──［1998］『戦時下朝鮮の農民生活誌──1939～1945』社会評論社
──［2001］『戦時下の朝鮮の民衆と徴兵』総和社
福井譲［2008］「一時帰鮮証明制度について──その実態に関する一考察」『朝鮮史研究会論文集』46
編写組（髙木桂蔵訳）［1990］『抗日朝鮮義勇軍の真相──忘れられたもうひとつの満州』新人物往来社
朴慶植［1965］『朝鮮人強制連行の記録』未来社
三木理史［2003］「戦間期樺太における朝鮮人社会の形成──「在日」朝鮮人史研究の空間性をめぐって」『社会経済史学』68-5
水野直樹［1999］「朝鮮人の国外移住と日本帝国」（杉原薫編『岩波講座世界歴史19 移動と移民──地域を結ぶダイナミクス』岩波書店）
森田芳夫［1996］『数字が語る在日韓国・朝鮮人の歴史』明石書店
山田昭次・古庄正・樋口雄一［2005］『朝鮮人戦時労働力動員』岩波書店
吉見義明［1995］『従軍慰安婦』岩波書店
李盛煥［1991］『近代東アジアの政治力学──間島をめぐる日中朝関係の史的展開』錦正社
和田春樹［1989］「ロシア領極東の朝鮮人──1863～1937」『社会科学研究』40-6
──［1992］『金日成と満洲抗日戦争』平凡社

第8章　現代史

❖ 1　政治史　　　　　　　　　　　　　　　　　　　　　　　　(pp. 291〜302)

＊安炳旭／洪性律／チョン・ジェホ（전재호）／キム・ソジュン（김서중）／キム・ヨンス（김영수）／パク・ヨンジャ（박영자）／チョン・サンホ（정상호）／キム・デヨン（김대영）／イ・ギフン（이기훈）／キム・ヨンゴン（김영곤）／チュ・ガンヒョン（주강현）［2005］『維新と反維新』民主化運動記念事業会

磯崎典世［1991］「韓国「経済開発への道」──朴政権の確立と初期経済政策」『地域文化研究〈東京大学〉』2

岩田功吉・馬淵貞利［1995］「第八章　民族分断と朝鮮戦争」「第九章　現代世界と南北朝鮮」（朝鮮史研究会『朝鮮の歴史　新版』三省堂）

＊尹海東／千政煥／許洙／ファン・ピョンジュ（황병주）／イ・ヨンギ（이용기）／尹大石編［2006］『近代を再読する（1・2）』歴史批評社

太田修［2004］「1950年代の朝鮮」『歴史評論』652

──［2008］「現代」（田中俊明編『朝鮮の歴史──先史から現代』昭和堂）

大西裕［1992］「韓国官僚制と経済成長（一・二）」『法学論叢〈京都大学〉』130-1, 4

小此木政夫［1986］『朝鮮戦争──米国の介入過程』中央公論社

──編［1997］『北朝鮮ハンドブック』講談社

カミングス, B.（鄭敬謨・林哲・加地永都子訳）［1989-91］『朝鮮戦争の起源──解放と南北分断体制の出現 1945年-1947年（1・2）』シアレヒム社（原著1981年）

──（横田安司・小林知子訳）［2003］『現代朝鮮の歴史──世界の中の朝鮮』明石書店（*Korea's Place in the Sun: a Modern History*, New York, London: W. W. Norton & Company, 1997）

＊韓国歴史研究会4月民衆抗争研究班［2001］『4・19と南北関係』ミニョン

韓培浩（木宮正史・磯崎典世訳）［2004］『韓国政治のダイナミズム』法政大学出版局（原著『韓国政治変動論』1994年）

木宮正史［1994］「韓国における内包的工業化戦略の挫折」『法学志林』91-3

──［1995a］「1960年代韓国における冷戦と経済開発」『法学志林』92-4

──［1995b］「韓国の民主化運動」（坂本義和編『世界政治の構造変動 4 市民運動』岩波書店）

──［1999］「韓国の「冷戦型開発独裁」と民主化」（樺山紘一他編『岩波講座世界歴史 26 経済成長と国際緊張』岩波書店）

──［2003］『韓国』筑摩書房

＊──［2008］『朴正熙政府の選択』フマニタス

木村幹［2003］『韓国における「権威主義的」体制の成立──李承晩政権の崩壊まで』ミネルヴァ書房

──［2008］『民主化の韓国政治──朴正熙と野党政治家たち 1961〜1979』名古屋大学出版会

姜万吉（高崎宗司訳）［1985］『韓国現代史』高麗書林（原著1984年，改訂版『書き直し韓国現代史』1994年）
＊許宗［2003］『反民特委の組織と活動――親日派清算，その挫折の歴史』先人
＊金栄美［2009］『解放前後ソウルの住民社会史』プルンヨクサ
　　金貴玉［2004］「朝鮮戦争と女性――軍慰安婦と軍慰安所を中心に」（徐勝編『東アジアの冷戦と国家テロリズム――米日中心の地域秩序の廃絶をめざして』御茶の水書房）
＊金元［2006］『女工1970，彼女らの反逆史［改訂版］』イマジン（初版は2005年）
＊金光雲［2003］『北韓政治史研究I――建党・建国・建軍の歴史』先人
　　金三洙［1991］「朝鮮における米軍政期の労働政策と労働運動（1）――「解放」の意義と米軍政労働政策の基軸，（2）――米軍政労働政策の転換とその限界」『社会科学研究〈東京大学〉』42-4, 5
＊金聖甫［2004］「北韓現代史研究の成果と争点」『歴史問題研究』13
　　金東椿（金美恵・崔真碩・崔徳孝・趙慶喜・鄭栄桓訳）［2008］『朝鮮戦争の社会史――避難・占領・虐殺』平凡社（原著『戦争と社会――われわれにとって韓国戦争とは何だったのか』2000年，改訂版2006年）。
＊金得中／カン・ソンヒョン（강성현）／李林夏／キム・ハクチェ（김학재）／ヨン・ジョンウン（연정은）／藤井たけし［2007］『死をもって国を守ろう――1950年代，反共，動員，監視の時代』先人
＊金南植［1984］『南労党研究I』トルベゲ
　　クー，ハーゲン（滝沢秀樹・高龍秀訳）［2004］『韓国の労働者』御茶の水書房
　　元容鎮［2007］「朝鮮における「解放」ニュースの伝播と記憶」（佐藤卓巳・孫安石編『東アジアの終戦記念日――敗北と勝利のあいだ』筑摩書房）
＊光州広域市五・一八資料編纂委員会編［1997-2005］『5・18 光州民主化運動資料叢書（1～41）』同会
＊洪性律［2001］『統一問題と政治・社会的葛藤 1953～1961』ソウル大学校出版会
　　国分典子［2002］「韓国憲法思想の淵源」『青丘学術論集』20
　　小林聡明［2006］「ソ連軍占領期北朝鮮におけるラジオの成立」（貴志俊彦・川島真・孫安石編『戦争・ラジオ・記憶』勉誠出版）
　　――［2007］「ソ連占領期北朝鮮における解放イベント」（佐藤卓巳・孫安石編『東アジアの終戦記念日――敗北と勝利のあいだ』筑摩書房）
＊済州四・三事件真相糾明及び犠牲者名誉回復委員会［2001-03］『済州四・三事件資料集（1～11）』
＊――［2003］『済州四・三事件真相調査報告書』
＊崔章集［1988］『韓国の労働運動と国家』ヨルム社
　　――（中村福治訳）［1997］『現代韓国の政治変動――近代化と民主主義の歴史的条件』木鐸社（原著『韓国民主主義の条件と展望』1996年）
　　――（中村福治訳）［1999］『韓国現代政治の条件』法政大学出版局（原著『韓国現代政治の構造と変化』1989年，『韓国民主主義の理論』1993年）
　　済民日報四・三取材班（文京洙・金重明・朴郷丘・文純實・姜聖律・金蒼生訳）［1994-2004］『済州島四・三事件（1～6）』新幹社
　　朱建栄［1991］『毛沢東の朝鮮戦争』岩波書店
＊徐仲錫［1991］『韓国現代民族運動研究――解放後民族国家建設運動と統一戦線』歴史批

評社
* ── ［1996］『韓国現代民族運動研究 2 ── 1948～1950 民主主義・民族主義そして反共主義』歴史批評社
* ── ［1999］『曺奉岩と 1950 年代（上・下）』歴史批評社
* ── ［2005］『李承晩の政治イデオロギー』歴史批評社
* ── ［2007］『李承晩と第一共和国 ── 解放から 4 月革命まで』歴史批評社
* ──（文京洙訳）［2008］『韓国現代史 60 年』明石書店（原著 2007 年）
* 徐東晩［2005］『北朝鮮社会主義の体制成立史 1945～1961』先人
  鐸木昌之［1989］「解放直後における金日成路線 ── 史料批判を通してみた北部朝鮮分局」『アジア経済』30-2
  ── ［1990］「北朝鮮における党建設」（桜井浩編『解放と革命』アジア経済研究所）
  ── ［1992］『北朝鮮 ── 社会主義の伝統と共鳴』東京大学出版会
* 宋建鎬他［1979-89］『解放前後の歴史認識（1-6）』ハンギル社
  滝沢秀樹［1984］『韓国民族主義論序説』影書房
  ── ［1988］『韓国社会の転換 ── 変革期の民衆世界』御茶の水書房
  池明観［1995］『韓国 ── 民主化への道』岩波書店
* チャ・ソンファン（차성환）／ユ・ギョンスン（유경순）／キム・ムヨン（김무용）／金元／ホン・ヒョニョン（홍현영）／キム・テイル（김태일）／李林夏［2005］『1970 年代民衆運動研究』民主化運動記念事業会
* 丁海亀［1988］『10 月人民抗争』ヨルム社
* 鄭根埴・辛珠柏［2006］『8・15 の記憶と東アジア的地平』先人
* 鄭秉峻［1995］『夢陽呂運亨評伝』創作と批評社
* ── ［2005］『雩南 ── 李承晩研究』歴史批評社
* ── ［2006］『韓国戦争 ── 38 度線衝突と戦争の形成』トルベゲ
* 都珍淳［1997］『韓国民族主義と南北関係 ── 李承晩・金九時代の政治史』ソウル大学校出版部
  中尾美知子・中西洋［1984］「米軍政・全評・大韓労総 ── 朝鮮「解放」から大韓民国への軌跡」『経済学論集〈東京大学〉』49-4
  ── ［1985］「米軍政・全評・大韓労総（2・3）」『経済学論集〈東京大学〉』50-4, 51-1
  中川雅彦［2000］「朝鮮民主主義人民共和国建国期における地方政権機関」『アジア経済』41-6
  ── ［2001］「朝鮮民主主義人民共和国における軍隊統制 ── 金日成，金正日と朝鮮人民軍」『アジア経済』42-11
  中川信夫［1985］「8・15 解放直後の朝鮮の左翼」『アジア経済』26-1
  並木真人［1993］「植民地期朝鮮人の政治参加について ── 解放後史との関連において」『朝鮮史研究会論文集』31
  ── ［2000］「13 ── 解放から現代へ」（吉田光男編『朝鮮の歴史と社会』放送大学教育振興会）
  ── ［2006］「「植民地公共性」と朝鮮社会」（朴忠錫・渡辺浩編『「文明」・「開化」・「平和」── 日本と韓国（日韓共同研究叢書 16）』慶應義塾大学出版会）
  萩原遼［1993］『朝鮮戦争 ── 金日成とマッカーサーの陰謀』文藝春秋
  橋谷弘［2000］「第 7 章 解放と南北分断」「第 8 章 経済建設と国際化の進展」（武田幸

男編『朝鮮史』山川出版社)
ハリディ, J.／B. カミングス(清水知久訳) [1990]『朝鮮戦争――内戦と干渉』岩波書店 (Jon Halliday and Bruce Cumings, *Korea: the Unknown War*, New York: Pantheon Books, 1988)
藤永壮 [2006]「済州4・3事件の歴史的位相」(倉沢愛子他編『岩波講座アジア・太平洋戦争 4 帝国の戦争経験』岩波書店)
文京洙 [2005]『韓国現代史』岩波書店
―― [2008]『済州四・三事件』平凡社
＊朴枝香・金哲・金一栄・李栄薫編 [2006]『解放前後史の再認識 (1・2)』チェクセサン
＊朴璨杓 [1997]『韓国の国家形成と民主主義』高麗大学校出版部
＊朴泰均 [1995]『曺奉岩研究』創作と批評社
＊朴明林 [1996]『韓国戦争の勃発と起源 (I・II)』ナナム出版
＊―― (森善宣監訳) [2009]『戦争と平和――朝鮮半島1950』社会評論社 (原著2002年)
堀山明子 [1992]「韓国家族法改正運動小史――「日帝」残滓としての戸主制度廃止論を中心に」『国際関係学研究〈津田塾大学〉』18別冊
松本武祝 [1993]「1970年代韓国農村におけるセマウル運動の展開過程」『商経論叢〈神奈川大〉』28-4
民主化運動記念事業会研究所編 [2008]『韓国民主化運動史 1――第 1 共和国から第 3 共和国まで』トルベゲ
森田芳夫 [1964]『朝鮮終戦の記録――米ソ両軍の進駐と日本人の引き揚げ』巌南堂書店
森山茂徳 [1998]『韓国現代政治』東京大学出版会
李圭泰 [1997]『米ソ朝鮮占領政策と南北分断体制の形成過程』信山社出版
李景珉 [1991]「朝鮮の解放と分断, そして統一運動――呂運亨・金奎植の主張」『経済と経営〈札幌大〉』22-3
―― [1995]『朝鮮現代史の岐路』平凡社
―― [2003]『増補 朝鮮現代史の岐路――なぜ朝鮮半島は分断されたのか』平凡社
＊李鍾旿／イ・チョルグク(이철국)／ナム・グンゴン(남궁곤)／キム・チャンジン(김창진)／キム・イリョン(김일영)／キム・ヤンファ(김양화)／金東椿／コン・ジェウク(공제욱)／コ・ソングク(고성국) [1991]『1950年代韓国社会と 4・19 革命』テアム
＊李鍾奭 [1995]『朝鮮労働党研究――指導思想と構造変化を中心に』歴史批評社
＊梁正心 [2008]『済州四・三抗争――抵抗と痛みの歴史』先人
＊李林夏 [2004]『女性, 戦争をのりこえ起ちあがる』西海文集
林鍾明 [2003]「麗順 '反乱' 再現を通した大韓民国の形象化」『歴史批評』64
林哲 [1983]「第二次世界大戦後の朝鮮における民主主義民族戦線」『国際関係学研究〈津田塾大学〉』9
―― [1986]「朝鮮人民共和国に関する若干の問題」『朝鮮史研究会論文集』23
―― [1993]「解放直後の朝鮮における「民主基地論」」『朝鮮史研究会論文集』31
＊歴史問題研究所編 [1998]『1950年代南北韓の選択と屈折』歴史批評社
＊歴史問題研究所／済州四・三研究所／韓国歴史研究会編 [1999]『済州四・三研究』歴史批評社
6月民主抗争継承事業会・民主化運動記念事業会 [2007]『6月抗争を記録する (1～4)』

同会
和田春樹［1990］「朝鮮共産党北部分局の創設」『社会科学研究〈東京大学〉』42-3
── ［1995］『朝鮮戦争』岩波書店
── ［1998］『北朝鮮──遊撃隊国家の現在』岩波書店
── ［2002］『朝鮮戦争全史』岩波書店
和田春樹・梶村秀樹編［1986a］『韓国の民衆運動』勁草書房
──編［1986b］『韓国民衆──学園から職場から』勁草書房
──編［1987］『韓国民衆──「新しい社会」へ』勁草書房
Cumings, Bruce［1990］*The Origins of The Korean War Volume II: The Roaring of the Cataract 1947-1950*, Princeton, New Jersey : Princeton University Press

❖ 2　対外関係史　(pp. 303〜309)

石井明［1996］「中国から見た日韓関係」『朝鮮史研究会論文集』34
石崎菜生「韓国の北方外交──中韓国交正常化を中心に」（大西康雄編『冷戦後の東アジア──新たな相互関係の模索』アジア経済研究所）
板垣竜太［2005］「植民地支配責任を定立するために」（岩崎稔他編『継続する植民地主義──ジェンダー／民族／人種／階級』青弓社）
── ［2008］「脱冷戦と植民地支配責任の追及──続・植民地支配責任を定立するために」（金富子・中野敏男編『歴史と責任「慰安婦」問題と 1990 年代』青弓社）
市場淳子［2005］『［新装増補版］ヒロシマを持ちかえった人々──「韓国のヒロシマ」はなぜ生まれたのか』凱風社
── ［2006］「「唯一の被爆国」が生んだ在外被爆者」（倉沢愛子・杉原達・成田龍一・テッサ・モーリス - スズキ編『岩波講座アジア・太平洋戦争 4 帝国の戦争経験』岩波書店）
今村弘子［2000］『中国から見た北朝鮮経済事情』朝日新聞社
── ［2005］『北朝鮮「虚構の経済」』集英社
内海愛子［2008］『キムは何故裁かれたのか──朝鮮人 BC 級戦犯の軌跡』朝日新聞出版
太田修［1999］「大韓民国樹立と日本──日韓通商交渉の分析を中心に」『朝鮮学報』173
── ［2003］『日韓交渉──請求権問題の研究』クレイン
大沼久夫［2006］『朝鮮戦争と日本』新幹社
オーバードファー，ドン（菱木一美訳）［1998］『二つのコリア──国際政治の中の朝鮮半島』共同通信社（原著 1997 年）
カミングス，ブルース（杉田米行監訳，古屋和仁・豊田英子訳）［2004］『北朝鮮とアメリカ──確執の半世紀』明石書店（原著 2004 年）
菊池嘉晃［2009］『北朝鮮帰国事業──「壮大な拉致」か「追放」か』中央公論新社
キノネス，ケネス（伊豆見元監修，山岡邦彦・山口瑞彦訳）［2000］『北朝鮮──米国務省担当官の交渉秘録』中央公論新社（原著 1999 年）
── （伊豆見元監修，山岡邦彦・山口瑞彦訳）［2003］『北朝鮮 2 ──核の秘密都市寧辺を往く』中央公論新社（原著 2003 年）
木宮正史［2001］「1960 年代韓国における冷戦外交の 3 類型──日韓国交正常化とベトナ

ム派兵，ASPAC」（小此木政夫・文正仁編『市場・国家・国際体制（日韓共同研究叢書4）』慶應義塾大学出版会）
＊──［2008］『朴正熙政権の選択』フマニタス
木村昌人［1989］「日本の対韓民間経済外交──国交正常化をめぐる関西財界の動き」『国際政治』92
姜尚中・水野直樹・李鍾元編［2003］『日朝交渉──課題と展望』岩波書店
姜尚中［2003］『日朝関係の克服──なぜ国交正常化が必要なのか』集英社
姜徳相［2003］『関東大震災・虐殺の記憶』青丘文化社
金栄鎬［2008］『日韓関係と韓国の対日行動──国家の正当性と社会の「記憶」』彩流社
金賛汀［2007］『在日義勇兵帰還せず──朝鮮戦争秘史』岩波書店
金成浩［2004］「韓ソ国交締結と北朝鮮──ソ連の対朝鮮半島政策」『国際政治』135
金斗昇［2008］『池田勇人政権の対外政策と日韓交渉──内政外交における「政治経済一体路線」』明石書店
金富子・中野敏男編［2008］『歴史と責任「慰安婦」問題と1990年代』青弓社
玄大松［2006］『領土ナショナリズムの誕生──「独島・竹島問題」の政治学』ミネルヴァ書房
近藤久洋［2006］「韓国と台湾の開発体制──政策ネットワーク・資源・カバナンス」『国際開発研究フォーラム』32
──［2007］「韓国と台湾の政府-企業関係──ハイブリッドなガバナンス」『東京国際大学論叢国際関係学部編』13
下條正男［2004］『竹島は日韓どちらのものか』文藝春秋
下斗米伸夫［2006］『モスクワと金日成──冷戦の中の北朝鮮1951-1961年』岩波書店
朱建栄［1991］『毛沢東の朝鮮戦争──中国が鴨緑江を渡るまで』岩波書店
──［2004］『毛沢東の朝鮮戦争──中国が鴨緑江を渡るまで』岩波書店（岩波現代文庫版）
徐京植［2003］『秤にかけてはならない──日朝関係を考える座標軸』影書房
徐東晩［2004］「「日韓基本条約」と「日朝国交正常化交渉」の相関関係」（伊豆見元・張達重編『金正日体制の北朝鮮──政治・外交・経済・思想』慶應義塾大学出版会）
＊ソ・ボヒョク（서보혁）［2006］「1990年代の北韓の対米政策──アイデンティティ政治の作動方式を中心として」（北韓研究学会編『北韓の統一外交』景仁文化社）
高崎宗司［1996］『検証日韓会談』岩波書店
──［2004］『検証日朝交渉』平凡社
高崎宗司・朴正鎮［2005］『帰国運動とは何だったのか──封印された日朝関係史』平凡社
チャ，ヴィクター・D.（船橋洋一監訳，倉田秀也訳）［2003］『米日韓──反目を超えた提携』有斐閣（原著1999年）
駐韓米軍犯罪根絶のための運動本部編（徐勝著，広瀬貴子訳）［1999］『駐韓米軍犯罪白書』青木書店
＊張博珍［2009］『植民地関係の清算はなぜ実現できなかったのか──韓日会談という逆説』ノンヒョン
＊チョン・ソンイム（정성임）［2006］「北・ロ関係」（北韓研究学会編『北韓の統一外交』景仁文化社）

*チン・ヒグァン（진희관）［2006］「北韓の対日政策──北韓の対日認識に対する『朝鮮通信』の記事分析を中心として」（北韓研究学会編『北韓の統一外交』景仁文化社）
*鄭恵瓊［2006］『朝鮮人強制連行 強制労働Ⅰ：日本編』先人
鄭鎮星（鄭大成・岩方久彦訳）［2008］『日本軍の性奴隷制──日本軍慰安婦問題の実像とその解決のための運動』論創社
鄭柚鎮（宋連玉訳）［2004］「駐韓米軍犯罪と女性」（国際シンポジウム「東アジアの冷戦と国家テロリズム」日本事務局・徐勝他編『東アジアの冷戦と国家テロリズム──米日中心の地域秩序の廃絶をめざして』御茶の水書房）
トルクノフ，A. V.（下斗米伸夫・金成浩訳）［2001］『朝鮮戦争の謎と真実──金日成，スターリン，毛沢東の機密電報による』草思社（原著2000年）
内藤正中・金炳烈［2007］『史的検証 竹島・独島』岩波書店
内藤正中・朴炳渉［2007］『竹島＝独島論争──歴史資料から考える』新幹社
中川雅彦［1993］「朝鮮民主主義人民共和国の対外政策の展開」（大西康雄編『冷戦後の北東アジア──新たな相互関係の模索』アジア経済研究所）
永原陽子［2006］「「植民地責任論」試論──ヘテロ補償問題を手がかりに」『歴史評論』677
──［2009］『植民地責任論──脱植民地化の比較史』青木書店
橋谷弘［2001］「戦後日本の対アジア経済関係と韓国」（野副伸一・朴英哲編『東アジア経済協力の現状と可能性（日韓共同研究叢書1）』慶應義塾大学出版会）
──［2004］「戦後日本経済とアジア」（野副伸一編『東アジア経済協力の現状と可能性（日韓共同研究叢書8）』慶應義塾大学出版会）
服部隆行［2007］『朝鮮戦争と中国──建国初期中国の軍事戦略と安全保障問題の研究』溪水社
服部民夫・佐藤幸人編［1996］『韓国・台湾の発展メカニズム』アジア経済研究所
東アジア環境情報発伝所編［2006］『環境共同体としての日中韓』集英社
平松茂雄［1988］『中国と朝鮮戦争』勁草書房
フェッファー，ジョン（栗原泉・豊田英子訳）［2004］『米国の対北朝鮮・韓国戦略──脅威論をあおる外交政策』明石書店（原著2003年）
福原裕二［1998］「北朝鮮の対日外交──「建設」と「統一」の縮図」『社会文化論集』5
──［2002］「北朝鮮の対日外交の特質──「対決的」日本認識の形成とその不変性」『アジア社会文化研究』3
──［2004］「日朝「平壌宣言」への道──北朝鮮の対日「自主独立外交」の変容」『アジア社会文化研究』5
藤井賢二［2004］「李承晩ラインと日韓会談──第1次～第3次会談における日韓の対立を中心に」『朝鮮学報』193
古野喜政［2006］『金大中事件の政治決着──主権放棄した日本政府』東方出版
ペトロフ，V.／スターソフ，A.（下斗米伸夫・金成浩沢）［2004］『金正日に悩まされるロシア──将軍様の権力』草思社（原著2004年）
朴一［2002］『韓国NIES化の苦悩──経済開発と民主化のジレンマ〔増補2版〕』同文舘出版
朴根好［1993］『韓国の経済発展とベトナム戦争』御茶の水書房
*朴鎮希［2008］『韓日会談──第1共和国の対日政策と韓日会談展開過程』先人

堀和生［1987］「1905 年日本の竹島領土編入」『朝鮮史研究会論文集』24
村田晃嗣［1998］『大統領の挫折――カーター政権の在韓米軍撤退政策』有斐閣
モーリス‐スズキ，テッサ（田代泰子訳）［2007］『北朝鮮へのエクソダス――「帰国事業」の影をたどる』平凡社
柳町功［2004］「戦後日韓関係の形成とその経済的側面――担い手たちの行動を中心に」『経済学研究』71-1
山崎静夫［1998］『史実で語る朝鮮戦争協力の全容』本の泉社
山下英愛［2008］『ナショナリズムの狭間から――「慰安婦」問題へのもう一つの視座』明石書店
山田昭次［2003］『関東大震災時の朝鮮人虐殺――その国家責任と民衆責任』創史社
＊ユ・グァンジン（유광진）［2006］「北韓の対中国外交政策」（北韓研究学会編『北韓の統一外交』景仁文化社）
横手慎二［1991］「ソ連の北東アジア政策（1986～1991）――ソ韓関係を中心にして」（西村明・渡辺利夫編『環黄海経済圏――東アジアの未来を探る』九州大学出版会）
吉澤文寿［2005］『戦後日韓関係――国交正常化交渉をめぐって』クレイン
――［2006］「植民地支配の「清算」とは何か――朝鮮を事例として」『歴史評論』677
吉見義明［2009］「「従軍慰安婦」問題研究の到達点と課題」『歴史学研究』849
李泳采［2006］「冷戦終結以降の北朝鮮の対日外交――国家正統性と経済協力のトレードオフを中心に」（小此木政夫編『危機の朝鮮半島』慶應義塾大学出版会）
＊李元徳［1996］『韓日過去史処理の原点――日本の戦後処理外交と韓日会談』ソウル大学校出版部
李昊宰（長澤裕子訳）［2008］『韓国外交政策の理想と現実――李承晩外交と米国の対韓政策に対する反省』法政大学出版局（原著 2000 年）
李燦雨［2002］「日本と朝鮮民主主義人民共和国の経済関係の歴史と現状」『Erina Report』47
李鍾元［1994a］「韓日会談とアメリカ――「不介入政策」の成立を中心に」『国際政治』105
――［1994b］「韓日国交正常化の成立とアメリカ――1960～65 年」『年報近代日本研究』16
――［1996］『東アジア冷戦と韓米日関係』東京大学出版会
李鍾奭［2004］「脱冷戦期の中朝関係――持続性と変化」（伊豆見元・張達重編『金正日体制の北朝鮮――政治・外交・経済・思想』慶應義塾大学出版会）
李正姫［2006］「駐韓米軍地位協定と対米軍訴訟」（徐勝編『現代韓国の安全保障と治安法制』法律文化社）
脇田憲一［2004］『朝鮮戦争と吹田・枚方事件――戦後史の空白を埋める』岩波書店
和田春樹［2002］『朝鮮戦争全史』岩波書店

❖ 3　経済史　　　　　　　　　　　　　　　　　　　　　　　　　　(pp. 309～318)

安倍誠［2006］「韓国財閥における家族経営と俸給経営者層――三星，SK グループの事例から」（星野妙子・末廣昭編『ファミリービジネスのトップマネジメント――アジア

とラテンアメリカにおける企業経営』岩波書店）
　石崎菜生［1996］「韓国の重化学工業化政策——開始の内外条件と実施主体」（服部民夫・佐藤幸人編『韓国・台湾の発展メカニズム』アジア経済研究所）
　伊東和久［1995］「韓国における国際金融取引の自由化」（伊東和久編『発展途上国の金融改革と国際化』アジア経済研究所）
　今村弘子［2000］『中国から見た北朝鮮経済事情』朝日新聞社
＊尹辰浩［1984］「都市非公式部門」（李大根・鄭雲暎編『韓国資本主義論』カチ）
　尹明憲［2008］『韓国経済の発展パラダイムの転換——グローバル化時代のイノベーション戦略』明石書店
＊王允鍾編［1997］『韓国の海外直接投資　現況と成果——深層報告』対外経済政策研究院
　太田修［2003］『日韓交渉——請求権問題の研究』クレイン
　奥田聡編［2007］『経済危機後の韓国——成熟期に向けての社会・経済的課題』アジア経済研究所
　梶村秀樹［1981］「旧植民地社会構成体論」（冨岡倍雄・梶村秀樹編『発展途上経済の研究』世界書院，後，梶村秀樹［1993］『梶村秀樹著作集 3』明石書店に所収）
　——［1984］「韓国経済における政府の役割——1960〜70 年代」（冨岡倍雄・梶村秀樹・新納豊・鈴木義嗣『韓国経済試論』白桃書房，後，梶村秀樹［1993］『梶村秀樹著作集 5』明石書店に所収）
　環日本海経済研究所（ERINA）編［2005］『現代韓国経済——進化するパラダイム』日本評論社
　——編［2010］『韓国経済の現代的課題』日本評論社
＊韓米 FTA 阻止汎国民運動本部政策企画研究団編［2006］『fta 韓米 FTA 国民報告書』グリーンビー
＊木宮正史［1991］「韓国の内包的工業化戦略の挫折」高麗大学校大学院政治外交学科博士学位論文
＊キム・ジノプ（김진엽）編［2001］『韓国資本主義発展モデルの形成と解体』ナヌメチップ
＊キム・ヨンチョル（김연철）／パク・スンソン（박순성）編［2002］『北韓経済改革研究』フマニタス
　木村光彦［1999］『北朝鮮の経済——起源・形成・崩壊』創文社
　木村光彦・安部桂司［2003］『北朝鮮の軍事工業化——帝国の戦争から金日成の戦争へ』知泉書館
＊姜錫寅［1994］『外資導入と韓国の経済発展——経験的分析と政策』凡信社
＊姜哲圭［1999］『財閥改革の経済学——船団経営から独立経営へ』茶山出版社
＊姜哲圭・崔廷杓・張志祥［1991］『財閥——成長の主役なのか，貪欲の化身なのか』比峰出版社
＊姜明憲［1996］『財閥と韓国経済』ナナム出版
　金泳鎬［1988a］『東アジア工業化と世界資本主義——第 4 世代工業化論』東洋経済新報社
　——［1988b］「解放後韓国資本主義の性格——1945〜60 年の位置規定論争をめぐって」（中村哲・堀和生・安秉直・金泳鎬編『朝鮮近代の歴史像』日本評論社）
　金淵明編（韓国社会保障研究会訳）［2006］『韓国福祉国家性格論争』流通経済大学出版会（原著 2002 年）

金華東 ［2000］『韓国の規制緩和――20年間の歩みと新たなスタート』アジア経済研究所
＊金基元 ［1990］『米軍政期の経済構造――帰属企業体の処理と労働者自主管理運動を中心に』プルンサン
＊―― ［2002］『財閥改革は終わったのか』ハヌル
　金俊行 ［2006］『グローバル資本主義と韓国経済発展』御茶の水書房
＊金鍾曄 ［2005］「分断体制と87年体制」『創作と批評』130
＊金正濂 ［1990］『韓国経済政策30年史――金正濂回顧録』中央日報社
＊金大煥・金均編 ［1999］『韓国財閥改革論――財閥を正してこそ経済が生きる』参与連帯参与社会研究所企画，ナナム出版
　倉持和雄 ［1994］『現代韓国農業構造の変動』御茶の水書房
＊経済企画院 ［1982］『開発年代の経済政策――経済企画院20年史』未来社
＊黄義珏 ［1992］『北韓経済論』ナナム出版
　―― （大阪経済法科大学経済研究所韓国経済研究会編訳）［2005］『韓国と北朝鮮の比較研究』大村書店
＊黄祥仁・王允鍾・李晟鳳 ［1999］『IMF体制下の韓国経済II（1998.7～1999.12）――総合深層報告』対外経済政策研究院
＊高日東編 ［1997］『南北韓経済統合の新しい接近方法――ドイツ式統一の問題点と克服方案』韓国開発研究院
　高龍秀 ［2000］『韓国の経済システム――国際資本移動の拡大と構造改革の進展』東洋経済新報社
　―― ［2008］「韓国財閥と持株会社」（下谷政弘編『東アジアの持株会社』ミネルヴァ書房）
　―― ［2009］『韓国の企業・金融改革』東洋経済新報社
＊呉源哲 ［1996］『韓国型経済建設――エンジニアリング・アプローチ5』起亜経済研究所
　小牧輝夫・財団法人日本海経済研究所編 ［2010］『経済から見た北朝鮮――北東アジア経済協力の視点から』明石書店
＊財政経済部・韓国開発研究院編 ［1998］『国民とともに明日をひらく――「国民の政府」経済青写真』大韓民国政府
＊財務部・韓国産業銀行 ［1993］『韓国外資導入30年史』財務部・韓国産業銀行
　桜井浩編 ［1990］『解放と革命――朝鮮民主主義人民共和国の成立過程』アジア経済研究所
＊左承喜 ［1999］『進化論的財閥論――経済政策の新たなパラダイム模索〔改訂版〕』比峰出版社
＊参与社会研究所・仁荷大産業経済研究所共同企画 ［2005］，ソン・ウォングン（송원근）／イ・サンホ（이상호）『韓国の財閥1 財閥の事業構造と経済力集中』，イ・ユノ（이윤호）『韓国の財閥2 財閥の財務構造と資金調達』，金鎮邦『韓国の財閥3 財閥の所有構造』，キム・ドンウン（김동운）／キム・ドンミン（김덕민）／ペク・ウングァン（백운광）／チョン・ジェヒョン（정재현）／ペク・ヨンヒョン（백영현）／ユ・テヒョン（유태현）『韓国の財閥4 財閥の経営支配構造と人脈婚脈』，カン・シンジュン（강신준）／キム・ソンヒ（김성희）／ホ・ミニョン（허민영）／金尚祚／ホン・ドンニュル（홍덕률）／カン・ビョング（강병구）／イ・ジェヒ（이재희）『韓国の財閥5 財閥の労使関係と社会的争点』ナナム出版

＊参与連帯参与社会研究所経済分科編［1999］『韓国5大財閥白書 1995～1997』ナナム出版
　司空壹（渡辺利夫監訳，宇山博訳）［1994］『韓国経済――新時代の構図』東洋経済新報社（原著1993年）
＊徐寛模［1984］『現代韓国社会の階級構成と階級分化――プチブルジョアジーの趨勢を中心に』ハヌル
＊全洪澤・朴進［1995］「北韓経済の歴史的評価」（車東世・金光錫編『韓国経済半世紀――歴史的評価と21世紀ビジョン』韓国開発研究院）
＊全洪澤・李栄善編［1997］『韓半島統一時の経済統合戦略』韓国開発研究院
　曹斗燮・尹鍾彦［2005］『三星の技術能力構築戦略――グローバル企業への技術学習プロセス』有斐閣
＊ソウル社会経済研究所編［2005］『韓国経済――世界化，構造調整，両極化を越えて』ハヌル
　高安雄一［2005］『韓国の構造改革』NTT出版
　滝沢秀樹［1992］『韓国の経済発展と社会構造』御茶の水書房
　谷浦孝雄［1989］『韓国の工業化と開発体制』アジア経済研究所
　――編［2000］『21世紀の韓国経済――課題と展望』アジア経済研究所
＊張亨壽・王允鍾［1998］『IMF体制下の韓国経済Ⅰ（1997.12～1998.6）――総合深層報告』対外経済政策研究院
＊趙錫坤［2003］「農地改革と韓国資本主義」（ユ・チョルギュ〔유철규〕編『韓国資本主義発展モデルの歴史と危機――産業化理念の再考察と代案の模索（I）』ハムケインヌンチェク）
＊趙東成［1997］『韓国財閥』毎日経済新聞社
　趙利済／渡辺利夫／カーター・J・エッカート編［2009］『朴正熙の時代――韓国の近代化と経済発展』東京大学出版会
　鄭安基［2008］「韓国の金融構造改革と金融持株会社」（下谷政弘編『東アジアの持株会社』ミネルヴァ書房）
＊鄭雲燦／チョ・フンシク（조흥식）編［2007］『外換危機10年，韓国社会どれだけ変わったか』ソウル大学校出版部
　鄭章淵［2007］『韓国財閥史の研究――分断体制資本主義と韓国財閥』日本経済評論社
　冨岡倍雄・梶村秀樹・新納豊・鈴木義嗣［1984］『韓国経済試論』白桃書房
　中川雅彦編［2009］『朝鮮社会主義経済の現在』アジア経済研究所
　永野慎一郎［1999］「韓国の対日請求権と経済協力」（永野慎一郎・近藤正臣編『日本の戦後賠償――アジア経済協力の出発』勁草書房）
　中村哲［1991］『近代世界史像の再構成――東アジアの視点から』青木書店
　中村哲・堀和生・安秉直・金泳鎬編［1988］『朝鮮近代の歴史像』日本評論社
　新納豊［1984］「解放初期南朝鮮における経済循環の胎動――1945年から1950年まで」（冨岡倍雄・梶村秀樹・新納豊・鈴木義嗣『韓国経済試論』白桃書房）
　二階宏之編［2008］『朝鮮半島における南北経済協力――韓国からの視点』アジア経済研究所
　裵茂基［1983］「韓国経済の転換点分析」（朴宇熙・渡辺利夫編『韓国の経済発展』文眞堂）
　ハガード，ステファン／ノーランド，マーカス（杉原ひろみ・丸本美加訳）［2009］『北朝

服部民夫編［1987］『韓国の工業化——発展の構図』アジア経済研究所
——［1988］『韓国の経営発展』文眞堂
——［2001］「組立型工業化の形成と挫折」（松本厚治・服部民夫編『韓国経済の解剖——先進国移行論は正しかったのか』文眞堂）
——［2007］『東アジア経済の発展と日本——組立型工業化と貿易関係』東京大学出版会
服部民夫・大道康則［1985］『韓国の企業——人と経営』日本経済新聞社
深川由起子［1997］『韓国・先進国経済論——成熟過程のミクロ分析』日本経済新聞社
法政大学大原社会問題研究所編［1997］『韓国労使関係の展開と現状』総合労働研究所
法政大学比較経済研究所・小林謙一・川上忠雄編［1991］『韓国の経済開発と労使関係——計画と政策』法政大学出版局
朴一［1992］『韓国 NIES 化の苦悩——経済開発と民主化のジレンマ』同文舘
朴宇熙［1989］『韓国の技術発展』文眞堂
＊朴永九［2005］「構造変動と重化学工業化」（李大根他『新しい韓国経済発展史——朝鮮後期から 20 世紀高度成長まで』ナナム出版）
＊——［2008］『韓国重化学工業化研究総説』ヘナム
朴玄埰（滝沢秀樹訳）［1985a］『韓国資本主義と民族運動（韓国現代社会叢書 2）』御茶の水書房
＊——［1985b］「現代韓国社会の性格と発展段階に関する研究（I）——韓国資本主義の性格をめぐる従属理論批判」『創作と批評』57
＊朴玄埰／金炯基／黄漢植／朴徳済／林鍾律／金栢山／林栄一／チョ・ウヒョン（조우현）／曺喜昤／シン・イルリョン（신일령）／金洛中［1985］『韓国資本主義と労働問題』トルペゲ
＊朴玄埰・曺喜昤編［1989-92］『韓国社会構成体論争（I〜IV）』竹山
朴根好［1993］『韓国の経済発展とベトナム戦争』御茶の水書房
＊朴貞東［1996］『北韓の経済特区——中国との比較』韓国開発研究院
＊北韓経済フォーラム編［1999］『南北韓経済統合論』オルム
本多健吉監修［1990］『韓国資本主義論争』世界書院
＊毎日経済産業部・韓国経済研究院編［2000］『ポスト財閥報告書，韓国財閥未来はあるのか』毎日経済新聞社
＊俞光浩・鄭英一・李鍾燻・金栄圭・崔洸［1992］『米軍政時代の経済政策』韓国精神文化研究院
吉岡英美［2010］『韓国の工業化と半導体産業——世界市場におけるサムスン電子の発展』有斐閣
＊李揆成［2006］『韓国の外換危機——発生・克服・それ以後』博英社
李憲昶（須川英徳・六反田豊監訳）［2004］『韓国経済通史』法政大学出版局（原著 1999 年）
＊李大根［1985］「韓国資本主義の性格について——国家独占資本主義論によせて」『創作と批評』57
＊——［1987］『韓国戦争と 1950 年代資本蓄積』カチ
——［1990］「解放後帰属事業体の実態とその処理過程」（中村哲・梶村秀樹・安秉直・李大根編『朝鮮近代の経済構造』日本評論社）

───[1993]「政府樹立後帰属事業体の実態とその処理過程」(中村哲・安秉直編『近代朝鮮工業化の研究』日本評論社)
*───[2002]『解放後〜1950年代の経済──工業化の史的背景研究』三星経済研究所
*李大根・李栄薫・朴二澤・朴基燁・金載昊・李憲昶・李明輝・張矢遠・金洛年・朱益鍾・崔相伍・李相哲・朴永九・申璋燮・朴德済・金石鎮 [2005]『新しい韓国経済発展史──朝鮮後期から20世紀高度成長まで』ナナム出版
*李度晟編 [1995]『実録 朴正煕と韓日会談──5.16から調印まで』寒松
渡辺利夫 [1982]『現代韓国経済分析──開発経済学と現代アジア』勁草書房
Amsden, Alice H. [1989] *Asia's Next Giant : South Korea and Late Industrialization*, New York : Oxford University Press

❖ 4 社会史・文化史　　　　　　　　　　　　　　　　　　　　　(pp. 318〜325)

阿部洋編 [2004]『韓国の戦後教育改革』龍溪書舎
伊藤亞人 [1996]「韓国・朝鮮」(ヨーゼフ・クライナー編『日本民族学の現在──1980年代から90年代へ』新曜社)
───[1999]『韓国珍島の民俗紀行』青丘文化社
尹海東/千政煥/ファン・ピョンジュ(황병주)/李庸起/尹大石 [2006]『近代を読みなおす──韓国近代認識の新たなパラダイムのために(1・2)』歴史批評社
尹健次 [2000]『現代韓国の思想──1980〜1990年代』岩波書店
───[2008]『思想体験の交錯──日本・韓国・在日1945年以後』岩波書店
*尹澤林 [2003]『人類学者の過去旅行──あるアカ(バルゲンイ)の村の歴史をたずねて』歴史批評社
馬越徹 [1995]『韓国近代大学の成立と展開──大学モデルの伝播研究』名古屋大学出版会
*オ・ヨンスク(오영숙) [2007]『1950年代, 韓国映画と文化談論』ソミョン出版
王恩美 [2008]『東アジア現代史のなかの韓国華僑──冷戦体制と「祖国」意識』三元社
*オム・ヨンエ(엄영애) [2007]『韓国女性農民運動史──農民生存権危機と女性農民の組織的闘争』ナムワスプ
加藤光一 [1998]『韓国経済発展と小農の位相』日本経済評論社
*韓国映像資料院編 [2004]『韓国映画史学習1960〜79(コンプ)』異彩
*韓国基督教歴史学会編 [2009]『韓国基督教の歴史Ⅲ 解放以降, 20世紀末まで』韓国基督教歴史研究所
韓国社会史学会(板垣竜太訳) [2004]「《海外学会動向》韓国社会史学会」『韓国朝鮮の文化と社会』3
韓国女性ホットライン連合編(山下英愛訳) [2004]『韓国女性人権運動史』明石書店(原著1999年)
*韓国精神文化研究院編 [1999]『韓国戦争と社会構造の変化』白山書堂
*翰林大学校アジア文化研究所編 [1999]『米軍政期韓国の社会変動と社会史(Ⅰ・Ⅱ)』翰林大学校出版部
*許殷 [2008]『米国のヘゲモニーと韓国民族主義──冷戦時代, 1945-65, 文化的境界の構築と亀裂の同伴』高麗大学校民族文化研究院

＊姜仁順［2001］『韓国女性労働者運動史（1・2）』ハヌルアカデミー
＊姜仁哲［1996］『韓国基督教と国家・市民社会　1945〜1960』韓国基督教歴史研究所
＊キム・ウォン（김원）［2006］『女工 1970, 彼女らの反逆史〔改訂版〕』イメジン（初版は 2005 年）
＊金榮美［2009a］『動員と抵抗──解放前後ソウルの住民社会史』プルンヨクサ
＊──［2009b］『かれらのセマウル運動クドゥレ──一村と一農村運動家を通じてみた民衆たちのセマウル運動の話』プルンヨクサ
＊金貴玉［1999］『越南民の生活経験と正体性アイデンティティ──下からの越南民研究』ソウル大学校出版部
＊金貴玉他［2008］『戦争の記憶　冷戦の口述』先人
＊金暻學他［2005］『戦争と記憶──村共同体の生涯史ライフヒストリー』ハヌルアカデミー
＊金㥠顯［2007］『民衆と戦争記憶── 1950 年晋州』先人
　金成禮（板垣竜太訳）［2001］「国家暴力と性の政治学──済州 4・3 虐殺を中心に」『トレイシーズ』2
　金宅圭（伊藤亞人・嶋陸奥彦訳）［1981］『韓国同族村落の研究──両班の文化と生活』学生社（原著 1979 年）
　金東椿（水野邦彦訳）［2005］『近代のかげ──現代韓国社会論』青木書店（原著 2000 年）
　──（金美恵他訳）［2008］『朝鮮戦争の社会史──避難・占領・虐殺』平凡社（原著初版 2000 年）
＊金徳鎬他編［2008］『アメリカナイゼーション』プルンヨクサ
＊金得中［2009］『'アカ'の誕生バルゲンイ──麗順事件と反共国家の形成チュゴムロ ソナラルル チキジャ』先人
＊金得中他［2007］『死をもって国を守らん── 1950 年代, 反共・動員・監視の時代』先人
＊金寶賢［2006］『朴正煕政権期経済開発──民族主義と発展』カルムリ
　クー, ハーゲン（滝沢秀樹・高龍秀訳）［2004］『韓国の労働者──階級形成における文化と政治』御茶の水書房（原著 2001 年）
　倉持和雄［1994］『現代韓国農業構造の変動』御茶の水書房
　玄大松［2006］『領土ナショナリズムの誕生──「独島・竹島問題」の政治学』ミネルヴァ書房
＊孔堤郁編［2008］『国家と日常──朴正煕時代』ハヌルアカデミー
　権仁淑（山下英愛訳）［2006］『韓国の軍事文化とジェンダー』御茶の水書房（原著 2005 年）
　崔在錫（伊藤亞人・嶋陸奥彦訳）［1979］『韓国農村社会研究』学生社（原著 1975 年）
　坂井俊樹［2003］『現代韓国における歴史教育の成立と葛藤』御茶の水書房
　澤正彦［1982］『南北朝鮮キリスト教史論』日本基督教団出版局
　嶋陸奥彦［2006］『韓国道すがら──人類学フィールドノート 30 年』草風館
　嶋陸奥彦・朝倉敏夫編［1998］『変貌する韓国社会── 1970-80 年代の人類学調査の現場から』第一書房
＊尚虚学会編［2006］『1950 年代メディアと美国表象』キップンセム
＊聖公会大東アジア研究所編［2008］『冷戦アジアの文化風景 1 ── 1940〜1950 年代』現実文化研究
＊千政煥他［2005］『革命と笑いウスム──金承鈺の時事漫画〈パゴダおじさんヨンガム〉を通じてみた 4.19 革命の秋』エルフィ book

*　全敬玉他［2005a］『韓国女性近現代史②1945〜80　韓国女性政治社会史』淑明女子大学校アジア女性研究所
*　――［2005b］『韓国女性近現代史②1945〜80　韓国女性文化史』淑明女子大学校アジア女性研究所
*　――［2005c］『韓国女性近現代史②1945〜80　韓国女性人物史2』淑明女子大学校アジア女性研究所
*　ソウル施政開発研究院［2001a］『ソウル20世紀生活・文化変遷史』ソウル施政開発研究院
*　――［2001b］『ソウル20世紀空間変遷史』ソウル施政開発研究院
　　宋連玉・金栄編［2010］『軍隊と性暴力――朝鮮半島の20世紀』現代史料出版
*　孫禎睦［2005］『韓国都市60年の話（1・2）』ハヌル
*　チョン・ジェホ（전재호）［2000］『反動的近代主義者朴正熙』チェクセサン
*　程景恩［2008］『韓国現代民衆歌謡史』抒情詩学
*　鄭泰秀他［2007］『南北韓映画史比較研究』国学資料院
*　鄭鎭星他［2004］『韓国現代女性史』ハヌルアカデミー
　　トムソン，E. P.（市橋秀夫・芳賀健一訳）［2003］『イングランド労働者階級の形成』青弓社（原著1963年）
*　表仁柱他［2003］『戦争と人々――下からの韓国戦争研究』ハヌルアカデミー
*　李鍾久編［2004］『1960-70年代韓国の産業化と労働者正体性（アイデンティティ）』ハヌルアカデミー
*　――［2005a］『1960-70年代労働者の生活世界と正体性（アイデンティティ）』ハヌルアカデミー
*　――［2005b］『1960-70年代労働者の作業場経験と生活世界』ハヌルアカデミー
*　――［2006］『1960-70年代労働者の階級文化と正体性（アイデンティティ）』ハヌルアカデミー
*　李相錄・張文碩編［2006］『近代の境界で独裁を読む――大衆独裁と朴正熙時代』グリンビー
*　李東瑗・趙成南［1997］『米軍政期の社会移動――背景，特性そしてその影響』梨花女子大学校出版部
*　李萬甲［1960］『韓国農村の社会構造』韓国研究図書館
*　李庸起［2000］「米軍政期の新たな理解と'社会史'的接近の模索」『歴史と現実』35
*　李林夏［2004］『女性，戦争をこえたちあがる――韓国戦争とジェンダー』書海文集
*　林志弦・金容右編［2004］『大衆独裁――強制と同意のあいだで』チェクセサン
*　――［2005］『大衆独裁2――政治宗教とヘゲモニー』チェクセサン
*　歴史問題研究所編［1998］『1950年代南北韓の選択と屈折』歴史批評社
　　Brandt, Vincent［1971］*A Korean Village between Farm and Sea*, Cambridge, MA : Harvard University Press
　　Lee, Namhee［2007］*The Making of Minjung: Democracy and the Politics of Representation in South Korea*, Ithaca : Cornell University Press
　　Moon, Katharine［1997］*Sex among Allies: Military Prostitution in U. S. ‐ Korea Relations*, New York : Columbia University Press
　　Moon, Seungsook［2005］*Militarized Modernity and Gendered Citizenship in South Korea*, Durham, NC : Duke University Press

❖ 5　在外朝鮮人史　　　　　　　　　　　　　　　　　　　　(pp. 325～333)

荒敬［1990］「占領下の治安対策と「非常事態」——神戸朝鮮人教育擁護闘争を事例に」『日本史研究』336

飯沼二郎編［1988］『在日韓国・朝鮮人——その日本社会における存在価値』海風社

石坂浩一・竹内理江編［1997］『在日朝鮮人と「赤ひげ」群像』リベルタ出版

礒﨑敦仁［2009］「脱北者問題——「駆け込み」の意味を中心に」（小此木政夫・礒﨑敦仁編『北朝鮮と人間の安全保障』慶應義塾大学出版会）

＊イム・ヨンサン（임영상）／ファン・ヨンサム（황영삼）他［2005］『ソ連解体以後高麗人社会の変化と韓民族』韓国外国語大学校出版部

尹健次［1987］『異質との共存——戦後日本の教育・思想・民族論』岩波書店

＊尹麟鎮［2004］『コリアンディアスポラ——在外韓人の移住，適応，アイデンティティ』高麗大学校出版部

「延辺朝鮮族自治州概況」執筆班（大村益夫訳）［1987］『中国の朝鮮族——延辺朝鮮族自治州概況』むくげの会

大沼保昭［1992］『サハリン棄民——戦後責任の点景』中公新書

――［1993］『〔新版〕単一民族社会の神話を超えて——在日韓国・朝鮮人と出入国管理体制』東信堂（初版 1986 年）

小熊英二・姜尚中編［2008］『在日一世の記憶』集英社新書

小此木政夫監修［2004］『在日朝鮮人はなぜ帰国したのか——在日と北朝鮮 50 年』現代人文社

梶村秀樹［1980］『解放後の在日朝鮮人運動』神戸学生青年センター出版部（後，同［1993］『梶村秀樹著作集 6』明石書店に所収）

――［1985］「定住外国人としての在日朝鮮人」『思想』734（後，同［1993］『梶村秀樹著作集 6』明石書店に所収）

――［1994］「日本資本主義と在日朝鮮人——「単一民族神話」と差別」（森田桐郎編『国際労働移動と外国人労働者』同文舘）

カミングス，ブルース（鄭敬謨・林哲・加地永都子訳）［1989-91］『朝鮮戦争の起源（1・2）』シアレヒム社（原著 1981 年）

――（横田安司・小林知子訳）［2003］『現代朝鮮の歴史——世界のなかの朝鮮』明石書店（原著 1997 年）

かわさきのハルモニ・ハラボジと結ぶ 2000 人ネットワーク生活史聞き書き・編集委員会編［2009］『在日コリアン女性 20 人の軌跡——国境を越え，私はこうして生きてきた』明石書店

韓東賢［2006］『チマ・チョゴリ制服の民族誌——その誕生と朝鮮学校の女性たち』双風舎

菊池嘉晃［2009］『北朝鮮帰国事業——「壮大な拉致」か「追放」か』中公新書

＊キム・チャンボム（김창범）［2004］『米州韓人移民 100 年史』コーラムデオ

金栄［1996-97］「新宿「明月館」物語（前・後編）」『ほるもん文化』6，7

金英達［1995］「「解放時の在日朝鮮人数 2,365,263 人」の怪談」『関西大学人権問題研究室紀要』32

＊金貴玉［2002］『越南民の生活経験とアイデンティティ——下からの越南民研究』ソウル

大学校出版部（初版 1999 年）
金貴粉［2009］「解放後における出入国管理体制と在日朝鮮人ハンセン病患者」『学術論文集〈朝鮮奨学会〉』27
金慶海［1979］『在日朝鮮人民族教育の原点——4・24 阪神教育闘争の記録』田畑書店
金慶海／内山一雄・趙博編［1988-89］『在日朝鮮人民族教育擁護闘争資料集（I・II）』明石書店
金賛汀［1997］『在日コリアン百年史』三五館
金太基［1997］『戦後日本政治と在日朝鮮人問題——SCAP の対在日朝鮮人政策 1945～1952 年』勁草書房
金徳龍［2002］『朝鮮学校の戦後史 1945-1972』社会評論社
金友子［2009］「民族と国民のあいだ——韓国における在外同胞政策」（臼杵陽監修『ディアスポラから世界を読む』明石書店）
クージン，アナトーリー・T.（岡奈津子・田中水絵訳）［1998］『沿海州・サハリン——近い昔の話（翻弄された朝鮮人の歴史）』凱風社
黒川洋二［2006］『在日朝鮮・韓国人と日本の精神医療』批評社
現代語学塾『レーニン・キチ』を読む会編訳［1991］『在ソ朝鮮人のペレストロイカ——朝鮮語新聞『レーニン・キチ』を解読』凱風社
高賛侑［1993］『アメリカ・コリアタウン——マイノリティの中の在米コリアン』社会評論社
髙全恵星監修（柏崎千佳子監訳）［2007］『ディアスポラとしてのコリアン——北米・東アジア・中央アジア』新幹社
呉圭祥［2009］『ドキュメント在日本朝鮮人連盟 1945-1949』岩波書店
小林聡明［2007］『在日朝鮮人のメディア空間——GHQ 占領期における新聞発行とそのダイナミズム』風響社
小林知子［1996］「在日朝鮮人と「祖国」——朝鮮戦争期を中心に」『朝鮮史研究会論文集』34
——［2002］「在日朝鮮人の「多様化」の一背景——「民族」・「祖国」・「生活」をめぐって」（小倉充夫・加納弘勝編『講座国際社会 6 東アジアと日本社会』東京大学出版会）
徐京植編訳［1981］『徐兄弟獄中からの記録——徐勝，徐俊植の 10 年』岩波新書
＊——［1996］「「在日朝鮮人」の危機と岐路に立つ民族観」『歴史批評』33
宋安鍾［2009］『在日音楽の 100 年』青土社
宋連玉［2005］「在日朝鮮人女性にとっての戦後 30 年」『歴史学研究』807
高木健一［1992］『サハリンと日本の戦後責任〔増補改訂版〕』凱風社（初版 1990 年）
高崎宗司［1996］『中国朝鮮族——歴史・生活・文化・民族教育』明石書店
高崎宗司・朴正鎮編［2005］『帰国運動とは何だったのか——封印された日朝関係史』平凡社
鶴嶋雪嶺［1997］『中国朝鮮族の研究』関西大学出版部
鄭栄桓［2005］「「解放」後在日朝鮮人運動における活動家層の形成と展開——在日本朝鮮人連盟を中心に」一橋大学大学院社会学研究科・修士論文
——［2009］「敗戦後日本における朝鮮人団体規制と朝連・民青解散問題——勅令第百一号・団体等規正令を中心に」『朝鮮史研究会論文集』47

鄭雅英［2000］『中国朝鮮族の民族関係（現代中国研究叢書37）』アジア政経学会
鄭大均［2001］『在日韓国人の終焉』文春新書
鄭祐宗［2010］「在日朝鮮人教育闘争における二重の課題について──政治闘争と経済闘争の結合問題に関する考察（1947-1948年）」『次世代研究者フォーラム論文集〈立命館大学コリア研究センター〉』3
＊鄭炳浩／チョン・ウテク(전우택)／鄭真卿編［2006］『ウェルカム・トゥ・コリア──北朝鮮の人びとの南韓での暮らし』漢陽大学校出版部
外村大［2004］『在日朝鮮人社会の歴史学的研究──形成・構造・変容』緑蔭書房
野村進［2009］『コリアン世界の旅』講談社（初版1996年）
ぱくいる［1992］「「在日論」論争の成果と課題」『ほるもん文化』3
＊パターソン［2003］『ハワイ韓人移民1世1903-1973』トゥルリョク（Wayne Patterson, *The Ilse : First-Generation Korean Immigrants in Hawai'i*, 1903-1973, Honolulu : University of Hawai'i Press, 2000）
ハンギョレ研究会［1996］『朝鮮解放・分断50年──いま在日同胞と祖国を考える』ハンギョレ研究会
樋口雄一［2002］『日本の朝鮮・韓国人』同成社
朴亨柱［1989-90］「サハリンからのレポート」『在日文芸 民涛』6-10
文京洙［2007］『在日朝鮮人問題の起源』クレイン
朴慶植［1979］『在日朝鮮人運動史──8・15解放前』三一書房
── ［1981-84／89-91］『朝鮮問題資料叢書（全15巻＋補巻）』三一書房
── ［1989］『解放後──在日朝鮮人運動史』三一書房
── ［1995］「解放後時期の在日朝鮮人史研究の現状と私見」『在日朝鮮人史研究』25
──編［2000-01］『在日朝鮮人関係資料集成〈戦後編〉（全10巻）』不二出版
朴三石［2002］『海外コリアン──パワーの源泉に迫る』中公新書
朴鍾鳴他［2008］『日本における多文化共生とは何か──在日の経験から』新曜社
水野直樹［1996-97］「在日朝鮮人・台湾人参政権「停止」条項の成立──在日朝鮮人参政権問題の歴史的検討（1・2）」『世界人権問題研究センター研究紀要』1, 2
── ［2000］「「第三国人」の起源と流布についての考察」『在日朝鮮人史研究』30
宮崎章［1985］「占領初期における米国の在日朝鮮人政策──日本政府の対応とともに」『思想』734
宮本正明［2000］「解放後在日朝鮮人史研究とプランゲ文庫・覚書」（プランゲ文庫展記録集編集委員会編『占領期の言論・出版と文化〈プランゲ文庫〉展・シンポジウムの記録』早稲田大学・立命館大学）
民族名をとりもどす会編［1990］『民族名をとりもどした日本籍朝鮮人──ウリ・イルム』明石書店
民団新宿支部編［2009］『民団新宿60年の歩み──雑草の如く生き抜いた同胞の歴史』彩流社
モーリス‐スズキ，テッサ（田代泰子訳）［2007］『北朝鮮へのエクソダス──「帰国事業」の影をたどる』朝日新聞社
森田芳夫［1996］『数字が語る在日韓国・朝鮮人の歴史』明石書店
山根俊郎［1990］『カラスよ屍を見て啼くな──朝鮮の人民解放歌謡』長征社
「4・24を記録する会」編［1988］『4・24阪神教育闘争──民族教育を守った人びとの記

録』ブレーンセンター
李海燕［2009］『戦後の「満州」と朝鮮人社会——越境・周縁・アイデンティティ』御茶の水書房
＊李鎖［2001］『米国に生きる韓人』ハヌル
＊李光奎［2000］『在外同胞』ソウル大学出版部
＊李光奎他［1996］『世界の韓民族（全10巻）』統一院
ロバート・リケット［2006］「朝鮮戦争前後における在日朝鮮人政策——戦後「単一民族国家」の起点」（大沼久夫編『朝鮮戦争と日本』新幹社）
ロバート・リケットと裁判の会［1988］「指紋押捺制度の背景」『思想の科学』100
リャン，ソニア（中西恭子訳）［2005］『コリアン・ディアスポラ——在日朝鮮人とアイデンティティ』明石書店
Ryang, Sonia and Lie, John, ed. [2009] *Diaspora without Homeland : Being Korean in Japan*, University of California Press

附　　錄

朝鮮史研究の手引き

　朝鮮史研究を行うための工具類について，〈1〉通史・概説・研究入門，〈2〉辞典・事典，〈3〉年表，〈4〉地図，〈5〉目録，〈6〉資料，〈7〉資料所蔵機関，〈8〉学会，の8項目に分けて，簡単な説明を付して紹介する。

1. 大韓民国は韓国，朝鮮民主主義人民共和国は北朝鮮と略した。
2. 朝鮮語の文献・ウェブなどには名称の前に＊を付けた。
3. 冊子で冊数表記のないものは1冊本である。
4. 記載情報には，項目ごとに番号を付けた。
5. 記載された情報は2010年7月1日現在のものである。

〈1〉 通史・概説・研究入門

a）通史・概説

① 旗田巍『朝鮮史』（岩波全書，岩波書店，1950年）
†戦後はじめて書かれた通史であり，古典的な位置を占めている。

② 朝鮮史研究会編『朝鮮の歴史』（三省堂，1974年）
†戦後の朝鮮史研究を総括するかたちで，朝鮮史研究会に所属する研究者たちが時代ごとに分担して作成した通史である。

③ 朝鮮史研究会編『朝鮮の歴史・新版』（三省堂，1995年）
†『朝鮮の歴史』の後継版であるが，著者・記述は一新されている。日本における朝鮮通史のスタンダード的役割を果たしてきた。

④ 武田幸男編『朝鮮史』（山川出版社，2000年）
†新版各国史シリーズの1冊として出版され，戦後日本で著述された通史としてはもっとも詳しい内容をもっている。

⑤ 吉野誠『東アジア史のなかの日本と朝鮮──古代から近代まで』（明石書店，2004年）
†古代から近代までの，日朝関係を主軸にした東アジアの国際関係通史である。

⑥ 田中俊明編『朝鮮の歴史——先史から現代』(昭和堂, 2008年)

†最新の研究成果をとりいれた通史であり, コラムが充実している。

⑦ 吉田光男編『北東アジアの歴史と朝鮮半島』(放送大学教育振興会, 2009年)

†放送大学の教科書である。通史的記述をしており, 基礎知識の修得を目的としている。

⑧ 韓永愚(吉田光男訳)『韓国社会の歴史』(明石書店, 2003年)

†韓国でもっとも多く読まれている通史であり, 日本の類書とは比較にならないほど詳細な内容をもっている。

⑨ 李基白(武田幸男監訳)『韓国史新論』(学生社, 1979年)

†韓国の古代史学界を牽引してきた著者による通史である。原著は数度の改訂が行われ, その時点における最新の研究成果をとりいれている。

⑩ 韓㳓劤(平木實訳)『韓国通史』(学生社, 1976年)

†韓国の近代史学界を牽引してきた著者による通史であり, 近代史部分に叙述の中心がある。

⑪*韓国国史編纂委員会編『韓国史』(〈旧版〉25冊, 探究堂, 1973〜79年。〈新版〉52冊, 1993〜2002年)

†オムニバス形式の概説書である。旧版と新版があり, 内容はまったく異なっている。もっとも浩瀚な内容をもっている。

⑫*姜万吉他編『韓国史』(27冊, ハンギル社, 1994年)

†原始2冊, 古代2冊, 中世5冊, 近代2冊, 植民地期4冊, 現代6冊, 韓国史の理論と方法2冊, 年表2冊, 索引1冊からなる。植民地期以降が詳しい。各冊の冒頭に50頁近く掲載されている図版, 写真は貴重である。

⑬*朝鮮民主主義人民共和国社会科学院歴史研究所編『朝鮮全史』(34冊, 科学百科事典出版社 1979〜82年)

†古代から現代までを詳述した通史である。出版当時の北朝鮮における正統的歴史観を読み取ることができる。

⑭*孫永鍾・朴英海・全暎律・金昌鎬・姜錫熙編『朝鮮通史』(2冊, 社会科学出版社, 1987年)

⑮*孫永鍾・朴英海・金用玗・金昌鎬・姜錫熙・姜根照編『朝鮮通史』(3冊, 外国文出版社, 1992〜96年)

†⑭⑮ともに⑬の後に刊行された北朝鮮における通史である。

⑯ 朝鮮大学校歴史学研究室編『朝鮮史——古代から近代まで』(朝鮮青年社, 1976年)

†北朝鮮の正統的歴史観を反映した日本語の通史である。

文化史概説には次の5つ(⑰〜㉑)がある。いずれも主題別構成をしている。40年以上の時間的間隔があり, 対照すると研究の変化・深化を読み取ることができる。

⑰*高麗大学民族文化研究所編『韓国文化史大系』(7冊, 高麗大学校出版部, 1964〜72年)

⑱＊国史編纂委員会編『韓国文化史』(33冊，斗山東亜，2005年〜刊行中)
⑲＊高麗大学校亜細亜問題研究所編『日帝の文化侵奪史』(民衆書館，1980年)
⑳＊高麗大学校亜細亜問題研究所編『日帝下の文化運動史』(民衆書館，1980年)
㉑＊高麗大学校民族文化研究所編『韓国現代文化史大系』(5冊，高麗大学校民族文化研究所出版部，1975〜1980年)
　†⑲〜㉑は近現代文化史の概説である。
㉒朝鮮史学会編『朝鮮史講座』(15冊，朝鮮史学会，1923〜24年)
　†仏教史などテーマ別構成をしており，戦前に出版されたものだが，参考になるところが多い。

b) 研究入門

　朝鮮史研究会の編纂した2冊があり，分野別の研究動向や研究の手引きを記述している。「入門」といいながら，分野別の学説史整理を中心としており，出版当時における朝鮮史研究の状況をよく伝えている。
① 朝鮮史研究会編『朝鮮史入門』(太平出版社，1966年)
② 朝鮮史研究会編『新朝鮮史入門』(龍溪書舎，1981年)
　また古いものだが，次の2つ(③④)は前近代史・近代史の研究入門として古典的価値をもっており，現在でも参考になるところは少なくない。
③『世界歴史事典』第23巻〈史料編・東洋〉(平凡社，1955年)
　†後に独立して『東洋史料集成』(平凡社，1956年)として刊行された。
④ 梶村秀樹・宮田節子・渡部学編『朝鮮近代史の手引き』(日本朝鮮研究所，1966年)
⑤＊韓国史研究会編『新しい韓国史の道しるべ――第3版韓国史研究入門』(2冊，知識産業社，2008年)
　†『韓国史研究入門』(知識産業社，1981年。第2版：同社，1987年)の第3版として刊行され，韓国における韓国史研究の現状を知るのには最適である。

〈2〉 辞典・事典

a) 日　本
① 伊藤亜人他編『朝鮮を知る事典』(平凡社，2000年新訂増補版)
　†歴史学・人類学・文学など朝鮮に関する総合的な地域辞典であり，基本項目の記述が充実している。
② 樺山紘一他編『歴史学事典』(16冊，弘文堂，1994〜2008年)
　†「交換と消費」など主題別に構成された各巻に朝鮮史関係事項多数が記載されている。
③『国史辞典』(4冊，冨山房，1940〜43年)
　†第二次大戦のため4巻(あ〜し)までで刊行が中止された。日本史辞典であるが，植民地時期で

あったため，朝鮮史関係項目が充実しており，各項目の叙述はかなり長めである。
④ 京都大学東洋史辞典編纂会編『東洋史辞典』（東京創元社，1980 年）
⑤ 西川正雄他編『角川世界史辞典』（角川書店，2001 年）
⑥ 金容権編『朝鮮韓国近現代史事典（1860-2005）』（日本評論社，2006 年）
⑦ 朝鮮総督府中枢院編『朝鮮人名辞書』（朝鮮総督府，1912 年）
†日本語で読むことのできるもっとも浩瀚な人名辞典である。
⑧ 木村誠他編『朝鮮人物事典』（大和書房，1995 年）
†古代から現代までの朝鮮史に関する重要人物の簡単な伝記的辞典である。
⑨ 朝鮮総督府編『朝鮮語辞典』（朝鮮総督府，1920 年）
†朝鮮時代から近代初頭にかけての漢字語彙を多数収録し，日本語で説明をしている。
⑩ 田中健夫・石井正敏編『対外関係史辞典』（吉川弘文館，2009 年）
†日朝関係史に関して多くの記述がある。
⑪ 和田春樹・石坂浩一編『岩波小辞典 現代韓国・朝鮮』（岩波書店，2002 年）
†第二次世界大戦以後の朝鮮現代史に関する基本事項を解説している。

b） 韓　国
①*『韓国民族文化大百科辞典』（28 巻，韓国精神文化研究院，1988〜95 年）
†歴史・文学・文化・民族など，総合的な韓国朝鮮学辞典である。図版も多く，朝鮮史研究にとって必須の辞典である。
②*李弘稙編『国史大事典』（2 冊，知文閣，1963 年）
†韓国ではもっとも普及した歴史辞典である。編者は 1960 年代まで韓国の歴史学界を牽引してきた古代史学者である。知文閣版のあと，百万社（1972 年），大栄出版社（1977 年），一中堂（1979 年），世進出版社（1981 年），韓国出版社（1982 年），三栄出版社（1984 年），学園出版公社（1997 年），民衆書館（1997 年）からも刊行されている。知文閣版，百万社版，三栄出版社版は 2〜4 次，版を改めている。いずれも基本的には同一内容である。
③*柳洪烈監修『韓国史大事典』（韓英出版社，1978 年。教育出版公社，1981 年。高麗出版社，1992 年），同監修『国史大事典』（教育図書，1989 年）
④*『韓国学大百科事典』（3 冊，乙酉文化社，1972 年）
†韓国朝鮮文化全体に関する辞典である。
⑤*韓国人名大事典編纂室編『韓国人名大事典』（新丘文化社，1972 年）
†韓国では代表的な歴史的人物の人名辞典のひとつである。
⑥*韓国精神文化研究院『韓国人物大事典』（2 冊，中央日報出版法人中央 M&B，1999 年）
†韓国ではもっとも新しい歴史的人物の人名辞典である。王室世系図，官職・用語解説などの付録も充実している。

c）北朝鮮
① *『歴史事典』（2 冊，社会科学院出版社，1971 年）
② *『歴史事典』（6 冊，科学百科事典出版社，1999〜2003 年）
　† 北朝鮮の歴史辞典である。①と比較すると，その間の歴史評価の変化がわかる。
③ *『朝鮮大百科事典』（30 冊，百科事典出版社，1995〜2001 年）
　† 北朝鮮で最大の百科辞典である。
④ *『朝鮮大百科事典（簡略版）』（百科事典出版社，2004 年）
　† ③を簡略化して重要項目を 1 冊にまとめたものである。
⑤ *『朝鮮地理全書』（29 冊，教育図書出版社，1987〜90 年）
⑥ *『朝鮮郷土大百科』（20 冊，科学百科事典出版社，2003〜05 年）
　† 北朝鮮の科学百科事典出版社と韓国の平和問題研究所が協力して制作した地理辞典である。

〈3〉 年　表

① *李万烈編『韓国史年表』（歴民社，1985 年）
　† 韓国ではもっともポピュラーな年表である。
② *『韓国民族文化大百科辞典』（前掲）第 26 巻年表
　† 韓国ではもっとも詳細な年表である。
③ *『韓国史』（ハンギル社，前掲）第 25, 26 巻年表
　† 第 25 巻は開港以前（〜1875 年），第 26 巻は開港以後（1876〜1992 年）を収録しており，近現代に詳しい。
④ *『大韓民国史年表』（3 冊，国史編纂委員会，2009 年）
　† 1948 年 8 月の韓国政府樹立から李明博政権樹立までの韓国史年表である。
⑤ 高秉雲・鄭晋和編『朝鮮史年表』（雄山閣，1979 年）
　† 北朝鮮の研究を反映した年表である。
⑥ 朝鮮史編修会編『朝鮮史』（37 冊，朝鮮総督府，1932〜40 年。復刻版，東京大学出版会，1975〜76 年）
　† 古代から高宗 31（1894）年までの歴史を，原史料を要約して編年体でまとめたもので，詳細な政治史年表の役割を果たす。『朝鮮王朝実録』などの典拠史料名を記載している。
⑦ 魚允迪『東史年表』（1915 年。第 2 版，国書刊行会，1971 年）
　† 手帳サイズの簡便な年表である。
⑧ 『対外関係史総合年表』（吉川弘文館，1999 年）
　† 日本史の年表だが，朝鮮との関係が詳しく，日朝関係史研究の必須年表である。
　現行太陽暦（グレゴリオ暦）と太陰太陽暦やイスラーム暦（太陰暦）の年月日を対照するには，以下の 2 つが有用である。
⑨ 内田正男編『日本暦日原典』（雄山閣出版，1975 年）

†コンピュータによって，1880年に内務省地理局が編纂して長く使われてきた『三正綜覧』の誤りを正した。
⑩ 陳垣編『二十史朔閏表』（中華書局，北京，1962年）
　†太陰太陽暦における朔日と閏月がわかる。

〈4〉 地　図

① 韓国教員大学歴史教育科編（吉田光男訳）『韓国歴史地図』（平凡社，2006年）
　†韓国ではじめて出版された本格的な歴史地図である『アトラス韓国史』（サゲジョル出版社，2004年）の日本語訳版である。
② 『朝鮮半島五万分の一地図集成』（学生社，1984年）
　†大正年間に朝鮮総督府臨時土地調査局と陸軍参謀本部陸地測量部が製作した5万分の1地形図の復刻集成版である。
③ 『一万分一朝鮮地形図集成』（98枚，柏書房，1985年）
　†1920～36年に朝鮮総督府が製作した朝鮮半島56都市の大縮尺実測地図の復刻集成版である。
④ *韓国国立地理情報院製作地形図
　†2万5千分の1地形図が基本図として全国を覆っており，5万分の1地形図とあわせて購入可能である。また，5万分の1地形図を集成編集した地図帳が，韓国の複数の出版社から出版されており，随時，更新が行われている。
⑤ 『韓国道路地図』（中央地図文化社）
　†毎年改訂されており，ハングル版と漢文・英文版がある。
⑥ *地理情報院地図サービス
　†同院ホームページ（http://www.ngii.go.kr/index.do）から韓国全土の簡略地図を検索することができる。
⑦ *『北韓5万分の1地形図』（2冊，景仁文化社，1997年）
　†1981年に旧ソ連軍参謀本部が製作したものの影印版である。
⑧ *李泳沢『最新北韓地図』（佑晋地図文化社，1991年）
　†35万分の1の簡略地図である。
　　古地図の主なものとして以下のようなものがある。
⑨ 金正浩『大東輿地図』
　†木版印刷された前近代朝鮮地図の白眉である。1861年に製作されたものが京城帝国大学法文学部（奎章閣叢書，1936年）と韓国史学会（1965年）から影印出版されている。
⑩ ソウル大学校奎章閣所蔵古地図
　†奎章閣韓国学研究院から『朝鮮後期地方地図』，『朝鮮全図』，『東輿図』，『海東地図』，『奎章閣所蔵大縮尺朝鮮分図』，『東国地図』などが影印出版されている。
⑪ 李燦『韓国の古地図』（韓国図書館学研究会，1977年）
　†著者所蔵古地図の影印であるが，多様なものが収録されている。

⑫ 嶺南大学校博物館編『嶺南大学校博物館所蔵韓国の古地図』（2 冊, 嶺南大学校博物館, 1998 年）
†図版編と資料編で構成されている。

〈5〉 目　録

a）論著目録

　先行研究（単行本，雑誌論文など）を調べるための目録には，冊子体のものとウェブのものがある。

【日本】
①「戦後日本における朝鮮史文献目録（データベース版）」
　　（http://www.zinbun.kyoto-u.ac.jp/~mizna/sengo/）
†朝鮮史研究会が作成している，日本で公刊された論著の基本データベースである。Web で公開されており，誰でも利用することができる。単行本と雑誌論文に分けて，第二次世界大戦後に日本で発表された朝鮮史研究論著を検索することができる。頻繁に補訂が行われている。

②『朝鮮史研究会論文集』各号「文献目録」
†前年 1 年間に日本で公刊された朝鮮史の論文・著書の総目録である。網羅的に研究文献を検索することができる。

③『史学雑誌』「文献目録・東洋史」
†年に 3 回掲載され，近刊の論文・著書を調べることができる。

④『東洋史研究』「近刊叢刊」
†速報性にすぐれた文献目録である。

⑤『史学雑誌』「回顧と展望」（各年 5 月号）
†地域別分野別に前年 1 年間の歴史研究の総括を行う。朝鮮史も古代・中近世・近現代の 3 分野に分けて記述され，主要な研究をとりあげて評価している。

⑥ 末松保和編『朝鮮研究文献目録 1686-1945 単行書編』（3 冊＋索引 1 冊，東京大学東洋文化研究所附属東洋学文献センター，1970 年。復刻：1 冊，汲古書院，1980 年）

⑦ 末松保和編『朝鮮研究文献目録 1686-1945 論文・記事編』（3 冊，東京大学東洋文化研究所附属東洋学文献センター，1970 年。復刻：1 冊，汲古書院，1980 年）
†以上 2 種は，明治維新から第二次大戦終了時までの，日本・朝鮮で発表された朝鮮研究文献の目録である。

⑧ 朝鮮史研究会編『戦後日本における朝鮮史研究文献目録 1945-1991』（龍溪書舎，1994 年）
†1991 年までを調べることができる。⑥⑦と合わせると，明治時代から 1991 年までの研究を網羅的に検索することができる。それ以後は，①②で調べることになる。

⑨『日韓歴史共同研究委員会中近世史部会研究報告書』（日韓歴史共同研究委員会，

2005年)

† 日本の中学校歴史教科書記述に関する問題を出発点として日韓両国の歴史学者によって構成された委員会の報告書である。古代史編・中近世編・近現代編3部で構成されており，特に中近世の日韓関係のうち，偽使・壬辰倭乱・通信使の3つの主題に関する最新研究と，明治時代以来の日本・韓国における研究論著の網羅的な目録を掲載している。日韓文化交流基金のホームページ (http://www.jkcf.or.jp/) から PDF ファイルでダウンロードすることができる。

⑩ 『第2期日韓歴史共同研究報告書（第2分科会篇）』（日韓歴史共同研究委員会，2010年)

† 佐伯弘次・須川英徳・桑野栄治編「中世・近世日韓関係史料解題集」を収録している。日韓文化交流基金のホームページからダウンロードできることは，⑨と同じである。

⑪ 「日韓文化交流基金研究文献データベース」
（http://www.jkcf.or.jp/docdb/php/usr/usr_search.php）

† 1945年から2001年までの日本国内で刊行された社会科学分野の論著を検索することができる。

⑫ 大村益夫・布袋敏博編『朝鮮文学関係日本語文献目録（1882.4〜1945.8）』（私家版，1997年)

⑬ 二階宏之編『韓国経済に関する文献目録』（日本貿易振興会アジア経済研究所，2000年)

⑭ 園部裕之編『近代日本人の朝鮮認識に関する研究文献目録』（緑蔭書房，1996年)

⑮ 桜井義之『朝鮮研究文献誌』（龍溪書舎，1979年)

† 主として著者の所蔵本を分類して解説・解題したものだが，浩瀚な収書を反映して，戦前期に日本語で出版された朝鮮研究文献・史料が収録されている。その多くを東京経済大学桜井義之文庫で利用することができる。

【韓国・中国】

⑯ *国史編纂委員会編『韓国史研究彙報』（国史編纂委員会，年4回発行)

† 1975年に創刊され，分野別に分けて論文・著書の目次まで収録している。外国の論著にまで目配りしており，もっとも網羅的な目録である。

⑰ *国史編纂委員会編『韓国史総合論著目録 CD-ROM』（1枚，国史編纂委員会，2003年)

⑱ *国史編纂委員会編『海外韓国史研究文献目録』（国史編纂委員会，1996年)

⑲ *韓国図書館学研究会編『歴史学論著総合索引（1900-1975)』（未来産業社，1976年)

⑳ *韓国史研究会編『韓国史研究論著総目編（1900-1966)』（一潮閣，1967年)

㉑ *韓国史研究会編『光復50周年紀念韓国史研究論著総目録』（景仁文化社，1996年)

† ⑳を増補したものである。

㉒ *歴史学会編『現代韓国歴史学論著目録（1945-1980)』（一潮閣，1983年)

㉓＊高麗大学校民族文化研究所編『韓国論著解題Ⅱ（歴史学編）』（高麗大学校出版部，1973年）
㉔＊韓国国会図書館司書局参考書誌課編『韓国史研究論文総目編（1900-1966年）』（韓国国会図書館，1966年）
㉕＊韓国国会図書館司書局参考書誌課編『韓国史研究論著目録（1900-1966年）附三一運動関係文献目録』（韓国国会図書館，1973年）
㉖＊姜尚雲『韓国関係外国論文記事総目編（1900-1945）』（探究堂，1967年）
　以下は主題別の論著目録である。
㉗＊『国学研究論著総覧』（乙酉文化社，1960年）
㉘＊諸洪圭編『韓国書誌関係文献目録』（景仁文化社，1976年）
㉙＊国史編纂委員会編『韓国独立運動史論著目録』（国史編纂委員会，1984年）
㉚＊韓国国防軍史研究所編『韓国軍事史論著目録』（韓国国防軍史研究所，1993年）
㉛＊韓国美術研究所編『韓国美術史論著目録（1890-1994）』（『美術史論壇』創刊号別冊附録，1995年）
㉜＊金渭顕編『韓中関係論著目録1900～1999』（芸文春秋館，2002年）
㉝＊金相永・黄仁奎編『朝鮮時代仏教研究論著目録』（朝鮮仏教研究叢書，大興寺朝鮮仏教研究院，2005年）
㉞＊宋芳松『韓国音楽学論著解題』（韓国精神文化研究院，1981年）
　以下の3種㉟～㊲は，中国の東北工程に対抗して発足した高句麗研究財団が編纂した研究目録である。同財団は2009年に東北亜歴史財団に統合された。
㉟＊高句麗研究財団編『高句麗史研究論著目録』（高句麗研究財団，2004年）
㊱＊高句麗研究財団編『韓中関係史研究論著目録』（2冊，高句麗研究財団，2004～05年）
㊲＊高句麗研究財団編『北方民族史研究論著目録』（高句麗研究財団，2006年）
　以下の2種は新聞・雑誌の目録である。
㊳＊韓国国会図書館司書局参考書誌課編『韓末韓国雑誌目次総録（1895-1910）』（韓国国会図書館，1967年）
㊴＊韓国国会図書館編『韓国新聞・雑誌総目録（1883-1945）』（韓国国会図書館，1966年）
　以下の2種は，中国で作成された論著目録（中国語）である。
㊵杭州大学図書館・杭州大学韓国研究所編『韓国研究中文文献目録（1912-1993年）』（杭州大学韓国研究叢書，杭州大学出版社，1994年）
㊶杭州大学図書館・杭州大学韓国研究所編『韓国研究日文文献目録』（杭州大学韓国研究叢書，杭州大学出版社，1995年）

b）資料・研究文献所在目録

① 「NACSIS Webcat」（http://webcat.nii.ac.jp/）
†国立情報学センターが運営しており，日本全国の大学図書館の所蔵する図書・雑誌の横断検索をする。大学図書館を網羅的に検索することができる。研究文献の所在を調査するときにもっとも役立つ。

② 「近代朝鮮関係書籍データベース」（http://www.ioc.u-tokyo.ac.jp/~koreandb/）
†東京大学東洋文化研究所が作成した，戦前期に出版された朝鮮関係日本語図書・論文の書誌・所在情報データベースである。更新は 2002 年で停止している。

③ アジア経済研究所図書資料部編『旧植民地関係機関刊行物総合目録』（アジア経済研究所，1964 年）
†朝鮮総督府各部署などの植民地機関が刊行した図書・雑誌の日本における所蔵所目録である。現在ではデジタル・データベース化され，研究所ホームページに置かれた「デジタルアーカイブス・近現代アジアのなかの日本」（http://opac.ide.go.jp/asia_archive/index.html）から利用できる。

④ 「全国新聞総合目録データベース」（http://sinbun.ndl.go.jp/）
†国立国会図書館主題情報部新聞課が作成する新聞所蔵機関のデータベースである。

⑤ 国立国会図書館「アジア情報機関ダイレクトリー」（http://rnavi.ndl.go.jp/asia/entry/directory.php）
†日本国内のアジア関係資料，アジア言語資料を所蔵する国公私立機関のデータベースである。

　以上の他に，下のようなウェブサイトのリンク集がある。

⑥ 「大学図書館リンク集」（http://www.jla.or.jp/link/univ.html）
†日本の大学・短大・高専図書館のリンク集である。部局図書室まで収録している。

⑦ 「図書館リンク集」（http://www.jla.or.jp/link/index.html）
†日本の図書館や図書館関係機関のリンク集である。

⑧ 「公共図書館のリンク集」（http://www.jla.or.jp/link/public.html）
†日本の公私立図書館のホームページへのリンク集である。

⑨ 公共図書館 Web サイトのサービス（http://www.jla.or.jp/link/public2.html）
†都道府県ごとに，自治体図書館や大学図書館の横断検索目録とレファレンスサービスをまとめている。

〈6〉 資　料

影印版や活字版で一般に利用可能な基本史料と資料集を紹介する。

a）古　代

① 『三国史記』（学習院東洋文化研究所，1964 年。民族文化推進会，1973 年。活字版：国書刊行会，1974 年）

② 『三国遺事』（学習院東洋文化研究所，1964 年。民族文化推進会，1973 年。活字版：国書刊行会，1974 年）

b）高麗時代

① 『高麗史』（延世大学校東方学研究所，1961 年。亜細亜文化社，1961 年。活字版：国書刊行会，1908～09 年，復刻版 1977 年）
② 『高麗史節要』（学習院東洋文化研究所，1960 年）
③ 『高麗名賢集』（成均館大学校大東文化研究院，1973 年）
†高麗時代の主要な文集を集成影印したものである。
④*盧明鎬他編『韓国古代中世古文書研究』（2 冊，ソウル大学校出版部，2000 年）
⑤ 金龍善編著『高麗墓誌銘集成〔改訂版〕』（翰林大学校アジア文化研究所，1997 年）

c）朝鮮時代

① 『朝鮮王朝実録』（『李朝実録』）（影印版：学習院東洋文化研究所，56 冊，1953～67 年。韓国国史編纂委員会，探究堂，48 冊＋索引 1 冊，1955～59 年）
†国史編纂委員会が韓国語訳テキストをデジタル・データ化しており，同委員会のホームページ（http://www.history.go.kr/app.main.Main.top）から検索することができる。またソウル大学校奎章閣研究院のホームページ（http://library.snu.ac.kr/index.jsp）で鼎足山本と五台山本の原本写真を閲覧することができる。
② 『高宗純宗実録』（3 冊，探究堂，1968 年）
†『朝鮮王朝実録』の続刊として植民地時代に作成されたものである。学習院版の『李朝実録』には『高宗実録』『純宗実録』も含む。
③ 『承政院日記』（117 冊，探究堂，1961～75 年）
†原本テキストを国史編纂委員会がデジタル・データ化しており，同委員会のホームページ（http://www.history.go.kr/app.main.Main.top）から検索することができる。
④ 『備辺司謄録』（28 冊，探究堂，1959～60 年）
†国史編纂委員会が原本を楷書で書写したものの影印版である。
⑤ 『日省録』（86 冊，ソウル大学校古典刊行会，1967～74 年。ソウル大学校奎章閣，1982 年～96 年）
⑥ 『経国大典』（学習院東洋文化研究所，1971 年。活字版：朝鮮総督府中枢院，1934 年）
†朝鮮王朝の基本法典である。
⑦ 『続大典』（学習院東洋文化研究所，1972 年。活字版：朝鮮総督府中枢院，1935 年）
†『経国大典』の改訂集である。
⑧ 『大典会通』（活字版：朝鮮総督府中枢院，1939 年）
†⑦⑧は後述するソウル大学校奎章閣資料叢書として影印出版されている。
⑨ 『万機要覧』（2 冊，朝鮮総督府中枢院，1937～38 年）
⑩ 『増補文献備考』（3 冊，文章社，1971 年）

⑪『邑誌』(20冊, 亜細亜文化社, 1982〜89年)
†奎章閣が所蔵する19世紀の地方記録である。
　以下は資料集である。
⑫『各司謄録』(101冊, 民族文化社, 1981年〜続刊中)
†韓国国史編纂委員会が地域別・官庁別に記録類を楷書で書写して影印出版している。
⑬『古文書集成』(91冊, 韓国精神文化研究院・韓国学中央研究院, 1983年〜続刊中)
†家門ごとの一括資料集・原本影印と楷書による書写で構成されている。
⑭『古文書』(35冊, ソウル大学校奎章閣韓国学研究院, 1986年〜続刊中)
†奎章閣所蔵古文書を分類別に影印して刊行している。
⑮『奎章閣資料叢書』(116種, ソウル大学校奎章閣韓国学研究院, 1994年〜続刊中)
†「儀軌」、「地理志篇」、「法典篇」、「官署志篇」、「文学篇」、「儒学篇」、「語学篇」、「科学技術篇」などに分かれ、奎章閣所蔵の重要文献を影印したものである。
⑯『錦湖資料叢書』(27種, ソウル大学校奎章閣, 1994〜96年)
†奎章閣所蔵資料の影印本集である。
⑰『韓国歴代文集叢書』(3,000冊, 景仁文化社, 1987〜99年)
†士大夫の多様な文集を影印したシリーズで、収録点数が多い。子孫や家門に伝わり、一般的に知られていなかったものが多い。
⑱『(影印標点)韓国文集叢刊』(350冊, 民族文化推進会, 1990〜2005年)
†著名士大夫の文集に句読点を付して影印している。詳しい解題と索引が刊行されている。
⑲『(影印標点)韓国文集叢刊続』(110冊, 民族文化推進会, 2005年〜続刊中)
†⑱の続刊。第51冊からは韓国古典翻訳院の刊行となる。
⑳『韓国学資料叢書』(31種, 韓国精神文化研究院・韓国学中央研究院, 1994年〜続刊中)
†研究院が調査蒐集した史料を影印したものである。
㉑『韓国史料叢書』(63種, 国史編纂委員会, 1955年〜続刊中)
†国史編纂委員会が調査蒐集した、朝鮮時代から近代初頭までの主要な史料を活字化した史料集である。多くは同委員会のホームページで閲覧できる。
㉒『朝鮮党争関係資料集』(40冊, 驪江出版社, 1983〜89年)
†「党争」に関係する文献、系譜などの集成。
㉓『国朝文科榜目』(4冊, 太学社, 1984年)
㉔『朝鮮時代生進試榜目(司馬榜目)』(28冊, 国学資料院, 2008年)
†㉓は科挙の文科の合格者、㉔は科挙の小科(司馬試)である生員試・進士試の合格者を記録したものであり、人物事典としても活用できる。
㉕『政事冊』(25冊, 保景文化社, 1990年)

† 1735～1894 年に吏曹が管掌した人事の記録である．欠年が多いが，文官の人事がどのようにおこなわれたのかを具体的に把握できて貴重である．

㉖『韓国近世社会経済史料叢書』(42 冊，亜細亜文化社，1978～86 年)
†『推案および鞫案』・各種農書・『三政策』など 23 種の近世史料を影印している．

㉗ 李離和編『捕盗庁謄録』(3 冊，保景文化社，1985 年)
† 首都漢城の警察機能を担った左辺・右辺捕盗庁の文書であり，19 世紀における取調記録を収めていて，当時の社会の様相をうかがうのに貴重である．

㉘『朝鮮時代社会史研究史料叢書』(3 冊，保景文化社，1986 年)
†「郷約」「郷案」などの地方史料を多数影印している．

㉙『韓国地方史資料叢書』(30 冊，驪江出版社，1987～90 年)
† 各種「民訴」や「日記」などの近世史料の影印集である．

㉚ 李泰鎮・李相泰編『朝鮮時代私撰邑誌』(55 冊，韓国人文科学院，1989～98 年)
† 朝鮮時代に編纂された私撰の邑誌を影印・集成したもの．

㉛ 朴基中編『燕行録全集』(100 冊，東国大学校出版部，2001 年)
† 朝鮮の対中国使節である燕行使の記録 380 余種を影印によって集大成したもの．

㉜ 朝鮮総督府編『朝鮮寺刹史料』(朝鮮総督府，1911 年)
† 各地の仏教寺院伝来史料の集成である．

㉝ 韓国文献学研究所編『韓国寺誌叢書』(14 冊，亜細亜文化社，1977～89 年)
† 松広寺，通度寺，梵魚寺などの寺誌を収めている．

d) 金石文など
① 朝鮮総督府編『朝鮮金石総覧』(3 冊，朝鮮総督府，1919 年)
② 黄寿永『韓国金石遺文』(一志社，1976 年)
③ 李蘭暎『韓国金石遺文追補』(亜細亜文化社，1968 年)
④ 許興植編『韓国金石全文』(3 冊，亜細亜文化社，1984 年)
⑤ 国史編纂委員会編『韓国古代金石文資料集』(3 冊，国史編纂委員会，1995～96 年)
⑥ 国史編纂委員会編『韓国古代金石文資料集』(7 冊，国史編纂委員会，2006 年)
⑦ 朝鮮総督府編『朝鮮古蹟図譜』(15 冊，朝鮮総督府，1915～35 年)
† 朝鮮総督府による古蹟調査事業の報告書であり，調査当時の写真や図面を集成している．

e) 近代 (開港期・大韓帝国期)
① 高麗大学校亜細亜問題研究所旧韓国外交文書編纂委員会編『旧韓国外交文書』(22 冊，高麗大学校出版部，1965～73 年)
② 高麗大学校亜細亜問題研究所韓国近代史料編纂室編『旧韓国外交関係附属文書』(8 冊，高麗大学校出版部，1972～74 年)

†①は，1870年代から1905年までに朝鮮政府が発信・受信した外交文書を相手国別に分類したもの。②は統理交渉通商事務衙門など外交官庁の執務日誌類などを収める。

③『日本外交文書』（外務省編，77冊，日本国際協会のち日本国際連合協会，1936～63年）

†明治年間（1868～1912年）の分は，各年1～3冊に追補・別冊（日露戦争編など）を加えて構成される。朝鮮関係の項は，日本の対朝鮮外交に関する基本史料である。第9巻（1876年）までの13冊は戦前に刊行され，原題は『大日本外交文書』であり，日本国際協会より刊行された。

④金正明編『日韓外交資料集成』（11冊，明治百年叢書，原書房，1962～67年）

⑤市川正明編『日韓外交史料』（10冊，明治百年叢書，原書房，1979～81年）

†「開国」から植民地化に至るまでの日韓外交史料集である。④のうち7冊は⑤で複製されている。注意して両方を利用する必要がある。

⑥『駐韓日本公使館記録』（40冊，国史編纂委員会，1988～94年）

†1894年から1910年まで駐韓日本公使館，統監府が発信・受信した記録を収める。ほとんどが原本の写真版である。

⑦『清季中日韓関係史料』（11冊，台北・中央研究院近代史研究所編，1972年）

†1870年代以降の清側の対日本・朝鮮外交に関わる文書を収める。

⑧『通商彙纂』（185冊，不二出版，1988～91年）

†世界各地の領事から寄せられた通商情報を日本の外務省通商局がまとめた定期刊行物である。時期によって名称が異なるが，復刻にあたりまとめて『通商彙纂』とした。開港期の朝鮮についても多くの記事が掲載されている。角山栄・高嶋雅明監修『領事報告資料収録目録』（雄松堂フィルム出版，1983年）で目次検索ができる。

⑨韓国学文献研究所編『朝鮮海関年報（1885-1893）』（亜細亜文化社，1989年）

†1885年から1893年まで『中国海関年報』（*Returns of Trade and Trade Reports*）の附録という形で公刊された朝鮮海関記録を復刻したものである。

⑩許東賢編『朝士視察団関係資料集』（14冊，国学資料院，1999～2000年）

†1881年の紳士遊覧団の関係資料集である。

⑪『東学農民戦争史料叢書』（30冊，史芸研究所，1994～96年）

†最初の5冊は，『東学農民戦争史料大系』の名で驪江出版社から刊行されている。

⑫韓国学文献研究所編『韓国近代思想叢書』（23種71冊，亜細亜文化社，1978～2001年）

†開化期を中心として活躍した，朴定陽・金玉均など22人と東学関係の述記録である。

⑬*『兪吉濬全書』（5冊，一潮閣，1971年）

†開化派屈指の理論家である兪吉濬の著作集である。

⑭*韓国学文献研究所編『韓国開化期教科書叢書』（20冊，亜細亜文化社，1977年）

†開化期に出版された国史・国語・修身倫理の教科書を影印した資料集である。

⑮*韓国学文献研究所編『韓国開化期学術誌』（18冊，亜細亜文化社，1976～89

年）
†『大韓自強会月報』など，愛国啓蒙団体の機関誌を収める。
⑯*『皇城新聞』（21冊，韓国文化刊行会，1984年）
†朴殷植などが参画した漢字ハングル混じりの国漢文新聞で，1898年9月から1910年9月まで刊行された。本影印版には『漢城新聞』も合綴されている。
⑰*『独立新聞』（6冊，韓国文化開発社，1976年）
†独立協会の機関紙的性格の新聞であり，1896年から1899年まで発行された。
⑱*『大韓毎日申報』（6冊，韓国新聞研究所，1976〜77年）
†愛国啓蒙運動の一翼を担い，1904年から1910年まで発行された。
⑲*『旧韓国官報』（22冊，亜細亜文化社，1973〜74年）
†1894年7月から1910年8月まで発行された大韓帝国の官報を復刻したものである。
⑳『統監府公報』（2冊，亜細亜文化社，1974年）
†韓国統監府の公報を復刻したものである。
㉑統監官房文書課編『統監府統計年報』（3冊，龍溪書舎，1996年）
㉒『統監府文書』（11冊，国史編纂委員会，1998〜2000年）
†国史編纂委員会が所蔵する統監府文書（⑥のうちの統監府の文書）を活字化したものである。
㉓海野福寿編『外交史料韓国併合』（2冊，不二出版，2003年）
†韓国併合に関する日本政府側の史料集である。
㉔*国史編纂委員会編『韓国近代史史料集成』（18冊，国史編纂委員会，2001年〜続刊中）
†日本の外交史料館所蔵史料，フランス外務省文書（1854〜1906年）などを韓国語訳したものである。
㉕韓国学文献研究所編『司法稟報』（20冊，亜細亜文化社，1988年）
†1894〜1910年に各道の観察使・裁判所判事から法務衙門・法部に送られた報告の集成であり，当時の社会の様相を探るのに役立つ。
㉖*宋炳基他編『韓国近代法令集』（9冊，韓国国会図書館，1970〜72年）
㉗*朴志泰編『大韓帝国政策史資料集』（8冊，先人文化社，1994年）
†以上の2点は，1894〜1910年に出された法令類を頒布年月日に整理・集成したものである。
㉘*宋炳基編『統監府法令資料集』（3冊，韓国国会図書館，1972〜73年）
†統監府の法令を，㉖と同じ方法により整理・集成したものである。
㉙韓国学文献研究所編『旧韓末日帝侵略史料叢書』（45冊，亜細亜文化社，1984〜88年）
†1904〜10年の日本による朝鮮植民地化過程において重要な位置を占める貨幣整理・財政整理・徴税制度改革などに関する文献を収める。
㉚*梨花女子大学校韓国女性研究所編『韓国女性関係資料集』（11冊，梨花女子大学校出版部，1977〜1993年）

†近代の項に掲げたが，古代・中世・近世・近代・宗教の各編と『韓末女性誌』から構成されている。関係史料を収集し，現代語訳したものである。

㉛*韓国学文献研究所編『韓国開化期文学叢書』(20冊，亜細亜文化社，1978〜79年)

　†開化期の新小説などを収録しており，近代文学・近代文化の形成を考察する上で不可欠の資料である。

㉜*金敏洙・河東鎬・高永根編『歴代韓国文法体系』(101冊，塔出版社，第2版，2008年)

　†開化期以降の朝鮮語関係図書の集成であり，近代文化史研究上の重要史料でもある。

㉝近代韓国外交文書編纂委員会編『近代韓国外交文書』(2冊，東北亜歴史財団，2009年〜続刊中)

　†1864〜1910年に朝鮮・大韓帝国が遂行した外交政策および列強の朝鮮半島に対する政策に関連した重要外交文書を収録したもの。

㉞我部政男・広瀬順晧編『公文別録』(マイクロフィルム18リール＋別巻総目録1冊，ゆまに書房，2001年)

　†2000年に公開された日本政府文書をマイクロフィルム化したもので，「朝鮮事件」「朝鮮尋交始末」「朝鮮江華島砲撃始末」「朝鮮事変始末」「韓国併合に関する書類」などを含む。

㉟川島淳編『秘書類纂 朝鮮交渉』(16冊，ゆまに書房，2007年)

　†伊藤博文文書の一部で，旧版を補正している。

㊱『花房義質文書』(マイクロフィルム23リール，北泉社，1996〜97年)

　†日本の初代朝鮮駐箚公使であった花房義質の文書をマイクロフィルム化したもの。

㊲『韓国併合研究資料』(84冊，龍溪書舎，1995年〜続刊中)

　†保護国期・植民地期における日本の対朝鮮政策に関する文書・著書などを集成したもの。

㊳松田利彦解説『韓国「併合」期警察資料――松井茂博士記念文庫所蔵』(8冊，ゆまに書房，2005年)

　†1907〜1910年に韓国政府警務局長であった松井茂の記念文庫に所蔵されていた韓国「併合」期の警察関係資料を復刻したもの。

f) 近代（植民地期）

① 『朝鮮総督府官報』(142冊＋索引5冊，亜細亜文化社，1985年)
② 『朝鮮総督府施政年報』(30冊，クレス出版，1991〜92年)

　†1910年版から1941年版までを復刻したものである。

③ 『朝鮮総督府統計要覧』(10冊，クレス出版，2005年)

　†『朝鮮総督府統計要覧』(1935年からは『朝鮮統計要覧』)を復刻したものである。1914年版から1924年版までを欠く。

④ 『京城日報』(206冊，韓国教会史文献研究院，2005〜08年)

　†韓国統監府・朝鮮総督府の機関紙的役割をもった日本語新聞で，1907年から1945年まで発行さ

れた。

⑤*『毎日申報』『毎日新報』(85冊, 景仁文化社, 1984〜86年)
†京城日報社系列の毎日申報社が発行した朝鮮語新聞で, 朝鮮総督府の代弁紙である。1910年8月に創刊され, 1938年4月に『毎日新報』と改題され, 1945年8月まで続いた。

⑥*『東亜日報』(マイクロフィルム51リール, 東亜日報社, 1982年)

⑦*『朝鮮日報』(マイクロフィルム90リール, 朝鮮日報社, 1983年)
†⑥⑦ともに, 1920年から1940年まで発行された朝鮮人経営の朝鮮語新聞であり, 朝鮮人の社会および社会・文化運動を知るには不可欠の資料である。

⑧金正明編『朝鮮独立運動』(6冊, 明治百年叢書, 原書房, 1967年)
†朝鮮総督府・朝鮮軍・警察・裁判所などの原資料を活字化したものである。

⑨朴慶植編『朝鮮問題研究資料叢書』(17冊, アジア問題研究所〔発売三一書房〕, 1981〜90年)
†植民地時期から解放直後までの史料集である。

⑩姜徳相編『現代史資料』朝鮮史編 (6冊, みすず書房, 1963〜76年)
†三一運動や関東大震災朝鮮人虐殺事件などに関する史料集である。

⑪『植民地社会事業関係資料集・朝鮮編』(55冊+解説1冊, 近現代史資料刊行会, 1999〜2000年)
†朝鮮総督府をはじめ, 日本側支配者の発行した社会事業関係資料の集成である。

⑫*国史編纂委員会編『韓民族独立運動史資料集』(70冊, 国史編纂委員会, 1986〜2007年)
†独立運動家の裁判記録や尋問調書を韓国語訳したものである。

⑬*国史編纂委員会編『韓国独立運動史』(5冊, 国史編纂委員会, 1965〜69年)
†1904年から1945年までの独立運動に関する資料集である。

⑭*国史編纂委員会編『大韓民国臨時政府資料集』(39冊, 国史編纂委員会, 2005年〜続刊中)

⑮*国史編纂委員会編『韓国独立運動史資料』(43冊, 国史編纂委員会, 1968年〜続刊中)
†大韓民国臨時政府・義兵・中国東北地域の独立運動に関する資料集である。

⑯*国史編纂委員会編『日帝侵略下韓国三十六年史』(13冊, 国史編纂委員会, 1966〜78年)
†編年体でまとめた植民地時代の資料集である。

⑰*『美州地域韓国民族運動史資料集』(5冊, 国学資料院, 2004年)
†アメリカで活動した共立協会と大韓人国民会議中央総会の記録である。

⑱宮田節子監修『未公開資料朝鮮総督府関係者録音記録』(『東洋文化研究〈学習院大学東洋文化研究所〉』, 2000年〜続刊中)
†朝鮮近代史料研究会によって1958年から1960年代にかけて行われた聴き取り記録を活字化し,

詳細な註を付けたものである。朝鮮支配を遂行した人々の生の声を聞くことができる。

⑲ 韓国地理風俗誌叢書（景仁文化社，1989～2005年）
†『朝鮮誌』など植民地化前夜から1945年までに，朝鮮において日本語で発行された数百種にのぼる単行書の復刻版である。

⑳『朝鮮総督府帝国議会説明資料』（17冊，不二出版，1994～98年）

㉑ 水野直樹編『朝鮮総督府諭告・訓示集成』（7冊，緑蔭書房，2001年）

㉒ 韓国教会史文献研究院編『朝鮮総督府及所属官署職員録』（34冊，ゆまに書房，2009年）
†⑳㉑は朝鮮総督府の統治政策の大要を知るための，㉒は総督府官僚の陣容を知るための基本史料である。いずれも復刻本である。

㉓『朝鮮総督府調査月報』（28冊，高麗書林，1985年）
†1930年から1944年まで発行され，経済・社会に関する調査報告を収める。

㉔ 辛珠柏編『日帝下支配政策資料集』（17冊，高麗書林，1993年）
†道会会議録，道知事会議や内務部長会議などの関係史料を含む。

㉕ 橋谷弘解説，財団法人友邦協会編『朝鮮近代史研究——友邦シリーズ』（9冊，クレス出版，2000～01年）
†朝鮮近代史料研究会による朝鮮総督府関係者からの聴き取り記録のうち，1966～83年に活字化して発行された友邦シリーズを復刻したもの。⑱に連続するものである。

㉖ 松田利彦解説『朝鮮憲兵隊歴史』（6冊，不二出版，2000年）
†日本陸軍が編纂した朝鮮駐箚憲兵隊の通史と関連資料を収録している。

㉗ 渡部学・阿部洋編『日本植民地教育政策史料集成　朝鮮篇』（75冊，龍溪書舎，1987～1990年）
†教育要覧，学事例規，教育施策，教科書編纂資料，学校要覧，教育関係図書などを集成した植民地教育政策史の基本史料である。

㉘『朝鮮総督府編纂教科書』（65冊，あゆみ出版，1985年）
†『旧植民地・占領地域教科書集成』の一部。1920年代の普通学校教科書，教師用教授書などを集成したもの。

㉙ 海老原治善・小沢有作監修，金泰勲他編『文教の朝鮮』（88冊，エムティ出版，1996～97年）
†1925～1945年に朝鮮教育会が発行した雑誌を復刻したもので，教育が実際にどのようにおこなわれていたかを知るために貴重な資料である。

㉚ 板垣竜太監修『自力更生彙報』（6冊，ゆまに書房，2006年）
†1930年代の農村振興運動の機関誌として朝鮮総督府が発行した雑誌を復刻したもの。

㉛『外務省警察史』（54冊，不二出版，1996～2001年）
†日本の外務省警察に関する史料である。外務省警察とは日本が戦前に朝鮮・中国などの領事館に付属して，居留民保護・権益擁護のために置いた警察機関の総称である。本資料の最初の3冊は「元韓国ノ部」で，保護条約によって統監府・理事庁警察に転換するまでの領事館警察の活動を

扱う。冊数の多い「満洲ノ部」「間島ノ部」「支那ノ部」には朝鮮人民族運動・独立運動に関する報告が含まれている。

㉜『日帝の韓国侵略史料集』（91冊，高麗書林，1989～90年）
†㉛と同じく，日本の外務省警察による調査報告を収めたもの。

㉝ 市川正明編『三・一独立運動』（4冊，明治百年叢書，原書房，1983～84年）
†三・一独立運動関係者の訊問調書を収める。

㉞『韓国独立運動史資料叢書』（23冊，独立紀念館韓国独立運動史研究所，1989～2007年）
†独立運動家関係の資料，独立運動関係の新聞・雑誌などを収めている。

㉟『韓国関係新聞資料叢書』（6冊，国学資料院，1998年）
†植民地期に朝鮮の地方で発行されていた日本語新聞に掲載された労働問題・小作問題，労働争議・小作争議関係の記事を集成したもの。

㊱ 辛珠柏編『戦時体制下朝鮮総督府外郭団体資料集』（30冊，高麗書林，1997年）
†総動員運動を担った国民精神総動員朝鮮連盟，国民総力朝鮮連盟などの関係資料を集成したもの。

㊲ 宮田節子解題『総動員』（5冊，緑蔭書房，1995年）
†国民精神総動員朝鮮連盟の機関誌を復刻したもの。

㊳ 橋谷弘監修『朝鮮行政』（27冊，ゆまに書房，1998年）
†1937～44年に帝国地方行政学会朝鮮本部などより発行された月刊誌を復刻したもの。当時の朝鮮総督府の行政を知る上で役立つ。

㊴ 庵逧由香監修『朝鮮労務』（4冊，緑蔭書房，2000年）
†朝鮮人の労働動員のために朝鮮総督府の外郭団体として1941年に設立された朝鮮労務協会の機関誌を復刻したもの。

㊵ 広瀬順晧監修『戦中期植民地行政史料──教育・文化・宗教篇』（マイクロフィルム26リール＋別巻総目録1冊，ゆまに書房，2003年）
†日本の外務省茗荷谷研修所旧蔵記録（拓務省などの所蔵文書が母体）のうち，教育・文化・宗教関係をマイクロフィルム化したもの。1933～45年の植民地政策に関する史料で，朝鮮篇だけでなく，一般篇・文化篇にも朝鮮関係の記録が含まれている。

㊶ 広瀬順晧監修，橋谷弘編『戦中期植民地行政史料──経済篇』（マイクロフィルム133リール＋別巻総目録4冊，ゆまに書房，2005～09年）
†㊴と同じく日本外務省茗荷谷研修所旧蔵記録の一部をマイクロフィルム化したもの。経済篇は，戦時期の東洋拓殖株式会社関係資料などを収める。

㊷ 戦後補償問題研究会編『戦後補償問題資料集』（11冊，戦後補償問題研究会，1990～94年）
†朝鮮人の戦時労働動員，志願兵制や兵力動員，傷痍軍属補償裁判関係資料などを収める。

㊸ 林えいだい編『戦時外国人強制連行関係資料集』（4冊，明石書店，1990～91年）

㊹ 長澤秀編『戦時下朝鮮人中国人連合軍俘虜強制連行資料集』（2 冊，緑蔭書房，1992 年）
㊺ 長澤秀編『戦時下強制連行極秘資料集』（4 冊，緑蔭書房，1996 年）
㊻ 樋口雄一編『戦時下朝鮮人労務動員基礎資料集』（4 冊，明石書店，2000 年）
† 以上の 4 点は，戦時期における日本の炭鉱・鉱山などへの朝鮮人強制労働動員に関する資料集の主だったものである。この他にも連行された地域別の資料集などが多数ある。
㊼ 吉見義明『従軍慰安婦資料集』（大月書店，1992 年）
㊽ 韓国挺身隊問題対策協議会・挺身隊研究会編（従軍慰安婦問題ウリヨソンネットワーク訳）『証言——強制連行された朝鮮人軍慰安婦たち』（明石書店，1993 年）（原著は，『強制連行された朝鮮人軍慰安婦たち』図書出版ハヌル，1993 年）
㊾ 女性のためのアジア平和国民基金編『政府調査「従軍慰安婦」関係資料集成』（5 冊，龍溪書舎，1997 年）
㊿ 鈴木裕子・山下英愛・外村大編『日本軍「慰安婦」関係資料集成』（2 冊，明石書店，2006 年）
㉑ アクティブ・ミュージアム「女たちの戦争と平和資料館」編『証言 未来への記録——アジア「慰安婦」証言集 南・北・在日コリア編』（2 冊，明石書店，2006〜10 年）
† 以上の 5 点は，日本軍「慰安婦」に関する資料集で，㊽㉑には「慰安婦」とされた朝鮮人女性の証言が収録されている。
㉒ 朴慶植編『在日朝鮮人関係資料集成』（5 冊，三一書房，1975〜76 年）
† 戦前期の在日朝鮮人関係資料を集成したもの。
㉓ 樋口雄一『協和会関係資料集』（5 冊，緑蔭書房，1995 年）
† 戦時期の在日朝鮮人統制団体である協和会に関する資料集である。
㉔ 田崎公司・坂本昇・田中正敬・逢坂英明・平方千恵子・大竹米子編『関東大震災政府陸海軍関係史料』（3 冊，日本経済評論社，1997 年）
㉕ 山田昭次編『朝鮮人虐殺関連新聞報道史料』（5 冊，緑蔭書房，2003 年）
† ㉔㉕の 2 点は，関東大震災時（1923 年 9 月）の朝鮮人虐殺に関する資料集である。

g）現　代

解放後に関しては，近年，多くの資料集や新聞復刻版が刊行されている。主な資料集としては次のようなものがある。
① *国史編纂委員会編『資料大韓民国史』（29 冊，国史編纂委員会，1968 年〜続刊中）
† 1945 年 8 月以降の資料を日付順で整理した資料集である。
② 鄭容郁編『解放直後政治・社会史資料』（12 冊，図書出版タラクバン，1994 年）
† 米軍政府など英文タイプの原資料を影印したものである。

③『美軍政情報報告書』(15冊, 日月書閣, 1986年)
④ 国史編纂委員会編『大韓民国史資料集』・『韓国現代史資料集成』(64冊, 国史編纂委員会, 1968年~続刊中)
†米軍政関係資料, 日韓会談関係米国務省文書などを収める。第43巻(1999年)から『韓国現代史資料集成』と改題した。
⑤ 国史編纂委員会編『南北韓関係史料集』(25冊, 国史編纂委員会, 1994~96年)
†朝鮮戦争時の休戦会談会議録「南北朝鮮の内政に関する国務省文書」など米側資料を影印した資料集である。
⑥ 朴慶植編『在日朝鮮人関係資料集(戦後編)』(10冊, 不二出版, 2000~01年)
†朴慶植氏が収集した解放直後の在日朝鮮人関係資料集である。パンフレット類など, ほとんどが他では見られない貴重な原史料である。
⑦*国史編纂委員会編『北韓関係資料集』(34冊, 国史編纂委員会, 1973年)
†朝鮮戦争当時, 北朝鮮に進駐した米軍が各地で押収した文書と, 北朝鮮軍の占領地域における朝鮮労働党関係資料を編年体に整理したもの。
⑧*萩原遼編『北朝鮮の極秘文書』(3冊, 夏の書房, 1996年)
†朝鮮戦争当時, 米軍が押収した北朝鮮の記録を編者が米国国立公文書館等で蒐集して作成した史料集である。
⑨*国史編纂委員会編『北韓関係史料集』(65冊, 国史編纂委員会, 1982年~続刊中)
†北朝鮮で作成された文書・図書を集成したものである。
⑩*金南植・李庭植・韓洪九編『韓国現代史叢書』(15冊, トルベゲ, 1986年)
†解放直後の南朝鮮において発行された新聞・雑誌・単行本を集成して, 復刻したもの。
⑪*韓国開発研究院『韓国経済半世紀 政策資料集』(韓国開発研究院, 1995年)
⑫*韓国銀行『韓国銀行50年史』(韓国銀行, 2000年)
⑬*韓国財政40年史編纂委員会編『韓国財政40年史』(3冊, 韓国開発研究院, 1990年)
†予算資料, 財政関連法令および主要政策資料を収めている。
⑭*韓国産業銀行『韓国産業銀行五十年史』(韓国産業銀行, 2004年)
⑮*韓国農村経済研究院編纂『韓国農業・農村100年史』(2冊, 農林部, 2003年)
⑯*韓国貿易協会『韓国貿易史』(韓国貿易協会, 2006年)
⑰*韓国輸出入銀行『韓国輸出入銀行30年史』(韓国輸出入銀行, 2006年)
⑱*経済企画院『経済企画院30年史』(2冊, 経済企画院, 1994年)
⑲*全国経済人連合会編『韓国経済政策40年史』(全国経済人連合会, 1986年)
⑳*全国経済人連合会編『韓国の自動車産業 韓国産業史1』(全国経済人連合会, 1996年)
㉑*全国経済人連合会編『韓国の造船産業 韓国産業史2』(全国経済人連合会, 1997年)

㉒*全国経済人連合会40年史編纂委員会『全経連四十年史』(3冊,同委員会,2001年)
㉓*株式会社LG『LG60年史』(LG,2007年)
㉔*株式会社ポスコ(POSCO)『ポスコ35年史』(ポスコ,2004年)
㉕*現代グループ文化室『現代五十年史』(2冊,現代グループ文化室,1997年)

h) 目録・解説・解題

　総合的な目録・解説・解題をあげる。主要図書館・研究機関のものは下の〈7〉資料所蔵機関に記述してある。
① 前間恭作編『古鮮冊譜』(3冊,東洋文庫,1944～57年)
† 筆者が実見したものおよび諸目録に記載されている前近代史料をまとめた浩瀚な目録である。諸処に筆者の識見が記述されている。
② 藤本幸夫『日本現存朝鮮本研究』(京都大学学術出版会,2006年～続刊中,4冊予定)
† 日本に現存する朝鮮本の研究書であるが,資料解題では異版まで網羅的に調査して所蔵所を記載しており,書誌学・歴史学的に資料を調査するときに有効である。「日本現存朝鮮古書データベース検索システム」(http://stl30.itc.u-toyama.ac.jp/dokb/)でデータが公開されており,研究者の共通資産となっている。
③*韓国国会図書館司書局参考書誌課編『韓国古書総合目録』(大韓民国国会図書館,1968年)
† 蔵書目録などによって,韓国・日本・米国などの機関・個人が所有する史料の総合目録である。刊本と写本に分け,各史料にすべての所蔵所が記載されており,前近代文献史料の横断的検索を行うことができる目録である。
④「韓国古典籍総合目録システム(略称KORCIS)」(http://www.nl.go.kr/korcis/)
† 2004年から構築が開始された古典籍の統合検索システムである。韓国内外の多くの機関が加入しており,機関別の所蔵図書を検索することができる。多国語対応をしており,日本語やユニコードによる検索ができる。
⑤*文化財管理局編『韓国典籍総合調査目録』(9冊,文化財管理局,1986～96年)
† 韓国の地域別・所蔵者別典籍所蔵目録である。
⑥*ソウル大学校附属図書館編『韓国古地図解題』(ソウル大学校附属図書館,1971年)
⑦ 崔書勉編『韓国・北朝鮮地図解題事典』(国書刊行会,1984年)
⑧*嶺南大学校民族文化研究所編『韓国文集解題(嶺南地方編)』(景仁文化社,1983年)
⑨*金渭顕編『韓国地方史料目録』(芸文春秋館,1988年)
⑩*尹忠男・金成煥編『ハーバード燕京図書館韓国貴重本解題』(5冊,景仁文化社,2005年)

⑪ 東洋文庫東北アジア研究班（朝鮮）編『日本所在朝鮮近世戸籍関係資料解題』（東洋文庫，2004年）
⑫ 東洋文庫東北アジア研究班（朝鮮）編『日本所在朝鮮近世記録類解題』（東洋文庫，2009年）
⑬＊国史編纂委員会編『日帝強占期社会・思想運動資料解題』（2冊，国史編纂委員会，2007年～続刊中）
⑭ 朝鮮総督府警務局編『朝鮮総督府禁止単行本目録』（1941年）
⑮＊国史編纂委員会編『韓末韓国雑誌総合目録』（国史編纂委員会，2006年）
⑯＊韓日民族問題学会強制連行問題研究分科編『強制連行強制労働研究の道案内』（図書出版先人，2006年）
⑰ 東洋文庫朝鮮研究委員会編『経国三典語彙集覧』（東洋文庫，1977年）
⑱ 松原孝俊『韓国書誌に関する日本語情報目録』（九州大学大学院言語文化研究院，2003年）

〈7〉 資料・情報所蔵機関

　朝鮮史関係の蔵書・情報が多い機関を紹介する。各機関はおおむね都道府県別に北から南の順序に並べた。それぞれ利用条件が異なるので，事前に確認をされたい。蔵書は多くが当該施設ホームページで検索することができる。目録で発行所記載のないものは当該機関が発行したものである。

a）日　本
① 北海道大学
　住所：〒060-0808　札幌市北区北8条西5丁目　℡ 011-706-3956（附属図書館本館総合カウンター）
　URL：http://www.lib.hokudai.ac.jp/　（附属図書館）
†附属図書館を中心として，いくつかの部局に植民地時代の朝鮮関係資料が所蔵されている。
　目録：『北海道大学所蔵旧外地関係資料目録──朝鮮・台湾・満洲（東北）（明治－昭和20年）』（北海道大学附属図書館，1975年）
② アジア経済研究所図書館
　住所：〒261-8545　千葉市美浜区若葉3-2-2　℡ 043-299-9500
　URL：http://www.ide.go.jp/Japanese/Library/index.html
†現代の政治・経済関係の蔵書が多く，統計，年鑑，新聞などを幅広く収集している。本研究所は独立行政法人日本貿易振興機構（ジェトロ）の付置研究機関であり，朝鮮半島の現代政治・経済に関する多くの調査報告書も刊行している。
③ 神田外語大学附属図書館

住所：〒261-0014　千葉県千葉市美浜区若葉1-4-1　Tel 043-273-1192
　　URL：http://www.kuis.ac.jp/toshokan/
†韓国・朝鮮関係の歴史学・言語学・文学の蔵書が多い。

④ 外務省外交史料館
　　住所：〒106-0041　東京都港区麻布台1-5-3　Tel 03-3585-4511
　　URL：http://www.mofa.go.jp/MOFAJ/annai/honsho/shiryo/
†外務省の史料館であり，幕末以来の，条約書，国書，親書，在外公館との往復電報・公信類等の外務省記録原本を保管・公開している。一部の資料は，アジア歴史資料センターのウェブで公開している。

⑤ 学習院大学東洋文化研究所
　　住所：〒171-8588　東京都豊島区目白1-5-1　Tel 03-5992-1015
　　URL：http://www.gakushuin.ac.jp/univ/rioc/
†末松保和氏が開設に尽力され，朝鮮史関係の蔵書が多い。本研究所にはこれと別に，友邦協会と中央日韓協会が収集した資料を友邦文庫として保管している。
　　目録：『学習院東洋文化研究所朝鮮史関係所蔵図書目録』（1975年）
　　　　　近藤釼一編『中央日韓協会・財団法人友邦協会朝鮮関係文献資料総目録』
　　　　　（朝鮮史料研究会，1961年）
　　　　　『友邦文庫目録』（学習院大学東洋文化研究所，2011年）

⑥ 宮内庁書陵部
　　住所：〒100-8111　東京都千代田区千代田1-1　Tel 03-3213-1111
　　URL：http://www.kunaicho.go.jp/kunaicho/shinsei/etsuran-shoryobu.html
†日本皇室が所蔵してきた資料を公開しており，貴重な朝鮮資料も所蔵している。
　　目録：韓国海外典籍調査研究会編『海外典籍文化財調査目録──日本宮内庁書陵部韓国本目録』（1996年）

⑦ 慶應義塾図書館
　　住所：〒108-8345　東京都港区三田2-15-45　Tel 03-5427-1654
　　URL：http://www.mita.lib.keio.ac.jp/
†中近世日朝交流を担った対馬宗家の史料の一部を所蔵している。
　　目録：長崎県史編集室『国会図書館所蔵宗家文書目録：慶應大学図書館宗家記録雑集目録』（謄写版，出版年不明）

⑧ 国立アジア歴史資料センター
　　住所：〒102-0093　東京都千代田区平河町2-1-2　住友半蔵門ビル別館4階
　　　　　Tel 03-3556-8801
　　URL：http://www.jacar.go.jp/
†図書館ではなく，国立公文書館が設置しているデジタル・アーカイブスである。国立公文書館，外務省外交史料館，防衛省防衛研究所図書館の所蔵するアジア歴史資料のうちデジタル化されたものを公開しており，ウェブで検索することができる。また本センター閲覧室でも資料の検索利

用ができる。

⑨ 国立公文書館

住所：〒102-0091　東京都千代田区北の丸公園3-2　℡ 03-3214-0621（代表）

URL：http://www.archives.go.jp/

† 日本政府の公文書を保管・公開している。一部の資料は，アジア歴史資料センターのウェブで公開している。

⑩ 国立国会図書館東京本館

住所：〒100-8924　東京都千代田区永田町1-10-1　℡ 03-3581-2331（代表）

URL：http://www.ndl.go.jp/

† 日本の中央図書館である。前近代から1985年受入までの朝鮮史関係文献や対馬宗家史料の一部を所蔵している。1986年以降受入の新しい資料は関西館が所蔵している。本館の憲政資料室が初代統監伊藤博文や第3・6代朝鮮総督斎藤実の関係資料などを所蔵している。

目録：『国立国会図書館所蔵朝鮮関係資料目録』（5冊，1966～84年）

『国立国会図書館所蔵朝鮮関係地図資料目録』（1993年）

『国立国会図書館所蔵中国語・朝鮮語雑誌新聞目録』（1988年）

『斎藤実関係文書目録』（2冊，1993年）

長崎県史編集室編『国会図書館所蔵宗家文書目録：慶應大学図書館宗家記録雑集目録』（謄写版，出版年不明）

⑪ 駐日韓国大使館韓国文化院図書映像資料室

住所：〒160-0004　東京都新宿区四谷4-4-10　℡ 03-3357-5970

URL：http://www.koreanculture.jp/

† 資料室には韓国語図書を中心にして朝鮮史関係の日本語図書も置いている。同文化院は韓国文化を紹介するさまざまなイベントも行っている。

⑫（財団法人）朝鮮奨学会

住所：〒160-0023　東京都新宿区西新宿1-8-1　新宿ビル9階
　　　℡ 03-3343-5757

URL：http://www.korean-s-f.or.jp/

† 本会は，1941年に在日朝鮮人留学生への奨学活動を行うために設立され，戦後は在日韓国人・朝鮮人学生を支援する奨学会となり，現在では助成対象を留学生にまで広げている。図書室は幅広い文献を所蔵しているが，とりわけ在日韓国人・朝鮮人史関係の資料が多い。また，朝鮮史研究会第2代会長旗田巍氏の蔵書を所蔵している。

目録：『旗田巍文庫目録』（2010年）

⑬ 東京大学韓国朝鮮文化研究室

住所：〒113-0033　東京都文京区本郷7-3-1　℡ 03-5841-3636

URL：http://www.l.u-tokyo.ac.jp/~korea/

† 本研究室は大学院人文社会系研究科に所属し，日本で唯一の韓国朝鮮学専門の大学院組織であり，日本語・朝鮮語の史料・文献・雑誌多数を所蔵している。蔵書は，東京大学OPAC

(http://opac.dl.itc.u-tokyo.ac.jp/opac/basic-query?mode=2）で検索することができる。
⑭ 東京大学史料編纂所
   住所：〒113-0033　東京都文京区本郷 7-3-1　TEL 03-5841-5962（図書室）
   URL：http://www.hi.u-tokyo.ac.jp/index-j.html
†中近世日朝交流を担った対馬宗家史料の一部を所蔵している。
⑮ 東京大学総合図書館
   住所：〒113-0033　東京都文京区本郷 7-3-1　TEL 03-5841-2643（利用者サービス係）
   URL：http://www.lib.u-tokyo.ac.jp/sogoto/
†日本最大規模の大学図書館である。戦前の日本語で出版された朝鮮関係図書も多く、近世史料のコレクション「阿川文庫」がある。
   目録：吉田光男編「東京大学附属図書館阿川文庫リスト」（『朝鮮文化研究』5, 1998 年)
⑯ 東京大学東洋文化研究所図書室
   住所：〒113-0033　東京都文京区本郷 7-3-1　TEL 03-5841-5893（図書カウンター）
   URL：http://www.ioc.u-tokyo.ac.jp/~library/
†朝鮮史関係の史料・文献・学術雑誌を所蔵している。また日本で最大の族譜コレクションがある。
   目録：族譜データベース　http://www.ioc.u-tokyo.ac.jp/~koreandb/zokufuindex.htm
⑰ 東京大学文学部漢籍コーナー
   住所：〒113-0033　東京都文京区本郷 7-3-1　TEL 03-5841-3747
   URL：http://www.l.u-tokyo.ac.jp/lib/kicho_kanseki.html
†文学部の漢籍を所蔵公開しており、小倉進平氏の収集した朝鮮本を小倉文庫として管理している。
   目録：福井玲編『小倉文庫目録』（『韓国朝鮮文化研究』9・10, 2002・2007 年）
⑱ 東京大学明治新聞雑誌文庫
   住所：〒113-0033　東京都文京区本郷 7-3-1　TEL 03-5841-3171
   URL：http://www.j.u-tokyo.ac.jp/lib/meiji/
†宮武外骨氏が嘱託として、全国の旧家などを回って収集した明治時代の新聞と雑誌のコレクションである。現在では亡失した地方新聞や雑誌が多く、明治時代研究資料の宝庫である。大学院法学政治学研究科附属近代日本法政史料センターに所属している。
   目録：『明治新聞雑誌文庫所蔵新聞雑誌目録』（東京大学出版会, 1979 年）
⑲ 東京都立中央図書館
   住所：〒106-8575　東京都港区南麻布 5-7-13　TEL 03-3442-8451（代表）
   URL：http://www.library.metro.tokyo.jp/index.shtml
†北朝鮮関係の蔵書が多いが、韓国・日本のものもある。

目録：『東京都立中央図書館朝鮮語図書目録』（1997～99 年）
　　　『東京都立中央図書館韓国・朝鮮語図書目録』（2000 年～続刊中）

⑳ 東洋文庫
住所：〒 113-0021　東京都文京区本駒込 2-28-21　℡ 03-3942-0122（図書部）
URL：http://www.toyo-bunko.or.jp/

†本文庫は，東洋学専門の図書館・研究所であり，東洋学センターとしてアジアでは最大，世界でも 5 本の指に数えられる。前近代図書（いわゆる朝鮮本など）は前間恭作氏の収集した在山楼蔵書が中心であり，書誌学的に貴重な価値をもつものも多い。日本語・朝鮮語の朝鮮史関係文献の宝庫である。

目録：『増補東洋文庫朝鮮本分類目録』（1979 年）

㉑ 日韓文化交流基金
住所：〒 105-0001　東京都港区虎ノ門 5-12-1 虎ノ門ワイコービル
　　　℡ 03-5472-6667
URL：http://www.jkcf.or.jp/

†「日本における韓国・朝鮮研究　研究者ディレクトリデータベース」（http://www.jkcf.or.jp/dirsearch/php/search/usr_search.php）で各分野の研究者のデータを検索することができる。

目録：『日本における韓国・朝鮮研究研究者ディレクトリ 2010 年調査』（2011 年）

㉒ 文化センター・アリラン
住所：〒 169-0072　東京都新宿区大久保 1-12-1　第 2 韓国広場ビル 8F
　　　℡ 03-3232-0091
URL：http://bcarirang.web.fc2.com/

†附属の伯陽書院が朝鮮近世近現代史や在日韓国・朝鮮人問題に関する蔵書をもっている。近代史研究の梶村秀樹，近世史研究の田川孝三両氏の蔵書がそれぞれ梶村秀樹文庫，田川孝三文庫として公開されている。

目録：『梶村文庫朝鮮関係図書目録』（1995 年）

㉓ 防衛省防衛研究所史料閲覧室
住所：〒 153-8648　東京都目黒区中目黒 2-2-1　℡ 03-3792-1093
URL：http://www.nids.go.jp/military_history/military_archives/index.html

†明治期以来の旧陸・海軍の公文書類・図書を所蔵し，一部の資料はアジア歴史資料センターのウェブで公開している。

㉔ 中央大学図書館
住所：〒 192-0393　東京都八王子市東中野 742-1　℡ 042-674-2546
URL：http://www.chuo-u.ac.jp/chuo-u/library/index_j.html

†渡部学氏が寄贈した近世から近代初頭にかけての民間教育関係史料を所蔵している。

目録：『渡部学先生寄贈朝鮮の民間流布初学入門書目録』（1986 年）

㉕ 朝鮮大学校図書館

住所：〒187-8560　東京都小平市小川町1-700　TEL 042-341-1331（代表）
　　URL：http://www.korea-u.ac.jp/attached/library.htm
†北朝鮮出版図書が充実している。
㉖東京外国語大学附属図書館
　　住所：〒183-8534　東京都府中市朝日町3-11-1　TEL 042-330-5195
　　URL：http://www.tufs.ac.jp/library/index-j.html
†朝鮮語関係の言語学・文学・歴史学の書籍・雑誌が多い。
㉗東京経済大学図書館
　　住所：〒185-8502　東京都国分寺市南町1-7-34　TEL 042-328-7764（参考係）
　　URL：http://www.tku.ac.jp/~library/
†桜井義之氏と四方博氏が収集した朝鮮資料のコレクションを所蔵している。
　　目録：『桜井義之文庫目録』（1992年）
　　　　　『四方博朝鮮文庫目録』（2010年）
㉘一橋大学
　　住所：〒186-8601　東京都国立市中2-1　TEL 042-580-8237（附属図書館利用者
　　　　　サービス主担当）
　　URL：http://www.lib.hit-u.ac.jp/（附属図書館）
　　　　　http://www.ier.hit-u.ac.jp/library/Japanese/index.html（経済研究所資料室）
　　　　　http://rcisss.ier.hit-u.ac.jp/Japanese/（経済研究所社会科学統計情報研究センター）
†附属図書館，経済研究所，社会科学統計情報センターに植民地時代の朝鮮関係史料，韓国関係の蔵書があり，貴重なものも含まれている。
㉙法政大学大原社会問題研究所
　　住所：〒194-0298　東京都町田市相原町4342　TEL 042-783-2305
　　URL：http://oohara.mt.tama.hosei.ac.jp/index.html
†大原孫三郎氏が開設した研究所・専門図書館であり，社会問題・労働問題を中心とした社会科学系図書が充実している。
㉚富山大学附属図書館
　　住所：〒930-8555　富山市五福3190　TEL 076-445-6898
　　URL：http://www.lib.u-toyama.ac.jp/
†梶井陟氏の蔵書（日本語・朝鮮語）が保管されている。
　　目録：『富山大学附属図書館蔵梶井文庫目録』（1994年）
㉛滋賀県立大学図書情報センター
　　住所：〒522-8533　滋賀県彦根市八坂町2500　TEL 0749-28-8200
　　URL：http://www.usp.ac.jp/japanese/campus/centers/tosho.html
†朴慶植氏と姜在彦氏の収集資料を所蔵している。朴慶植文庫は第二次世界大戦後の在日朝鮮人関

係のビラ・パンフレット類の原本が多く，史料的価値の高いものが多い。資料が膨大かつ多様なため，整理に時間を要し，整理された部分から順次，利用が可能となっている。

　　目録：『朴慶植文庫仮目録』（2冊，2003年〜続刊中）

㉜ 天理大学附属天理図書館

　　住所：〒632-8577　天理市杣之内町1050　℡0743-63-9206（閲覧係）

　　URL：http://www.tcl.gr.jp/index.htm

†中山正善氏の収集した貴重書が多いが，朝鮮史では今西龍氏の収集本のうち，朝鮮関係蔵書の大部分を所蔵している。

　　目録：『今西博士収集朝鮮関係文献目録』（書籍文物流通会，1961年）

㉝ 京都大学附属図書館

　　住所：〒606-8501　京都市左京区吉田本町　℡075-753-2640（河合文庫，特殊資料掛）

　　URL：http://www3.kulib.kyoto-u.ac.jp/

†河合弘民氏が収集した朝鮮の古典籍・経済関係資料を河合文庫として所蔵している。とりわけ，漢城（現ソウル）の市廛関係資料では他に類をみない。

　　目録：『海外典籍文化財調査目録——河合文庫所蔵韓国本』（韓国書誌学会，1993年）

㉞ 京都大学人文科学研究所附属東アジア人文情報学研究センター図書室

　　住所：〒606-8265　京都市左京区北白川東小倉町47　℡075-753-6990

　　URL：http://www.kita.zinbun.kyoto-u.ac.jp/

†人文科学研究所の図書を公開している。朝鮮史関係のものも多く，安秉珆氏の蔵書を保管している。

　　目録：『安秉珆文庫目録』（手書き，1979年）

㉟ 国立国会図書館関西館

　　住所：〒619-0287　京都府相楽郡精華町精華台8-1-3　℡0774-98-1390（アジア情報室）

　　URL：http://www.ndl.go.jp/jp/service/kansai/index.html

†国会図書館所蔵資料のうち，朝鮮半島をはじめとするアジア関係の参考図書，研究書，統計資料と1986年以降受入の朝鮮語などアジア言語の図書・雑誌・新聞などを所蔵している。1985年以前のものは東京本館が所蔵している。

㊱ 大阪府立中央図書館

　　住所：〒577-0011　東大阪市荒本北1-2-1　℡06-6745-9220（資料利用係）

　　URL：http://www.library.pref.osaka.jp/central/index.html

†塚本勲氏の収集・公開していた猪飼野文庫を塚本文庫として保管している。

　　目録：『大阪府立中央図書館所蔵塚本文庫目録』（5冊，2002年）

㊲ 大阪府立中之島図書館

　　住所：〒530-0005　大阪市北区中之島1-2-10　℡06-6203-0474（代表）

URL： http://www.library.pref.osaka.jp/nakato/index.html
† 佐藤六石氏が収集した朝鮮本コレクションがある。本コレクションは，東京大学阿川文庫，天理図書館今西龍コレクション，京都大学河合文庫とならぶ，日本4大朝鮮本コレクションのひとつである。

目録：『大阪府立図書館蔵韓本目録』（1968年）

㊳ 大阪大学外国学図書館

住所： 〒562-8558　大阪府箕面市粟生間谷東8-1-1　℡ 072-730-5126

URL： http://minoh.library.osaka-u.ac.jp/

† 旧大阪外国語大学の蔵書を保管しており，言語学・文学・歴史学など朝鮮語の図書が多い。

㊴ 神戸市立中央図書館青丘文庫

住所： 〒650-0017　神戸市中央区楠町7-2-1　℡ 078-371-3351

URL： （図書館）http://www.city.kobe.lg.jp/information/institution/institution/library/top/index.html

（青丘文庫）http://www.ksyc.jp/sb/

† 韓晳曦氏が収集した朝鮮史関係図書を移管したものである。

目録：『青丘文庫図書目録』（青丘文庫，2001年）

㊵ 山口大学経済学部東亜研究所図書館

住所： 〒753-8514　山口県山口市大字吉田1677-1　℡ 083-933-5507

URL： http://www.econo.yamaguchi-u.ac.jp/fuzoku_token.html

† 旧制山口高等商業学校時代以来の，文献・調査統計類・写真資料・パンフレットなどのアジア経済関係資料を集めており，特に第二次世界大戦以前のものが充実している。

㊶ 山口県立大学附属図書館桜圃寺内文庫

住所： 〒753-8502　山口市桜畠3-2-1　℡ 083-928-0522

URL： http://www.yamaguchi-pu.ac.jp/index.php?M_ID=9

† 1922年に初代朝鮮総督寺内正毅の蔵書をもとに嗣子の寺内寿一が創立した私設図書館であったが，第二次世界大戦後に寺内家から山口県立山口女子短期大学（山口県立大学の前身）に寄付移管された。朝鮮関係のものも多い。近年その一部が韓国慶南大学校に移管された。

㊷ 九州大学文学部朝鮮史学研究室

住所： 〒812-8581　福岡市東区箱崎6-19-1　℡ 092-642-2382

URL： http://www.lit.kyushu-u.ac.jp/his_kor/

† 日本の国立大学で唯一の，学部・大学院レベルにおける朝鮮史教育・研究組織である。朝鮮史研究関係の文献資料は，日本屈指の質と量をもっている。元外務官僚の森田芳夫氏の資料を所蔵している。

㊸ 長崎県立対馬歴史民俗資料館

住所： 〒817-0021　対馬市厳原町今屋敷668-1　℡ 0920-52-3687

URL： http://www.pref.nagasaki.jp/t_reki/

† 中近世の日朝交流を担った対馬宗家史料を宗家文庫として所蔵している。

目録：『宗家文庫史料目録』（4冊，厳原町教育委員会，1978〜88年）
『対馬宗家文庫史料』（長崎県教育委員会，2009年）
㊹ 熊本学園大学図書館
住所：〒862-8680　熊本市大江2-5-1　℡ 096-371-8047
URL：http://www.lib.kumamoto-u.ac.jp/
† 韓国・北朝鮮の学術雑誌や言語資料を集めている。

b）韓　国

① 韓国国立中央図書館
住所：ソウル市瑞草区盤浦路664　℡ 02-535-4142
URL：http://www.nl.go.kr/index.php
† 韓国の中央図書館である。旧朝鮮総督府図書館の蔵書も継承している。
目録：『国立中央図書館古書目録』（5冊，1970〜80年）
『国立中央図書館日書部目録』（1963年）
解題：『国立中央図書館善本解題』（6冊，1970年〜続刊中）
『国立中央図書館古文書解題』（2冊，1972〜73年）

② 韓国国会図書館
住所：ソウル特別市永登浦区汝矣島洞　℡ 02-788-4211
URL：http://www.nanet.go.kr/main.jsp
† 国会審議の参考資料を中心として，現代の政治・経済関係の蔵書が多い。

③ ソウル大学校奎章閣
住所：ソウル特別市冠岳区冠岳路599　℡ 02-880-5316
URL：http://library.snu.ac.kr/index.jsp
† 朝鮮政府所蔵文献資料を引き継いでいる。質量ともに世界最大の朝鮮近世史料所蔵機関であり，『朝鮮王朝実録』，『承政院日記』，『備辺司謄録』など多くの貴重資料を所蔵している。
目録：*『奎章閣図書韓国本総合目録（修正版）』（2冊＋索引1冊，1994年）
『奎章閣所蔵儀軌総合目録』（2002年）
『奎章閣所蔵高宗時公文書始改正目録』（3冊，太学社，2009年）
『奎章閣圖書中国本綜合目録』（1982年）
『奎章閣所蔵冊板目録』（2004年）
解題：韓国書誌事業会編『旧韓末古文書解題目録──ソウル大学校奎章閣図書』（韓国図書館協会，1970年）
*『奎章閣韓国本図書解題』（18冊＋索引1冊，1978〜2004年）
*『内蔵院各道各郡訴状要約』（3冊，1998〜99年）
*『公文編案要約』（2冊，1999年）
*『奎章閣所蔵文集解説』（14冊，1995〜2006年）

＊『奎章閣所蔵語文学資料』（5 冊，2001 年）
　　　＊『奎章閣所蔵通商資料要約』（2 冊，2000〜01 年）
　　　＊『奎章閣所蔵外交資料要約』（4 冊，2002〜03 年）
　　　　『奎章閣所蔵儀軌解題集』（3 冊，2003〜05 年）
　　　＊『奎章閣所蔵文集解説』（15 冊，1995〜2005 年）
　　　　『奎章閣所蔵分類別儀軌解題集』（2005 年）
　　　　『奎章閣所蔵王室資料解題解説集』（4 冊，2005 年）

④ 国史編纂委員会
　　住所： 京畿道果川市中央洞 2-6　TEL 02-500-8300
　　URL： http://www.history.go.kr/app.main.Main.top

†韓国史研究のために開設された国家機関であり，幅広い資料の調査・収集・整理・保存を行っている。図書館で文献資料を公開し，調査・収集した資料は影印版や活字版で出版している。対馬宗家史料の一部を保管している。

　　目録：『蔵書目録 I』（1990 年）
　　　　　『古書目録』（1983 年）
　　　　　『古文書目録』（2 冊，1993〜94 年）
　　　　　『対馬島宗家文書・古文書目録集』（2 冊，1995〜96 年）
　　　　＊『対馬島宗家関係文書・書契目録集』（5 冊，1991〜94 年）
　　　　　『北韓史資料目録』（1986 年）
　　　　　『海外資料叢書』（19 冊，2002 年〜続刊中）
　　　　　『写真ガラスフィルム画集』（CD-ROM 2 枚附，2001 年）

⑤ 韓国学中央研究院
　　住所： 京畿道城南市雲中洞 50　TEL 031-709-8111
　　URL： http://www.aks.ac.kr/aks/

†旧韓国精神文化研究院である。古代から現代にわたる幅広い資料の調査・収集を行い，その成果を資料集のかたちで公刊している。また，朝鮮王室の書庫である蔵書閣図書を保管している。目録・解題がデジタル・アーカイブ化されており，本研究院ホームページから利用できる（http://yoksa.aks.ac.kr/）。

　　目録：『蔵書閣図書韓国版総目録』（1984 年）
　　　　　『蔵書閣所蔵儀軌目録』（2006 年）

⑥ 国家記録院
　　URL： http://www.archives.go.kr/
　　住所： 本院/大田広域市西区屯山洞 政府大田庁舎 2 棟　TEL 042-481-6300
　　　　　ソウル国家記録情報センター/ソウル特別市鍾路区積善洞 156
　　　　　TEL 02-720-2721
　　　　　大統領記録館・ナラ（国）記録館/京畿道城南市寿井区始興洞 231
　　　　　TEL 031-750-2100

歴史記録院/釜山広域市蓮堤区巨堤2洞山126　TEL 051-550-8000

†韓国の政府関係記録の保管・管理をしており，朝鮮総督府記録も保管している。本館の情報センターのほか，ソウル記録情報センターなどの支所で資料の利用ができる。本院のホームページから朝鮮総督府官報記事，強制連行者名簿，独立運動関係者判決文，土地調査事業関連地籍記録物などの原文を検索することができる。

目録：＊『朝鮮総督府公文書総合目録集』（図書出版ハヌル，2005年）
解題：＊『日帝文書解題』（8冊，2000～07年）
　　　『日帝時期主要図書解題』（2冊，2009年）
　　　『朝鮮総督府記録物コレクションガイド』（2009年）

〈8〉 学　会

① 朝鮮史研究会
　　URL：http://wwwsoc.nii.ac.jp/chosenshi/index.html
†日本で唯一の朝鮮史研究学会である。関東・関西の2部会制をとっている。戦後の日本における朝鮮史研究の中心的役割を果たし，韓国の学界との交流も盛んである。
　　会誌：『朝鮮史研究会論文集』（1965年創刊，年1回発行）

② 朝鮮学会
　　URL：http://www.tenri-u.ac.jp/soc/korea.html
†歴史学・言語学・文学・民俗学・文化人類学など，人文系科学を中心として朝鮮を対象とするあらゆる分野の研究者が集まる学会である。
　　会誌：『朝鮮学報』（1951年創刊，年4回発行）

③ 韓国・朝鮮文化研究会（2000年創立）
　　URL：http://askcs.jp/entry.html
†歴史学・文化人類学・民俗学・社会学など，人文社会系諸分野で韓国朝鮮を研究対象とする研究者が集まる学会である。現場性と非境界性をキーワードとして学際的研究を重視している。
　　会誌：『韓国朝鮮の文化と社会』（2002年創刊，年1回発行）

④ 現代韓国朝鮮学会（2000年創立）
　　URL：http://www.meijigakuin.ac.jp/~ackj/front/
†現代の朝鮮半島を研究対象とする政治学・経済学・社会学・国際関係論などの社会科学系研究者を中心とする学会である。
　　会誌：『現代韓国朝鮮研究』（2001年創刊，年1回発行）

（吉田　光男・糟谷　憲一）

朝鮮史関係年表

1. 1875年までの月日は陰暦，1876年以降は陽暦を使用した。
2. 1948年8〜9月以降，大韓民国・朝鮮民主主義人民共和国に関する記事は，その冒頭に前者を［南］，後者は［北］と表示した。
3. 記事を371年以前は「国内」・「対外関係」に二分し，372年以後は「政治」「対外関係」「経済・社会・文化」に三分し，1876年以後は「政治」「対外関係」「経済・社会」「文化」に四分した。

国　　内	対外関係
先史時代・三国時代	
30〜20万年前　朝鮮で旧石器時代始まる。 前8000年頃　新石器時代始まる。朝鮮における土器の出現（済州道高山里遺跡）。	180万年前　中国で旧石器時代始まる。 前6000年頃　黄河流域・長江流域で農業が始まる。 前5000年頃　黄河流域で仰韶文化始まる。
前4500年頃　櫛目文土器の出現（大同江流域）。アワなどの畑作が始まる（大同江流域）。	前4000年頃　長江流域で水田稲作始まる。 前3000年頃　黄河流域で龍山文化始まる。 前2000年頃　黄河流域，青銅器時代に入る。
前1000年頃？　青銅器時代が始まる。 前800年頃　水田稲作が始まる。 前8世紀頃　琵琶形銅剣が出現する。遼寧地方の青銅器文化が伝わる。 前300年頃　朝鮮半島の西北部で鉄器が出現する。鉄器とともに，燕の明刀銭も出土。 　この頃，燕の東方に「朝鮮」の存在が知られる。 前2世紀　朝鮮半島中南部に鉄器が普及。 前195年頃　衛氏朝鮮が成立。 前109〜108　前漢の攻撃を受けて，衛氏朝鮮滅亡。 前108〜107　前漢，朝鮮半島に楽浪など4郡を設置。 前1世紀初め　蘇子河・渾江流域に高句麗が勃興。 前82　前漢，真番・臨屯両郡を廃止。 前75　前漢，玄菟郡を蘇子河流域に移す。 12　高句麗侯騶，王莽に従わず殺される。 106　後漢，玄菟郡をさらに西方の渾河流域に移す。	前1600年頃　殷王朝が始まる。 前11世紀　周が殷に勝利する。 前770　周が東遷。 前300年頃　戦国七雄の一国・燕，遼東に領域を拡大し，西北朝鮮にも影響を及ぼす。 前221　秦が中国を統一。 前202　前漢の高祖即位。 前141　前漢の武帝即位。 前111　武帝，南越を滅ぼし9郡を置く。 前87　武帝死去。 8　王莽，前漢を滅ぼし新を建てる。 12　王莽，高句麗を「下句麗」と改める。 25　後漢の成立。 32　高句麗王，後漢に遣使朝貢。

180年代頃　韓・濊の勢力が盛んで，郡県側が制することができなかったという。 204　この頃，遼東の公孫康が楽浪郡の南部を割いて帯方郡を設置。 244　魏，高句麗を攻撃し，国内城を陥落。 245　魏の楽浪・帯方郡，濊を攻撃。 270〜290年代　馬韓・辰韓諸国，西晋へしばしば遣使朝貢。 313　楽浪郡治，高句麗の攻撃により遼東へ移る。この頃，高句麗，帯方郡を滅ぼす。 342　前燕，高句麗の国内城を陥落。 343　高句麗，前燕に臣を称して朝貢。東晋にも朝貢。 355　前燕，高句麗王を冊封。 371　百済，高句麗を平壌で破り，高句麗の故国原王戦死。百済，漢山城へ遷都するという。	189　後漢，群雄割拠が始まり，遼東で公孫度が自立。 220　後漢滅ぶ。華北には魏が成立。 238　魏，遼東の公孫氏政権を滅ぼす。 239　倭女王卑弥呼の使節，洛陽に至る。 265　魏に代わって晋（西晋）が成立。 280　晋が中国を統一。 304　匈奴の劉淵，漢王と自称。華北の五胡十六国時代始まる。 318　江南に東晋が成立。 319　鮮卑の慕容氏が遼東を占領。 337　慕容氏，前燕を建てる。 370　前秦の苻堅，前燕を滅ぼす。	

政　　治	対外関係	経済・社会・文化
373　高句麗，律令を定めるという。 391　高句麗，広開土王即位（〜412在位）。 396　高句麗，百済の北部を奪う。	372　百済の近肖古王，東晋に朝貢し，冊封を受ける。この頃，百済，倭に七支刀を贈る。 377　新羅，高句麗とともに前秦に朝貢する。 382　新羅の楼寒，前秦に朝貢。 384　百済の枕流王，東晋に朝貢し，冊封を受ける。	372　前秦の僧が高句麗に仏教を伝える。 384　胡僧摩羅難陀，東晋より百済に来て，仏教を伝える。
413　高句麗の長寿王即位（〜491在位）。 414　高句麗，広開土王碑を立てる。 427　高句麗，平壌に遷都。 475　高句麗，百済の漢山城を占領し，蓋鹵王を殺害。百済，熊津に遷都。 503　新羅，迎日冷水碑を立てる。	413　高句麗，東晋に朝貢し，冊封を受ける。 416　百済の腆支王，東晋に朝貢し，冊封を受ける。 420　中国江南で，東晋に代わって宋が成立（〜479）。南朝の始まり。 424　高句麗と百済，宋に朝貢。 435　高句麗，中国北朝の北魏に朝貢し，冊封を受ける。 458　百済の蓋鹵王，宋に朝貢して，その臣下11名への爵号授与を請う。 472　百済の蓋鹵王，北魏に朝貢して，高句麗征伐を請う。 479　中国南朝，斉が成立（南斉。〜502）。加羅王荷知，南斉に朝貢し，冊封を受ける。 480　百済，南斉に朝貢。 481　高句麗，南斉に朝貢。 502　中国南朝，梁が成立（〜557）。 512　百済と高句麗，梁に朝貢。	

514 新羅，法興王即位（〜540在位。「中古」の開始）。		
520 新羅，律令を定める。	521 新羅，百済とともに梁に朝貢する。	526 百済僧謙益，インドに行く。
524 新羅，蔚珍鳳坪碑を立てる。		527 新羅，仏教を公認。
531 新羅，上大等を設置。	534 中国北朝，北魏が東西に分裂。高句麗，東魏に朝貢（以後も連年朝貢）。	
532 新羅，金官加耶国を併せる。		
538 百済，泗沘に遷都。		538 百済，倭に仏教を伝える。
551 百済，新羅と結んで高句麗を破り，漢山城地域を奪回。	550 中国北朝，東魏に代わって北斉が成立。高句麗，北斉に朝貢。	551 新羅，高句麗僧恵亮を国統（僧官の首位）とする。
552 新羅，百済から漢山城地域を奪取。		
554 百済の聖王，新羅と管山城で戦って敗死。	557 中国南朝，陳が成立。	
562 新羅，大加耶国を滅ぼす（加耶諸国滅亡）。	561 高句麗，陳に朝貢。	
	564 新羅，北斉に朝貢。	
	567 百済，陳に朝貢。	566 新羅，皇龍寺なる。
	568 新羅，陳に朝貢。	
	577 中国北朝，北周が北斉を滅ぼして華北を統一。高句麗，北周に朝貢。	
	581 北周に代わって隋が成立。高句麗，隋に朝貢（584年までに計8回）。百済も隋に朝貢。	
586 高句麗，長安城に遷都。	585 高句麗，陳に朝貢。	
598 高句麗，遼西に侵攻。隋の文帝，高句麗遠征を行う。	589 隋が中国を統一。	
	594 新羅，隋に朝貢して，冊封を受ける（三国がすべて冊封を受ける）。	
	600 高句麗，隋に朝貢。	
612 隋の煬帝の第1次高句麗遠征。乙支文徳，薩水の戦いで隋軍を大破。	607 隋の煬帝，高句麗の突厥との通交をとがめる。百済，隋に遣使して高句麗攻撃を請う。	602 百済僧観勒，倭へ天文・暦書などを伝える。
613 隋煬帝の第2次高句麗遠征。		610 高句麗，僧曇徴らを倭に送り，紙・墨・車・石臼を伝える。
614 隋煬帝の第3次高句麗遠征。	618 中国で隋が滅亡。唐が成立。	
	619 高句麗，唐に朝貢。	
	624 三国が唐に朝貢し，冊封を受ける。	624 唐の高祖，高句麗に道士（道教の伝道師）を派遣。
631 高句麗，唐の攻撃を警戒して長城を築く。	628 唐が中国を統一。	625 高句麗，僧恵灌を倭に送り，三論宗を伝える。
642 百済，新羅の西部を奪取。高句麗で泉蓋蘇文，権力を集中。新羅，高句麗に援兵を請うが，拒否される。		634 新羅の芬皇寺建立。
643 高句麗，百済と同盟。	643 新羅，唐に出兵を求める。唐，高句麗に和解を勧めるが，高句麗は拒否。	643 唐の太宗，道士を高句麗に派遣。
644 唐の太宗の第1次高句麗遠征（〜645）。		646 新羅，皇龍寺九層木塔を建立。また，梁山に通度寺を創建。
647 唐太宗の第2次高句麗遠征。新羅，毗曇の乱が起きるも，金庾信らが鎮圧。		
648 唐太宗の第3次高句麗遠征。		
649 新羅，唐の衣冠制を採用。		
650 新羅，唐の年号を使用。		

651 新羅, 執事部を設置。		
654 新羅, 金春秋が王に即位(武烈王。～661在位。「中代」の開始)。		
655 唐の高宗の第1次高句麗遠征。		
658 唐高宗の第2次高句麗遠征(～659)。		
660 唐・新羅軍, 百済を滅ぼす。唐, 百済故地に熊津都督府を設置。羈縻州支配の試み。		
661 唐の高宗の第3次高句麗遠征(～662)。		661 新羅僧義湘, 唐に留学(～671)。
663 唐・新羅軍, 白江(白村江)で百済復興軍・倭軍を破る。		
666 唐の高宗の第4次高句麗遠征(～668)。		
668 唐・新羅軍, 高句麗を滅ぼす。唐, 高句麗故地に安東都護府を設置。高句麗復興運動起きる。	668 新羅, 倭に遣使。	
670 新羅, 安勝を高句麗王に封じ, 金馬渚に置く(674報徳王と改める)。		
670 新羅軍, 旧百済領に入り, 翌年, その大半を支配下に置く。	674 唐, 新羅の文武王の官爵を削る。	
674 新羅, 外位を廃止。	675 新羅, 唐に遣使して謝罪。唐, 文武王の官爵を復す。	
676 唐, 安東都護府・熊津都督府を遼東に移す。	681 唐, 使節を遣し, 新羅の神武王を冊封。	676 義湘, 太白山浮石寺を建立。
		682 新羅, 国学を設置。
統一新羅・渤海		
684 新羅, 報徳国を廃す(新羅の朝鮮半島統一の完成)。		686 元暁が死去(618～)。
687 新羅の郡県制(九州五京制)確立。		687 新羅, 禄邑を廃止し, 租の支給を始める。
696 遼西の営州で, 契丹人の李尽忠が反乱を起こす。粟末靺鞨の乞乞仲象ら, 高句麗遺民を率いて故地へ向かう。		695 新羅僧の円測, 唐で華厳経を漢訳(696唐で死去)。
698 乞乞仲象の子の大祚栄, 東牟山に自立し, 震国王を称する(渤海の建国)。		
719 渤海の武王大武芸が即位する(～737在位)。唐への接近をはかった黒水靺鞨と対立。	713 唐, 大祚栄を渤海郡王に冊封する。	702 義湘が死去(625～)。
721 新羅, 東北境に長城を築く。		
722 新羅, 日本へ備えて関門城を築く。	727 渤海, 初めて日本へ遣使。	
733 新羅, 唐の求めで渤海の南辺を攻撃する。	732 渤海, 唐の登州を攻撃する(～733)。	
735 唐, 新羅に浿江(大同江)以南領有を認める。	735 渤海と唐との関係修復。	

737 渤海の文王大欽茂が即位（～793在位）。		740 新羅僧審祥，華厳宗を日本へ伝える。
742 新羅で景徳王が即位（～765在位）。	755 唐で安史の乱起きる（～763）。	751 新羅，仏国寺・石窟庵を創建。
757 新羅，郡県名を唐式に改める。	756 新羅の使節，玄宗の避難先である四川へ至る。	
759 新羅，官庁・官職名を唐式に改める。	762 唐，大欽茂を渤海国王に冊封する。唐との関係親密化。	780 渤海，貞恵公主墓を築造。
780 新羅，上大等の金良相が恵恭王を殺害して即位（宣徳王。～785在位。「下代」の開始）。	790 新羅，渤海に遣使。	788 新羅，読書三品科を設置。
	812 新羅，渤海に遣使。	802 新羅，伽耶山海印寺を建立。
818 渤海の宣王大仁秀が即位する（～830即位）。黒水靺鞨を服属させ，最大領域となる。		
822 新羅で熊川州都督金憲昌の反乱が起きる。		826 唐から帰国した洪陟，智異山実相寺を開く。
841 新羅の青海鎮大使張保皐，殺害される。	875 唐で黄巣の乱が起きる（～884）。	835 新羅，金井山梵魚寺を建立。
889 新羅で元宗・哀奴の乱が起き，地方に群雄が割拠するようになる。	882 新羅の使節，唐皇帝僖宗の避難先四川に至る。	868 崔致遠，唐に留学。
891 北原（原州）で梁吉が自立。	885 僖宗，長安に帰るも，唐は一地方政権同然となる。	874 崔致遠，唐の科挙に及第。
892 甄萱，武珍州（光州）を占拠して自立。	894 日本が唐への使節派遣を中止。	885 崔致遠，帰国。
896 新羅の西南部に「赤袴賊」の農民反乱が起きる。		
900 甄萱，完山州を都として，後百済王を称する。		
901 梁吉の部将・弓裔，松岳（開城）で自立し，後高句麗を建てる。後三国時代に入る。	907 朱全忠，唐を滅ぼし，後梁を建てる。華北の五代王朝の始まり。	
904 弓裔，国号を摩震とし，都を鉄円（鉄原）に移す。		
911 摩震，泰封と改める。	916 契丹，建国。	
918 王建，弓裔を倒して，高麗を建てる。	919 渤海，最後の使節を日本に派遣。	
919 高麗，松岳に遷都。	923 高麗，後梁に朝貢。	
926 渤海，契丹に滅ぼされる。	928 契丹，渤海人を遼陽に徙す。	
934 渤海世子の大光顕ら，高麗に来投する。	929 高麗，後唐に朝貢。	
935 新羅の敬順王が高麗に降る。	933 高麗，後唐から冊封を受ける。	
高麗		
936 高麗，後百済を滅ぼして，朝鮮半島を統一。	936 契丹，後晋から燕雲16州を獲得。	
	937 後晋に朝貢。	
943 太祖（王建）死去。	939 後晋から冊封を受ける。	
945 王規の乱が起きる。	942 契丹使節来る。交聘を拒絶。	
949 光宗即位（～975在位）。		949 州県の歳貢額を定める。
958 科挙を始める。	953 後周から冊封を受ける。	956 奴婢按検法を施行。
960 百官の公服を定める。	962 宋に初めて朝貢。	
981 成宗即位（～997在位）。		976 田柴科を定める（景宗田柴科）。
983 地方に12牧を置く。中央官制を中国式に改める。		

984 鴨緑江沿岸に関城を築く。 989 東北面・西北面に兵馬使を設置。 993 契丹の第1次侵入。 995 中国式の官階「文散階」を定める。	983 契丹の聖宗即位（〜1031在位)。以後,鴨緑江流域の女真人を攻撃し,制圧。 994 契丹に朝貢し,宋と断交。 996 契丹の冊封使来る。	998 田柴科を改定（穆宗田柴科)。
1009 康兆,穆宗を殺害し,顕宗（〜31在位）を擁立。 1010 契丹の第2次侵入（〜11. 聖宗の親率)。開京を占領・破壊,康兆を殺す。顕宗は羅州へ避難。 1017 金殷傅が死去（3人の娘が顕宗の妃となり,安山金氏の繁栄をもたらす)。 1018 契丹の第3次侵入（〜19)。郡県制を改定。116邑に地方官を派遣。 1019 姜邯賛,亀州の戦いで大勝。 1033 女真の南下に備え,千里の長城の築造を開始。 1046 文宗が即位（〜83在位)。 1061 李子淵が死去（3人の娘が文宗の妃となり,慶源李氏繁栄の基礎を築く)。	1014 宋へ遣使朝貢し,援助を求める（1030年まで6回遣使)。 1018 この年以降,東女真（咸興平野以北に居住)・西女真（清川江以北に居住）の首長・使者,頻繁に開京に来るようになる。官階・将軍号を与える。 1019 東女真の海賊船を鹵獲し,拉致されていた日本人を送還。 1022 契丹,顕宗を冊封。以後,契丹・高麗間に使節が頻繁に往来。 1024 大食国人（アラビア商人）が来航。 1066 契丹,国号を遼に改める。 1071 宋への遣使を再開。 1078 宋から国信使が来る。	1020 崔致遠を文廟（孔子廟）に配享（付属して祀る)。 1020頃 『大蔵経』の雕板開始。 1034 田柴科を改定（徳宗田柴科)。 1055 崔冲,文憲公徒を開設（私学十二徒のひとつ)。 1067 興王寺を建立。 1076 田柴科を改定（文宗田柴科)。 1086 義天（文宗の弟),宋から仏典を収集して帰国。興王寺に教蔵都監を設置（『続蔵経』刊行事業の開始)。 1099 遣宋使尹瓘ら帰国。宋から『資治通鑑』を賜る。
1104 東北面行営兵馬都統尹瓘の軍,東女真と戦って敗れる。 1106 流民対策のため,監務を派遣（地方支配制度の手直し)。 1107 尹瓘の軍,咸興平野に入る（08九城を築く。09東女真の攻勢により九城より撤退)。 1116 遼の年号の使用を停止。 1122 仁宗が即位（〜46在位)。 1125 李資謙,乱を起こして殺される（慶源李氏の没落)。	1114 女真・完顔部の阿骨打が挙兵。遼の東京（遼陽）から通報。完顔部の使節来る。 1115 阿骨打,金を建国。遼,女真挟攻を求めるが,出兵せず。 1116 金と使節を往来。 1123 宋の国信使来る。 1125 金,遼を滅ぼす。 1126 金に遣使し,臣と称する。これ以降,高麗・金間に使節が頻繁に往来。	1101 遣宋使帰国。宋から『太平御覧』を賜る。 1124 国信使に随行してきた宋の徐兢,『宣和奉使高麗図経』を刊行。

1127 僧妙清, 仁宗の寵を得る。西京 (平壌) 遷都, 皇帝即位, 金攻撃を主張。	1127 金, 宋を滅ぼす。江南に南宋が成立。	
1135 西京で妙清の乱が起きる。		
1136 金富軾, 妙清の乱を鎮圧。	1142 金の熙宗, 仁宗を冊封。金・南宋の和約 (宋を臣下とす る)。	1145 金富軾, 『三国史記』を編纂。
1146 毅宗即位 (〜70在位)。	1148 金, 毅宗を冊封。	
	1161 金の海陵王, 南宋攻撃に失敗。	
1170 武臣の鄭仲夫ら, 反乱を起こす。毅宗を廃位し, 明宗を立てる (庚寅の乱)。これより武臣間の権力闘争が続く。	1162 第2次金・南宋和約 (金を叔父, 宋を姪とする)。	1162 崔允儀が死去 (『詳定古今礼文』を編纂)。
	1172 金, 明宗を冊封。	
1174 西京留守趙位寵, 反乱を起こす (〜76)。	1174 金, 趙位寵の援助要請を叛臣を助けるべからずと拒む。	
1196 武臣の崔忠献が政権を握る。崔氏政権の成立。		
1197 崔忠献, 明宗を廃して弟の神宗 (〜1204在位) を擁立。	1199 金, 神宗を冊封。	
1209 崔忠献, 教定都監を置き, 長官の教定別監となる。	1205 金, 熙宗 (神宗の子) を冊封。	
1211 崔忠献, 熙宗を廃し, 明宗の子の康宗を擁立。	1211 モンゴル, 金に侵入。	
1213 高宗が即位。	1212 金, 康宗を冊封。	
1216 契丹人が侵入 (〜17)。	1215 モンゴル, 金の中都 (北京) を占領。金の蒲鮮万奴, 遼陽で自立して東真国を建てる。	
1218 モンゴル軍・東真軍, 契丹を攻めると称して高麗に入る。		
1219 モンゴル・東真と連合して, 契丹軍を降す。崔忠献死去し, 子の崔瑀 (のち崔怡) が政権を継承。	1219 モンゴル, 朝貢を求める。モンゴルへの遣使を開始。	
1231 モンゴルの侵入始まり, 以後断続的に続く (〜59)。	1232 モンゴルに遣使して臣を称する。	1232 初雕の『大蔵経』焼かれる。
1232 江華島に遷都。		1236 崔瑀, モンゴル退散のために『大蔵経』を再雕 (〜51)。
1233 西京の洪福源ら, 反乱を起こしてモンゴルに投入。	1239 モンゴル, 王の親朝を求める。代わりに王族を派遣。	1238 モンゴル軍, 慶州の皇龍寺を焼く。
1249 崔怡死去。崔沆が政権継承。		1241 李奎報の『東国李相国集』刊行。
1258 武臣の金俊ら, 崔竩 (崔沆の子) を殺す。崔氏政権崩壊。金俊が政権を掌握。モンゴル, 和州 (永興) に双城摠管府を置き, 東北辺境を奪う。		
1259 高宗, モンゴルに降伏。高宗が死去。	1259 太子 (のち元宗), モンゴルに入朝。	
1260 元宗, 帰国して即位。	1261 太子 (のち忠烈王), モンゴルに入朝。	1260 李仁老の『破閑集』刊行。
	1264 元宗, モンゴルに入朝。	
	1266 モンゴル, 日本へ使節を遣す (巨済から還る)。	
1268 武臣の林衍, 金俊を殺して政権を掌握。	1268 モンゴル, 戦艦営造を求める。	
	1269 世子 (のち忠烈王) ついで元宗, モンゴルに入朝 (〜70)。	

1270 モンゴル，東寧府を西京に置き，慈悲嶺以北を奪う。林惟茂（衍の子）殺害され，武臣政権終わる。開京に還都。三別抄が蜂起し，珍島に移る。	1270 世子，モンゴルに入朝。	
1271 モンゴル・高麗軍，珍島を占領。三別抄，耽羅（済州島）に移る。	1271 世子，モンゴルに入朝し，質子となる（～72）。三別抄，日本へ遣使し，モンゴル来襲の危険を告げ，援助を求める。モンゴル，国号を元とする。	
1272 三別抄の活動さかん。各地で戦艦を焼く。	1272 世子，モンゴルに入朝（～74）。	
1273 モンゴル・高麗軍，耽羅を占領。モンゴル，耽羅摠管府を置き，済州島を直轄支配。	1274 元・高麗軍の第1次日本侵攻。	
1274 世子，元の世祖クビライの娘と結婚。元宗死去。新王の忠烈王，帰国して即位。	1278 忠烈王，世子とともにモンゴルに入朝（以後，97年までに王は8回，世子も8回入朝）。	
1275 官制を改定。元の官制との重複をはばかり，官庁・官職名を格下げする。	1281 元・高麗軍の第2次日本侵攻。	1281 僧一然，『三国遺事』を編纂。
		1287 李承休，韻文体の史書『帝王韻記』を編纂。
1276 王関連用語を格下げ（朕→孤，奏→呈など）。		1289 安珦，忠烈王に従って元に行く。朱子の著作を伝える。
1287 元の地方統治機関としての征東行省設置（丞相は国王）。		
1290 東寧府廃止される。	1290 世子，5回目の入朝（以後は帰国期間が短く，即位まで通算7年近く入朝・元滞在）。	
1294 耽羅摠管府廃止される。		
1298 忠烈王譲位し，帰国した世子が即位する（忠宣王）。元に官制改革を問題とされ，退位。忠烈王が復位。	1298 退位した忠宣王，元へ入朝し，10年滞在。	1298 白頤正，忠宣王に従って元に行く。10余年滞在し，朱子学を学んで帰国。
	1307 元で武宗が即位。忠宣王は武宗擁立に加わる。	
1308 忠烈王が死去し，忠宣王が復位。王，帰国するが，すぐに元に入朝・滞在（～13）。	1308 忠宣王，皇帝擁立の功により瀋陽王（のち瀋王）に封ぜられる。	1308 忠宣王，宰相の家に同姓不婚を命ず。
1313 忠宣王譲位し，忠粛王が即位。忠粛王帰国。	1313 忠宣王，甥の延安君嵩を瀋王世子とする。	1314 李斉賢，忠宣王に従って元に行き，長期滞在（～20）。元の学者と交遊。
	1316 忠宣王，瀋王の位を世子嵩に伝える。忠粛王，元へ入朝。	1317 閔漬，『本朝編年綱目』を編纂。
	1320 元で英宗が即位。忠宣王はチベットに追放される。	
1322 上王（忠宣王）派の権漢功ら，瀋王の王への擁立をはかる。	1321 忠粛王，元へ入朝・滞在（～25）。	
	1323 元で英宗が死去し，忠宣王は釈放される（25元に滞在のまま死去）。	1342 李斉賢，『櫟翁稗説』を著す。
1340 奇子敖の娘，元の順帝の第二皇后になる。元帝室の外戚勢力が生まれる。		
1347 整治都監を置き，権勢家の土地兼併の抑制をはかり，奇皇后の一族と対立。	1350 倭寇がさかんとなる。	
1351 恭愍王即位。	1351 元の江南で紅巾の乱が起きる。	1352 恭愍王，辮髪をやめる。
	1354 高麗，元に反乱鎮圧のために援軍を送る。	

1356 恭愍王，元からの離脱政策を推進。奇氏ら元帝室の外戚勢力を排除。双城摠管府を排除。征東行省理問所を廃止。官制を文宗の旧制に復す。 1359 紅巾賊の第1次侵入（〜60）。 1361 紅巾賊の第2次侵入（〜62）。開京，占領される。恭愍王，福州（安東）に避難。 1365 恭愍王，僧の辛旽を抜擢し，土地・奴婢制度の改革をはかる。 1371 辛旽処刑され，改革は挫折。 1374 恭愍王殺され，禑王即位。 1375 向明派の鄭道伝・鄭夢周ら，北元に事えることに反対して流配される。 1376 崔瑩，鴻山で倭寇を撃破。 1380 李成桂，雲峰で倭寇を撃破。 1388 禑王・崔瑩，遼東攻撃を計画。李成桂，威化島の回軍をおこない，禑王を廃して，昌王を立てる。 1389 李成桂，恭譲王（神宗7代の孫）を擁立。 1391 李成桂，三軍都摠制使となり，兵権を握る。	1366 日本に使節を派遣。 1367 日本の報聘使来る。 1368 明が建国。 1369 明に朝貢。 1370 恭愍王，明の冊封を受ける。2回にわたって遼東に出兵し，北元勢力を破る。 1375 日本へ通信使を送る。 1377 北元の冊封を受ける。明との関係は悪化。報聘使鄭夢周を日本へ派遣。 1385 禑王，ようやく明から冊封を受ける。 1389 琉球中山王の使節が来る。	1363 文益漸，元から木綿の種子を持ち帰る。綿花栽培・綿布製造が普及し，衣服革命の端緒となる。 1367 李穡，成均館大司成となり，儒学教育体制を整える。 1389 李成桂派の趙浚・鄭道伝ら，田制改革を推進。 1391 科田法を実施。
	朝　　鮮	
1392 李成桂即位。高麗滅亡。 1393 国号を朝鮮に改める。 1394 漢陽に遷都。 1395 漢陽を漢城と改める。 1398 第1次王子の乱。靖安君芳遠，世子芳碩・鄭道伝らを殺す。太祖譲位し，定宗が即位。 1399 開城に還都。 1400 第2次王子の乱。靖安公芳遠，懷安公芳幹を破る。靖安公，世子となり，ついで即位（太宗）。私兵廃止。都評議使司を議政府に改める。	1392 太祖，明に朝貢。 1394 靖安君芳遠を明に遣し，関係改善をはかる。 1396 明，朝鮮の上表文の文字をとがめ，関係悪化（表箋問題）。 1398 明で洪武帝が死去し，建文帝が即位。 1399 明で燕王が挙兵。	1392 僧侶の度牒制を実施。 1394 鄭道伝，『朝鮮経国典』を編纂。 1395 鄭道伝ら，『高麗史』を編纂。 1397 『経済六典』刊行。
1405 政務を六曹から直接に王に報告させる（六曹直啓制）。漢城に再遷都。 1413 全国を8道とする。 1418 世宗即位。上王の太宗が兵権を握る。	1401 建文帝，冊封使を遣し，太宗を朝鮮国王に冊封。 1402 明で燕王即位（永楽帝）。 1403 永楽帝，冊封使を遣し，あらためて太宗を冊封。 1419 李従茂の率いる朝鮮軍，対馬に侵攻（己亥東征。応永の外寇）。	1403 鋳字所を設置。金属活字を大量に鋳造。 1406 第1次寺院整理。存置すべき寺院を定め，その所有する土地・奴婢などを限る。

1420 集賢殿を設置。		1424 第2次寺院整理。諸宗派を禅宗・教宗に統合し、36寺を両宗に所属させ、その所有地・僧侶数を定める。
1422 太宗が死去。	1426 日本との貿易港を富山浦・乃而浦・塩浦の三浦とする。	
1426 黄喜、右議政となる（領議政府事に累進し、49年まで議政に長期在任）。		1430 鄭招ら、農書『農事直説』を編纂。
1434 咸吉道（のち咸鏡道）東北辺の六鎮の開拓をはじめる。	1433 崔閏徳の率いる朝鮮軍、婆猪江（渾江）流域の女真人を攻撃。	1432 孟思誠ら、『新撰八道地理志』を編纂。
	1438 対馬島主と文引制度を約定。	1433 『郷薬集成方』刊行。
1445 世宗、病気を理由に世子に政務を代理させる（代理聴政）。	1443 通信使卞孝文一行を日本に送る。対馬と癸亥約条（嘉吉条約）を結び、歳遣船を50隻に制限。	1443 「訓民正音」（ハングル）を創製（46年に解説書『訓民正音』を刊行）。
		1445 『龍飛御天歌』刊行。医書『医方類聚』刊行。
1450 世宗死去し、文宗が即位。		1446 諺文庁（正音庁）設置。
1452 文宗死去し、端宗が12歳で即位。六曹直啓制を廃止し、議政府の権限強化。領議政府事皇甫仁・左議政金宗瑞らに権力が集中。		1447 申叔舟ら、『東国正韻』を完成。
		1451 鄭麟趾・金宗瑞ら、改修した『高麗史』を完成。
1453 首陽大君がクーデタを起こし、政権を掌握（「癸酉靖難」と称す）。皇甫仁・金宗瑞らを殺害。クーデタ功労者を靖難功臣とする（勲旧派の形成）。		1452 金宗瑞ら、『高麗史節要』を編纂。
1455 端宗譲位。首陽大君が即位（世祖）。六曹直啓制を復活。世祖擁立功労者を佐翼功臣とする。		
1456 成三問ら、端宗復位を謀って失敗し、処刑される（死六臣）。集賢殿廃止。		1459 『月印釈譜』なる。
1457 端宗を魯山君に降格し、寧越に流す。魯山君自殺。	1460 申叔舟の率いる朝鮮軍、豆満江を越えて女真人を攻撃。	1461 刊経都監を設け、諺解（ハングル訳）仏典を刊行。
1460 『経国大典』の戸典実施。	1467 明・朝鮮軍、婆猪江流域の女真人を攻撃。	1464 円覚寺建立（67多層塔建立。現在のタプコル公園）。
1467 咸吉道で李施愛の乱が起きる。		1466 科田法を廃止し、職田法を施行（現職官僚だけに土地を分給）。
1469 成宗が13歳で即位。大王大妃尹氏（貞熹王后）の垂簾同聴政。『経国大典』完成（70施行）。	1479 通信使李亨元、対馬に至り島主と対立して帰国。	1471 申叔舟、『海東諸国紀』を著す。
1476 成宗の親政始まる。勲旧派の専横に批判的な士林派が形成されるきっかけとなる。	1482 平安道満浦鎮での女真人との交易を開始。	1478 徐居正ら、詩文集『東文選』を編纂。
1494 燕山君即位。	1491 許琮の率いる朝鮮軍、豆満江を越えて女真人を攻撃。	1481 盧思慎・徐居正ら、地理書『東国輿地勝覧』を編纂。
1498 戊午の士禍が起きる。		
1504 甲子の士禍が起きる。		1505 興天寺・興徳寺・円覚寺の焼失・撤去により、禅宗・教宗による仏教統制体制が機能不全に陥る。
1506 朴元宗ら、クーデタを起こし、王を廃し（燕山君に降格）、中宗を擁立（中宗反正）。朴元宗らを靖国功臣とする。	1510 三浦倭変（三浦の乱）。	
	1512 対馬と壬申約条（永正条約）を結ぶ。歳遣船を25隻に制限し、三浦への日本人居住を禁止。	
1515 趙光祖一派の発言力が強まる。		

1519 賢良科を設置し，士林派が進出。勲旧派の南袞らの策謀により，趙光祖一派が処刑・追放される（己卯士禍）。	1521 日本との浦所に釜山浦を加える。 1523 対馬の歳遣船数を30隻に増加。	1516 中宗，王・王后の冥福を仏式に祈る忌晨斎を廃止。『経国大典』から度僧条を削除。
1537 王妃（文定王后）一族（小尹）と前王妃（章敬王后）一族（大尹）との外戚間の権力闘争が起きる。 1544 中宗が死去し，仁宗（母は章敬王后）即位。大尹の尹任が政権を握る。 1545 仁宗が死去し，明宗（母は文定王后）即位。大王大妃（文定王后）が垂簾同聴政。尹任や士林派の柳灌ら，排除される（乙巳の士禍）。	1544 蛇梁の倭変。 1547 対馬と丁未約条（天文条約）を結ぶ。歳遣船を再び25隻に制限し，浦所を釜山浦に限る。	1543 豊基郡守周世鵬が白雲洞書院を建てる（書院のはじまり）。 1550 白雲洞書院に「紹修」の額を賜う（最初の賜額書院）。文定王后，普雨を登用し，禅宗・教宗を再興。
1555 備辺司の庁舎ができる。 1565 文定王后死去。弟の領議政尹元衡失脚。 1567 明宗が死去し，宣祖が即位。士林派の政権が成立。 1575 東人と西人との分党が起きる（党争の開始）。当初は東人が優勢。 1589 鄭汝立の変。西人が優位に立つ。 1591 王世子冊立問題で西人の左議政鄭澈失脚。東人は西人への態度をめぐって，南人と北人とに分裂。 1592 日本軍の侵入（壬辰倭乱）。宣祖は義州に避難。王世子（のちの光海君）の分朝を設置。明軍参戦。李舜臣，日本水軍を撃破。 1593 宣祖，漢城に戻る。日明講和交渉開始。訓錬都監設置。 1597 日本軍，再び大挙侵入（丁酉倭乱）。 1598 日本軍撤兵。李舜臣戦死。 1599 北人が南人への態度をめぐって，大北と小北に分裂。	1555 乙卯倭変。倭寇，全羅道の達梁に侵入。 1557 対馬が倭寇の動きを通報したので，歳遣船を30隻に増加。 1583 豆満江流域で女真人の反乱が起きる。 1588 対馬，通信使の派遣を要請。 1590 通信使金誠一の一行を日本へ派遣。 1595 申忠一を興京に送り，満州国を建てたヌルハチの動静を探る。	1553 李彦迪（号：晦斎）が死去。 1556 李滉の『朱子書節要』なる。 1565 普雨，済州島に流されて殺される。禅教両宗を廃止。 1570 李滉（号：退溪）が死去。 1572 曺植（号：南冥）が死去。 1575 李珥，『聖学輯要』を著す。 1584 李珥（号：栗谷）が死去。 1598 成渾（号：牛渓）が死去。 1599 金長生，『四礼輯覧』を著す。
1606 宣祖の継妃（仁穆王后），永昌大君を生む。大北は王世子を支持し，小北の領議政柳永慶らは永昌大君を支持。 1608 宣祖が死去し，王世子が即位。柳永慶に賜死。大北と小北の柳希奮（王妃の兄）一派が政権を握る。	1607 回答兼刷還使呂祐吉一行を日本に派遣。国交を回復。 1609 対馬と己酉約条（慶長条約）を結ぶ。	1608 京畿に大同法を実施。 1610 許浚，『東医宝鑑』を著す。

1613　永昌大君を江華島に流配（翌年に殺害）。	1616　ヌルハチ，後金を建てる。	1614　李晬光，『芝峰類説』を著す。
1618　王大妃（仁穆王后）を廃す。	1617　回答兼刷還使呉允謙一行を日本に派遣。	
	1619　サルフの戦い。明・朝鮮軍，後金軍に敗北。	
1623　西人の金瑬・李貴ら，クーデタを起こし，王を廃し，仁祖を擁立（仁祖反正）。前王を光海君に降格。仁祖擁立の功労者を靖社功臣とする。	1621　後金，遼河以東を支配。明の将軍毛文龍が朝鮮へ逃入。	1623　江原・忠清・全羅3道で大同法実施。僧尼の都城に入ることを禁止。
	1622　毛文龍，平安道の椵島を根拠地とする。	
1624　摠戎庁設置。	1624　回答兼刷還使鄭岦一行を日本に派遣。	1625　忠清・全羅2道で大同法廃止。
1627　後金軍の侵入（丁卯胡乱）。仁祖は江華島に避難。		
1628　守禦庁を設置。	1636　通信使任絖一行を日本に派遣。	
1636　清軍，太宗が親率して大挙侵入（～37。丙子胡乱）。	1637　王世子（昭顕世子）・鳳林大君を人質として瀋陽に送る。	
1637　仁祖，三田渡にて清の太宗に降伏。清に臣属する。	1643　通信使尹順之一行を日本に派遣。	1631　金長生（号：沙渓）が死去。
1645　昭顕世子が急死し，鳳林大君が世子となる。	1644　清，華北に入り，昭顕世子らの帰国を許す。	
1649　孝宗が即位。金集・宋時烈・宋浚吉らを登用。	1654　清の求めにより，対ロシア戦に援兵を送る（1658年にも）。	1651　忠清道で大同法復活。
1652　御営庁を設置。孝宗，「北伐」計画を進める。	1655　通信使趙珩一行を日本に派遣。	1655　申渫，『農家集成』を著す。
1659　孝宗死去し，顕宗が即位。		1656　金集（号：慎独斎）が死去。
1660　己亥礼訟起きる。顕宗の時代に南人の勢力が伸張。		1658　全羅道沿海部で大同法実施。
1674　甲寅礼訟起きる。顕宗，西人の主張を却ける。顕宗が死去し，粛宗が即位。		1661　都城内の尼院を撤去。
		1662　全羅道山間部で大同法実施。
1675　南人政権が成立。	1675　清で三藩の乱が起こり，南人政権内で「北伐」論再燃。	1670　柳馨遠，『磻渓随録』を著す。
1680　庚申大黜陟。南人政権が倒れ，西人政権が復活。	1682　通信使尹趾完一行を日本に派遣。	1672　宋浚吉（号：同春堂）が死去。
1683　西人，南人への態度をめぐって，老論と少論に分裂。四色党派体制の成立。		1678　慶尚道で大同法実施。
1688　昭儀張氏が王子を生む。		
1689　己巳換局。王世子冊封問題が起きて西人が敗れ，南人政権が復活。王妃閔氏（仁顕王后。老論の閔維重の娘）を廃す。		1689　宋時烈（号：尤菴），己巳換局により賜死。
1690　王世子を封ずる（のちの景宗）。禧嬪張氏を王妃とする。		
1694　甲戌換局。西人政権が復活。当初は少論優位。廃妃を王妃に復し，張氏を禧嬪に降格。		1695　朴世采（号：南渓）が死去。
1701　仁顕王后死去。巫蠱の獄（辛巳の獄）起きる。張禧嬪に賜死。老論の勢力が増大。	1704　明の萬暦帝・崇禎帝を祀る大報壇を昌徳宮禁苑に設ける。	1708　黄海道に詳定法（大同法の変型）を実施。
	1711　通信使趙泰億一行を日本に派遣。	
1720　粛宗が死去し，景宗が即位。	1719　通信使洪致中一行を日本に派遣。	1714　尹拯（号：明斎）が死去。
1721　王世弟の冊封・代理聴政問題をめぐり老論・少論が対立。少論政権が成立。		
1722　壬寅の獄起きる。金昌集・李頤命ら老論4大臣を処刑。		

1724 景宗が死去し，英祖が即位。少論の強硬派（峻少）を処分。		
1725 老論政権が成立。		
1727 丁未換局。少論中心の政権が成立。		
1728 戊申の乱が起きる。峻少・南人，密豊君（昭顕世子の曾孫）の擁立をはかる。		
1729 己酉処分。壬寅に処刑された4大臣のうち李健命・趙泰采の官爵を復す。英祖，老論・少論の勢力を均衡させる蕩平策を推進。		
1740 庚申処分。金昌集・李頤命の官爵を復す。		1744 『続大典』『続五礼儀』なる。
1749 王世子（荘献世子）の代理聴政を開始。	1748 通信使洪啓禧一行を日本に派遣。	1750 均役法を実施（～51）。
1755 乙亥の獄起きる。少論の勢力が後退し，老論の優位が確立する契機となる。		
1759 英祖，金漢耉の娘を継妃とする（貞純王后）。		
1762 壬戌禍変。英祖，世子（荘献世子）を櫃に監禁して餓死させる。王の処置を正当とする僻派と，世子に同情する時派との対立の原因となる。	1764 通信使趙曮一行を日本に派遣（江戸に至った通信使の最後となる）。	1763 李瀷（号：星湖）が死去。
1775 王世孫（のちの正祖）の代理聴政開始。		1770 『東国文献備考』なる。
1776 正祖即位。代理聴政に反対した者を処分。奎章閣を設置。		1778 朴斉家，『北学議』を著す。
1788 南人の蔡済恭を議政に登用。	1788 外交文書集『同文彙考』を刊行。	1784 李承薫，北京で天主教徒となり，帰国して布教。
1800 正祖が死去し，純祖が即位。貞純王后，垂簾同聴政（～04）。僻派が政権を握る。		1791 辛亥邪獄（最初の天主教徒弾圧）が起きる。
		1797 李肯翊，『燃藜室記述』を著す。
1802 金祖淳の娘を王妃とする（純元王后）。		1801 辛酉邪獄起きる。
1806 丙申処分。僻派政権が倒れ，金祖淳が政権を握る。老論・安東金氏の世道政治の始まり。		
1811 平安道北部で洪景来の乱が起きる（～12）。	1811 通信使金履喬一行を日本に派遣，対馬で易地聘礼。	1813 金長淳，『甘藷新譜』を著す。
1819 趙万永の娘を王世子嬪とする（神貞王后）。老論・豊壌趙氏の勢力もしだいに伸張。		1817 金正喜，北漢山城の碑石が新羅真興王の巡狩碑であることを明らかにする。
1827 王世子（孝明世子）の代理聴政（～30）。王世子の死で終了。		
1834 純祖が死去し，王世孫が即位（憲宗）。純元王后が垂簾同聴政（～40）。豊壌趙氏が安東金氏に対抗。	1832 イギリス船ロード・アマースト号が来航，通商を求めるが，藩国は「私交」できないとして拒否。	1836 丁若鏞（号：茶山）が死去。

政　　治	対外関係	経済・社会	文　　化
1837　金祖根の娘を王妃とする（孝顕王后）。			1839　己亥邪獄起きる。
1849　憲宗が死去。哲宗が傍系から即位。趙秉鉉に賜死。	1845　イギリス艦サマラン号が来航して通商を求めるも、拒否。		1845　徐有榘（号：楓石）が死去。
1851　金汶根の娘を王妃とする（哲仁王后）。3代にわたって安東金氏から王妃を出す。			1846　丙午邪獄起きる。
			1856　金正喜（号：秋史，阮堂）が死去。
1862　慶尚・全羅・忠清道で民乱が続発（壬戌民乱）。	1860　熱河に避難した清の咸豊帝の下に問安使を派遣。		1861　金正浩、『大東輿地図』を刊行。
1863　哲宗が死去し、高宗が傍系から即位。神貞王后の垂簾同聴政（～66）。王の実父の興宣大院君が政権を握る。			
1864　北人の任百経を右議政とする（孝宗期以降初めての北人議政）。			1864　東学教祖崔済愚を処刑。
1865　備辺司を議政府に統合。柳厚祚を右議政とする（蔡済恭以降初めての南人議政）。			1866　丙寅邪獄起きる。
1866　閔致禄の娘を王妃とする（明成皇后）。丙寅洋擾（平壌の軍民、アメリカ船を焼き沈める。フランス艦隊の江華島侵攻）。			
1868　景福宮の再建なる。	1868　対馬藩の使節、日本の王政復古を伝える書契を東莱府にもたらす。文書の格式が前例に反すとして受理を拒否。		1868　衛正斥邪派の李恒老（号：華西）が死去。
1871　賜額書院47カ所以外の書院を撤廃。辛未洋擾，アメリカ艦隊が江華島に侵攻。			
1872　南人・北人が同時に議政となる。老論の反発強まる。	1872　日本外務省官吏、釜山に来る。汽船搭乗を理由に会見を拒否。		
1873　大院君退陣、閔氏政権成立。	1874　清より，日本の台湾出兵について通報を受ける。		
1875　江華島事件。			

政　　治	対外関係	経済・社会	文　　化
開港期・大韓帝国期			
1876 2.　日朝修好条規調印。 8.　日朝修好条規附録・通商章程に調印。	1876 4.　最初の修信使金綺秀一行を日本へ派遣。		
1878 11.　閔謙鎬・閔台鎬が政権の中心となる。	1878 9.　釜山豆毛鎮課税問題起きる（～12.）。		1877　朴珪寿（号：瓛斎）が死去。
	1879 8.　清の李鴻章、李裕元に書簡を送り，欧米諸国との条約締結を勧告。		1879　崔漢綺（号：恵崗）が死去。池錫永、釜山の済生病院で種痘法を実習。
1880 7.　清への留学生派遣計画を決める。 10.　対欧米開国・開化へ政策転換。	1880 7.　第2回修信使金弘集一行を日本へ派遣。	1880 4.　元山開港。	1880　衛正斥邪派の奇正鎮（号：蘆沙）が死去。
1881 1.　統理機務衙門を設置。 5.　洋式軍隊（別技軍）を設置。 9.　辛巳斥邪上疏運動を弾圧。 10.　李載先事件起きる。	1881 2.　日本へ視察団を派遣。 9.　第3回修信使趙秉鎬一行を日本に派遣，通商章程改訂交渉。 11.　領選使を天津に派遣。		1881　日本・中国への最初の留学生を派遣。

朝鮮史関係年表 —— 507

1882 7. 壬午軍乱起きる。閔氏政権倒され，大院君が政権を握る。日清両国，出兵。8. 清，大院君を中国へ連行。閔氏政権復活。9. 開国・開化の教を下す。12. 統理軍国事務衙門・統理軍交渉通商事務衙門を設置（ともに83年1月改称後の名称）。	1882 5. 朝米修好通商条約調印。魚允中，清と外交・貿易体制の修正を求め交渉をおこなう（〜6.）。6. 朝英・朝独修好通商条約調印。8. 日朝修好条規続約・済物浦条約調印。10. 朝清商民水陸貿易章程成立。		
1883 2. 中央行政官庁の一部整理を実施。	1883 7. 米国へ報聘使節泳翊一行を派遣。改訂日朝通商章程調印。11. 朝英・朝独改訂条約調印。	1883 1. 仁川開港。6. 当五銭の通用を開始。	1883 10. 最初の新聞『漢城旬報』創刊（漢文）。
1884 5. 漢城駐屯の清軍の半数が帰国。9. 洋式軍隊の親軍4営が成立。12. 甲申政変起きる。閔台鎬ら殺害される。金玉均・朴泳孝らは日本へ亡命。	1884 3. 朝清商民水陸貿易章程を改訂（清に全国への内地通商を認める）。6. 朝露修好通商条約調印。		1884 兪吉濬，最初の米国留学生となる。パンソリ作家・申在孝が死去。
1885 6. 内務府設置。高宗・メレンドルフらによる陸軍教官傭聘の朝露秘密協定締結の企画失敗。10. 清，大院君を帰国させる。11. 清の駐箚朝鮮総理交渉通商事宜袁世凱が着任。	1885 1. 日本と漢城条約調印。4. イギリス東洋艦隊，巨文島を占領。日清間に天津条約調印。7. 天津条約に従い，日清両軍が朝鮮から撤退。	1885 4. 日本，全国への内地行商権に均霑。	1885 西洋農法を紹介した安宗洙の『農政新編』刊行。西洋式病院の済衆院創立。培材学堂創立。
1886 8. 第2次朝露秘密協定問題が露見。	1886 6. 朝仏修好通商条約調印。	1886 汽船による税穀輸送を開始。	1886 新聞『漢城周報』創刊（漢文）。洋式学校の育英公院を設置。梨花学堂設立。鄭秉夏『農政撮要』刊行。
1887 8. 駐米公使派遣問題が起きる。	1887 3. イギリス艦隊，巨文島から退去。	1887 電信総局を設置。大豆の対日輸出が増大しはじめる。日本商人の内地行商による買付開始。	1887 兪吉濬，『西遊見聞』を著す。
1888 4. 将校養成機関である錬武公院のアメリカ人教官着任。	1889 11. 咸鏡道防穀令事件が起きる（90年2月，黄海道防穀令事件も起きる）。	1890 米の対日輸出が増大しはじめる。	
1890 9. 神貞大王大妃弔勅使問題が起きる。		1890 1. 漢城の商人，日清商人の市外退去を求めて撤市。	
1891 11. 趙秉式，忠清道観察使となり，管下の東学教徒を厳しく弾圧。		1891 4. 済州島漁民，日本漁船の出漁禁止を求めて蜂起。	1891 12. 雑誌 Korean Repository 創刊。
1892 12. 東学教徒の公州集会。	1892 6. 朝墺修好通商条約調印。		
1893 1. 東学教徒，参礼集会（3. 景福宮前で伏閣上疏，4. 報恩集会・金溝集会）。	1893 4. 日本公使大石正巳，防穀令賠償問題で最後通牒を発す。		

1894 2. 全羅道古阜郡で民乱が起きる。 4. 全羅道で甲午農民戦争の第1次蜂起起きる。 5. 農民軍，全州占領。 6. 清に出兵を求める。清軍・日本軍出兵。農民軍，全州和約を結んで撤退。 7. 日本軍，景福宮などを占領。豊島沖海戦（朝鮮を戦場にして日清戦争開始）。金弘集開化派政権成立。甲午改革始まる。 10. 甲午農民戦争の第2次蜂起開始。 12. 金弘集・朴泳孝連立政権成立。	1894 7. 朝清商民水陸貿易章程など3章程の廃棄を清に通告。 8. 日朝暫定合同条款・大日本大朝鮮両国盟約調印。 10. 井上馨日本公使着任。	1894 8. 租税金納化を決定。	1894 7. 『官報』を発行。
1895 1. 高宗，洪範14条を宗廟に誓告。 4. 全琫準を処刑。議政府を内閣に改編。 6. 地方制度改革（23府制を実施）。 7. 朴泳孝，日本へ亡命。 10. 王后殺害事件。 12. 断髪令施行。	1895 3. 日本から300万円の借款契約調印。 4. 下関条約。露仏独の日本に対する三国干渉。 9. 三浦梧楼日本公使着任。		1895 1. 『官報』の文体が漢字・ハングル混用文に替わる。 4. 『西遊見聞』刊行。 8. 小学校令頒布。 11. 漢城に最初の小学校設立。
1896 1. 太陽暦採用。建陽の年号を使用。義兵運動起きる。 2. 露館播遷。金弘集内閣倒れ，親露派内閣成立。 7. 独立協会創立。 8. 地方制度改正（13道制実施）。 9. 内閣を議政府に改編。	1896 4. ロシア皇帝ニコライ2世戴冠式に大使閔泳煥を派遣。 5. 小村・ウェーバー覚書調印。 6. 山県・ロバノフ協定調印。 10. ロシア人軍事教官プチャータ大佐一行来る。	1896 3. アメリカ人モースに京仁鉄道敷設権を与える。 7. フランス人クリュに京義鉄道敷設権を与える。	1896 4. 『独立新聞』創刊（最初の純ハングル新聞）。 11. 独立門起工式。
1897 2. 高宗，慶運宮に還宮。 8. 光武と改元。独立協会，第1回討論会を開催。 10. 国号を大韓と改め，高宗，皇帝に即位。	1897 9. ロシア公使スペイエル着任し，勢力拡大を図る。 10. ロシア人アレクセーエフを財政顧問に任命。	1897 10. 木浦・鎮南浦開港。 12. 漢城銀行営業開始。	1897 11. 独立門竣工。
1898 2. 独立協会，反露闘争を起こす。 10. 独立協会，国政改革運動を起こす。 12. 独立協会・万民共同会が解散させられる。	1898 4. ロシア人軍事教官・財政顧問帰国。西・ローゼン協定調印。	1898 7. 量地衙門設置（99 7. 量田事業開始）。	1898 8. 『帝国新聞』創刊（純ハングル）。 9. 皇城新聞』創刊（漢字・ハングル混用文）。 1898 周時経『国語文法』刊行。
1899 1. 軍備拡張を開始。 6. 宮中に元帥府を設置。 8. 大韓国国制頒布。	1899 9. 韓清通商条約調印。	1899 5. 漢城の市街電車開通。 9. 仁川－露梁津に鉄道開通。	

1900 2. 通信院設置, 通信事業拡張をはかる。 4. 宮内府に鉄道院を設置。 6. 警務庁を警部に昇格。	1900 5. 列強による義和団鎮圧戦争開始。 7. ロシア軍の満州占領開始。	1900 7. 漢江鉄橋竣工し, 京仁鉄道全通。京仁間に電話開通。	
1901 9. 皇帝生誕50周年祝賀宴を開催。 12. 警部を廃止し, 警務庁を復活。	1901 3. ベルギーと修好通商条約調印。	1901 2. 貨幣条例頒布, 金本位制を採用。 8. 永登浦で京釜鉄道北部起工式。 10. 地契衙門設置。	
1902 12. 皇帝即位40周年記念式典を挙行。	1902 1. 日英同盟調印。 7. デンマークと修好通商条約調印。	1902 5. 漢城－開城間鉄道起工式。日本の第一銀行韓国内支店, 銀行券発行。	
1903 4. ロシア, 龍岩浦で土地買収を開始。	1903 8. 満州・韓国をめぐる日露交渉開始。	1903 3. 中央銀行条例頒布。	
1904 1. 日露開戦時の局外中立を宣言。 2. 日本軍, 鎮海湾を占拠し, 仁川に上陸 (日露戦争開始)。 3. 日本の韓国駐箚軍司令部, 漢城に設置。 10. 日本, 咸鏡道の占領地に軍政を施行。目賀田種太郎を財政顧問に傭聘。	1904 2. 日韓議定書調印。 5. 日本の要求に従い, ロシアとの条約・協定を廃棄。 8. 第1次日韓協約調印。	1904 7. 日本の荒蕪地開拓権要求に対して反対運動高揚。 9. 対日協力団体の一進会結成。	1904 7. 『大韓毎日申報』創刊。
1905 2. 丸山重俊を警務顧問に傭聘。 4. 日韓通信機関協定調印 (日本, 通信機関を掌握。韓国軍を半減。 11. 乙巳保護条約 (第2次日韓協約) 調印。 12. 日本, 統監府及理事庁官制公布。	1905 4. 日本政府,「韓国保護権確立の件」を閣議決定。 7. 桂・タフト協定成立。 8. 第2回日英同盟調印。 9. ポーツマス条約調印。	1905 5. 京釜鉄道全通。 7. 貨幣整理を開始。 11. 保護条約反対運動高揚 (～12.)。	1905 12. 孫秉煕, 東学を天道教と改称。
1906 2. 統監府設置。 5. 閔宗植の義兵, 洪州を占領。 6. 崔益鉉, 全羅北道で義兵を起こす。 9. 地方制度改正 (郡の飛地を整理)。		1906 3. 農工銀行条例頒布。 4. 京義鉄道全通。大韓自強会創立。 9. 管税官官制頒布。 10. 西友学会創立。 12. 土地家屋証明規則頒布。	1906 6. 天道教系の『万歳報』創刊 (李人稙の新小説を掲載)。 8. 普通学校令などを頒布。
1907 5. 李完用が参政大臣となる。 6. 議政府を内閣に改める。ハーグ密使事件起きる。 7. 日本の圧力で高宗退位, 純宗が即位。丁未七条約 (第3次日韓協約) 調印。新聞紙法・保安法頒布。 8. 軍隊解散。日本人次官を任命 (次官政治始まる)。	1907 6. 第2回ハーグ平和会議開催 (～10.)。 7. 第1次日露協約調印。	1907 1. 国債報償運動起きる。 4. 新民会創立。 5. 地方金融組合規則頒布。 7. 皇帝強制退位反対運動が起きる。 8. 大韓自強会解散させられる。 12. 大韓協会創立。	1907 3. 李人稙『血の涙』刊行。 8. 学部に国文研究所設置。

1908 6. 憲兵補助員を募集。 8. 大審院以下の裁判所開庁（要職は日本人）。 1909 2. 出版法頒布。 3. 民籍法頒布。 7. 韓国司法及び監獄事務委託に関する日韓覚書調印（11. 実施）。 9. 「南韓大討伐作戦」（～10.）。 10. 安重根, ハルビン駅で伊藤博文を射殺。		1908 1. 財務監督局・財務署を設置。森林法頒布。 12. 東洋拓殖株式会社創立。	1908 9. 私立学校令頒布。 10. 学会令頒布。 11. 崔南善, 最初の月刊総合雑誌『少年』を創刊。
	1909 7. 日本政府, 適当な時機に韓国を併合する方針を閣議決定。 9. 間島に関する日清協約調印。	1909 10. 韓国銀行創立。	1909 9. 兪吉濬『大韓文典』刊行。
1910 5. 寺内正毅, 第3代統監に就任。 6. 警察事務委託に関する日韓覚書調印。 7. 憲兵警察制度発足。 8. 韓国併合に関する条約調印。	1910 4. ロシア, 日本の韓国併合を承認（5. イギリスも承認）。 7. 第2次日露協約調印。	1910 3. 土地調査局官制頒布。 8. 土地調査法頒布。政治集会及び屋外多衆集会を禁止。	1910 7. 李海潮『自由鐘』刊行。
		植民地期	
1910 8. 韓国併合。国号を朝鮮と改める。朝鮮総督府設置。 10. 朝鮮総督府官制施行。	1910 8. 日本, 韓国併合に関する宣言を発表（朝鮮の輸入関税率10年据置など）。		1910 8. 『大韓毎日申報』廃刊。朝鮮総督府系の朝鮮語新聞『毎日申報』創刊。 9. 『漢城新聞』（『皇城新聞』を改題）廃刊。
1911 1. 犯罪即決令施行。 11. 朝鮮教育令・私立学校規則施行。 1912 4. 朝鮮民事令・朝鮮刑事令・朝鮮笞刑令施行。	1911 11. 鴨緑江鉄橋竣工し, 朝鮮鉄道と南満洲鉄道（満鉄）との直通運転を開始。	1911 1. 会社令公布。 6. 森林令公布。 8. 韓国銀行を朝鮮銀行に改称。 1912 4. 朝鮮不動産登記令施行。 6. 尹致昊ら,「寺内総督暗殺未遂事件」（105人事件）で起訴される。 8. 朝鮮土地調査令施行。	1911 8. 留学生規則施行。
1914 3. 府郡面の統合を実施。地税令・市街地税令公布。 1915 4. 私立学校規則改正, 統制を強化。 10. 神社寺院規則・布教規則施行。 1916 4. 日本海軍, 鎮海に要港部を設置。 1917 3. 神祠に関する件発布。 10. 面制施行。	1914 8. 日本, 第1次世界大戦に参戦。 1915 5. 日本, 中国に21ヵ条要求の主要部を受諾させる。 1917 7. 朝鮮国有鉄道の経営を満鉄に委託。 11. ロシア10月革命。	1914 1. 湖南線全通。 9. 京元線全通。 1917 10. 朝鮮水利組合令施行。 11. 咸鏡線清津－会寧間開通。	1914 4. 在日本東京朝鮮留学生学友会,『学之光』創刊。 1915 12. 朝鮮総督府博物館を景福宮内に開館。 1916 7. 古蹟及遺物保存規則発布。 1917 1. 李光洙の小説『無情』,『毎日申報』へ連載開始。

1918 5. 朝鮮駐劄軍, 朝鮮軍と改称。	1918 1. 米大統領, 14カ条発表。 7. 日本で米騒動起きる。 8. 日米, シベリア出兵。 11. 第1次世界大戦終結。	1918 5. 朝鮮林野調査令施行。 10. 朝鮮殖産銀行設立。 11. 土地調査事業終了式。	
1919 1. 高宗死去。 3. 三・一運動起きる。 4. 上海で大韓民国臨時政府樹立。政治に関する犯罪処罰の件公布。 8. 斎藤実, 朝鮮総督となる。総督府官制改革。総督武官制を廃し, 憲兵警察制度を普通警察制度に転換。	1919 1. パリ講和会議開催。 3. コミンテルン創立。 6. ベルサイユ講和条約調印。	1919 10. 金性洙ら, 京城紡織株式会社を設立。	1919 10. 最初の朝鮮人製作映画『義理的仇闘』上映。
1920 3. 朝鮮笞刑令廃止。 4. 常設2個師団の編成完了。 10. 地方制度改正。地方諮問機関を設置。	1920 1. 国際連盟発足。 4. 米, シベリアから撤兵。 10. 日本軍, 北間島に侵攻し, 朝鮮人を虐殺。	1920 4. 会社令廃止。朝鮮労働共済会創立。 8. 関税制度改正 (据置期間終了, 日本と共通に)。 12. 産米増殖計画樹立。	1920 3. 『朝鮮日報』創刊。朝鮮総督府編『朝鮮語辞典』刊行。 4. 『東亜日報』創刊。 6. 月刊総合雑誌『開闢』創刊。
	1921 11. ワシントン会議開催 (〜22 2.)。	1921 9. 産業調査委員会開催。釜山埠頭労働者ストライキ。	1921 12. 朝鮮語研究会結成。
1922 4. 朝鮮教育令改正 (第2次教育令)。	1922 10. 日本, シベリアから撤兵。	1922 10. 朝鮮労働連盟会結成。	1922 6. 第1回朝鮮美術展覧会開催。
1923 7. 朝鮮戸籍令施行。	1923 9. 日本で関東大震災, 朝鮮人虐殺事件が起きる。	1923 1. 朝鮮物産奨励会創立。 4. 朝鮮民立大学期成会創立。衡平社設立。	
1924 5. 京城帝国大学予科設立。	1924 1. 中国で第1次国共合作成立。	1924 4. 朝鮮労農総同盟創立。	
1925 5. 治安維持法を朝鮮に適用。 6. 朝鮮史編修会官制施行。 10. 朝鮮神宮鎮座祭。	1925 4. 国有鉄道の満鉄委託を廃止 (直営に戻る)。	1925 4. 朝鮮共産党創立。 9. 朝鮮農民社創立。 11. 第1次朝鮮共産党検挙。	1925 朝鮮プロレタリア芸術同盟 (カップ) 結成。
1926 1. 朝鮮総督府, 景福宮内の新庁舎へ移転。 4. 京城帝国大学法文学部・医学部設立。純宗死去。6. 六・一〇万歳運動起きる。	1925 4. 朝鮮人独立運動の取締に関する朝鮮総督府・奉天省協定 (三矢協定) 成立。 12. 日本の関東軍, 郭松齢の東北国民軍の進撃を阻止, 朝鮮軍から増援部隊出動。	1926 6. 第2次朝鮮共産党検挙。 1927 2. 新幹会創立。 5. 総督府に土地改良部を設置 (産米増殖計画を推進)。槿友会結成。	1926 9. 羅雲奎監督・主演の映画『アリラン』上映。 1927 2. 京城放送局, 放送開始。
	1928 5. 日本の第2次山東出兵に際し, 朝鮮から増援部隊出動。 8. 不戦条約調印。	1928 7. 朝鮮土地改良令施行。 9. 咸鏡線全通。	1928 11. 洪命憙の小説『林巨正伝』,『朝鮮日報』に連載開始。
1929 1. 元山労働者ゼネスト (〜4.)。 11. 光州学生運動起きる (〜30 3.)。		1929 7. 朝鮮日報社のハングル普及運動開始 (〜34)。 11. 赴戦江第1発電所完成。	1929 歌謡曲『他郷暮らし』流行。

1930 12. 地方制度改正。道府邑に議決機関を設け，面協議会も公選制化。	1930 4. ロンドン海軍軍縮条約調印。 5. 間島五・三〇蜂起起きる。	1930 1. 朝鮮窒素肥料興南工場操業開始。	
1931 6. 宇垣一成，朝鮮総督となる。	1931 7. 中国吉林省で万宝山事件起きる。 9. 日本の満州侵略開始（満州事変)，朝鮮から増援部隊出動。	1931 5. 新幹会解散。 7. 東亜日報社のヴ・ナロード運動開始（〜34)。	
1932 4.「北鮮開拓計画」樹立。 1933 7. 農村振興運動開始。 8. 朝鮮小作調停令施行。 1934 10. 朝鮮農地令施行。 1935 1. 総督府，「更正指導部落拡充計画」を発表。 1936 8. 神社制度改正。南次郎，朝鮮総督となる。『東亜日報』に日章旗抹消事件で無期停刊命令。 12. 朝鮮思想犯保護観察令施行。 1937 2. 金日成部隊，咸鏡南道普天堡に進攻。 10.「皇国臣民の誓詞」制定。 1938 3. 神社参拝拒否の平壌の崇実学校など廃校処分。 4. 朝鮮教育令改正（第3次教育令)・陸軍特別志願兵令施行。 5. 国家総動員法を朝鮮へ適用。 7. 国民精神総動員朝鮮連盟結成。 9. 時局対策調査会を開催。	1932 1. 日本軍，上海に戦線拡大（第1次上海事変。〜5.)。 3. 日本，満洲国を建国。 4. 尹奉吉，上海の「天長節」式場で白川義則大将らに投弾・殺傷。 1933 3. 日本，国際連盟を脱退。 10. 京図線全通に伴い，清津以北の鉄道経営を満鉄に委託。 1934 11. 釜山－新京間直通列車運転開始。 1936 12. ロンドン海軍軍縮条約失効。 1937 7. 日中戦争開始。龍山の第20師団，華北に出動。 12. 日本軍，南京を占領し，大虐殺事件を起こす。 1938 7. 羅南の第19師団，国境でソ連軍と交戦して敗退（〜8. 張鼓峰事件)。 10. 日本軍，広東・武漢を占領。 11. 日本政府，「東亜新秩序建設」声明。	1932 7. 総督府に農林局設置。 1933 10. 羅津築港起工（「北鮮ルート」)。 1934 5. 産米増殖計画による土地改良計画中止。 1936 9. 鮮満拓殖株式会社創立。 10. 朝鮮産業経済調査会を開催。 1937 3. 重要産業統制法を朝鮮に適用。 6. 修養同友会事件起きる。 5. 朝鮮産金5カ年計画を樹立。 1938 6. 朝鮮重要鉱産物増産令施行。	1933 4. 京城放送局，日本語・朝鮮語の二重放送を開始。 11. 朝鮮語学会，ハングル綴字法統一案を発表。 1934 5. 震檀学会創立。 1935 5. カップ解散させられる。 1936 10. 初の有声映画『春香伝』封切。
1939 6. 在日朝鮮人統制団体の協和会創立。 7. 日本政府，通牒「朝鮮人労務者内地移住（入)ニ関スル件」を出し，「集団募集」を実施。 10. 国民徴用令を朝鮮に施行。	1939 9. ドイツ軍，ポーランド侵攻。第2次世界大戦始まる。	1939 6. 国民職業能力申告令を朝鮮に施行。 9. 満浦線全通。 12. 朝鮮米穀配給調整令施行。	
1940 2. 創氏改名を実施。 8.『東亜日報』・『朝鮮日報』を強制廃刊。 10. 国民総力朝鮮連盟結成。	1940 5. ドイツ軍，仏・蘭などへ侵攻。 9. 大韓民国臨時政府，重慶に韓国光復軍司令部を設置。日本軍，北部仏印進駐。日独伊三国同盟条約調印。		1940 3. 朝鮮史編修会の『朝鮮史』全37巻完結。

朝鮮史関係年表 —— 513

1941 3. 朝鮮思想犯予防拘禁令施行。4. 小学校を国民学校に改める。12. 国民勤労報国令施行。太平洋戦争開始。	1941 6. ドイツ軍, ソ連へ侵攻。7. 日本軍, 南部仏印進駐。		
1942 2. 日本政府,「朝鮮人労務者活用ニ関スル件」を閣議決定し, 労働力徴集を「官斡旋」へ転換。5. 日本政府, 朝鮮への徴兵制実施を閣議決定。10. 徴兵対象者把握のために朝鮮寄留令施行。11. 朝鮮青年特別錬成令施行。	1942 6. ミッドウェー海戦。8. ガタルカナル島攻防戦開始。	1942 5. 中央線全通。7. 延安で金枓奉ら, 朝鮮独立同盟を結成。10. 治安維持法容疑で朝鮮語学会会員の検挙開始（朝鮮語学会事件）。	1943 9. 震檀学会解散させられる。
1943 4. 朝鮮教育令改正（中・高等教育の修業年限短縮）。8. 兵役法改正（朝鮮に徴兵制実施）・海軍特別志願兵令施行。10. 朝鮮人学徒志願兵制度実施。	1943 2. スターリングラードのドイツ軍降伏。日本軍, ガタルカナル島から撤退。9. イタリア無条件降伏。11. 連合国首脳, カイロ会談。		
1944 8. 呂運亨ら, 建国同盟を結成。9. 日本への労働力動員へ国民徴用令を適用。	1944 6. 連合国軍, ノルマンディー上陸。マリアナ沖海戦。7. 米軍, サイパン島を占領。10. レイテ沖海戦。		
1945 4. 朝鮮・台湾居住者に国政参政権を付与（制限選挙制）。国民勤労動員令を朝鮮に適用。8. ソ連, 対日宣戦布告し, 朝鮮東北部の日本軍を攻撃。日本, ポツダム宣言を受諾。	1945 2. 連合国首脳, ヤルタ会談。米軍, マニラ入城。4. 米軍, 沖縄に上陸。5. ドイツ, 無条件降伏。7. 連合国首脳, ポツダム会談。		
		現　代	
1945 8. 朝鮮建国準備委員会結成。9. 朝鮮人民共和国樹立宣言。米軍, 南朝鮮に上陸し, 軍政庁を設置。10. 朝鮮共産党北部朝鮮分局設置。11. 北朝鮮五道行政局設立。	1945 10. 国際連合（国連）発足。12. 米英ソ3国モスクワ外相会議（モスクワ三相会議）開かれ, モスクワ宣言発表（朝鮮信託統治案を含む）。		1945 9. 『朝鮮人民報』創刊。11. 『朝鮮日報』復刊。12. 『東亜日報』復刊。

1946 2. 北朝鮮臨時人民委員会設立。 6. 李承晩, 南朝鮮単独政府樹立主張の井邑発言。 7. 南朝鮮で左右合作委員会発足。 8. 南朝鮮過渡立法議院設立。北朝鮮労働党結成。 11. 南朝鮮労働党結成。	1946 3. チャーチル英元首相の「鉄のカーテン」演説。第1次米ソ共同委員会開催 (5. 決裂) 。	1946 2. 朝鮮民主主義民族戦線結成。 3. 北朝鮮で土地改革完了。 9. 南朝鮮でゼネスト (10. 十月抗争)。	1946 10. 『京郷新聞』創刊。ソウル市, 日本式地名を「洞・街」に変更。
1947 2. 北朝鮮人民委員会発足 (委員長金日成)。 6. 南朝鮮過渡政府発足。 7. 呂運亨暗殺され, 左右合作運動挫折。	1947 3. 米, トルーマン・ドクトリン (社会主義国「封じこめ」政策) 発表。 5. 第2次米ソ共同委員会開催 (7. 決裂)。 11. 国連総会, 国連監視下の南北朝鮮総選挙実施を可決。		
1948 2. 北朝鮮で人民軍創設。 3. 米軍政庁, 南朝鮮総選挙法公布。 4. 済州島四・三蜂起。平壌で南北朝鮮政党社会団体代表者連席会議。 5. 南朝鮮で単独選挙実施。 7. 北朝鮮人民会議が憲法制定。 8. 大韓民国樹立 (大統領李承晩)。 9. 韓国軍創設。朝鮮民主主義人民共和国樹立 (首相金日成)。 10. 麗水・順天で軍隊反乱 (麗順事件)。 12. 国家保安法公布。[北] ソ連軍撤退完了。	1948 1. ソ連, 国連臨時朝鮮委員会の北朝鮮入りを拒否。 2. 国連小総会, 南朝鮮単独選挙案を可決。	1948 12. [南] 韓米経済援助協定調印。	1948 7. 南朝鮮選手団, ロンドン・オリンピックに参加。 10. ハングル専用法公布。
1949 6. [南] 米軍撤退完了。[北] 朝鮮労働党結成。	1949 1. [南] 駐日代表部設置。 10. 中華人民共和国樹立。	1949 3. [南] 学徒護国団結成。 6. [南] 農地改革法公布。	
1950 6. 朝鮮戦争開戦。 8. [南] 政府, 釜山へ移転 (10. ソウル還都)。	1950 1. [南] 韓米相互防衛援助協定調印。 6. 国連安全保障理事会が北朝鮮制裁決議。 7. 安保理が朝鮮への国連軍派遣決議。 10. 中国人民志願軍が北朝鮮支援のため参戦。 12. トルーマン米大統領, 朝鮮での原爆使用もありうると発言。	1950 4. [南] 農地改革実施。 6. [南] 韓国銀行設立。	
1951 1. [南] 政府, 再び釜山へ移転。 7. 休戦会談開始。	1951 1. 国連総会, 中国を侵略者と非難する決議。 9. サンフランシスコ条約調印。 10. 日韓予備会談開始 (～12.)。	1951 2. [南] 居昌虐殺事件起きる。	1951 3. [南] 六三三四新学制実施。
1952 4. [南] 釜山に戒厳令。 7. [南] 抜粋改憲によって新憲法公布。 8. [南] 第2代大統領に李承晩当選。 1953 7. 休戦協定調印。 8. [南] ソウル還都。	1952 1. [南] 海洋主権宣言 (李承晩ラインを設定)。 2. 第1次日韓会談 (～4.)。 1953 4. [南] 第2次日韓会談 (～7.)。 10. 韓米相互防衛条約調印。 10. [南] 第3次日韓会談。久保田発言で決裂。	1953 2. [南] 通貨切り下げ。100円を1圜とする。	1953 4. 総合雑誌『思想界』創刊。

1954 11. ［南］四捨五入改憲によって新憲法公布。	1954 4. ジュネーブ会議（6. 朝鮮問題討議打ち切り）。	1954 1. ［北］人民経済発展3カ年計画開始。	1954 6. ［南］『韓国日報』創刊。
1955 12. ［北］朴憲永を処刑。	1955 1. ［南］韓米軍事協定調印。	1955 5. ［南］韓米余剰農産物援助協定調印。	
1956 5. ［南］第3代大統領に李承晩、副大統領に張勉当選。6.-8. ［北］六月宗派事件。11. ［南］進歩党結成。		1956 12. ［北］千里馬運動開始。	1956 6. ［南］テレビ放送開始。 1957 10. 『国語大辞典』、30年目に完成し発行。
1958 1. ［南］進歩党の曺奉岩らを国家保安法違反で逮捕。 1959 7. ［南］曺奉岩処刑。	1958 4. ［南］第4次日韓会談（～60 4.）。 10. ［北］中国人民志願軍撤退完了。 1959 12. ［北］在日朝鮮人帰還開始。	1958 8. ［北］農業協同化完了。	1959 4. 『京郷新聞』廃刊処分（60 4. 復刊）。
1960 3. ［南］第4代大統領に李承晩当選。4. ［南］四月革命。李承晩辞任。6. ［南］憲法改正公布（第二共和制）。8. ［南］国会が第4代大統領に尹潽善を選出。張勉内閣発足。12. ［南］地方自治体選挙実施。	1960 12. ［南］第5次日韓会談（～65 5.）。	1960 1. ［南］新民法施行。5. ［南］学徒護国団解体。	
1961 5. ［南］五・一六クーデタ。国家再建最高会議設置。6. ［南］中央情報部法公布。7. ［南］反共法公布。 1962 3. ［南］朴正熙、大統領代行就任。12. ［南］憲法改正公布（第三共和制）。 1963 10. ［南］第5代大統領に朴正熙当選。	1961 7. ［北］朝ソ友好相互協力援助条約・朝中友好相互協力援助条約調印。10. ［南］第6次日韓会談（～64 4.）。11. ［南］朴正熙最高会議議長訪日、日韓会談早期妥結で合意。 1962 11. ［南］日韓、金鍾泌・大平メモで合意。 1964 9. ［南］ベトナム派兵を開始。12. ［南］第7次日韓会談（～65 6.）。 1965 6. ［南］日韓基本条約と4つの協定調印。9. ［南］ベトナムへ戦闘部隊を派遣。 1966 7. ［南］韓米行政協定調印。1966 中国で「文化大革命」開始（～76）。	1961 1. ［北］人民経済発展7カ年計画開始。7. ［南］経済企画院設置。 1962 1. ［南］第1次経済五カ年計画決定。6. ［南］通貨切り下げ。10圜を1ウォンとする。 1966 7. ［南］第2次経済五カ年計画公表。	1964 5. ［南］東洋放送開局。 1965 9. ［南］『中央日報』創刊。
1967 5. ［南］第6代大統領に朴正熙当選。6.-7. ［北］労働党中央委で唯一思想体系確立。 1968 1. ［南］武装ゲリラ、青瓦台（大統領官邸）を襲撃。［北］米軍艦プエブロを拿捕。		1968 2. ［南］京釜高速道路着工。慶全線全通。11. ［南］ソウルの市街電車撤去。	1967 5. ［南］新羅文武王海中陵発見。 1968 10. ［南］大統領、公文書のハングル専用（1970年から）を指示。

1969 10. ［南］大統領三選憲法改正国民投票可決。 1970 11. ［北］朝鮮労働党第5回大会開催。		1970 1. ［南］セマウル運動開始。 7. ［南］京釜高速道路開通。11. ［南］平和市場労働者金泰壱，労働条件改善を要求して焼身自殺。	1969 ［北］テレビ放送開始。
1971 4. ［南］第7代大統領に朴正煕当選。 12. ［南］国家非常事態宣言。 1972 7. 自主的平和統一を掲げた南北共同声明発表。 10. ［南］非常戒厳令を布告し，「維新憲法」公布。 12. ［南］統一主体国民会議が第8代大統領に朴正煕を選出。［北］憲法を改正し，主体思想を明記。金日成，国家主席となる。 1973 8. ［南］東京で金大中拉致事件が起きる。 1974 1. ［南］大統領緊急措置令第1～3号公布。 4. ［南］民青学連事件が起きる。 8. ［南］文世光事件（朴大統領が狙撃され，夫人が死亡）。 1978 7. ［南］統一主体国民会議が第9代大統領に朴正煕を選出。 1979 10. ［南］釜山・馬山で反政府運動拡大。朴大統領暗殺される。 12. ［南］統一主体国民会議が第10代大統領に崔圭夏を選出。粛軍クーデター，全斗煥が軍の実権を握る。 1980 2. ［南］金大中ら公民権回復。 5. ［南］五・一七クーデター，光州民主抗争。 8. ［南］統一主体国民会議が第11代大統領に全斗煥を選出。 10. ［北］朝鮮労働党第6回大会。［南］憲法改正公布（第五共和制）。	1976 2. ［北］板門店のポプラ伐採をめぐる衝突で米軍将校を殺害。 1977 3. ［南］カーター米大統領，在韓米地上軍撤退を表明（79 7. 凍結）。 1978 12. 中国，改革開放政策を開始。	1971 1. ［北］人民経済発展六カ年計画開始。 2. ［南］第3次経済開発五カ年計画を発表。 1973 7. ［南］浦項総合製鉄所竣工。 9. ［北］平壌に地下鉄開通。 11. ［南］湖南・南海高速道路開通。 1974 8. ［南］ソウルに地下鉄開通。 1977 1. ［南］第4次経済開発五カ年計画開始。 1978 1. ［北］人民経済発展第2次七カ年計画開始。 1979 8. ［南］YH貿易事件。	1971 8. ［南］百済武寧王陵発掘。 1971 ［北］歌劇『血の海』初演。 1973 3. ［南］韓国放送公社（KBS）発足。 1973 ［北］歌劇『花を売る乙女』初演。 1979 4. ［南］中原高句麗碑発見。 1980 11. ［南］言論機関を統廃合。東洋放送，KBSに吸収。

1981 1．［南］大法院が金大中に内乱罪で死刑判決。戒厳令解除。 2．［南］間接選挙で第12代大統領に全斗煥選出。		1981 9．［北］平壌に人民大学習堂竣工、以後、巨大建造物の建設相次ぐ。	
1982 3．［南］釜山米文化センター放火事件。	1982 7．日本の歴史教科書検定問題。	1982 1．［南］夜間通行禁止を36年ぶりに解除。第5次経済開発五カ年計画開始。	1982 3．［南］プロ野球開始。
1983 9．［南］ソ連戦闘機の大韓航空機撃墜事件。大邱米文化センター爆破事件。 10．［南］ビルマで全斗煥大統領一行に対する爆弾テロ事件。	1983 1．［南］中曾根首相訪韓。 1984 5．［北］金日成主席、ソ連・東欧歴訪（～7．）。 6．［南］全斗煥大統領訪日。		
1985 5．［南］ソウル米文化センター占拠事件。		1985 3．［南］学徒護国団廃止。 9．離散家族の南北相互訪問実現。	1986 ［北］四・一五文学集団の小説『不滅の歴史』完結（1973～）。 1986 9．［南］ソウルで第10回アジア競技大会開催（～10．）。
1987 6．［南］六月民主抗争、六・二九民主化宣言。 10．［南］憲法改正公布（第六共和制）。 11．ビルマ沖で大韓航空機爆破事件。 12．［南］第13代大統領に盧泰愚当選。	1988 7．［南］盧泰愚大統領、南北相互交流、社会主義国との関係改善を宣言。	1987 1．［北］第3次七カ年計画開始。［南］第6次経済開発五カ年計画開始。	1988 5．［南］『ハンギョレ新聞』創刊。
1988 9．［南］ソウル・オリンピック開催。			
1989 ［北］米の偵察衛星、寧辺の核施設を撮影。	1989 2．［南］ハンガリーと国交樹立。 11．東ドイツ、国境開放。	1988 11．［南］IMF（国際通貨基金）8条国へ移行。 1989 7．［北］平壌で世界青年学生祭開催。 10．［南］GATT（関税貿易一般協定）11条国移行を受諾。	
1990 9．初の南北首相会談。	1990 9．［南］ソ連と国交樹立。 10．ドイツ統一。 11．［北］日朝予備交渉。	1990 1．［南］全国労働組合協議会（全労協）結成。	
1991 3．［南］30年ぶりに市郡区議会選挙（6．特別市・直轄市・道議会選挙）。 5．金正日書記、「我々式社会主義は必勝不敗」と談話。 12．南北間の和解と不可侵及び交流協力に関する合意書調印。	1991 2．日朝交渉開始。 9．国連に南北同時加盟。 12．ソ連解体。		
	1992 8．［南］中国と国交樹立。［北］日朝交渉、8回目で決裂。		

1992 1.［北］核査察受入を表明。1.朝鮮半島の非核化に関する共同宣言調印。4.［北］憲法改正。12.［南］第14代大統領に金泳三選出。			
1993 3.［北］核拡散防止条約（NPT）脱退。4.［北］金正日、国防委員会委員長となる。		1993 8.［南］大田で万国博覧会開催（～10.）。	1993 7.［北］檀君の実在を主張する論文発表。
1994 6.［北］国際原子力機関脱退。7.［北］金日成死去。10.［北］核開発凍結と米による軽水炉供与の朝米基本合意成立。			1994 10.［北］新しい檀君陵竣工。
1995 6.［南］35年ぶりに道知事・市長選挙実施。11.［南］盧泰愚を収賄罪で逮捕。12.［南］全斗煥を反乱首謀罪で逮捕。粛軍クーデターと光州事件関係者を処罰する特別法制定。	1995 3. 朝鮮半島エネルギー開発機構（KEDO）設立。	1995 7.［北］大水害（～8.）。11.［南］全国民主労働組合総連合（民主労総）結成。 1996 12.［南］経済協力開発機構（OECD）に加盟。	1995 9.［南］光州ビエンナーレ開催。 1995 ［南］映画『美しい青年たち』上映。 1996 7.［南］映画振興法施行。9.［南］釜山国際映画祭開催。
1997 4.［南］全斗煥・盧泰愚の有罪確定（のち特赦）。9.［北］主体年号（元年は金日成生年）使用開始。10.［北］金正日、労働党総書記となる。12.第15代大統領に金大中当選。	1997 8.［北］KEDO、琴湖に原子炉着工。	1997 7.［南］起亜財閥倒産。11.［南］ウォン下落（通貨危機）でIMFに支援要請。	
1998 6.［北］「先軍政治は必勝不敗」と表明。8.［北］人工衛星打ち上げの名目でロケット発射。11.［北］現代財閥と合弁で金剛山観光事業を開始。	1998 10.［南］金大中大統領訪日、日韓共同宣言。	1998 1.［南］企業・金融構造改革方案発表。2.［南］整理解雇制を導入。5.［南］外国人の株式投資自由化。8.［南］大宇財閥倒産。	1998 10.［南］日本大衆文化の第1次開放を実施（2004年1月の第4次まで段階的に実施）。 1998 ［南］映画『美しい時代』上映。 1999 ［南］文化産業振興基本法施行。 2000 ［南］映画『JSA』『シュリ』上映。
2000 6. 初の南北首脳会談、南北共同宣言を発表。12.［南］金大中にノーベル平和賞授与。	2000 1.［北］イタリアと国交樹立。4.［北］日朝交渉再開。5.［北］オーストラリアと国交回復。7.［北］フィリピンと国交樹立。		
2001 1.［南］女性部を設置（05年3月、女性家庭部に改編）。	2001 1.［北］オランダと国交樹立。		2001 ［南］映画『友』上映。

2002 12. ［南］中学生殺害の米兵無罪により全土で反米集会。第16代大統領に盧武鉉当選。	2002 1. ブッシュ米大統領，北朝鮮等3国を悪の枢軸と非難。9. ［北］初の日朝首脳会談，日朝平壌宣言。金正日，日本人拉致を謝罪。12. ［北］KEDO，北朝鮮の核開発計画継続を理由に重油提供を中止。		2002 6. ［南］日韓共催のサッカー・ワールドカップ開催（〜7.）。9. ［南］釜山で第14回アジア競技大会開催（〜10.）。
2003 1. ［北］NPTから脱退。4. ［北］核兵器保有を表明。	2003 4. ［南］イラク派兵を開始。8. 北朝鮮の核問題をめぐる米韓日朝中露六者協議開始。	2003 6. ［北］開城工業団地着工式。	2003 4. ［南］日本のNHK衛星放送で『冬のソナタ』放映，人気を博し，「韓流」ブーム起きる。
2004 3. ［南］日帝強占下強制動員被害真相糾明等に関する特別法，日帝強占下親日反民族行為真相糾明に関する特別法公布。国会，大統領弾劾訴追案を可決。4. ［南］総選挙で与党・開かれたウリ党が過半数獲得。5. ［南］憲法裁判所，大統領弾劾を棄却。8. ［南］公州・燕岐地区への一部首都機能移転を決定。	2004 5. ［北］日朝首脳会談，平壌宣言遵守に合意，拉致被害者家族，日本に帰国。6. 南北，軍事境界線での宣伝放送を停止。11. ［北］KEDO理事会，琴湖での軽水炉建設事業の1年凍結を決定。	2004 4. ［南］京釜高速鉄道（KTX）開業。12. 開城工業団地で進出韓国企業操業開始。	2004 ［南］映画『太極旗を掲げて』上映。
2005 2. ［北］核兵器を製造したと声明。5. ［南］真実・和解のための過去事整理基本法公布。9. ［南］兵力18万削減計画発表。	2005 2. ［北］六者協議への参加を無期限中断と声明。3. ［南］盧武鉉大統領，歴史認識問題で日本を批判。6. ［北］六者協議への復帰宣言。	2005 3. ［南］呂運亨ら左派系政治家に叙勲。戸主制廃止の民法改正案，国会で成立。	2005 10. ［南］龍山に国立中央博物館開館。
2006 7. ［北］ミサイル実験。10. ［北］地下核実験。	2006 7. 安保理，北朝鮮非難決議を採択。10. 安保理，北朝鮮制裁決議。12. 六者協議再開。		
2007 5. ［南］韓国海軍のイージス艦「世宗大王」進水。10. 南北首脳会談，南北関係の発展と平和的繁栄のための宣言を発表。12. 京義線貨物列車の南北連結運行開始。［南］第17代大統領に李明博当選。	2007 2. 六者協議で非核化の段階的実施に合意。［南］米韓，戦時作戦統制権を2012年4月に韓国へ移管することで合意。10. 六者協議で寧辺など3核施設の年内無能力化に合意。	2007 6. ［南］米韓自由貿易協定（FTA）調印。	2007 ［南］映画『華麗なる休暇』上映。

2008 5.［北］あらゆるテロやテロ支援に反対と声明。8. 北朝鮮，金剛山観光地の韓国人要員を追放。11. 北朝鮮，12月からの開城観光事業，鉄道連結輸送中断を韓国に通告。	2008 10. 米，北朝鮮に対するテロ支援国家指定を解除。	2008 1.［南］改正民法施行。	2008 2.［南］ソウル南大門，放火で焼失。
2009 4.［北］ミサイル実験（7, 10月にも）。5.［北］地下核実験。9. 軍事境界線の通行正常化。	2009 4. 安保理，北朝鮮非難の議長声明。［北］六者協議脱退を声明。6. 安保理，北朝鮮制裁決議を採択。	2009 5.［北］『労働新聞』，150日間戦闘を呼びかけ。11.［北］デノミネーション実施。	
2010 3. 韓国哨戒艦，黄海で沈没。10.［北］朝鮮労働党代表者会開催。金正日総書記の三男・金正恩，後継視される地位に就任。11. 北朝鮮軍，韓国の大延坪島を砲撃。	2010 7. 安保理，韓国哨戒艦沈没事件で北朝鮮を間接的に非難する議長声明。8. 日本の菅直人首相，「韓国併合」100年で談話発表。11.［南］横浜で日韓首脳会談，両国外相が図書引き渡しのための日韓図書協定に署名。ソウルで20カ国・地域（G20）首脳会議開催。	2010 10.［南］韓国・EU自由貿易協定調印。2011 1.［北］国家経済開発10カ年戦略計画を公表。	

（糟谷 憲一）

統治機構図

〈1〉 統一新羅の中央機構

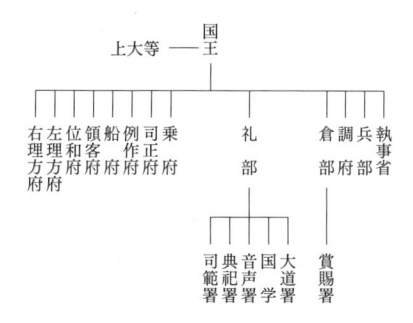

```
              国王
上大等 ───┬───
    ┌──┬──┬──┬──┬──┬──┬──┬──┬──┬──┬──┬──┐
   右左 位 領 船 例 司 乗  礼         倉 調 兵 執
   理理 和 客 府 作 正 府  部         部 府 部 事
   方方 府 府   府 府           ┌──┼──┐ 府        省
   府府                       司 典 音 国 大    賞
                            範 祀 声 道 学    賜
                            署 署 署 署 署    署
```

〈2〉 高麗の中央機構

a) 文宗代（1046-83年）

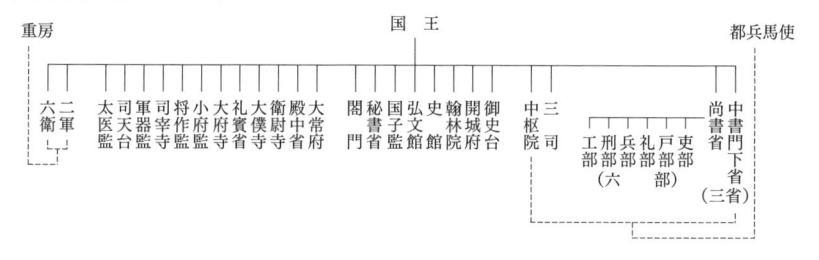

```
重房              国 王              都兵馬使
 │                │                   │
六二  太司軍司将小大礼大殿大 閣秘国弘史翰開御 中三  工刑兵礼戸吏 尚中
衛軍  医天器宰作府府賓僕中常 門書子文林城史  枢司  部部部部部部 書書
    監台監寺監寺  寺省寺省  省監館館院府台  院     (六   部) 省門
                                                        下
                                                        省
                                                     (三省)
```

注1) 都兵馬使は中書門下省と中枢院の高官による最高合議機関。
  2) 重房は二軍・六衛の上将軍・大将軍による合議機関。
  3) 『高麗史』百官志の記述による。以下同様。

b) 忠烈王元年（1274年）現在

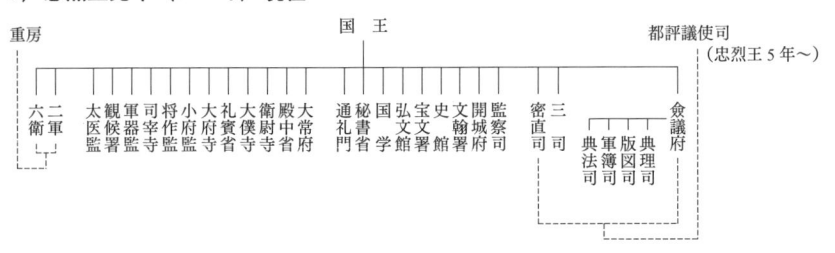

```
     重房                              国王                                    都評議使司
                                                                              （忠烈王5年～）
  ┌──┴──┐   ┌───┬───┬───┬───┬───┬───┬───┬───┬───┬───┬───┬───┬───┬───┬───┬───┐   ┌──┴──┐
  六  二   太 観 軍 司 将 小 礼 大 衛 殿 大  通 秘 国 弘 宝 史 翰 開 監   密 三   ┌─┴─┬─┐  僉
  衛  軍   医 候 器 宰 作 府 賓 僕 尉 中 府  礼 書 学 文 文 館 林 城 察   直 司   典 軍 版  議
           監 署 監 寺 監     寺 寺 省 省     門 省 館 署 館 署 府 司   司     法 簿 図  府
                                                                              司 司 司
```

注1）都評議使司は僉議府と密直司の高官による最高合議機関。
　2）重房は二軍・六衛の上将軍・大将軍による合議機関。

〈3〉 朝鮮王朝の中央機構

a) 1483（成宗15）年3月（世子冊立時）

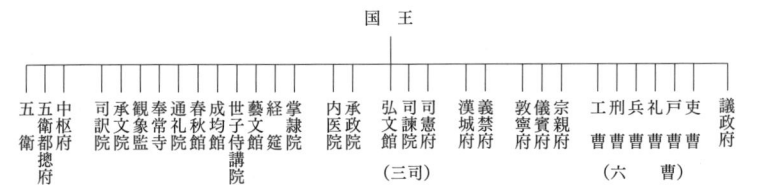

```
                                         国王
   ┌───┬───┬───┬───┬───┬───┬───┬───┬───┬───┬───┬───┬───┬───┬───┬───┬───┬───┬───┬───┐
   五  五  中  司  承  観  奉  通  春  世  成  芸  経  掌  内  承  弘  司  漢  義  敦  儀  宗  工  刑  兵  礼  戸  吏  議
   衛  衛  枢  訳  政  象  常  礼  秋  子  均  文  筵  隷  医  政  文  憲  城  禁  寧  賓  親  曹  曹  曹  曹  曹  曹  政
       都  府  院  院  監  寺  院  館  侍  館  館         院  院  館  府  府  府  府  府  府                          府
       摠                              講                                                       
       府                              院                        (三司)                 (六  曹)
```

b) 1800年（正祖24年）1月（世子冊立時）

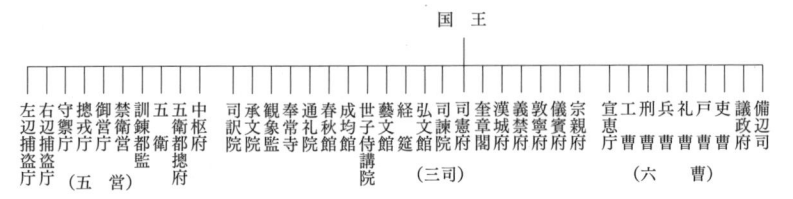

```
                                            国王
  ┌──┬──┬──┬──┬──┬──┬──┬──┬──┬──┬──┬──┬──┬──┬──┬──┬──┬──┬──┬──┬──┬──┬──┬──┬──┬──┬──┬──┐
  左 右 摠 守 御 禁 訓 五 五 中 司 承 観 奉 通 春 世 成 芸 経 司 奎 漢 義 敦 儀 宗 宣 工 刑 兵 礼 戸 吏 備
  辺 辺 戎 禦 営 衛 錬 衛 軍 枢 訳 政 象 常 礼 秋 子 均 文 筵 憲 章 城 禁 寧 賓 親 恵 曹 曹 曹 曹 曹 曹 辺
  捕 捕 庁 庁 庁 営 都 府 府 院 院 監 寺 院 館 侍 館 館    府 閣 府 府 府 府 府 庁                      司
  庁 庁       (五  営)    摠                   講                                                      
                         府                   院              (三司)                (六  曹)
```

c) 1903（光武7）年12月現在

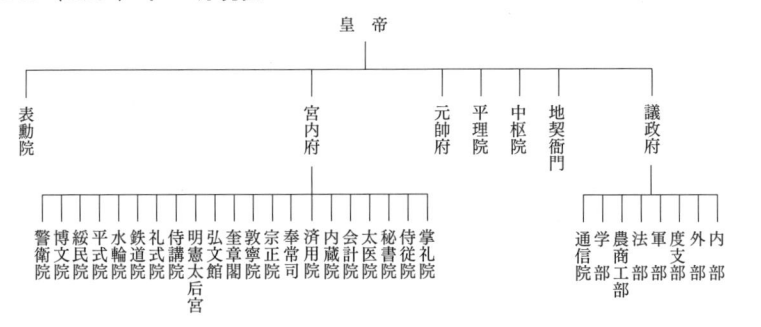

```
                                         皇帝
         ┌─────┬─────┬─────┬─────┬─────┬─────┬─────┐
         表     宮    元    平    中    地    議
         勲     内    帥    理    枢    契    政
         院     府    府    院    院    衙    府
                                           門
      ┌──┬──┬──┬──┬──┬──┬──┬──┬──┬──┬──┬──┬──┬──┐     ┌──┬──┬──┬──┬──┬──┬──┐
      警 博 綏 平 水 鉄 礼 侍 明 弘 奎 敦 奉 済 内 会 太 秘 侍 掌     通 学 農 法 軍 度 外 内
      衛 文 民 式 輪 道 講 講 信 文 章 寧 常 用 蔵 計 医 書 従 礼     信 部 商 部 部 支 部 部
      院 院 院 院 院 院 院 院 太 館 閣 府 司 院 院 院 院 院 院 院     院    工              部
                                 宮                                        部
```

統治機構図 —— 523

〈4〉 朝鮮総督府の機構

a) 1910年10月（朝鮮総督府官制施行時）

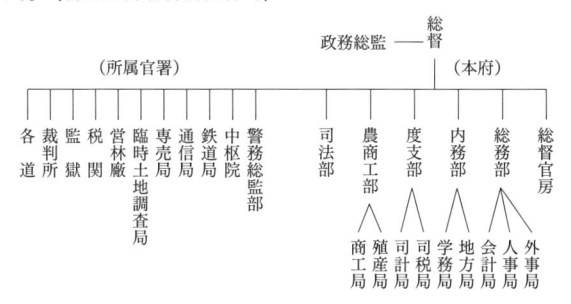

```
                                         総督
                        政務総監 ─────┤
        (所属官署)                    (本府)
  ┌──┬──┬──┬──┬──┬──┬──┬──┬──┬──┐   ┌──┬──┬──┬──┬──┬──┐
  各  裁  監  税  営  臨  専  通  鉄  中  警   司  農  度  内  総  総
  道  判  獄  関  林  時  売  信  道  枢  務   法  商  支  務  務  督
      所          廠  土  局  局  局  院  総   部  工  部  部  部  官
                      地                  監       部              房
                      調
                      査
                      局
                                              ┌┴┐┌┴┐┌┴┐┌─┼─┐
                                              商 殖 司 司 学 地 会 人 外
                                              工 産 計 税 務 方 計 事 事
                                              局 局 局 局 局 局 局 局 局
```

注）「所属官署」は主要なものだけを掲げた。以下同様。

b) 1919年8月（官制改正時）

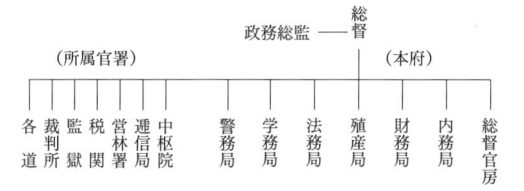

```
                                    総督
                    政務総監 ─────┤
        (所属官署)                  (本府)
  ┌──┬──┬──┬──┬──┬──┐   ┌──┬──┬──┬──┬──┬──┐
  各  裁  監  税  営  通  中   警  学  法  殖  財  内  総
  道  判  獄  関  林  信  枢   務  務  務  産  務  務  督
      所              署  局  院   局  局  局  局  局  局  官
                                                          房
```

c) 1943年12月（官制改正時）

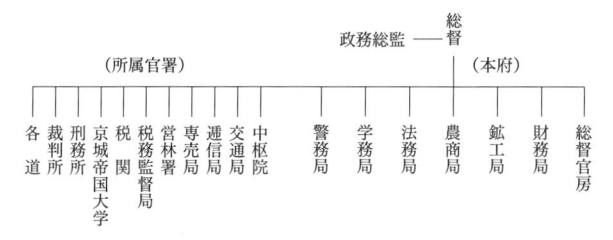

```
                                              総督
                            政務総監 ─────┤
        (所属官署)                            (本府)
  ┌──┬──┬──┬──┬──┬──┬──┬──┬──┬──┐   ┌──┬──┬──┬──┬──┬──┐
  各  裁  刑  京  税  営  専  通  交  中   警  学  法  農  鉱  財  総
  道  判  務  城  関  林  売  信  通  枢   務  務  務  商  工  務  督
      所  所  帝      監  局  局  局  院   局  局  局  局  局  局  官
              国      督                                          房
              大      局
              学
```

あとがき

　ここにようやく，『朝鮮史研究入門』を刊行できることとなった。朝鮮史研究会では，研究案内書として『新朝鮮史入門』を1981年に刊行したが，時間が経過するとともに，新版を発行することが懸案となった。2004年10月に開かれた朝鮮史研究会第41回大会の総会で，「『新朝鮮史入門』の新版刊行に向けて企画を検討する」との方針が確認されたことが，実際に刊行の企画を進める契機となった。2007年3月に企画準備会を設置して刊行計画を練り，同年10月に編集委員会を発足させ編集作業に入った。それ以来，4年を経過して，刊行に至ったしだいである。

　本書の特徴を簡単に述べると，第一に，ここ30年近くの間の研究成果を反映し，35名の執筆者が分担して，周到綿密に研究動向の整理をおこなっていることである。この30年間に朝鮮史研究がどのように展開し，どこまで到達したか，どのようなことが課題となっているかを通観するためには最適の内容を備えることができたといってよいのではないかと思う。特に，朝鮮王朝の時代，現代史，さらに植民地期の文化史・教育史，および在外朝鮮人史の部分は，旧著の『新朝鮮史入門』に比べて格段に充実したものとなっていることを指摘しておきたい。第二に，「朝鮮史研究の手引き」と題して詳しい工具類の案内を付した上に，地図・王室系図・年表・統治機構図などを作成して挿入した。これらは最新にしてオリジナルなものであって，これから朝鮮史研究の道を進もうとする方，隣接分野の研究者に大きな便宜を提供するものとなろう。このような二重の意味において，本書は朝鮮史研究の現状，課題，方法を知る上において不可欠の著作として誕生したと自負するしだいである。どうか多くの方が手にとってくださるよう切にお願いしたい。

　漢字や用語などの表記については，ごく一部ではあるが，各執筆者の見解を尊重し，必ずしも統一されていないところがある。また，地図・王室系図・統治機構図については，紙幅の都合から本文の叙述を理解するために特に必要と判断したものに厳選されている。これらの点についての充実・改善は今後の課題である。

なお，本書の編集委員会のメンバーは，次のとおりである。
　井上直樹，太田修，糟谷憲一，木村拓，月脚達彦，橋本繁，林雄介，松本武祝，水野直樹，吉井秀夫，吉田光男，吉野誠，六反田豊

　糟谷が編集長を担当したが，編集委員諸氏にもさまざまなご尽力をいただいた。また，校正作業の補助のため，一橋大学外国人客員研究員（現・立命館大学コリア研究センター専任研究員）の裵姈美氏の手を煩わせた。名古屋大学出版会の三木氏には，4年近くの間，遅れに遅れた編集作業を忍耐強く見守り，進めていただいた。記して感謝の意を表するしだいである。

　2011 年 5 月

糟 谷 憲 一

執筆者一覧
(五十音順)

赤羽目匡由（首都大学東京）
石川亮太（佐賀大学）
板垣竜太（同志社大学）
井上直樹（京都府立大学）
太田　修（同志社大学）
呉　吉煥（立教大学）
糟谷憲一（一橋大学）
木村　拓（東京大学）
桑野栄治（久留米大学）
小林知子（福岡教育大学）
酒井裕美（大阪大学）
須川英徳（横浜国立大学）
高久健二（専修大学）
田中聡一（壱岐市教育委員会）
田中正敬（専修大学）
鄭　章淵（駒澤大学）
月脚達彦（東京大学）
外村　大（東京大学）
長森美信（天理大学）
並木真人（フェリス女学院大学）
橋本　繁（早稲田大学）
林　雄介（明星大学）
古川宣子（大東文化大学）
松本武祝（東京大学）
水野直樹（京都大学）
三ツ井崇（東京大学）
宮里　修（高知県教育委員会）
文　純實（明治大学）
森平雅彦（九州大学）
山内民博（新潟大学）
吉井秀夫（京都大学）
吉川友丈（専修大学）
吉澤文寿（新潟国際情報大学）
吉田光男（放送大学）
六反田豊（東京大学）

《責任編集》

糟谷憲一
（かすや けんいち）

1949年　東京に生まれる
1979年　東京大学大学院人文科学研究科博士課程単位取得退学
　　　　新潟大学人文学部助教授等を経て，
現　在　一橋大学大学院社会学研究科教授
著　書　『朝鮮の近代』（山川出版社，1996年）
　　　　『朝鮮史』（共著，山川出版社，2000年）他

朝鮮史研究入門

2011年 6 月 10 日　初版第 1 刷発行
2011年 10 月 10 日　初版第 2 刷発行

定価はカバーに
表示しています

編　者　朝鮮史研究会

発行者　石 井 三 記

発行所　財団法人　名古屋大学出版会
〒 464-0814　名古屋市千種区不老町 1 名古屋大学構内
　　　　　　電話 (052)781-5027／FAX (052)781-0697

Ⓒ Kenichi KASUYA et al., 2011　　　　　　　Printed in Japan
印刷・製本 ㈱クイックス　　　　　　　ISBN978-4-8158-0665-1
乱丁・落丁はお取替えいたします。

Ⓡ〈日本複写権センター委託出版物〉
本書の全部または一部を無断で複写複製（コピー）することは，著作権法
上の例外を除き，禁じられています。本書からの複写を希望される場合は，
必ず事前に日本複写権センター（03-3401-2382）の許諾を受けてください。

礪波護／岸本美緒／杉山正明編
中国歴史研究入門　　　　　　　　　A5・476 頁
　　　　　　　　　　　　　　　　　本体3,800円

小杉泰／林佳世子／東長靖編
イスラーム世界研究マニュアル　　　A5・600 頁
　　　　　　　　　　　　　　　　　本体3,800円

佐藤彰一他編
西洋中世史研究入門［増補改訂版］　四六・414 頁
　　　　　　　　　　　　　　　　　本体3,600円

望田幸男他編
西洋近現代史研究入門［第3版］　　四六・546 頁
　　　　　　　　　　　　　　　　　本体3,200円